DE GROTE OF LEBUINUSKERK
TE DEVENTER

CLAVIS
KUNSTHISTORISCHE MONOGRAFIEËN

ONDER REDACTIE VAN

ANK C. ESMEIJER; A. M. KOLDEWEIJ
JOS KOOL; BOTINE KOOPMANS
AART J. J. MEKKING; PIERRE N.G. PESCH
MARIEKE VAN VLIERDEN

DEEL XI

CLAVIS
STICHTING PUBLIKATIES MIDDELEEUWSE KUNST
POSTBUS 1521, 3500 BM UTRECHT

DE GROTE OF LEBUINUSKERK TE DEVENTER

DE 'DOM' VAN HET OVERSTICHT
VEELZIJDIG BEKEKEN

BEZORGD DOOR

AART J. J. MEKKING

WALBURG PERS

© Clavis Stichting Publikaties Middeleeuwse Kunst, Utrecht / Walburg Pers, Zutphen, 1992

Foto omslag: J. Griffioen, Zutphen
Lay-out: Clavis
Druk: Walburg Pers

Alle rechten voorbehouden. Niets uit deze uitgave mag worden verveelvoudigd, opgeslagen in een geautomatiseerd gegevensbestand, of openbaar gemaakt, in enige vorm of op enige wijze, hetzij elektronisch, mechanisch, door fotokopieën, opnamen of enige andere manier, zonder voorafgaande schriftelijke toestemming van de uitgever.
Voorzover het maken van kopieën uit deze uitgave is toegestaan op grond van artikel 16 b Auteurswet 1912 juncto het Besluit van 20 juni 1974, Stb. 351 zoals gewijzigd bij Besluit van 23 augustus 1985, Stb. 471 en artikel 17 Auteurswet 1912, dient men de daarvoor wettelijk verschuldigde vergoedingen te voldoen aan de Stichting Reprorecht (Postbus 882, 1180 AW Amstelveen). Voor het overnemen van gedeelte(n) uit deze uitgave in bloemlezingen, readers en andere compilatiewerken (artikel 16 Auteurswet 1912) dient men zich tot de uitgever te wenden.

CIP/ISBN 906011.788.3

Inhoud

WOORD VOORAF *F. C. Blees*	6
TEN GELEIDE *Prof. dr. A. J. J. Mekking*	7
DE ONTWIKKELING VAN DEVENTER ALS KERKELIJKE VESTIGINGSPLAATS TOT AAN DE BOUW VAN DE ZOGENOEMDE BERNOLDKERK *Drs. T. A. Spitzers*	11
DE BOUWGESCHIEDENIS VAN DE KERK TOT CA. 1450 *J. W. Bloemink*	29
HERKOMST EN BETEKENIS VAN HET CONCEPT EN DE HOOFDVORMEN VAN DE ELFDE-EEUWSE KERK *Prof. dr. A. J. J. Mekking*	50
DE BOUWGESCHIEDENIS VAN DE LEBUINUS TUSSEN CIRCA 1450 EN DE REFORMATIE *Drs. ing. D. J. de Vries*	71
ANDERHALVE EEUW STEIGERS ROND DE KERK (1846-1990) *H. F. A. Rademaker, arch. HBO*	102
DE SCHILDERINGEN EN HUN PLAATS IN HET GEBOUW *Drs. W. Haakma Wagenaar*	128
GRAFZERKEN IN DE LEBUINUSKERK *Mr. H. J. Nalis en J. J. van Nijendaal (†)*	160
OPBOUW EN AFBRAAK ALS GOLFBEWEGING IN DE TIJD Het interieur van de Lebuinuskerk sinds 1795 *Ing. H. Koldewijn*	177
EEN 'CLOCKENSPEL (...) DAT IN DESE GEUNIEERDE PROVINCIEN GEEN BETER SAL WERDEN GEVONDEN' De lui- en speelklokken en het uurwerk in de toren van de Lebuinuskerk vanaf de middeleeuwen *C. M. Hogenstijn*	213
BESCHRIJVING VAN HET ORGEL IN DE GROTE OF LEBUINUSKERK TE DEVENTER *J. W. Kleinbussink*	227
INTERIEUR EN INVENTARIS TOT 1800 *B. Dubbe*	234
LITERATUUR	280

Woord Vooraf

Het samenstellen en redigeren van een boek over een monumentaal gebouw als de Grote- of Lebuinuskerk – het grootste en een van de oudste monumenten van de Hanzestad Deventer – is geen sinecure.
Een complicerende factor bij deze uitgave is dat er niet één, maar meer dan tien auteurs bij betrokken waren. Daarbij kwam nog het vele foto- en tekenwerk. Voorwaar een hele opgaf voor die betrokkenen die nog niet eerder aan de totstandkoming van een boek van dit belang hadden meegewerkt; maar ook een hele belevenis.

Onder de auteurs die hun medewerking toegezegd hadden, waren de heer dr. A.F.C. Koch en de heer J.J. van Nijendaal. Beiden waren zeer deskundig op het gebied van de Deventer historie. Zeer tot ons aller leedwezen hebben zij slechts kort hun krachten en hun kennis aan de totstandkoming van dit boek kunnen geven. In juli 1990 overleed de heer Van Nijendaal en in september van dat jaar de heer Koch. Daarmee verloor het redactieteam twee bij de materie zeer betrokken leden, wier vakmatige kennis en collegiale inbreng zeer node werden gemist.

Voor de geïnteresseerde lezer zal dit boek een schat aan gegevens en wetenswaardigheden bevatten, waarvan een deel zelfs niet eerder gepubliceerd werd. Het gebouw waarover in dit boek geschreven wordt – en dat geldt ook voor andere historische bouwwerken – is niet slechts een samenvoegsel van bouwmaterialen, maar ook een brok geschiedenis.
Steeds weer blijkt dat deze kerk door de eeuwen heen iets loslaat van haar verleden. De verworven kennis wordt in een periode van restauratie extra verdiept. Stukje bij beetje komt er meer los van de eeuwenlange historie.

De auteurs, fotografen en tekenaars zijn allen zeer deskundig op het gebied van de oude bouwkunst met de bijbehorende specialismen. Bij het bekijken en lezen van dit boek zult u daarvan onder de indruk raken. Zij allen verdienen onze grote dank voor de geleverde prestaties.
Onze speciale dank gaat uit naar Clavis, een stichting voor publikaties over Middeleeuwse kunst, te Utrecht. Alle betrokkenen werkten pro deo mee aan de totstandkoming van dit boek. Zonder het enthousiasme van al deze mensen zou het realiseren van dergelijke boeken vrijwel niet mogelijk zijn en zou veel onbekend blijven.
Onze dank geldt ook de Rijksdienst voor de Monumentenzorg, die de uitgave van dit boek financieel mogelijk maakte.

Na de restauratie van 1987/1989 staat de kerk er weer solide bij en kan er weer een tijd tegen. In 1992 zal er helaas ook een eind komen aan de restauratie van een deel van de wand- en gewelfschilderingen, doordat de beschikbare subsidie op is. Voor de resterende schilderingen is de Kerkvoogdij der Hervormde Gemeente aangewezen op nieuwe subsidies.

De Grote- of Lebuinuskerk is een Godshuis waarin op alle zondagen kerkdiensten worden gehouden. 's Zomers, en dank zij een nieuw aangelegde verwarming nu ook 's winters. Daarnaast heeft de kerk een multifunctionele functie in de Deventer gemeenschap gekregen en daardoor voor velen de deuren geopend. Ontegenzeggelijk zal er door het zeer intensieve gebruik meer slijtage optreden dan in voorgaande eeuwen. Maar daar staat tegenover dat de kerk weer een centrale rol vervult in Deventer.

We hopen dat u door dit schitterende boek met andere ogen gaat kijken naar monumenten in het algemeen en de Grote- of Lebuinuskerk te Deventer in het bijzonder.

Wij wensen u veel lees- en kijkplezier toe.

F.C. Blees
voorzitter Stichting Restauratie
Grote- of Lebuïnuskerk

Ten Geleide

De eerste Nederlander die de architectuur van de middeleeuwen systematisch bestudeerde, mr. Frederik N.W. Eyck van Zuylichem (1806-1876) constateerde reeds dat er een sterke formele samenhang had bestaan tussen de kerken van Sint-Pieter, Sint-Jan en Sint-Paulus te Utrecht, de Lebuinus te Deventer en de Sint-Maarten te Emmerik. Eyck ging er daarbij van uit dat bisschop (1027-1054) Bernold vermoedelijk als stichter van de eerste vier kerken was opgetreden.

Men kan de bewuste passages terugvinden in Eycks 'Kort overzigt van den bouwtrant der Middeleeuwsche kerken in Nederland' uit 1849 (in: Berigten van het Historisch Gezelschap te Utrecht. Tweede Deel. Eerste Stuk. p. 66-146). Het is verrassend te constateren hoezeer zijn benadering reeds lijkt op de gemiddelde hedendaagse architectuurhistorische verhandeling en hoe onwetend hij tegelijkertijd was als het ging om de datering van tal van bouwvormen. Het laatste mogen wij hem – de pionier – nauwelijks aanrekenen; het eerste zouden wij ons zelf wellicht moeten aantrekken.

Over de Lebuinus merkt Eyck onder andere het volgende op: 'Het koor met de crupta daaronder, is nog overig van deze kerk, door bisschop Bernulphus gesticht. Gelijk het koor van de St. Pieterskerk te Utrecht, is het met den halven zeshoek gesloten; maar men schijnt hier meerdere moeite tot versiering aangewend te hebben, want de hoekpilasters, kruispilaren en de hoeken van de voormalige kruisarmen zijn met ronde gordelstaven voorzien. Behalve deze, nog zigtbare, gedeelten der oude kerk, bevinden zich aan het westeinde nabij den toren nog twee pilaren, gelijk aan die van het kruis. De staven aan al deze deelen zijn met vierkante, op verschillende wijze versierde, kapiteelen en basementen met het blad op de hoeken, voorzien. Vroeger kwam het mij voor dat deze ornamenten tot eene herstelling of verfraaijing der kerk in de 12de eeuw behoorden, doch eene nadere beschouwing en vergelijking dezer kerk met de kerken te Oldenzaal, Ootmarsum en eenige buitenlandsche godshuizen, hebben mij overtuigd, dat deze Lebuinuskerk zeer wel ten tijde van bisschop Bernulphus in dien smaak gebouwd kan zijn, terwijl men hieruit tevens moet opmaken dat ten zijnen tijde de kerken aan geene zijde den [sic!] IJssel fraaijer zijn opgebouwd dan in den hoofdzetel des bisdoms. [...] Het bestaan van pilaren nabij den toren, gelijk aan die van het kruis, doet vermoeden dat de kerk van Bernulphus even lang als de tegenwoordige geweest zij, weshalve zij dan ook grooter dan eenige andere, door hem gestichte kerk geweest zou zijn. [...] Deze [crypte van de Lebuinus] komt in het algemeen met die te Utrecht [in de Pieterskerk] overeen, doch is grooter, daar zij omtrent 14 el lang en 9 el breed is. De zes zuilen hebben soortgelijke basementen en kapiteelen, de schaften der beide oostelijke zijn met een soort van schubben bedekt, misschien de navolging van den stam der palmboomen, de beide middelste, met ronde, en de beide westelijke, met scherpe schroeflijsten. Deze versiering met schroefvormig lijstwerk (striata) komt als zuilen versiering reeds bij de Romeinen voor. Hier te lande verschijnt zij weder in het laatste tijdvak der Germaansche bouwkunde, zoals aan den toren der Grootekerk te Haarlem, het stadhuis te Kuilenburg en aan andere gebouwen uit de 15de en 16de eeuwen zigtbaar is [...]'.

Afgezien van enige kleinigheden had Eyck van Zuylichem al een duidelijk beeld van de hoofdlijnen van de kerk uit Bernolds tijd. Omdat de bouwgeschiedenis van de meeste kerken waarmee hij vergelijkingen trok, nog onvoldoende was bestudeerd, heeft hij gemeend zijn eerdere conclusie ten aanzien van de ouderdom van bepaalde basementen, kolonnetten en kapitelen die zowel tegen de pijlers van de oostelijke als de westelijke viering werden opgetrokken, te moeten herzien. Zoals wij al sinds decennia weten, behoren deze inderdaad niet tot de 'Bernold-kerk' maar werden zij, in verband met de overwelving van deze gedeelten, in de dertiende eeuw aangebracht. De conclusie die Eyck meende te moeten trekken uit zijn latere en foutieve datering van deze bouwdecoratie, namelijk dat de 'Bernold-kerken' ten oosten van de IJssel 'fraaijer [waren] opgebouwd' dan in de stad Utrecht, mist dan ook elke grond.

Interessant hieraan is echter dat Eycks gedachtengang op dit punt reeds de invloed lijkt te vertonen van de toen nog prille, en inmiddels sterk omstreden groepering van gebouwen, op grond van hun formele eigenschappen, tot 'Kunstlandschaften' (men denke aan 'Kunst van het Maasland', 'Rijnlandse kunst', 'Scheldegotiek', etc.). Temidden van de werken die hij de geïnteresseerde lezer ter verdere verdieping van zijn kennis aanraadt, bevindt zich dan ook de 'Histoire sommaire de l'architecture réligieuse, civile et militaire au moyen-âge' (Paris, 1838) van de 'vader' van de (Franse) kunstgeografie, A. de Caumont.

In de passage die Eyck aan de crypte van de Lebuinus wijdde, geeft hij enerzijds blijk van een verrassend goede, nog steeds niet verouderde vormhistorische kennis, terwijl hij anderzijds uiterst traditionele opvattingen huldigt die niet lang meer stand zouden houden. Het eerste slaat op zijn constatering dat het spiraalmotief, dat sommige van de crypte-zuilen vertonen, reeds bij de Romeinen in zwang was, en dat dit – om in hedendaagse termen te spreken – in de late gotiek in onze streken opnieuw is toegepast.

Een zeer interessant voorbeeld hiervan, omdat het direct door de zuilen in de crypte van de Lebuinus geïnspireerd lijkt te zijn, maar dat door Eyck niet wordt genoemd, is de decoratie van de korte dikke zuilen in het huis Brunenberg, het latere Landshuis, tegenover de zuidwand van de Lebuinus. In verband met de 'revival' van deze siervorm spreekt Eyck van Zuylichem echter niet van 'late gothiek' maar van het 'laatste tijdvak der germaansche bouwkunde'. Hierin toont hij zich een volgeling van Franz Theodor Kugler, die in zijn 'Handbuch der Kunstgeschichte' (1842) de gotiek, ter onderscheiding van de Romaanse bouwkunst, de 'Germanische Architektur' noemt. Ook het boek van Kugler figureert in Eycks lijst van aanbevolen werken.

In onze ogen uiterst ongeloofwaardig is de veronderstelling van Eyck dat het schub-motief, dat het meest oostelijke zuilenpaar in de crypte vertoont, zou zijn afgeleid van de stam van de palmboom. Deze zienswijze komt voort uit de organische interpretatie van bepaalde architectonische elementen als zuilen en gewelven. Hieraan werd, met name in de gotische architectuur van midden- en oost-Europa, op soms uitbundige wijze vorm gegeven. Ook een groot aantal auteurs dat zich in de loop der eeuwen had bezig gehouden met de vraag naar de oervormen van de bouwkunst kwam uit op de boomstam, zijn takken en zijn bladeren als de oudste bouwmaterialen voor de eerste, primitieve menselijke behuizing.

Er is echter geen enkele reden om aan te nemen dat degene die het concept maakte voor de crypte van de Lebuinus aan palmbomen zal hebben gedacht, zoals de architect John Nash nog geen dertig jaar voor het verschijnen van Eycks boek had gedaan toen hij 'The Royal Pavilion' te Brighton voor de Engelse regent in 'Indian Gothic' herbouwde.

De geschiedenis van het architectuurhistorisch onderzoek in Nederland moet nog worden geschreven. Daarom ook is het werk van een van zijn voornaamste pioniers, Eyck van Zuylichem, nagenoeg in vergetelheid geraakt. Te onrechte. Om ongeveer aan te kunnen geven op welke punten onze kennis omtrent de bouwgeschiedenis van de Lebuinus sinds het begin van de architectuurgeschiedschrijving in ons land is verbeterd en toegenomen, heb ik Eyck uitvoerig geciteerd en van historiografisch commentaar voorzien. De volgende architectuurhistoricus die zich zowel met de 'Bernold-kerken' in het algemeen als met de Lebuinus in het bijzonder heeft bezig gehouden, was prof. dr. E.H. ter Kuile. Het eerste onderwerp vond zijn neerslag in het opstel 'De kerken van bisschop Bernold' uit 1959. Het tweede resulteerde in de verhandeling over de bouwgeschiedenis van de Lebuinus in het aan Zuid-Salland gewijde deel van de 'Geïllustreerde Beschrijving van de Monumenten van Geschiedenis' en Kunst uit 1964. Ofschoon zijn benaderingswijze van de architectuur niet wezenlijk verschilt van die van Eyck van Zuylichem, kon Ter Kuile putten uit een vergelijkenderwijs immens toegenomen kennis van de middeleeuwse kerkelijke architectuur in het algemeen, van de Lebuinus in het bijzonder, en van de relevante geschreven bronnen. Het valt op dat de auteur in beide werken een ruim gebruik heeft gemaakt van recente historische studies. Eigenaardig is de impliciete poging om de herkomst en de symbolische betekenis van de karakteristieke koorpartij van de 'Bernold-kerken' te achterhalen, die de auteur in het bewuste artikel onderneemt (k. 160-161). Na te hebben aangegeven op welke punten de 'Bernold-koren' met dat van San Giovanni ante portam Latinam te Rome overeen zouden komen, en na te hebben omschreven welke de mogelijke historische connectie tussen deze kerk en het aartsbisdom Keulen geweest zou kunnen zijn, breekt de auteur zijn betoog af. De lezer blijft dan achter met de vragen welk belang Ter Kuile nu wel aan deze gegevens hechtte en wat hij met deze passage voor had. Deze zijstap in de richting van de ikonologie van de architectuur blijft een 'Fremdkörper' in het werk van Ter Kuile. In het voor u liggende boek over de Lebuinus wordt echter uitvoerig op de symbolisch-historische betekenis van de architectuur van de Lebuinus ingegaan. Dit geldt zowel voor de elfde-eeuwse (Mekking) als voor de vijftiende- en zestiende-eeuwse (De Vries) delen van de kerk.

Voordat deze ikonologische interpretatie gegeven kon worden, moesten echter alle materiële gegevens over de kerk opnieuw worden geordend en onderzocht, en werden er ook nog nimmer gebruikte, zoals de steenhouwersmerken, aan toegevoegd (Bloemink, Glaudemans, Haakma Wagenaar, Koldewijn, De Vries). Toen werd ook pas in volle omvang duidelijk welke de kwaliteiten en welke de zwakheden zijn die de bijdrage van Ter Kuile in het voornoemde deel van de 'Geïllustreerde Beschrijving' aankleven. Om twee cruciale voorbeelden van dat laatste te noemen: het aantal intercolumniën dat Ter Kuile in het oorspronkelijke schip veronderstelde is niet correct, terwijl ook zijn reconstructie van het westwerk onhoudbaar is.

Dit nieuwe boek over een van de oudste en grootste middeleeuwse kerken van ons land wordt vooral gekenmerkt door zijn multidisciplinaire aanpak. Dat wil zeggen dat specialisten op verschillende vakgebieden een groot aantal facetten van de geschiedenis van het gebouw en zijn inventaris hebben behandeld. Een

Ten Geleide

aanzet hiertoe kon men ook reeds vinden in het deel 'Zuid-Salland' van de 'Geïllustreerde Beschrijving'. In afwijking van de gebruikelijke gang van zaken komt hier, naast de architectuurhistoricus Ter Kuile, de historicus A.C.F. Koch aan het woord. De bijdrage van deze laatste heeft veel nieuwe gegevens over de bouwgeschiedenis, de financiering en de inrichting van het gebouw aan het licht gebracht. Bij de voorbereiding van de kopij voor dit boek was hem wederom een rol toebedacht: als redacteur en als schrijver van een grotere, synthetiserende inleiding. Het heeft door zijn overlijden niet zo mogen zijn.

Ik hoop dat het ontbreken van een substantieel eerste hoofdstuk, waarin de resultaten van de deelonderzoeken tot een nieuw beeld van de geschiedenis en de betekenis van de Lebuinus samengevoegd hadden moeten worden, en waarin de grote lijnen van hetgeen nog volgt zouden worden geschetst, door de lezer niet als een al te groot gemis zal worden ervaren.

Een goede synthese vergt afstand, een grote algemene kennis en veel tijd. Omdat er niet spoedig iemand gevonden kon worden die over alle drie beschikte, moesten wij het geplande eerste hoofdstuk laten vallen. Daardoor is dit boek nog méér dan de bedoeling was, een produkt geworden van de gefragmenteerde wetenschapsbeoefening van de late twintigste eeuw. Hoewel menige auteur in ruime mate gebruik heeft gemaakt van de methoden en de resultaten van andere, verwante disciplines, vertegenwoordigen allen hoe dan ook een geheel eigen specialisme. Om nu te voorkomen dat de resultaten van het onderzoek van de ene auteur niet ten volle door andere benut zouden kunnen worden, en om te bevorderen dat de bijdragen elkaar zoveel mogelijk zouden aanvullen en versterken, werden vanaf 1989 regelmatig plenaire beprekingen gehouden. Deze werden weer afgewisseld met bijeenkomsten van groepjes auteurs die verantwoordelijk waren voor een deelaspect van het totale boek. Deze groepjes waren vaak een soort van 'gelegenheidscoalities' al naar gelang het materiaal, de periode en de onderzoeksmethode waarmee een aantal schrijvers zich op dat ogenblik bezighield.

Bij de opzet van het boek is er zoveel mogelijk naar gestreefd de verschillende bijdragen systematisch te groeperen. Het wordt geopend met een beschouwing over de factoren die hebben geleid tot de vestiging van een grote bisschoppelijke kapittelkerk rond het graf van de geloofsverkondiger Lebuinus (Spitzers). Daarna volgen drie hoofdstukken, die hiervoor al kort ter sprake kwamen, over de geschiedenis en de symbolische betekenis van de architectuur van het kerkgebouw (Bloemink, Mekking, De Vries). Toen in de eerste helft van de vorige eeuw ook in Nederland de belangstelling voor de middeleeuwse bouwkunst wortel had geschoten, besloot men tot een grootscheepse restauratie van de Lebuinus. Restauraties zullen, zolang wij als samenleving een grote culturele waarde aan onze belangrijke monumenten blijven toekennen, steeds opnieuw, met wisselende visies worden herhaald (Rademaker).

De volgende zes hoofdstukken handelen alle over een aspect van het inwendige van de kerk. Het eerste gaat over de beschildering van het gebouw vóór en ná de reformatie. De auteur (Haakma Wagenaar) besteedt daarbij ook de nodige aandacht aan de relatie tussen de schilderingen en de toenmalige liturgische praktijk. Tot het moment waarop het om hygiënische redenen werd verboden, wilde ieder die het zich kon permitteren in de geheiligde bodem binnen de muren van het kerkgebouw worden begraven. Aan de zerken die daaraan nog steeds herinneren, is het zevende hoofdstuk van dit boek gewijd (Nalis). Terwijl in het laatste hoofdstuk een en ander wordt gezegd over het interieur van de kerk vóór 1800, wordt in hoofdstuk acht niet alleen gepoogd de ingrijpende veranderingen die het inwendige van de kerk sindsdien heeft doorgemaakt te beschrijven maar ook om deze te verklaren in het licht van de wisselende oppvattingen over gebruik en beleving van het protestantse kerkgebouw (Koldewijn). Een boek over een kerk is nooit compleet zonder afzonderlijke bijdragen over de traditionele 'muzikale' inventarisstukken: de klokken en het orgel. De Grote Kerk is zowel in het bezit van een indrukwekkend gelui en klokkenspel (Hogenstijn) als een monumentaal orgel (Kleinbussink).

De ware glorie van de Lebuinus was echter de schat aan kostbare boeken, reliekhouders, liturgische gebruiksvoorwerpen, beelden, retabels en gestoelten, waarvan men sommige reeds zeer vroeg kon bewonderen. Het merendeel hiervan is helaas verloren gegaan. Dankzij zijn grote kennis van de schriftelijke bronnen en de vertrouwdheid met hetgeen overbleef of verwant is aan wat verloren ging, is de auteur van het laatste hoofdstuk (Dubbe) erin geslaagd hiervan een indringend beeld te schetsen.

Tot slot wil ik de uitstekende samenwerking tussen de auteurs onderling niet onvermeld laten, alsmede die tussen de auteurs en de leden van de redactie van de Stichting Clavis. Van de redactieleden moeten Jos Kool en Marieke van Vlierden, die de auteurs in de afwerkingsfase hebben begeleid en de kopij persklaar hebben gemaakt, vanwege hun grote inzet met name worden genoemd.

Uitstekende herinneringen bewaar ik tenslotte ook aan de voorzitter en de secretaris van de 'Stichting Restauratie Grote- of Lebuïnuskerk' de heer F.C. Blees en mevrouw W.J. Leferink-de Weerd. Zij stimuleerden en volgden het groeiproces van het boek met groot enthousiasme en belangstelling en waren altijd buitengewoon coöperatief.

Prof. dr. Aart J.J. Mekking
voorzitter Stichting Clavis

Kleurenafb. 1 Middenbeuk, gewelf met Lebuinus, verscholen achter het orgel (foto A.J. van der Wal/Rijksdienst voor de Monumentenzorg, Zeist).

De ontwikkeling van Deventer als kerkelijke vestigingsplaats tot aan de bouw van de zogenoemde Bernoldkerk

T. A. Spitzers

1 Deventer als missiebasis

In de tijd dat Gregorius als bisschop van Utrecht en leider van het Utrechtse missiecentrum fungeerde (755-780), meldde zich een priester bij hem uit het land der Angelen, Liafwinus genaamd, beter bekend onder de gelatiniseerde vorm van zijn naam: Lebuinus. Deze koesterde de wens in het grensgebied van Franken en Saksen in de buurt van de rivier de IJssel, de bevolking behulpzaam te zijn met het onderwijs in de Christelijke leer.[1] Gregorius gaf hem als gids en begeleider ene Marchelmus mee, een Angelsaksische missionaris die al langer aan het Utrechtse missiecentrum verbonden was. In het desbetreffende gebied werden zij goed ontvangen door een invloedrijke dame ('matrona'), genaamd Avaerhilda, en andere gelovigen. Lebuinus verkondigde er met succes de Christelijke leer en men bouwde voor hem een kerk aan de westkant van de IJssel op een plaats genaamd Huilpa (Wilp). Daarna bouwde men ook nog een kerk 'aan de oostkant van de rivier op een plaats genaamd Daventre. Toen het volk daar samenstroomde vanwege de preken van de Heilige, verzamelden Saksen die in die tijd verblind waren door "heidense" rituelen, in woede ontstoken, een leger, verjoegen de Christenen (...) en staken de kerk in brand (...) Nadat de onlusten weggeëbd waren en de rovers naar het hunne waren teruggekeerd',[2] kwam Lebuinus terug, herbouwde de kerk, vervulde tot aan zijn dood zijn roeping als prediker en werd tenslotte begraven in de kerk. Na de dood van Lebuinus werd de 'plaats' opnieuw verwoest door 'heidense' Saksen, waarbij ook de kerk weer in brand werd gestoken. Intussen was bisschop Gregorius overleden (775) en opgevolgd door zijn neef Alberik (775-784). Deze gaf een jonge missionaris van aanzienlijke Friese afkomst, genaamd Liudger, als diens eerste missie-opdracht de verlaten kerk te herbouwen boven het graf van Lebuinus. Liudger kon aanvankelijk het graf van zijn voorganger niet vinden en begon met de bouw van de kerk op de plek waar hij het graf vermoedde. In een droom zou de overleden heilige hem toen de plaats aangewezen hebben onder de zuidmuur van de nog niet voltooide kerk. Deze werd vervolgens met behulp van een verzamelde menigte mensen verplaatst en voltooid.

Met dit verhaal, tussen 839 en 849 neergeschreven door Altfried, de derde bisschop van Münster en bovendien verwant aan zijn voorganger Liudger, begint de kerkelijke geschiedenis van Deventer. Uit allerlei details in dit en andere gedeelten van de 'Levensbeschrijving van Liudger' waar dit verhaal onderdeel van uitmaakt, valt af te leiden dat Lebuinus rond 768, en in elk geval tussen 768 en 772, naar deze contreien kwam, terwijl de herbouw van diens kerk door Liudger ongeveer in 776 moet hebben plaatsgevonden.[3]

De activiteiten van Lebuinus te Deventer zijn daarmee te situeren aan de vooravond van de definitieve onderwerping van de Saksen door de Frankische koning, en latere keizer Karel de Grote, die bijna dertig jaar in beslag zou nemen (775-804). De ideologische onderbouwing van de koninklijke heerschappij was bij de Franken verweven met het Christendom. Vandaar dat de militaire en politieke onderwerping van een streek of volk door de Frankische koningen steeds gepaard ging met kerstenings-activiteiten. Daarbij werden, vaak voorafgaand aan de militaire onderwerping, missieposten gesticht aan de rand van het door de Franken beheerste gebied. Vandaaruit werden dan bekeringsexpedities ondernomen in 'heidense' gebieden. Voorbeelden hiervan zijn het latere Hamburg, dat in de negende eeuw als missiebasis voor Scandinavië diende, en Utrecht, dat in de late zevende en de achtste eeuw het uitgangspunt vormde voor missie-activiteiten onder de Friezen.[4] Rond het midden van de achtste eeuw lijkt men geprobeerd te hebben te Dokkum een steunpunt van het Utrechtse Centrum op te richten voor de zending onder de Friezen. Tussen 734 en 775 lag deze plaats net binnen de grens van het door de Franken beheerste gebied (afb. 1). De moord op Bonifatius zal deze opzet verstoord hebben.[5] Rond 770 lijkt Deventer aan de beurt te zijn geweest om als een soortgelijk steunpunt te dienen voor bekeringsexpedities. Twee verschillende levensbeschrijvingen van Lebuinus uit de vroege tiende eeuw maken namelijk melding van een bezoek van deze missionaris aan een algemene volksvergadering van Saksen, waar hij ternauwernood aan mishandeling of moord ontsnapt zou zijn.[6]

Dat de keuze voor een dergelijke missiebasis op de locatie van Deventer is gevallen, lijkt, in het licht van recent onderzoek, geheel te passen in het patroon dat van andere missiebases bekend is. In tegenstelling tot de gangbare opvatting, viel de 'grens tussen Franken en Saksen' zeer waarschijnlijk niet samen met de loop van de IJssel, maar zal men haar iets oostelijker moeten zoeken in een brede, onbewoonde zone die Twente en de oostelijke Achterhoek scheidde van een reeks oudere nederzettingen die aan de oostzijde langs de IJssel waren gelegen. Terwijl Twente en de oostelijke Achterhoek in de achtste eeuw duidelijk aansloten bij de oostelijker gelegen Saksische gebieden, lijken de laatstgenoemde nederzettingen cultureel eerder raakpunten te vertonen met de bewoning op de Veluwe.[7] Dit laatste gebied vormde de kern van het 'Hamaland', het 'land der Chamaven' (afb. 1). Deze 'Chamaven' vormden een bevolkingsgroep waarvan de vierde-eeuwse Peutinger Kaart vermeldt dat zij 'ook als Franken' werden beschouwd. In de hieropvolgende Merovingische tijd was het Hamaland een waarschijnlijk half autonoom randgebied van het Frankische Rijk, waarvan de autochtone bevolking nog steeds vrij nauwe banden met de 'echte' Franken onderhield.[8] Door de Frankische verovering van de 'Friese' kustgebieden tot aan de Lauwers in 719 en 734, kwam dit Hamaland wat centraler te liggen binnen de Frankische invloedssfeer, terwijl ook het mondingsgebied van de IJssel nu geheel door de Franken gecontroleerd kon worden. De belangstelling van de Frankische koning voor het IJsselgebied kan daardoor zijn toegenomen. Mogelijk werd al in deze periode begonnen met een grotere directe integratie van dit gebied in het socio-politieke bestel van het Frankische rijk. Bij Deventer namelijk lijkt de bewoning van een meer landinwaarts gelegen, oudere, autochtone nederzetting te Colmschate in de eerste helft van de achtste eeuw beeindigd te zijn. Uit dezelfde tijd stammen de vroegste, na-Romeinse bewoningssporen op de plek waar zich het Karolingische en laatmiddeleeuwse Deventer zou ontwikkelen (afb. 2).[9] Deze laatste plek, waar de hoge gronden direct tot de oever van de rivier reikten, was met zijn relatief steile stootoevers gunstig gelegen als aanlegplaats voor rivierschepen en als oversteekplaats over de IJssel aan een landroute, voerend van het Hamalandse kerngebied op de Veluwe, door niemandsland naar het Saksisch georiënteerde Twente. Voor akkerbouw daarentegen lag zij in vergelijking met de oude nederzettingslocatie te Colmschate minder gunstig. De verschuiving van het nederzettings-zwaartepunt zou daarom goed aansluiten bij, en verklaarbaar zijn door te veronderstellen dat de uit de tiende eeuw bekende, centrale koninklijke domeinhof te Deventer, hier al in de achtste eeuw gevestigd werd.[10] Een dergelijk domeincentrum, vanwaaruit de koninklijke bezittingen in de wijdere omgeving beheerd konden worden, was bij uitstek geschikt voor de vestiging van een missiebasis. Van hieruit werden immers contacten onderhouden met een gedeelte van de bevolking in de wijdere omgeving, dat afhankelijk was van de koning en derhalve relatief ontvankelijk zal zijn geweest voor de christelijke leer. Verder was er een goede contactmogelijkheid met het Saksische oosten en mag men ter plekke

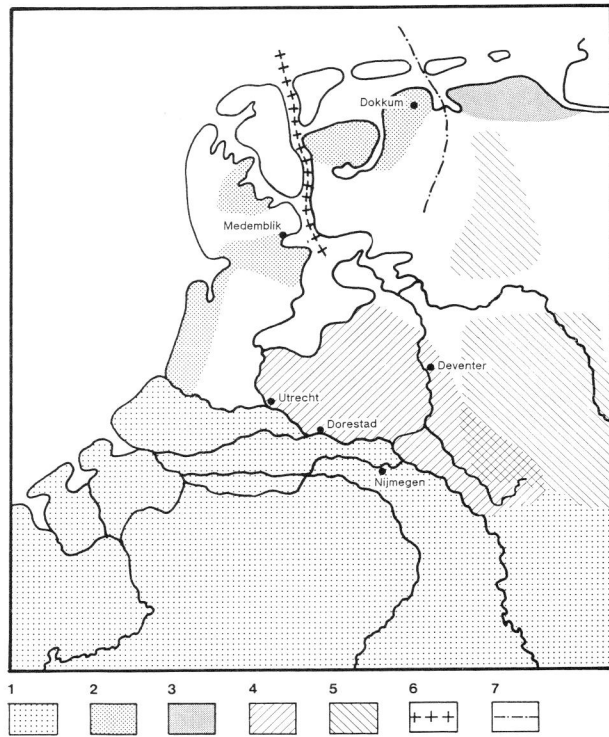

Afb. 1 Aanduiding van de ethnoculturele invloedssferen in Nederland in de achtste eeuw. 1. Frankisch vóór 680; 2. Friezen 719-734 ingelijfd in het Frankische rijk; 3. Friezen 772-785 ingelijfd in het Frankische rijk; 4. Hamaland; 5. Lokale bevolking in de achtste eeuw onder Saksische invloed; 6. Grens van het deel van Friesland dat in 719 bij het Frankische rijk werd ingelijfd; 7. Grens van het deel van Friesland dat in 734 bij het Frankische rijk werd ingelijfd (tekening R. Glaudemans; kustlijnen naar Heidinga 1987, afb. 75).

een koninklijke domeinbeheerder veronderstellen die de nodige organisatorische middelen ter beschikking zal hebben gehad.

De middeleeuwse kern van Deventer ligt op het uiteinde van een westwaartse uitstulping van een complex van hogere rivierduinen.[11] Deze hogere duingronden, die deel uitmaken van een hele reeks van dergelijke duincomplexen langs de oostzijde van de IJssel, vinden bij Colmschate aansluiting op een reeks dekzandhoogten, die van hier praktisch ononderbroken doorlopen tot vlak bij de Holtense stuwwalhoogten, waar Twente begint. De uitstulping waarop Deventer ontstond, lag als een soort schiereiland te midden van drassige laagten. Ze was samengesteld uit drie heuvels van relatief grof en los, snel verstuivend rivierduinzand, met langs de randen en in de laagten ertussen fijner en compacter dekzand. De middelste heuvel was vlakker, minder hoog en steil, en reikte het verst westwaarts in het lage gebied waar de rivier de IJssel door zijn, zich steeds verplaatsende, beddingen stroomde. Aan weerszijden van de middelste hoogte lagen de Berg en de Noordenberg als twee veel steilere, hogere, drogere en verstuivings-gevoeligere duintoppen. De Berg lag wat verder van de rivier, in tegenstelling tot de Noordenberg. Deze laatste werd van de middelste duinlob gescheiden door een baai of rivierinham, die gedurende bepaalde perioden van het jaar onder water gestaan zal hebben. Het is met name langs deze baai en langs de oever van de middelste hoogte, dat de spaarzame vondsten uit de Deventer stadskern van vóór de tijd van Lebuinus zijn aangetroffen (afb. 3).

2 Deventer als kapittelcentrum

Toen de Saksen definitief onderworpen waren, werd een netwerk van bisschopszetels uitgespreid over de gebieden ten oosten van de IJssel. Tegelijkertijd evolueerde de kerkelijke organisatie van de achtste eeuw in onze streken van de meer op missie gerichte pioniers-organisatie naar de organisatie met een meer bestuurlijk en ambtelijk karakter van de negende eeuw.[12] Bij het bestuur en het beheer van allerlei goederen werd sinds de negende eeuw onder andere steeds meer gebruik gemaakt van gemeenschappen van kanunniken of kapittels. In tegenstelling tot andere gemeenschappen van geestelijken, hadden deze een op de buitenwereld gerichte instelling. Ook te Deventer moet, al vóór het midden van de negende eeuw, een dergelijke 'gemeenschap van kanunniken' bestaan hebben.[13] Deze zou zijn ontstaan uit een groep geestelijken die door Liudger aan de Deventer kerk verbonden werd na de herbouw daarvan.[14] Ook elders, in Friesland en in Münster, heeft Liudger bij de opbouw van de eerste kerkelijke organisatie dergelijke groepen van geestelijken gevormd.

In de late middeleeuwen waren de afzonderlijke woonhuizen van de kanunniken vooral geconcentreerd ten noordoosten van de Lebuinuskerk, aan weerszijden van de huidige Sandrasteeg. Vóór de elfde eeuw leidden kanunniken doorgaans een gezamenlijk leven in kloostergebouwen die aansloten op de kerk waaraan zij verbonden waren.[15] Een dergelijk kerk- en kloostercomplex zal men in het negende- en tiende-eeuwse Deventer ook mogen zoeken. Misschien hebben de resten van een lang stenen gebouw met binnenmuren, die in 1952/1953 zijn opgegraven op een afstand van ca. 30 meter van de Lebuinuskerk, vlak langs de Hofstraat (afb. 6, A), hiertoe behoord. Zij zullen in paragraaf 6 nog aan de orde komen.

Volgens de voorschriften van bisschop Chrodegang van Metz, waaraan alle kapittels zich vanaf 816 hadden te houden, moest een dergelijk kapittel-complex omgeven zijn met 'sterke verschansingen of vestingwerken'.[16] Aan de achterzijde van de huizen langs de zuidoost-wand van het Grote Kerkhof en in de Vlees-

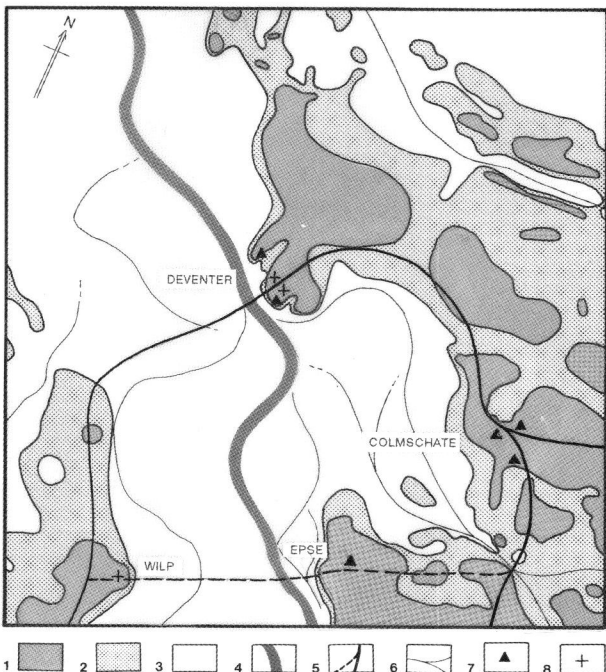

Afb. 2 Reconstructie van het reliëf rond Deventer in de vroege middeleeuwen (naar Spitzers 1989) met vindplaatsen van bewoningssporen uit de Merovingische tijd.
1. Hoger dan ca. 7 m +N.A.P. (hoge, droge gronden);
2. Ca. 5-7 m +N.A.P. (bewoonbare gronden); 3. Lager dan 5 m +N.A.P. (natte, slecht bewoonbare gronden);
4. Huidige IJsselloop; 5. Veronderstelde/mogelijke doorgaande routes; 6. Mogelijke of bekende oude rivier- en beeklopen (tekening R. Glaudemans).

houwerstraat zijn sporen gevonden van een ca. 30 m brede en minstens 125 m lange, kunstmatige laagte of droge gracht met een diepte van zeker anderhalve meter, die in de tweede helft van de negende eeuw reeds bestaan moet hebben (afb. 3).[17] Een tegenhanger van deze gracht zou men bijvoorbeeld langs de huidige 'Graven' kunnen zoeken. Aldaar gevonden bodemsporen bieden de mogelijkheid te veronderstellen dat een ouder wallen- en grachtensysteem ter plekke opgenomen was in een latere stadsomwalling. Het gebied tussen beide traces was in de late middeleeuwen zo goed als volledig opgevuld met kerkelijke en wereldlijke 'openbare' gebouwen.[18]

Net buiten dit gebied lag, direct ten zuidoosten van de hiervoor beschreven kunstmatige laagte, een grafveld dat in de achtste eeuw in gebruik was.[19] Het ligt voor de hand hier het graf van Lebuinus te zoeken, waar Liudger zijn kerk over heen bouwde: op de top van de middelste duinhoogte en net achter de toenmalige oever-nederzetting. De volksoverlevering lijkt in de vijftiende eeuw nog een herinnering bewaard te hebben aan een 'huus' in de Assenstraat, waar 'Sancte Lebuynus had gewoond en (...) was (...) gestorven'.[20]

Afb. 3 Reconstructie van Deventer in de Karolingische tijd
1. Vindplaats van Merovingisch aardewerk; 2. Gebied met Karolingische nederzettingssporen; 3. Mogelijk nederzettingsterrein in de Karolingische tijd, waarvan geen grondsporen bekend zijn en weinig aardewerk gevonden wordt; 4. Gereconstrueerd resp. mogelijk verloop van de droge omgrachting van de civitas uit de Karolingische tijd; 5. Vermoedelijke lokatie van het kapittelklooster met kapittelkerk; 6. Karolingisch grafveld met vermoede grafkapel van Sint Lebuinus; 7. Meest logische verloop van de doorgaande route Veluwe-Twente (tekening R. Glaudemans).

Ook de Annales Fuldenses situeren de rustplaats van de heilige te Deventer in 882 niet in een omwalde 'civitas' maar in een 'portus': een haven-nederzetting op de rivieroever.[21]

3 Deventer als bisschopszetel

De aanwezigheid van het kapittelklooster, al of niet omgeven met een gracht en verdedigingswerken, zal ertoe hebben bijgedragen dat de Utrechtse bisschoppen met hun kanunniken in de late negende en vroege tiende eeuw, op de vlucht voor de Noormannen, enkele decennia lang hun hoofdverblijfplaats in Deventer vestigden. Voorzover wij weten, stonden hun in die tijd in het Utrechtse bisdom nog nauwelijks andere bisschoppelijke kloosters of kapittelcomplexen ter beschikking. Nadat Noormannen in 857 Utrecht veroverd hadden, en de bisschop en de kannuniken gevlucht waren, werd hun door de koning een klooster geschonken te Sint Odiliënberg bij Roermond om als onderkomen te dienen (afb. 5).[22] Terwijl het ten noorden van de grote rivieren onrustig bleef, zaten de geestelijken in het Maasgebied tot 879 redelijk veilig. In de winter van 881-882 echter sloeg een groep Noormannen, nog geen 10 km hemelsbreed van Sint Odiliënberg verwijderd, te Asselt een winterkamp op. Uit deze jaren is een hele reeks Noormannenbezoeken bekend aan de wijdere omgeving. Aanleiding genoeg om in deze periode een verhuizing te vermoeden naar Deventer, dat in 895 voor het eerst als bisschopszetel wordt vermeld.[23] Van bisschop Radbod (900-917) is bekend dat hij hier zijn vaste verblijfplaats had en er begraven is.[24] Zijn opvolger Balderik (918-976) moet zijn hoofdverblijfplaats vóór 929 weer naar Utrecht hebben verlegd, en daar begonnen zijn met het herstellen van de kerkelijke vestiging.[25]

4 Deventer als koninklijk handelscentrum

Behalve door de aanwezigheid van een bisschoppelijk kapittelklooster, was Deventer als bisschopszetel waarschijnlijk ook aantrekkelijk door de aanwezigheid van een onder koninklijke bescherming staand centrum van internationale handel. Vlakbij Utrecht, de oorspronkelijke bisschopszetel, bevond zich te Dorestad – nu Wijk bij Duurstede – één van de belangrijkste handelscentra van de Karolingische tijd in Noordwest-Europa (afb. 4). De handel van de Frankische gebieden langs de Rijn trad hier, onder koninklijke bescherming en toezicht, in contact met de uitheemse handel op Engeland, Scandinavië en het Oostzeebekken. Tussen 834 en 863 werd deze plaats, vaker dan enige andere, in de schriftelijke bronnen vermeld in verband met bezoeken en brandschattingen door Noormannen, en werd zij zelfs twee maal tijdelijk in leen gegeven aan een Noormannenleider. De koninklijke bescherming en handelskontrole moeten daardoor ter plekke praktisch weggevallen zijn. De meeste

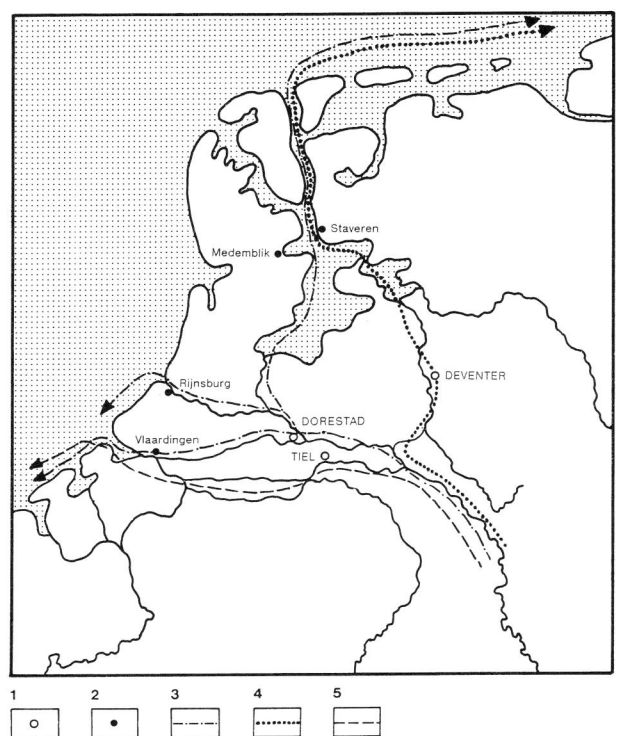

Afb. 4 Handelscentra tot ca. 1100. Koninklijke handelscentra in de Karolingische en Ottoonse tijd (700-1000) (1) en de bijbehorende handelsroutes vanuit Dorestad (3), Deventer (4) en Tiel (5). Daarnaast: Handelscentra in de tiende eeuw in het beheer van regionale machthebbers (2). (tekening R. Glaudemans).

Afb. 5 Bisschoppelijke centra in het bisdom Utrecht tot ca. 1100.
1. Tijdelijke bisschopszetels in de negende en vroege tiende eeuw; 2. Zetels van bisschoppelijke kapittels in de elfde eeuw; 3. Bisschoppelijk steunpunt Groningen; 4. Omvang van het bisdom Utrecht vóór 1550; 5. Landroute van Utrecht via Deventer naar Twente en Osnabrück (tekening R. Glaudemans).

hier gevestigde internationale handelsondernemers lijken dan ook vóór 880 een goed heenkomen gezocht te hebben in een hele reeks andere plaatsen, waar zij direct bij koninklijke of kerkelijke vestigingen kolonies vormden.
Het archeologisch vondstmateriaal uit de Deventer binnenstad wijst op een plotseling verhoogde concentratie van ambachtelijke en handelsactiviteit in de tweede helft van de negende eeuw in een strook langs de IJsseloever ter weerszijden van het kapittelterrein.[26] In 877 wordt de plaats voor het eerst aangeduid als 'portus' (= haven) en in 896 laat koning Zwentibold in een oorkonde uitdrukkelijk vermelden dat de uitzonderlijke rechtssituatie die voor handelaren te Dorestad gold, ook gold voor die uit Deventer en Tiel.[27] Daarmee kreeg de Deventer handelaarskolonie al zeer vroeg een speciale juridische status, die waarschijnlijk één van de bronnen vormde voor het latere stadsrecht.[28] Rond het midden van de tiende eeuw woonde hier binnen de grenzen van een omwalling onder koninklijke bescherming, al een groep mensen waarin we waarschijnlijk koninklijke handelaars mogen zien.[29] Ook dit was indertijd nog geenszins een wijdverspreid verschijnsel en geeft het belang van de kolonie aan in de tiende eeuw.[30]

Terwijl de handel van Tiel zich duidelijk op Engeland richtte, had Deventer van Dorestad de functie overgenomen van een door de koning gecontroleerde handelsbasis, vanwaaruit 'Friese' kooplui goederen uit de opbloeiende Oost-Frankische cultuurgebieden langs de Rijn verhandelden naar de kusten van Scandinavië en de Oostzee. Het was echter ook de plaats waar, vanuit de laatstgenoemde gebieden afkomstige, 'barbaarse' en 'heidense' kooplieden het eerst gecontroleerd konden worden en geïmponeerd door het machtsapparaat van de Oost-Frankische koning of Heilige Roomse keizer. Uiteraard leverde deze handelscontrole de koning ook inkomsten op, bijvoorbeeld in de vorm van tolheffing. Zo wordt in 975 een koninklijke tol genoemd te Deventer.[31]
Niet alleen uit archeologische vondsten en schriftelijke bronnen kan men het belang van de plaats in de late negende en de tiende eeuw afleiden, ook numismatische gegevens kunnen aanwijzingen geven over Deventers rol als koninklijk handelssteunpunt en contactpunt met de noordelijke buurvolkeren. Na de ondergang van Dorestad werden in de noordelijke Nederlanden gedurende meer dan een eeuw geen

officiële munten meer geslagen van overheidswege. Bij de opbloei van de markteconomie in de late tiende eeuw ontstond een groeiende behoefte aan muntgeld. In een dergelijke situatie is het gewoonlijk de overheid, de koning, die het initiatief neemt tot een stimulans en begeleiding van de beginnende markteconomie[32], in dit geval door het op gang brengen van een omvangrijkere muntslag, daar, waar de behoefte aan muntgeld waarschijnlijk het duidelijkst gevoeld werd, namelijk in de koninklijke handelscentra Deventer en Tiel. Vanaf het laatste kwart van de tiende eeuw werden hier koninklijke munten geslagen. De Deventer munten fungeerden sindsdien als gebruikelijke munteenheid in Friesland[33], terwijl zij in de omvangrijke muntschatten die in de Oostzeegebieden werden aangetroffen, op de Keulse penning na, de grootste groep Nederlotharingse munten vormen. Hun vondstomstandigheden lijken bovendien te wijzen op vrij directe contacten van de vindplaatsen met Deventer.[34]

Uit de al besproken oorkonde van koning Zwentibold uit 896 blijkt dat niet alleen de koning maar ook de bisschop te Deventer optrad als beschermheer voor handelaren, zoals dat ook al het geval was geweest te Dorestad. Verwonderlijk is dit niet, aangezien de bisschop op basis van het door koning Pippijn III (751-768) erkende tiendrecht in principe een aandeel had in alle koninklijke bezittingen en inkomsten in zijn bisdom, dus ook in die te Dorestad en Deventer. Met de verplaatsing van een deel van de handelaren van Dorestad naar Deventer en Tiel, zal zich ook een gedeelte van de economische belangen en inkomstenbronnen van de bisschop van het Utrechtse naar Deventer hebben verplaatst. Dit gebeurde kort na de noodgedwongen verhuizing van de bisschop van Utrecht naar Sint Odiliënberg, en kan, naast de reeds besproken aanwezigheid van een kapittelklooster, meegespeeld hebben bij de latere keuze voor Deventer als bisschoppelijke 'residentie'.

5 Koning en kerk: de ontwikkeling van de wereldlijke rol van de kerk

In paragraaf 1 is er al op gewezen hoezeer koningschap en Christendom bij de Franken met elkaar verweven waren. Bij de geleidelijke ontwikkeling van een staatsorganisatie tussen de zevende en de twaalfde eeuw werden in toenemende mate kerkelijke organisaties ingeschakeld in het bestuur. Als dragers van de Romeinse institutionele tradities waren deze immers bij uitstek geschikt hiervoor, alleen al omdat zij geletterd en geschoold personeel hadden. Bovendien konden zij hun functies niet als vererfbaar persoonlijk bezit opvatten, omdat deze een onlosmakelijk onderdeel van de organisatie vormden. Daardoor kon de verbrokkeling van de organisatie worden tegengegaan, die gedurende de gehele vroege middeleeuwen de Frankische, wereldlijke bestuurssystemen parten bleef spelen. De kerkelijke organisaties hadden verder vaste 'zetels', die continu in gebruik waren, terwijl de wereldlijke machthebbers in deze tijd van plaats naar plaats reisden met hun hofhouding. Meer dan de kloosters, die al in de Karolingische tijd waren ingeschakeld bij het beheer van, vaak wijd verspreide, wereldlijke familie-goederen, was de bisschoppelijke organisatie door zijn grotere samenhang en de zich ontwikkelende hiërarchische structuur, geschikt om als bestuursorganisatie te functioneren in een interregionaal bestuurssysteem. Anders dan de Merovingers en Karolingers, waren de sinds 919 in het Oost-Frankische deelrijk regerende Ottoonse en de latere Salische koningen door de hogere adelsfamilies, de zogenoemde rijksgroten, uit hun midden gekozen als 'primi inter pares' (= eersten onder hun gelijken), die buiten hun eigen 'Hausmacht' (= regionale machtsbases) vooral een symbolische, overkoepelende functie vervulden. Via de bisschoppelijke organisaties konden deze koningen proberen ook buiten hun eigen invloedssfeer enige reële invloed te doen gelden. Met name in Lotharingen, dat pas sedert 925 tot het Oostfrankische Rijk behoorde, hadden de bisschoppen een strategische functie voor het nieuwe, nogal zwak gevestigde, centrale gezag. Zo werd bijvoorbeeld de Utrechtse bisschop (917/918-975) Balderik meer dan anderen begiftigd, niet alleen om het herstel van de kerkelijke structuur in het westen van zijn bisdom te ondersteunen, maar ook om 's konings invloed veilig te stellen in een nog steeds niet onomstreden grensgebied, waar delen van de adel ertoe neigden zich te verbinden met het Westfrankische rijk.[35] Naast koninklijke domeingoederen en goederen die geconfisqueerd waren van afvallige edelen, ontving de bisschop inkomsten uit oorspronkelijk aan de koning voorbehouden 'regalia' (= wereldlijke rechten), zoals bijvoorbeeld de koninklijke tol te Deventer in 973.[36]

De toegenomen inkomsten werden onder meer gebruikt om een netwerk van kapittelcentra op te bouwen: in de oude centra Utrecht en Deventer werden kerken hersteld; in Tiel, Oldenzaal en mogelijk ook al te Emmerik werden nieuwe bisschoppelijke kapittels geïnstalleerd (afb. 5).[37]

In Deventer liet bisschop Balderik volgens kroniekschrijver Thietmar von Merseburg 'een van ouderdom vervallen kerk hernieuwen'. Na de herinwijding zag de daaraan verbonden priester de geesten van overledenen offeren en zingen in de kerk en het daarbij gelegen 'atrium'.[38] Hoewel niet uitgesloten is dat het hier Liudgers, buiten de karolingische omwalling gelegen grafkerk betreft, lijkt het eerder te gaan om een renovatie van de kapittelkerk, die binnen de wallen te zoeken is. Dit zou immers beter passen in het hiervoor beschreven algemene beeld van de opbouw van kapittelcentra in deze tijd, waarbij niet alleen oude kerken hersteld werden, maar ook hun ontwik-

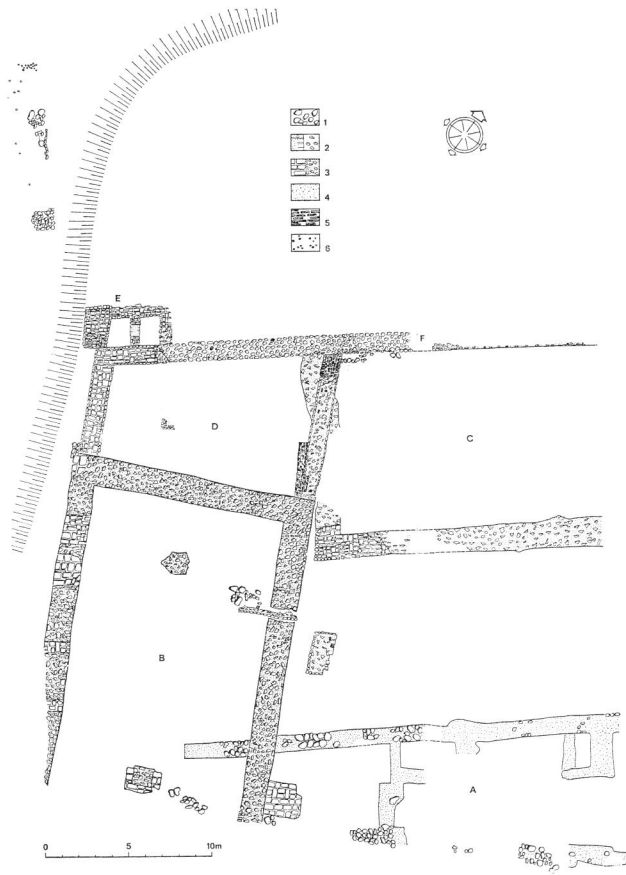

Afb. 6 Plattegrond van de gebouwsporen, opgegraven op het terrein van het Deventer Bisschopshof.
1. Zwerfkeien; 2. IJzeroer; 3. Tufsteen; 4. Mortel;
5. Baksteen; 6. Houten palen (tekening Th. Spitzers, naar Sarfatij 1973, afb. 4).

keling tot religieuze centra gestimuleerd werd door ze rijk te begiftigen met relieken. Aangezien de middeleeuwer het liefst dicht bij een heilige begraven wilde worden, zou het oude grafveld onder de Assenstraat door een overplaatsing van de overblijfselen van Lebuinus naar de kapittelkerk veel van zijn aantrekkingskracht verloren kunnen hebben. De plaats zou daardoor zó snel in onbruik geraakt kunnen zijn, dat de oorspronkelijke grafkerk, die hier gestaan zou hebben, nergens voorkomt in de schriftelijke bronnen, ook al zijn deze sinds de twaalfde eeuw veel uitvoeriger geworden. Bovendien zou een dergelijke overplaatsing der relikwieën de geesten van de overledenen uit hun graven naar de nieuwe bewaarplaats getrokken kunnen hebben. Althans in de voorstellingswereld van de plaatselijke priester, die misschien allerminst gerust of gelukkig was over de gevolgen van dit gesleep met relikwieën dat was gearrangeerd door zijn elders zetelend superieur.
In de twaalfde en dertiende eeuw was de kapittelkerk zowel aan Maria als aan Lebuinus gewijd. Het eerste patrocinium is verklaarbaar als een afleiding van één der neven-patrocinia van het Sint-Salvatorkapittel te Utrecht, waarmee het Deventer kapittel eens formeel een eenheid had gevormd.[39] Het Lebuinus-patrocinium zou daaraan later toegevoegd kunnen zijn in verband met een verplaatsing van de verering van deze heilige naar de kapittelkerk. De toevoeging van een geliefde 'volksheilige' als neven-patroon aan het oorspronkelijke bisschoppelijke patrocinium was in onze streken vanaf de elfde eeuw een gewoon verschijnsel.[40]

De tiende-eeuwse Utrechtse bisschoppen werden in hoofdzaak door de plaatselijke adel uit haar midden naar voren gebracht en beschouwden zich zelf als geestelijken wier taak het niet was wereldlijke, militaire belangen te dienen, maar geestelijke of kerkelijke.[41] Pas in 1010 wist keizer (1002-1024) Hendrik II zijn eigen kandidaat, Adelbold (1010-1026), op de Utrechtse bisschopszetel te krijgen. Deze ging bovendien een eigen machtspolitiek voeren op wereldlijk terrein. Zo mengde hij zich in een adellijke machtsstrijd om de functie van prefect. Dit was een militaire functionaris die van koningswege boven de graven geplaatst was om de bescherming van deze streken tegen de Noormannen te leiden.[42] De strijd eindigde met de verbeurd verklaring op de Rijksdag te Nijmegen in 1018 van alle goederen en functies van de toenmalige prefect, Balderik van Hamaland, waarvan het merendeel vervolgens aan de Utrechtse bisschop werd toegewezen. Behalve de functie van prefect, die hem in principe boven de graven plaatste, viel daaronder het grafelijk gezag over Salland en over een daaraan grenzend graafschap in Hamaland rondom en ten zuiden van Deventer. Het laatste werd in 1046 overgedragen, samen met de wereldlijke macht in de gehele plaats Deventer, inclusief alle inkomsten uit tollen, muntslag en rechtspraak.[43] Behalve het marktrecht in Oldenzaal (in 1049) en een koninklijk domein in en rond Groningen, inclusief het munt- en tolrecht aldaar (in 1040), kreeg de bisschop ook nog het grafelijk gezag in Drente (in 1024 en 1046) en in een nog niet getraceerd graafschap Umbalaha (in 1042).[44] Daarmee was de Utrechtse bisschop de wereldlijke heerser geworden over grote delen van zijn bisdom. Bovendien was de controle, de regulering en de stimulering van de zich ontwikkelende markteconomie van de koning op diens regionale vertegenwoordiger overgegaan, geheel in overeenstemming met de gebruikelijke ontwikkelingsgang bij de vorming van vroege staten en met een algemeen waarneembare decentralisatie op dit vlak in het Oostfrankische Rijk. Zo ging de muntslag, na de eerste aanzet tot de herleving daarvan vanuit de twee koninklijke centra Deventer en Tiel, rond 1040 vrij plotseling en nagenoeg geheel over naar regionale machthebbers als de Utrechtse bisschop en de in Friesland regerende graven van Braunschweig. Daarbij steeg het aantal muntplaatsen even plotseling.[45]

Terwijl deze ontwikkelingen passen in een ook elders waarneembare, algemene tendens, was het in onze streken vooral koning (1039)/keizer (1046-1056) Hendrik III, die de Utrechtse kerk zo rijk bedacht sinds zijn vader Koenraad II, de eerste keizer uit het Salische huis, in 1039 in Utrecht was overleden en zijn hart aldaar was begraven.[46] Te zijner nagedachtenis werd, waarschijnlijk volgens de wens van de jonge koning, rond de Utrechtse bisschopszetel een kruis van vier kerken gepland; met de bouw van drie ervan werd nog tijdens zijn regering een aanvang gemaakt. In dezelfde periode werd ook begonnen met de bouw van een grote kapittelkerk in Emmerik en in Deventer.

De imposante afmetingen van de beide laatste werden in het diocees alleen nog geëvenaard door de onder bisschop (1010-1026) Adelbold herbouwde Domkerk te Utrecht. De beide genoemde kerken in het oosten van het bisdom waren opvallend gelegen, vlak langs de oever van de rivier, als uitzonderlijke, want stenen bouwwerken ongetwijfeld hoog uittorenend boven de verder nagenoeg uitsluitend lage bouwsels van hout, leem en vlechtwerk, die hier toen gebruikelijk waren. Terwijl de Sint-Martinus te Emmerik de reiziger die vanuit Keulen de Rijn afzakte, een eerste indruk kon geven van de macht en rijkdom van 's keizers steunpilaar in onze streken, de Utrechtse bisschop, kan de Deventer kapittelkerk een bewust gewilde, imponerende werking hebben gehad op de vreemdelingen die, vanuit 'barbaarse' noordoostelijke streken, het Heilige Roomse Rijk binnen voeren. Deventer was immers het eerste keizerlijke, nu bisschoppelijke steunpunt en tolstation dat zij tegen kwamen. Het imponeren van vreemdelingen, vooral die uit 'minder beschaafde' gebieden, door het tonen van pracht, praal en macht was, en is nog steeds, een algemeen verschijnsel.[47] Onlangs wees Topfstedt op de imponerende werking van de oostpartij van de Maagdenburger Dom die pal aan de oever van de Elbe is gelegen. Vandaar af was deze zichtbaar tot vèr in het gebied van de kort tevoren onderworpen, maar nog steeds onrustige Slavische bevolking. Deze oostelijke 'Schauseite' kwam gereed in 1049, juist in de periode waarin men te Deventer met de bouw van de nieuwe kapittelkerk zal zijn begonnen.[48]

Men stelle zich de Deventer Kapittelkerk voor vanaf de rivier gezien op een lichtelijk vooruitstekende hoogte, het imposante westwerk naar de rivier gericht, en aan weerszijden geflankeerd door lage huizen en aanlegplaatsen voor schepen. Voorzover reconstrueerbaar scheidde alleen een smalle strook grond, met daarop misschien een aarden wal en wat kleine bouwsels, het westfront van de kerk van de rivier.

Het opvallende is dat de Deventer kerk juist in dit westfront afwijkt van de andere, zogenoemde 'Bernoldkerken'. Tegen de hierboven geschilderde achtergrond is het begrijpelijk waarom juist dit westwerk uitgekozen werd om door middel van zijn architectonische concept een speciale politieke boodschap wereldkundig te maken, zoals Mekking in zijn bijdrage naar voren brengt.

Daarnaast moet niet worden vergeten dat de status van Deventer als voormalige bisschopszetel op de achtergrond een rol van betekenis bleef spelen. Tot ver in de late middeleeuwen bleef de plaats fungeren als tweede bisschopszetel, waar de bisschop een eigen residentie onderhield.

6 De Bisschopspalts

Aanvankelijk leefden de bisschoppen en de kanunniken gewoonlijk als één gemeenschap, in een zogenaamde 'vita communis' samen in de kloostergebouwen van de kapittels. Met name in de loop van de tiende eeuw werden in vele Oost-Frankische bisdommen de bezittingen van de bisschoppen en hun kapittels gescheiden. In Utrecht lijkt deze ontwikkeling relatief laat op gang te zijn gekomen. Pas uit een oorkonde van 996 blijkt dat de kapittels van Sint-Maarten en van Sint-Salvator in de stad Utrecht, elk een eigen vermogen hadden.[49] Wanneer het vermogen van het Deventer kapittel gescheiden is van dat van de bisschop, is niet vast te stellen. Dit zou kunnen blijken uit de schenking van inkomsten uit de parochie Zwolle aan dit kapittel door de bisschop in 1040, ware het niet dat de betreffende oorkonde in een latere tijd is opgesteld en we geen zekerheid hebben of de daarin vermelde schenkingsdatum juist is.[50] Pas uit het jaar 1123 is een proost bekend die het eigen vermogen van het Deventer kapittel beheerde.[51]

De scheiding tussen bisschoppelijke en kapittelbezittingen kreeg op veel plaatsen allengs ook zijn beslag in een scheiding tussen de verblijven van de kanunniken en de bisschop. Niet alleen gingen de kapittelheren sinds de elfde eeuw in veel plaatsen in aparte residenties wonen; in de eerste helft van de elfde eeuw verschenen in een hele reeks bisschoppelijke centra aparte bisschoppelijke paltsgebouwen.[52] Terwijl de tiende-eeuwse koningen en keizers al rondreizend van plaats naar plaats bijna uitsluitend op hun eigen koningshoven en paltsen verblijf hielden, werd vanaf Hendrik II (1002-1024) van de, in toenemende mate in het koninklijk bestuursnetwerk ingeschakelde, bisschoppen het 'servitium regis' geëist: de plicht de koninklijke hofhouding gastvrij te herbergen.[53] Dit dwong de bisschoppen er toe adequate faciliteiten en ruimtes in hun residenties te creëren. Zo schijnen in Utrecht al onder bisschop Adelbold afzonderlijke bisschoppelijke verblijven te zijn gebouwd.[54]

Kleurenafb. 2 Crypte. Engel op gewelf boven de zuidelijke van de oostelijke twee zuilen, vanuit het noorden. (foto coll. Ned. Herv. Gemeente, Deventer).

Kleurenafb. 3 Het schip van de kerk met zicht op het orgel, ca. 1984. Het fraaie spel van licht op de zachte kleuren van wanden en meubels komt hier goed tot uiting. De diverse buizen voor de gordijnen en de warmtestralers zijn nog aanwezig, maar de gordijnen zijn al verwijderd (ansicht: collectie Ned. Herv. Gemeente, Deventer).

De eerste schriftelijke vermelding van een bisschoppelijke palts te Deventer stamt uit de ambtsperiode van bisschop (1197-1212) Diederik van de Aar, die 'het bisschopshuis, dat vervallen was, had herbouwd'.[55] In de late middeleeuwen lag het Bisschopshof ten noorden van de Lebuinuskerk, ter plekke van de huidige Hofstraat. Op het gemeente-archief is nog een plattegrond bewaard van het hier gelegen gebouwencomplex, zoals dat rond 1580 is opgemeten (afb. 7).[56] Als voornaamste bouwwerk komt daarop een groot, rechthoekig gebouw naar voren met dikke muren en afmetingen van ca. 37,5 bij 14,5 meter. Tegen de noordelijke zijgevel van het westtransept van de Lebuinuskerk is daarvan nog een restant zichtbaar in de vorm van een bakstenen trapgevel. Op basis van baksteen-formaten, metselverband en dakconstructie is het te dateren rond het midden van de veertiende eeuw.[57] Dergelijke zaalvormige gebouwen zijn ook van andere bisschoppelijke palts-terreinen bekend, bijvoorbeeld te Paderborn, Neuss en Xanten, en zullen gezien mogen worden als 'aula's', met een representatieve functie.[58] Bij opgravingen in 1951 en 1952 op het terrein van het Deventer Bisschopshof werden muurresten en funderingssleuven van twee soortgelijke tufstenen zaalgebouwen gevonden, beide ca. 12 m breed (binnenwerks) en minimaal resp. 17 en 20,5 m lang (afb. 6 resp. C en B). Daarnaast kwamen sporen te voorschijn van een derde gebouw (A), waarvan de functie niet duidelijk is; van een omheiningsmuur (F), en van aanbouwen aan één der beide zaalvormige gebouwen (D en E).

Helaas is zowel de opeenvolging als de datering der diverse bouwfasen met de ter beschikking staande opgravingsgegevens allesbehalve eenduidig, vooral omdat de muursporen indertijd nauwelijks in verbinding gebracht zijn met de grondlagen en het daarin voorkomende scherfmateriaal. Nadat Dorgelo, die bij de opgravingen assisteerde, de opgravingsgegevens in de jaren vijftig voor het eerst had uitgewerkt en gepubliceerd (1956), heeft Sarfatij in 1973 op basis van achterhaalbare tekeningen en aantekeningen een herinterpretatie ondernomen. Het complex van relatief ondiepe, enigszins onregelmatige puinsleuven in het zuidoostelijk deel van het opgravingsterrein (afb. 6, A), wordt door beide onderzoekers beschouwd als het oudste, mede op grond van de oversnijding van een der sporen door een funderingssleuf van het westelijke zaalgebouw (B). Over de opeenvolging van de beide zaalgebouwen zijn de meningen verdeeld. Dorgelo meent dat het noordelijke zaalgebouw (C) ouder is dan het westelijke (B) en de daarop aansluitende omheiningsmuur (F). Sarfatij veronderstelt daarentegen dat het westelijke zaalgebouw (B) met de omheiningsmuur reeds stond toen het noordelijke (C) tegen deze laatste (F) aangebouwd werd. Hij baseert dit op een lichte kromming van het westelijke funderingsspoor van C om de oosthoek van gebouw B heen.

In een volgende fase zou gebouw C afgebroken zijn om plaats te maken voor een verlenging van gebouw B tot aan de noordelijke omheiningsmuur door middel van een muur tussen beide (D), die de bovengenoemde kromme fundering van C doorsneed. De hypothese van Sarfatij zou betekenen dat naast het grote gebouw B een tweede, evengroot gebouw (C) werd gebouwd, en wel zo, dat dit net iets voor de noordhoek van het oudere gebouw stond, een hoek van 100° daarmee makend, en een spleet van ongeveer een halve meter vrijlatend tussen de gevels van beide gebouwen. Bij representatieve paltsgebouwen, waartoe we op zijn minst gebouw B dan zouden mogen rekenen, is dit een erg onelegante oplossing, waarvoor geen duidelijke reden aan te geven lijkt.

Een tweede argument voor de door hem voorgestelde opeenvolging zag Sarfatij in de grotere breedte van de funderingsresten van gebouw C dan die van de noordelijke omheiningsmuur. Deze laatste liep koud langs het uiteinde van het licht gekromde puinspoor van gebouw C. Als de omheiningsmuur jonger zou zijn, en bijvoorbeeld gedeeltelijk ter plekke van een afgebroken noordmuur van gebouw C was opgetrokken, dan zou het daar aangetroffen puinspoor volgens Sarfatij een grotere breedte gehad moeten hebben, overeenkomstig die van de overige funderingssporen van gebouw C (1,4 m). Een bij Dorgelo weergegeven profiel (E-F) toont echter tegen de buitenzijde van het 1,25 m brede veldkeien-fundament van de omheiningsmuur een 75 cm brede ingraving, die in 1986 ook 15 m oostwaarts is waargenomen door schrijver dezes.[59] Een 1,4 m brede, oudere noord-fundering van gebouw C kan hierdoor geheel weggegraven zijn. Bovendien blijft de vraag wat de functie van een groot gebouw als C geweest zou kunnen zijn als het tegelijkertijd met het paltsgebouw B zou hebben bestaan.[60] Ook is het opmerkelijk dat dit grote, opvallende gebouw, uitgaande van Sarfatij's dateringen, binnen een eeuw weer afgebroken zou zijn om plaats te maken voor een veel kleinere aanbouw aan het oudere gebouw, die juist door de bouw van C ontsierd zou zijn.

Dorgelo's argument voor een datering van gebouw C voorafgaand aan gebouw B was de zuidwest-noordoost gerichte oriëntatie ervan. Deze was gelijk aan die van de sporen van gebouw A en meer in overeenstemming met de algemene oriëntatie van straten en gebouwen in de omgeving, die op zijn minst teruggaat tot de twaalfde eeuw. Alleen de Bernold-basiliek en gebouw B weken hiervan af. Gebouw B wordt daarom zowel door Dorgelo als door Sarfatij in verband gebracht met deze kerk. Ter Kuile laat in zijn studie (1964) gebouw B doorlopen tot aan de noordmuur van het monumentale westwerk van de kerk, het beeld oproepend van één groot, imposant front van kerk en palts aan de rivier. Gebouw B zou daarmee een lengte krijgen van maar liefst 50 meter. Een dergelijke lengte lijkt op het eerste gezicht misschien wat extreem, al

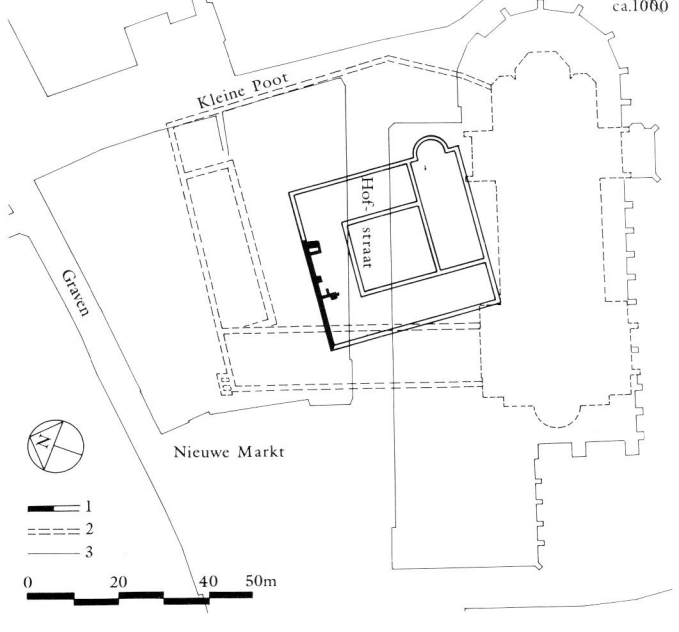
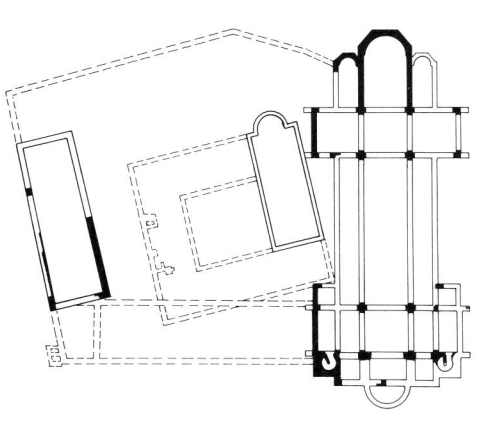
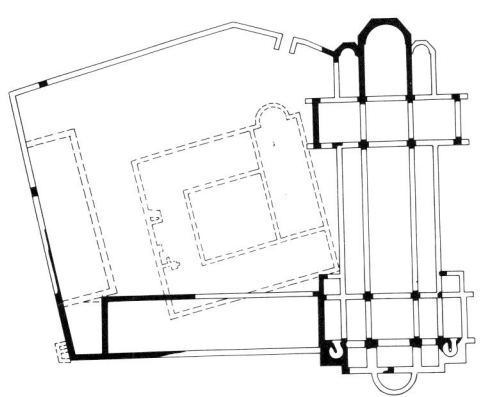
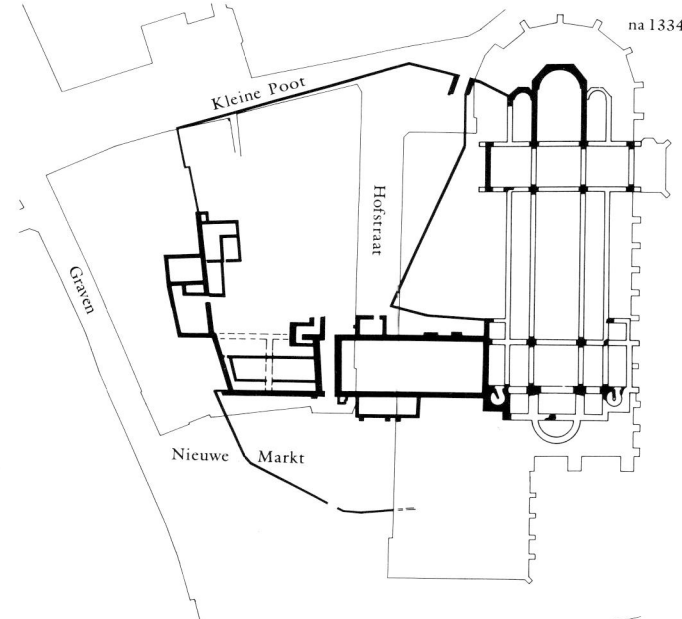
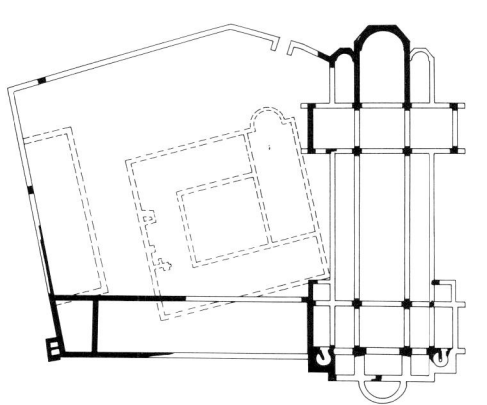

Afb. 7 Reconstructie van de ontwikkeling van het gebouwencomplex op het Deventer Bisschopshof in diverse fasen.
a. rond 1000; b. rond 1060; c. rond 1110; d. rond 1210; e. de situatie na 1334, zoals weerspiegeld in de plattegrond van de rond 1580 op het Bisschopshof opgemeten gebouwen, geprojecteerd tegen de kapittelkerk zoals deze zich tot aan de vijftiende eeuw voordeed.
1. Opgegraven, bewaard gebleven of anderszins bekend muurwerk, respectievelijk globaal gereconstrueerd muurwerk uit de betreffende fase; 2. Reconstructies uit andere fasen; 3. Huidige rooilijnen (tekening R. Glaudemans).

bedroeg de lengte van de vroeg elfde-eeuwse bisschopspalts van Paderborn minstens 42 m, terwijl de veronderstelde aula te Xanten 39 m lang was.[61] Recent bouwhistorisch onderzoek aan de genoemde noordmuur van het westwerk van de Bernold-basiliek heeft echter aangetoond dat hier in het begin nog geen hoog gebouw tegen aan gestaan kan hebben.[62] Zowel in Paderborn, als in Xanten en Neuss lagen de langgerekte, hoofdzakelijk in de elfde eeuw te dateren zaalgebouwen op een redelijke afstand van de kerk, met een afwijkende oriëntatie en, voorzover traceerbaar, zonder daarmee verbonden te zijn geweest door een gang.[63] Ook de onlangs te Keulen ten zuidoosten van de Dom opgegraven paltsgebouwen, waarvan nog geen datering bekend is, lagen op enige afstand van de toenmalige Dom.[64]

Samenvattend zou ik de voorkeur willen geven aan Dorgelo's fasering. A en C, beide voorafgaand aan B, zouden dan tot de oudste fase hebben behoord. In principe zouden zij tegelijkertijd bestaan kunnen hebben, al kan het verschil in funderingswijze duiden op een verschil in functie of bouwtijd. Terwijl gebouw C als de oudste bisschoppelijke aula beschouwd zou kunnen worden, blijft de functie van de muursporen die zijn samengevat onder A, nog onzeker. In hun plattegrond doen ze enigszins denken aan de muursporen van de negende- en tiende-eeuwse kapittelgebouwen die in Münster opgegraven zijn.[65] Aan het einde van de tiende eeuw heeft hier een verschuiving van de kapittelgebouwen plaatsgevonden om ruimte te maken op de plek waar op zijn minst sedert 1085 de bisschoppelijke palts te vinden was. Misschien dat men in de Deventer muursporen eveneens de resten mag zien van oudere kapittelgebouwen die plaats hebben moeten maken voor een bisschoppelijk paltsgebouw. Omdat men voor een representatief gebouw als een aula een open ruimte mag veronderstellen, ligt het in de lijn der verwachtingen dat A reeds afgebroken werd bij de bouw van de eerste aula (C), zodat de situatie ontstond die schematisch is weergegeven in afb. 7b. Gebouw A moet in elk geval afgebroken zijn vóór de bouw van een nieuwe aula (B). Deze was zodanig gesitueerd dat de oude aula (C) gedurende de bouw nog in functie kon blijven. Nadat deze ook was afgebroken, werd het bisschoppelijke terrein aan de noordwest- en noordoost-zijde afgegrensd met een doorlopende omheiningsmuur (afb. 7c). Behalve bij de opgravingen aan de Nieuwe Markt in 1951-1952, werden daarvan stukken teruggevonden achter het pand Graven 11 (in 1986) en aan de Stromarkt (in 1953).[66] Later werd gebouw B aan de noordwest-zijde uitgebreid met een aanbouw (D) tussen gebouw B en de omheiningsmuur en werd op de westhoek aan de buitenzijde van de omheiningsmuur een uitbouwtje (E) opgetrokken (afb. 7d). Zowel Dorgelo als Sarfatij zien in dit laatste een privaat.

Een derde paltsgebouw, ditmaal in baksteen, verrees tenslotte tegen de noordzijde van de kapittelkerk, met zijn lange oost- en westgevels min of meer in het verlengde van de bij de opgravingen teruggevonden lange gevels van gebouw B (afb. 7e). Zoals al eerder vermeld, is dit derde paltsgebouw op basis van bouwhistorische gegevens te dateren rond het midden van de veertiende eeuw. Het lijkt alleszins gerechtvaardigd deze derde herstructurering op het Bisschopshof in verband te brengen met een grote stadsbrand in 1334. Het is bekend dat deze brand driekwart van de stad in de as heeft gelegd.[67] Bij de opgravingen op het Bisschopshof is op diverse plaatsen een dikke brandlaag uit de eerste helft van de veertiende eeuw aangetroffen, die heel goed een overblijfsel zou kunnen zijn van de schade die de brand van 1334 aan de gebouwen op het hofterrein had aangericht.

Bij de aanleg van het nieuwe hoofdgebouw lijkt men gebruik te hebben gamaakt van nog aanwezige resten van de lange gevels van zijn voorganger B, terwijl de noordelijke dwarsgevel op een nieuwe plaats verrees, meer naar het zuiden. In 1964 bevreemdde het Ter Kuile in zijn studie van de kapittelkerk dat van deze nieuwe gevel geen sporen werden teruggevonden bij de opgravingen van 1951-1952. Gelet op de verhoging van het loopniveau, die hierna nog ter sprake komt, en die plaatsgevonden heeft in het tijdsbestek tussen de bouw van aula B en de bakstenen palts, is het waarschijnlijk dat het fundament van deze gevel op een hoger niveau werd aangelegd dan de fundamenten van de oudere, wel teruggevonden gebouwen, en dat het daardoor door latere bouwactiviteiten is verstoord. Voor de oudere, wel teruggevonden fasen, leverde de opgraving van 1951-1952 slechts beperkte dateringsaanwijzingen op. Een proto-steengoedkan uit de eerste helft van de dertiende eeuw, in het uitbouwtje (E), gevonden tegen de omheiningsmuur, zou aangeven dat het gemak toen reeds in gebruik was, dan wel gebouwd werd.[68] In het vulwerk van de muur tussen de noordhoek van B en de omheiningsmuur (aanbouw D) werden baksteenfragmenten aangetroffen.[69] Een lichtspleet in deze muur werd op een vermoedelijk niet erg veel later tijdstip opgevuld met 'grote dertiende-eeuwse bakstenen'.[70] Voor de datering van de omheiningsmuur F vermeldt Dorgelo één enkele Pingsdorf-scherf uit het muurwerk, die hij rond het jaar 1100 dateert.[71]

Recent archeologisch onderzoek bracht meerdere scherven aan het licht uit de insnijding van deze muur en de, tot aan de dagkant aan de buitenzijde daarvan opgebrachte, grond. Deze laten echter evenzeer een datering toe rond 1100 als aan het eind van de twaalfde eeuw.[72] De enige daterings-houvast voor de hieraan voorafgaande bouw van gebouwen A, B en C was tot nu toe dat de funderingssleuven van A grondsporen doorsneden die in de achtste tot de negende eeuw gedateerd konden worden. De hele ontwikkeling, zoals weergegeven in afb. 7a tot en met 7c, kon daarmee feitelijk niet nauwkeuriger gedateerd worden dan tussen de achtste en de twaalfde eeuw.

Nieuwe gegevens en indirecte aanwijzingen maken het echter mogelijk een wat scherper beeld te verkrijgen. Zo is het tegen de achtergrond van de in de vorige paragraaf genoemde parallellen en de ontwikkeling van het Utrechtse bisschoppelijke apparaat onwaarschijnlijk dat er vóór het eind van de tiende eeuw een bisschoppelijke palts te Deventer bestond. De verwerving van de wereldlijke bestuursrechten in en rond Deventer in 1046 kan de behoefte aan een aparte, representatieve bestuurszetel ter plekke vergroot hebben. Als oudste zaalgebouw zal gebouw C dus naar alle waarschijnlijkheid rond het midden, eventueel in de eerste helft van de elfde eeuw gebouwd zijn, dus niet lang vóór of tijdens de bouw van de Bernold-basiliek. Tot nu toe werd de aanleg van gebouw B, vanwege zijn oriëntatie in verband gebracht met de bouw van deze kerk. Hierboven is reeds aangeduid dat het concept van een visueel op elkaar afgestemd complex van kerk en bisschopspalts in de elfde eeuw niet gebruikelijk lijkt te zijn geweest.

Bij het door Bloemink in deze bundel besproken bouwhistorisch onderzoek aan de Deventer kapittelkerk bleek dat niet lang na het optrekken van de noordwand van het westtransept in de tweede helft van de elfde eeuw, een groot tufstenen gebouw tegen deze wand geplaatst moet zijn. In verband daarmee werd een aantal vensters dichtgezet. Daarbij werd gebruik gemaakt van een kistwerktechniek die ook bij de elfde-eeuwse kerk is aangetroffen, maar over het algemeen in de loop van de twaalfde eeuw al snel buiten gebruik geraakt lijkt te zijn. Een datering van dit tufstenen gebouw vóór het midden van de twaalfde eeuw is derhalve het meest waarschijnlijk.[73] Van de oostelijke muur van dit gebouw is nog een kleine aanzet aanwezig aan de oostkant van de transeptgevel, exact in het verlengde van het opgegraven gedeelte van de oostgevel van zaalgebouw B.[74] Dit maakt het verleidelijk het grote gebouw tegen de kerk gelijk te stellen met gebouw B, dat daardoor de respectabele lengte zou krijgen van 50 meter. Hiervoor is er reeds op gewezen dat bisschoppelijke aula's uit de elfde tot de dertiende eeuw opvallend lang konden zijn. Een datering van gebouw B in de vroege twaalfde eeuw, komt overeen met de bovengenoemde dateringen van de omheiningsmuur, die heel goed in het zelfde bouwplan gepast zou kunnen hebben als gebouw B. Deze grootscheepse herstructurering van het paltscomplex, die vooral het aanzicht daarvan vanaf de rivier nog imposanter maakte, lijkt ook goed aan te sluiten bij de residentiële bouwactiviteiten in Groningen die Boersma recentelijk heeft weten toe te schrijven aan bisschop Burchard (1100-1112).[75] Hij suggereert een verband tussen de bouw van een representatieve, op een paltskapel lijkende, bisschoppelijk oratorium aldaar, aan de rand van het gebied waar de bisschop feitelijk de wereldlijke macht uitoefende, met plannen deze uit te breiden over de aangrenzende Friese gebieden. In het laatste kwart van de elfde eeuw was hier aan Burchard's voorganger Koenraad (1076-1099) herhaalde malen grafelijk gezag verleend. Het is echter de vraag in hoeverre dat in praktijk gebracht kon worden, en in 1107, tijdens de ambtsperiode van bisschop Burchard, wordt graaf Hendrik van Zutphen hier eveneens beleend met grafelijk gezag.[76] Deze laatste behoorde tot een in de tweede helft van de elfde eeuw plotseling opduikend, snel machtig geworden geslacht. Tegenwoordig wordt vermoed dat dit verwant was aan Adela en Balderik van Hamaland, wier bezittingen en rechten in 1018 geconfisqueerd werden en vervolgens voor een groot deel aan de bisschop van Utrecht werden overgedragen (zie paragraaf 5). De plotselinge machtsontplooiing van de Zutphense graven zou tegen deze achtergrond gezien kunnen worden als een poging de door Balderik verloren bezittingen te 'heroveren'. Deze machtsuitbreiding, waarvan de eerste onomstreden tekenen uit de late elfde eeuw stammen, vond niet alleen plaats in de noordelijke randgebieden van het bisdom Utrecht en in oostelijker streken, maar ook in het in 1046 aan de bisschop overgedragen 'graafschap in Hamaland'. Met uitzondering van Deventer en een smalle strook langs de landroute naar Twente, was dit in de late middeleeuwen nagenoeg geheel in handen gekomen van de Hertogen van Gelre als opvolgers van de Zutphense graven. Wanneer deze usurpatie precies begonnen is, is onzeker omdat de oudste hierop betrekking hebbende oorkonden 'vals' zijn en pas in de late twaalfde eeuw zijn opgesteld. De bouw van een geheel nieuwe, maar liefst vijftig meter lange bisschopspalts te Deventer, die met het westwerk van de 'Bernoldkerk' één breed, imposant stenen front naar de rivier vormde, hangt misschien samen met de expansiedrift van de Zutphense graven in deze tijd.

Bisschop Burchard was overigens de laatste Utrechtse bisschop die gedurende zijn gehele ambtsperiode in het rijkskerkenstelsel als keizerlijke vazal fungeerde. Met de ondertekening van het Concordaat van Worms in 1122 kwam hieraan ook in Utrecht een einde. Daarin werd de keizer onder andere het recht ontzegd bisschoppen in hun geestelijke waardigheid te bevestigen. Kandidaten voor het bisschopsambt werden voortaan door de kathedrale kapittels aan de paus ter benoeming voorgedragen. Hierdoor traden de belangen van de regionale adel veel sterker op de voorgrond. Bovendien moesten de bisschoppen het sindsdien zonder de steun van de keizer stellen bij de handhaving van hun wereldlijke macht.

Het in het begin van deze paragraaf genoemde, 'vervallen bisschopshuis', dat bisschop (1197-1212) Diederik van de Aar ongeveer een eeuw na Burchard liet 'herbouwen', zal het hiervoor zo uitgebreid besproken gebouw B zijn geweest. Op de nog bewaard geble-

Afb. 8 Reconstructie van Deventer in de twaalfde eeuw.
1. Kerkelijk gebied; Bisschopshof met kapittelkerk; 2. Kerkelijk gebied: kapittel; 3. Burgerlijk gebied; 4. Reconstrueerbare grachtgedeelten (tekening R. Glaudemans).

ven aanzet van de oostwand daarvan, tegen het westtransept van de kapittelkerk, is een laat-romaans tufstenen profiel aangetroffen, dat goed aangebracht zou kunnen zijn bij een verbouwing in de eerste helft van de dertiende eeuw.[77] Waarschijnlijk verrees daarbij tevens aanbouw D tussen palts B en omheiningsmuur F. In de vroege dertiende eeuw begon men namelijk de kapittelkerk te verbouwen in laat-romaanse trant.[78] Naast veel natuursteen werd daarbij ook baksteen gebruikt. De baksteenbrokken in het muurwerk van D zijn naar alle waarschijnlijkheid in dezelfde tijd daarin terecht gekomen, bijvoorbeeld als afval. De latere opvulling van de lichtspleet in dit muurwerk met dertiende eeuwse bakstenen kan misschien in verband gebracht worden met een op tal van plaatsen op het paltsterrein waargenomen verhoging van het loopniveau van circa 5,80 m naar 6,60 m +N.A.P. door het opbrengen van een dikke laag grond met tufpuin en mortel. Ook het binnenterrein voor de dichtgezette opening werd op deze wijze verhoogd. Daarmee zou de onderkant van de lichtopening, gelegen op 6,25 m +N.A.P.[79], onder het toenmalige maaiveld terechtgekomen zijn. Protosteengoed-scherven uit de ophogingslaag dateren deze maaiveldverhoging niet nauwkeuriger dan in de dertiende eeuw. In een dunne laag tufsteenpuin, aan de westzijde van gebouw B, stratigrafisch gezien corresponderend met de ophogingslaag, is echter een 'vroeger type grèskan' gevonden, dat Dorgelo rond 1250 dateert.[80] Rond het midden van de dertiende eeuw nu, schijnt de Deventer magistraat, volgens een tegenwoordig verloren gegaan handschrift, besloten te hebben het nog overgebleven stuk af te laten breken van 'der Stat oude Muuren op de Engestraete'.[81] Het vele tufpuin dat voor de ophoging op het terrein van het Bisschopshof gebruikt werd, zou goed bij een dergelijke afbraak vrijgekomen kunnen zijn. Het kan bewust naar het hofterrein zijn aangevoerd, bijvoorbeeld in verband met een toegenomen overlast van overstromingen, veroorzaakt door de verhoogde activiteit van de IJssel, die men in deze tijd kan vaststellen.[82]

Na de bouwactiviteiten aan de bisschoppelijke palts in drie fasen te hebben onderscheiden en vervolgens zo goed mogelijk in de tijd te hebben geplaatst, wil ik tot slot terugkeren naar de mysterieuze sporen van gebouwen die daaraan vooraf gingen. Wanneer de geopperde hypothese juist is dat het hier om overblijfselen van oudere kapittelgebouwen gaat, dan kunnen deze ons een aanwijzing verschaffen over de ligging en de oriëntatie van de bijbehorende kapittelkerk. Zij bestonden uit een meer dan 25 meter lang, noordoostzuidwest lopend puinspoor met deels aan de zuidoost-zijde daarop aansluitende, deels los daarvan gelegen, grillig lopende muursporen. Dit suggereert dat het gebouw, of de gebouwen, waar de sporen een overblijfsel van vormen, aan de zuidoost-zijde van het lange spoor gelegen heeft. Wanneer wij hier met de resten van een kerk te doen gehad zouden hebben, dan zou de kans groot zijn geweest dat bij de opgravingen resten van begravingen gevonden waren. Reconstrueert men aan de zuid-oost-zijde van het lange puinspoor een vierkant van kloostergebouwen met zijden van circa 40 meter – een aannemelijke maat – dan zou men de bijbehorende kerk pal naast zijn elfde-eeuwse opvolger verwachten, aan de noordzijde daarvan (afb. 7a). De oude kapittelkerk zou dan niet afgebroken hoeven te zijn tijdens de bouw van de Bernoldkerk. Deze lijkt namelijk in zijn totale omvang gelijkmatig te zijn opgemetseld, zoals Bloemink hierna zal aantonen. Dit maakt het onwaarschijnlijk dat de voorganger op dezelfde plaats gelegen zal hebben. De oriëntatie van de oudere kapitelkerk zou in dit reconstructievoorstel, in overeenstemming met die van de teruggevonden muursporen op het Bisschopshof, een veel sterkere afwijking naar het noorden hebben vertoond dan die van de elfde-eeuwse kerk, en zou bovendien overeen zijn gekomen met de richting van de Lange Bisschopstraat. Deze volgt een, door het natuurlijke landschap bepaald traject van de doorlopende oost-westroute, die bij de Lebuinuskerk de IJssel kruiste. Het lijkt erop dat men de oriëntatie van de oudere kapittelkerk heeft afgestemd op die van reeds bestaande structuren. Bij de oriëntatie van de elfde-eeuwse kerk kan men de nogal grote afwijking van de gebruikelijke oost-west-oriëntatie hebben willen corrigeren en zich, zoals vaker gebeurde, gericht hebben naar de plaats waar men de zon zag opkomen op de dag van de eerste-steenlegging of op de feestdag van de patroonheilige van de kerk[33]. Gelet op de afwijking naar het noorden zou dit dan een midzomerse dag geweest moeten zijn, in elk geval niet de feestdag van de Heilige Lebuinus op 12 november.

Bij het optrekken van de oudste bisschoppelijke aula (C), die, zoals reeds aangeduid, mogelijk voorafging aan de bouw van de Bernoldkerk, zou men zich nog gericht hebben op de bestaande oudere kerk. De kapittelgebouwen tussen kerk en aula zijn mogelijk indertijd al afgebroken, in elk geval nog in de elfde eeuw, en het kapittel zal zijn verhuisd naar het terrein rond de Sandrasteeg. Deze grenst ten noordoosten aan de kerk en het Bisschopshof, waar zich in latere tijd de proosdij en de afzonderlijke woonhuizen van de kanunniken bevonden (afb. 8). Als deze veronderstelling klopt, dan zou de eerder genoemde, 'valse' oorkonde van 1040, waaruit men een scheiding kan afleiden tussen het kapittelbezit en dat van de bisschop, op dit punt de zaken wel eens correct kunnen weergeven.

7 Conclusie: politiek en economie als basis van een bouwwerk

In het voorgaande is geprobeerd een achtergrond te schetsen bij het verschijnen van één van de grootste en meest imposante bouwwerken van vóór 1100 in de Noordelijke Nederlanden op een plek die tegenwoordig niet méér is dan een middelgrote provincieplaats.

Weliswaar is in het verleden al betoogd dat deze reeds in Karolingische tijd fungeerde als handelsplaats van secundair belang in de schaduw van Dorestad,[84] en is uit de late middeleeuwen bekend dat zij zich aardig wist te handhaven tussen machtige handelssteden als Lübeck of Brugge; de bloeiperiode van de plaats, waarin zijzelf een rol vervulde als centrum van de eerste orde, is mijns inziens te zoeken in de tussenliggende periode van vooral de tiende en elfde eeuw. Het is een periode waarop we, zowel langs archeologische weg als via schriftelijke bronnen, wat moeizamer greep kunnen krijgen. Het is ook de periode die, in onze streken, een markteconomie tot ontwikkeling zag komen, en waarin het reeds eerder aangezette, vroege staatsvormingsproces een dusdanig beslag kreeg, dat men na deze periode kan spreken van 'staten', in de zin dat hun bestaan niet enkel meer afhankelijk was van en verbonden werd met de persoon van een individuele heerser. Voor beide ontwikkelingen is Deventer een centrum geweest: als koninklijk handelscentrum bijvoorbeeld voor de van overheidswege gestimuleerde opbloei van de geldeconomie; als kerkelijk centrum onder meer in de vorming van vaste bestuurlijke centra. Beide ontwikkelingen zijn moeilijk van elkaar te scheiden en zullen elkaar met elkaar in verband hebben gestaan. H.J.M. Claessen betoogt dat de ontwikkelingsprocessen van handel en markten en van politieke structuren op zich autonome processen zijn met een eigen dynamiek. Maar vooral gedurende de opkomst van vroege staatsvormen en de opkomst van een markteconomie gingen deze doorgaans hand in hand, en stimuleerden deze elkaar.[85] De combinatie van een koninklijk handelscentrum en een bisschoppelijk kerkelijk centrum te Deventer zal derhalve essentieel zijn geweest voor het relatief grote belang van de plaats in de periode waarin deze ontwikkelingen hun beslag kregen. Het in de hierna volgende bijdragen besproken elfde-eeuwse kerkgebouw, is te beschouwen als een uitbeelding in steen van deze tweeledige ontwikkeling, en, eventueel samen met een muurfragment aan de Sandrasteeg, het enige dat daarvan nog boven de grond zichtbaar is.

Noten

[1] Letterlijk: 'in confinio Francorum atque Saxonum secus fluvium Isla plebi in doctrina prodesse'. Altfried 1881, cap. 13.

[2] '(...) loco, cuius vocabulum est Daventre'. Altfried 1881, cap. 14.

[3] Ver Loren 1885. De datering van Liudgers herbouw vóór 777 berust op de, in diverse bronnen genoemde, zevenjarige duur van zijn prediking in Friesland, voorafgaand aan de verdrijving vandaar door een opstand onder Widukind (vóór 886). Daartegen kan men aanvoeren dat zeven jaren een wat verdachte, symbolisch aandoende tijdsspanne is in kringen waar bijbelse beeldspraak ge-

bruikelijk was, ook al bediende Altfried zich daarvan betrekkelijk weinig.
4 Onder andere: Heidinga 1987, p. 179.
5 Russchen 1981.
6 Een te Deventer geschreven gedicht (Ver Loren 1885) en het voorbeeld voor de Vita Lebuini Antiqua, zie Vita Lebuini en Wattenbach/Holtzmann 1978, p. 129.
7 Vergelijk Slicher van Bath 1944, deel II. De laatste jaren komen oostelijk langs de IJssel steeds meer archeologische vondsten te voorschijn die op een duidelijke Frankische invloed lijken te wijzen, ruim vóór het midden van de achtste eeuw (Vergelijk onder meer Groenewoudt 1987 en Groenewoudt e.a. 1990).
8 Heidinga 1987, p. 180.
9 Zie onder meer Groenewoudt e.a. 1990.
10 Een centrale koninklijke domeinhof ('curtis dominicatus') te Deventer is bekend uit 960 (OBU I,nr. 122) en terug te vervolgen tot de late negende eeuw (Rotthoff 1953, pp. 60-63). Aanwijzingen voor grootschalige infrastructurele werken in de achtste eeuw geven aan dat de nederzetting in deze tijd geen gewone agrarische nederzetting kan zijn geweest, terwijl de aard van het nederzettingsafval, zoals door archeologen terug is gevonden, een belangrijke handelsnederzetting in die tijd onwaarschijnlijk maakt (Spitzers 1990). De archeologische gegevens bieden overigens nog juist voldoende interpretatieruimte om het begin van de nederzetting te Deventer in de tijd van Lebuinus' activiteiten te plaatsen. De vestiging van een domeinhof hier juist in de tijd dat de missionaris in deze contreien vertoefde, zou een aanvankelijk verblijf van de missie te Wilp begrijpelijker maken.
11 De hier weergegeven reconstructie van het vroegmiddeleeuwse reliëf is ontleend aan Spitzers 1989.
12 Zie onder andere van Berkum 1984 en Senger 1984.
13 Vita Liudgeri 1881, cap. 15.
14 Ver Loren 1885; Looper 1984.
15 Herzog 1964; Grosse 1987.
16 Letterlijk: 'firmis munitionibus'. Oediger 1969.
17 Spitzers 1989 en 1990; Bloemink 1987; Lubberding 1982; Dorgelo 1982, deel I, p. 61; Nijhof 1979.
18 Spitzers 1990. Aan de hand van de momenteel ter beschikking staande gegevens kan niet meer gedaan worden dan het voorlopig aangeven van het op dit moment meest aannemelijke verloop van de Karolingische omwalling.
19 Lubberding 1970. Onder de huidige Assenstraat werden in 1970 skeletten aangetroffen waarvan er één in de achtste of het begin van de negende eeuw is gedateerd (Van Es & Verwers 1985).
20 'Heilighenlegenden (...)'. Atheneumbibliotheek Deventer, ms. 1744 (midden vijftiende eeuw) zoals weergeven door Molhuijsen 1836, p. 10.
21 Annales Fuldenses 1891, ad 882.
22 Gijsseling en Koch 1950, nr. 186.
23 Muller en Bouwman 1920, nr. 87.
24 Vita Radbodi 1887, Cap. 12.
25 Grosse 1987; Koopmans 1989.
26 Spitzers 1990. Vergelijk: Van Es en Verwers 1985.
27 Gijsseling en Koch 1950, nr. 187.
28 De speciale, indertijd waarschijnlijk nog vrij uitzonderlijke rechten van de Tielse kooplieden, die rond 1023 door Alpertus van Metz zijn beschreven (Alpertus van Metz 1980, cap. 20-21), zouden een voortzetting kunnen zijn van de in 896 genoemde Duurstedelijke rechten en derhalve een indruk kunnen geven van de status van de Deventer kooplieden in die tijd.
29 Muller en Bouwman 1920, nrs. 121 en 122.
30 Zie bijvoorbeeld Herzog 1964, p. 236. Vergelijkbare, in de tiende eeuw omwalde handelswijken zijn bekend in bisschoppelijke, en soms ook koninklijke centra als Worms (Ennen 1975), Keulen (Steuer 1987), Luik (Van Werveke 1956), Namen (Van Werveke 1956) en Hamburg (Schindler 1960).
31 Muller en Bouwman 1920, nr. 132.
32 Hodges 1982.
33 Boeles 1951, p. 466.
34 Albrecht 1959; Spitzers 1990.
35 Grosse 1987.
36 Muller en Bouwman 1920, nr. 132.
37 Voor Oldenzaal en Utrecht, zie Grosse 1987. Voor Tiel, zie Alpertus van Metz 1980, p. XVI. Hoewel het bestaan van een kapittel te Emmerik pas in de elfde eeuw aanwijsbaar is, noemt de tussen 962 en 973 geschreven Vita Radbodi (1887, cap. 8) hier al een 'coenobium'.
38 Thietmar von Merseburg 1957, Liber I, cap. 12.
39 Looper 1984; Mekking 1988, p. 40.
40 Boeren 1962, 171-175; zie ook de bijdrage van Mekking aan dit boek.
41 Grosse 1987.
42 Ter Kuile 1944
43 Muller en Bouwman 1920, nr. 202.
44 Muller en Bouwman 1920, respectievelijk de nrs. 206, 193, 179, 201 en 199; Nip 1990.
45 Albrecht 1958.
46 Zie Mekking 1988.
47 Nog geen eeuw eerder beschreef een gezant van de Oost-Frankische koning, Liutprand van Cremona, uitvoerig hoe deze taktiek aan het Byzantijnse hof, het grote voorbeeld voor het Oost-Frankische, werd toegepast. Zie Liudprand van Cremona 1915.
48 Topfstedt 1989. Het is zeker dat er in tweede helft van de tiende eeuw intensieve contacten waren tussen Deventer en het Maagdenburger Mauritiusklooster, dat kort daarna moest wijken voor de nieuwe Dom. Het is aan dit klooster dat in 952 omvangrijke koninklijke bezittingen in en rond Deventer werden geschonken, zie Muller en bouwman 1920, nrs. 119, 121, 122. Het Deventer 'spookverhaal' dat eerder in deze paragraaf werd besproken, is opgetekend uit de mond van de gastenmonnik van ditzelfde klooster, zie Thietmar von Merseburg 1957, Liber I, cap. 12, zie ook Dehio 1975, p. 260-261.
49 Grosse 1987.
50 Muller en Bouwman 1920, nr. 196; Looper 1984.
51 Muller en Bouwman 1920, nr. 312.
52 Spitzers 1990.
53 Lewald 1970.
54 Voor de toeschrijving van de bisschoppelijke verblijven aan Adelbold geeft Peijnenburg (1980) geen verdere argumenten, dan dat ze na het verleggen van de westelijke castellummuur moeten zijn gebouwd. Vergelijk verder Koopmans 1989, die evenmin een datering geeft.
55 Ter Kuile 1964, p. 24: 'domum episcopalem, quae ruinosa fuerat, reedificaverit'.
56 Sarfatij 1973, p. 389.
57 Zie de bijdrage van Bloemink in deze bundel.

58 De grotere breedte van de fundamenten van de Deventer 'zaalgebouwen' (beide 1,40 m) in vergelijking tot die van de overige gebouwen, kan er op wijzen dat zij toebehoord hebben aan forse gebouwen waarvan de buitenmuren vloer- en dakconstructies moesten dragen die de omvangrijke breedte van 12 m moesten overspannen.
59 Met dank aan de Archeologische Werkgemeenschap Nederland, afd. 18, in wier verband het onderzoek plaats vond. Dorgelo 1956, p. 52.
60 Het is onwaarschijnlijk dat gebouw C als voorganger gezien kan worden van het hof van de schout van Colmschate dat pas in de late dertiende eeuw ongeveer ter plekke van gebouw C aan de buitenzijde van de omheiningsmuur gebouwd is: gebouw C moet uiterlijk in de vroege dertiende eeuw afgebroken zijn en het schoutenhof was, in overeenstemming met zijn status, kleiner dan dat van de bisschop.
61 Resp. Lobbedey 1987 en Borger 1966.
62 Zie de bijdrage van Bloemink in deze bundel.
63 Lobbedey 1987; Borger 1970.
64 Steuer 1987.
65 Winkelmann 1966.
66 Respectievelijk Bloemink 1987 en Dorgelo 1956.
67 Zie daarvoor o.a. De Meijer en Van Den Elzen 1982.
68 Respectievelijk volgens Dorgelo (1956, p. 49) en Sarfatij (1973, p. 381). Sarfatij's datering van rond 1250 (overgang II tot overgang III volgens Bruin's indeling) is aangepast aan de nieuwe dateringen van Alders (1988).
69 Sarfatij 1973, p. 381.
70 Sarfatij 1973, p. 381. Dorgelo meent dat de opvulling niet lang na de bouw geschied zal zijn omdat de, door de opvulling dichtgezette dagkanten van de lichtspleet schoon waren, in tegenstelling tot de rest van de binnenzijde van het muurwerk, die beroet was. De door Dorgelo vermelde verwering van de buitenzijde van het muurwerk wijst er echter op dat het nog geruime tijd na de bouw een weer en wind moet hebben blootgestaan.
71 Dorgelo 1956, p. 43 en p. 48.
72 Met dank aan de Archeologische werkgemeenschap Nederland, afdeling 18 voor het beschikbaar stellen van het schervenmateriaal.
73 Mondelinge mededeling J.W. Bloemink (vergelijk de bijdrage van Bloemink in deze bundel).
74 Ter Kuile 1964.
75 Boersma 1990.
76 Van Schaïk 1989.
77 Zie de bijdrage van Bloemink in deze bundel.
78 Ter Kuile 1964; Stenvert 1985. Deze laatste bracht het begin van deze activiteiten al in verband met de herbouw van het bischopshof onder Dirk van de Aar.
79 Dorgelo 1956, fig. 5.
80 Dorgelo 1956, p. 51.
81 Dumbar 1732, p. 8.
82 Spitzers 1989.
83 Nissen 1910.
84 Met name bij Van Es & Verwers 1985.
85 Claessen 1985, p. 35.

De bouwgeschiedenis van de kerk tot ca. 1450

J. W. Bloemink

1 Inleiding

In het voorjaar van 1988 werd een begin gemaakt met de restauratie van het muurwerk aan de noordzijde van de Lebuinuskerk te Deventer. De Rijksdienst voor de Monumentenzorg greep deze gelegenheid aan om de twee, nog resterende gevels van de oorspronkelijke elfde-eeuwse basiliek, de noordgevels van het oostelijke en westelijke dwarspand, te laten documenteren. Dit oudere muurwerk werd tijdens de verbouwing van de basiliek tot hallenkerk, rond 1500, gehandhaafd en opgenomen in het laatgotische gebouw. Dit onderzoek, dat door ondergetekende in samenwerking met R. Glaudemans werd uitgevoerd, vormde de aanleiding om ook het inwendige muurwerk van de kerk nog eens opnieuw te bestuderen en de reeds eerder gepubliceerde theorieën kritisch te bezien.

De verschijningsvorm van de elfde-eeuwse basiliek en de sindsdien verrichte verbouwingen zijn door onderzoekingen in het verleden, in grote lijnen, goed bekend. Vooral de Deventer architect Te Riele verrichtte baanbrekend werk. In verband met de voorgenomen restauratie van de kerk onder zijn leiding en de daartoe aangevraagde rijkssubsidie bracht de toenmalige rijksbouwmeester, de architect P.J.H. Cuypers in mei 1903 een inspectiebezoek aan de kerk. Hij berichtte onder andere het navolgende aan de Minister van Binnenlandse Zaken: 'De Edelachtbare Heer Burgemeester van Deventer benevens overige leden der commissie voor de restauratie der kerk en de Architect Wolter te Riele waren aldaar aanwezig en verschaften mij vele inlichtingen omtrent hunne tegenwoordige kennis, die zij hadden opgedaan, zoowel uit de oude bouwvormen als uit de archieven van Deventer'.[1] Een jaar eerder was van de hand van de Hattemse archivaris F.A. Hoefer een eerste poging tot een wetenschappelijke reconstructie van de oorspronkelijke verschijningsvorm van de kerk en van de bouwgeschiedenis verschenen, gebaseerd op de onderzoekingen van architect Te Riele.[2] De tweede architectuurhistoricus wiens naam aan de bouwgeschiedenis van de Lebuinuskerk verbonden zal blijven was de Delftse hoogleraar in de architectuur-geschiedenis, de kunsthistoricus E.H. ter Kuile. Deze bekritiseerde het door Hoefer en Te Riele geformuleerde beeld voor het eerst in 1939[3] en zou na de oorlog in diverse publicaties[4] zijn visie op de Lebuinuskerk verder ontwikkelen, die tenslotte definitief zou worden gepubliceerd in de aflevering 'Zuid-Salland' uit de serie 'De Geillustreerde Beschrijving van de Nederlandse Monumenten van Geschiedenis en Kunst',[5] waarin ook nieuwe feiten, beschikbaar gekomen door archeologisch onderzoek en ontpleistering van het interieur van de kerk, zouden worden verwerkt.

De elfde-eeuwse kerk had een basicale opzet. Van oost naar west bestond deze uit een koor met crypte, geflankeerd door twee kleinere nevenkoren, een oostelijk transept, een schip, zijbeuken, een westelijk transept met aan de oostzijde, grenzend aan de zijbeuken, twee kapellen en tenslotte een indrukwekkende westpartij met twee torens en een westelijk koor. Het bouwvolume van het oost- en westtransept was gelijk. In het laatste hebben zich echter, blijkens de opgravingsresultaten tegen de noord- en zuidgevel, galerijen bevonden die behoorden tot de oorspronkelijke opzet van het gebouw.

Heel belangrijk voor een juist begrip van de situatie is het gegeven dat de noordzijde van de Lebuinuskerk aansloot op het 'Bisschopshof',[6] een door middel van muren afgeschermd terrein met daarop het paleis van de bisschop van Utrecht, die sinds 1046 was bekleed met de grafelijke rechten in een groot deel van het latere Overijssel. Een gedeelte van dit complex is in de jaren 1951-1952 door de Rijksdienst voor het Oudheidkundig Bodemonderzoek opgegraven. De resultaten werden in 1956 gepubliceerd door A. Dorgelo.[7] Deze veronderstelde dat de opgegraven bisschoppelijke palts, die hij rond 1100 dateerde, een vrijstaand gebouw was. Ter Kuile corrigeerde dit beeld en maakte aannemelijk dat de palts aansloot op de noordgevel van het westelijke transept. Tijdens ons onderzoek kon deze opvatting worden bevestigd. Ter Kuile stelde eveneens dat kerk en palts tot één opzet behoorden. Dit bleek echter niet het geval te zijn geweest: beide gedocumenteerde gevels stonden oorspronkelijk vrij; de palts is later tegen de al bestaande kerk aangebouwd. Het verschil in opzet van de noordmuur van respectievelijk het oostelijke en westelijke transept kan enkel worden verklaard en begrepen vanuit de architectuur van de kerk. Nadien is het beeld van de oostelijke transeptgevel bepaald door de geschiedenis van het kerkgebouw; met name door de overwelving en de modernisering van de vensterpartijen. De overeenkomstige gevel van het westelijke transept, later dus slechts scheidingsmuur tussen palts en kerk, speelde in de uiterlijke architectuur van het geheel geen enkele rol meer, en toont slechts littekens van ingehakte doorgangen, nissen, vloerlijnen, en dergelijke.

Deze bijdrage zal in de eerste plaats verslag doen van het gevondene tijdens de documentatie van de noordelijke gevels van de voormalige oost- en westtranssepten, en in de tweede plaats een nieuwe visie presenteren op de oorspronkelijke verschijningsvorm van de elfde-eeuwse basiliek van Bisschop Bernold en de verbouwingen die de kerk onderging tot aan het moment dat men, in het midden van de vijftiende eeuw, het plan opvatte het gebouw in een hallenkerk te transformeren. De vele bouwsporen uit later tijd, behoudens hetgeen bij de documentatie van genoemde transeptgevels werd vastgelegd, zullen dus hier buiten beschouwing blijven. In het navolgende zal het hier in grote lijnen geschetste beeld nader worden uitgewerkt.

2 De noordelijke gevel van het oostelijke dwarspand

2.1 Algemeen

De gedocumenteerde muur wordt links begrensd door een laat-gotische steunbeer die de romaanse gevel gedeeltelijk bedekt. Rechts sluit het gotische werk koud op de nog gave elfde-eeuwse hoek aan. De bovenzijde wordt momenteel gevormd door een laat-gotische balustrade die daar pas in het begin van deze eeuw is geplaatst.[8] Aan de onderzijde wordt de gevel aan het gezicht onttrokken door jongere aanbouwen.
De huidige gevel wordt gedomineerd door een groot, centraal geplaatst spitsboogvenster, links en rechts op identieke wijze geflankeerd door dichtgezette romaanse vensters en blindnissen. Een interessant fenomeen zijn de twee naden links en rechts naast de top van het spitsboogvenster, die het beloop hebben van

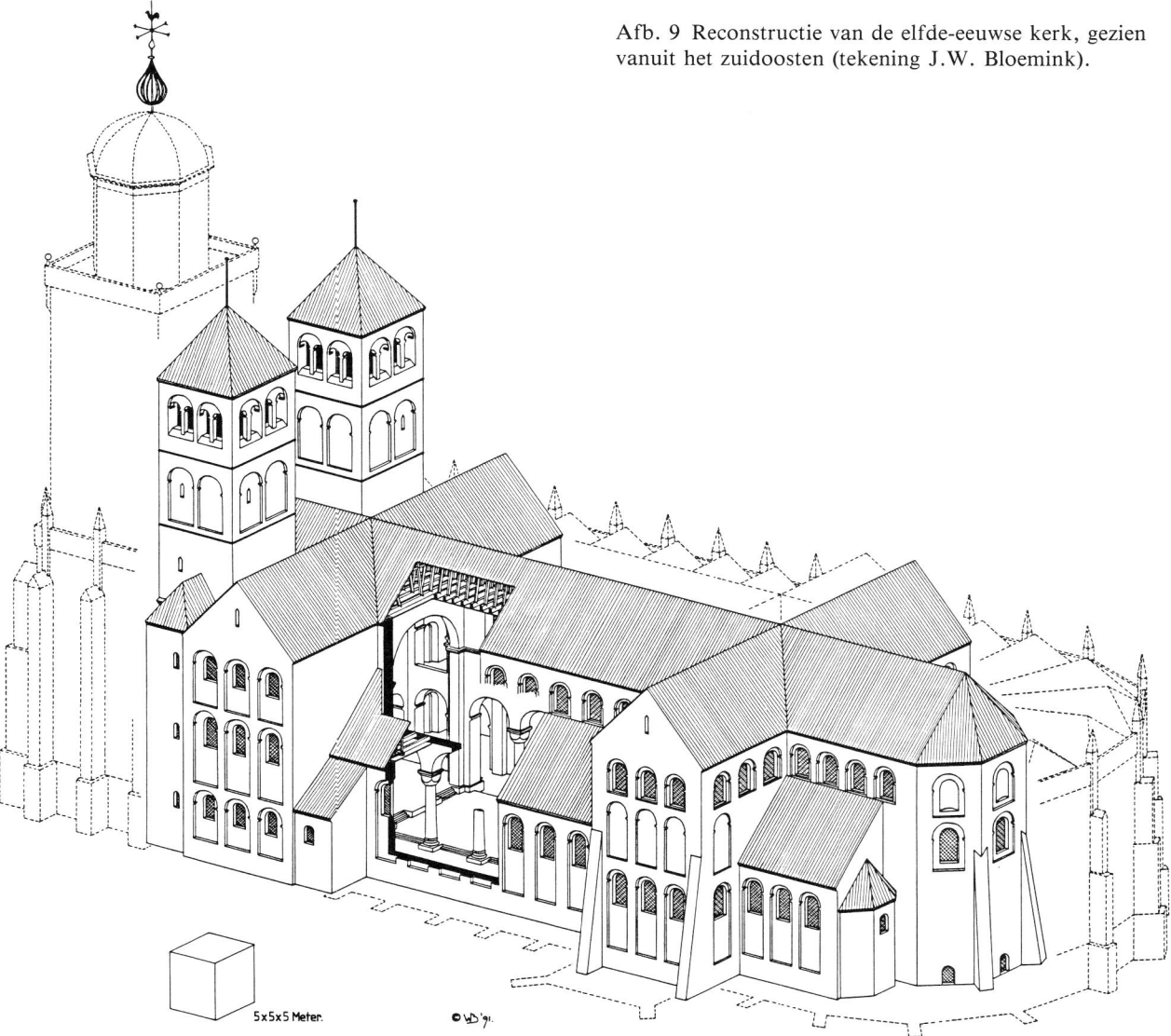

Afb. 9 Reconstructie van de elfde-eeuwse kerk, gezien vanuit het zuidoosten (tekening J.W. Bloemink).

een cirkelsegment; de enige resten van een laat-romaanse verbouwing, die verderop bij de rekonstruktie van de geschiedenis van deze gevel zal worden besproken.
Om de gevel te tekenen is door middel van een waterpastoestel en schietlood een meetlijnenstelsel uitgezet. Hierdoor ontstond een raster met vakken van één bij één meter, waaraan alle te tekenen fenomenen in het veld 1:20 zijn vastgemeten.
Bij de uitwerking in inkt van de veldtekening heeft een geringe schematisering plaatsgevonden: alle tufsteenblokken die tijdens een recente restauratie werden aangebracht zijn met de lineaal getekend en onderscheiden zich daardoor van het oudere werk.

2.2 De gevel in de elfde eeuw

De oorspronkelijke verschijningsvorm van deze transeptgevel laat zich in hoofdlijnen zonder veel problemen reconstrueren. Om het opgaande muurwerk van de kerk te kunnen bouwen heeft men gebruik gemaakt van de zogenaamde 'kistwerktechniek'. Voor de muren van de Lebuinus houdt dit het volgende in: een buiten- en binnenhuid gemetseld met rechthoekige tufsteenblokken gevuld met een mengsel van puin en mortel, meestal tufsteenbrokken, maar incidenteel ook stukken ijzeroer en rode zandsteen. In de uiterste noord-westhoek van de huidige kerk is nog een mooi voorbeeld van deze techniek te zien. Hier bevond zich een spiltrap die in de zestiende eeuw werd weggehakt, waardoor de vulling van het oorspronkelijke kistwerk in het zicht kwam. Aangezien het kerkinterieur tot in deze eeuw geheel gepleisterd was, werd dit muurwerk pas zichtbaar na ontpleistering in het begin van de jaren vijftig. Hier is goed te zien hoe men in de elfde eeuw het muurwerk opbouwde: buiten- en binnenhuid werden ongeveer een meter hoog opgemetseld waarna de tussenruimte werd volgestort met een mengsel van mortel en tufpuin. Tenslotte streek men de vulling van het kistwerk met mortel glad. Als het gemetselde gedeelte hard genoeg was, werd er volgens hetzelfde principe een tweede 'bouwlaag' van een meter opgemetseld. Hierdoor ontstond als het ware een dubbele voeg: de afstrijkmortel van de onderste laag en de metselmortel van de bovenste. Deze dubbele voeg is alleen in de vulling van het kistwerk herkenbaar; toen het muurwerk nog gaaf was, was aan de buitenzijde van het metselwerk niets te zien. De afstand tussen twee bouwlagen was niet altijd gelijk; bij de bestudering van de noordgevel van het westelijke transept werd geconstateerd dat daar de afstand tussen twee bouwlagen tegen de twee meter was.
Bij bestudering van het muurwerk van de noordgevel van het westelijk transept bleek dat de buitenhuid per bouwlaag uit de hand werd gemetseld, dus niet 'aan de draad'. Pas bij voltooiing van elke laag werd het werk gewaterpast en uitgevlakt waardoor herkenbaar wigvormige metsellagen ontstonden.
Hierop kwamen dan de kortelingen van de steiger te rusten. Deze werden ommetseld en pas na voltooiing van het gebouw uitgenomen. De zo ontstane steigergaten werden op verschillende plaatsen teruggevonden.
De uitvoering van vensters, blindnissen en hoeken van de gedocumenteerde gevel van het oosttransept is qua maatvoering erg precies: alles staat netjes te lood, de impost-stenen liggen allemaal op gelijke hoogte. Het metselwerk daarentegen maakt een erg rommelige indruk, zodat het voor de hand ligt te veronderstellen dat het oorspronkelijk de bedoeling was het oppervlak te sauzen of te pleisteren. Van een eventuele buitenafwerking is echter nog geen spoor gevonden. Achter de dertiende-eeuwse vulling van de bovenste twee vensters bleek het elfde-eeuwse werk nog gaaf aanwezig. De voegen waren 'platvol', dat wil zeggen men heeft getracht het metselwerk een glad uiterlijk te geven. Onder invloed van het weer hebben de tufstenen een wat donkerdere kleur gekregen dan zij vroeger hadden en die erg dicht in de buurt kwam van de kleur van de voegen. Het is dus best mogelijk dat door de voegafwerking de onregelmatigheden in het metselwerk nauwelijks opvielen.
Voor de bouw van de kerk zijn verschillende formaten tufsteen gebruikt die aanleiding gaven voor uiteenlopende constructie-technieken. In de nog resterende buitengevel van het oostelijke transept was dit onderscheid het duidelijkst waarneembaar. Op ongeveer tweederde van de hoogte was een horizontale naad aanwezig, gekenmerkt door een dubbele lintvoeg die in tegenstelling tot de al genoemde constructief bepaalde dubbele lintvoegen ook aan de buitenzijde van de muur zichtbaar was. Men had dus niet slechts de vulling van de muur maar de gehele muur met mortel afgestreken. Wist men dat de bouw door gebrek aan geld of materiaal geruime tijd stil zou komen te liggen? Onder genoemde naad bevinden zich relatief kleine stenen, die een tamelijk uniform beeld opleveren, daarboven grote, maar dunne blokken die afwisselend op hun kant en plat waren verwerkt. Ook in de noordgevel van het vroegere westelijke dwarspand werd deze naad geconstateerd. De hoogte waarop deze horizontale naad werd aangetroffen is in beide gevels nagenoeg gelijk. Ook in het kerkinterieur kon op verschillende plaatsen deze grens worden vastgesteld: in het koor en in het muurwerk van zowel de zuidelijke als de noordelijke transeptarm van het oostelijke dwarspand. Voor het verschil in metseltechniek en steenformaten valt nauwelijks een constructieve reden aan te geven, een argument temeer om te concluderen dat er in ieder geval sprake was van twee opeenvolgende bouwcampagnes. Eén, heel belangrijke conclusie valt er uit deze gegevens te trekken, namelijk dat de gehele kerk van voor tot achter gelijktijdig in

Afb. 10 De noordgevel van het oostelijk transept, situatie juli 1958 (foto: Rijksdienst voor de Monumentenzorg, Zeist).

aanbouw was en tot één opzet behoort. Frappant is, dat een dergelijk fenomeen ook is aangetroffen in de eveneens elfde-eeuwse Sint-Martinus in Emmerik en Sint-Jan in Utrecht.[9]
Zoals gezegd bestond de gevel uit drie vensters binnen nissen, daarboven drie blindnissen die nooit vensters bevat hebben, en tenslotte weer drie vensters binnen nissen. Door het aanbrengen van de grote spitsboog is veel elfde-eeuws muurwerk verloren gegaan. Van het middelste venster van de bovenste rij is nog net de top van de boog bewaard gebleven, terwijl de onderzijde van het middelste venster van het onderste drietal nog in het interieur van de kerk is te zien. Wat betreft de afmetingen van de nissen, deze namen waarschijnlijk van onder naar boven in hoogte af, waarbij de onderste rij tot vlak boven het oorspronkelijke maaiveld zal hebben doorgelopen. Deze situatie kan momenteel niet worden bevestigd daar de latere aanbouwen het muurwerk ter plaatse aan het gezicht onttrekken. Alle nissen hadden afgeschuinde neggen en de aanzetten van de bogen waren geleed door een imposststeen met een eenvoudige, typisch elfde-eeuwse profilering.
Links en rechts bevonden zich romaanse steunberen die nog goed te herkennen zijn door de 'afdruk' die zij op de muur hebben achtergelaten. Deze steunberen vormden één geheel met de gevel. In later tijd zijn beide steunberen verdwenen zodat men tegenwoordig tegen de vulling van het oorspronkelijke kistwerk aankijkt. Opvallend is dat de bovenzijde van de steunberen bij benadering strookt met de al genoemde horizontale naad.

2.3 De verbouwingscampagne in de dertiende eeuw

Toen in de eerste helft van de dertiende eeuw, als onderdeel van een grote verbouwingscampagne het oostelijke dwarspand werd overwelfd, konden het linker en rechter venster van de bovenste rij niet worden gehandhaafd omdat deze door het nieuwe gewelf zouden worden doorsneden.[10] Men metselde dus vensters en nissen geheel met tufsteen dicht, op zodanige wijze dat zowel buiten als binnen de vulling gelijk met het muurvlak kwam te liggen.
Hoogstwaarschijnlijk verving men toen ook het middelste overgebleven rondboogvenster door de twee smalle spitsboogvensters, die zich op grond van de aangetroffen bouwsporen redelijk laten reconstrueren. Links en rechts zijn nog voldoende resten van de bogen over om deze te kunnen herkennen, terwijl ook van de oorspronkelijke rechtstanden van de vensters gedeelten nog aanwezig zijn dankzij het feit dat men eind vijftiende eeuw bij de bouw van het grote spitsboogvenster, de nieuwe bakstenen neggen gewoon in de oude heeft gemetseld.
Op stilistische gronden kan worden vastgesteld dat de overwelving van het oostelijk dwarspand een onderdeel vormt van een grootscheepse verbouwingscampagne waarbij waarschijnlijk eerst het oostelijke koor, en vervolgens de zijbeuken en de westelijke kruising werden overwelfd.[11] De toen aangebrachte kolonnetten en halfzuilen vertonen zowel in het gebruik van drachenfels-trachiet, als wat betreft de vorm van de basementen en de kapitelen sterke overeenkomsten. In verband met de overwelving van het hoogkoor moesten de acht elfde-eeuwse vensters worden gedicht. Zij werden vervangen door vier nieuwe spitsboogvensters met rondstaafprofilering.[12] De teruggevonden vensters in de transeptgevel passen dus goed in het beeld van de bouwcampagne uit het begin van de dertiende eeuw. Een tweede argument is te vinden in de analogie met de vensters in de noordgevel van het oostelijk dwarspand van de Pieterskerk in Utrecht, die in dezelfde periode werden aangebracht, eveneens in samenhang met de nieuwe gewelven.[13]

2.4 Een aanbouw uit de veertiende eeuw?

Links tegen de gevel zijn twee daklijnen herkenbaar, die horen bij een zadeldak van een nu verdwenen gebouw dat haaks op de kerk stond en links waarschijn-

Afb. 11 Documentatietekening van de noordgevel van het oostelijk transept (tekening R. Glaudemans).

Afb. 12 Reconstructietekening van de noordgevel van het oostelijk transept in de elfde eeuw (tekening R. Glaudemans).

lijk op de toen nog bestaande steunbeer aansloot. Rechts wordt de daklijn door de negge van het grote spitsboogvenster doorsneden. Helaas is bij een recente restauratie de aansluiting daklijn-negge verdwenen, maar op een oude foto[14] is nog te zien dat de daklijn tot aan de negge van het grote venster doorliep, wat een sterke aanwijzing is dat ook dit gebouw voor het grote spitsboogvenster heeft moeten wijken. Dit betekent dat het gebouw en de twee oudere spitsboogvensters geruime tijd samen hebben gefunctioneerd. Dit wordt bevestigd door het feit dat de linker rechtstand van het linker venster op deze foto tot enkele decimeters boven de daklijn kan worden gevolgd, daaronder is het elfde-eeuwse werk niet verstoord. Venster en gebouw zitten elkaar dus niet in de weg. Wat betreft het dichtmetselen van de onderste rij vensters het volgende: het zal duidelijk zijn dat, als we ons de kap van de aanbouw symmetrisch voorstellen – wat een redelijke aanname is – in ieder geval het linker en het middelste venster moesten verdwijnen. Het rechter venster zou eventueel nog gehandhaafd kunnen blijven, wat echter, vanuit het kerkinterieur gezien, uit een oogpunt van symmetrie een onacceptabel beeld zou opleveren. Voor de gedachte dat ook dit venster toen is dichtgemetseld bestaan nog twee andere argumenten. Ten eerste werden zowel het rechter als het linker venster op overeenkomstige wijze dichtgezet.[15] Ten tweede wijst het wegbreken van de rechter romaanse steunbeer ook op het feit dat hier een gebouw stond. De linker steunbeer verdween mogelijk pas toen in de jaren tachtig van de vijftiende eeuw de gotische kooromgang tot stand kwam, en deze door een gotische steunbeer werd vervangen. De wijze waarop de onderste vensters dichtgezet werden wijkt in meerdere opzichten af van de bij de bovenste vensters gebruikte techniek: de dichtzetting volgt nòch binnen, nòch buiten het bestaande muurvlak, maar ligt enige decimeters terug. Het metselverband, koppen- en strekkenlagen, wijst op de veertiende, mogelijk vijftiende

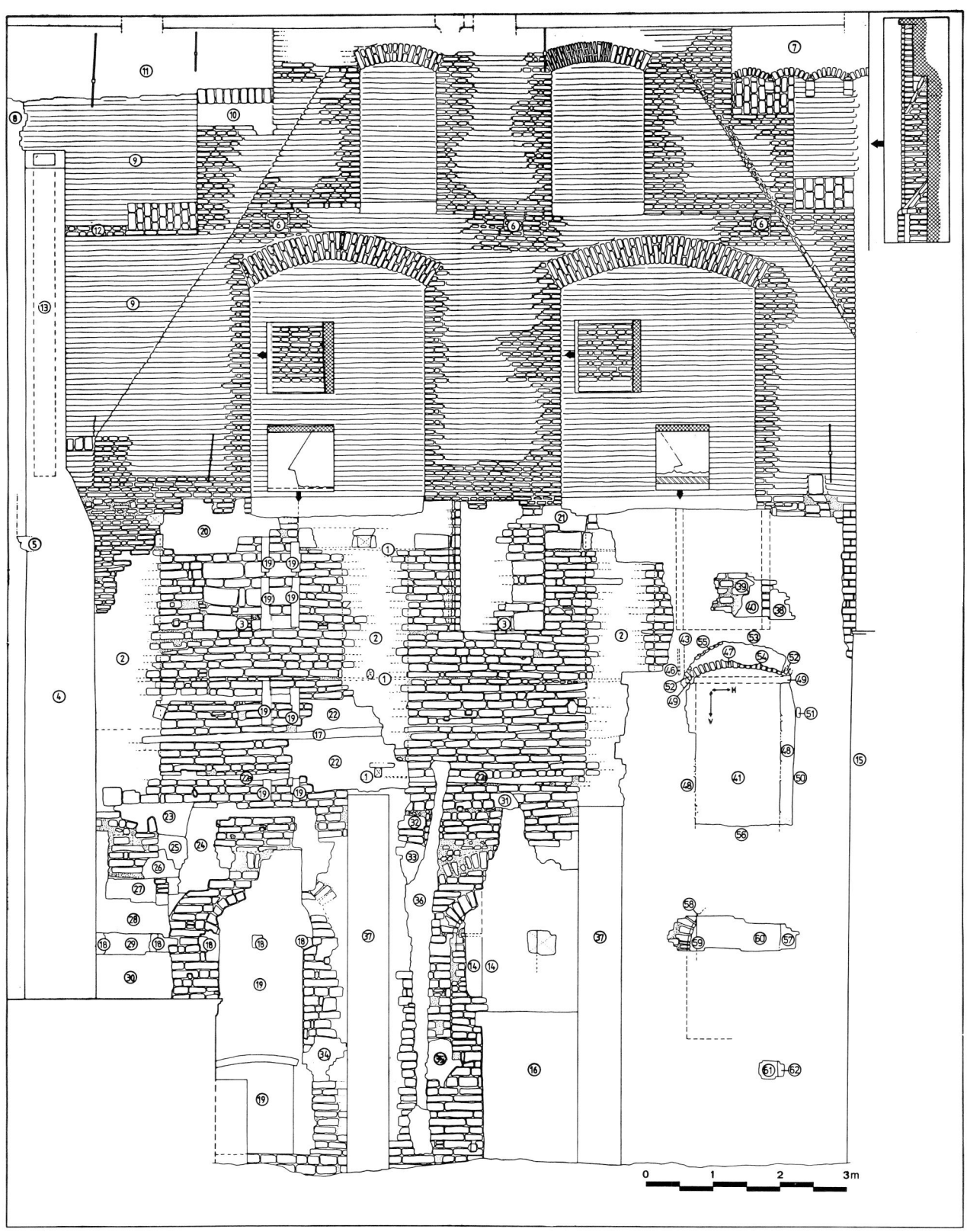

Afb. 13 Documentatietekening van de noordgevel van het westelijk transept. De genummerde bouwsporen worden in de tekst besproken (tekening R. Glaudemans).

Bouwgeschiedenis tot ca. 1450

Afb. 14 Reconstructietekening van de noordgevel van het westelijk transept in de elfde eeuw (tekening R. Glaudemans).

eeuw. Over de aard en functie van het gebouw tasten we vooralsnog in het duister. Aanvullend archiefonderzoek kan hier mogelijk een oplossing bieden.

2.5 De gevolgen van de verbouwing tot hallenkerk

Zoals uit schriftelijke bronnen genoegzaam bekend is, werd in de tweede helft van de vijftiende eeuw de romaanse basiliek voorzien van een geheel nieuwe westpartij en verbouwd tot hallenkerk.[16] Men begon in het zuidwesten met de bouw van een nieuwe zuider-zijbeuk rond 1450. In de jaren tachtig kwam de koorom-gang tot stand en in het begin van de zestiende eeuw de noordelijke zijbeuk. Aan de noordzijde werden de gevels van zowel het westelijke als het oostelijke dwarspand in het nieuwe gotische werk opgenomen. Uit deze tijd dateert ook het grote spitsboogvenster in de gedocumenteerde gevel. Het overvloedige gebruik van Bentheimer zandsteen maakt een datering vóór 1470 onwaarschijnlijk.[17] De herstelling van het muurwerk bovenin de gevel, onder de huidige balustrade, door middel van een baksteenklamp lijkt ook grotendeels tot deze periode te behoren. Dit is echter niet de oudste manifestatie van het gebruik van baksteen in de kerk. Het lijkt er immers op dat de rechter spitsboog van de twee laat-romaanse, en dus oudere spitsboogvensters, al met gebruikmaking van baksteen werd gerepareerd.[18] Het is verleidelijk om hier te denken aan een herstelling na de stadsbrand van 1334 of zelfs van 1235, waarbij de Lebuinuskerk zwaar werd beschadigd.[19] De vervanging van het oorspronkelijke tufstenen werk door een bakstenen klamp van minstens steens dikte is tenslotte geen geringe bouwkundige ingreep. De noodzaak daartoe zal stellig aanwezig zijn geweest, iets wat uit de kwaliteit van het elfde-eeuwse muurwerk lagerop momenteel zeker niet afleesbaar is, en derhalve niet toegeschreven kan worden aan het normale verweringsproces. Het ligt daarom voor de hand te denken aan de herstelling na een calamiteit, zoals een stadsbrand waarbij het muurwerk dat aansloot op de verwoeste kap zwaar zou zijn beschadigd. Waarschijnlijk heeft de gevel tijdens deze ramp zijn elfde-eeuwse top verloren. Hogerop doorsnijdt het baksteenwerk aan de linkerzijde de laat-romaanse spitsboog en behoort daardoor stellig tot de late vijftiende eeuw.

2.6 Van 1500 tot heden

Na de verbouwing tot hallenkerk hebben er nauwelijks meer ingrijpende verbouwingen plaatsgevonden. De gevel werd begin deze eeuw voorzien van pinakels en een balustrade, deels afkomstig van de zuidzijde van de kerk, deels nieuw vervaardigd door de Deventer architect Te Riele.[20] Waarschijnlijk in de jaren zestig van deze eeuw werden verschillende muurgedeelten hersteld door middel van nieuwe tufsteen. Zo werd de bakstenen vulling van de onderste twee vensters door tufsteen vervangen.

3 De noordelijke gevel van het westelijke dwarspand

3.1 Algemeen

De begrenzingen van het gedocumenteerde muurvlak zijn voor een groot gedeelte bepaald door de bouwge-

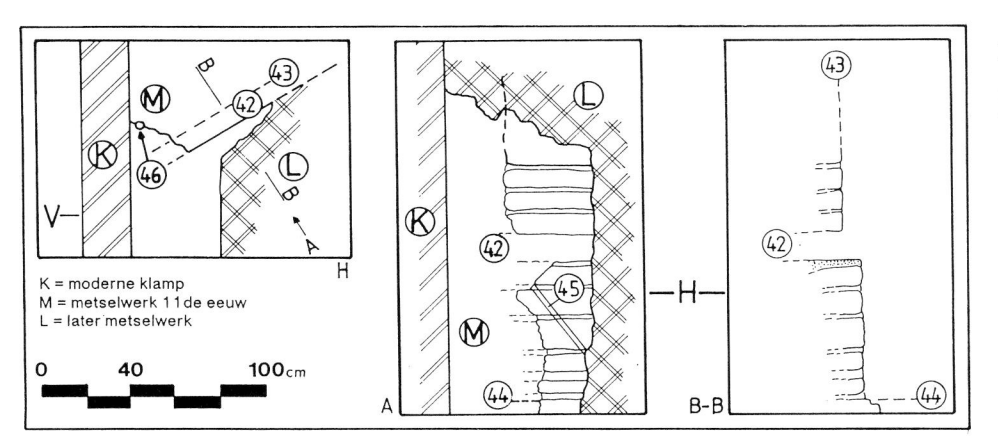

Afb. 15 De profileringen van de dagkant van het meest westelijke venster van de middelste rij in de noordgevel van het westelijk transept, oostzijde. De genummerde bouwsporen worden in de tekst besproken (tekening R. Glaudemans).

schiedenis. In eerste instantie stond hier alleen de noordmuur van het westelijke transept van de Lebuïnuskerk, met daarin vensters. Al vroeg in de geschiedenis van de kerk, waarschijnlijk rond 1100, werd tegen deze gevel een grote bisschoppelijke palts gebouwd, die breder was dan de oorspronkelijke transeptgevel en wel ongeveer 14,50 m buitenwerks. Van de oostelijke muur van dit gebouw is na de sloop in 1610 nog een stukje bewaard gebleven, dat momenteel in verminkte vorm fungeert als steunbeer, waarop het laatgotische werk van de huidige noorderzijbeuk aansluit. Deze aansluiting vormt de oostelijke begrenzing van het getekende muurvlak. De westelijke muur werd in 1610 geheel gesloopt, zodat het afgekapte muurwerk ter hoogte van de aansluiting met de gedocumenteerde muur nu de westelijke begrenzing vormt.

Momenteel wordt de bovenzijde van de gevel begrensd door een 'laat-gotische' balustrade die daar, net als op de noordelijke gevel van het oosttransept, aan het begin deze eeuw door Wolter te Riele werd geplaatst. Na de sloop van de palts werden in de zeventiende eeuw twee huisjes tegen de kerk aangebouwd van één bouwlaag met lessenaarsdak. Beide huisjes zijn inmiddels weer verdwenen, op de westelijke gevel van het rechter huisje na. De huidige ondergrens van de muur wordt derhalve gevormd door het maaiveld, met in de linker onderhoek nog een gebouwtje van de Sallandse Bank aan de Hofstraat, en een stapel stenen.

Van het tufstenen gedeelte is het westelijke derde deel aan het gezicht onttrokken doordat hier in deze eeuw een bakstenen klamp tegenaan gemetseld werd waarin tijdens de restauratie voor onderzoek een viertal gaten werden gehakt die op de tekening met Romeinse cijfers zijn genummerd. Bij I en III bevond het oude muurwerk zich vrijwel direct achter de klamp, dit is door R. Glaudemans met behulp van een veldpantograaf getekend. Hier werd dus de mogelijkheid tot het doen van waarnemingen beperkt door de grootte van het gat. Achter IV bevond zich een min of meer holle ruimte, hier viel nauwelijks iets te tekenen. De situatie bij II is nogal gecompliceerd. Hier zat achter de klamp een holle ruimte van 40 cm diep, 1,80 m breed en 3,00 m hoog.

De in de volgende paragrafen tussen haakjes vermelde nummers verwijzen naar de bouwsporen in de afbeeldingen 13 en 15.

3.2 De gevel in de elfde eeuw

Het elfde-eeuwse werk is tot op een hoogte van ongeveer 10 m bewaard gebleven, waarvan ongeveer tweederde kon worden onderzocht. Dit tufsteenwerk was plaatselijk in zeer slechte staat door jarenlange inwatering van regenwater.

Allereerst is uit het onderzoek gebleken dat de gevel oorspronkelijk als buitenmuur van de kerk gebouwd is, en niet zoals door Ter Kuile gesuggereerd, als scheidingsmuur tussen de kerk en een bisschoppelijk palts, die in samenhang met de kerk zou zijn ontworpen.[21] Deze is daarentegen later tegen de kerk aangebouwd. De bewuste muur bestaat, evenals de eerder onderzochte noordmuur van het oosttransept, uit kistwerk van tufsteen, gevuld met brokken tuf, ijzeroer en een enkel stuk rode zandsteen. Gebleken is dat het kistwerk steeds met ongeveer 2 m werd opgehoogd, waarna het metselwerk werd 'gewaterpast'. Vervolgens werd het geheel netjes vlak afgestreken met mortel. Dit proces kan nog goed worden herkend door de 'dubbele voegen' die aldus op deze plaatsen ontstonden en door latere beschadiging van de muur in het zicht kwamen (nr. 1). De teruggevonden oorspronkelijke steigergaten, een drietal, bevinden zich precies boven deze voegen. Op ongeveer 9,70 m hoogte bevindt zich, even hoog als in het muurwerk van het oost-transept, een bijzondere dubbele voeg. De tufsteenformaten onder en boven deze voeg verschillen op dezelfde wijze als in het oosten, hetgeen een bouwonderbreking nog aannemelijker maakt. De ge-

Afb. 16 De profilering van het dichtgemetselde linker venster van de middelste rij in de noordgevel van het westelijk transept, zoals die tijdens de restauratie in 1988 in het zicht kwam (foto R. Glaudemans).

vel was verticaal in drie velden verdeeld door middel van lisenen die door bogen waren verbonden. Lisenen en bogen omsloten nissen waarbinnen weer vensters waren aangebracht.
In later tijd werd het muurwerk geheel teruggehakt tot de achterwand van de nissen waardoor nu slechts een 'afdruk' van lisenen en bogen bewaard is gebleven. Op deze plaatsen kijkt men nu dan ook in de vulling van het kistwerk (nr. 2). Wat onmiddelijk opvalt is dat de indeling van de gevel nogal verschilt van die van het oosttransept.
In de eerste plaats zit de onderste rij nissen met vensters veel lager dan in het oosten, en lopen de nissen van de middelste rij eveneens lager door.[22] In de tweede plaats is deze middelste rij nissen, in tegenstelling tot zijn oostelijke tegenhanger, niet blind, maar bevat vensters. Deze vensters zijn duidelijk hoger geweest dan de vensters daar onder. Hoe hoog echter precies is helaas niet meer na te gaan doordat het desbetreffende muurwerk in de veertiende eeuw na de brand van 1334 werd gesloopt. Ook de onderste drie vensters waren in de loop van de tijd zwaar verminkt. In totaal zijn er dus slechts fragmenten van zes elfde-eeuwse vensters ingemeten. Van drie vensters konden de doorsneden worden vastgelegd.
Van de twee linkse vensters van de middelste rij is dus alleen het onderste gedeelte bewaard gebleven (zie afb. 16). Van het venster rechts hiervan is waargenomen dat het smaller is en dat het niet in het ritme van de andere twee past: het is iets naar links verschoven. Van het venster linksonder zijn de rechtstanden goed bewaard gebleven, maar is de boog zwaar verminkt door een latere verbouwing. Opvallend is dat dit venster zich niet precies onder het bovenliggende bevindt; het is smaller en zit excentrisch ten opzichte van de nis.
Hoewel van het middelste venster onder, alleen de linker helft gaaf bewaard is gebleven, kan er heel wat over worden verteld. Omdat de latere vulling van het venster gedeeltelijk verdwenen is, kon hier de binnenzijde goed worden onderzocht. Links werden een lensvormige 'sponning' en een rechthoekig 'dookgat' ontdekt. Hetzelfde was, in verminkte vorm, aan de rechterzijde ook nog aanwezig, evenals bij de linkerzijde van het onderste, achter de klamp waargenomen, venster. Waarschijnlijk waren deze bedoeld ter bevestiging van een houten kozijn.[23]
Enige afdruk van hout echter is nòch hier, nòch op andere overeenkomstige plaatsen ontdekt. Ook van enige buitenbepleistering is wederom niets teruggevonden.
Achter de later gemetselde klamp bevond zich bij II een holle ruimte die in grote lijnen correspondeerde met een doorgang van de bisschoppalts naar de kerk, die, gezien het feit dat bij het dichtzetten van deze doorgang portland-cement werd gebruikt, pas bij een relatief recente restauratie definitief is gesloten (nr. 41, zie ook afb. 17). Toch is daarmee deze holle ruimte niet afdoende verklaard. Op grond van het feit dat van het ook hier aanwezige baksteenwerk uit de veertiende eeuw stukken zijn weggehakt, moet men hier denken aan een nis of kast die bij het al genoemde zeventiende-eeuwse huisje behoord zal hebben.
Aan de linkerzijde van de gedocumenteerde ruimte bleef een aantal bouwsporen bewaard die enig zicht geven op de elfde-eeuwse situatie. Hier bevonden zich nog resten van de oorspronkelijke dagkant van het bovenliggende venster (afb. 15 en 18). In deze dag-

kant zat een verjonging van 9 cm (nr. 42). Deze verjonging was gemarkeerd door een nu verdwenen lijst van 13 cm hoog. Later werd deze ruimte gedeeltelijk dichtgezet met brokken tufsteen, die waarschijnlijk samenhangen met de latere tufstenen ontlastingsboog die hier precies op aansloot. Dit latere werk onderscheidde zich duidelijk van het elfde-eeuwse door de kleur van de gebruikte specie. De steen direkt onder de verdwenen lijst was nogal scheef aan de bovenzijde. De elfde-eeuwse voeg hierboven was nog aanwezig. Deze corrigeerde de onregelmatigheid van de steen en had een gladde, horizontale bovenzijde. Een aanwijzing temeer dat hier een bouwelement is verdwenen. Hoe diep dit latere werk was kon niet worden vastgesteld.

Het muuroppervlak boven de verjonging (nr. 43) lijkt te corresponderen met de linker dagkant van het venster zoals deze al eerder was aangetroffen op de bodem van de grote nis in de veertiende-eeuwse trapgevel. Door met een zaklantaarn achter de klamp langs te schijnen, kon worden vastgesteld dat de karakteristieke vensterprofilering aan de buitenzijde van de gevel op ongeveer dezelfde hoogte begon als bij de andere twee vensters van de middenrij. Dit is een belangrijke constatering omdat op grond hiervan mag worden aangenomen dat de hier aangetroffen situatie representatief is voor alledrie de vensters. Van de dagkant onder de verjonging kon de onderzijde worden vastgesteld (nr. 44). Op dit muurvlak was een diagonaal lopende dubbele kraslijn aanwezig, die de plaats aangaf van de schuin oplopende onderzijde van de vensternis, die bij latere verbouwingen weer is verdwenen (nr. 45). Als we deze lijn in gedachte naar links doortrekken dan zal het duidelijk zijn dat we veel lager uitkomen dan de van buiten zichtbare onderzijde van het venster. Helaas zijn alle bouwsporen die iets over deze aansluiting duidelijk zouden kunnen maken in later tijd verdwenen.

In het elfde-eeuwse muurwerk was oorspronkelijk een houten stok verticaal ingemetseld (nr. 46). Van deze stok waren alleen wat vermolmde resten over, de afdruk van deze stok, die een diameter had van 32 mm, was echter goed bewaard. Aan de onderzijde was hij recht afgezaagd. Mogelijk heeft deze een functie gehad bij het vastzetten van het houten kozijn in het bovenliggende venster.

3.3 Rond 1100

Tegen het einde van de elfde eeuw of rond de eeuwwisseling werd een grote tufstenen bisschopspalts tegen de bewuste transeptgevel gevel gebouwd. De fundamenten van de noordzijde van dit gebouw zijn bij opgravingen aan de Nieuwe Markt ingemeten.[24] De breedte van de fundamenten bedroeg 14,50 meter. Het gebouw was dus breder dan de transeptgevel waartegen het werd aangebouwd. Deze breedtemaat werd in de gedocumenteerde gevel teruggevonden; reconstructie van de oorspronkelijke maat door middel van spiegeling ten opzichte van de symmetrie-as komt op 14,48 meter, wat dus vrijwel exact met de opgegraven maat overeenkomt. Bij de bouw van de palts werd de kerkmuur teruggehakt tot op de achterwand van de nissen, en werden de vensters met kistwerk gedicht. Het middelste venster onder werd door middel van kistwerk verbouwd tot een nis of kast ten behoeve van een ruimte in de bisschoppelijke palts. Van het rechter

Afb. 17 Het muurwerk van de noordgevel van het westelijk transept ter hoogte van de middelste rij vensters, naar het westen gezien. Van links naar rechts: het dichtgezette elfde-eeuwse venster, de achterwand van de nis, het afgekapte muurwerk van de penant tussen de nissen en geheel rechts de moderne klampmuur met daarin rechtsonder nog zichtbaar gat II (foto J.W. Bloemink).

venster onder bestaat het vermoeden dat dit in eerste instantie werd verbouwd tot doorgang vanuit de palts naar de kerk.
Bij III is een gedeelte van de boog van het rechter venster van de onderste rij te zien. Aan de rechterzijde van het gat was de oorspronkelijke situatie geheel verstoord. Hier bevond zich een schoorsteenkanaalachtig gat, zeer onregelmatig van vorm, met bakstenen hersteld en hier en daar door middel van kalkmortel geraapt (nr. 57). Toen het venster in onbruik raakte werd hier eerst een rechthoekig kozijn geplaats, waarvoor de vensterboog moest worden ingehakt (nr. 58). De resterende ruimte van de boog werd met tufsteenbrokken dichtgezet (nr. 59). Al in een vroeg stadium verdween dit kozijn weer en werd de opening met brokken tuf dichtgemetseld (nr. 60). Aan de zijde van de kerk bleef hier een nis die wit gepleisterd was, en die eveneens later, waarschijnlijk in de veertiende eeuw, vanuit de kerk met baksteen werd gedicht.
Ook hier bevond zich in de aanzet van de elfde-eeuwse vensterboog een lensvormige 'sponning' en een vierkant dookgat.
De dichtzettingen van de linker twee vensters van de middelste rij vertonen een opmerkelijk fenomeen: op de onderdorpel van elk venster is in het midden, een rechthoekig steigergat in de dichtzetting uitgespaard (nr. 3). Het linker steigergat is momenteel nog met een viertal bakstenen dichtgezet.

Tussen het middelste en het bovenste raam aan de rechterzijde werd een nieuwe opening in de muur ingebroken die met zekerheid als deur kan worden geïnterpreteerd (Gat II). De veertiende-eeuwse vorm van deze doorgang kan op de tekening duidelijk worden herkend, en is ook in het interieur van de kerk nu nog goed te zien (afb. 20). Deze werd geheel in baksteen gebouwd. Toch waren ook van de oudere voorgangers van deze doorgang nogal wat sporen bewaard gebleven. Ten eerste de rechter rechtstand (nr. 50). Deze was in het kistwerk ingehakt, geraapt en wit gepleisterd. Om de doorgang uit te vlakken was gebruik gemaakt van één baksteen (nr. 51).[25] Er waren geen aanwijzigingen dat het hier om een latere herstelling ging. Ondanks het feit dat de linker rechtstand bij latere bouwcampagnes is verdwenen, zijn de boogaanzetten van deze oudere tufstenen doorgang nog bewaard gebleven (nr. 52, zie ook afb. 21). Ook de bovenzijde van deze ruimte achter de klamp bestond geheel uit de vulling van kistwerk met brokken tuf (nr. 53). De rechterzijde van de oorspronkelijke elfde-eeuwse vensternis is geheel verdwenen. Nergens was een aanwijzing voor het gebruik van baksteen. Het lijkt mij dan ook dat deze doorgang al bij de bouw van de bisschopspalts tot stand is gekomen. Toen in de tweede helft van de veertiende eeuw de doorgang werd hersteld is dat zeer ingrijpend gebeurd. Aan de bovenzijde werden alle loszittende tufstenen verwijderd en het resterende muurwerk met baksteen versterkt (nr. 54). Het lijkt alsof er boven de genoemde ontlastingsboog nog een tweede boog gezeten heeft (nr. 55). Dit is echter slechts schijn, het gaat hier om een versteviging van het bestaande kistwerk. Duidelijk is dat alle baksteenherstellingen vanuit de kerk gemetseld werden en aansloten op muurwerk van de palts dat blijkbaar minder beschadigd was. Aangezien dit laatste muurwerk inmiddels verdwenen is, onstond er een op het eerste gezicht slecht te begrijpen beeld. De onderzijde van de doorgang kon niet worden vastgesteld doordat deze met puin was bedekt (nr. 56).

Afb. 18 De dagkant van het meest westelijke venster van de middelste rij in de noordgevel van het westelijk transept. Foto vanuit de holle ruimte achter de moderne klampmuur (gat II) naar het oosten genomen (foto J.W. Bloemink).

3.4 Rond 1200

Ten oosten van de transeptgevel bevindt zich momenteel nog een zwaar verminkt restant van de paltsmuur, dat later is verbouwd tot steunbeer (nr. 4). Nog iets verder ten oosten hiervan is op ongeveer 9,50 m hoogte nog een stuk geprofileerde tufsteen te zien, hetgeen

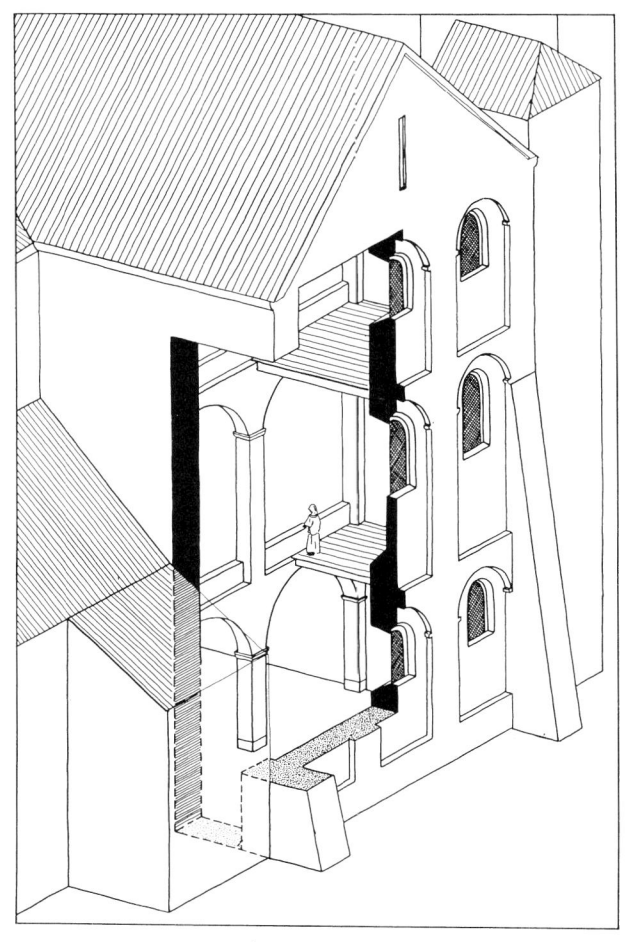

Afb. 19 Reconstructie van de noordzijde van het westelijk transept in de elfde eeuw (tekening R. Glaudemans).

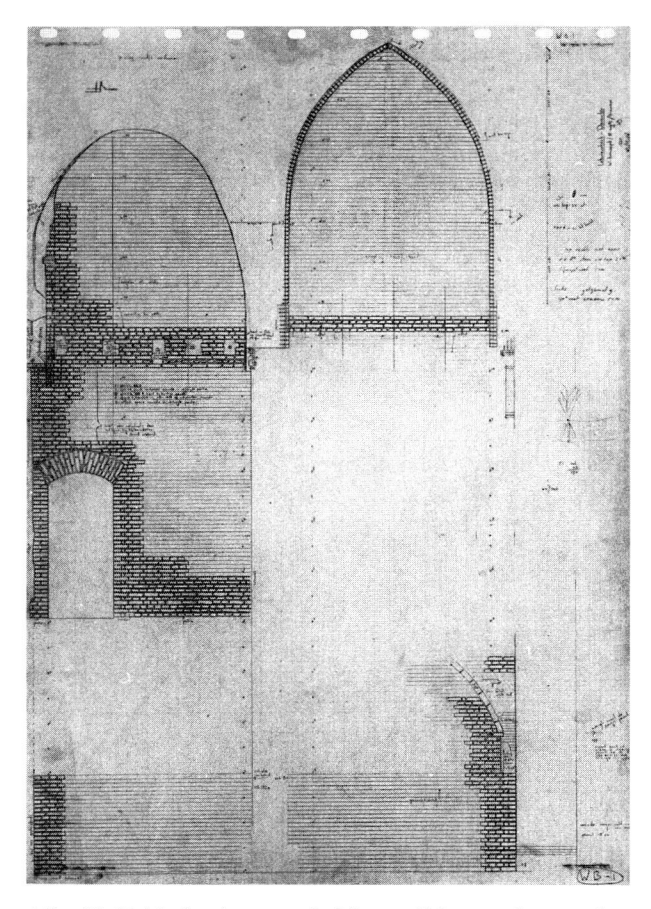

Afb. 20 Veldtekening van de binnenzijde van de noordgevel van het westelijk transept (tekening J.W. Bloemink/K. van der Waarde).

zonder twijfel op de oorspronkelijke plaats zit (nr. 5). Het gaat om een laat-romaans hol-bol profiel dat wellicht werd aangebracht tijdens de herstelwerkzaamheden aan de palts die tussen 1198 en 1212 werden verricht.[26] De geprofileerde steen zal een uitkragende borstwering hebben gedragen. De muuraanzet is nu weliswaar geheel van baksteen, maar op een oude foto zijn nog grote fragmenten tufwerk te zien.[27]

3.5 Na de stadsbrand van 1334

In de veertiende eeuw vond een zeer ingrijpende verbouwing plaats, zowel van de bisschoppelijke palts als van het aansluitende gedeelte van de kerk. Het muurwerk werd tot op ongeveer 10 m boven het huidige maaiveld, geheel gesloopt en vervangen door een nieuwe bakstenen topgevel. Binnen in de kerk werd tegen het nog overgebleven muurwerk een bakstenen klamp gemetseld, die vanaf 10 m hoogte één geheel vormt met de latere bakstenen topgevel (afb. 20). In de kerk kwam ook een nieuwe galerij tot stand over de volle breedte van het transept. Deze galerij rustte op twee tufstenen kruisgewelven waarvan de afgekapte muralen nog aanwezig zijn (afb. 22). Waarschijnlijk bevond deze veertiende-eeuwse galerij zich op dezelfde hoogte als zijn elfde-eeuwse voorganger. De doorgang tussen palts en kerk die bij de bouw van de palts werd aangebracht en die op de oude galerij uitkwam, werd weer op dezelfde plaats aangebracht, maar nu in baksteen. De ontlastingsboog (nr. 47)[28] en de rechtstanden (nr. 48)[29] uit deze periode waren redelijk goed bewaard gebleven. Waarschijnlijk was deze doorgang met hout afgetimmerd, de rechtstanden waren ongepleisterd, en links en rechts onder de ontlastingsboog was de oplegging van een houten latei nog herkenbaar (nr. 49).

Tevens werd de noordelijke transeptarm in gotische vormen overwelfd. Van de twee toen aangebrachte muraalbogen is er één nog ongeschonden aanwezig. De tweede laat zich in het afgekapte muurwerk herkennen. Aan de zijde van het Bisschopshof vormt de nieuwe baksteenmuur een trapgevel met door ezelsruggen gedekte treden, die aan de westzijde nog gedeeltelijk aanwezig zijn. Deze trapgevel was tot aan de huidige balustrade een schijngevel; het aansluitende

Afb. 21 De ontlastingsboog boven de doorgang tussen de bisschoppelijke palts en de kerk, gezien vanaf de zijde van de palts (foto J.W. Bloemink).

muurwerk links staat in verband met de trappen. Een begrijpelijke oplossing als we ons realiseren dat kerk en palts zowel wat betreft hoogte, breedte en, waarschijnlijk, dakhelling slecht op elkaar aansloten. De trappen van de gevel volgden de dakhelling van de palts, zoals op de tekening goed te zien is. In het muurwerk zijn drie originele, dichtgezette, balkgaten te herkennen (nr. 6) die duidelijk maken dat in deze periode de palts van een geheel nieuwe kap werd voorzien en dat dit een kap was met jukken, geen langsspantconstructie. De vele herstellingen op de grens van het oorspronkelijke tufwerk geven de hoogte van de veertiende-eeuwse zoldervloer aan. Wat betreft de datering van deze verbouwing wijzen het gebruikte steenformaat (27½-28½ x 13½-14 x 6½-7), de lagenmaat (80 cm) en het metselverband van koppen- en strekkenlagen, op de tweede helft van de veertiende eeuw. Ook hier weer een sterke aanwijzing dat het gaat om een herstelling van nà de brand van 1334. Het vernieuwde muurwerk sluit aan ter hoogte van de kap van de dertiende-eeuwse palts, gezien de hoogte van het laat-romaanse tufstenen profiel, waardoor de verwoesting en vervanging van het oorspronkelijke kistwerk begrijpelijk wordt. Ook aan de zijde van de kerk zijn geen aanwijzingen dat de noordelijke transeptarm al voor de veertiende eeuw was overwelfd, het vuur had hier dus vrij spel.

3.6 De gevolgen van de verbouwing tot hallenkerk

In het begin van de zestiende eeuw werd de verbouwing tot hallenkerk voltooid, waardoor allerlei aansluitingsproblemen ontstonden. De bisschoppelijke palts bleef ongewijzigd, terwijl over de nieuwe zijbeuk een sluitende bekapping moest worden aangebracht. Hiertoe moest zowel het oude als het nieuwe muurwerk in één lijn worden gebracht.
Aan de westzijde van de bisschoppelijke palts liet men daartoe de bovenste strook muurwerk direkt onder de goot uitkragen en middels toogjes rusten op zandstenen consoles (nr. 7).[30] De situatie aan de oostzijde is slecht te begrijpen. Helemaal links op de tekening (nr. 8) is het muurwerk van de noordelijke zijbeuk te zien, prachting regelmatig metselwerk met bakstenen die per stuk voor verwerking op maat geslepen zijn en later waarschijnlijk in een paarsrode tint gesausd.[31] Dit metselwerk is rechts afgebroken en hierop sluit later metselwerk aan met een rommeliger karakter (nr. 9). De rechter begrenzing van dit latere werk wordt ongetwijfeld gevormd door de veertiende-eeuwse daklijn. Niets wijst erop dat de kap van de palts in de verbouwing was betrokken. Een grens tussen het veertiende-eeuwse en het latere werk is echter niet te vinden, behalve aan de voet van de daklijn waar een breuklijn over vier lagen te volgen is. Hogerop lopen de lagen zonder herkenbare onderbrekingen door. In het onderhavige metselwerk bevinden zich twee gemetselde ezelsruggen, de bovenste is zeker een latere herstelling, evenals het metselwerk daar direkt onder (nr. 10)[32] en de hele strook daarboven (nr. 11).[33] De onderste ezelsrug rust, evenals die in het westen, op een rij stenen die ongeveer 3 cm uitkragen. Qua hoogte komt hij echter niet met zijn westelijke tegenhanger overeen. Links van deze ezelsrug bevinden zich twee lagen afgekapte stenen die een soort verjonging vormen (nr. 12). Het metselwerk daaronder en daarboven is niet alleen gaaf, maar staat links ook in verband

met een als laatste te bespreken, evenmin goed te begrijpen, verschijnsel.

Aansluitend op het meest westelijke spitsboogvenster van de noordelijke zijbeuk, en het daarboven gelegen al genoemde metselwerk, bevindt zich een 'holle steunbeer' van een halve steen dik (nr. 13). Deze is gemetseld op het in 1610 tot steunbeer verbouwde fragment van de oostelijke paltsgevel. De holle vorm reikt ongeveer tot de veertiende-eeuwse dakvoet. Het ligt voor de hand deze 'holle steunbeer' als schoorsteen te zien maar hiervoor ontbreekt elk bewijs. Niet alleen is de plaats, in een hoek van de palts, aansluitend op de kerk minder voor de hand liggend, aan de binnenzijde is geen spoor van roet te ontdekken. Als het een schoorsteen was, dan moet deze bij de palts hebben behoord; de nok van het lessenaardak van het latere zeventiende-eeuwse huisje lag vele meters lager dan de onderzijde van het schoorsteenkanaal. Een stookplaats direkt onder de muurplaat ligt echter ook niet echt voor hand. Resumerend kunnen we stellen dat het besproken muurwerk aan de oostzijde van de palts in ieder geval dateert van nà 1500, dus na de totstandkoming van de nieuwe gotische noordelijke zijbeuk, en van vóór 1610 wanneer de bisschoppelijke palts wordt afgebroken. Het hoe en waarom blijft echter in veel opzichten vooralsnog onduidelijk.

3.7 Na de reformatie

Het bisschopshof dat al in 1567 door de stad van de landsheer, Philips II, werd aangekocht, wordt na de definitieve verovering van de stad door de Staatse troepen onder Maurits in 1591, in 1610 aanbesteed om afgebroken te worden. In 1612 begint men aan de bouw van de nieuwe huizen aan de Nieuwe Markt/Hofstraat. Pas na de sloop van het Paltsgebouw ontstond er voldoende ruimte om het nu nog aanwezige, 'gotische' venster in de noordwesthoek van de kerk, ter hoogte van de verdwenen westelijke paltsmuur, aan te brengen. Een conclusie die bevestigd wordt door het vóórkomen van het jaartal 1611 op de schildering van de Tien Geboden, direkt achter dit venster op de westelijke muur van de noorder zijbeuk, die alleen door dit venster wordt verlicht. Nog in de zeventiende eeuw werden tegen de transeptgevel twee huisjes gebouwd van één bouwlaag met daarboven een lessenaardak dat tegen tegen de kerk opliep. Deze huisjes zijn op een foto in de publikatie van Hoefer nog te zien.[34] In de loop van deze eeuw werden ze beide gesloopt. Waarschijnlijk waren het achterhuisjes van panden aan de Hofstraat. Deze zeventiende-eeuwse bebouwing heeft een veelheid aan bouwsporen achtergelaten, die voor een groot gedeelte verantwoordelijk zijn voor het huidige rommelige beeld; waarbij opgemerkt dient te worden dat deze huisjes tot in deze eeuw nogal eens zijn verbouwd.

Afb. 22 De afgekapte tufstenen muraalboog van de veertiende-eeuwse galerij tegen de binnenzijde van de noordgevel van het westelijk transept (foto Gemeentelijke Archiefdienst Deventer).

Veel bouwsporen dateren dan ook uit later tijd. Na de sloop van de palts werd het bestaande muurwerk waarschijnlijk uitgevlakt. Zo werd het tot nis verbouwde middelste venster uit de onderste rij dichtgemetseld, waarbij tevens de scheidingsmuur tussen beide huisjes tot stand kwam (nr. 14). Van het rechter huisje is de westelijke zijgevel nog aanwezig (nr. 15). Van dit huisje resteert ook nog een met machinale bakstenen dichtgemetselde nis op de begane grond (nr. 16). Het linker huisje was waarschijnlijk niet veel breder dan het tot steunbeer verbouwde paltsmuurfragment waarop de afdruk van het lessenaardak nog herkenbaar is. Verder zijn nog aanwezig: de afdruk van de nok van het dak, nu gevuld met stukken van roodbakkende golfpannen (nr. 17), de met machinale bakstenen dichtgemetselde gaten van de zolderbalklaag (nr. 18), en een dichtgemetselde laat-negentiende-eeuwse stookplaats, momenteel deels aan het oog onttrokken door een stapel stenen, met bijbehorend schoorsteenkanaal (nr. 19). Lang niet alle verstoringen in het oude muurwerk zijn daarmee echter verklaard. Van deze verstoringen zijn op de tekening alleen de begrenzingen aangegeven, een nadere detaillering is zinloos, deze zou niets bijdragen tot een beter begrip van de bouwgeschiedenis en alleen maar het beeld verstoren.[35]

4 De kerk van Bernold

4.1 Algemeen

Ook al heeft het onderzoek van de beide besproken transeptgevels een schat aan nieuwe gegevens opgeleverd omtrent de verschijningsvorm van deze gevels in hun oorspronkelijke gedaante, om een betrouwbare reconstructie te kunnen maken van de kerk van Bernold zullen ook de andere delen van de kerk, en hetgeen daarover in het verleden is gepubliceerd, aan een kritisch onderzoek moeten worden onderworpen. Een analyse van de nog aanwezige funderingen zoals die ons bekend zijn geworden door de opgravingen in het begin van de jaren zestig[36] is daarbij van essentieel belang. Immers van belangrijke delen van de kerk, zoals de westpartij, resten ons slecht de funderingen en wat aanzetten van het opgaande muurwerk, zodat gevolgtrekkingen over de ruimtelijke structuur van de desbetreffende bouwdelen slechts op grond hiervan kunnen worden getrokken.

4.2 De funderingen

Het muurwerk van de elfde-eeuwse kerk werd gefundeerd op een bed van veldkeien, onderop los gestort, hogerop in mortel gezet. De aanleg-diepte lag blijkens de opgravingsresultaten overal nagenoeg gelijk;[37] een sterke indicatie dat de kerk als één project werd opgezet en geen delen van oudere bebouwing in zich bergt. Hierop kwamen met tufsteen gemetselde funderingsbanketten, niet alleen als basis voor doorgaande muren, maar ook onder bogen op zuilen en pijlers, die hierdoor ondergronds, uit het zicht van de kerkbezoeker, met elkaar waren verbonden. Deze zogenaamde koppelfunderingen vindt men niet meer terug onder latere, gotische kerken waar elk steunpunt zijn eigen fundering kreeg, los van de rest van het gebouw.
Een tweede eigenaardigheid van de fundering van de elfde-eeuwse Lebuinuskerk is dat van bepaalde bouwdelen, de oostelijke beëindigingen van de nevenkoren en de kapellen tegen de oostzijde van het westtransept, niet alleen het muurwerk maar ook de binnenruimte op een doorlopende funderingsplaat werd gezet. De reden hiervoor laat zich minder gemakkelijk raden; had het te maken met het overwelven van de ruimte? Dit soort ruimtes werd immers reeds in de elfde eeuw gewoonlijk overwelfd. Anderzijds kreeg de crypte, zonder twijfel overwelfd, geen massieve fundering, maar de zojuist genoemde rasterfundering van banketten die de zandstenen zuilen ondergronds met elkaar verbinden. Mogelijk vond men de ruimte te groot om in zijn geheel te funderen. Bij de Janskerk te Utrecht, enkele maten kleiner dan de Lebuinus, gebeurde dit tenslotte wèl.[38] Van de kapellen tegen het westtransept zijn bij de opgravingen van zowel de noordelijke als de zuidelijke, aanzetten van het opgaande muurwerk teruggevonden met daarop resten van een witte pleistering. Van de noordelijke kapel is in het interieur van de huidige kerk nog de rest te herkennen van een muraalboog die de conclusie rechtvaardigt dat deze ruimte oorspronkelijk was overwelfd. Bij een beoordeling van de teruggevonden funderingen zal dus eerst de vraag beantwoord moeten worden of het om de basis van opgaand muurwerk, een koppelfundering of een funderingsplaat voor een overwelfde ruimte gaat. Vooral bij de reconstructie van de elfde-eeuwse westpartij zal deze vraag aan de orde komen, zoals verderop zal blijken.
Als het zeker is dat een fundering correspondeert met opgaand muurwerk dan kan de breedte van de fundering iets zeggen over de hoogte van het muurwerk: een hoog opgaande muur vereiste een grotere dikte dan een minder hoge. Deze redenatie kan echter niet omgedraaid worden in die zin, dat een brede fundering leidt tot de conclusie dat hier dus een hoge muur op gestaan zal hebben. Zo is de opgegraven fundering van het noordelijke nevenkoor blijkbaar breder dan het muurwerk dat normaal aan de kerk voorkomt, bijvoorbeeld het opgaande muurwerk van het schip: ongeveer 1,40 m tegen 1,20 m normaal. Een verschil dat verklaard moet worden uit het feit dat dit nevenkoor middels een tongewelf was overdekt, waarvan nog resten in het interieur van de kerk zijn te zien, en niet doordat het hier om relatief hoog muurwerk zou gaan. Het zwaardere muurwerk diende om de zijdelingse druk van het gewelf op te vangen.

4.3 De oostpartij

Van de oorspronkelijke oostpartij van de kerk die bestaat uit de crypte met het hoogkoor en de beide nevenkoren, kunnen we ons een redelijk goed beeld vormen door wat nu nog rest aan muurwerk te combineren met hetgeen in 1961-1962 door de Rijksdienst voor het Oudheidkundig Bodemonderzoek werd opgegraven.
De koorsluiting van zowel hoofd- als nevenkoren was van binnen half-rond, van buiten daarentegen veelhoekig, een eigenaardigheid die kenmerkend is voor een aantal kerken die werden gesticht tijdens de ambtsperiode van Bisschop Bernold.[39]
De crypte fungeerde vroeger als een afzonderlijk

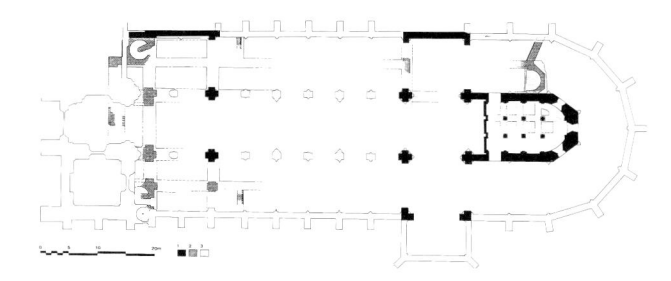

Afb. 23 Plattegrond met de nog aanwezige resten van elfde-eeuwse bouwdelen.
1. Opgaand muurwerk; 2. Opgegraven muurwerk; 3. Opgegraven funderingen (tekening R. Glaudemans).

'sanctuarium', een half-ondergrondse kapel, met drie vensters aan de oostzijde. Omdat het straatniveau buiten de kerk steeds hoger kwam te liggen, en als gevolg daarvan ook het vloerniveau van de nieuw-gebouwde kooromgang, konden de oorspronkelijke vensters niet worden gehandhaafd. Het middelste werd dichtgemetseld, terwijl de buitenste twee hoger werden opgehakt, om toch nog licht te blijven ontvangen. Na het tot stand komen van de kooromgang in de jaren tachtig van de vijftiende eeuw werden nog vier vensters in de zijwanden van de crypte gehakt, twee in de noord- en twee in de zuidwand. In 1928 werd het middelste venster bij werkzaamheden in de kerk herontdekt en terug-gerestaureerd. De vier middeleeuwse vensters in de zijwanden werden na de Tweede Wereldoorlog dichtgemetseld. Blijkens het door een bouwvakker op een dagkant van één van de vensters geschreven jaartal, in 1953. Nu is duidelijk te zien dat het tegenwoordige vloerpeil van de kooromgang zeker twee meter hoger ligt dan het elfde-eeuwse maaiveld. De crypte was zowel aan de zuid- als aan de noordzijde vanuit de nevenkoren via trappen bereikbaar. De noordelijke fungeert nu nog als toegang, zij het in zeer verminkte vorm. Dit was ook het geval bij de andere 'Bernoldkerken'.[40] De zuidelijke werd eerst verbreed en later dichtgemetseld; alleen resten van de onderste treden zijn nu nog in het zicht.

In de late middeleeuwen werd het vloerpeil van de crypte met ongeveer 90 cm verhoogd. Dit heeft stellig te maken met wateroverlast; deze was het gevolg van de aanleg van dijken die de hoogwaterstanden in de IJssel steeds verder opstuwden. Ook nu nog staat de crypte bij een hoge waterstand blank. Bij de verhoging van het vloerpeil werden in de oorspronkelijk aanwezige spaarnissen stenen banken gemetseld waarvan de bedoeling niet duidelijk is. Toen in 1840 het vloerpeil teruggebracht werd tot het oorspronkelijke,[41] 'vergat' men deze banken te slopen, die nu nog als niet te begrijpen stenen banden een meter boven de vloer zweven. Door deze vloerverhoging in de late middeleeuwen bleef ook de altaarvoet gespaard. Het bovengrondse gedeelte van het altaar werd na de reformatie uiteraard gesloopt. De herstelling van het oorspronkelijke vloerpeil in 1840 bracht deze altaarvoet weer aan het licht.

Van het opgaande muurwerk boven het crypte-niveau zijn alleen de rechte wanden van het hoogkoor nog aanwezig. Het hoger gelegen deel van de koorsluiting werd bij de aanleg van de kooromgang gesloopt en vervangen door twee ronde bakstenen pijlers. Zeer waarschijnlijk had het koor, evenals de crypte, drie vensters en was de absis van binnen half-rond gesloten en door middel van een schelp of kalot gedekt, zoals voor de Utrechtse 'Bernoldkerken' op goede gronden wordt verondersteld. In de Martinus in Emmerik is de elfde-eeuwse koorsluiting, na een gedeeltelijke reconctructie, weer geheel aanwezig. Mogelijk had de Lebuinus, evenals de Martinuskerk, aan de buitenzijde boven de vensters nog een blinde nis, of zelfs meerdere, zoals door Ter Kuile werd aangenomen.

Over de oorspronkelijke vormgeving van de beide nevenkoren was na de opgravingen van 1961-1962 voldoende bekend om tot een verantwoorde reconstructie te komen, die door Ter Kuile dan ook op bevredigende wijze is gemaakt. Hieruit is gebleken dat deze dezelfde opzet hadden als die van de overige 'Bernoldkerken' te Utrecht en te Emmerik. Eén aspect bleef daarbij echter buiten beschouwing. Op de muren van het hoogkoor zijn zowel aan de zuid- als aan de noordzijde de moeten herkenbaar die de kappen van de nevenkoren daarin hebben achter gelaten. In het noorden kunnen zelfs twee evenwijdige sporen op 30 à 45 cm van elkaar worden waargenomen. Hier is de kap ooit vervangen door een nieuwe, die een iets andere positie had. Ter Kuile noemde ze reeds in 1939[42] en had er toen geen verklaring voor. Echter na het opgraven van het noordelijke nevenkoor, waaruit bleek dat dit van binnen een halve cirkel en van buiten een halve zeshoek vormde, zou iets merkwaardigs moeten zijn opgevallen: de dakmoeten zijn niet te rijmen met de opgegraven plattegrond, die deed vermoeden dat de absis van de nevenkoren zou zijn gedekt door een puntdakje met drie dakvlakken, aanleunend tegen het lessenaardak van de rest van het nevenkoor. Een dergelijk puntdakje kon de muur van het hoogkoor helemaal niet raken. Ter Kuile zwijgt hierover in de 'Geïllustreerde Beschrijving' (1964) echter in alle talen.

De oplossing moet waarschijnlijk gezocht worden in het feit dat de geschetste kapvorm leidde tot inwateringsproblemen op het punt waar hoog- en nevenkoor elkaar raakten zodat men besloot het puntkapje zó te verbouwen, dat het aansloot op het muurwerk van het hoogkoor. Een situatie die blijkens de tekening van P. van Oordt uit ca. 1775 nog in de achtiende eeuw op de overeenkomstige plaats aan de Utrechtse Pieterskerk bestond,[43] waar men uiteraard met hetzelfde probleem was geconfronteerd.

4.4 Het schip en de zijbeuken

Wat de oorspronkelijke situatie van het schip en de zijbeuken betreft: hierover is al veel bij Te Riele en Ter Kuile te vinden. Het enige waarin de reconstructies van beide auteurs verschillen is in hun visie op de steunpunten van de bogen tussen schip en zijbeuken. Op de plaats van de elfde-eeuwse arcaden-reeks bevindt zich nu aan weerszijden van het schip tussen de kruispijlers van oostelijk en westelijk transept een reeks van vijf pijlers die zes spitsbogen dragen. Te Riele, en met hem Hoefer, redeneerden als volgt: de hele romaanse kerk van Bernold was gebouwd van tufsteen. De betreffende pijlers waren echter van baksteen en behoorden dus(!) tot een oudere fase en werden derhalve toegeschreven aan de tiende-eeuwse bisschop Balderik wiens episcopaat van 918 tot 976 liep. Een stelling die met onze huidige kennis van de geschiedenis van de baksteenfabricage en van de middeleeuwse bouwtechnieken, ondenkbaar zou zijn. Ter Kuile kwam in zijn publikatie uit 1939 dan ook in het geweer tegen deze visie. In 1953 reconstrueerde hij een arcade met negen boogopeningen op acht natuurstenen zuilen, uitgaande van de aanwezigheid van negen vensters in de lichtbeuk. Gezien de toen bekende feiten een plausibele veronderstelling. Positieve argumenten voor deze stelling waren er echter niet en zouden er, na ontpleistering en archeologisch onderzoek, ook niet komen. Integendeel, steeds meer gegevens wezen op een oorsronkelijke indeling met zes boogopeningen. De reconstructie van Ter Kuile uit 1964, met negen bogen, doet erg rommelig en gekunsteld aan[44] en is bovendien in strijd met de eveneens door hemzelf gepubliceerde opgravingsresultaten. Men groef, om meer zicht te krijgen op de volgens Ter Kuile oorspronkelijke indeling, het funderingsbanket aan de noordzijde van het schip tussen de vieringspijler van het westtransept en de eerstvolgende gotische pijler op. Men hoopte daar resten te vinden van een oudere pijler of zuil. Er werd niet alleen niets gevonden, er werd overduidelijk aangetoond dat op de nog gaaf aanwezige elfde-eeuwse koppelfundering nooit iets had gestaan, waaruit overtuigend blijkt dat de huidige zesdeling de oorspronkelijke is. Het opgaande muurwerk van de huidige pijlers dateert met zekerheid uit de vijftiende eeuw, zoals recent onderzoek nog eens heeft bevestigd.[45] Onder de gotische pijler echter ontdekte men tijdens de opgraving de hoek van een gaaf afgewerkt blok rode zandsteen, dat stellig tot de oorspronkelijke, elfde-eeuwse opzet behoort en geïnterpreteerd moet worden als de voetplaat van een zuil. De afmetingen van dit blok komen, in verhouding, goed overeen met de nu nog aanwezige voetplaten onder de zuilen in de Pieterskerk te Utrecht. Ook het materiaal: rode zandsteen, waarschijnlijk Mittelberger- of Mainz-zandsteen, wijst op de aanwezigheid van zuilen. Immers de zuilen en voetplaten in de

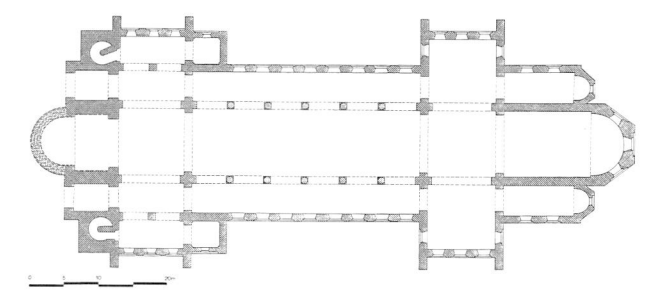

Afb. 24 Reconstructie van de elfde-eeuwse kerkplattegrond (tekening R. Glaudemans).

Utrechtse Pieters- en Janskerk zijn ook van dit materiaal, terwijl voor alle andere zandstenen onderdelen van de elfde-eeuwse Lebuinuskerk, evenals van de genoemde Utrechtse kerken, andere steensoorten zijn gebruikt.

Deze zuilen zijn echter al in de vroege dertiende eeuw ommetseld, of zelfs gedeeltelijk gesloopt, analoog aan de situatie in de Janskerk[46] en wel om de overwelving van de zijbeuken mogelijk te maken. De oorspronkelijke elfde-eeuwse situatie is hier dus zonder veel problemen te reconstrueren. De maatvoering van schip en zijbeuken was gebaseerd op vierkanten, evenals de meeste delen van de Lebuinuskerk. Het schip bestond evenals de beide transepten uit drie vierkanten van ongeveer 11 x 11 m, de zijbeuken die half zo breed waren, dus uit zes vierkanten van ongeveer 5,5 x 5,5 meter. Deze laatste waren daarom bepalend voor de plaats van de steunpunten van de arcaden. Ook de beide kapellen tegen de armen van het westtransept, eveneens 5,5 x 5,5 meter, voegden zich in dit maatsysteem. De resterende buitenmuren van de zijbeuken verdeelde men in acht venstertraveeën, die dus geen enkele relatie hadden met de maatvoering van de plattegrond. Boven elk venster in de zijbeuk plaatste men een venster in de lichtbeuk van het schip met nog een extra venster boven de kapel. Door de afwijkende maatvoering van de plattegrond-opbouw ten opzichte van die van de venstertraveeën was de afstand tussen dit meest westelijke venster en de muur van het westtransept aanzienlijk groter dan de overeenkomstige afstand tussen het meest oostelijke venster en de muur van het oosttransept. De middeleeuwse bouwer had met deze verschillen blijkbaar geen problemen. Ook in de Utrechtse Pieterskerk bevinden zich zeven lichtbeukvensters boven een arcade van zes bogen.

4.5 De westpartij

Het uiterlijk van het westelijke gedeelte van de kerk in de elfde eeuw is het meest problematische van het hele kerkgebouw. Hiervan resten ons slechts, zoals gezegd, de fundamenten, die in de jaren 1961 en 1962

door de Rijksdienst voor het Oudheidkundig Onderzoek te Amersfoort onder leiding van H. Halbertsma werden opgegraven en waarvan de resultaten in 1964 door Ter Kuile werden gepubliceerd. Uit de korte opgravingsverslagen die tijdens de opgravingen door Halbertsma in het Bulletin van de Koninklijke Nederlandse Oudheidkundige Bond werden gepubliceerd[47] blijkt dat men als eerste het bijna 2,5 m brede fundament, in het huidige westelijke voorportaal, vond. Halbertsma interpreteerde dit muurwerk als de fundering voor een toren. Onder meer om bevestiging te vinden voor deze hypothese groef men in oostelijke richting verder. Ten westen van deze fundering is nooit gegraven. Het is derhalve zeer de vraag of de plattegrond van de kerk van Bernold in zijn geheel bekend is zoals door Ter Kuile werd gesteld. Op grond van deze opgravingsresultaten reconstrueerde Ter Kuile een enorme westpartij met een rechthoekige hoofdtoren en een westelijk transept dat geflankeerd werd door vier kleinere hoektorens, een beeld dat helaas grotendeels op fantasie berust zoals uit het navolgende moge blijken. Ten eerste is het muurwerk van beide kapellen tegen het westtransept, door Ter Kuile tot torens getransformeerd, het dunste muurwerk van de kerk, iets dat eerder op een geringe hoogte wijst dan op een toren. Dergelijke kapellen zijn ons ook van andere kerken bekend, zoals de rijksabdij te Nijvel.[48] Het gaat daarbij zonder uitzondering om lage aanbouwen. In de tweede plaats het opgegraven muurwerk dat door Ter Kuile als fundament voor een rechthoekige toren wordt beschouwd. De breedte van deze fundering, rond de 2,5 meter, staat in geen enkele verhouding tot de dikte-maten die we verder bij muurwerk in de kerk aantreffen. Daar komt nog bij dat de oostelijke tegenhanger van deze muur vanuit technisch oogpunt bezien een overeenkomstige maat zou moeten hebben gehad. Hier bevindt zich echter helemaal geen muur maar een koppelfundering, waaruit blijkt dat de 'torenruimte' in open verbinding stond met de kruising van het westtransept. De funderingen waarop de pijlers staan die de boog boog dragen van de opening die beide ruimten met elkaar verbond zijn bovendien veel lichter dan het voornoemde fundament. Hierop kan dus, alleen al op constructieve gronden nooit tot een toren hebben gerust. Een toren die ook op grond van de geschiedenis van het westwerk als bouwtype, zeker niet voor de hand zou hebben gelegen op de plek waar Ter Kuile hem had gedacht. De Lebuinuskerk zal daarentegen stellig een twee-torenfront hebben gehad. De plattegrond, die sterke overeenkomsten heeft met de plattegrond van de kathedraal van Verdun,[49] waar nog grote delen van de oorspronkelijke elfde-eeuwse westpartij met twee torens overeind staan, laat nauwelijks een andere conclusie toe.
In de bijdrage van Mekking aan dit boek zal nader worden ingegaan op de motieven die geleid kunnen hebben tot de 'imitatie' van de westbouw van Verdun te Deventer.

Pas na 1486 werd de laatste van de twee torens van de Lebuinuskerk, de noordelijke, gesloopt. Een post in de stadsrekeningen van dat jaar waarin kosten ten behoeve van het verplaatsen van het uurwerk van de oude toren naar de nieuwe worden verantwoord, bewijst dat de dan nog resterende toren had behoord tot een tweetorenfront.[50] De ruimte tussen beide torens maakte ongetwijfeld deel uit van een westelijk koor waarin een altaar stond dat aan Maria was gewijd.[51] Deze ruimte was waarschijnlijk met een tongewelf overdekt. De beide torenmuren die de ruimte begrenzen waren zwaarder uitgevoerd dan de andere torenmuren, analoog aan het zwaardere muurwerk van de beide nevenkoren die ook met een tongewelf overdekt geweest zullen zijn. Hiermee is de aanwezigheid van het zware westelijke funderingsblok nog niet verklaard. In de eerste plaats is het niet zeker dat de fundering in noordelijke en zuidelijke richting doorliep, zoals Ter Kuile verondersteld. De beperktheid van het opgravingsvlak maakte onderzoek hiernaar onmogelijk. Het is dus niet uit te sluiten dat het om een los funderingsblok gaat, bijvoorbeeld voor een altaar. Wat hier tegen pleit is het feit dat dit blok even diep gefundeerd is als het overige muurwerk van de Lebuinuskerk, en dat lijkt voor een altaar toch niet voor de hand te liggen. Mocht de fundering wèl de beide torens met elkaar hebben verbonden, dan zou hier sprake kunnen zijn van een koppelfundering uit constructieve noodzaak. Dit veronderstelt dat de ruimte van dit westelijke koor naar het westen doorliep en dus tussen beide torens uitstak hetgeen, gezien de parallel met Verdun, zeer aannemelijk is.

5 De wijzigingen van het kerkgebouw na de elfde eeuw

5.1 Rond 1200

Mogelijk werd aan het einde van de twaalfde eeuw het zuidelijke nevenkoor door middel van tufstenen gewelven in tweeën gedeeld. Het materiaalgebruik sluit een datering in de dertiende eeuw zeker niet uit.
Wat betreft de verticale scheiding in het noordelijke nevenkoor: deze werd door middel van bakstenen gerealiseerd. Het gevonden steenformaat geeft aanleiding deze stenen tot de oudste bakstenen te rekenen die in Deventer werden aangetroffen en om ze aan het begin van de dertiende eeuw te dateren.[52] De afgehakte kraagsteen van deze overwelving is van rode zandsteen. Het gewelf dat, in verband met de deling van het zuidelijke nevenkoor, werd vervaardigd heeft kraagstenen van Namense steen, zodat het niet voor de hand ligt dat de beide nevenkoren gelijktijdig werden onderverdeeld. Dit wil niet zeggen dat de verbou-

wing van het zuidelijke nevenkoor noodzakelijkerwijs eerder moet hebben plaats gevonden.

5.2 De verbouwingscampagne aan het begin van de dertiende eeuw

Aan het begin van de dertiende eeuw werden de koortravee, het oostelijke transept, de westelijke viering en de zijbeuken voor het eerst in steen overwelfd. Deze bouwcampagne ging met omvangrijke ingrepen gepaard. Overal werden kolonnetbundels aangebracht om de geboorten van de nieuwe gewelven te dragen en werden er, als gevolg van het metselen van de nodige muraalbogen, vensters oversneden die derhalve dichtgemetseld moesten worden. Als de schiparcades toen (nog) op zuilen rustten, dan heeft men ze ongetwijfeld ommetseld om kolonnetten, die de gewelven in de zijbeuken droegen, een bruikbare achterwand te verschaffen. Iets dergelijks is ook gebeurd in de Utrechtse Janskerk waar onlangs nog zuilen in hun vermoedelijk twaalfde-eeuwse ommanteling werden aangetroffen.[53] Dat men van plan was ook het middenschip te overwelven kan worden afgeleid uit de aanwezigheid van vroegdertiende-eeuwse kolonnetten in de hoeken van deze ruimte.

In het oostkoor werden de aanwezige acht vensters dichtgemetseld en vervangen door vier spitsboogvensters, corresponderend met de nieuwe gewelfvakken en de wensen van die tijd. In de gevels van het oosttransept werd een aantal rondboogvensters dichtgemetseld en vervangen door twee nieuwe gekoppelde spitsboogvensters.[54]

Mogelijk hoort in deze periode ook de verbouwing van de sluiting van de oostelijke absis thuis, waarbij drie nieuwe spitsboogvensters in steekkappen werden gerealiseerd. Hiervan resten slechts de kraagstenen die aansluiten op de koortravee en die vooralsnog moeilijk op stilistische gronden gedateerd kunnen worden.

Van de overwelving als geheel is niet meer over dan de, in de dag verrijkte, noordelijke en zuidelijke gordelbogen van de oostelijke viering, en de aanzetten van de gewelfribben tegen de oostelijke vieringspijlers van de westelijke kruising.

De nog aanwezige basementen van de kolonnetten en halfzuilen verschaffen bovendien waardevolle informatie over de in de kerk aanwezige niveauverschillen. Zo lag het koor waar het gestoelte van de kanunniken stond opgesteld, in de schriftelijke bronnen het 'chorus inferior' (= laag-koor) genaamd, dat de oostelijke kruising en een stukje schip besloeg, hoger dan het schip, maar – uiteraard – weer lager dan het hoogkoor. Ook de westelijke viering lag, als een opmaat tot het westelijke koor, hoger dan het schip, waardoor een opmerkelijke symmetrie ten opzichte van de oostelijke kooraanleg ontstond. De gedachte dat deze aantoonbare niveauverschillen terug zouden gaan tot de elfde-eeuwse toestand is aantrekkelijk, maar helaas vooralsnog onbewijsbaar.

Eveneens in deze periode, werd een nieuwe scheidingswand, bestaande uit een muur met doorgangen en een borstwering van in zandsteen gevatte kalksinterplaten tussen het kapittelkoor en de transeptarmen[55] opgetrokken.

Of de plavuizenvloer van het hoogkoor ook in deze periode werd aangebracht zoals tot nu toe werd aangenomen[56] is echter de vraag. Aan de oostzijde van de vloer, vlak voor de absis, ter hoogte van het voormalige altaar, bevindt zich een rechthoekig vlak met grotere roodbakkende plavuizen die qua maat duidelijk afwijken van de plavuizen die verder in de vloer zijn verwerkt. Dit rechthoekige vlak sluit ook slecht aan op het omringende tegelpatroon wat er op wijst dat het hier om een latere reparatie handelt. Deze grotere plavuizen zijn ook elders in de stad bij archeologisch onderzoek aangetroffen[57] en kunnen met grote zekerheid in het begin van de dertiende eeuw worden gedateerd. Dit lijkt erop te wijzen dat de tegelvloer op het hoogkoor ouder is. Dat deze vloer bij de bouw van de kerk in de elfde eeuw werd aangebracht, is echter niet waarschijnlijk.[58]

De stadsbrand van 1235, volgens Hoefer en Te Riele de aanleiding voor genoemde bouwcampagne, is in de bouwsporen niet herkenbaar en evenmin theoretisch goed in te passen.[59]

Toen, in de eerste helft van de dertiende eeuw, het oosttransept werd overwelfd, werden in de noordgevel het linker en rechter venster van de bovenste rij dichtgemetseld en vervangen door twee smalle gekoppelde spitsboogvensters. Ook aan de palts vonden in deze periode herstellingen plaats, gezien het laatromaanse tufstenen profiel dat nog op de rest van de oostelijke paltsmuur herkenbaar is.

5.3 De verbouwingscampagne aan het einde van de dertiende eeuw

De hiervoor beschreven bouwcampagne, die in de beste laat-romaanse traditie werd uitgevoerd, kreeg zijn vervolg in de overwelving van het schip in de late dertiende eeuw. Hiertoe werden in het schip de tweede en de vierde pijler middels een halfzuil verzwaard om de scheibogen van de zesdelige gewelven te kunnen dragen. Bij deze gelegenheid werden tevens nieuwe kolonnetten aangebracht. Ook deze verbouwing zal grote gevolgen hebben gehad voor de vensterindeling van het schip. Uit deze periode resten ons, behoudens die gedeelten die mogelijk ondergronds nog aanwezig zijn,[60] slechts de kapitelen die in de late vijftiende eeuw bij de vernieuwing van de pijlers werden herplaatst. De vroeg-gotische gewelven zijn reeds lang verdwenen.

5.4 Laat-gotische verbouwingen van de romaanse basiliek

Uit de periode tussen de herstellingen na de stadsbrand van 1334, en het begin van de verbouwing van de Lebuinus tot hallenkerk in het midden van de vijftiende eeuw, zijn nauwelijks gegevens tot ons gekomen die een goed beeld kunnen geven van de verschijningsvorm van de kerk in die periode. Waarschijnlijk zijn vooral bestaande kapellen vergroot om ruimte te bieden aan de altaren die vooral na 1350, het jaar van de eerste pestepidemie in deze streken, in aantal toenamen. Aangezien deze kapellen vrijwel allemaal werden gesloopt voor de bouw van de nieuwe, verbrede zijbeuken en de kooromgang bleven alleen hier en daar bouwsporen bewaard. Zo bevind zich in het muurwerk van de huidige noordelijke zijbeuk tussen het meest westelijke en het daarnaast gelegen venster een bouwnaad, die er mogelijk op wijst dat de oorspronkelijke elfde-eeuwse kapel op die plaats in later tijd door middel van baksteen werd herbouwd of verhoogd. Ook in de kooromgang is nu nog een dergelijk fenomeen waar te nemen. Aan de zuidzijde is het tweede venster vanaf de Magistraatskapel gerekend, opvallend naar het oosten verschoven. Met andere woorden: het neemt een excentrische positie in ten opzichte van de steunberen en de gewelven. Het lijkt erop dat ook hier rekening is gehouden met een al bestaande situatie, waarin de Pieterskapel al bestond en dezelfde breedte had als de latere kooromgang. Een situatie die doet denken aan de verbouwing van de Dekenkapel van de Utrechtse Pieterskerk. Tenslotte wijst ook een post in de Deventer stadsrekeningen erop dat de kerk van bisschop Bernold al sterk was verbouwd voordat de transformatie tot hallenkerk begon. In 1454 namelijk, betaalde de stad een grote hoeveelheid 'windyseren' die bestemd waren voor 'dat grote glasvenster teghen der scepenhuus'.[61] Het gaat hier waarschijnlijk om de reparatie van een bestaand venster in de zuidelijke gevel van het oostelijke transept. Dit venster was waarschijnlijk vergelijkbaar met het nog bestaande venster in de noordgevel van het transept. Deze muur zou in de jaren negentig van de vijftiende eeuw worden gesloopt voor de aanleg van de Magistraatskapel.

Noten

[1] Archief dr. P.J.H. Cuypers, kopieboek XII, brief 535 (Nederlands Architectuurinstituut Amsterdam).
[2] Hoefer 1902.
[3] Ter Kuile 1939, p. 55v.
[4] Ter Kuile en Liesker 1953; Ter Kuile 1959.
[5] Ter Kuile 1964.
[6] Ter Kuile 1964, p. 31-33. Zie ook de bijdrage van Spitzers aan deze bundel.
[7] Dorgelo 1956.
[8] Ter Kuile 1964, p. 30.
[9] Ter Kuile 1959, p. 157.
[10] Hoefer 1902, p. 15; Ter Kuile 1964, p. 50.
[11] Wat betreft de overwelving van de zijbeuken: het westelijke uiteinde van de noordelijke zijbeuk is in de jaren 1961-1962 opgegraven, waarbij tegen de noordoostelijke kruisingspijler de laat-romaanse basementen van trachiet met hun ondermetseling van Bremer zandsteen in het zicht kwamen. Tegen de eveneens vrijgelegde aansluitende pijler (pijler A) was alleen de ondermetseling in Bremer zandsteen bewaard gebleven. Ter Kuile interpreteert de situatie hier fout als hij concludeert dat genoemde bouwonderdelen hier secundair verwerkt zijn (Ter Kuile 1964, p. 40). Zij zijn daarentegen speciaal voor deze plaats vervaardigd en wel in verband met de overwelving van de zijbeuken in XIII A (Ter Kuile 1964, afb. 87 en 89).
[12] Deze worden merkwaardig genoeg als rondboogvensters getekend, zie: Hoefer 1902, Pl. VIII, fig 6. Ter Kuile 1964, fig. 12 (wand F), p. 38. De werkelijkheid, gezien vanuit het interieur, leert anders!
[13] Temminck Groll 1981, p. 97.
[14] Ter Kuile 1964, afb. 48.
[15] Ter Kuile 1964, afb. 49, 52, 55.
[16] Hoefer 1902, p. 17-18; Ter Kuile 1964, p. 51.
[17] Het voorkomen van Bentheimer zandsteen in Deventer is tot nog toe onvoldoende onderzocht om een meer precieze datering te kunnen geven. Zie Slinger, Janse, Berends 1980; hierin wordt het vroegste voorkomen van Bentheimer zandsteen in Deventer rond 1460 geschat. Een argumentatie voor deze datering ontbreekt echter. Onderzoekingen in de stadsrekeningen van Deventer door mij gedaan, hebben tot 1470 nog geen enkel positief bewijs opgeleverd ten aanzien van het voorkomen van Bentheimer zandsteen. Nog in 1449 werd door de stad een grote partij 'Drakenvelder Steen' aangeschaft. Kijken we naar de nieuwe gotische westpartij waarmee men in 1459 begon (Ter Kuile 1964, p. 51, vermeldt abusievelijk 1463) dan is het duidelijk dat Bentheimer zandsteen al een geaccepteerd bouwmateriaal was. Alle verstevigings-banden van de gotische pijlers zijn van dit materiaal. Aan de buitenzijde is het bekledingsmateriaal van plinten, steunberen en vensterprofileringen echter overal nog van trachiet. Ergens tussen 1460 en 1490 (de voltooiing van de tweede torengeleding) besluit men tot een niet geringe aanpassing van de oorspronkelijke plannen, en wordt het muurwerk van de huidige toren aanzienlijk verzwaard. Hierbij maakt men overvloedig gebruik van Bentheimer zandsteen. Het is derhalve een reële aanname dat dit materiaal niet vóór 1470 aan de buitenzijde werd toegepast.
[18] Steenformaten: 27/29 x 13 x 6,5-7,5 cm.
[19] Ter Kuile 1964, p. 24.

[20] Zie noot 1.
[21] Ter Kuile 1964, p. 31-33.
[22] Uitgaande van de hypothese dat er nog een bovenste rij nissen met vensters is geweest, overeenkomstig de situatie in het oosten.
[23] Van der Wal 1968.
[24] Dorgelo 1956.
[25] De maten van deze baksteen bedragen: ? x 15 x 7 cm.
[26] Ter Kuile 1964, p. 24.
[27] Hoefer 1902, pl. XIX.
[28] De stenen hebben het navolgende formaat: ? x 14 x 7 cm.
[29] Het formaat van de stenen is slechts zeer ten dele bekend: ? x ? x 6,5/7 cm.
[30] Het metselwerk vertoont koppen- en strekkenlagen, met nogal wat koppen en drieklezoren in de strekkenlagen, het steenformaat is: 27 x 13-14 x 6-6,5 cm. Tien lagen = 79 cm.
[31] Het formaat van de stenen: 28-28,5 x 14 x 6,5 cm. Tien lagen = 74 cm.
[32] Rommelig baksteenwerk, met als formaat: 23 x 12 x 4,5 cm. Een enkele steen is 25 cm lang.
[33] Rommelig baksteenwerk, met als formaat: 24,5-25 x 11-12 x 4,5-5 cm. Tien lagen = 79 cm.
[34] Hoefer 1902, pl. XIX.
[35] Van die muurgedeelten die niet in de tekst zijn behandeld, volgt hierna een korte karakteristiek:
   nr. 20. Rommelig baksteenwerk; formaat: 21,5-22,5 x 10-12 x 4,5-5. Tien lagen = 50,5 cm.
   nr. 21. Rommelig baksteenwerk; formaat: 23 x 11 x 4,5-5. Vijf lagen = 34 cm.
   nr. 22. Bakstenen vulwerk, stukken en brokken van stenen, van het formaat is zeer weinig bekend: ? x ? x 7,5 en ? x ? x 4. Tien 10 lagen = 72 cm.
   nr. 22a. Vloerlijn, dichtgezet met stukken baksteen.
   nr. 23. Tufstenen achter raaplaag, hier en daar uitgevlakt met stukken gesmoorde golfpan.
   nr. 24. Baksteenklamp, rechts ongeveer 6 cm dik waarachter tuf, stukken en brokken, formaat: ? x 14 x 6-7. Zeven lagen = 54 cm.
   nr. 25. Uitgevlakt met stenen op hun plat, formaat: 28 x 14 x 6.
   nr. 26. Idem, machinale bakstenen.
   nr. 27. Uitgevlakt met rode plavuizen, 19 x 19 x ?.
   nr. 28. IJsselsteentjes, formaat: 17-18 x 7,5 x 3,5. Tien lagen = 41 cm.
   nr. 29. Baksteen, formaat: 22,5 x 10 x 4,5. Vijf lagen = 25.
   nr. 30. Als nr. 28. De nrs. 27, 28, 29 en 30 vormen waarschijnlijk een eenheid, en zullen aangebracht zijn bij de bouw van het linker zeventiende-eeuwse huisje.
   nr. 31. Machinale bakstenen.
   nr. 32. Baksteen, formaat: 26,5-27 x 13-14 x 6 cm.
   nr. 33. Baksteen, stukken en brokken, diverse formaten, onder andere: 28 x 13 x 6 cm.
   nr. 34. Baksteen, stukken en brokken: vijf lagen = 35,5 cm.
   nr. 35. Baksteen, stukken en brokken, diverse formaten.
   nr. 37. Nieuwe steunberen aangebracht bij de restauratie in 1988.
   nr. 38. Oorspronkelijk tufsteenwerk, zwaar beschadigd en deels hersteld met baksteen.
   nr. 39. Slordig tufsteenwerk, maar te regelmatig voor vulling kistwerk.
   nr. 40. Baksteenwerk, achter nr. 39, dus aan de zijde van de kerk.
   nr. 61. Baksteen, trapsgewijs uitkragend.
   nr. 62. Tufsteen, geen duidelijk muuroppervlak te herkennen.
[36] Ter Kuile 1964, p. 39-43.
[37] Deze bedraagt 4,60 m +N.A.P., zie: Ter Kuile 1964, p. 39.
[38] Van Wezel 1981.
[39] Ter Kuile 1959; Mekking 1991.
[40] Ter Kuile 1964, p. 36.
[41] Molhuijsen 1842.
[42] Ter Kuile 1964, p. 56.
[43] Temminck Groll 1982, p. 80, afb. 6.
[44] Ter Kuile 1964, fig. 16 (p. 48).
[45] Zie de bijdrage van D.J. de Vries aan deze bundel.
[46] Van Wezel 1981, p. 121.
[47] Halbertsma 1961, p. 4, 35, 55, 205, 220, 238; Halbertsma 1962, p. 3, 21, 38.
[48] Génicot 1972: p. 13, 18.
[49] Marschall 1981, p. 69-92. Zie ook de bijdrage van Mekking aan deze bundel.
[50] 'Item in die weke nae Sunte Pontiens daeghe Beernt Henrix [selff derde vj daghen] ende Herman Aerntssoon iii½ dach op den olden kercktoern gearbeyt dat uyrwe[rcken]huysken ende dat banckwerck aff tebrekene, ende op den nyen toern een nye kamerken to den uyrwerck weder the maeken gegevene elcken sdaeghe iii½ stuver facit – iiij lb. xj stuver j oirtken', Cameraarsrekening 1486, fol. 12r (Gemeentelijke Archiefdienst Deventer, MA 150).
De nieuwe toren van de Lebuinuskerk, waaraan in 1459 werd begonnen, was in 1486 blijkbaar zover voltooid dat het uurwerk van de oude kerktoren naar de nieuwe kon worden verplaatst. Aangezien met de nieuwe toren alleen de huidige toren bedoeld kan zijn is daarmee de plaats van de oude toren gegeven: de noordelijke toren van het elfde-eeuwse tweetorenfront.
[51] Zie de bijdrage van Mekking aan deze bundel.
[52] Bloemink 1985.
[53] Van Wezel 1981, p. 121.
[54] Zie noot 12.
[55] Stenvert 1985.
[56] Kier 1970, p. 93.
[57] Van Wezel 1981, p. 121.
[58] Zie de bijdrage van Dubbe aan deze bundel.
[59] Hoefer 1902, p. 15.
[60] Hoefer 1902, p. 16, pl. VIII, fig. 7-7a.
[61] Cameraarsrekening 1454, invoeging na fol 3v (GAD, MA 150).

Herkomst en betekenis van het concept en de hoofdvormen van de elfde-eeuwse kerk

A. J. J. Mekking

1 Inleiding

Koning (1039)/keizer (1046-1056) Hendrik III manifesteerde zich door de stichting van een kruis van 'Ravennatische' kerken rond de kathedraal van het rijksbisdom Utrecht als de legitieme heerser over Lotharingen.[1] Sinds de stamvader van de Ottonen, koning (919-936) Hendrik I 'de Vogelaar' in 925 Lotharingen voor het Oostfrankische rijk had weten te verwerven,[2] beschouwden hij en zijn opvolgers dit voormalige 'Regnum' als een gebied dat rechtstreeks aan hun gezag was onderworpen (afb. 25).[3] Zij stelden er hertogen aan als hun zaakwaarnemers, terwijl de aartsbisschoppen van Trier en Keulen, en hun Lotharingse suffraganen waaronder de bisschop van Utrecht, bij herhaling de echte steunpilaren bleken van de koninklijke macht.[4] Het mag dan ook geen verwondering wekken dat koning Hendrik III het Utrechtse bisdom rijkelijk met goederen en andere gunstbewijzen vereerde.[5] In 1046 trok hij ten strijde tegen de opstandige graaf (1039-1049) Dirk IV van Holland, nadat hij in de kathedraal van bisschop (1027-1054) Bernold van Utrecht, de Paasliturgie had meegevierd.[6] In dit roerige jaar bedacht de koning zijn trouwe bisschop met twee grote schenkingen in het oosten van zijn ambtsgebied: een graafschap in Drente, en het Noord-Hamalandse graafschap met het daarin gelegen Deventer. Het eerstgenoemde graafschap had behoord tot de goederen van de kort tevoren oveleden Hertog Gozelo I van (Neder-)Lotharingen, terwijl het bewuste gedeelte van Hamaland en Deventer afkomstig waren uit de geconfisqueerde 'boedel' van de opstandige edelen Adela en Balderik.[7] Meer dan zijn voorgangers versterkte Hendrik de positie van de Lotharingse bisschoppen, zoals in dit geval die van Bernold, ten koste van die van de inheemse wereldlijke heren.[8] Evenals in de toenmalige bisschoppelijke 'residentie' Utrecht ging dit in de voormalige zetelstad Deventer gepaard met veel bouwkunstig vertoon.[9] Er verrees een zeer grote kapittelkerk met bisschoppelijke westbouw en een verblijf voor de bisschop, de zogenoemde Bisschopshof.[10] Als men dit gegeven in verband brengt met het feit dat het kerkgebouw, niet lang tevoren, tijdelijk als kathedraal had gediend, dan moet men wel aannemen dat het elfde-eeuwse complex bedoeld was als een tweede 'Domburcht', een bisschoppelijke zetelkerk met kapittelgebouwen en paleis zoals men die in Utrecht kon aantreffen (afb. 26).[11]

2 Kathedrale status en patrocinia

In mei 895 is er sprake van een 'Vodebald(us) Taventrensis aecclesiae episcop(us)' hieruit blijkt dat de Utrechtse bisschop (866-898) Adalbold/Odilbald destijds, op de vlucht voor het Vikingen-geweld, zijn toevlucht had gezocht in de versterkte, koninklijke 'Curtis' te Deventer.[12] Bisschop (898/899) Egilbert en zijn opvolger bisschop (900-917) Radbod, konden nog niet naar Utrecht terugkeren, reden waarom deze laatste dan ook in de Maria en Lebuinus werd begraven. Zijn opvolger, bisschop (918-976) Balderik, werd nog in Deventer verkozen, maar verplaatste de zetel weer naar Utrecht, en wel vóór 929.[13]

Het verschijnsel dat een oudere kerkelijke stichting, zoals de Deventer bisschopskerk, de namen van twee

Afb. 25 Grenzen van het hertogdom Lotharingen ten tijde van Karel III de Eenvoudige (911-923) (tekening Linssen 1981, p. 317).

Afb. 26 De Utrechtse 'Domburcht' met bisschoppelijk kerkencomplex en -paleis (12).
Legenda: 1. Stenen Castellum (ommuring en Practorium). 2. H. Kruiskapel. 3. St. Salvator. 4. Fundam. van Dom van Balderik? 5. Traptoren (bij bouw van Adelbold? tegen huis v. Bissch. Off. 6. Paleis Lofen. 7. Huis van Bissch. Officiaal. 8a. Koor en transept van Dom. 8b. Vm. schip van Dom. 9. Domtoren. 10. Kloosterhof van Dom met kapittelzaal. 11. Spinde van Bisschopshof. 12. Bisschopshof. 13. Poort van Bisschopshof. 14. Claustraal huis Achter de Dom. (tekening Haslinghuis 1956, p. 12).

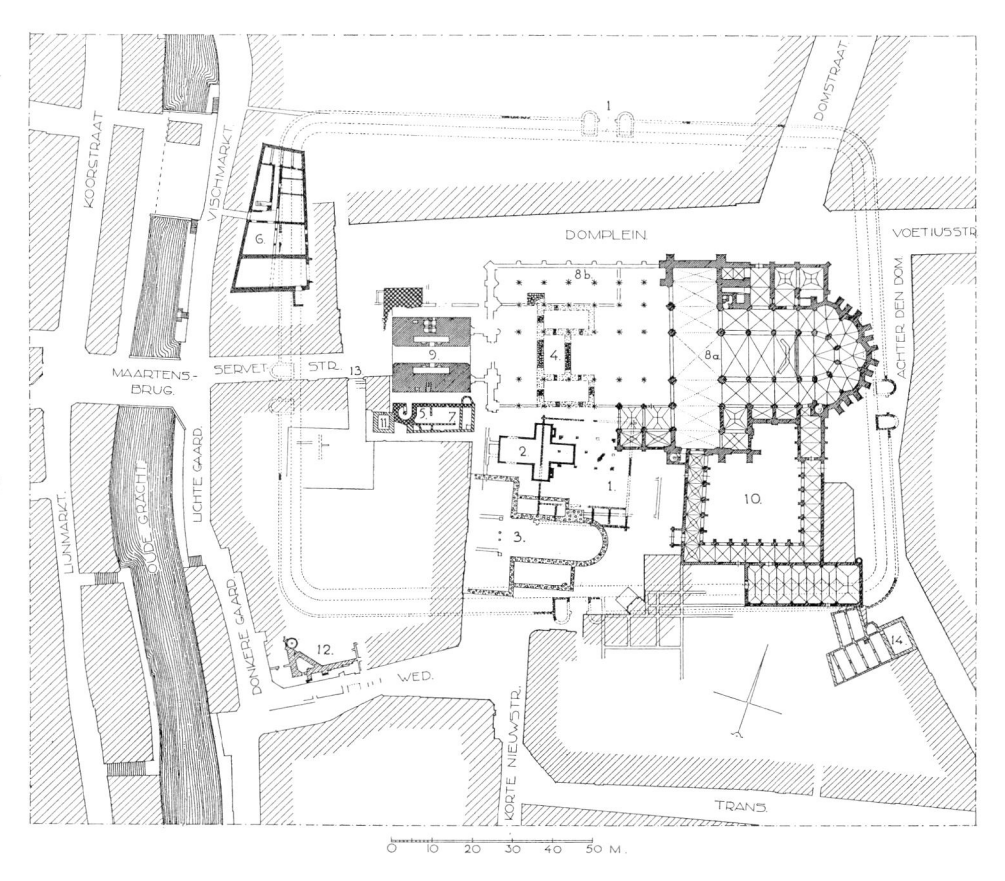

heiligen voerde, waarvan de eerste toebehoorde aan een zeer eerbiedwaardige persoon, bijvoorbeeld aan iemand uit de directe omgeving van Christus, deed zich veelvuldig voor. De eerste naam was die van de titelheilige, die door de stichter aan de nieuwe kerk werd verleend, de tweede was die van de patroonheilige, die door het volk werd toegekend. Als titelheiligen hebben in Lotharingen vooral Maria en Petrus gefigureerd, als patroonheiligen een reeks van zeer uiteenlopende personages die – bijvoorbeeld omdat zij in de desbetreffende kerk waren begraven – ter plaatse een grote populariteit genoten.[14] Lebuinus heeft, volgens de overlevering, zijn laatste rustplaats gevonden in de Deventer kapittelkerk, en is dan ook haar patroonheilige geworden.[15] De stichter van de kerk, de bisschop van Utrecht, koos Maria als titelheilige, een feit dat zich volgens mij bijna even gemakkelijk laat verklaren. Maria was namelijk de tweede patroon van de oudste, primair aan Christus-Salvator gewijde, Utrechtse kathedraal. Een enkele keer wordt deze kerk zelfs kortweg Mariakerk genoemd.[16] Mijn veronderstelling is nu, dat het Maria-patrocinium in een rechtstreekse relatie stond tot het dooprecht dat, binnen het bisdom Utrecht, aanvankelijk uitsluitend aan de Salvator was verbonden, een gegeven waarvan men zich tenminste tot aan de reformatie bewust is geweest.[17] Een onbekend aantal door de bisschop gestichte parochiekerken, kerken dus waarin gedoopt mocht worden, werd, onder andere als verwijzing naar dit recht, toegewijd aan Maria.

Behalve in Deventer, kan men hiervan ook in Utrecht, de hoofdresidentie van de bisschop, een voorbeeld vinden. Dat is de oudste Utrechtse parochiekerk, de 'ecclesia civilis' of Buurkerk, die aan het einde van de elfde eeuw zal zijn gesticht, en die van stond af aan onder de bescherming van Maria werd gesteld.[18] Op een nog onbekend tijdstip in de hoge middeleeuwen, deed zich in Deventer iets sterk vergelijkbaars voor. Daar werd toen weliswaar geen parochiekerk afgesplitst van een kathedrale moederkerk, maar van een andere oude bisschoppelijke 'ecclesia matrix', de aartsdiakonale kapittelkerk van Maria en Lebuinus.[19] Ook deze nieuwe parochiekerk kreeg Maria als patrones.[20]

De hiervóór veronderstelde connectie tussen dooprecht en Maria-patrocinium in de oudste Utrechtse kathedraal, was volgens mij heel direct. Het gedeelte van de kerk waar de doopvont stond opgesteld – de ruimte op de begane grond van de westbouw – zal onder een aan Maria gewijd altaar hebben 'geressorteerd'. Dit zal, zoals in tal van gevallen, het hoofdaltaar van het westelijke gedeelte van de kerk zijn geweest, waar – vóór de bouw van een afzonderlijke parochiekerk – de missen voor de leken werden opgedragen.[21] Het feit dat het oude parochie-altaar zich als regel in de westpartij van de moederkerk bevond, hangt zonder twijfel samen met het gegeven dat dit de canonieke plaats was voor de doopvont.[22] Omdat aan dit object de parochiële rechten waren verbonden, lag het voor de hand het leke-altaar in zijn directe omgeving op te stellen.[23] Een situatie zoals die door mij met betrekking tot de Utrechtse Salvator wordt verondersteld, is bewezen voor de voormalige kathedraal en kapittelkerk van Onze-Lieve-Vrouwe te Maastricht, waar in de westbouw het aan de H. Nicolaas gewijde 'altare parochialis' stond opgesteld, evenals de doopvont. Precies zoals in Deventer werd hier in de hoge middeleeuwen een parochiekerk afgesplitst van de moederkerk, die, een weinig verderop, onder het patrocinium van het oorspronkelijke parochie-altaar in de westbouw, Nicolaas, werd opgetrokken.[24] De doopvont voor de parochianen van de Deventer Mariakerk bevond zich tot aan de reformatie in de westpartij van de Lebuinus, en wel in het westelijke transept, vlak bij de 'major ianua' of hoofdingang.[25] Dit was ongetwijfeld de oorspronkelijke plaats, ook al was de omgeving vanaf de vijftiende eeuw ingrijpend veranderd.[26] Doordat men de Mariakerk tegen de noordelijke arm van het westtransept van de kapittelkerk aanbouwde, werd de relatie met de ruimte waar de doop werd bediend niet verbroken (zie afb. 77).[27] In hetzelfde gedeelte van de kerk zal zich bovendien het elfde-eeuwse parochie-altaar hebben bevonden: het hoogaltaar van het voormalige westkoor, dat – zoals ik reeds eerder liet blijken – volgens mij aan Maria was gewijd. Zo bezien verplaatste men bij de bouw van de parochiekerk het oude leke-altaar slechts een twintigtal meters naar het noorden.

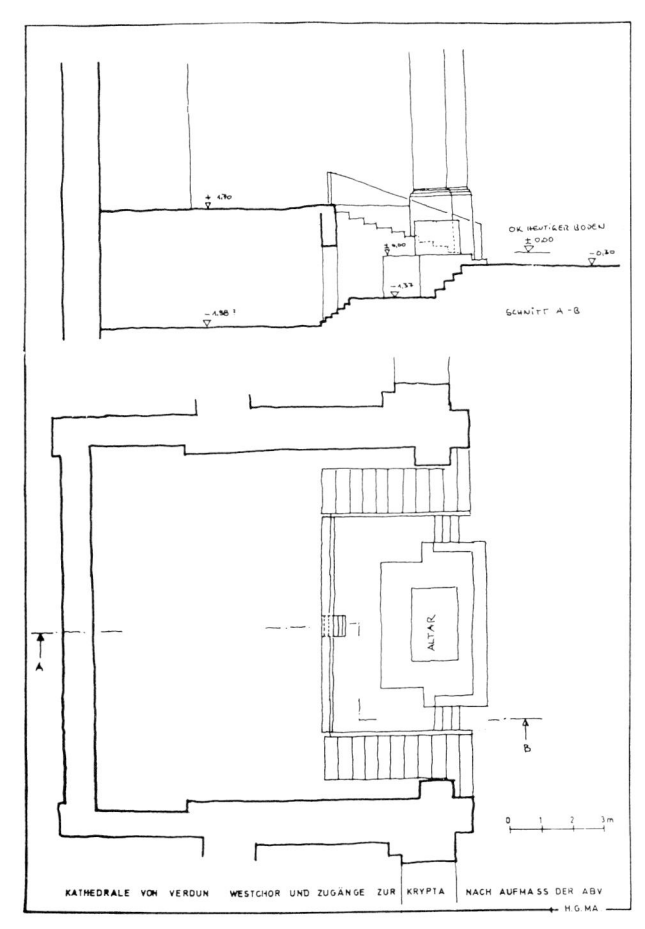

Er is nòg een aanwijzing, en wel van geheel andere aard, dat Maria reeds vóór het begin van de elfde-

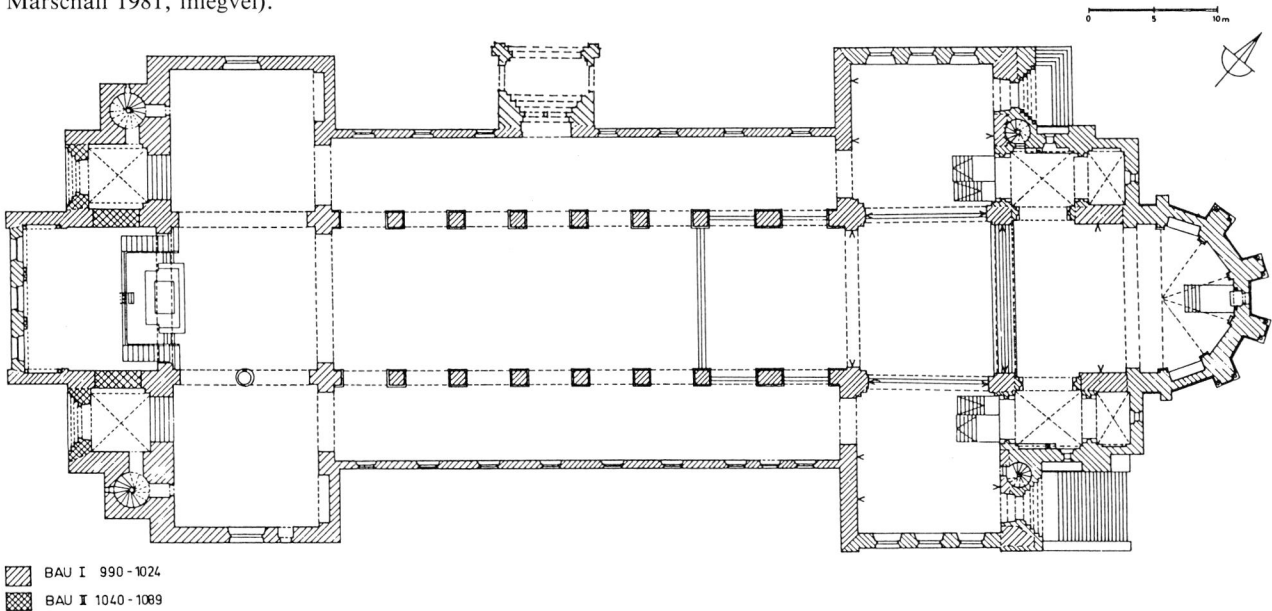

Afb. 27 Het westelijke koor met Maria-altaar in de kathedraal te Verdun (ged. rec. XIa.-twaalfde eeuw) (tekening Marschall 1981, p.88).

Afb. 28 Plattegrond van de kathedraal te Verdun (gedeeltelijke reconstructie XIa. – twaalfde eeuw) (tekening Marschall 1981, inlegvel).

De elfde-eeuwse kerk

eeuw de titelheilige was van het westelijke deel van de kerk te Deventer. Deze aanwijzing is het feit dat het concept voor dit gedeelte van de nieuwe kerk uit het midden van de elfde eeuw, teruggaat op dat van de westpartij van de kathedraal van Verdun, die tussen 990 en 1024 moet zijn gebouwd.[28] Het hoogaltaar van dit bouwdeel was aan Maria gewijd (afb. 27).[29]

3 Een westbouw naar voorbeeld van Verdun

In september 1047 begonnen hertog Gottfried van Lotharingen en graaf Boudewijn van Vlaanderen een oorlog tegen keizer Hendrik III. Eerst onderwierp Gottfried geheel Neder-Lotharingen, bij welke veldtocht hij de keizerlijke palts te Nijmegen verwoestte. Vervolgens richtte hij zijn gewelddadige activiteiten tegen de stad Verdun waar bisschop Diederik regeerde, de man die hij na kiezer Hendrik III het hevigst haatte. Het was Gottfried om het graafschap Verdun begonnen, dat hem door de keizer in 1044 was ontnomen, en sedertdien aan het bisdom toegewezen.[30] Op 25 oktober veroverden de troepen van Gottfried de stad en staken deze in brand. Ook de kathedraal vatte vlam, en leed, als gevolg daarvan, zeer zware schade. Deze gebeurtenis liet niet na diepe indruk te maken. Van alle kanten kwam hulp, zelfs Gottfried deed aanzienlijke schenkingen ten behoeve van de herbouw van de kerk. De grove heiligschennis die de soldaten in zijn naam hadden bedreven, was hiermee echter nog niet goed gemaakt. Toen men met de herbouw van de bisschopskerk al een eind was gevorderd, onderwierp Gottfried zich aan een opzienbarende boeteceremonie. Hij zou, half naakt, vanaf het hoogste punt van de stad de weg naar de Dom kruipend hebben afgelegd, om zich tenslotte voor het hoogaltaar te laten geselen.[31] De keizer nam de verwoesting van kerk en goed van een van zijn meest gewaardeerde bondgenoten in Lotharingen, zijn voormalige hofkapelaan Diederik van Verdun,[32] uiteraard zeer hoog op. Zoals hierna zal worden uitgelegd, blijkt dit onder andere uit het feit dat de westpartij van de nieuwe Maria en Lebuinus werd opgetrokken naar het voorbeeld van die van de zwaar verwoeste kathedraal (afb. 28).[33] De beide bouwlichamen moeten een frappante gelijkenis hebben vertoond. Niet alleen was de opzet, op de beide oostelijke transept-kapellen na, vrijwel identiek, ook de afmetingen kwamen in hoge mate met elkaar overeen (afb. 29, 30, 31). Dit gegeven is de meest precieze indicatie voor het begin van de bouw van de Deventer kerk die tot nog toe is ontdekt. Omdat de bruikbaarheid van de kathedraal van Verdun als voorbeeld in dit geval afhankelijk was van de politieke actualiteit, zal het bewuste concept niet lang na de genoemde gebeurtenissen zijn gemaakt. Dat het hier niet ging om een planwijziging terwijl het bouwen op andere punten al ver was gevorderd, meen ik af te

Afb. 29 Maquette (1753) van de kathedraal te Verdun uit het noord-westen. Toestand van vóór de brand en de gedeeltelijke herbouw (foto A.J.J. Mekking 1990).

kunnen leiden uit de motieven op de zuilschachten in de crypte en de wijze waarop deze zijn weergegeven (afb. 32).[34] Beide kan men terugvinden op elfde-eeuwse sculptuur-fragmenten in de Dom te Verdun. Er zal dus pas nà de verwoesting van deze kathedraal een begin zijn gemaakt met de bouw van de nieuwe kerk te Deventer.

Zoals hiervoor al werd geïmpliceerd, blijkt uit de verwijzing naar de kathedraal van Verdun in de architectuur van de Maria en Lebuinus, dat de keizer en zijn omgeving, ook wat dit aspect betreft, het concept hebben bepaald. Het was immers niet de bisschop en de nieuwe heer in Hamaland, Bernold, die belang had bij de receptie van deze Opper-Lotharingse kerk in het ontwerp voor zijn nieuwe stichting, maar de soeverein die over geheel Lotharingen heerste. Zijn gezag werd immers bedreigd, zijn macht aangetast en de integriteit van zijn rijk als geheel in gevaar gebracht door de opstandige regionale groten.[35] Deze situatie was echter niet nieuw, daarom zou Hendrik III al eerder, zoals ik elders meen te hebben aangetoond, zijn kanselier en 'theoreticus architectus' Herimann II, aartsbisschop van Keulen, opdracht hebben gegeven om een sterk 'Ravennatisch' getint concept te creëren voor de nieuw te bouwen kerken rond zijn vaders ingewand-

Afb. 30 Zicht op de noordelijke hoek van de westpartij van de kathedraal te Verdun (onderste gedeelte XIa.) (foto A.J.J. Mekking 1990).

Afb. 31 Zicht in het westelijke koor en de noordelijke arm van het westtransept van de kathedraal te Verdun (in hoofdzaak XIa.) (foto A.J.J. Mekking 1990).

graf in de stad Utrecht, en in de kerkelijke sub-centra Emmerik en Deventer.[36] Dit ontwerp bewaarde, door zijn verwijzing naar de oude en toenmalige keizerlijke residentie Ravenna, naar het ideaal van de kerkhervorming, en naar de Ottonen als de eerste Oost-Frankische heersers over Lotharingen, een zekere ideële en historische distantie tot de politiek van alledag. Dit gold allerminst voor de wijziging die men, ongetwijfeld kort voor de bouw, in het concept voor de Maria en Lebuinus aanbracht. De receptie van een wezenlijk onderdeel van een regionaal, Lotharings bouwwerk als verwijzing naar de actuele politieke situatie, bewijst mijns inziens hoezeer Hendrik III door de actualiteit in moeilijkheden was gebracht.

Uit hetgeen hiervoor is gezegd, zal reeds enigermate duidelijk zijn geworden waarom nu juist de Deventer kapittelkerk, en wel meer bepaald het westelijke gedeelte daarvan, een 'kopie' werd van de kathedraal van Verdun. De voornaamste reden was zonder twijfel dat de situatie te Deventer de keizer c.s. de mogelijkheid bood de gevolgen van de catastrofe van Verdun op symbolische wijze te neutraliseren. Bisschop

Diederik had zijn kathedraal en de grafelijke macht in zijn residentie verloren, bisschop Bernold daarentegen kon zich verheugen over de bouw van een nieuwe zetelkerk in het centrum van zijn pas verworven graafschap. Deze dialectiek had natuurlijk niet uitgebuit kunnen worden, als tenminste de plannen voor de grootscheepse herbouw van de kerk te Deventer al niet in zo'n vergevorderd stadium hadden verkeerd. Omdat de rechtsmacht van de plaatselijke heer als regel zichtbaar werd gemaakt door de aanwezigheid van een westpartij met privé-kapel op de verdieping als onderdeel van diens eigenkerk,[37] kwam slechts de wèstpartij van de dom van Verdun in aanmerking voor receptie in het concept van de Maria en Lebuinus.

Met name op grond van het bouwhistorische onderzoek dat door Bloemink werd verricht, ben ik tot de conclusie gekomen dat zich vanaf het begin in het westelijke gedeelte van Bernolds kerk hoogstwaarschijnlijk een privé-kapel heeft bevonden.

Het bewuste onderzoek heeft aan het licht gebracht dat het westelijke transept grensde aan de bisschoppelijke palts. Vanuit dit paleis kon de kerkvorst, via een doorgang op de verdieping, een tribune tegen de binnenzijde van de noordelijke transeptwand betreden.[38] Een dergelijke dispositie wijst op de aanwezigheid van een privé-kapel voor de eigenkerkheer.[39] Wat het gebruik van de tribune betreft, hebben we in dit verband de keuze uit twee mogelijkheden. De ene is dat deze de eerste schakel vormde in de verbinding tussen de palts en een altaarruimte op de verdieping van het westkoor. De andere dat de tribune het 'schip' was van het oratorium, waarvan het koortje dan aan het oostelijke uiteinde, boven de noordelijke transept-kapel moet hebben gelegen. Deze situatie kan men nog steeds aantreffen in de Sint-Servaaskerk te Maastricht, waar de noordelijke tribune van de westbouw, tenminste vanaf ca. 1160, als oratorium voor de proost, de vertegenwoordiger van de hoogheidsrechten van het rijksonmiddellijke kapittel, moet hebben gediend (afb. 33).[40] Behalve een noordelijke, en wellicht ook nog een zuidelijke tribune, had de Maria en Lebuinus op het begane grond-niveau ook nog de reeds genoemde altaarruimtes aan de oostzijde van de westpartij met de Maastrichtse keizerkerk gemeen. In deze laatste zijn zij echter in de westpartij opgenomen, en niet – zoals in Deventer – eraan toegevoegd.[41] Dergelijke kapellen, die zowel aan een der westelijke transeptarmen als aan de westelijke schiptravee grenzen, maken overwegend deel uit van belangrijke kerken uit de eerste helft van de elfde eeuw in het oude bisdom Luik, zoals de abdijkerken van Lobbes en Nijvel (afb. 34, 35). Evenals in Deventer en Maastricht zijn ook daar de kapellen van het westtransept recht gesloten.[42] Deze transeptkapellen zijn ongetwijfeld een citaat uit de Karolingische architectuur. Het ligt voor de hand te veronderstellen dat het geciteerde voorbeeld de Karolingische Dom van Keulen was. Deze hoofdkerk van het aartsbisdom, dat verreweg het belangrijkste deel van Lotharingen omvatte en dat zo'n dominerende rol in zijn geschiedenis heeft gespeeld, vertoonde een sterk verwante dispositie (afb. 36).[43] De transeptkapellen hadden hier echter de vorm van absidiolen, een element dat ook deel uitmaakte van de kapellen van het elfde-eeuwse westtransept van de abdijkerk van Sint-Truiden, die ook alweer in het bisdom Luik was gelegen (afb. 37).[44]

Er was tenminste nòg een factor die bij de conceptie van de westpartij van de nieuwe kerk te Deventer naar het model van die der kathedraal van Verdun een rol van betekenis zal hebben gespeeld. Dat was de overeenkomst in patrocinium van de beide bouwdelen, reeds vóórdat deze respectievelijk zwaar werden beschadigd en nieuw gebouwd, wel te verstaan. Zoals hiervoor al is gebleken was die te Verdun zèker, en die te Deventer naar alle waarschijnlijkheid aan Maria gewijd. Waarom was dit van belang? Niet omdat een overeenkomst in patrocinium een voorwaarde voor receptie was, al zal dit gegeven in veel gevallen de overname van bouwschema's en -vormen hebben bevorderd. Neen, omdat men, door in Deventer het Mariakoor in vormen van de Opper-Lotharingse kathedraal te laten verrijzen, hoopte de toorn van de moeder Gods over de grove belediging haar te Verdun aangedaan, te bedaren. Een dergelijk zoenoffer schijnt niets uitzonderlijks te zijn geweest. Ik meen hier te kunnen volstaan met een verwijzing naar de herbouw van de Mariakerk te Utrecht in opdracht van koning (1106)/keizer (1111-1125) Hendrik V als zoenoffer voor de verwoesting van de Maria-kathedraal te Novara door deze vorst.[45]

Hoeveel gewicht deze zuiver religieuze overweging

Afb. 32 Zicht in de crypte van de Lebuinuskerk (midden elfde eeuw) (foto Gemeentelijke Archiefdienst Deventer 1991).

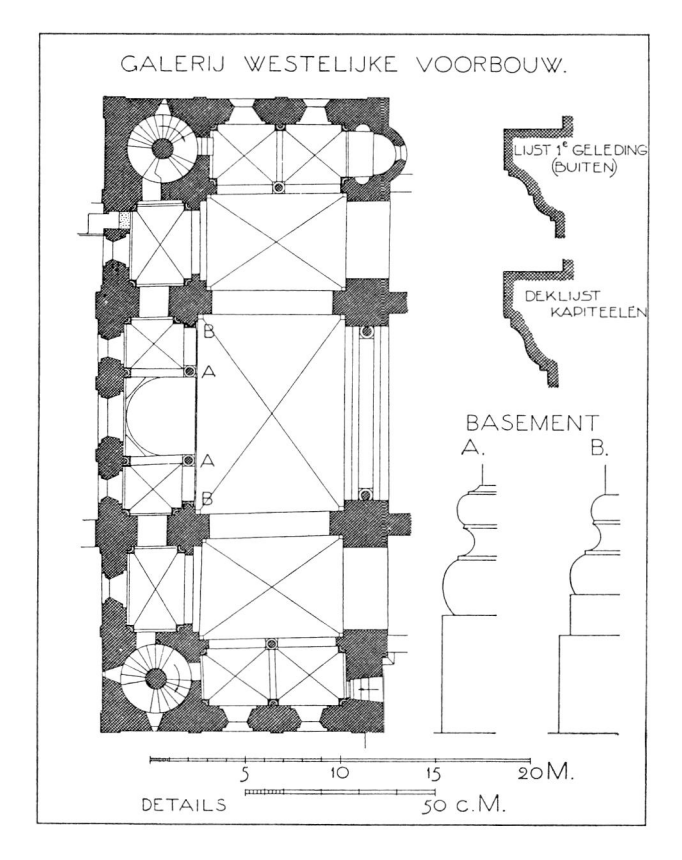

ook in de schaal mag hebben gelegd, het primaire doel van het 'kopiëren' van de westbouw van Verdun was ongetwijfeld de vijanden van het rijk in Lotharingen ervan te doordringen dat de keizer door God als soeverein over hen was aangesteld. Rijk en kerk waren immers één, en nog nooit tevoren had een keizer zozeer op zijn bisschoppen gesteund als Hendrik III.[46] Hun tekenen van macht waren de zijne.

Dit blijkt ook uit het patrocinium en het concept van de 'paltskapel' op het Valkhof te Nijmegen. Dit keizerlijke paleiscomplex was eveneens zwaar geteisterd

Afb. 33 (linker kolom) Plattegrond van het beganegrond-niveau (beneden) en van de verdieping (boven) van de westpartij van de Sint-Servaaskerk te Maastricht (elfde eeuw) (tekening De monumenten van geschiedenis en kunst in de provincie Limburg 1926-1953, p. 306).

Afb. 34 (rechter kolom, boven) Plattegrond van de kerk van Sint-Ursmarus te Lobbes (Henegouwen). Links de westpartij (gedeeltelijke reconstructie eerste helft negende eeuw?) (tekening Brigode 1950, p. 48).

Afb. 35 (rechter kolom, beneden) Plattegrond van de westpartij van de kerk van Sint-Gertrudis te Nijvel, Belgisch Brabant, eerste helft elfde eeuw (tekening Génicot 1972, p. 13).

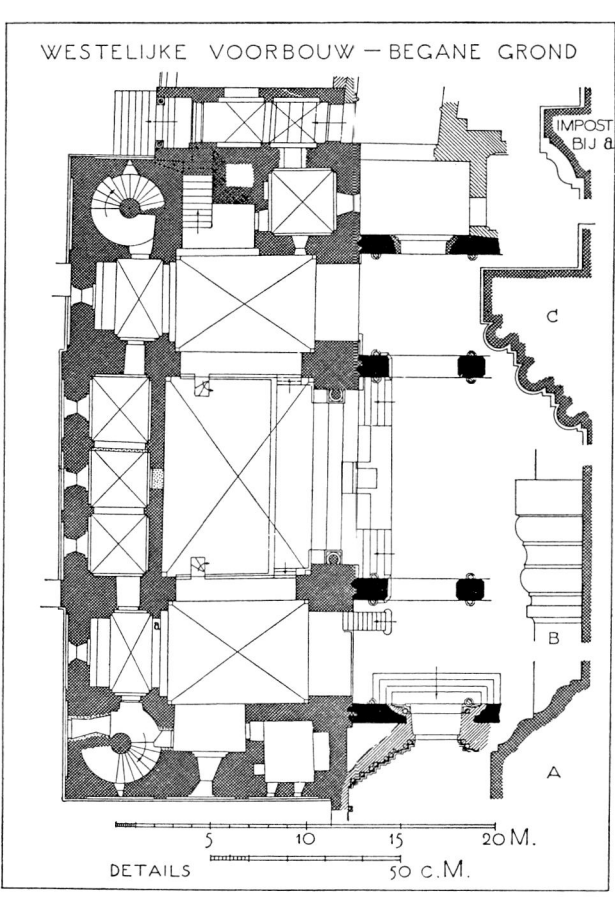

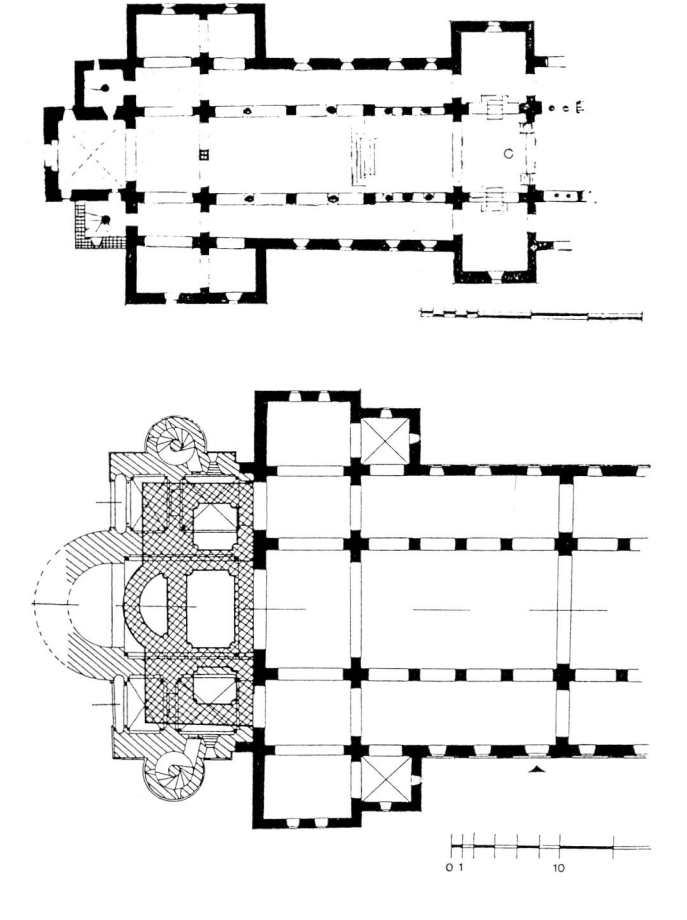

door Gottfried II 'met-de-Baard' en zijn bondgenoten, enige maanden voordat zij hun aanslag op Verdun zouden plegen.⁴⁷ Anders dan bij de bouw van de zogenoemde Bernold-kerken het geval zal zijn geweest, was de keizer in Nijmegen ook in formeel opzicht de bouwheer. De vraag waarom het nieuwe oratorium zowel qua type als qua strekking van de symboliek der vormen naar de keizer als soeverein over het oude Middenrijk verwijst, zal dan ook geen nadere beantwoording behoeven. De naamgeving en de vormen waarmee deze verwijzing werd gerealiseerd, zijn volgens mij echter weer ontleend aan de sfeer van de rijkskerk in Lotharingen. Deze lijken namelijk hun oorsprong te hebben in de Saint-Nicolas-des-Mouches te Luik, een octogonaal oratorium dat door bisschop (1025-1038) Reginhard in 1030 werd gewijd. Dit is waarschijnlijk het eerste heiligdom dat ter ere van de H. Nicolaas als patroon van Lotharingen in dit hertogdom werd gesticht. De Luikse bisschoppen hebben de devotie tot deze heilige, die onder invloed van de Ottonen in dit deel van het rijk was geworden tot het symbool van de keizergetrouwe rijksbisschop, sterk gestimuleerd.⁴⁸

4 Een crypte met de zuilen van Salomo in de vormen van Verdun

De oostpartij van de Lebuinus uit Bernolds tijd had, zoals bekend, een drieledige opbouw. Twee smalle en ongedeelde kapelachtige ruimtes flankeerden het brede, uit twee bouwlagen bestaande sanctuarium (zie afb. 24). Dit laatste is sterk gewijzigd tijdens de bouw van het hallenkoor. Het noordelijke nevenkoor werd bij die gelegenheid opgeofferd aan de kooromgang. De onderste bouwlaag bestaat uit een half-ondergrondse ruimte, die door twee rijen van telkens drie zuilen in twaalf traveeën is verdeeld. Dergelijke cryptes zijn tot nog toe, op de Utrechtse Sint-Paulus na, voor alle 'Bernoldkerken' aangetoond (afb. 38).⁴⁹

In mijn studie over deze groep van kerken, waarnaar al bij herhaling werd verwezen, is een afzonderlijke passage gewijd aan de vormgeving van de schachten van de crypte-zuilen.⁵⁰ Zoals men daar kan lezen, is ten aanzien van de Lebuinus en van de Sint-Pieter (afb. 39) en de Sint-Jan (afb. 40) te Utrecht komen vast te staan, dat de bewuste zuilschachten – voor zover ze behouden zijn gebleven – met onderling sterk gelijkende motieven waren versierd. Bovendien werd duidelijk, dat de wijze waarop deze patronen waren uitgehouwen op het lichaam van de enige bekende zuil uit de crypte van de Janskerk, identiek is aan die van het middelste zuilenpaar in de crypte van de Lebuinus (afb. 41). Het gaat hier om een dubbele spiraal, die met een kwartbolling is uitgehakt. Het oostelijke zuilenpaar in de Deventer krocht (afb. 42) vertoont een motief dat men in geen van de Bernoldkerken kan

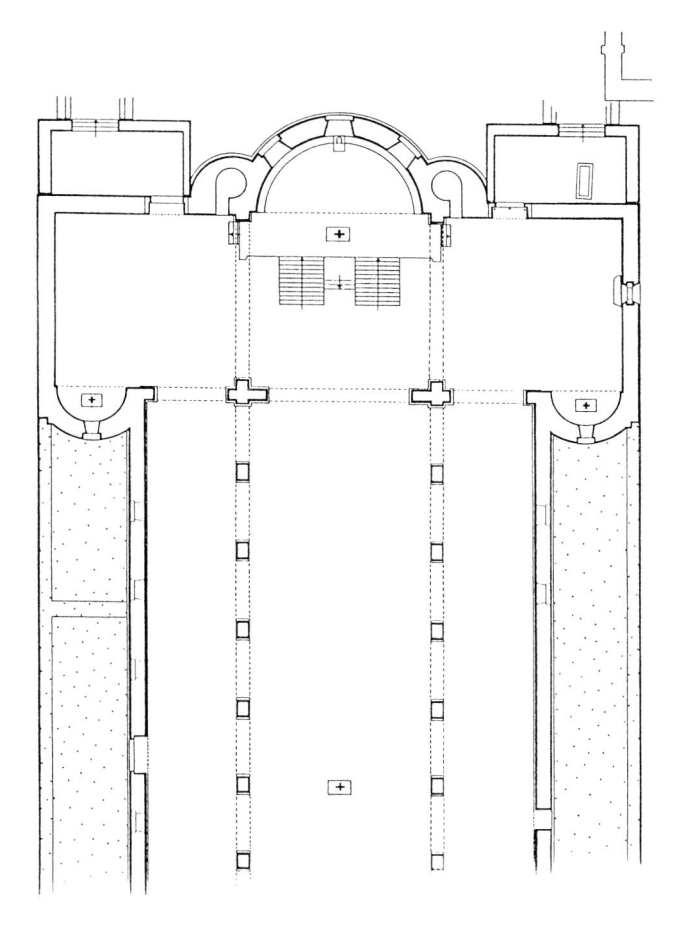

Afb. 36 Plattegrond van de westpartij van de Karolingische kathedraal van Keulen (rec. situatie tiende eeuw) (tekening Weyres 1980, p. 781).

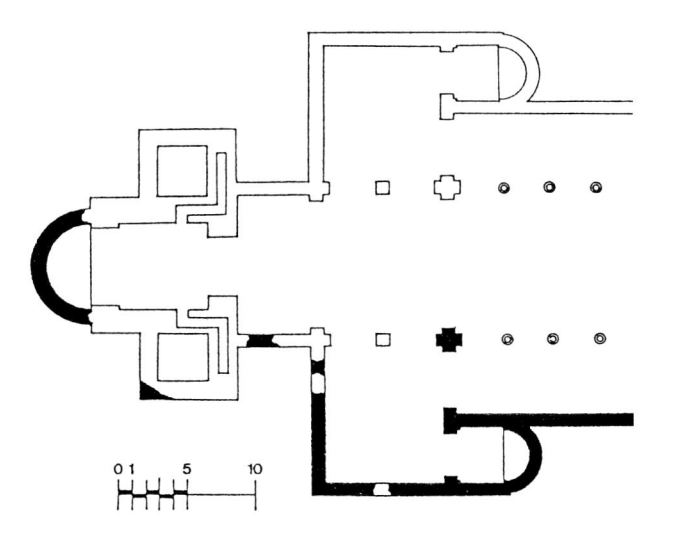

Afb. 37 Plattegrond van de westpartij van de Sint-Trudokerk te Sint-Truiden, Belgisch Limburg (reconstructie situatie eind elfde eeuw) (tekening Génicot 1972, p. 29).

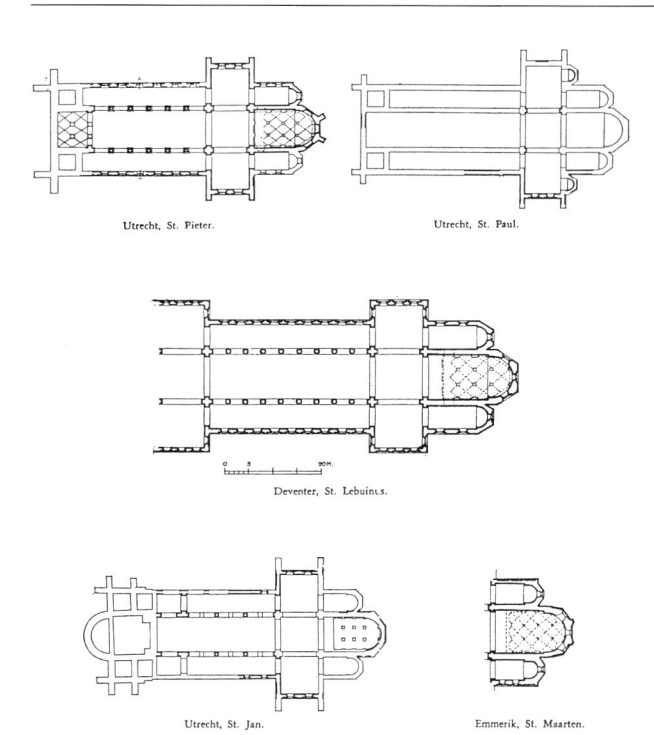

Afb. 38 Plattegronden van (gedeelten van) de vier kapittelkerken en één abdijkerk die onder het episcopaat van Bernold in het bisdom Utrecht – vermoedelijk volgens het concept van Herimann II, aartsbisschop van Keulen – werden gesticht (ca. 1040-ca. 1060) (tekening Ter Kuile 1959, k. 147-148).

aantreffen, maar dat veel verwantschap vertoont met een bijzonder, gebeeldhouwd patroon dat te Verdun aan de oostzijde, de gevelvelden van de nevenkoren en de geveltop van het hoogkoor ònder de lijst, bedekt. Deze decoratie zou daar, volgens Marschall, onder het episcopaat (1131-1156) van Albero van Chiny[51] zijn aangebracht. Het is een opeenvolging van tongvormige bladeren met middennerf, die strooksgewijze afwisselend met de punt en met de achterzijde naar elkaar zijn toegewend. Het blad is op tenminste drie verschillende manieren vorm gegeven. Deze wijkt in één geval dermate af, dat niet valt aan te nemen dat het getolereerd zou zijn binnen één-en-dezelfde équippe die belast was met het decoreren van de bewuste gevelvlakken. Het moet tijdens een afzonderlijke bouwcampagne zijn vervaardigd. Het gaat om de platte, brede 'tongen' waarvan de betrekkelijk strakke contouren niet de omega-vorm suggereren, die zo karakteristiek is voor het overgrote deel van de tussenruimten (afb. 43). Deze kleine groep bladeren lijkt aanzienlijk ouder dan de overige, wellicht behoorden ze reeds tot de decoratie van de kathedraal voordat deze door Gottfried-met-de-Baard werd vernield. Dit zou dan hun gelijkenis verklaren met de 'tongen' op de oostelijke zuilen in de crypte van de Lebuinus. Geen bouwsculptuur uit het midden van de elfde eeuw vertoont, voor zover bekend, een treffender overeenkomst dan deze. Omdat de versieringen sterk verwant zijn aan elkaar en niet identiek en het bovendien objecten van uiteenlopende aard betreft, zou ik niet op grond van dit argument durven stellen dat het voorbeeld voor het Deventer schachtenpaar in Verdun gezocht moet worden. Dit durf ik daarentegen wèl ten aanzien van

Afb. 39 Het inwendige van de crypte van de Pieterskerk te Utrecht naar het noordwesten (ca. 1045). De zuilschachten zijn versierd met eenvoudige zig-zag-, spiraal- en visgraatmotieven (foto M. Kort, Amsterdam).

De elfde-eeuwse kerk

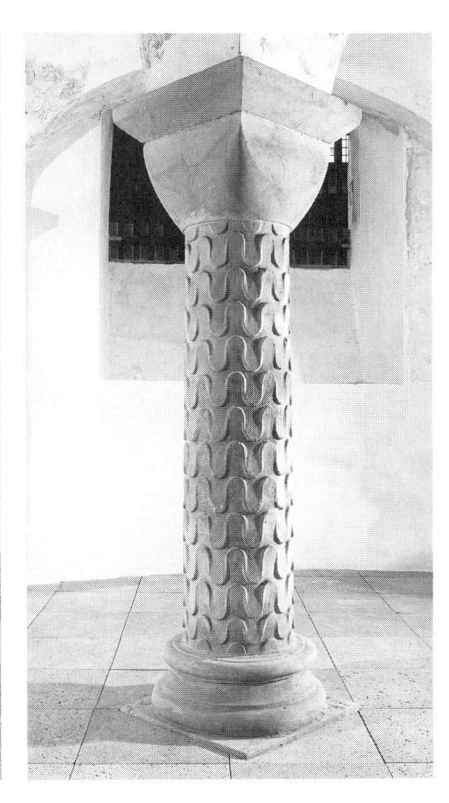

het middelste zuilenpaar uit de crypte van de Lebuinus. Dit heeft namelijk zijn tegenhanger in een kleine zuilschacht die, waarschijnlijk op zijn oorspronkelijke sokkel, staat opgesteld in de noordelijke nevenruimte van de oostelijke crypte van de kathedraal (afb. 44). Deze sokkel behoort ongetwijfeld tot de bouwsculptuur van de vroeg-elfde-eeuwse Dom.[52] Het zuiltje dat versierd is met een enkelvoudige kwartbolle spiraal, zou dan een van de oudste zijn in zijn soort. Ruim een kwart eeuw ouder dan de bewuste zuilen in de Lebuinus die met een nagenoeg identieke spiraal werden gedecoreerd. Het feit dat het concept voor de westpartij van de Lebuinus aan dat van de bisschopskerk van Verdun werd ontleend maakt het des te waarschijnlijker dat de decoratie van de crypte-zuilen zowel wat de motieven als hun uitbeelding betreft, eveneens uit deze kerk stammen. Het vóórkomen van het elders onbekende tong-motief en de sterke plastiek van het beeldhouwwerk, die zo opvallend contrasteert met de vlakheid van de decoratie van de crypte-zuilen in de Pieterskerk, zouden hiermee op bevredigende wijze zijn verklaard.

Elke beschouwer die maar enigszins op de hoogte was met de grote kerkelijke architectuur in Lotharingen zal in de westpartij van de Lebuinus moeiteloos die van Verdun hebben herkend, temeer daar deze in het midden van de eeuw in het brandpunt stond van de politieke actualiteit. Slechts weinigen zullen de crypte-zuilen in Deventer met de bouwsculptuur van de Opper-Lotharingse kathedraal hebben geassocieerd. Dit verschil is volgens mij bewust gewild en eerder funda-

Afb. 40 Zuilschacht uit de afgebroken crypte van de Janskerk te Utrecht (?) (ca. 1050). De decoratie bestaat uit een dubbele bolle spiraal. Thans in de kelder onder de voormalige kapittelbibliotheek van de Dom (foto A.J.J. Mekking 1988).

Afb. 41 De noordelijke van de beide middelste zuilen in de crypte van de Lebuinuskerk te Deventer (ca. 1050). De schachten zijn versierd met een dubbele bolle spiraal en enigszins uitgeholde stroken (foto Rijksdienst voor de Monumentenzorg Zeist 1991).

Afb. 42 De noordelijke van de beide oostelijke zuilen in de crypte van de Lebuinuskerk te Deventer (ca. 1050). De schachten vertonen een verder onbekend patroon van om en om naar boven en naar beneden wijzende 'tongen' in reliëf (foto Rijksdienst voor de Monumentenzorg Zeist 1991).

menteel dan gradueel van karakter. Het 'kopiëren' te Deventer, van de bouwmassa die bij uitstek verwees naar de bron van het wereldlijk gezag van de bisschop van Verdun, was een openlijke politiek stellingname van het centrale rijksgezag tegenover de Lotharingse 'separatisten' van die dagen. Het 'kopiëren' van de bouwsculptuur van deze bisschopskerk in de intimiteit van de crypte te Deventer, was eerder een daad van piëteit dan van politiek. De motieven op de zuilschachten functioneerden slechts binnen het liturgische 'circuit' van het kapittel. De wijze waarop is sterk vergelijkbaar met die van de relieken in de alta-

Afb. 43 De siergevel boven de noordelijke annex van het oostelijke hoogkoor van de kathedraal te Verdun. De verm. oudste 'tongen' (begin elfde eeuw?), zonder omega-vormige tussenruimten, bevinden zich rechts beneden (foto A.J.J. Mekking 1990).

Afb. 44 Zuiltje met bol spiraalmotief, oorspronkelijk basement (XIa) en modern kapiteel in de noordelijke annex van de crypte in de oostpartij van de kathedraal van Verdun (foto A.J.J. Mekking 1990).

ren en de schrijnen. Op magische wijze aanwezig door middel van hun 'pars pro toto' werden zowel de huisgenoten Gods als het schandelijk geschonden heiligdom van Maria herdacht en betrokken in de heilige vieringen.[53]

In het navolgende zal ik uiteenzetten waarom deze rijk versierde schachten slechts aan vrijstaande zuilen in de crypte werden toegepast, en niet elders in de kerk.

4.1 Bewerkte zuilschachten en dodencultus

Op grond van een verkennend onderzoek naar de toepassing van gedecoreerde zuilschachten in de oudere westerse kunst, meen ik in het overvloedige materiaal een groep te kunnen onderscheiden die verband houdt met de dodencultus.[54] Het betreft hier steeds met spiralen versierde zuilen die niet alleen door Christenen maar ook door aanhangers van andere godsdiensten uit diverse perioden van de Romeinse heerschappij werden gebruikt. Met dit laatste worden de epitafen bedoeld, die met een portret van de overledene zijn voorzien dat door twee van dergelijke zuilen wordt geflankeerd (afb. 45).[55] Een specifieke categorie portretten van overledenen, namelijk afbeeldingen van christelijke heiligen, wordt eveneens veelvuldig gecombineerd met bewerkte zuilschachten. Een bijzonder interessant voorbeeld van deze categorie is het zandstenen reliëf uit Rosport (Luxemburg), waarvan algemeen wordt aangenomen dat het als retabel het hoogaltaar van de grafkerk van Willibrord in Echternach heeft gesierd (afb. 46). Dit oudste bekende reta-

Afb. 46 Detail van het oudste retabel (achtste eeuw) uit de Willibrorduskerk te Echternach. De decoratie bestaat uit een samengestelde spiraal (Luxemburg, Musée de l'état) (foto: Beutler 1978, p. 46).

Afb. 45 Romeinse grafstele met colonnet-schachten waarop spiraalmotief (inv. nr. 12). Kleine pandhof van het voormalige klooster van San Vitale, thans Museo Nazionale, te Ravenna (foto A.J.J. Mekking 1989).

bel, dat uit het begin van de achtste eeuw zal dateren, is voorzien van een arcade in hoogreliëf die wordt gedragen door zuilen met samengestelde spiralen op de schachten. Onder de vijf bogen zijn Maria en haar kind Jezus temidden van een viertal heiligen voorgesteld.[56] Geheel in de sfeer van de grafcultus is de toepassing van gedraaide zuiltjes in de rijke stucco-arcade tegen de wand van de crypte die in de tweede helft van de tiende eeuw vóór het graf van koning (919-936) Hendrik I de Vogelaar en zijn vrouw koningin Mathilde (ca. 890-968) in de St.-Servatii te Quedlinburg werd aangelegd.[57] Zowel in Echternach als in Quedlinburg is echter geen sprake van vrijstaande, versierde zuilen zoals in Deventer. Dat is wèl het geval in de crypte van de kerk van St.-Wystan te Repton, waar tegen 900 vier vrijstaande, met spiralen gedecoreerde zuilen werden opgericht rond de sarcofaag van de kerkpatroon (afb. 47).[58] Zo ontstond een 'Vierstützenraum' op de grondslag van een Grieks kruis, de klassieke dispositie van een oud-christelijke heilige plaats (afb. 48). De vier zuilen met het centrale gewelfvak boven het graf van de heilige zijn uitwisselbaar met het ciborium dat eenzelfde functie boven graf of altaar vervult.[59] Ook dit symbool voor het uitspansel is vaker voorzien van gedecoreerde zuilen, zoals het ciborium van het altaar van de H. Eleucadius in Sant'Apollinare in Classe bij Ravenna, uit de tweede helft van de negende eeuw, waarvan de zuilschachten spiralen tonen (afb. 49).[60] Het oudste bekende voorbeeld is echter de 'memoria Petri' die keizer Constantijn boven het graf van deze apostel liet aanleggen. Het meest bewonderde onderdeel hiervan vormden de zes getorste, met wingerdloof en putti versierde 'Griekse' zuilen, waarvan er vier de luchtige baldakijn boven het oorspronkelijke

Afb. 47 Twee van de vier zuilen in de crypte van de Sint-Wystankerk te Repton. De zuilschachten vertonen een lichte bolling als 'gevolg' van de spiraalsgewijze insnoering (kort voor 900) (foto: Adair 1978, p. 121).

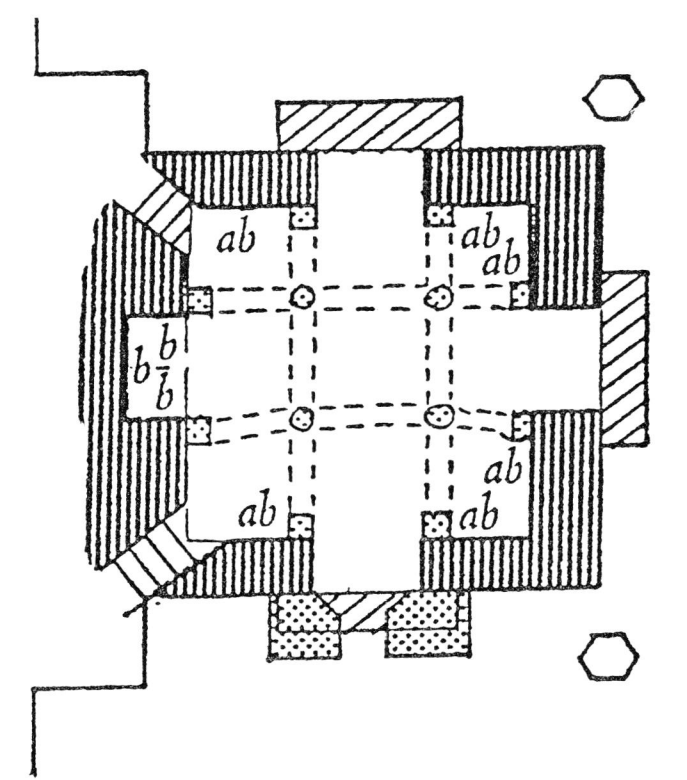

Afb. 48 Plattegrond van de crypte in de koorpartij van de Sint-Wystankerk te Repton (gedeeltelijke reconstructie) (tekening: Taylor 1965-1978, p. 512).

grafmonument en het daarvoor geplaatste altaar droegen (afb. 50).[61]

De crypten van de zogenoemde Bernoldkerken behoren echter niet tot het aan het ciborium verwante type van de 'Vierstützenraum', en ook de zuilschachten zijn niet steeds met spiralen versierd. Redenen genoeg om na te gaan of er een meer bevredigende verklaring voor de dispositie van deze ruimte in combinatie met de nogal divers bewerkte zuilschachten gevonden kan worden.

4.2 Bewerkte zuilen en de 'Templum Salomonis'

Er is een oude overlevering die wil dat de 'tempel van Salomo' van zuilen met grillig gevormde en bewerkte schachten was voorzien. De oudste bekende aanwijzing daarvoor is mogelijk de afbeelding van het tempelfront boven de Thora-nis in de synagoge van Dura-Europos (midden derde eeuw) (afb. 51). De toegang tot de tempel wordt in dit geval geflankeerd door twee met spiralen en andere motieven gedecoreerde zuilen. Nauwelijks minder oud is de met zig-zag-motieven versierde, samengestelde hoekpijler uit de synagoge van Khorazim (ca. 300) aan het meer van Galilea (afb. 52).[62] Deze pijler zou een verwijzing zijn naar de architectuur van de verwoeste tempel te Jerusalem. Als T.C. Bannister gelijk heeft met zijn theorie dat de hiervoor genoemde 'memoria Petri' bedoeld was als een nabootsing van het 'heilige der heiligen' uit de tempel te Jerusalem, dan zijn de bewerkte zuilschachten in de Sint-Pieter te Rome (ca. 320-vóór 330) de eerste voorbeelden die wij kennen van een lange reeks van imitaties van de zuilen uit de tempel van Salomo in Christelijke kerken.[63] De tweede, nogal summiere aanwijzing omtrent het gebruik van tempel-zuilen in een christelijke kerk heeft betrekking op de eerste bouwlaag, wellicht de façade, van de kerk van de H.H. Apostelen die door keizer (527-565) Justinianus I in Constantinopel werd gesticht.[64] Omdat mij verder geen ouder voorbeeld bekend is, wil ik op de derde plaats de Utrechtse Sint-Pieter noemen, onmiddellijk gevolgd door de Sint-Jan in dezelfde stad en de Maria en Lebuinus te Deventer als kerken waar, naar mijn mening, de zuilen van Salomo werden nagebootst. De toepassing van bewerkte zuilschachten in christelijke heiligdommen als verwijzing naar die in Salomo's tempel neemt in aantal toe na de verovering van Jerusalem in 1099[65] om pas vèr na de middeleeuwen in onbruik te raken (afb. 53).[66]

4.3 De 'Templum Salomonis' als meerbeukige zuilenhal

Koning (37-4 v.Chr.) Herodes I, liet in het kader van de herbouw van de Tempel, aan de zuidzijde van het

De elfde-eeuwse kerk

Afb. 49 Twee van de vier, o.a. met enkelvoudige spiralen versierde zuilen die het ciborium boven het altaar van Sint-Eleucadius in de kerk van Sant'Apollinare in Classe te Ravenna dragen (VIIIB) (foto A.J.J. Mekking 1989).

Afb. 50 De getorste 'Tempelzuilen' die de 'Memoria Petri' van keizer Constantijn de Grote in de Sint-Pieter te Rome markeerden, ca. 335 (reconstructie) (tekening: Kirschbaum 1959, afb. 29).

Afb. 51 Afbeelding van de toegang tot de Tempel in Jerusalem geflankeerd door zuilen met spiraalmotief. Schildering boven de Torah-nis in de voormalige Synagoge te Dura-Europos, midden van de derde eeuw (Damascus, National Museum) (foto: Grabar 1968, afb. 20).

complex een vierbeukige 'Stoa Basileus' of koninklijke zuilenhal aanleggen waarvan de middenbeuk was verhoogd met een vensterzone. Waarschijnlijk nog tijdens het bewind van Kalief (685-705) Abd al-Malik werd gedeeltelijk op de plaats van deze hal de eerste Al-Aksja-Moskee gebouwd. Men moet aannemen dat van de reusachtige 'Stoa' na de verwoesting van het Tempel-complex door de Romeinen in het jaar 70, niet veel meer overeind zal hebben gestaan. Het nieuwe Islamitische bedehuis moet in zijn oorspronkelijke gedaante echter nauwelijks minder indrukwekkend zijn geweest dan de zuilenhal van Herodes: het basilicale bouwwerk telde aan weerszijden van het verhoogde middenschip niet minder dan zeven zijbeuken.[67]

Omstreeks 870 schreef de Frankische monnik Bernardus: 'Ten zuiden van de Tempel van de Heer bevindt zich de Tempel van Salomo'.[68] Met het eerstgenoemde gebouw werd de Kwoebbat-al-Sjakra of de Rotskoepel bedoeld, met het laatste de Al-Aksja-Moskee.[69] Na de verovering van de 'Heilige Stad' in 1099 namen de Latijnse koningen van Jerusalem hun intrek in deze moskee die ook toen nog de Tempel van

Afb. 52 Hoekpijler met getrapte versiering uit het inwendige van de synagoge te Khorazim aan het meer van Galilea, ca. 300 (foto: Künzl 1988, p. 58).

Salomo werd genoemd. Rond 1125 stelde koning Boudewijn II dit paleis geheel ter beschikking van de Tempelridders, bij welke gelegenheid wederom werd vermeld dat Salomo het zou hebben gebouwd.[70]
Voorzover ik de materie nu kan overzien, heeft zich, kort na de eerste inname van Jerusalem door een Christelijk ridderleger, een nieuwe interpretatie gevormd van de Al-Aksja-Moskee als bouwwerk uit de dagen van Salomo. Ditmaal niet als 'Templum' maar als 'Porticus Salomonis', een gebouw dat door de Apostel en Evangelist Johannes wordt genoemd. Deze 'Porticus' wordt reeds kort na 1100 als de Oudtestamentische voor-afbeelding beschouwd van de gangen die rond de pandhof van een klooster-, kapittel- of bisschoppelijke zetelkerk zijn gelegen.[71] De 'Porticus'-typologie is echter tot op heden nog maar nauwelijks herkend als uitgangspunt voor een aantal zeer belangrijke onderdelen van kerkelijke complexen uit de hoge middeleeuwen waarin getorste en rijk bewerkte zuilen werden toegepast.[72] Omdat de 'Porticus Salomonis' in het midden van de elfde eeuw kennelijk nog een abstractie was, en nog niet de status van een concreet, navolgenswaardig bouwwerk had bereikt en omdat de hallencrypte als ruimte wezenlijk verschilt van de 'Porticus' kan deze hier verder buiten beschouwing worden gelaten. Dat geldt zeker niet voor de 'Templum Salomonis' waarvan men, zoals hiervoor al is gebleken, wellicht al in de dagen van Constantijn dacht dat deze tot het type van de gesloten, meerbeukige zuilenhal had behoord. Een drietal cryptes die ik hierna kort zal bespreken, vormen een zeer sterk argument voor de stelling dat deze Tempel, op zijn minst in een aantal gevallen, als de ideale voor-afbeelding werd beschouwd van dit gedeelte van het Christelijke kerkgebouw.
De kathedraal van Lund, de zetelkerk van het oudste Scandinavische aartsbisdom, heeft een crypte die zich onder de gehele oostpartij uitstrekt. Het hoogaltaar van deze negen beuken tellende, half-onderaardse ruimte werd in 1123 gewijd. Vóór dit altaar, in de eigenlijke koorruimte, bevinden zich negen, soms bizar bewerkte zuilschachten (afb. 54). In de ruimtes die grenzen aan het centrale gedeelte van de crypte staan, aan de voet van de trappen die de verbinding vormen met respectievelijk de noordelijke en de zuidelijke zijbeuk van het kerkschip, zuilen waarop menselijke figuren in hoog-reliëf zijn uitgebeeld.[73] Die aan de noordzijde is een mannelijke reuzengestalte, met zeven lange haarlokken en holle oogkassen, die met beide armen de zuilschacht omvat (afb. 55, 56).[74] Door de genoemde karakteristieken maakt hij zich kenbaar als de Oud-testamentische held Simson, die op het punt staat het huis waar de vorsten van de Filistijnen verzameld zijn, te laten instorten.[75] Op de zuilschacht in de zuidelijke nevenruimte zijn twee figuren afgebeeld. De grootste van beiden is in zittende houding, frontaal tegen de zuilschacht gebonden, houdt een

kleinere, mannelijke gestalte in zijn armen, en omklemt met beide handen de uiteinden van een koord dat om de zuil is geslagen (afb. 57, 58).[76] Dit is ongetwijfeld Delila, de geliefde van Simson, waarvan in het Boek Richteren wordt gezegd dat zij hem 'liet slapen op haar knieën' en dat zij 'zijn hoofd tegen haar boezem deed rusten'. Het touw dat zij in haar handen houdt moet een verwijzing zijn naar het boeien van de kaalgeschoren Simson.[77] De steenhouwer heeft zichtbaar moeite gehad om de bewuste beschrijving uit het 'Liber Iudicum' correct en duidelijk op de zuilschacht weer te geven. Van belang is in dit verband vooral dat het hier om, ook destijds zeer bekende verhalen gaat uit het Oude Testament.[78] Zoals in het laatste gedeelte van dit hoofdstuk nog nader uiteen zal worden gezet, legde men een typologische relatie tussen deze Simson-scènes en de dood en verrijzenis van Christus die in het koor erboven werden herdacht. Deze typologie maakt, zoals eveneens zal blijken, deel uit van een meer omvattende parallellie: die tussen het volk Gods van het Oude en van het Nieuwe Verbond. Of, in de beeldspraak die hiervoor eeuwenlang is gebruikt: die tussen 'Templum' en 'Ecclesia'. Men kan met betrekking tot de crypte van Lund dus met kracht van eigentijdse argumenten stellen dat de getorste en anderszins bewerkte zuilen ter plaatse zijn toegepast in een ruimte die de Tempel van Jerusalem moet verbeelden.

Wellicht iets minder sterk is het voorbeeld van de crypte van Sankt Gereon te Keulen omdat daar de beide componenten – 'Tempel-zuilen' en Oudtestamentische voorstellingen – niet gelijktijdig maar met een tijdsverloop van circa tachtig jaar na elkaar werden aangebracht. De eerste zijn twee gegroefde zuilen, die in opdracht van de bouwheer, bisschop (1056-1075) Anno II van Keulen naar het voorbeeld van die in de crypte van Sint-Pieter te Utrecht werden vervaardigd

Afb. 53 De Tempel van Jerusalem, detail van de schildering van de verloving van Maria door de Meester van Flémalle (vijftiende eeuw). De bewerking van de zuilschachten vormt een staalkaart van nagenoeg alle tot dusverre toegepaste motieven (Madrid, Coll. Prado, cat. nr. 1887, 1963) (foto: collectie Letterenbibliotheek, R.U. Utrecht).

Afb. 54 De vijf verschillende types non-figuratieve zuilschachten die zich in de crypte onder de oostpartij van de Kathedraal te Lund (Zweden) (XIa) bevinden. Deze vertonen zowel getrapte en golvende als aan spiralen verwante siermotieven (tekening: Wrangel 1923, afb. 136).

Afb. 55 (links) De blinde Simson staat op het punt de dragende zuil onder het dak van het huis om te trekken waarin de vorsten van de Filistijnen verzameld zijn. Crypte van de Dom van Lund, noordelijke annex (foto: Graebe 1979, p. 15).

Afb. 56 (rechts) Tekening van Simson waarop zichtbaar is gemaakt hoe deze de zuil met beide armen omvat (tekening: Wrangel 1923, p. 98).

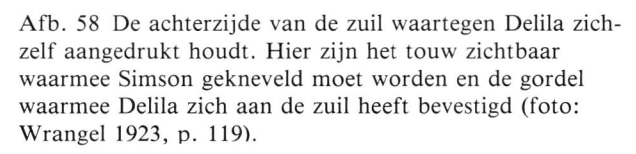

Afb. 57 De zittende Delila houdt de slapende Simson op schoot, terwijl zij het touw gereed houdt waarmee hij zal worden vastgebonden. Crypte van de Dom van Lund, zuidelijke annex (foto: Graebe 1979, p. 14).

Afb. 58 De achterzijde van de zuil waartegen Delila zichzelf aangedrukt houdt. Hier zijn het touw zichtbaar waarmee Simson gekneveld moet worden en de gordel waarmee Delila zich aan de zuil heeft bevestigd (foto: Wrangel 1923, p. 119).

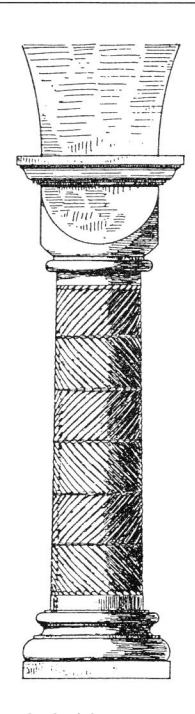

Afb. 59 Een van de beide, met eenvoudig zig-zag-motief bewerkte zuilen die vóór het oorspronkelijke hoogaltaar in de door bisschop (1056-1075) Anno II van Keulen gestichte crypte van Sint Gereon te Keulen stonden opgesteld (tekening: Clemen 1911, afb. 32).

(afb. 59),[79] de tweede component bestaat uit vijf voorstellingen uit het leven van Simson en zeven uit het leven van David, alle toespelingen op het leven en lijden van Christus.[80] Het feit dat men de vloer van het nieuwe 'Hoogkoor', dat wordt begrensd door de beide 'Tempelzuilen', voorzag van afbeeldingen van de Oudtestamentische helden Simson en David, betekent mijns inziens niet alleen dat men de crypte van Sankt Gereon destijds, juist zoals in Lund, als een afbeelding van de Tempel te Jerusalem beschouwde, maar dat men deze overeenkomst zelfs wilde versterken door er een afzonderlijk 'Sanctuarium', als nabootsing van het 'Heilige der Heiligen' aan toe te voegen.[81]

Ook al ligt er tachtig jaar tussen de oprichting van de gegroefde zuilen en het leggen van de 'Tempel-vloer' in de crypte te Keulen, volgens mij wilde reeds bisschop Anno II, door middel van de receptie van dit element uit de Pieterskerk, aangeven dat deze crypte, precies zoals die in Utrecht, moest worden opgevat als een afbeelding van de Tempel.[82]

Welke argumenten zijn er inmiddels verzameld voor de stelling dat een hallencrypte met getorste en anderszins bewerkte zuilschachten, zoals die te Deventer – die ouder is dan de genoemde voorbeelden welke nadere aanwijzingen bevatten, zoals die te Lund – bedoeld was als een 'afbeelding' van de Tempel te Jerusalem? Er zijn er twee van formele aard. Het eerste van deze beide argumenten luidt dat men zich reeds in de negende eeuw de 'Templum Salomonis' voorstelde als een zuilenhal, het tweede dat men in de Joods-christelijke wereld, waarschijnlijk reeds in de dagen van Constantijn, dacht dat de zuilen uit de Tempel van de bewuste soort schacht waren voorzien. Tenslotte is er een derde argument, inhoudelijk van aard en slechts van toepassing als de voornoemde formele argumenten steekhoudend zijn. Dat is de interpretatie van objecten, instituties en gebeurtenissen uit het Oude Testament als voorafschaduwing van die in het Nieuwe. Of omgekeerd: de interpretatie van objecten, instellingen en gebeurtenissen uit het Nieuwe Testament als vervulling en vervolmaking van die in het Oude. Deze typologische wijze van interpreteren treft men reeds aan in het Nieuwe Testament zèlf, en werd, en wordt nòg, allerwegen in de Christelijke wereld beoefend.[83] Over de typologische relatie van de Tempel en de Kerk, de spirituele bron van het concept van de crypte als zuilenhal met rijk bewerkte zuilen, gaat de volgende en laatste paragraaf van dit hoofdstuk.

4.5 'Breekt deze Tempel af en in drie dagen zal ik hem doen herrijzen' (Joh. II, 19)

De Annalen van het in 1173 gestichte Cisterciënserklooster Kolbatz (Midden-Pommeren) bevatten een typologische voorstelling van de kruisdood van Christus.[84] De gekruisigde Christus en de traditionele bijfiguren zijn weergegeven in het middelste van de drie registers waarin de voorstelling, die een geheel blad beslaat, is onderverdeeld. De deel-voorstellingen vormen geen zelfstandige eenheden, maar zijn zowel compositorisch als inhoudelijk op elkaar betrokken. In het onderste register is Simson weergegeven terwijl hij de zuil waarop het dak van het huis van de Filistijnen rust, omtrekt. Recht boven, om niet te zeggen òp deze zuil, staat de gekruisigde Christus. De betekenis van deze visuele typologie zal duidelijk zijn: de dood van Simson is hier weergegeven als een voor-afbeelding van de dood van Christus (afb. 60).[85] Omdat men de zuil wilde gebruiken als een pre-figuratie van het kruis heeft men de vrijheid genomen van de tekst in Rigteren af te wijken waarin immers sprake is van twee zuilen.[86] Ewert Wrangel heeft er in 1921 op gewezen dat deze Simson-figuur een sterke gelijkenis vertoont met die in de crypte van de kathedraal van Lund. Deze overeenkomst is één van de argumenten op grond waarvan een hele reeks van handschriften is toegeschreven aan het Scriptorium van het Laurentius-klooster dat aan deze Zweedse kathedraal was verbonden.[87] De Lundse monnik die dit folium in de 'Annales Colbazienses' illustreerde zou dus de figuur tegen de zuil in de crypte als voorbeeld voor zijn Simson hebben gebruikt. Hieruit kunnen twee conclusies worden getrokken: in de eerste plaats wordt nogmaals

Afb. 60 Christus aan het kruis, staande op zijn voor-afbeelding: Simson die de zuil omvat (folio uit: Annales Colbazenses, Ms. ca. 1130, bibliotheek van de Dom van Lund) (foto: Wrangel 1923, p. 91-100, fig. 62).

bevestigd dat de figuur in de crypte Simson voorstelt, in de tweede plaats wordt duidelijk dat hij in een typologische relatie tot de gekruisigde Christus moet worden gezien. Deze had – zoals in elke kerk – zijn plaats in het hoogkoor, en niet alleen in de vorm van een afbeelding, maar vooral in de dagelijkse Misviering. Zeker volgens de destijds geldende leer nam men aan dat de geslachtofferde en verrezen Christus ook werkelijk aanwezig was in de gedaante van brood en wijn op het altaar.[88] Expliciter dan elders heeft men in de koorpartij van Lund de profetische woorden van Johannes II, 19: 'Breekt deze Tempel af en in drie dagen zal ik hem doen herrijzen' zichtbaar gemaakt. Door de meer dan levensgrote gestalte van Simson aan de zuil werd de bezoeker van de crypte herinnerd aan het leven onder de Mozaïsche wet en aan het einde daarvan door de ondergang van de Oude Tempel, Christus, aan het kruis. Als deze persoon vervolgens het koor betrad, werd hij door het hoogaltaar herinnerd aan het tijdperk van Gods genade, dat was aangebroken met het verrijzen van de Nieuwe Tempel, Christus, op de derde dag.[89]
Zoals uit tal van bijbelcommentaren blijkt is de tempel van Jerusalem reeds vanaf de vijfde eeuw geïnterpreteerd als een vóór-afbeelding van de Ecclesia.[90] Ook de visuele weergave van het Nieuwe Testament dat voortbouwt op het Oude is reeds van vroege datum, zeker al uit de vierde eeuw. Deze bestaat meestal uit een reeks apostelen bòven profeten, soms zelfs staande op hun schouders.[91] Bij de allegorisering van crypte en hoogkoor als de Ecclesia die haar fundament heeft in de Tempel, heeft deze beeldtraditie volgens mij een hoofdrol gespeeld. Een gevolg hiervan was dat de crypte werd uitgemonsterd met 'Tempelzuilen' en voorstellingen die naar het Oude Testament en naar Christus als de ware Tempel verwijzen.

Tot slot wil ik nog even stilstaan bij de vraag wat de reden kan zijn geweest om, in het elfde-eeuwse bisdom Utrecht, het verschijnsel van de visuele onderschikking van het Oude aan het Nieuwe Testament op de koorpartij van een aantal kerken over te dragen. Mij dunkt dat het de duiding was van de bisschop als een nieuwe hogepriester[92] en de associatie van de oostpartij van een kerk met het 'sacerdotium', de priesterlijke macht die in haar volheid werd gerepresenteerd door de bisschop.[93] Aanleiding tot deze veronderstelling was de constatering van het feit dat de cryptes van de Sint-Pieter, de Sint-Jan en de Maria en Lebuinus – over een crypte van de Sint-Paulus weten wij tot op heden niets – alle van 'Tempelzuilen' waren voorzien. Het feit dat in de crypte van de Sint-Maarten te Emmerik deze zuilen ontbreken, maakt de eerste constatering significant. De genoemde groep van kerken werd immers, tenminste formeel, door bisschop Bernold gesticht, in het geval van de Sint-Maarten ontbreekt hiervoor echter elke aanwijzing.[94] Het vóórkomen van 'Tempelzuilen' in de crypte van de kathedraal van Lund en in de door bisschop Anno II gestichte krocht van Sankt Gereon te Keulen, lijken deze hypothese te bevestigen.[95]

Noten

[1] Mekking 1988; Mekking 1991, p. 118-133.
[2] Mohr 1974, p. 22; Linssen 1981, p. 320.
[3] Mohr 1974, p. 11, 26, 37.
[4] Mohr 1974, p. 26; Linssen 1981, p.321, 340.
[5] Mekking 1988, p. 21.
[6] Steindorff 1874, p. 294.
[7] Er bestaat verschil van mening over de omvang van het ambtsgebied van Gozelo I: Mohr (1974, p. 81-82) gaat ervan uit dat hij hertog was in geheel Lotharingen, Linssen (1981, p. 340) denkt dat dit alleen voor Neder-Lotharingen gold. Wat de schenking van het graafschap Drente ('Comitatus in Trente') op 22 mei 1046 betreft, is Linssen (p. 337) van mening dat dit de effectuering was van een schenking door keizer Hendrik II op 3 januari 1024 van een 'comitatus in Trente' aan de toenmalige bisschop van Utrecht, Adelbold. Zie eveneens Mohr 1974,

p. 84, p. 85, noot 603; Steindorff 1874, p. 294; OBU I, nr. 179 (p. 168-169), nr. 201 (p. 186). Op 23 augustus 1046 schonk Hendrik III het rechtsgebied met de munt en de tol te Deventer benevens het 'comitatus in Hamalanda' aan de kerk van Utrecht (Linssen 1981, p. 337; OBU I, nr. 202, p. 186-187). Met betrekking tot Adela en Balderik, en de mogelijke verwantschap van bisschop Bernold met een van beide, zie J.M. van Winter 1988.

8 Zie noot 4. Zie eveneens Mohr 1974, p. 22, 37-39; Linssen 1981, p. 325-329, 330, 331.

9 Mekking 1988, geheel en in het bijzonder p. 21.

10 Ter Kuile 1964. Zie verder de bijdragen aan dit boek van W. Bloemink en T. Spitzers.

11 Ozinga 1989, p. 34-35; Haslinghuis 1956, p. 14-15; Ter Kuile 1964, p. 24; Bijdrage Spitzers.

12 Grosse 1987, p. 18-19. Koch 1964b, p. 3; OBU I, nr. 87 (p. 94).

13 Koch 1946, p. 24; Grosse 1987, p. 19, 30.

14 Boeren 1962, p. 172-173; Oediger 1972, p. 218-219.

15 Koch 1964b, p. 24.

16 Haslinghuis en Peeters 1965, p. 146-147.

17 Haslinghuis en Peeters 1965, p. 147.

18 Dekker 1983, p. 309. Het feit dat het hoogaltaar van de Sint-Maartenskerk te Emmerik, hoogst waarschijnlijk meteen al, aan Maria werd gewijd, zal ook als een verwijzing naar de Utrechtse Salvator moeten worden opgevat. De kerk te Emmerik was immers een seendkerk van het Utrechtse bisdom, die al vroeg als bisschoppelijke doopkerk voor de omstreken zal hebben gediend. Clemen 1892, p. 39, 40; Tibus 1875, p. 11; Flink 1984, p. 63.

19 Dekker 1977, p. 347.

20 Koch 1964b, p. 24.

21 Calkoen 1914, p. 186-187.

22 Codex Iuris Canonici 1919, Canon 773-775. 'Intus ad ostium maius et a latere, ubi Evangelium legitur' ('binnen, bij de hoofdingang, aan de evangeliekant'). Zie Instr. Fabr. Lib. I cap. 19: 'de situ et forma baptisterii more Romano' (Jakob 1908, p. 265). Witte 1951, p. 161-162; Constantinus 1950, p. 215-216.

23 De monumenten van geschiedenis en kunst in de provincie Limburg 1926-1953, p. 472; Möbius 1968.

24 De parochiekerk van de HH. Lambertus en Nicolaas, die men doorgaans kortweg de Sint-Nicolaas noemde, werd in 1343 gewijd en in 1838 gesloopt. Zie De monumenten van geschiedenis en kunst in de provincie Limburg 1926-1953, p. 472; Panhuysen 1984, p. 41; Tagage 1984, p. 405 (nr. 16), 451; Bosman 1990, p. 32-33.

25 Zie het uittreksel van de 'Ordinarius' van het kapittel van Sint-Lebuinus, in: Dumbar 1732, p. 299.

26 Zie de bijdrage van D. de Vries.

27 Ter Kuile 1964, p. 56 (fig. 19).

28 Marschall 1981, p. 70, 79, 84-85, 91-92 en 'Grundriß. Rekonstruktion Ende 12. Jahrhundert' (los blad).

29 Marschall 1981, p. 86.

30 Dit gebeurde op de hofdag die in September 1044 te Aken werd gehouden. Bij deze gelegenheid verloor Gottfried alle koninklijke lenen, inclusief zijn zeggenschap over Lotharingen. Zie Steindorf 1874, p. 216-217; Mohr 1974, p. 83; Linssen 1981, p. 341.

31 Steindorff 1881, p. 19-21.

32 Fleckenstein 1966, p. 257, 290.

33 En niet naar het voorbeeld van de westparij van de Maria en Lambertus-kathedraal te Luik, zoals men op grond van de volstrekt onbetrouwbare reconstructie bij Génicot (1972, p. 24) zou kunnen veronderstellen. De hoofdvormen van de westpartij van de dom te Verdun worden nog geheel bepaald door de vroeg-elfde-eeuwse bouwsubstantie. Hieruit moet worden afgeleid dat deze niet geheel werd verwoest bij de aanval door de troepen van Gottfried en volgens het reeds bestaande concept herbouwd. Zie Marschal 1981, p. 65-92.

34 Bloemink constateerde dat het gebouw, laag na laag, over de gehele omtrek, moet zijn opgemetseld.

35 Mekking 1991, p. 138.

36 Mekking 1988, p. 41, 43; Mekking 1991, p. 118-133.

37 Mekking 1986, p. 32, 39, 284-285.

38 Zie de bijdrage van Bloemink aan dit boek.

39 Zie noot 37.

40 Mekking 1986, p. 284-285.

41 Mekking e.a. 1982, p. 187-201.

42 Grodecki 1958, p. 55-58, fig. 19-20.

43 Weyres 1980, p. 761; Mekking 1991, p. 116-118: 'Citaten in de architectuur'.

44 Génicot 1972, p.28.

45 Mekking 1988, p. 42; Mekking 1990; Mekking 1991, p. 141.

46 Linssen 1981, p. 321, 340-344; Mekking 1991, p. 138-142.

47 Steindorff 1881, p. 19; Linsen 1981, p. 342.

48 Mekking 1991, p. 140; Mekking 1989.

49 Mekking 1991, p. 134-136.

50 Mekking 1991, p. 136-137: 'Zuilen uit de tempel van Salomo'.

51 Marschall 1981, p. 43-44.

52 Marschall 1981, p. 105-106, Tafel 54.

53 Voor een nadere uiteenzetting over het karakter van de verschillende categorieën van architectonische citaten leze men Mekking 1991, p. 116-118: 'Citaten in de architectuur'.

54 Mekking 1988, p. 45; Mekking 1991, p. 136.

55 Zie bijvoorbeeld de epitafen aan weerszijden van de doorgang in de westfaçade van de Dom van Triest en in het chiostro van San Vitale te Ravenna (inv. nr. 12).

56 Beutler 1978, p. 41, 67.

57 Voigtländer 1989, p. 117-119.

58 Taylor 1965-1978, dl. II p. 513, dl. III p. 1015; Adair 1978, p. 21. Zie ook het, helaas zeer teleurstellende, artikel van Fernie 1980.

59 Bandmann 1951, p. 191-196: 'Der gebaute Baldachin'; Hautecoeur 1954, p. 129-141: 'Les Ciboria'.

60 Schaffran 1941, p. 81, Tafel 28a.

61 De Blaauw 1987, p. 234-235.

62 Künzl 1988, p. 50-51, 58, 405 nr. 2.

63 Bannister 1968; De Blaauw 1987, p. 222. In de oudste bewaard gebleven tekst (ca. 1370) waarin van deze zuilen voorkomen, wordt gesteld dat zij afkomstig zijn uit de tempel van Salomo (Cahn 1976, p. 56, 67).

64 Krautheimer 1969a; Cahn 1976, p. 53.

65 Cahn 1976, p. 46.

66 Rosenau 1979.

67 Mazar 1979, p. 115-116, 240-241.

68 Itinera Hierosolymitana et Descriptiones Terrae Sanctae 1966, p. 384; Krinsky 1970, noot 13.

69 De centraalbouw op de Tempelrots, die eveneens in opdracht van Abd al-Malik door Byzantijnse bouwlieden was opgericht, werd in verreweg de meeste gevallen als

voorbeeld gebruikt wanneer men in de middeleeuwen de Tempel te Jerusalem in een nieuw bouwplan wilde recipiëren. Zie Krautheimer 1969b, p. 116-130.
70 Cahn 1976, p. 48; Buschhausen 1978, p. 180, 201, 206; Asali 1989, p. 109-112.
71 Johannes 10, 23; Cahn 1976, p. 49-50.
72 Een goed voorbeeld van een Porticus-navolging is mijns inziens de crypte van San Givovanni Battista te Bologna (XI a). Hierin kan men een zuil aantreffen die de lengte van Christus zou hebben (zie Gattolin 1976, p. 95, afb. 20). Deze zuil, waar bezoekers van de kerk, zoals ik zelf kon constateren, nog steeds met de rug tegenaan gaan staan, mag niet met een kopie van de geselzuil worden verward. Omdat het hier om een zuilenhal gaat moet de bewuste pilaar volgens mij worden gezien als een nabootsing van die waartegen, volgens een aantal oudere teksten (Cahn 1976, p. 67), Christus leunde toen hij leerde in de 'Porticus Salomonis'. Een ander voorbeeld is mijns inziens de hal die tussen 1469 en 1474 tegen de noordzijde van het schip van de Dom van Brunswijk werd aangebouwd. Zie Stelling 10 bij mijn dissertatie (Mekking 1986, proefschrift-editie).
73 Wrangel 1923, p. 5, 114, 160-161; Graebe 1979, p. 64.
74 Anderson 1929, fig. 2; Graebe 1979, p. 15.
75 Liber Iudicum, XVI, 19, 29; Anderson 1929, p. 61, noot 1, 2.
76 Wrangel 1923, p. 119, fig. 92.
77 Liber Iudicum, XVI, 19, 21. Anderson 1929, p. 61, noot 1, 2.
78 Liber Iudicum XVI, 17-29.
79 Mekking 1991, p. 135.
80 Clemen 1911, p. 48, 55-58, fig. 30-32; Schäfke 1984, p. 282, 285.
81 Een van de meest overtuigende voorbeelden van het koor van een kerk als nabootsing van het Sanctuarium van de Tempel te Jerusalem is dat van de kloosterkerk te Wechselburg. Het kan als zodanig herkend worden aan de aanwezigheid, de opzet en de iconografie van het doxaal uit 1235. Zie Hütter en Magirius 1983.
82 Dit doet niets af aan het elders geuite vermoeden dat Anno Bernolds grafkerk wilde incorporeren in 'zijn' Sankt Gereon door de bewuste zuilschachten te laten kopiëren. Om aan te geven dat de crypte van zijn Keulse kerk naar de Tempel moest verwijzen was het immers niet nodig om de factuur van de Utrechtse zuil-decoratie over te nemen. Zie Mekking 1991, p. 135.
83 Esmeijer 1978, p. 22-29; Sachs, Badstübner en Neumann 1980, p. 347-348.

84 Schneider 1977, p. 608. Wrangel 1923, p. 96, fig. 62.
85 In de middeleeuwen werd veelvuldig gerefereerd aan Simson als 'typus Christi', en wel op grond van een aantal uiteenlopende passages uit Richteren. Omdat het immers in de zuidelijke nevenruimte van de crypte van de Dom te Lund is uitgebeeld, wil ik hier kort ingaan op de typologische duiding van Richteren 19-21. Simson die aan de boezem van Delila rustte vóórdat deze hem, kaalgeknipt en daardoor krachteloos geworden, aan de Filistijnen uitleverde, werd algemeen geïnterpreteerd als een voor-afbeelding van de gevangenname van Christus op de avond voor zijn lijden. Zie Sachs, Badstübner en Neumann 1980, p. 317-318. Bulst 1972, K. 35-37.
86 Liber Iudicum XVI, 29.
87 Wrangel 1923, p. 91, 96-98.
88 Lebreton 1925, k. 1567-1585; Maltha 1957, k. 3267-3271; Schillebeeckx 1958, k. 4746-4747; Chrysostomos; Dölger 1930.
89 Daarom ook veronderstelde Günter Bandmann dat de geleding van het uitwendige van de absis sedert het einde van de elfde eeuw, te maken heeft met een interpretatie van het sanctuarium als een afbeelding van de rotonde van de kerk van het Heilige Graf (de Anastasis) te Jerusalem (Bandmann 1953, p. 19vv.)
90 Migne, P.L. 50, 774; Migne, P.L. 79, 723; Migne, P.L. 83, 287, 450; Migne, P.L. 91, 285; Corpus Christianorum S.L. 109A; Migne, P.L. 104, 733B; Migne, P.L. 108, 183; Migne, P.L. 113, 183; Migne, P.L. 115, 243-252; Migne, P.L. 145, 991-1176; Ferber 1976, p. 25; Binding 1986, p. 26, 50, 58; Mekking 1986, p. 41.
91 Sauer 1924, p. 103, 114, 258, 297-298, 301, 307, 388, 421, 433, 444, 449-450; Myslivec 1968, k. 161.
92 Als zodanig was de bisschop uiteraard een belichaming van Christus zelf, dè hogepriester (Mekking 1986, p. 83, noot 226). Deze typologische duiding van het bisschopsambt was in de elfde eeuw reeds een bekend fenomeen. Zie Sauer 1924, p. 74; 'Hoherpriester' 1970, k 307; Koschwitz 1974; Messerer 1971.
93 Mekking 1988, p. 41.
94 Wisplinghof 1986.
95 Bij het samenstellen van de passages over de crypte als afbeelding van de 'Templum Salomonis' heb ik gebruik gemaakt van resultaten van de doctoraal-werkgroep die, onder de titel 'De invloed van de Tempel op de Middeleeuwse architectuur', gedurende het studiejaar 1983-1984 onder mijn leiding actief was binnen de vakgroep Kunstgeschiedenis van de Rijksuniversiteit te Utrecht.

De bouwgeschiedenis van de Lebuinus tussen circa 1450 en de reformatie

D. J. de Vries

1 Inleiding

Met het onderzoek naar de bouwactiviteiten in de vijftiende en de zestiende eeuw is getracht nieuwe argumenten te vinden, om het bestaande beeld te completeren. Er konden nog enkele onbekende historische aanknopingspunten worden verwerkt en er is geput uit bevindingen van anderen, die ook in dit boek publiceren. Het werken met steenhouwersmerken en het benutten van dendrochronologische dateringen voegt thans nieuwe dimensies toe aan de bouwhistorie van de Lebuinuskerk.

1.1 Dendrochronologisch onderzoek

Dendrochronologie behelst het dateren van oud hout aan de hand van de jaarringen. Met behulp van de herkenbare buitenkant van de boom, het spint of de wankant, het hout onder de schors, kan een zeer nauwkeurige datering gegeven worden voor het kappen van het hout. Uit statistisch onderzoek blijkt, dat gedurende de late middeleeuwen in 96 procent van de gevallen, bomen binnen twee jaar als onderdeel van een houtconstructie werden verwerkt.[1] Voor het nauwkeurig dateren van gebouwen of delen daarvan is derhalve de aanwezigheid van het oorspronkelijk hout gewenst. In en bij de Lebuinuskerk is slechts in de toren en in de kap op de zuidbeuk van de aangrenzende Mariakerk oud hout bewaard. Gelukkig kon dat hout vrij goed met de Westfaalse standaardcurve worden gedateerd. Dit wijst op mogelijke import uit het Neder-Duitse gebied, hetgeen, gezien de positie van Deventer als stapel- en houtmarkt, geen verbazing wekt.

1.2 Steenhouwersmerken

Een steenhouwersmerk kan, evenals een handtekening, beschouwd worden als een teken dat staat voor één persoon. Men herkende iemand, diens werk of diens bezit aan het door hem gehanteerde 'merck'.[2] Onder de vele steenhouwers die aan de bouw van de Lebuinuskerk hebben gewerkt, waren er waarschijnlijk maar enkele die konden lezen en schrijven. Ook als zij deze kunst wèl beheersten, werd er toch getekend met het relatief eenvoudige merkje.

Steenhouwersmerken komen in de Lebuinuskerk op verschillende natuursteensoorten voor: Bentheimer zandsteen, trachiet en Baumberger steen. Lang niet alle blokken zijn van merken voorzien. Het meest komen ze voor op Bentheimer zandsteen. Naast steenhouwersmerken zijn op sommige blokken stel- of lagenmerken aangetroffen in de vorm van nummers. Helaas zijn er waarschijnlijk vele merken verdwenen tijdens eerdere restauraties en door de natuurlijke verwering van de buitenzijde. Het bijzondere van de Lebuinuskerk is, dat op de natuursteen aan de binnenzijde waarnemingen konden worden gedaan, omdat met onderbrekingen tussen 1927 en 1952 de muren ontpleisterd zijn.

De functie van het steenhouwersmerk is nog niet geheel duidelijk. Waarschijnlijk maakte het controle van het werk (achteraf) mogelijk. In het kader van dit onderzoek is de aanwezigheid van de merken vooral van betekenis voor de geschiedenis van de bouw. Zo kan men zien, over welke oppervlakken en over welke delen van een gebouw, zich de activiteiten van één steenhouwer hebben uitgestrekt en wie er direct met hem samenwerkten. Op deze wijze krijgt men informatie over de volgorde en mogelijk de snelheid van het bouwen. Er kunnen relaties gelegd worden met bouwactiviteiten aan andere gebouwen waarop dezelfde merken zijn aangetroffen. Deze relaties zeggen mogelijk iets over invloeden van elders op de architectuur van de Lebuinuskerk, of omgekeerd.

In de Lebuinuskerk werd een interessante vondst gedaan, die het ontbreken van gehakte steenhouwersmerken op een aantal originele blokken mogelijk verklaart. Op één van de muurpijlers aan de binnen- en buitenzijde van de kooromgang komt het merk nr. 16 (afb. 66) voor. Het merk is op die pijler ook in een wat grovere vorm, maar dan getekend met rood krijt aangetroffen (afb. 61). Op een gordelboog in de kooromgang is het merk nr. 2 (afb. 66) zowel in zwart krijt of houtskool als in gehakte vorm te zien. Opmerkelijk is, dat vele andere gehakte merken in de kooromgang en bijvoorbeeld ook in de toren met rood krijt zijn ingekleurd. De steenhouwersmerken in de noordelijke zijbeuk van het schip kennen zo'n accentuering ook, maar dan met een zwarte kleur, mogelijk grafiet.[3] Dat deze donkere inkleuring origineel is, bleek op hoger gelegen plaatsen, waar het groefje van het merk met oude kalklagen was dichtgezet en derhalve niet zo makkelijk te herkennen.

Afb. 61 Steenhouwersmerk in de kooromgang, gehakt (onder) en in rood krijt (rechtsboven) (foto A.J. v.d. Wal/Rijksdienst voor de Monumentenzorg, Zeist 1991).

Hierna zullen achtereenvolgens eerst de historische en materiële aanknopingspunten voor de veranderingen aan kerk en toren worden besproken. Daarna komt de verandering van de elfde-eeuwse basilica tot een hallenkerk aan de orde en worden vergelijkingen gemaakt met andere godshuizen. Daarbij volgen we de invloed van de stedelijke overheid op de ingrijpende veranderingen aan deze collegiale kerk.

2 De zuidelijke zijbeuk

De bouw van de zuidelijke zijbeuk was het startsein voor een meer dan een halve eeuw durende campagne waarbij de Lebuinus zowel uit- als inwendig een geheel ander aanzien zou krijgen. Ondanks gotiserende aanpassingen in de vorm van spitsboogvensters en ribgewelven stond de romaanse basilica van Bernoldus met smalle, lage zijbeuken nog overeind. Met de verbouwingen werd het hele westwerk gesloopt en verdwenen de twee dominante transepten grotendeels uit het zicht, maar niet de daaraan ten grondslag liggende maatvoering (afb. 62).

De plattegrond van één transept is opgebouwd uit drie vierkanten; de zijde van één vierkant meet ongeveer elf meter (afb. 63). Dezelfde vierkanten bepaalden de lengte van het elfde-eeuwse middenschip en worden nog steeds gemarkeerd door de wat forser uitgevoerde kolonnet-bundels tegen het tweede en vierde pijlerpaar, waarmee een oudere alternering is overgenomen in de vijftiende eeuw. Voor de vier zwaardere pijlers is gebruik gemaakt van elementen van dertiende-eeuwse voorgangers. De nieuwe zuidelijke zijbeuk, inclusief de westelijke transeptarm, beslaat een lengte

Afb. 62 Façade van de zuidelijke zijbeuk aan de zijde van het Grote Kerkhof, gebouwd tussen 1454 en 1459 (foto: Rijksdienst voor de Monumentenzorg, Zeist ca. 1900).

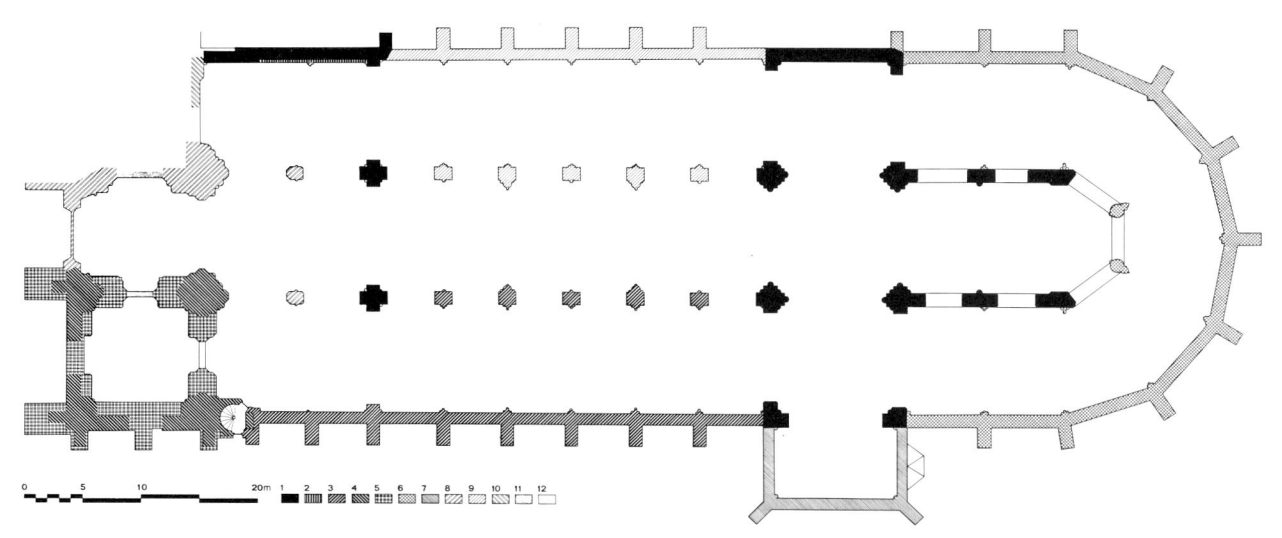

Bouwgeschiedenis tussen 1450 en de reformatie

Afb. 63 Plattegrond van de Lebuinuskerk met daarin de verschillende bouwfasen. Legenda: 1. 11e-13e eeuw; 2. na 1336; 3. 1454-1459; 4. 1459-1470; 5. ca. 1470; 6. 1486-1502; 7. 1494-1499; 8. 1486-ca. 1500; 9. tegen 1500-1503; 10. 1519; 11. middeleeuws?; 12. later (tekening R. Glaudemans 1992).

van vier vierkanten die in acht vakken, ieder weer de helft van een vierkant, het ritme van de nieuwe steunberen, pijlers en vensters bepalen.

Omdat de zijbeuk ongeveer even hoog werd als de middenbeuk, kreeg de Lebuinus de vorm van een hallenkerk. Aan de zijde van het raadhuis ontstond in dat kader een hoge, imposante gevel met spitsboogvensters als 'Schauseite' aan het plein. Deze gevel kwam op de plaats te staan van de romaanse zuidgevel van het westelijk transept en het verlengde hiervan. Aan de zijde van de middenbeuk handhaafde men de oude vieringpijlers van de transepten, maar moesten de aanwezige lage pijlers (of zuilen) vervangen worden door nieuwe hoge exemplaren. Dit was geen eenvoudige klus, omdat daarbij de hoger gelegen tufstenen muur van het middenschip met gewelven en kap gehandhaafd bleef. Dat alle pijlers inderdaad volledig nieuw gemetseld zijn, blijkt uit het voorkomen van vijftiende-eeuwse steenhouwersmerken op de natuurstenen delen en uit enkele boorproeven in die pijlers.

Aan de hand van enkele afwijkingen en details van de architectuur kan meer gezegd worden over de gevolgde werkwijze bij de koppeling van de zuid- en middenbeuk. Om de naar buiten gerichte krachten van de middenbeuk op te vangen, liet men de oude, smalle zijbeuk waarschijnlijk staan en bouwde men de nieuwe beuk, inclusief de bijbehorende kap en gewelven

Afb. 64 Reconstructie van de werkvolgorde bij het bouwen van de zuidelijke zijbeuk.
A. situatie tot ca. 1450; B. nieuwe zuidbeuk is over de lage zijbeuk gebouwd; C. aanbrengen gewelven in de zuidbeuk na dichtmetselen van de lichtbeuk; D. steunen van kapitelen; E. verwijderen oude pijler inclusief ingemetselde zuil van rode zandsteen, opmetselen nieuwe pijler; F. metselen scheiboog, plaatsen colonnetten tegen pijler (tekening D.J. de Vries).

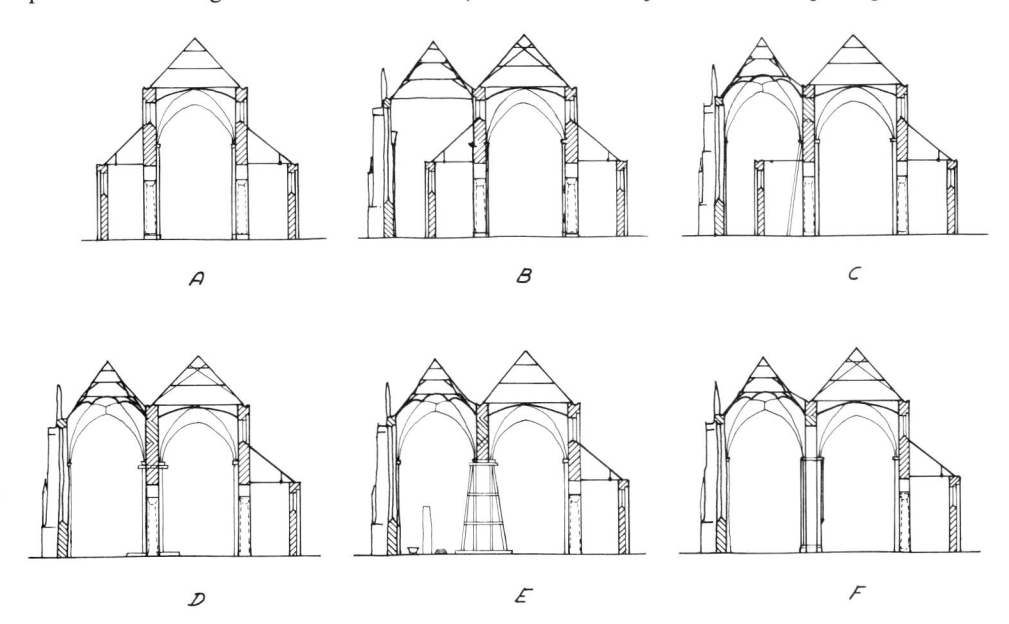

Afb. 65 Gekramde, natuurstenen colonnet-bundel (in het midden, op pijler met psalmbord) en kapiteel met steunvlak aan de onderzijde (foto A.J. v.d. Wal/Rijksdienst voor de Monumentenzorg, Zeist 1991).

over de lage zijbeuk heen (afb. 64). Pas na het metselen van de gewelven vanaf de daartoe gestelde kapitelen kon de oude zijbeuk worden gesloopt. Daarna hakte men de scheibogen tot onder de gewelven uit. Nadat het voor de helft nieuwe, hoog gelegen kapiteel met de bijbehorende scheibogen grondig was gestempeld, kon één van de lage, oude zuilen of pijlers worden verwijderd. Tot onder het 'zwevende' kapiteel werd dan zo snel mogelijk een nieuwe pijler gemetseld, waarvan enkele aantoonbaar een kleinere overhoeks gemetselde kern blijken te bezitten. Na verharding van de mortel en daarna verwijdering van de stempels kregen de twee zware maar aan de zuidzijde tot dan toe ongeprofileerde pijlers alsnog bundel-kolonnetten. Deze volgorde van handelen volgt uit het merkwaardige hoogteverschil tussen de basementen tegen de nieuwe zuidmuur en tegen de pijlers, de gedrukte vormen van de gewelven, de afdrukken ten behoeve van schorende stempels aan de onderzijde van enkele kapitelen en de gekramde bevestiging van de bundel-kolonnetten tegen de overeenkomstige pijlers (afb. 65).[4]

In 1454 vroeg de stad aan de Utrechtse bisschop een aflaatbrief 'tot der kercken ende toerne' en werd een vergadering op het stadhuis gehouden om te spreken 'van den toern te tymmeren'.[5] De vraag dient zich aan, of de door Ter Kuile globaal in de eerste helft van de vijftiende eeuw gedateerde zuidbeuk hoort bij de in 1454 genoemde bouwactiviteit 'tot der kercken'.

Ter Kuile concludeerde dat de toren iets later dan de zuidelijke zijbeuk gebouwd moet zijn, omdat de torentrap over een steunbeer van de zijbeuk is geplaatst. Anderzijds constateerde hij, dat die traptoren gelijktijdig met de toren is opgetrokken. De natuurstenen schalken die aan weerskanten van de traptoren in het metselwerk zijn opgenomen, dragen een steenhouwersmerk dat we ook meer oostelijk in de zuidbeuk aantroffen op de zuidmuur en op één van de pijlers. Zeven van de twaalf verschillende steenhouwersmerken in de zuidelijke zijbeuk zijn ook op andere gebouwen aangetroffen. Hoewel niet al die gebouwen even nauwkeurig gedateerd zijn, lijkt plaatsing van deze groep in het midden of derde kwart van de vijftiende eeuw gerechtvaardigd.[6]

Een derde argument kan gevonden worden in de gedateerde memoriestenen aan de binnenzijde van de kerk. Hoewel deze stenen verplaatst kunnen zijn[7], geven ze in het geval van een oorspronkelijke inmetseling een datering of een 'terminus post quem' voor het omliggende muurwerk. In het meest oostelijke vak van de zijbeuk, nabij het oostelijke transept, lijkt de uit 1456 daterende steen ter herdenking van Johan van Leyden en anderen niet later ingehakt te zijn (zie afb. 224).[8]

De bovengenoemde argumenten rechtvaardigen een nieuwe datering van de zuidelijke zijbeuk, namelijk tussen 1454 toen de stad een aflaatbrief vroeg om de bouw aan de kerk te ondersteunen en 1459 toen de feitelijke bouw aan de toren begon met het leggen van de eerste steen.

In de vijf jaar die staan voor de voltooiing van de zijbeuk moeten minstens twaalf verschillende steenhouwers aan het inwendige werkzaam zijn geweest (afb. 66). Waarschijnlijk waren er in werkelijkheid meer steenhouwers bij deze bouwcampagne betrokken, maar kennen wij hun merken niet, omdat de grotendeels natuurstenen buitengevel in onze eeuw ingrijpend is gerestaureerd.

Zoals hiervoor al werd opgemerkt, is meer dan de helft van de steenhouwers die bij de bouw van de zuider zijbeuk van de Lebuinus was betrokken, ook elders werkzaam geweest. Dit was maar liefst 27 maal het geval. Deze grote frequentie kan worden verklaard uit het 'gebrek aan continuïteit', die pas ontstond wanneer er langere tijd en doorlopend aan aan één kerk werd gewerkt. Door onderbrekingen, meestal veroorzaakt door gebrek aan geld, konden steenhouwers zich tussentijds ook elders 'verhuren'. Op vijf belangrijke, contemporaine kerken werden drie of meer van

Afb. 66 Overzicht van de steenhouwersmerken in de Lebuinuskerk te Deventer, waargenomen door de auteur tussen 1986 en 1991 (tekening D.J. de Vries).

de in de zuidbeuk gehanteerde merken teruggevonden. Zo kan men op de Utrechtse Dom, op de Bovenkerk te Kampen en de Dom te Keulen drie maal en op de Dom in Xanten en op de Sint-Jan te 's-Hertogenbosch vier maal een Deventer steenhouwersmerk waarnemen (zie noot 6).

3 De bouw van de toren

In 1454 beraamde de stad plannen tot het bouwen van een toren (afb. 67). In dat jaar werd dan ook begonnen met de afbraak van de oude toren. Uit een in 1459 gedateerde stadsrekening[9], blijkt dat de stad één gulden fourneerde bij de eerste steenlegging: 'do die kloktoern angelecht wart legde Willem als een burg(emeester) onder den stien 1 R(ijnse) G(ulden)'. Deze symbolische handeling is gebruikelijk in de late middeleeuwen en kan als een soort 'bouwoffer' worden gezien. Dat de stad daadwerkelijk en op minder symbolische wijze aan de totstandkoming van de toren heeft meegewerkt, blijkt uit de verkoop van lijfrenten ten behoeve van de torenbouw.[10] Een overschot van duizend pond werd in 1453 reeds gereserveerd voor de toren; een deel van het batig saldo van 1454 ging naar hetzelfde doel.[11] Zes jaar later werd een contract gesloten met een boeteclausule ten voordele van het bouwen aan de toren van de Sint-Lebuinus.[12] Een voormalige kanunnik van het kapittel schreef in 1467 in een biografie over bisschop David van Bourgondië:

Afb. 67 De toren van de Lebuinuskerk in zijn huidige gedaante vanuit het westen gezien (tekening: H.J. Schulkes 1974).

'Ik denk daarbij aan de geweldige, eindeloos kostbare en hoogst bewonderenswaardige toren die de burgemeesters voor hun patroon Sint Lebuinus in de voorafgaande jaren hebben opgericht en die nog niet is voltooid'.[13]

Als in 1454 met de afbraak van de oude toren is begonnen, heeft dat betrekking op de zuidelijke arm van het westtransept met de bijbehorende toren of wat daar na vier eeuwen nog van over was. Deze zuidtoren had op dat moment geen betekenis (meer?) als klokke- of uurwerktoren. Het kan zijn dat men, met het oog op de verbouwingsplannen, de klokken en het uurwerk van de zuid- naar de noordtoren heeft overgebracht, maar daarover zijn geen berichten bekend. Het is ook mogelijk dat de noordtoren al langer die functie had, wegens bouwvalligheid van de zuidtoren. Ten opzichte van het Grote Kerkhof, de stad en het stadhuis is de functie van de noordtoren als klokketoren slechts denkbaar na bouwvalligheid, sloop of als noodoplossing tijdens de bouw van de nieuwe toren. Ondanks de reconstructie van Ter Kuile is de mogelijkheid van een hogere middentoren zeer onwaarschijnlijk om bouwhistorische en typologische redenen (zie de respectievelijke bijdragen van Bloemink en Mekking). Voor een middentoren is letterlijk geen ruimte, omdat er tot 1486 nog een 'olde kercktoern' heeft gestaan die het uurwerk bevatte en de nieuwe toren toen al tot en met de tweede geleding gereed was.[14]

3.1 Constructie van de toren

De middeleeuwse torenromp bestaat uit twee even hoge geledingen en wordt bekroond door een achtkante lantaarn, gebouwd naar een ontwerp van Hendrick de Keyser in 1613.
In het grootste deel van de onderste geleding bevindt zich een overwelfde ruimte; de bovenste geleding is eveneens afgesloten door een gewelf. In de toren bevinden zich nog enkele oude zolders, waarvan het hout dendrochronologisch gedateerd kon worden (afb. 68). De vloer direct boven het eerste gewelf en het gewelf zelf dateren uit deze eeuw. Het gewelf is bij één van de laatste restauraties aangebracht (Knuttel) en de balklaag vervangt waarschijnlijk een oude voorganger.
De (plafond)balken en consoles in de eerste ruimte boven het gewelf zijn duidelijk later in het muurwerk ingebroken. De muurdammen waarin de consoles van de korbelen rusten zijn hier en daar met een halve baksteen verbreed om te voorkomen dat die later aangebrachte consoles te weinig steun zouden hebben. Uit het dendrochronologisch onderzoek bleek, dat de naar binnen gerichte schoren in dezelfde ruimte en de binnenste schoren in de ruimte daarboven tot één en dezelfde bouwperiode horen (afb. 68). Deze vloerconstructie, met extra schoren er boven en er onder, blijkt niets met de bouw van de toren van doen te hebben, omdat het hout voor deze onderdelen pas in 1552 gekapt werd. Er lijkt een verband te zijn met enkele, ten dele nog bewaard gebleven klokken: de Martinus gegoten in 1557 door Wilhelm Wegewart en thans opgesteld in het portaal van het museum De Waag, de verloren gegane Radboud uit 1558 en mogelijk de Johannes Baptista uit 1555 die zich thans in het torentje van de Waag bevindt.[15]
In 1938 werd de Martinus in een 'beneden zolder' aan-

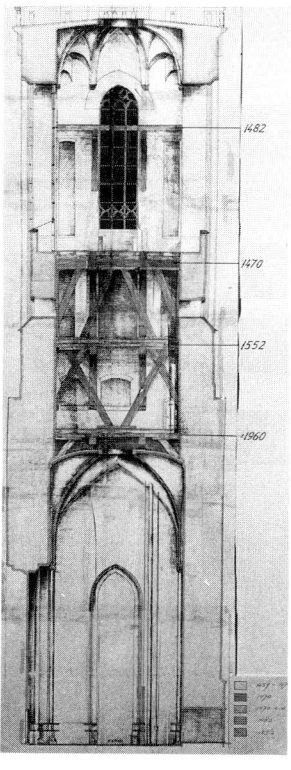

Afb. 68 Doorsnede van de toren met daarin gewelven en balklagen (tekening D.J. de Vries, naar tek. Knuttel 1959).

getroffen, hangende aan 'enige zware eikenhouten klokkestoelen (...) waar 5 of 6 klokken gehangen kunnen hebben' en waar toen nog 'vrijwel onbereikbaar', een klein klokje hing, dat volgens zeggen vroeger geluid werd voor het begin van de raadsvergadering.[16]

3.2 Wijziging van het bouwconcept

De zoldering in de tweede torenruimte blijkt wèl met de bouw van de toren samen te hangen. De muurstijlen waar de korbelen tegen en in rusten, zijn over het grootste deel van hun hoogte in de muren ingehakt. Het metselwerk is tegen het bovenste deel van die stijlen, de bijbehorende sleutelstukken en vloerbalken evenwel keurig aangemetseld (afb. 69). Dit betekent dat deze balklaag ten dele in het muurwerk van de tweede geleding werd ingebroken, op een moment dat de toren vanaf de onderste vloer openstond. Het metselwerk dat aansluit bij de voornoemde zoldering markeert een vrij onvoorziene horizontale scheiding of een nieuwe start na een bouwstop. Hoewel aan de uitwendige architectuur van dit deel van de tweede geleding niet zo veel te zien is, is de horizontale cesuur zichtbaar in de toegepaste natuursteensoorten van de traptreden. Op dit niveau vindt de overgang plaats

Afb. 69 Zoldering en korbeelstel uit 1470 in de tweede ruimte van de Lebuinustoren. Te zien is dat het grootste, onderste deel van de muurstijl rechts later ingebracht is – het past niet goed –, maar dat het metselwerk bovenaan netjes tegen het houtwerk aansluit (foto A.J. v.d. Wal/Rijksdienst voor de Monumentenzorg, Zeist 1992).

van treden van Naamse steen naar treden van Baumberger steen.[17] Het hout voor de balklaag is geveld in het jaar 1470 en de horizontale scheiding lijkt te maken te hebben met een verandering van het concept voor de toren.

Op het niveau van de begane grond is de torenruimte vrijwel ontoegankelijk; slechts via een later ingebroken deur in de zuidgevel kan men deze betreden. In de opzet uit 1459 had de toren veel lichtere pijlers en steunberen en speelde de de torenruimte mee in de kerk. In tweede instantie zijn de openingen tussen de pijlers grotendeels gedicht en de twee steunberen aan de westzijde aanzienlijk verzwaard (afb. 70). De twee steunberen aan de zuidzijde kregen die verzwaring niet, maar er werd wel één extra beer met dezelfde afmetingen, midden tegen de torengevel geplaatst. Hiermee sloot men aan bij het ritme en bij de afstand van de steunberen tegen de zuidbeuk, waarbij de optische verdeling met drie nissen in een tweedeling werd omgezet.

Er zijn geen aanwijzingen dat de verzwaring van de onderbouw te maken had met technische problemen, zoals ernstige verzakkingen, hoewel niet alles exact recht staat. Meer voor de hand liggend is te denken aan een verandering van het concept, hetgeen lijkt te stroken met de onvoorziene behoefte om muurstijlen en korbeelstellen aan te brengen. De verzwaringen aan de voet van de toren en de inwendige versterkingen wijzen op een omstreeks 1470 genomen beslissing om hoger dan gepland door te gaan.

Vanaf de oudste bewaard gebleven balklaag uit 1470 heeft men de torenromp voltooid in de huidige gedaante, met de bedoeling de tweede geleding af te sluiten met een stenen gewelf, waarop een achtkante lantaarn gebouwd kon worden. Dit voornemen blijkt uit de plaats en de aanwezigheid van vijftiende-eeuwse kraagstenen waarop het bij de huidige lantaarn horende, zeventiende-eeuwse gewelf rust (afb. 71). In plaats van het bedoelde gewelf werd wat lager, op een enigszins onlogische plaats een balklaag aangebracht waarvan het hout in 1482 gekapt werd. Deze zoldering moet jonger zijn dan het muurwerk waarin zij rust, omdat de balkgaten zijn ingehakt. Ook het deurtje dat toegang geeft tot de ruimte boven op deze balklaag, is er later ingehakt. Hieruit kan geconcludeerd worden, dat de tweede geleding vóór 1482 haar hoogste punt moet hebben bereikt. Het aanbrengen van de bovenste balklaag kan samenhangen met het (ver)plaatsen van het uurwerk naar deze hoogste ruimte in het jaar 1486: 'Herman Aerntssoon 3½ dach op den olden kercktoern gearbeyt dat uyrwe[rcken] huysken ende dat banckwerck aff te brekene ende op den nyen toern een nye kamerken to den uyrwerck weder the maeken (...)'.[18] Het huisje in de toren was kennelijk aan weer en wind blootgesteld omdat het een eigen leien dak kreeg, door Thyell Leyendecker aangebracht. Thyell of Thylen voorzag het huisje, vermoedelijk het dak,[19] van 'bloemen', mogelijk bekroningen in de vorm van pironnen. Het huisje plaatste men wellicht vóór één van de grote boogopeningen, vermoedelijk de zuidelijke. In 1499 stagneerden de ambitieuze plannen om de toren nog van een lantaarn te voorzien toen er een dak met een flauwe helling op de tweede gelding werd gezet waarbij tevens een nieuw uurwerk werd aangebracht: 'Item, een nye uurwerck verdinck te maken op Sunt Lebuinus thoern voer LXXX goldenen rinsschen gulden (...) ende gegeven voer en deel balkene ende ander holtes, daer die stoel totten uurwerck afgemaket wort (...)'.[20]

Op het onderste en oudste deel van de toren (1459-1470) zijn twaalf verschillende steenhouwersmerken aangetroffen. Daarvan kwamen liefst tien merken op achttien verschillende gebouwen elders voor.[21] Binnen die groep is de relatie met de Sint-Jan te 's-Hertogenbosch opmerkelijk. Zeven van de twaalf merken zijn ook daar bekend, verder vier op de Grote Kerk in Dordrecht.

Waarschijnlijk voorafgaande aan de verhoging van de tweede geleding omstreeks 1470, zijn de extra muurvullingen en de verzwaringen aan de steunberen aangebracht. Op deze onderdelen komen zes verschillende merken voor, waarvan er twee elders gevonden zijn.[22]

Op het bovenste deel van de tweede geleding (ca. 1470-1480) zijn acht verschillende merken gevonden, waarvan er één van de zuidbeuk bekend was. Vier van die acht merken komen elders voor.[23] Een groot aantal van de merken op de toren is gevonden in de twee traptorens waar ze werden aangebracht op de voorzijde van de treden of op het deel van de trede dat de spil vormt (afb. 72). Naast de merken zijn ook vrij veel grafitti ingekerfd. Op het bovenste stuk van de wenteltrap van de tweede geleding komt twee keer het merk nr. 62 (afb. 66) voor (trede 77 en 99), de eerste keer voorzien van het jaartal 1602 de andere keer van de letters EB. Een van de auteurs van dit boek, H. Nalis suggereert een verband met de in 1602 aktieve leidekker Berent Engele. Meer zekerheid over het beroep van de krassers treffen we aan op de spil van trede 76. Hier worden de initialen TH 1627 en HD 1653 vergezeld van een ingekerfd leidekkers hamertje (afb. 73). Nalis vond omstreeks die jaren respectievelijk de namen van Tonnis Hendricxen en Herman Dercxen.

Afb. 70 Aanzicht van de Lebuinuskerk vanuit het zuiden met de imposante façade (tekening H.J. Schulkes 1974).

Bouwgeschiedenis tussen 1450 en de reformatie

Afb. 71 Console omstreeks 1480 boven in de toren van de Lebuinus aangebracht (foto A.J. van der Wal/Rijksdienst voor de Monumentenzorg, Zeist 1992).

Afb. 72 Natuurstenen treden met steenhouwersmerken in de eerste geleding van de Lebuinustoren (foto A.J. v.d. Wal/Rijksdienst voor de Monumentenzorg, Zeist 1992).

Afb. 73 Graffiti van de leidekker Tonnis Hendricxen en Herman Dercxen op de natuurstenen spiltrap in de tweede geleding van de Lebuinustoren (foto A.J. van der Wal/Rijksdienst voor de Monumentenzorg, Zeist 1992).

3.3 De 'Brantclocke'

In 1462 werd door meester Steven Buytendyck aangenomen een nieuwe klok te gieten, die een gewicht kreeg van 6172 pond.[24] De oude klok woog 5142 pond en werd in stukken geslagen om met aanvulling van koper en tin tot een nieuwe gegoten te worden. Van de klok zegt men, dat het een 'brantclocke' is, eigendom van de stad en onmisbaar in verband met de altijd aanwezige dreiging van een stadsbrand.

Schepenen en raden kwamen herhaaldelijk toegesneld om het wegen van de oude klok, en om de klokkespijs (een legering van o.a. koper en tin) te bezien waarbij 'koste ende brie' niet ontbraken. Ook het ophangen van de nieuwe klok door meester Rykolt was aanleiding om in het wijnhuis 'De Steerne' enige 'quarten' wijnen te drinken. Meester Steven kreeg als extra beloning drie ellen Leidse 'zangwiss'(bloedrood laken) om zich te kleden.

Uit de rekening blijkt niet of de klok in de oude of nieuwe toren, al dan niet op een geïmproviseerde klokkenstoel werd opgehangen. Het laatste is niet onmogelijk, maar zou wel verbazingwekkend zijn, omdat immers een behoorlijke hoogte bereikt moet zijn om de klok te kunnen gebruiken.

Afb. 74 Voorgevel van het stadhuis te Siena met de in 1425 aangebrachte letters IHS (foto Van Dijk, Kunsthistorisch Instituut, Utrecht 1956).

3.4 In de naam van Jezus

Omstreeks 1460, voorafgaande aan en bij het prille begin van de bouw, is er sprake van het gieten van enkele grote klokken. In 1457 is door Ghert Klinghe een klok gegoten die de naam van 'Jhesus' meekreeg en vernietigd is in 1838.[25] Op de 10400 pond zware klok stond vermeld: 'Men zal mie des Vridags luden dat zal ons die passie beduden dat Christus liet voer ons de doet des help ons Got uyt aler noet uit den Jare onses Heren die doe kerkmeestern weren, Gert Hakesberch, Bernt van Aernem, Hendrick Rover, Gerlich Hakesberch, Ghert Klinghe de mi geghoten hast, God gheve Sinne seelen rast'. Interessant is de vermelding van de vier kerkmeesters, omdat dit de mensen waren, die als de directe opdrachtgevers functioneerden bij alle veranderingen aan de kerk.

In Nederland zijn nog vele klokken bewaard gebleven met het opschrift IHS, gevolgd door Maria, Johannes en/of andere heilige(n), daterende uit de vijftiende eeuw of soms ook vroeger.[26] De Deventer klok was één van de oudste met sec de naam Jezus, elders zijn ze vooral uit het eerste kwart van de zestiende eeuw bekend.

Opmerkelijk is het veelvuldig aanbrengen van de naam van Jezus sinds het midden van de vijftiende eeuw, niet alleen op klokken, maar op tal van andere plaatsen.

In 1458 werd de vermelding van de naam Jh[ez]us 'in golt ende verwe' op het tegenover liggende raadhuis aangebracht, samen met een 'schilde dair die aerne [adelaar, Deventer stadswapen] 'inne stiet', gehouwen door Johan Beldenhouwer in door Johan Stuerman geleverde steen.[27] Ook in de kerk, vermoedelijk iets later dan een bijgevoegde voorstelling met engelen[28] werden omstreeks dezelfde tijd de letters IHS op de zuidoostelijke vieringpijler geschilderd.

Het met nadruk aanbrengen van deze aanduidingen van de naam Jezus lijkt samen te hangen met de activiteiten van de franciscaner observant Sint Bernardinus van Siena, die in de eerste helft van de vijftiende eeuw predikend rondtrok in Italië. Hij droeg de naam 'die boven alle namen is' uit, door hem tijdens de preken op een houten schildje te tonen aan het volk dat die naam als wapen diende aan te nemen.[29] De combinatie met het stadswapen op het stadhuis is in dit licht logisch en vergelijkbaar met het nog immer aanwezige voorbeeld op het stadhuis van Siena, alwaar het in 1425 op stadskosten werd aangebracht na een preek van Bernardinus (afb. 74).

Uit de stadsrekeningen van Zwolle blijkt een meester Marten in 1455 betaald te worden om 'IHUES (Jezus) an dat Raethuys te vergulden ende 2 stat waepen te verluchten'.[30] Bernardinus adviseerde een ieder Jezus' naam duidelijk zichtbaar en met waardige schoonheid op de deurpost van zijn huis te schilderen. In Italie vond dit op grote schaal plaats, niet alleen op deurposten maar ook op muren van heiligdommen en gevels van huizen. Kort na 1450, toen Bernardinus heilig is verklaard, moet dit gebruik in Nederland zijn overgenomen.[31] F.A.H. van den Hombergh brengt de verspreiding van dit gebruik in Nederland in verband met de Observantie waartoe onder andere de franciscaner pater Jan Brugman sinds 1445 behoorde. Brugman moedigde navolging van Bernardinus aan en was mogelijk de stichter van een muurschildering uit de tweede helft van de vijftiende eeuw in de Mariakerk te Kempen, waarop hij volgens zeventiende-eeuwse bronnen is afgebeeld.[32]

De schildering in de tussen 1453 en 1460 gebouwde kooromgang geeft afbeeldingen van zes franciscaner heiligen: Franciscus, Clara, Bonaventura, Elisabeth van Thüringen die een kreupele kleedt, Anthonius van Padua en Bernardinus met een opengeslagen boek ('Pater manifestavi nomen tuum hominibus/completum est hoc opus anno mcccclii'), het stralend schild met de letters IHS en aan zijn voeten de knielende stichter die spreekt: 'O Sancti amici Dei, miseremini[?] mei' (afb. 75). De observanten streefden naar de oorspronkelijke, strenge kloostertucht, een leefwijze die in die tijd door de stadbestuurders in de IJsselsteden bevorderd en zelfs gecontroleerd werd.[33]

Afb. 75 Muurschildering in de kooromgang van de Mariakerk te Kempen waarop v.l.n.r. de heilige Franciscus, Clara, Bonaventura, Elisabeth van Thüringen, Anthonius van Padua, en Bernardinus met aan zijn voeten een franciscaan, waarschijnlijk pater Jan Brugman (foto via F.A.H. van den Hombergh, ca. 1940).

4 Plan voor de bouw van een tweede, noordelijke toren

Na het verplaatsen van het uurwerk in 1486 was de weg vrij voor het slopen van de oude noordelijke toren. Wanneer de sloop feitelijk plaatsvond is niet bekend, maar het kan niet lang na die datum zijn. Het laatste restant van het romaanse westwerk moest plaatsmaken voor een tweede, even hoge toren waarvan niet meer dan de twee zuidelijke pijlers zijn opgericht. De zwaarte van die pijlers refereert aan de omvang van de versterkte, jongere pijlers (na ca. 1470) en niet aan die van de eerste opzet van de zuidtoren (1459, afb. 63).

Op de westelijke, geheel beschilderde pijler konden slechts twee steenhouwersmerken worden herkend, die niet voorkwamen onder de groep van negen merken die aangetroffen werd op de oostelijke pijler (afb. 66, mogelijk is de westelijke pijler derhalve ouder). Van deze negen merken konden er vijf elders getraceerd worden[34], telkens twee op de Dom van Xanten, de Sint-Jan in 's-Hertogenbosch en de Buitenkerk van Kampen.

Gelijktijdig met het bouwen van de zuidelijke pijlers voor de noordelijke toren werden bogen geslagen naar de pijlers van de zuidelijke toren. Aan de westkant ontstond zo, in het verlengde van het schip, een portaal met een dubbele toegang en een groot venster daarboven. Op de zandstenen onderdelen daarvan zijn geen steenhouwersmerken aangetroffen. Wèl op de boog aan de oostzijde, grenzend aan de kerk. Achter het orgel werd op de rechtstand onder de boog aan de zijde van de zuidelijke toren het merk nr. 12 (afb. 66) aangetroffen, ook bekend uit de zuidelijke zijbeuk (1454-1459). Op de rechtstand aan de andere kant kwam het merk nr. 67 (afb. 66) voor, ook diverse malen aangetroffen op de zuidoostelijke pijler van de noordelijke toren. Het oprichten van de twee noordelijke pijlers van de noordelijke toren zou ernstige gevolgen hebben gehad voor de inrichting van de Mariakerk. De uitvoering daarvan is evenwel nooit doorgezet.

In samenhang met de bouw van de noordelijke toren lag het in de bedoeling de nog op te richten noordelijke zijbeuk van de Lebuinuskerk met de bouw van de noordtoren te koppelen aan een even hoge eveneens nog te bouwen zuidelijke zijbeuk van de Mariakerk. Dit laatste is uitwendig nog te zien in de vorm van een staande tand tegen de zuidwestelijke pijler in de hoek bij de Mariakerk (zie afb. 76).

Het streven om de Mariakerk te koppelen met de noordbeuk van de Lebuinus kreeg uiteindelijk gestalte met het plaatsen van dubbel portaal in de scheidingsmuur tussen beide kerken (afb. 77). In die scheidingsmuur, thans eindmuur van de noordbeuk[35] bevindt zich ook een doorgang ter hoogte van de zoldervloer van de uit 1520 daterende kap op de zuidbeuk van de Mariakerk. De scheidingsmuur kan derhalve bezwaarlijk ouder zijn dan 1520.[36] De later dichtgemetselde doorgang heeft een houten bovendorpel die dendrochronologisch gedateerd kon worden, maar spinthout ontbrak helaas: de datering valt derhalve *na* circa 1470. Opmerkelijk is de constatering dat die doorgang in de Lebuinuskerk ergens hoog, net onder het gewelf uitkomt. In combinatie met de excentrische, sterk naar het zuiden gedrukte plaatsing van de doorgang op de begane grond ontstaat een nieuw beeld van een verdwenen historische situatie. W. Haakma Wagenaar kwam tot de conclusie dat hier de traptoren van de overigens gesloopte romaanse toren nog geruime tijd moet hebben gestaan, in ieder geval nog ten tijde van de koppeling tussen beide kerken. Een complicerend probleem bij de interpretatie is, dat de scheidingsmuur tussen twee ruimten staat die beide als sterk veranderde 'koppelzones' hebben gefunctioneerd. De noordelijke ruimte, ter plaatse van de noordelijke kerktoren, is uiteindelijk bij de Mariakerk getrokken; in de verbouwde noordelijke transeptarm van de Lebuinus, waarin opgenomen de toegang tot de bisschopshof, hebben ook vele aanpassingen plaatsgevonden. De romaanse traptoren is vermoedelijk pas in de loop van de zestiende of in het begin van de zeventiende eeuw gesloopt toen de huidige gewelven

Afb. 76 Mariakerk te Deventer. Staande tand boven op de zuidgevel van de zijbeuk, waaraan de oorspronkelijk bedoelde hoogte – omstreeks 1490 – is af te lezen (foto A.J. van der Wal/Rijksdienst voor de Monumentenzorg, Zeist 1991).

Afb. 77 Portaal in de scheidingsmuur tussen de noordbeuk van de Lebuinuskerk en de zuidbeuk van de Mariakerk, gezien vanuit de Mariakerk ter plaatse van de geplande noordelijke toren (foto A.J. van der Wal/Rijksdienst voor de Monumentenzorg, Zeist 1991).

werden gemetseld en de doorgang naar de zolder van de Mariakerk is gedicht.[37]

Nadat de noordelijke zijbeuk van de Lebuinuskerk volgens plan werd uitgevoerd (tegen 1500-1503, zie later) werd de zuidelijke zijbeuk van de Mariakerk uiteindelijk in een lagere, meer bescheiden vorm gebouwd. Daarmee viel het doek voor het bouwen van een dubbeltorenfront definitief, omdat de kap van de zijbeuk over de torenpijlers gaat. Voor bouw van de zijbeuk van de Mariakerk werden tussen 1511 en 1516 middelen verworven.[38] Een historische bron uit 1519 spreekt van 'jactum fuit fundamentum laquearis ad manum dextram templi D. Virginis'.[39] Dat met 'laquear' de zijbeuk, mogelijk de zoldering in de zijbeuk bedoeld is, wordt bevestigd door de thans ten dele ontcijferde tekst op het poortje in het antiquariaat tegen de westelijke beëindiging van de zuidelijke zijbeuk: 'Anno d(o)m(i)ni m v° xix (...)'
Een tweede bevestiging is de dendrochronologische datering van de kap (afb. 78) die luidt: voorjaar van 1520, het tijdstip waarop het hout werd geveld.[40]

5 De kooromgang

Over het hallenkoor is relatief veel bekend, omdat voorafgaande aan de bouw een contract is opgesteld tussen de twee betrokken partijen, de stad Deventer en het kapittel en de deken van St. Lebuinus[41]:
'In den jair ons Heren duesent vyrhondert sesentachtentich des dages nae sunte Margareten [20 juli] toe laeve ende toe eeren Gade almechtich en den weerdigen vader sanct Lebuin sijnnen averdragen ende averkomen die weerdighe heren Deken ende Capittel der kercken van sunte Lebuinus mytten Eerbairen Rade der Stadt van Deventer om tot des Rades begeeren die selve sunte Lebuinus kerk te tymmeren ende te verbeteren in manieren en voirwerden hyr nae bescreven. In den yrsten believen Deken ende Capittel dat de Eerbre Raet der Stat van Deventer by oeren dair toe gedeputierden kerkmeisters moegen doen tymmeren die kerck om dat Choer henne an dat Cruyswerck [transept] toe in sulker manyren als die suider sijde [zuidbeuk] van der kercken voirsz. getymmert is, by alsoe off die kercke off dat Choor by manieren van breken of slippen [uitbreken van sleuven] toe eeniger tijt gebrek krege, dat sie dat bueten kost des Capittels weder tymmeren sollen: oick myt sulcken voirwerden wanneer dat werck soe veer komt, ende den Raide alsdan belieft om cruempten willen des omgancks der kercken [omwille van kromming van de omgang om het koor] dat olde Capittelhuis baven sunte Olaus kapelle [de verdieping van de noordelijke koorkapel] uyt te breken, dat sie dan terstont den heren van den Capittel weder tymmeren sollen op oere kost een bequaem Capell tuschen twien pylers [steunberen] myt eenen

Afb. 78 Kap van de Mariakerk daterende uit 1519-20 met links pijler van de noordtoren (foto A.J. van der Wal/Rijksdienst voor de Monumentenzorg, Zeist 1991).

afdack an die noerde sijde an den roester ['immuniteitsrooster' dat de grens van het kapittelgebied markeert of wellicht 'kerkrooster' om honden en vooral hoefdieren buiten te houden], dair de heren oeren inne ende uytganck hebben moegen als dat opt bequeemste dienen sall. Ende voirt dat Choir slippen om lucht [licht] in dat Choir te krygen [openingen in de oude koormuur te maken] als dat best dienen sall. Mede soe sullen die voirsz. kerckmeisters den heren voirsz. oir horlogium buyten der heren schade weder in der kercken op een bequeeme stede doen ordenyren ende setten. Ende want dan mytten voirsz. timmer [de kooromgang] der heren Vrythof [immuniteit ten noorden van de kerk] betymmert sall worden, soe sollen Deken ende Capittel voirsz. dair voir weder hebben ende nemen die plaetse, die dair alsdan liggen blyvet achter die drie huese tegen die Steern [stads wijnhuis] thent an die kercke toe soe omgaende aen die straet, welcke die Raet off die kerckmeisters voirsz. optymmeren sullen myt eenre hoogere mueren als nuw die Vrythoff getymmert is. Ende Burgemeisteren, Scepenen ende Raet ende kerckmeisters voirsz. sullen verwerven van onsen genedigen heren van Utrecht [bisschop David van Bourgondië] desse voirbenoemde plaets tot eenen Vrythoff te maken ende die myt sulker privilegien te vryen als desse Vrythoff nuw gevryet is. Ende dat kostet, dat sullen Deken ende Capittel ende Burgermeisteren, Scepenen ende Rait voirsz. to gelijck betalen: ende nochtans soe sall die plaets des selven olden Vrythaves, die alsdan bueten der kercken onbetymmert sal komen ende blyven, sall Deken ende Capittel toebehoren tot behoef ende ter groeve der geenere [leden van het kapittel en fraterheren] als dat hier toe is geweest. Ende dit voirsz. alles sonder arglist. Ende desser brieve sijnt twie alleens luedende van woirden tot woirden, dair van dat Capittel voirsz. den enen hefft ende die Stat voirsz. den anderen. Des to oirkonde der wairheit soe hebben wy heren Deken ende Capittel ende Burgermeisteren, Scepenen ende Raet van Deventer onse Segele witlicken an dessen brieff gehangen. Geschiet in den jair ende opten dach als voirscreven is'.

In de jaren 1481-1484 werd geld ingezameld voor de Sint-Pieterskapel die in het eerste vak van de kooromgang naast de zuidelijke transeptarm wordt gesitueerd.[42]

Op vergelijkbare wijze zamelde men gedurende de jaren 1511-1516 geld in voor de nieuwe zuidbeuk van de Mariakerk, maar de feitelijke bouw daarvan startte pas omstreeks 1519.

We gaan er derhalve van uit, dat de bouw van de kooromgang (afb. 79) – inclusief de Pieterskapel – niet eerder dan in 1486 van start is gegaan volgens de nauwkeurig omschreven voorwaarden van het bovengenoemde contract. Ruimte die het kapittel aan de noordzijde van haar immuniteit moest prijsgeven, wilde men aan de zuidzijde van de stad terugkrijgen.

In de meest westelijke vakken van de kooromgang verscheen ten zuiden van het hoge koor – op de plaats waar zich het oude, smalle zijkoor bevond – een ruimte met een lage (circa 3,75 meter) overwelving. Een centrale pijler gaf een vierdeling aan het gewelf. De lage ruimte zal een gedeeltelijke(?) beslotenheid hebben gehad omdat ze als kapel werd ingericht, gewijd aan Sint Pieter.[43] De aanzetten van de lage gewelven zijn het zuidelijke vak behalve in de koormuur (afb. 80) ook in de zuidelijke buitengevel zichtbaar waarin twee zandstenen vensters zijn opgenomen (afb. 81). Twee van de drie steenhouwersmerken die daarop zijn aangetroffen, komen frequent op andere onderdelen van de omgang voor, hetgeen de samenhang met de rest van de omgang onderschrijft. Helaas is de gelegenheid om iets meer van de onderbouw van de kapellen te zien onbenut gebleven tijdens het recente lichten van de grafzerken. Op vergelijkbare wijze zou men aan de noordzijde ook een nieuwe Olafkapel verwachten maar daarvan ontbreekt ieder bouwkundig spoor, ook al is Olaf afgebeeld op het gewelf van de tweede travee vanaf het transept.

Het is mogelijk dat men de Olafkapel uitwendig, tegen de noordmuur van de kerk heeft gebouwd. Een indicatie daarvoor treft men aan in de toestemming die de 'Bergvaarders' in 1509 kregen om een gestoelte te plaatsen naast het altaar van Olaf: '(...) der Bergevaers vorgenoemt gegont ende belyefft hebben op oeren Vrythoff van sunte Odolphus altare af een gestoelte to setten omme bequemicheyt van sitten inder vorscreven kerken to hebben'.[44] Van deze kapel zijn vooralsnog geen bouwsporen gevonden. Evenmin is te zien, dat zich – zoals aan de zuidzijde – hier in de omgang een kapel met verdieping werd gebouwd. Over de nieuwe kapittelzaal, die ongetwijfeld kort na de reformatie is gesloopt, geeft de eerder geciteerde tekst enige aanvullende informatie: '(...) dat olde Capittelhuis baven sunte Olaus Capelle uyt te breken, dat sie dan terstont den heren van den Capittel weder tymmeren sollen op oere kost een bequamen Capell tuschen twien pylers myt eenen afdack an die noerder sijde an den roester, dair de heren oeren inne ende uytganck hebben moegen als dat opt bequeemste dienen sall'.

De nieuwe kapel had kennelijk een eigen toegang met afdak aan de noordzijde tussen twee steunberen ter plaatse van het rooster dat de immuniteit van het kapittel scheidde van de straat. De ruimte voor het kapittel zou opnieuw boven de Olafkapel kunnen zijn gebouwd of er naast in, dan wel aan de buitenzijde tegen de kerk kunnen zijn gebouwd.

Nog moeilijker is het zich een voorstelling te maken van de ruimten boven de lage gewelven, aan de zuidzijde voor een sacristie, in het noorden ten behoeve van het kapittel. Hoe waren deze ruimten binnen de kerk begrensd; hoe waren ze afgedekt en hoe verhield die afsluiting zich tot de gewelven van de omgang? Het kapittel had zijn diensten op het hoge koor en beide hoger gelegen nevenruimten waren daarmee letterlijk en functioneel verbonden. Ondanks de geheel nieuwe opzet van de hallenkerk, bleef het veel oudere, separate handelen van het kapittel gehandhaafd, althans tot de reformatie.

Tot het midden van de negentiende eeuw bleef de zui-

Afb. 79 De kooromgang uitwendig gezien vanuit het oosten gebouwd tussen 1486 en 1502 (foto G.Th. Delemarre, Rijksdienst voor de Monumentenzorg, Zeist 1952).

delijke kapel nog herkenbaar. Volgens Beltman zou het grote venster op die plaats pas in 1856 zijn aangebracht, toen de Pieterskapel gesloopt werd.[45] Op en naast het betreffende venster zijn geen steenhouwersmerken gevonden, hetgeen deze vernieuwing lijkt te bevestigen. Alleen dit venster heeft langs de top een extra aantal boogstenen van Bentheimer zandsteen. Aan de noordkant daarentegen dateren de dagkanten van de vensters wel uit de vijftiende eeuw, gezien de aanwezige steenhouwersmerken.

Het startsein voor de bouw van de kooromgang zal in of niet lang na 1486 gegeven zijn, nadat toestemming van de bisschop verkregen was. Tot de – minder omvangrijke – werkzaamheden behoorde ook het vanuit de omgang toegankelijk en zichtbaar maken van de crypte onder het hoge koor (afb. 82). In deze ondergrondse ruimte werd toen het lijden en sterven van Christus uitgebeeld en herdacht (zie hierover de bijdrage van W. Haakma Wagenaar).

Op grond van de talrijke steenhouwersmerken aange-

Afb. 80 Aanzetten van de gewelven tegen de koormuur, behorende bij de lage overwelving van de Pieterskapel (foto Beltman, Rijksdienst voor de Monumentenzorg, Zeist 1928).

Afb. 81 Gedichte vensters van de Pieterskapel in de zuidelijke buitengevel van de kooromgang omstreeks 1486 gebouwd (foto Hoogendijk, Rijksdienst voor de Monumentenzorg, Zeist 1928).

Afb. 82 Noordelijk deel van de kooromgang en de noordbeuk met de toegang tot de crypte en de noordbeuk (foto A.J. van der Wal/Rijksdienst voor de Monumentenzorg, Zeist 1991).

bracht op blokken natuursteen in de kooromgang – er zijn dertig verschillende geteld – kan geen onderscheid in bouwfasen of in volgorde van bouwen waargenomen worden. De onderbouw van de omgang zal derhalve waarschijnlijk vóór 1500, mogelijk vóór 1494 gereed zijn geweest. In het laatstgenoemde jaar begon een nieuwe fase, namelijk de Raadskapel en kort vóór 1500 ook de noordbeuk.
De oude koormuur bleef grotendeels staan en werd 'geslipt' door er een viertal openingen in te hakken. De inwendig halfronde, romaanse sluiting werd geheel weggebroken om plaats te maken voor twee nieuwe pijlers (afb. 83). Hierbij moest het het oude gewelf in de koorsluiting worden gesloopt, waarover de vicedeken en het kapittel in 1502 met de stad corresponderen, aangezien: '(...) sie doch mitter kercken in tymmeren weren dale hebben doen werpen dat gewulfte van onsen Choer, dat sie daer dorch in ghyenen dele geholden sullen wesen dat selve gewulfte weder op te tymmeren offt rede te maken veerder dan se schuldich weren dat dale te werpen. Beholtliken die segele ende breve, die sie ons doch voertijts gegeven hebben, anders in oere weerden te blyven'.[46]
Onder verwijzing naar de eerder gemaakte afspraak wijst men de stad fijntjes op haar plicht, het door hun toedoen neer geworpen gewelf te herstellen, alleen zover het beschadigd is. De aanleiding tot het schrijven van de brief kan geweest zijn, dat het gewelf van de omgang al gereed was en de aanheling van het koorgewelf nog op zich had laten wachten. Het is ook mogelijk dat het kapittel de brief schreef, toen het overwelven van de omgang nog in volle gang was.
Op de gordelboog naar de zuidelijke sluitingspijler boven de omgang komen de steenhouwersmerken nr. 12 en 2 (afb. 66) voor, die elders op de sluitingsvakken van de omgang ook bekend zijn.
De vorm van het gewelf boven het hoge koor lijkt aan te sluiten bij de overige, laat-gotische ster- en netgewelven, maar op grond van de aangebrachte schilderingen en het jaartal 1620 mag men aannemen dat het huidige koorgewelf in het begin van de zeventiende eeuw is vernieuwd.[47] Daarmee is niet bekend of in 1502 het oude gewelf aanvullend is hersteld, dan wel geheel vernieuwd en daarna nog eens gekopiëerd. Voorlopig lijkt de datering voor het afsluiting van deze bouwfase in 1502 te liggen, zoals Ter Kuile aanneemt.
Een andere mogelijkheid tot datering is die via epitafen, waarvan er drie zijn aangebracht. In het eerste, zuidelijke vak (Pieterskapel) bevindt zich een steen van Johan Levini, gestorven in 1450 (afb. 223).[48] Het is goed te zien dat de steen er later is ingezet, hetgeen bevestigd wordt door een negentiende-eeuwse vermelding waarin deze wordt genoemd als onderdeel van de buitenmuur van de kooromgang.[49] De uit 1467 daterende steen in de eerste, noordwestelijke travee van de kooromgang is waarschijnlijk ouder dan het omliggende muurwerk en daarin opgenomen toen de omgang werd gemetseld. Hetzelfde geldt voor een steen uit 1421 (Henricus van Diepenheim) in de derde travee. Een beschadigde epitaaf in de tweede travee uit (14)85 of (15)35, voorzien van een wapen met anker is duidelijk later aangebracht door een gat in het metselwerk te hakken.

Van de 29 steenhouwersmerken in de kooromgang zijn er acht op andere bouwdelen van de Lebuinus aangetroffen, drie op de noordbeuk, twee op de versterkingen aan de onderbouw van de toren, twee op de zuidoostelijke pijler van de noordtoren, en één op de oude onderbouw van de toren. Elf van de 29 steenhouwersmerken komen elders op zestien verschillende gebouwen voor.[50] De gebouwen waar de merken van de Deventer kooromgang vaker voorkomen zijn: drie maal zowel in het schip van de Dom in Xanten als op de Sint-Jan te 's-Hertogenbosch, twee exemplaren op de onderzijde van de Noordenbergtoren in Deventer en twee op de lantaarn van de Peperbus in Zwolle.

Afb. 83 De twee nieuw gemetselde pijlers ter plaatse van de romaanse koorsluiting (foto Beltman, Rijksdienst voor de Monumentenzorg, Zeist 1930).

Bouwgeschiedenis tussen 1450 en de reformatie

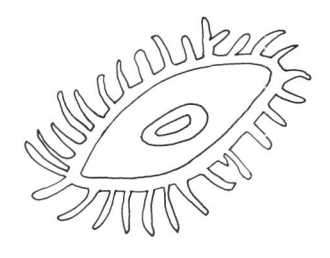

Afb. 84 Ingehakte afbeelding van een oog(?) uitwendig op de zuidoostzijde van de kooromgang (tekening: D.J. de Vries).

Afb. 85 Inwendig aanzicht van de Raadskapel (1494-1499) in oostelijke richting (foto A.J. van der Wal/Rijksdienst voor de Monumentenzorg, Zeist 1991).

Buiten, op halve hoogte, rechts naast het venster in het tweede sluitingsvak aan de zuidzijde van de kooromgang bevindt zich een merkwaardig en origineel detail, dat vanaf de straat nauwelijks waarneembaar kan zijn. Het is een ovaal, niet groter dan 9 x 5 cm, dat lijkt op een oog (afb. 84). Het kan een grap van een steenhouwer zijn of bedoeld om het 'boze oog' af te weren dan wel een zogenaamd (goddelijk) alziend oog zijn, dat op de stad is gericht.

6 De Raadskapel

Tegen de zuidzijde van het oostelijke transept werd in de jaren 1494 en 1499 de Raads- of Magistraatskapel gebouwd met een lage, absidiale uitbouw aan de oostzijde (afb. 85). Ondanks het rijkelijke gebruik van natuursteen zijn er geen steenhouwersmerken gevonden, mogelijk mede als gevolg van de beperkte waarnemingsmogelijkheden. In 1600 was, onder invloed van de reformatie, de functie van de Raadskapel niet meer de oorspronkelijke: men had er een 'tymmerhuyss' van de kerk van gemaakt.[51] Het stadsbestuur vond dat de kerk haar oude timmerhuis maar weer moest gebruiken en twee jaar later werd op kosten van de stad het zich in de Raadskapel bevindend glas in lood raam, voorstellende 'Het laatste oordeel' hersteld. Deze voorstelling duidt op een rechtstreekse relatie met de schepenrechtspraak, waarschijnlijk als 'Mahnbild' tijdens diensten die vooraf gingen aan rechtszittingen.[52]

7 De noordelijke zijbeuk

Voor de bouw van de noordbeuk werd dezelfde werkwijze gevolgd als aan de zuidzijde, waarbij aan de kant van het schip eveneens nieuwe, hogere pijlers zijn geplaatst onder de elfde-eeuwse lichtbeukwand. De alternering die in de zuidbeuk nog herkenbaar is, ontbreekt hier. Het is mogelijk dat men de noord- en middenbeuk gelijktijdig van nieuwe gewelven heeft voorzien. De eerste twee vakken, aan de oostzijde tegen het transept, zijn in twee opzichten een voortzetting van het natuursteenwerk van de kooromgang (afb. 82). De kapitelen hebben bladornamenten, sommige met druiventrossen en eikels, die met de kooromgang vergelijkbaar zijn. Meer westelijk in de noordbeuk is het bladornament abstracter en jonger (afb. 87).

In de noordbeuk komen negen verschillende steenhouwersmerken voor. Daarvan zijn er vijf ook toegepast in de kooromgang.[53] Bij het meest oostelijke vak tellen we er vier die ook in de omgang zijn gevonden. Hieruit kan geconcludeerd worden, dat de bouw van de noordbeuk tegen het einde van de vijftiende eeuw vanaf het oosten gestart kan zijn met een ploegje dat overschoot bij de voltooiing van de omgang. Hierbij voegden zich de steenhouwers nr. 73 en 19 (afb. 66) die samen het (beperkte) natuursteenwerk van de volgende vakken maakten en op het laatst hulp kregen van enkele anderen.

Op het gewelf boven de gordelboog tegen het westelijk transept is geschilderd: AN(N)O D(O)M(INI) (M of X) v° .iii (1503). W. Haakma Wagenaar, één van de auteurs van dit boek, kwam tot de bovengenoemde interpretatie van het jaartal, waarmee de bouw van de noordelijke zijbeuk afgesloten kan worden in 1503.

8 Kappen

Afgezien van enkele aftekeningen van oude dakvlakken in muurwerk, zogenaamde moeten, is er niets van de oude kappen bewaard gebleven. Bij de restauratie door de Deventer architect Wolter te Riele in het eerste kwart van deze eeuw is de nog aanwezige middeleeuwse bekapping geheel gesloopt. De oude parallelle bekapping moest daarbij wijken voor een nieuw model met dwarse kapjes, dat bekend was van onbetrouwbare afbeeldingen, zoals bijvoorbeeld te zien op de avondmaalsbeker uit 1628 (afb. 235).

De foutieve interpretatie is waarschijnlijk ingegeven door de forse pinakels op de steunberen die ruim boven de balustrade uitsteken.

Bloemink die in dit boek de oudere bouwperioden beschrijft, vond in het archief van het Nederlandse Achitectuur Instituut een reeks tekeningen – gemaakt door Wolter te Riele – waarop de oude toestand enigermate te zien is (afb. 88).

De drie evenwijdige kappen over de volle lengte, zonder onderbrekingen bij de transepten, versterkten het homogene karakter van de hallenkerk, zoals bijvoorbeeld ook toegepast op de Michaelskerk in Zwolle. De 55° steile kappen van de zijbeuken volgden aan de oostzijde de kromming van de twee eerste sluitingsvakken van de kooromgang en eindigden met een schild. Boven de twee uiterste, oostelijke sluitingsvakken bevond zich een zelfstandig schildkapje. Voor zover zichtbaar en in ieder geval boven de omgang, hadden deze kappen dubbele jukken met (ten dele?) dubbele flieringen op de onderste jukken waarop blokkeeltjes en standzoontjes ter ondersteuning van de sporen.

De langsdoorsnede van Te Riele over de middenbeuk toont aan de westzijde een kap met negen dubbele jukken die zich uitstrekte van de westgevel, over het ingangsportaal tot over het westelijk transept. Ongetwijfeld is deze kap gebouwd voorafgaande aan de nieuwe overwelvingen boven dit deel van de kerk (begin zestiende eeuw?). De kap boven het schip, gaande vanaf het westelijke transept tot en met de westelijke pijlers van het oostelijke transept, heeft geen jukken. Deze sporenkap met dubbele haanhouten had een hel-

Afb. 86 Console onder de bovendorpel van een deurtje in de westmuur van de Raadskapel 1494-1499 (foto Gorter, Deventer 1966).

ling van vijftig graden. Op een afzonderlijk getekende doorsnede is gestippeld een andreaskruis getekend. Dit soort kruisen werd op regelmatige afstand in sporenkappen aangebracht. De constructievorm kan goed in de dertiende of eerste helft van de veertiende eeuw geplaatst worden, of nog ouder zijn. De kap boven het oostelijke transept en het koor had negen enkele jukken met flieringen en een paar extra flieringen ter plaatse van de haanhouten. De helling van deze jongere kap sloot aan bij die van de oudere schipkap.

9 De betekenis van de Lebuinuskerk voor het kapittel en de burgerij

Uit de hiervoor geciteerde documenten en uit het karakter van de daarmee samenhangende ingrijpende veranderingen aan de kerk, blijkt steeds dat de stad in de vijftiende eeuw de initiatiefnemer en voor een belangrijk deel de financier of organisator was van de bouwactiviteiten. Er lag daarbij een primair belang om de zichtbare zuidgevel en de kooromgang van de kerk te verbouwen. De pleinwand vormde immers de 'façade' en het uitzicht van het stedelijk bestuurscentrum op de hoek van de Polstraat (afb. 89). Uit het

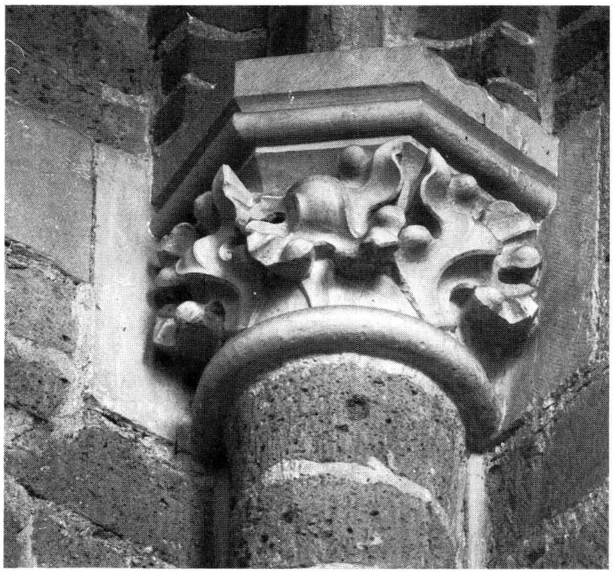

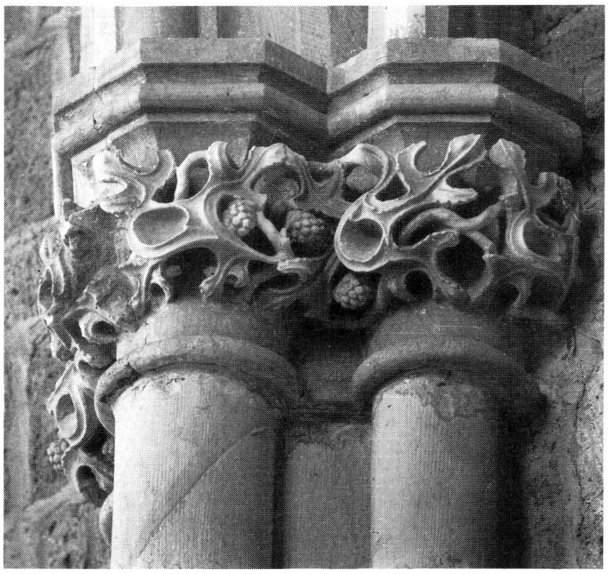

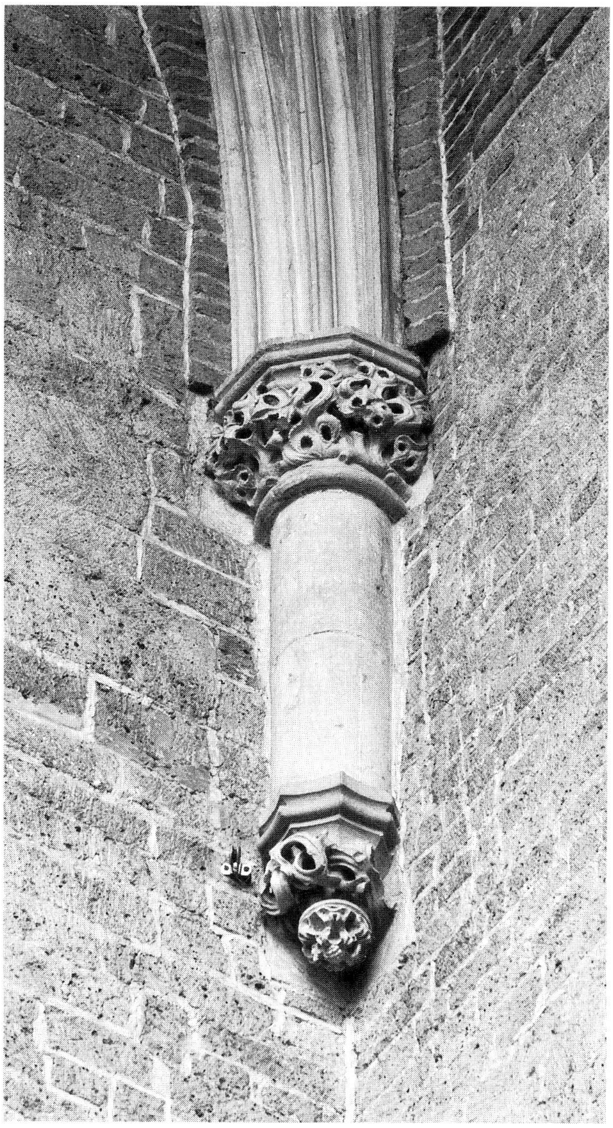

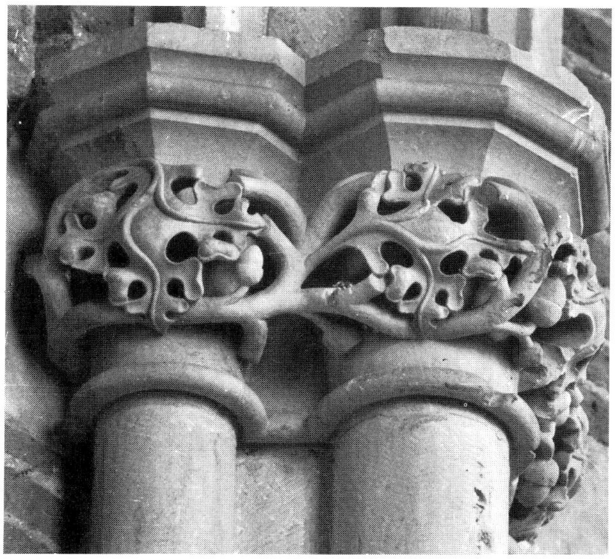

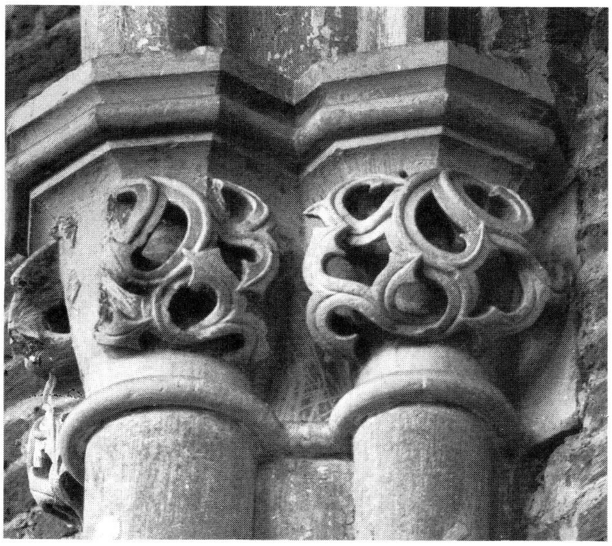

verzoek om een bisschoppelijke aflaatbrief 'tot der kercke ende toerne' in 1454, blijkt een gelijkwaardige voorkeur voor het bouwen van een zuidelijke hallenbeuk en een toren. Ten stadhuize sprak men in dat jaar 'van den toern te tymmeren'.
Bij de torenbouw komt evenwel de directe financiële steun van de stedelijke overheid veel duidelijker naar voren dan bij de bouw van de kerk, c.q. zuidbeuk, die tussen 1454 en 1459, net vóór de bouw van de toren tot stand kwam. De stad gebruikte de toren om er klokken in te hangen en om de openbare tijdaanwijzing mogelijk te maken. De klokken hadden niet alleen een liturgische functie, maar werden gebruikt als tijdmeter en als teken bij onraad en rechtspraak, als banklok, bij brandalarm of vreugdebetoon. Vanaf de toren kon muziek klinken uit blaasinstrumenten en gaf in tijden van onrust het beste uitzicht en bood de mogelijkheid tot het geven van optische signalen.[54]
Boven alles was de toren voor de stad een statussymbool. Ten opzichte van het omliggende platteland stak de ommuurde stad als een eiland omhoog, met daarin de accenten van macht en aanzien: de torens. Op de oudste stadsgezichten werden hoge gebouwen en torens dikwijls extra benadrukt door ze verlengd weer te geven.
Een stad met torens werd in de middeleeuwen beschouwd als een afspiegeling van het hemelse Jeruzalem; de kerk met torens was het symbool van Gods stad, de 'Civitas Dei'.[55] De hemelse indruk van een stad werd nog eens versterkt door het afbeelden op de prenten van (gier)zwaluwen rond de torens (afb. 90). Uit bouwhistorisch onderzoek van laat-middeleeuwse kerken en kloosters in de IJsselstreek blijkt overigens dat men tijdens de bouw regelmatig nestplaatsen hoog in het muurwerk aanbracht ten behoeve van zwaluwen.[56] De ambitie van de stedelijke overheden met betrekking tot torens was algemeen geaccepteerd. Anders lag het met soortgelijke ambities van kerkelijke prelaten, waartegen middeleeuwse puristen heftig fulmineerden: '(...) zelfs in de kerkbouw wordt gezondigd'. In het tractaat van de Deventer rigorist Geert Grote tegen de Utrechtse Domtoren wijst deze op het contrast tussen de gewenste evangelische armoede en de zelfverheerlijking, voortkomende uit bouwsels die opzien baren, ijdele roem verwerven en de mens besmetten door de begeerlijkheid der ogen.[57]

10 De stad en de kerk

Mogelijk bevonden zich ook rigoristen onder de Deventer kapittelheren – Moderne Devoten mochten in hun Vrijthof begraven worden – maar de bouw van de toren moet ze grotendeels onberoerd hebben gelaten, omdat het voornamelijk een stedelijke aangelegenheid was. Dit blijkt althans uit de bronnen, waaronder het commentaar van de chroniqueur van de Utrechtse bisschop: '(...)dien zwaren, zeer kostbaeren en wonderlijk wel uitgewrogten tooren, welken deze Burgermeesters ter eere van Sint Lebuyn hunnen heiligen Voorstander (...)'.
Zeer belangrijk voor de vorm van de nieuwbouw, het organiseren van mensen, middelen en materialen waren de kerkmeesters. Net als schepenen genoten zij achting en vertrouwen omdat ze macht hadden en gewend waren met grote sommen geld om te gaan, zonder daar een persoonlijk belang bij te hebben.
Dankzij de door Hogenstijn achterhaalde tekst op de Jezusklok weten we, wie er kerkmeester waren in 1457: Ghert en Gerlich Hakesberch, Bernt van Aernem en Henrick Rover. In de lijst van de stadsschepenen, waaronder ook burgemeesters en raden, wordt Ghert Hakesberch regelmatig genoemd tussen 1454 en 1464.[58] De naam van Bernt van Aernem komt voor in de jaren 1458 en 1466. In 1459 is Willem van Weley genoemd die in dat jaar als burgemeester een Rijnse gulden onder de eerste steen van de toren heeft gelegd. Natuurlijk had de kapittel ook belang bij de bouw van de toren, al was het alleen maar wegens het kunnen uitdragen van kerkelijke activiteiten door middel van de klokken. Behalve het 'luden ter hoechtijd' op grote kerkelijke feestdagen, werd er bijvoorbeeld geluid voor het koorgebed, na het overlijden van een kanunnik, voor het bidden van het Angelus, bij het Sanctus en de 'elevatie', het opheffen van de hostie tijdens de Mis. Voor deze laatste functies komt mogelijk de klok van een torentje op of in de buurt van de viering in aanmerking. Het ritme van de dag en van het kerkelijk jaar werd in belangrijke mate door de klokken van de kapittelkerk bepaald, waaraan die van de andere kerken in de stad ondergeschikt waren.[59]

Wanneer men in 1454 spreekt van een nieuwe toren, dan is dat steeds in het enkelvoud. Toch moet op zeker ogenblik, in ieder geval na de sloop van de rest van het westwerk, een aanvang gemaakt zijn met een dubbeltorenfront. Alleen de twee zuidelijke pijlers van de noordelijke toren zijn tot een hoogte van ca. 20 meter opgetrokken, nadat omstreeks 1470 de in 1459 opgerichte pijlers van de zuidelijke toren aanzienlijk waren verzwaard. Het is deze veel grotere omvangsmaat waar de pijlers van de noordelijke toren op zijn afgestemd.
Het type van een tweetorenfront, waarvan de bouw omstreeks 1486 feitelijk op gang kwam, is op dat mo-

Afb. 87 Kapitelen in de Lebuinuskerk.
A. (linksboven): zuidbeuk 1454-1459; B. (rechtsboven): koorongang 1486-1502; C. (linksonder): raadskapel 1494-1499; D. (rechtsmidden): oostelijk deel noordbeuk, ca. 1495; E. (rechtsboven): westelijk deel noordbeuk ca. 1502 (foto Rijksdienst voor de Monumentenzorg, Zeist).

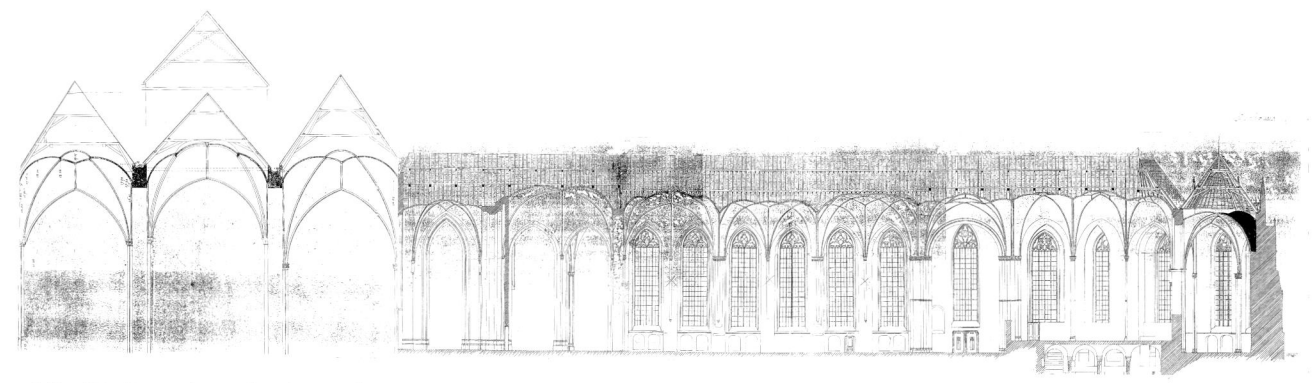

Afb. 88 Opmetingstekeningen door W. te Riele 1903.
A. dwarsdoorsnede ter plaatse van de kooromgang met daarboven de doorsnede van de sporenkap op het schip, daterend uit de veertiende eeuw of vroeger; B. langsdoorsnede ter plaatse van de middenbeuk (tekening Nederlands Architectuur Instituut, Amsterdam).

ment een verouderd concept (afb. 91). Een dergelijk laat, ander voorbeeld is verder niet bekend.[60] Toch moet er destijds een bijzondere waardigheid van zijn uit gegaan, zeker met het oog op het voornemen de torens een grote hoogte te geven.
Een belangrijk motief voor het bouwen van een tweetorenfront kan gelegen zijn in de voortzetting van een traditie. Omstreeks het midden van de vijftiende eeuw was het 'concept' van de Bernoldus-kerk met de twee westelijke torens vermoedelijk nog steeds herkenbaar, hoewel er het nodige aan verbouwd was. Inmiddels was de Lebuinus in die vorm tot symbool geworden van de daar gestichte eerbiedwaardige kapittelkerk en het graf van de heilige. Daarom ook bestond er, evenals te Utrecht, een relatie tussen een bisschoppelijk paleis en van daaruit een toegang tot het westwerk van de kathedrale kerk waar de bisschop vermoedelijk zijn eigen altaar had. In de bouw van de eerste geleding van de Utrechtse Domtoren, in de eerste helft van de veertiende eeuw, ziet Mekking het (her)bouwen van een bisschoppelijk 'Torhaus'[61], symbool van de wereldlijke macht van de bisschop. De in Utrecht gekozen oplossing is anders. Hier liet de bisschop één grote toren bouwen met daarin een Michaëlskapel in navolging van de toren te Freiburg.
Er is in Deventer niet gekozen voor één enkele centrale toren zoals de Utrechtse Domkerk heeft. In het concept van de Lebuinustoren is echter wel een Domtoren herkenbaar; hierop komen we terug. Met de excentrische plaatsing heeft men in Deventer gekozen voor een ander concept dat mogelijk paste bij de wens van het kapittel om twee torens te bouwen. Deze vorm past ook bij de betekenis van Deventer als tweede stad van het Sticht en als wijkplaats van de Utrechtse bisschoppen. Tegenover de macht van de bisschop stonden die van de stad en van het kapittel. Het kapittel was permanent aanwezig en beheerde feitelijk de kerk en de immuniteit. Het Deventer kapittel had grote macht. Deventer kanunniken kregen belangrijke functies in Utrecht, maar bijvoorbeeld ook in Xanten.
Het enige belang dat stad gehad kan hebben bij een excentrische plaatsing, was dat men de toren mogelijk zag als onderdeel van de 'pleinwand' zoals die met de bouw van de zuidbeuk, de kooromgang en de zuidbeuk van de Mariakerk tot stand kwam. Hierop komen we in paragraaf 12 terug. Met de excentrische plaatsing van de toren in 1459 zou ook – zoals gezegd – reeds gekozen kunnen zijn voor een tweetorenfront, alhoewel het feitelijke bewijs daarvoor pas omstreeks 1486 manifest werd, toen men aan de pijlers van de noordtoren begon te werken.
Opmerkelijk is, dat diverse kerken met een tweetorenfront in de wijde omgeving van Deventer, kapittel-

Afb. 89 Het Grote Kerkhof met rechts het oude stadhuis, detail van het schilderstuk van het beleg in 1578 (Museum De Waag, foto Rijksdienst voor de Monumentenzorg, Zeist).

kerk zijn. Te denken valt aan de oude Utrechtse kapittelkerken, maar ook aan de Arnhemse Walburgkerk, de kerken te Rees, Kleef en Xanten.

In de laatstgenoemde 'Nederrijnse groep' spelen de torenruimten op de begane grond steeds mee in de kerkruimte, hetgeen in Deventer aanvankelijk ook de bedoeling was. Deventers tweede kerk, de aan Nicolaas gewijde parochiekerk met een tweetorenfront, heeft nooit een kapittel gehad. Hier moet men echter in gedachte houden, dat bij de bouw omstreeks 1200 het kapittel van de Lebuinuskerk grote invloed had, omdat het in het bezit bleef van de volledige parochiële rechten.[62] Het tweetorenfront van de Bergkerk zou in die vroege periode derhalve juist als een manifestatie van de macht van het kapittel van Lebuinus beschouwd kunnen worden.

De stad was de stuwende kracht achter de wijziging van het front aan het Grote Kerkhof en het was dan ook 'tot des Rades begeeren' dat de kooromgang de huidige rijke opzet kreeg. De passieve houding van het kapittel bij de bouw van de omgang is opvallend, zoals blijkt uit het hierboven geciteerde contract. Het kapittel was er slechts op uit de eigen belangen, de plek waar zij hun liturgie vierden in en naast het hoge koor, veilig te stellen en compensatie te krijgen voor verloren terrein. Omgekeerd maakte de stad, ondanks de contractueel vastgelegde verplichting, weinig haast met het herstellen van de koorgewelven die beschadigd raakten door de bouw van de omgang. De grote, vijftiende-eeuwse veranderingen aan de Lebuinuskerk zijn vrijwel geheel terug te voeren op initiatieven van de stad.

De bouw van de tweede toren lijkt een belang te zijn geweest van het kapittel alléén, waar de stad slechts beperkt of zelfs geen interesse in had. Het tweetorenfront werd ervaren als een symbool van het kapittel. Zonder het organisatorisch vermogen van de stad en hun krachtige vertegenwoordigers in de personen van de kerkmeesters, was de door het kapittel gewenste bouw van een tweede toren gedoemd te mislukken. Warnke stelt, dat het totstandbrengen van een (hoofd)kerk voor de stedelijke gemeenschap een zo grote inspanning was, dat de bouwactiviteiten slechts konden plaatsvinden met steun uit brede lagen van de bevolking[63], tenzij er sprake was van een kerk met een 'boven-regionale' betekenis, zoals een kathedraal. Omgekeerd was er gaandeweg steeds minder ruimte om de algehele vormgeving van een kerk naar de hand van één kleine, elitaire groep zoals een kapittel te zetten.

Een soortgelijke situatie lijkt zich in de late veertiende eeuw voor te doen bij de kathedraal te Straatsburg. De zeggenschap over de bouw van de bisschopskerk komt daar namelijk in handen van de burgerlijke gemeente. Het resultaat was een kerk met één zeer hoge toren van 142 meter.[64] De bisschopskerk van Rottweil

Afb. 90 Detail van het gezicht op Deventer door Claas Janszoon Visscher, gravure 1615 (foto Rijksdienst voor de Monumentenzorg, Zeist).

had oorspronkelijk twee torens. Toen de stad in 1406 het 'patronaats- en benoemingsrecht' van deze Heilige-Kruiskerk verworven had, liet zij de noordelijke toren spoedig daarna afbreken. De zuidelijke toren bleef staan en werd met een steile spits aanzienlijk verhoogd.[65]

In Deventer kunnen er daarnaast ook andere, persoonlijke of conjuncturele factoren ten grondslag liggen aan de stagnatie van de bouw aan de noordelijke toren.

11 De Lebuinustoren een navolging van de Domtoren?

De bouw van de Lebuinustoren voltrok zich binnen de regeringsperiode van de Utrechtse bisschop David van Bourgondië (1456-1496) wiens kroniekschrijver het in 1467 nog onvoltooide bouwwerk bewonderend omschreef. De opzet van de enkele toren in Deventer staat dicht bij die van de Utrechtse Domtoren. Beide hebben twee kubus-vormige geledingen waarvan de tweede iets terugspringt, ze hebben drie nissen per wand en beide zijn ingericht voor het dragen van een achtkante lantaarn. De Utrechtse Dom of Sint-Maarten met de in 1382 voltooide toren gold als symbool van het landsheerlijk gezag van de Utrechtse bisschop.⁶⁶

De opgedrongen aanstelling van David van Bourgondië in het jaar 1456 werd in het Oversticht niet geaccepteerd; men was zelfs bereid de hertog van Gelre als landsheer te erkennen.⁶⁷ Na een maanden durend beleg van Deventer door Davids halfbroer Philips de Goede en dankzij bemiddeling van de hertog van Kleef wilde die stad David wel aannemen. Zwolle, Kampen en Groningen volgden toen de bisschop beloofd had de privileges van de steden te handhaven. Illustratief in dit opzicht was het onthaal in Kampen waar David met twee Rijnschepen was aangekomen: '(...) ende is voor die Korenmerktspoorte op lant getreden, daer hem die Raedt op die welle [kade] waernam. Die geestelicheit ende borgers bleven binnen die stadt an die poorte. Als hij an landt tradt, worde die poorten gesloten, tot soolange die Bisschop alle die privilegiën der stadt hadde bestedigt ende versegelt, daerna worden die poorten wederom geopent, ende is die Bisschop met processie in S. Niclaes Kercke gebracht (...)'.⁶⁸ Voor de steden was het uitermate belangrijk dat zij de volledige zeggenschap behielden bij de aanstelling van leenheren op de kastelen in het Oversticht.⁶⁹ Op deze wijze wist de bisschop zich geaccepteerd en kwam het af en toe tot een vruchtbare samenwerking.⁷⁰ Tussen 1461 en 1463 bemiddelden de IJsselsteden bijvoorbeeld in een conflict tussen Amersfoort en de bisschop.⁷¹

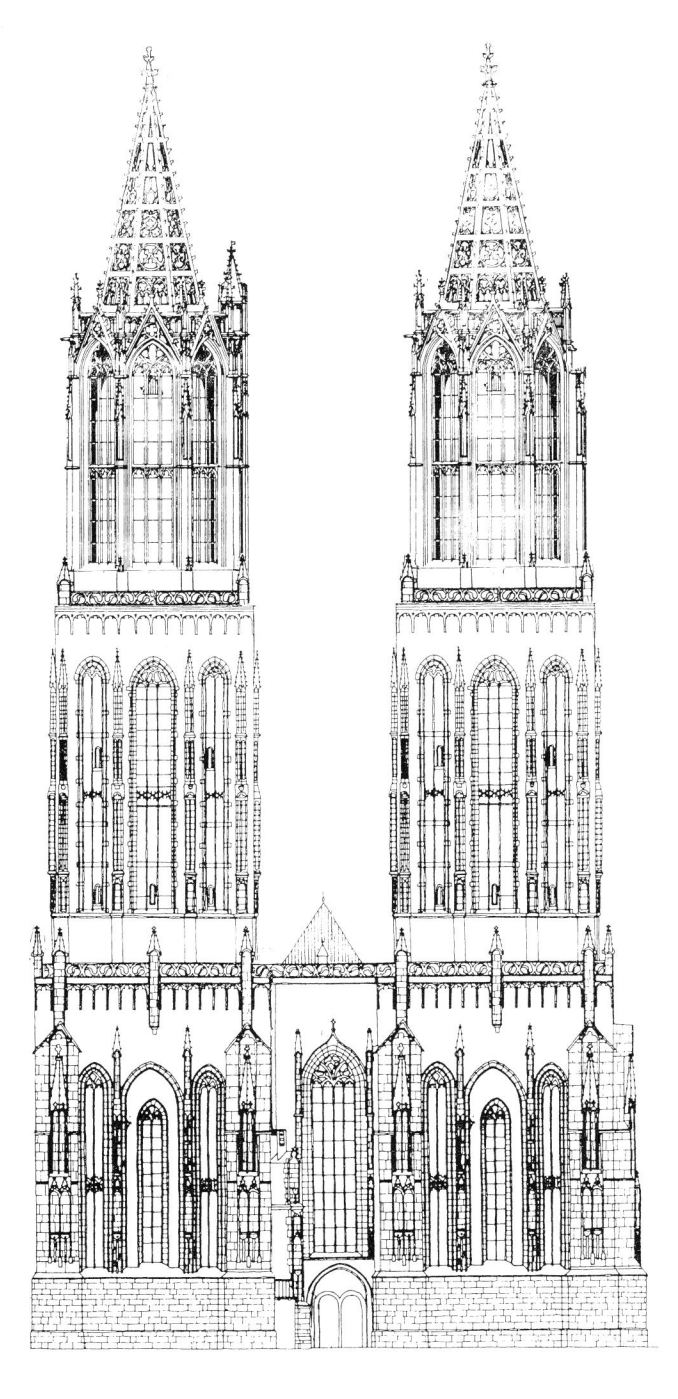

In Amersfoort en in de grote Overijsselse steden werd in dezelfde tijd aan nieuwe torens gebouwd: de Lebuinustoren in Deventer en de toren van de Onze-Lieve-Vrouwekerk in Zwolle en waarschijnlijk ook die in Kampen. Het is mogelijk dat de in 1457-1458 gebouwde en in 1463 met de Onze-Lieve-Vrouwekerk verbonden toren te Vollenhove tot deze groep te rekenen is.⁷² Bij de navolgingen van de Utrechtse Dom speelt een exact volgen van de verticale verhoudingen een minder grote rol. Evenmin erg belangrijk lijkt de vorm en de plaatsing van steunberen of de keuze voor een systeem met vlakke gevels en nissen. Deze meer technisch bepaalde details hingen waarschijnlijk af van de inzichten of van de lokale gebruiken van de bouwmeesters.

Het Utrechtse schema behelst drie nissen per torenwand waarvan de middelste soms breder is, twee kubische geledingen waarvan de tweede terugspringt, een uitgevoerd of een 'potentieel' achtkant en met het al dan niet geabstraheerde poortmotief.

De Deventer toren staat door het voorkomen van de nissen en van de bewuste 'doos-vormige' geledingen, waarvan de tweede terugspringt, in Overijssel nog het dichtst bij de Domtoren.

David trachtte zijn greep op het Sticht te versterken en tegelijk een eigen, relatief onafhankelijke koers te varen. Dit leverde rond 1470 in het Nederstricht tal van conflicten op, bijvoorbeeld met het stadsbestuur van Utrecht, de kapittels van de stad Utrecht, de heren van Brederode waarvan er één Domproost was, Montfoort en Amerongen – onder meer over de erfenis van de zogenaamde Gaesbeekse goederen – en

Afb. 91 Reconstructie van het denkbeeldige concept van het dubbeltorenfront omstreeks 1490 (compilatietekening D.J. de Vries naar H. Schulkes 1974 en Th. Haakma Wagenaar 1983).

zelfs met zijn vorstelijke familieleden.[73] Ook in het relatief onafhankelijke Groningen ontstond verzet tegen hem. David toonde zich echter ontvankelijk voor de klachten van die stad en bezwoer opnieuw haar privilegiën in 1469. Na het instorten van de oude Martinitoren in 1468 werd in 1469 ijverig begonnen aan een nieuwe toren, met twee vierkante geledingen, zelfs een doorgang en uiteindelijk ook een achtkant.[74] De Utrechtse bisschop steunde de Groningers in hun strijd tegen een poging van diens halfbroer Karel de Stoute om de stad naar zich toe te trekken. In 1474 besliste het Keizerlijk Hofgericht dat Groningen bij het Sticht zou blijven.[75] De bouw van deze wel zeer evidente navolging van de Utrechtse Domtoren was toen in volle gang.

Zoals Mekking onlangs heeft betoogd, was in het Nedersticht de invloed van de bisschop sterk voelbaar en tastbaar dankzij de navolgingen van de Domtoren die overal verschenen. Ook kleinere exemplaren van dorpskerken met enkel een opbouw van 'doos-vormige' geledingen, rekent men daartoe.[76] De torens van Amersfoort, waaraan mogelijk al in 1457 is begonnen[77], en Rhenen met de Cuneratoren uit 1492-1531 zijn de meest directe en complete navolgingen van de Domtoren omdat zij als eerste de bekronende achtkanten kregen. In het Oversticht en Groningen volgt het bouwen van de achtkanten pas later, mogelijk met uitzondering van Kampen. Het is opmerkelijk dat de oudste en meest directe navolgingen van de Domtoren stonden in steden met een eigen bestuur en bij kerken met kerkmeesters afkomstig uit het stadspatriciaat. De navolgingen dient men niet te zien als een knieval voor de met geweld aangestelde Bourgondische bastaard. Integendeel, de start van de bouwcampagnes aan de torens hangt — voor zover controleerbaar — steeds samen met de erkenning van alle oude rechten van de steden door de bisschop. Het bouwen van de navolgingen van de Domtoren buiten Utrecht moet de autoriteit van Sint Maarten hebben aangetast. Het gebeurde — voor zover bekend — in de meeste gevallen onder toejuichen van David die zelf de aanzet had gegeven door zijn gedrag en door zijn onmacht in de eerbiedwaardige Utrechtse bisschopszetel te kunnen plaatsnemen. In 1486 gaf David zelf opdracht tot het bouwen van een 'Domtoren' in Wijk bij Duurstede nadat hij drie jaar daarvoor in zijn politieke bevoegdheden was beknot.[78]

Bovenstaand betoog, evenmin als dat van Mekking, is wat de conclusies betreft gebaseerd op contemporaine bronnen. Mekking heeft evenwel aangetoond dat de bouw van de navolgingen van de Utrechtse Domtoren in sterke mate is beïnvloed door de politieke omstandigheden ten tijde van David van Bourgondië.[79] De middeleeuwers keken zeker ook naar de esthetische waarde van zo'n toren, gebouwd 'tot cieraat der stadt'. Het kopiëren van een toren was evenwel niet het zomaar volgen van een, bouwkundig gezien, geslaagd voorbeeld. Enige terughoudendheid bij dit alles is wenselijk, omdat de politieke krachtsverhoudingen destijds permanent aan verandering onderhevig waren en de bouw van een toren lang duurde. Anderzijds is het opmerkelijk, dat in het voormalige hertogdom Gelre, een erfvijand van het Sticht, weinig of geen torens van het Utrechtse type voorkomen. Als deze daar wèl werden gebouwd, is hun aanwezigheid in minstens een aantal gevallen goed te verklaren.

Het kapittel van de kerk in Elst, een oude bisschoppelijke eigenkerk die aan het Domkapittel behoorde, met een toren uit ca. 1484[80], had banden met Utrecht. Mekking toonde aan, dat de bouw van het achtkant op de Maastrichtse Sint-Janstoren niet anders gezien kan worden als een ontkrachting van de Utrechtse Domtoren.[81] De na de Tweede Wereldoorlog herbouwde Sint-Aldegondiskerk in Emmerik in het voormalige hertogdom Kleef heeft een toren die sterk op die van Elst, en dus op die van Utrecht lijkt. Van 1481-1483 was Engelbert van Kleef 'ruwaard', beschermer en regent in het Sticht, overigens tegen de zin van David.[82] Later komen we Philips van Kleef tegen als Utrechtse Domproost. Tussen Kleef en Utrecht lijken met Maastricht vergelijkbare relaties en claims aanwezig, hoewel de band tussen het huis van Kleef en Utrecht ouder en intensiever is. De toren van de Sint-Aldegondiskerk was in 1483 na een brand door de Utrechtse bouwmeester Bernard opgericht 'sub Joanne Adolpho, Cliviae Duce [waarschijnlijk hertog Johan II (1481-1521) van Kleef] cum artificiosa, et ob altitudinem spectabili turre' (met een kunstig gebouwde, en vanwege zijn hoogte opmerkelijke toren).[83] Hier blijkt de directe invloed van de landsheer bij de bouw van een toren in zijn (hoofd)stad.

Moeilijker ligt het met de Eusebiustoren in Arnhem, met de bouw waarvan werd gestart in 1452.[84] Deze heeft twee 'doos-vormige' geledingen met daartussen een kleine sprong en vertoont — afgezien van Elst — meer dan iedere andere toren in Gelre gelijkenis met de Domtoren. Het bovenste stukje van de tweede geleding bleef in 1478 onvoltooid; pas in 1550 werd aan stadsbouwmeester Bernt onder andere opgedragen de bestaande tweede geleding met 22 voet te verhogen en 'nog twee voet opmaicken daer men dat begynsell van dat achtkant mede bestaen sall off begynnen sall'.[85] Moet de Arnhemse torenbouw worden gezien als een door de stad Arnhem of de heren van Gelre opgericht teken van een relatie met het Bourgondische gezag, of juist als een manifestatie van de onafhankelijkheid daarvan? Er waren momenten dat Gelre bij Bourgondië hoorde: 1463 en 1473-1477. In 1477 sterft Karel de Stoute op het slagveld; in 1478 stopt de torenbouw in Arnhem. In 1481, 1504, en ook daarna nog, is Gelre weer Bourgondisch. Adolf van Gelre dingt — evenals Johan II van Kleef — naar de hand van Maria van Bourgondië. Het zijn slechts feiten die de mogelijkheid van een verband of legitimatie niet uitsluiten, maar vooral bij gebrek aan historische gegevens omtrent de bouw, voorlopig ongewis blijven.

Verder staan in Zuidwest-Nederland, aansluitend op het Vlaamse gebied, vele torens met een kubische romp waarin twee of drie nissen per wand en met een al dan niet uitgevoerd achtkant. Bijvoorbeeld te Delft, met een eerste achtkant uit 1430, dat in 1447 van een stucgewelf wordt voorzien, waarna men in 1484 besluit om het achtkant te verhogen en het vervolgens, in 1496 een bekroning geeft in de vorm van een ui.[86] Andere voorbeelden van dergelijke torenlichamen vindt men te Dordrecht (tweede helft vijftiende eeuw), te Rotterdam (1449-1555), te Brielle (1462-1482) en te Breda (1468). Hoewel het Bourgondische gezag in deze gebieden reeds eerder was gevestigd, is het bouwen volgens dit concept waarschijnlijk het gevolg van de Hollands-Vlaams relatie, los van het Utrechts perspectief.

Gedurende de laatste decennia van de vijftiende eeuw genoot David in Overijssel nog aanzien en macht en werd er volop aan de Deventer 'Domtoren' gewerkt. Toen in 1487 met de bouw van de prestigieuze Noordenberg-toren begonnen werd, gebeurde dit geheel volgens het concept van een Bourgondische toren zoals men die van het bisschoppelijk kasteel in Wijk bij Duurstede kende.[87] Omstreeks 1494 was die vestingtoren klaar, maar niet de zuidelijke toren van de Lebuinus, laat staan de noordelijke. Met de dood van David van Bourgondië in 1496 lijkt de relatieve onafhankelijkheid van het Oversticht in gevaar te komen. Het platteland was onder Maximiliaan van Habsburg verre van veilig, onder andere veroorzaakt door de heer van Wisch. Voor de steden in het Oversticht was het dreigen met overstappen naar Gelre een beproefd middel om een zekere onafhankelijkheid ten opzichte van het landsheerlijke gezag te bereiken. Het niet bouwen van bekronende achtkanten op de Deventer Lebuinustoren en de Onze-Lieve-Vrouwetoren in Zwolle kan veroorzaakt zijn door een gebrek aan middelen en/of een demonstratie zijn van een andere opstelling naar de landsheer toe. Het lijkt dan ook niet toevallig dat de tweede geleding van de Lebuinustoren in 1499 van een pannendak werd voorzien evenals de Zwolse Onze-Lieve-Vrouwetoren omstreeks dezelfde tijd. Een raadsheer van de latere Utrechtse bisschop Philips van Bourgondië merkte tijdens een oorlog tussen Kampen en Zwolle, dat de zijde van Gelre gekozen had, in 1521 op: 'Maakt niet alleen de rijkdom van de steden, dat zij beslissingen van vorsten durven tegen te spreken?'[88]

Interessant is de vraag of het bouwen van achtkanten en torens vanaf het tweede kwart van de zestiende eeuw nog politieke betekenis had, omdat de Utrechtse bisschop in 1528 definitief van zijn wereldlijke macht was beroofd. Karel V zag zichzelf, zeker na de bevestiging door de paus in 1529, als rechtmatige opvolger van het Utrechtse gezag en deed dezelfde aanspraken op 'randgebieden' als Drenthe, Friesland en Groningen zoals de Utrechtse bisschoppen voorheen. De Roomse keizer en zijn stadhouders bedienden zich van het Utrechtse symbool of moedigden het gebruik ervan aan. Onder hun gezag werden nog steeds torens volgens het Utrechtse schema gebouwd of voltooid, zoals bijvoorbeeld de Cuneratoren te Rhenen in 1531.

Vijf jaar nadat Friesland Karel V als landsheer erkende[89] bouwde men in Leeuwarden tussen 1529 en 1535 een navolging van de Utrechtse Domtoren die wegens scheefzakken echter onvoltooid bleef. Labouchere wees reeds in 1935 op de relatie tussen de bouw van de Oldehove te Leeuwarden, de eveneens onvoltooide toren in Workum en de komst van het landsheerlijk gezag van Karel V over Friesland in 1524.[90] De romp van de Oldehove vertoont hetzelfde schema als de Utrechtse Domtoren met het poortmotief en de drie nissen per wand waarvan de middelste breder is. Op grond van de zwaarte van de steunberen maakt Labouchere het aannemelijk dat de tweede geleding van de Oldehove of Sint-Vitustoren bedoeld was om er een een gewelf in en een stenen, achtkante lantaarn op te plaatsen.[91]

In 1529 waren er voldoende middelen vergaard om aan meester Jacob van Aken in een overeenkomst de bouw van de toren op te dragen: 'Wij Burgemeesteren & Schepenen & Raden der Stadt Leeuwarden, Pyter Johan en Haesge Naese, Harig Sumas en Adam Alberts & Abbe Beuwes, ende de Kerk Mr. van Olda Hoff, met ville en consent van onsen werdigen & welgeleerde Heeren Pastoren Mr. Focco Rommerts, Heer Fedde, sampt Mr. Pier, ende Mr. Ooke Burmania, bekennen mits deesen openen Brieven, dat wy eenen eersamen Jacob van Aken voor een ouersten & principaalen meest. om een neuwe Toorn & een neuwe Kerk tot Olda Hoff ad Sanct Vitum patronum te bouwen (...)'.[92] Het gebied Leeuwarden, Franeker en Harlingen had zich al eerder neergelegd bij de overdracht aan Karel V.[93] De eerste Bourgondische stadhouder, Floris van Egmond, was op 1 juli 1515 plechtig in de Sint-Vituskerk ingehuldigd. De acceptatie van Karel V kreeg gaandeweg verder gestalte omdat lokale heren zoals de in de akte genoemde Grote Pier en Burmania zich van de Geldersen afkeerden.[94] Opvolger van Floris van Egmond en daarna Willem van Roggendorf werd in 1521 Georg Schenck van Toutenburg die de Geldersen spoedig uit Friesland wist te verdrijven en zich ontpopte als bekwaam bestuurder en waardig vertegenwoordiger van Karel V. De bouw aan de toren van de hoofdkerk van het dekenaat Leeuwarden was mogelijk dankzij het beschikbaar stellen van stedelijke accijns, bijdragen van het geslacht Burmania en inkomsten uit een eigen steenbakkerij.[95] In 1532 werd het werk door Cornelis Frederiks overgenomen, nadat Jacob van Aken was overleden, naar men zegt uit wroeging wegens het scheefzakken van de toren. In 1535 stokte de bouw, toen de Oldehove ongeveer 39 meter hoog was.

De tussen ca. 1477 en 1487 als klokkenruimte ingerichte derde geleding van de Onze-Lieve-Vrouwetoren van Zwolle werd in 1538 'tot cieraad dezer kerke en van de stad', 'dese Kerktoren boven afgebroken, die gedekt was met dubbelt pannendak [boven- en onderpannen], gelyk ongeveerlik S. Lebuini Toorn te Deventer nog is. Dit dak is afgenomen, ende dese Lanterne weder daar op geset'.[96] Tot het in 1538 geformuleerde concept van de lantaarn op de Onze-Lieve-Vrouwetoren hoort de achtkant met een spits van 50 voet hoogte en vier hoektorentjes van ieder 20 voet hoogte.[97] De bouwmeester die dit werk zou uitvoeren was een – naar men zei – uit Antwerpen afkomstige bouwmeester Simon Penet.
Kerkmeesters waren toen Gert ter Borch en mr. Johan de Vos van Steenwijk.[98] Aanzienlijke bijdragen tot de bouw van de lantaarn op de Onze-Lieve-Vrouwetoren in Zwolle kwamen van de stad en van vicarissen van de Michaelskerk in die stad.[99]

Stadhouder-generaal van Friesland, Overijssel en Groningen was sinds 1540 Maximiliaan van Egmond, graaf van Buren en IJsselstein. Zowel in IJsselstein als in Buren werden in die tijd torens gebouwd met vierkante rompen en achtkante bekroningen. Van de toren in Buren dient opgemerkt te worden dat het een achtkante toevoeging op een oudere vierkante torenromp betreft die in 1665 nog eens door Pieter Post is verhoogd. Als ontwerper van de toren in IJsselstein en het onderste achtkant in Buren wordt de Italiaanse architect Alexander Pasqualini opgevoerd, die toen in dienst was van Maximiliaan.[100] In detail zijn beide ontwerpen duidelijk renaissancistisch, maar de hoofdopzet sluit nog steeds aan bij het schema van de Utrechtse Domtoren! De torenromp in IJsselstein heeft drie nissen per wand waarvan de middelste breder is; het poortmotief en het eerste achtkant behoren tot het oorspronkelijke ontwerp dat tussen 1532 en 1535 werd uitgevoerd.

In 1536 en 1538 aanvaarden respectievelijk Groningen en Gelre het gezag van Karel V; in 1545-1552 kreeg de Martinitoren zijn achtkant, in 1550 volgde de aanzet van een soortgelijke bekroning op de Arnhemse Eusebiustoren.
Pas in de tijd van het Twaalfjarig bestand is er in Deventer gelegenheid om de Lebuinustoren met een achtkant te bekronen. De politieke omstandigheden waren in de zeventiende eeuw inmiddels grondig veranderd. De bouw van de lantaarn 'bi den Fabryck-meester der stad Amstelredamme' was een manifestatie van herwonnen zelfbewustzijn en relatieve vrijheid.
Het achterwege laten van het bekronende achtkant lijkt in Deventer, Zwolle, Arnhem en elders samen te hangen met de veranderende politieke omstandigheden en oorlogsdreiging. In de gebieden die vanouds of meer recent een relatie met het Sticht hadden, lijkt de symbolische betekenis van de Utrechtse Maartenstoren belangrijker dan daarbuiten.

12 De kerk in de stad

De situering van de Deventer hoofdkerk ten opzichte van het stadhuis en het kerkhof is vergelijkbaar met die in Zutphen, Zwolle en Kampen en waarschijnlijk met die in verschillende steden. Schuin tegenover het Zutphense stadhuis stond reeds vanaf het tweede kwart van de dertiende eeuw de forse toren van de Sint-Walburgskerk die in 1446 door de bliksem werd getroffen,[101] daarna hersteld en later nog aanzienlijk verhoogd.
De Michaelskerk in Zwolle was in de tweede helft van de veertiende eeuw tot hallenkerk uitgebouwd en tussen 1406 en 1443 voorzien van een toren[102], die tot de hoogste in de Nederlanden gerekend kan worden. In Kampen vond de hoge rechtspraak plaats in het Oude Raadhuis of Dinghuis op de hoek van de Oude straat en het kerkhof, recht tegenover de hoofdingang van de Boven- of Sint-Nicolaaskerk.
De stedelijke en kerkelijke gebouwen rond die kerkhoven representeerden het hoogste gezag in de toenmalige samenleving. De kerk was niet alleen een afbeelding van het hemelse Jeruzalem of een oord waar de doden herdacht werden.
Als instituut was zij normatief; zij waakte over geestelijke en morele waarden en was daartoe krachtens haar herderlijke taak geroepen. De praktische handhaving van deze normen en de rechtspraak vonden plaats in het stadhuis, waar de verordeningen, wetten, rechten, maten, registers, e.d. opgeslagen lagen. Omgekeerd diende de kerk dikwijls ook als bergplaats van archiefstukken, stedelijke maten, e.d.[103]
In sommige steden werd er recht gesproken in het portaal voor de toegang tot een kerk of werd er vergaderd in de kerk[104]; het stadsbestuur had een eigen, herkenbare plaats in de kerk, dikwijls in de vorm van een raadskapel. In zekere zin waren de functies van de geestelijke en wereldlijke gebouwen uitwisselbaar, met name toen de invloed van de burgerij steeds groter werd. Een consequentie van deze beweging is de zestiende-eeuwse calvinistische reformatie, waarbij vertegenwoordigers van de gemeenschap – de ouderlingen – de herder aanstelden en het geestelijke peil bewaakten.
De latijnse (kapittel)school, een ander bolwerk van

kennis en gezag, was in de Stichtse IJsselsteden steeds aan de kerkhoven gebouwd. In Deventer was deze oude kapittelschool ongeveer tegenover de zuidgevel van de Mariakerk gesitueerd.

De stadsbesturen van de hanzesteden langs de IJssel waren goed op de hoogte van wat er zich bij hun buren afspeelde en competitie zal zeker een rol hebben gespeeld bij het oprichten van representatieve gebouwen. Het was de wens van de stedelijke overheid om van de noordelijke pleinwand van het Grote Kerkhof een 'Schauseite' te maken, die van de westgevel van de Mariakerk tot en met de kooromgang van de Lebuinuskerk doorliep. De in 1519 gebouwde zuidgevel van de Mariakerk is uiteindelijk wat lager uitgevallen dan bedoeld, maar toch fraai door de rijke toepassing van natuurstenen ornamenten.

Het basilicale concept – lage zijbeuken en een hoge lichtbeuk daarachter – van beide kerken werd opgeheven om er hallenkerken van te maken; de Lebuinuskerk kreeg zelfs een hallenkoor. De hoge gevels van hallenkerken versterken het typisch stedelijke karakter van het stedelijke, monumentale plein. Dankzij de hoogte van de gevels verschaffen de grote vensters het interieur van de kerk enorm veel licht.

Sinds het midden van de veertiende eeuw werden in dit deel van Nederland en aangrenzend in Duitsland veel hallenkerken gebouwd. Sommige schrijvers zien in de hallenkerk representatie van het burgerdom, maar Kunst heeft erop gewezen voorzichtig te zijn met dit soort interpretaties.[105]

Welke bestaande kerk als concept aan de Deventer hallenkerk ten grondslag ligt, is moeilijk te zeggen. Vergelijkbaar is bijvoorbeeld de Zwolse Michaelskerk die ook parallelle daken heeft, maar geen hallenkoor, zoals bijvoorbeeld wel weer bij de Zutphense Walburgkerk het geval is. Uit relaties via de steenhouwersmerken blijkt dat de bouwloodsen waarmee sterkere banden waren, opvallend genoeg niet bij hallenkerken stonden, maar wel bij basilicale objecten met een behoorlijke omvang.[106] Hoewel de detaillering van de architectuur en het materiaalgebruik geheel passen in de lokale bouwtradities, lijken de vorm en het schema van de nieuwe bouwdelen vooral door de stedelijke machthebbers te zijn bepaald. Met de bouw van de door de stedelijke overheid gewenste kooromgang ontstond het zogenaamde hallenkoor. Hoewel het hoogkoor voor het kapittel gereserveerd bleef, werd een gelijkschakeling bereikt dankzij de even hoge en brede omgang. Individuele burgers en gildebroeders werden in de gelegenheid gesteld zich in het koor te manifesteren waarmee de exclusiviteit van het tot dan ontoegankelijke brandpunt van de kapittelkerk kwam te vervallen.

Noten

[1] Hollstein 1980, p. 35-38.
[2] De Vries 1986, p. 509-513.
[3] Janse heeft dit in de Nieuwe Kerk te Amsterdam ook aangetroffen, zie Janse 1965, p. 81, evenals in de Bovenkerk te Kampen en in de Bavokerk te Haarlem. Inkleuring met rood krijt vond hij ook in de Bavo te Haarlem.
[4] Voor deze passage ontving ik waardevolle suggesties van W. Haakma Wagenaar.
[5] Ter Kuile 1964, p. 25.
[6] De nummering verwijst naar de vermelding van deze merken in Janse en De Vries 1991, p. 85-129.
Merk 35 komt voor op de Utrechtse Dom (UTDOM 56, zuidwestelijke traptoren, 1466), het schip en het koor van de Grote Kerk in Dordrecht (DORGK 7, 1460-'70), noordelijke en zuidelijke zijbeuk van de Dom te Xanten (XTDOM 29, 1483-1519), ook op een vieringpijler in de Nieuwe Kerk te Amsterdam (AMSNK 18, ca. 1400), de Keulse Dom (KNDOM 769, ca. 1500) en de Sint-Jan in 's-Hertogenbosch (HBJAN 187, 1469-'78).
Merk 36 is ook aangetroffen op de Hervormde Kerk van Hasselt (HASHK 1, XVc), de Broederkerk (KPBRK 2, 1473-'90) en de Bovenkerk (KPBOK 51, 1470-'80) te Kampen.
Merk 39 eveneens in de Kamper Bovenkerk (KPBOK 59, zuidelijke zijbeuk 1480-'85).
Merk 40 ook op de Lebuinustoren (1459-1470), Dom Utrecht (UTDOM 58, zuidwestelijke traptoren 1466), 's-Hertogenbosch Sint-Jan (HBJAN 128, 1435-'52), de N.H. kerk in Sellingen (SELHK 1, XVB), de Dom in Xanten (XTDOM 44, noordbeuk, 1483-1519), de N.H. kerk te Valburg (VABHK 2, XV), de Dom van Keulen (KNDOM 338, XVB), de Annakerk te Gildehaus (GILAK 14, 1480), en de kerk te Veldhausen (VEHRK 3, ca. 1480).
Merk 41 op de Vispoort in Harderwijk (HARVI 3, XVA), Bovenkerk Kampen (KPBOK 6, 1450-'85), de Sint-Jan in 's-Hertogenbosch (HBJAN 170, 1445-'78), de Dom te Utrecht (UTDOM 77, 1469-'88), de Keulse Dom (KNDOM 404, XVB), en de Dom te Xanten (XTDOM 33, noordelijke en zuidelijke zijbeuk XVd).
Merk 42 Martinikerk Bolsward (BLW 2, 1446), de Sint-Jan te 's-Hertogenbosch (HBJAN 31, 1430-'40).
Merk 45 op de tweede geleding van de Lebuinustoren (1470-1480) en op de Dom in Xanten (XTDOM 54, 1483-1519).
[7] Ter Kuile 1964, p. 54.
[8] Zie de bijdrage van B. Dubbe in dit boek.
[9] Op suggestie van J.W. Bloemink, ook aangenomen door Hogenstijn 1983, p. 29.
[10] Hogenstijn 1983, p. 25.
[11] Hogenstijn 1983, p. 28.
[12] Hogenstijn 1983, p. 29.
[13] Dumbar 1719, p. 417.
[14] Hierop komen we later terug.
[15] Hogenstijn 1983, p. 39-40.
[16] Doornink 1938, p. 153-154.
[17] Ik dank collega Jaap Querido voor de hulp bij het identificeren van de natuursteen.
[18] GAD, Inv. nr. M.A. 150, 1486, 11v (transcriptie door Wijnand Bloemink).

19 Hoewel leidekkers ook werden ingeschakeld voor andere, relatief gevaarlijke klussen op grote hoogte (vriendelijke mededeling van W. Haakma Wagenaar).
20 Doornink 1938, p. 152.
21 Merk 77 is bekend op de zuidelijke zijbeuk van de kerk in Delden (DELDHK 3, 1464-'83).
Merk 47 (in spiegelbeeld) ook op de kooromgang van de Sint-Jan te 's-Hertogenbosch (HBJAN 9, 1410-1420).
Merk 49 komt voor in de Sint-Jan, 's-Hertogenbosch (HBJAN 121, zuidwestelijke transept, 1445-'52), de Dom te Keulen (KNDOM 613, XVB), de N.H. kerk te Delden (DEDHK 33, 1464-'80), Plechelmus Oldenzaal (ODZPL 11, 1480) en de Sint-Annakerk in Gildehaus (GILAK 7, 1480).
Merk 40, zie noot 6.
Merk 50 op noordportaal N.H. Kerk in Varsseveld (VARHK 1, ca. 1500) en zuidelijke zijbeuk N.H. Kerk te Doesburg (DOEMA 2, ca. 1500).
Merk 51 ook op de Sint-Jan te 's-Hertogenbosch (HBJAN 97, noordelijke transeptgevel 1445-'48) en de Bovenkerk in Kampen (KPBOK 20, schip, 1460-'80).
Merk 53 komt ook voor op de Sint-Jan te 's-Hertogenbosch (HBJAN 164, 1445-'70), de Utrechtse Dom (UTDOM 37, westelijke kloostergang, 1442-'60), de Grote Kerk in Dordrecht (DORGK 2, schip, ca. 1460), Buitenkerk Kampen (KPBUK 15, schip, 1450-'90) en de Münstertoren Bern (ca. 1489).
Merk 29 is ook bekend van de Noorderbergtoren in Deventer (DEVNB 1, ca. 1488) en de kooromgang van de Lebuinus (1486-1502), de Grote Kerk in Dordrecht (DORGK 33, ca. 1460) en de lantaarn van de Peperbus in Zwolle (ZWLOV 7, 1539).
Merk 54 ook van de Sint-Jan te 's-Hertogenbosch (HBJAN 20, koorkapel, 1420-'30) en de Grote Kerk te Dordrecht (DORGK 16, ca. 1470).
Merk 55 ook de Sint-Jan te 's-Hertogenbosch (HBJAN 8, kooromgang 1410-1450) en Grote Kerk Dordrecht (DORGK 3, schip ca. 1460).
22 Merk 21 ook in de kooromgang.
Merk 62 kooromgang van de Sint-Jan te 's-Hertogenbosch (HBJAN 25, 1420-'30), de Dom te Utrecht (UTDOM 61, zuidelijke transept, 1465-'70) en het zuidelijk portaal van de Dom in Xanten (XTDOM 27, 1483-1509).
Merk 23 ook op zandstenen consoles onder korbeelstellen in de bovenste verdieping van kasteel Rechteren te Dalfsen (DALRT 1, 1506) en de Bovenkerk in Kampen (KPBOK 50, 50, 1470-'80).
23 Merk 52 ook op de Plechelmus in Oldenzaal (ODZPL 7, zijbeuk 1480) en op de kerk in Veldhausen (VELRK 1, ca. 1500).
Merk 45 ook op de Dom te Xanten (XTDOM 54, 1483-1519).
Merk 58 ook op Sint-Jan 's-Hertogenbosch (HBJAN 129, 1445-'52).
Merk 59 ook in de Bovenkerk Kampen (KPBOK 56, schip lantaarn, noordelijke zijbeuk, 1470-'90).
24 GAD, Inv. nr. M.A. 150, 15r.
25 Hogenstijn 1983, p. 34 en 38.
26 Informatie hieromtrent ontving ik van collega H. van Nieuwenhoven die de zogenaamde oorlogsdocumentatie geheel toegankelijk heeft gemaakt.
27 Houck 1900, p. 17.

28 Vriendelijke mededeling van W. Haakma Wagenaar.
29 Schläpfer 1965, p. 100-112; L.A.M. Goossens OFM attendeerde op het feit dat Bernardinus een groot promotor was van de 'zoete naam Jezus', maar dat zijn predicaties passen in een aanzienlijk oudere, vooral franciscaanse traditie.
30 De Vries 1985, p. 228.
31 Naast de voornoemde voorbeelden in de Lebuinus en op de stadhuizen ook op een vijftiende-eeuws fragment van een glas-in-lood-venster in Zilverstraat 10 te Utrecht, zie Klück 1990, p. 252; op een uit 1538 daterende latei in de pastorie te Warffum, zie Meischke en Scheers 1990, p. 119.
32 Dr. F.A.H. van den Hombergh te Haren was zo vriendelijk de door hem getranscribeerde bronnen uit de Stadtbibliothek te Düsseldorf ter inzage te geven: Jacob Polius OFM en Adamus Bürvenich OFM (geschreven 1656-ca. 1666), 37 en 337; Adamus Bürvenich OFM (geschreven 1665 en later), 100: 'ipsius Brugmanni effigies ad mentum rasi et staturae gracilis, genuflectensis ad S. Bernardini pedes connexa erat'.
33 Vergelijk de houding van het Zwolse stadbestuur bij de komst van de Dominicanen aldaar, zie De Vries 1989, p. 9. Echter ook in steden als Alkmaar, Gouda, Zutphen, Kampen en in 1447/1448 te Mechelen op initiatief van de kloosterlingen, waar Brugman toen verkeerde, zie Bouritius 1985, 187-211 (vriendelijke mededeling van F.A.H. van den Hombergh te Haren).
34 Merk 71 is ook bekend van de Onze-Lieve-Vrouwe-toren in Kampen (KPBUK 39, XVB klein) en de kerk te Delden (DEDHK 64, 1464-1500).
Merk 18 ook bekend op de zuidelijke beuk van de Dom in Xanten (XTDOM 38, 1483-1519).
Merk 2 komt voor in de kooromgang van de Lebuinus (1486-1502), de Sint-Jan te 's-Hertogenbosch (HBJAN 153, 1445-'60), de Buitenkerk te Kampen (KPBUK 52, XVB) en de Dom te Xanten (XTDOM 11, 1483-1519).
Merk 69 ook Duivelshuis Arnhem (ca. 1540).
Merk 6 ook in Plechelmus Oldenzaal (ODZPL 10, zuidelijke zijbeuk 1480) en de Sint-Jan te 's-Hertogenbosch (HBJAN 21, Mariakoor, 1410-'20).
35 In het begin van de twintigste eeuw nog voorzien van een afgeknotte topgevel die omstreeks 1927 verwijderd is door Te Riele.
36 Ondanks de forse lagenmaat van 79 cm voor de hoogte van 10 lagen metselwerk.
37 De lagenmaat voor 10 lagen van het vullende metselwerk is 56,5 centimeter.
38 Schippers 1986, p. 23.
39 Schippers 1986, p. 23.
40 De kap met dubbele jukken heeft zeker twee verschillende systemen van gesneden merken: gewone gebroken merken oplopend van oost naar west van nummer 2 t/m 4, spant 5 en 6 in deze reeks gaan over in het 'Vlaamse' systeem waarbij in de V een streepje is toegevoegd. De eiken spanten in het meest westelijke vak zijn herplaatst in verband met het verwijderen van de westelijke geveltop en het maken van een dakschild (te zien op het stadsgezicht van Claes Jansz Visscher 1615). Spant 7 (Vlaamse merkwijze) zou men op grond van de nummeringsvolgorde tegen de westelijke gevel verwachten, maar is zonder spantbeen aan de zuidzijde opgelegd in de westelijke torenpijler (van de noordtoren).

Alle dateerbare monsters genomen uit de reeks nr. 2 t/m 6, inclusief de dekbalk van spant 7, tonen goede onderlinge synchronisatie en de hoogste overeenkomst met de Westfaalse standaardcurve.

Ook wanneer spant 7 van de westzijde afkomstig zou zijn, moet op grond van de volgorde van nummeren ter plaatse van de westelijke muurpijler spant nr. 1 gestaan hebben. Met andere woorden de bouw van de kap na het voorjaar van 1520 verhinderde verder bouwen aan de noordelijke toren.

De twee meest oostelijke (halve) spanten dragen een eigen nummering Y en YI (oplopend van west naar oost en interpreteerbaar als Vlaams merk). Het enige monster uit dit deel (spantbeen Y) bleek slecht te synchroniseren met die uit het westelijk deel van de kap en behoort derhalve tot een andere partij hout en mogelijk tot een andere periode. Een onafhankelijke datering van dit ene monster bleek helaas niet haalbaar (voor het vervolg is een nader onderzoek van de tweede jukken en van de sporen gewenst).

Eerdere bevindingen in de TH-afstudeerscriptie van Schippers 1986, p. 22, 23, 36 en 37.

41 Dumbar 1732, p. 411-412.
42 Ter Kuile 1964, p. 25.
43 Ter Kuile 1964, p. 44.
44 Dumbar 1732, p. 423.
45 Stenvert 1984, p. 42.
46 Dumbar 1732, p. 412.
47 Zie de bijdrage van W. Haakma Wagenaar aan dit boek.
48 De interpretatie van Stenvert is mijns inziens beter dan die van Ter Kuile; er staat inderdaad M CCCC L up den XXVIII dach van meie (...) Stenvert 1984, p. 26 in plaats van M CCCC L VII den XXVIII (...).
49 Ter Kuile 1964, p. 54.
50 Merk 29 ook Noordenbergtoren Deventer (DEVNB 1, ca. 1488), de lantaarn van de Peperbus in Zwolle (ZWLOV 7, 1539), de Grote Kerk in Dordrecht (DORGK 33, ca. 1460).
Merk 1 komt voor op de Onze-Lieve-Vrouwe-toren (Buitenkerk) te Kampen (KPBUK 52, XVB), op de zuidzijde van de Dom in Xanten (XTDOM 11, 1483-1519) en de Sint-Jan te 's-Hertogenbosch (HBJAN 153, vieringboog west, 1445-'60).
Merk 4 ook zuidelijk portaal Dom Xanten (XTDOM 19, 1494-1509) en de Sint-Jan te 's-Hertogenbosch (HBJAN 111, 1469-'78).
Merk 23 is ook in kasteel Rechteren te Dalfsen (DALRT 1, ca. 1506) gevonden en op de Bovenkerk in Kampen (KPBOK 50, 1470-'80).
Merk 9 ook bekend van de lantaarn op de Peperbus te Zwolle (ZWLOV 17, 1539).
Merk 3 ook bekend op de onderzijde van de bekleding die ca. 1488 tegen de Noordenbergtoren in Deventer is aangebracht (DEVNB 4).
Merk 54 ook zuidelijke zijbeuk N.H. Kerk Doesburg (DOEMA 8, ca. 1500).
Merk 58 ook Dom Xanten, noordbeuk 1483 e.v. (XTDOM 41)
Merk 6 ook op de Plechelmus in Oldenzaal (ODZPL 10, 1480) en de Sint-Jan in 's-Hertogenbosch (HBJAN 21, 1420-'30).
Merk 8 ook de Martinikerk te Groningen (GRMAR 8, 1470-'80), de Sint-Laurentiuskerk in Schüttorf (SCHLK 22, 1502), de kerk de Brandlecht (BRARK 8, 1505) en de kerk te Uelsen (UELRK 15, XVIa).
Merk 34 op de Oldehove te Leeuwarden (LEEOL 31, 1529-'35), de lantaarn van de Peperbus in Zwolle (ZWLOV 3, 1539) en de Keulse Dom (KNDOM 375, XVB).
51 Houck 1900, p. 5 en 6.
52 Mekking 1973, p. 147-152.
53 Merk 73 ook lantaarn Peperbus Zwolle (ZWOLOV 5, 1539).
Merk 34 ook Oldehove Leeuwarden (LEEOL 31, 1529-'35), Peperbus Zwolle (ZWLOV 3, 1539) en de Keulse Dom (KNDOM 375, XVB).
Merk 25 ook op de Dom in Xanten (XTDOM 45, 1483-1519); aan dit later gevonden merk is het nummer 25 meegegeven omdat de in Janse en De Vries 1991, 102-103 DEVLB 25 hetzelfde is als DEVLB 10.
54 Een zeer levendige beschrijving over het functioneren van de Lebuinustoren is te vinden in hoofdstuk II van Hogenstijn 1983.
55 Bandmann 1979, p. 82-113.
56 Bijvoorbeeld te Zwolle gevonden in het Broeren-, Bethlehem-, en Sint-Geertrudisklooster, evenals in de voormalige pastorie van de Michaelskerk aan de Lombardstraat.
57 Van Dijk 1982.
58 Dumbar 1732, p. 76 en 77.
59 Hogenstijn 1983, p. 48.
60 Een nog later ontwerp met drie torens ten behoeve van het westwerk van de Sint-Pieter te Leuven dateert van omstreeks 1525 en is vervaardigd door Joost Metsys, zie Meischke 1988, afb. 37, 37a, 37b en p. 142.
61 Mekking 1989, p. 129-151.
62 Ter Kuile 1964, p. 61-63.
63 Warnke 1979, p. 60, 129.
64 Meckseper 1982, p. 216 en Beeh 1959, p. 51.
65 Beeh 1959, p. 52.
66 Aanvankelijk was vooral de kubische romp met zijn poort en arcade het teken van de wereldlijke macht, en het achtkant het symbool van de kerk en de nederdaling van de Hemelse stad op aarde, zie Mekking 1989, 137-144. In de loop van de vijftiende eeuw zal de gehele toren in toenemende mate als 'aards' teken worden beschouwd. De reactie van Geert Grote op de Domtoren wijst hier ook al op.
67 Zilverberg 1951, p. 19-21.
68 Nagge 1915, p. 271.
69 Arkelstein, Holten, Diepenheim, Coevorden, Kuinre en Vollenhove, zie Berkenvelder 1991, nr. 2263, 2264, 2547, 2807, 2833, e.a.
70 Zilverberg 1951, p. 25-27.
71 Zilverberg 1951, p. 26-28.
72 Westra van Holthe 1958, p. 112-114.
73 Zilverberg 1951, p. 33-41.
74 Peters 1977, p. 106-109, afb. 73-83.
75 Zilverberg 1951, p. 32.
76 Ter Kuile 1946, p. 42, 47; Ozinga 1953, p. 21-24; Besselaar 1972, p. 31, 44.
77 Mekking 1992, p. 3 en 4.
78 Mekking 1992, p. 11 en 12.
79 Mekking 1992.
80 De Beaufort en Van den Berg 1968, p. 250-258.

81 Mekking 1992, p. 15-17.
82 Zilverberg 1951, p. 73-86.
83 Van Heusden 1723, p. 287.
84 Rosenberg 1962, p. 205-207.
85 Rosenberg 1962, p. 206.
86 Deze jaartallen dank ik aan collega G. Berends.
87 Wijnand Bloemink zal hierover in het Deventer Jaarboek een artikel schrijven.
88 Sterk 1980, p. 61.
89 Aansluitend zijn vermeldenswaard de twee geledingen hoge toren van Workum die na een brand van 1523 moet zijn gebouwd en de in 1537 gestichte dorpstoren van Peperga die een achtkant heeft.
90 Labouchere 1935, p. 190.
91 Labouchere 1935, p. 183.
92 Hofkamp 1911, p. 9; met enkele handgeschreven verbeteringen in het exemplaar van de RdMz.
93 Rondom de Oldehove 1938, p. 72.
94 Rondom de Oldehove 1938, p. 73.
95 Rondom de Oldehove 1938, p. 86.
96 Van Hattum V 1775, p. 147-148. Uit het daarop volgende spreekt duidelijk de taal der rigoristen: 'Dese Timmeringe heeft veel gekost, alles tot nadeel van dese goede Kerke, ende tot verkortinge der armen. Men mag seggen dese Kerke hadde voor dese timmeringe goede opkomsten, en deylde den Armen op sekere tyden haar Brood &c: na dese timmeringe heeft sy grote jaarlyxe rente [te betalen], als men nog speurt, ende den armen kan se niet geven. Item voor dese timmeringe was den Toorn boven dichte; na dese timmeringe is die Toorn ondigte, ende blyfd ondigte overmids onvermogentheid van dese Kerke' (p. 148).
97 Van Hattum V 1775, p. 145-146.
98 De Vries I 1954, p. 174 en 176.
99 Zwolle, G.A., regesten 17 juni 1538, en 18 en 30 januari 1540.
100 Van Mierlo 1991, p. 158-159.
101 Ter Kuile 1958, p. 216.
102 Ter Kuile 1974, p. 93.
103 Boockmann 1986, p. 191v.
104 Meckseper 1982, p. 220-221.
105 Kunst 1971, p. 49.
106 We noteerden relaties met de Sint-Jan in 's-Hertogenbosch, de Dom te Utrecht, de Bovenkerk te Kampen en de Dom in Xanten. Het zou interessant zijn, nog eens de architectonische details van de overeenkomstige bouwfasen van die kerken met elkaar te vergelijken.

Anderhalve eeuw steigers rond de kerk (1846-1990)

H. F. A. Rademaker

Inleiding

Het regent het regent, de pannen worden nat,
Er waren twee soldaatjes, die vielen op hun gat.

Zouden kinderen dit liedje in 1846 al gezongen hebben op het Grote Kerkhof, aan de voet van de Lebuinuskerk? Misschien, soldaatjes waren er toen genoeg en plassen om in te vallen nog meer, als we bedenken dat regenwater pas rond 1900 in de stedelijke ingewanden zou verdwijnen.
De regen, die daar beneden aan de voet van de kerk neerkletterde en volgens het versje zoveel plezier bracht, bleek boven op het dak van de kerk al jaren een bron van ellende te zijn geweest. Zo erg zelfs dat op dat ogenblik de steigers weer eens rond de kerk waren opgetrokken om de kwalijke gevolgen van alle lekkage te verhelpen.
Het zat de timmerlui en metselaars niet mee, vooral in de winter toen het herstelwerk niet liep als gedacht. In een brief van 7 april 1847 beklaagde Nering Bögel[1] zich bij de kerkvoogden over het uitblijven van de betaling voor de 424 ellen gietijzeren goten die hij had gereedgemaakt en die op 15 november 1846 volgens contract gereed hadden gestaan maar nog steeds niet volledig waren afgenomen.[2] Of de kerkvoogden hem een net antwoord gaven vermeldt de historie niet; wel dat werd 'bepaald daaraan te voldoen en den ontvanger tot uitgave dier som te magtigen'. En daar ging het toch om?[3]

Wie de vergadernotulen van de kerkvoogden doorbladert, komt onder de indruk van hun niet aflatende zorg voor de beide grote stadskerken[4] en alle kleine bouwsels die daaraan vastzaten of omheen stonden. Voortdurend waren de kerkvoogden daarmee bezig. Voortdurend moest er geld komen om de dikwijls kostbare onderhoudsbeurten of vernieuwingsplannen voor elkaar te krijgen. Aan beide kerken moest ongeveer eens in de veertig á vijftig jaren groot onderhoud worden verricht.
De nieuwe ijzeren goten, die boven op de buitenmuren zouden komen, dienden naar alle waarschijnlijkheid ter vervanging van een loodbekleding. Het is niet onmogelijk dat deze loodbekleding, die met warmte steeds uitzette en met koude nooit kromp[5], op zoveel plaatsen was gescheurd – en dus lekkage veroorzaakte – dat vervanging aantrekkelijk leek.

Deze vervanging van de goten werd het begin van een uitvoerige restauratie. Uitwendig werd het natuursteenwerk van muren, steunberen, balustraden en ramen grondig onder handen genomen, een werk dat pas in 1885 zou worden voltooid.
Tien jaar eerder, in 1875, waren in de kerk twee middeleeuwse muurschilderingen ondekt. Op verzoek van enkele heren uit Den Haag, leden van de Rijkscommissie van Adviseurs voor Oud-Vaderlandse Geschiedenis en Kunst, werden deze schilderingen niet meer overgewit maar bewaard als relieken van een oud en eerbiedwaardig verleden.[6] Door de commissieleden en vooral door de secretaris Victor de Stuers moet er toen uitgebreid zijn gesproken met de Deventer heren, en met succes. Alle acties die in de stad en daarbuiten rond het behoud van dit gebouw zouden volgen, wijzen er op dat de kerk van toen af aan niet werd beschouwd als het kerkgebouw van alleen de Nederlands Hervormde Gemeente. Het was een monument van geschiedenis en kunst. En daarom zou, zo de kerkvoogden het onderhoud van hun kerk niet meer volledig uit eigen middelen konden bekostigen, de overheid moeten bijspringen.
De beide muurschilderingen werden na rijp beraad met de kerkvoogden afgedekt met een gordijn tegen de nadelige invloed van het daglicht, zo blijkt uit de notulen van de kerkvoogdij.[7] In werkelijkheid echter zal het gordijn veeleer gediend hebben om die kerkgangers, die in de schilderingen nog steeds het afgodendom herkenden, geen aanstoot te geven. Ook al toonde Deventer zich hierin aan de smalle kant, van toen af groeide de overtuiging dat pas een nieuwe en grondige restauratie van het gebouw recht zou doen aan zijn rijke verleden, en daarenboven zijn behoud zou kunnen veilig stellen.

Toch zou dat nog jaren duren, jaren waarin stadsbouwmeester W.C. Metzelaar, tot aan zijn vertrek in 1883, en J.A. Mulock Houwer na hem voortgingen met de uitvoering van werk dat geen uitstel kon leiden. In 1900 vertrok Mulock Houwer naar Groningen en werd hij opgevolgd door W.F.C. Schaap. Maar toen in 1905 de nieuwe restauratie op gang kwam, koos men niet Schaap maar Wolter te Riele als architect. Hij was een man die, daarin voorgegaan door zijn vader, al menig neogotisch bouwwerk op zijn naam had staan en dientengevolge, zo mogen we aannemen, de onderbreking vormde in de lange reeks

stadsbouwmeesters die voordien de zorg voor de kerken als vanzelfsprekend behartigden.
Wolter te Riele zou, daartoe aangezet door dr. P.J.H. Cuypers, de ijzeren goten van Nering Bögel slopen en vervangen door nieuwe van hardsteen, een ingrijpende operatie die samenviel met de complete vervanging van de toen nog aanwezige middeleeuwse kappen. Ook dit werk vergde veel tijd. Na ruim vijftien jaren vond op woensdag 8 juni 1921 de plechtige onthulling plaats van de gedenksteen die nu nog te zien is in de magistraatskapel. Vier jaren later was er misschien nog een feestje toen ook het westportaal met hoofdingang was klaar gekomen.
Vrijwel onmiddellijk daarna kwam er opnieuw geld op tafel en hebben de kerkvoogden, meegezogen in de stroom van Cuypers en Te Riele, zich gewaagd aan de ontpleistering van de binnenkant van hun kerk. Nu nog is onvoorstelbaar hoe de definitieve sloop van de binnenarchitectuur van het imposante gebouw kon gebeuren. Zonder enig verzet, zo lijkt het, konden ze 25 jaren hun gang gaan.
Korte tijd daarna bleek het opnieuw nodig te zijn de ramen onder handen te nemen. Ingeleid door oorlogsschade kwam dit werk in 1942 tot uitvoering. Voor het eerst na eeuwen kon van toen af definitief worden afgerekend met de kwalijke gevolgen van het ijzer dat voorheen steeds gebruikt was om de ramen aan hun stenige omgeving te verankeren.
Ook tijdens de jongste restauratie is de toen gerealiseerde verankering met roestvrij materiaal weer toegepast, nu in de steunberen en in het overige gevelwerk. Nu zijn ook de hardstenen goten buiten bedrijf gesteld. Nieuwe van koper ontvangen sindsdien het regenwater van het dak.

De restauratie uit de tweede helft van de negentiende eeuw

In het midden van de vorige eeuw moet het gebouw er slecht aan toe zijn geweest. In 1845 waren Jan Kok en Zoon voor f 1.027,50 de laagste inschrijvers op een omvangrijke reparatie van het dak. Zij moesten behakken '260 Rijst ruwe leijen door heeren Bestederen te leveren (...)'[8] Naar tegenwoordige maatstaven ging het om een oppervlakte van misschien 2.500 m².
Het werk ging gepaard met uitgebreid herstel van het dak en van de dakvoet waartegen immers op de buitenmuren rond het hele gebouw de (giet)ijzeren goten kwamen.
De stadsbouwmeester moet een fervent voorstander van die oplossing zijn geweest, in ieder geval is hij het later geworden.
In 1869 schreef hij naar aanleiding van een soortgelijke situatie bij de Bergkerk: '(...) al was het verschil duizend gulden dan nog houdt den ondergetekenden zich overtuigd dat het zijn pligt is om bij het collegie van Kerkvoogden met klem er op aan te dringen dat er gooten langs het dak worden aangebracht. De muren hebben reeds teveel van het afloopende water geleden; van buiten en van binnen kan men de sporen daarvan waarnemen (...)'[9]
Het dak mocht dan, waarschijnlijk in de loop van 1847, weer dicht zijn, de kerkvoogden realiseerden zich goed wat hun nog te wachten stond. In de notulen van 24 november van dat jaar lezen we: '(...) wat de raming der uitgaven betreft wordt opgemerkt dat aan de Groote Kerk bij voortduring nog buitengewone aanzienlijke herstellingen nodig zijn (...)'[10]
Toch waren er af en toe ook meevallers, zo lijkt het tenminste. Toen het in de vergadering van 26 mei 1851 ging over de f 970,— die een zekere H. Johannes vroeg voor het afstoffen en bijwerken (witten dus) van de gewelven, moet dat niet te duur zijn geweest.[11]
Op 26 augustus tenminste werd besloten: '(...) om bijaldien de beschikbare post der begroting zulks toelaat 128 rozetten ontbrekende in het gewelf der Grote Kerk in gegoten ijzer te doen daarstellen en aan den President op te dragen, na den bouwmeester te hebben gehoord, voor de uitvoering zorg te dragen (...)'
Wie in de kerk goed kijkt, ziet dat de sluitstenen inderdaad nep zijn, maar ... met bladgoud overdekt, moeten ze heel mooi geglansd hebben in de toen opnieuw weer witte kerk.[12]

Doorbladerend lezen we dat er in 1848-1849 opnieuw werk in uitvoering was. Eerst was men binnen doende het koor af te scheiden van de open kerkruimte. Daarna werd in een deel van de kerk de vloer verhoogd. En dan volgden in het jaar daarop de eerste drie ramen bij het kostershuis.[13] Daarna, in 1852, werden aan het Grote Kerkhof de steigers opgetrokken voor het eerste raam in de zuidgevel, naast de toren[14]. Een jaar later volgden opnieuw twee ramen en een steunbeer en in 1854 opnieuw twee steunberen. Zo werkte men verder jaar na jaar totdat in 1885 in het koor de laatste vijf ramen, tezamen met nog zeven steunberen onderhanden waren genomen. Toen was de kerk klaar. Het dak, de goten, de balustraden erlangs, de gevels met steunberen en pinakels, en de ramen inclusief het glas waren onderhanden geweest, gerepareerd waar nodig en, te oordelen naar de bewaarde bestekken, gedeeltelijk ook vernieuwd.
Veertig jaren was er gewerkt, maar hoe? Hoe had het gebouw er eigenlijk uitgezien toen in 1845 nog moest worden begonnen? Uit de notulen valt dit nauwelijks op te maken. De kerk is toen niet getekend of beschreven. Bovendien, de notulen waren bedoeld voor de eigen kring en die had aan een half woord genoeg. Overigens, zo'n half woord zou, zo wij het nu nog konden horen, wellicht een antwoord hebben gegeven op de vraag waarom op de prent van de 'Le Buineskerk tot Deventer' de kap boven de Magistraatskapel ontbreekt (afb. 92).

Afb. 92 Magistraatskapel zonder opgaand dak. Tekening van Cornelis Pronk, 1729. Deventer, Coll. Museum De Waag (foto Gemeentelijke Archiefdienst Deventer).

Wat opvalt bij alle geredekavel, is het ontbreken van enige verwijzing naar de historische betekenis van het gebouw, tenminste niet vóór 1875 toen van regeringswege die relatie wèl werd gelegd. Toch bezaten de kerkvoogden al sinds 1841 een ministeriële nota tezamen met een soortgelijk papier van de gouverneur over het behoud van 'in- en uitwendige bouwkunstige versieringen' aan kerken.[15] Zij, of waarschijnlijker hun voorgangers zullen beide stukken wel gelezen hebben. Ook zij hebben er zich, zoals later blijken zal, op verschillende punten wat van aangetrokken.
Maar nog eerder moeten zij begrepen hebben dat hun kerkgebouw de interesse van oudheidkundigen had gewekt. In de vierde jaargang van de Overijsselsche Almanak voor Oudheid en Letteren was, in 1838 al, een verhandeling verschenen over 'De Krocht in de Groote Kerk te Deventer', over de kelder die, volgens de auteur P.C. Molhuijsen, toen diende 'voor het bergen van overtollig zand, doodbaren, kalk en dergelijke voorwerpen'. Molhuijsen[16] wees in zijn artikel op de mogelijke herkomst en betekenis van die onderaardse ruimte. Zijn publikatie kreeg een vervolg in de Almanakken van 1841 en in die van 1842, toen ook een getekende plattegrond werd toegevoegd en vier doorsneden met zicht op de binnenwanden. Te oordelen naar deze tekeningen is toen, mee door zijn toedoen waarschijnlijk, de aanvankelijk nog aanwezige vloerverhoging in de crypte ongedaan gemaakt. In de notulen van de Kerkeraad en Kerkvoogdij wordt er niet over gerept; geen punt kennelijk om bij stil te staan.
In de notulen van de kerkvoogdij komt deze zorg voor het gebouw als monument voor het eerst ter sprake in 1875, nadat de Haagse referendaris zich rechtstreeks tot hen had gewend naar aanleiding van de aanbesteding voor een wit-beurt van het interieur van de kerk[17]. En dan is er nog die datum van 12 juli waar we in de notulen lezen dat de president-kerkvoogd toezegt zich tot de Rijkscommissie te zullen wenden over de vondst van de twee muurschilderingen.
Hoe toen alles ook verlopen moge zijn, de adviseurs lieten in ieder geval snel van zich horen. Ze documenteerden wat gevonden was, en – als allerbelangrijkste – ze staken de Deventer heren een hart onder de riem. Er werd gesproken over mogelijke toekomstige subsidies. Anderhalf jaar daarna, zo lezen we in de notulen van de vergadering van 4 maart 1877, werd door de secretaris een conceptbrief ter tafel gebracht waarin de kerkvoogden zich richtten tot de Minister van Binnenlandse Zaken met het verzoek om een rijksbijdrage voor een volledige uitwendige restauratie van de kerk. Besloten werd het verzoek op gezegeld papier te verzenden.[18] Maar bij die eerste brief zou het niet blijven. Jarenlang is, keer op keer, geschreven en werd zegelrecht betaald, allemaal spieringen voor de kabeljauw die pas in 1904 aan de haak kon worden geslagen, 27 jaar na het eerste officiële verzoek.

In hetzelfde jaar 1877 maakte de stadsbouwmeester W.C. Metzelaar nogmaals een beschrijving en kostenraming van alle noodzakelijke reparaties en van hetgene dat, hoewel niet urgent, toch gewenst was. De totale kosten schatte hij op ƒ 14.700,–. Een omvangrijk werkplan wanneer we ons realiseren dat alleen al voor het grote raam in het westportaal met alle natuursteenwerk daar omheen ƒ 1.800,– en voor de zes koorramen inclusief alle natuursteen, ijzer en glas-in-lood, ƒ 6.900,– in dat bedrag waren opgenomen. En weer gingen de steigers omhoog, in datzelfde jaar nog, en werd het westportaal aangepakt. In 1885 volgde de kooromgang: zes ramen met zeven steunberen en met alles wat zich daarboven en daartussen bevond. 'Kerkvoogden menen dat wat zonder eenige hulp van buiten tot heden is geschied wel eenige aanspraak geeft op voltooiing door het Rijk van het bereids zoover gevorderde restauratiewerk. Hier is toch reeds getoond wat men zelf wilde doen, wat men enigzints kon (...)'[19] Dit staat vermeld bij een herhaald subsidieverzoek uit 1881.

De eerder gestelde vraag naar het uiterlijk van het gebouw, voordat met het werk werd begonnen, is moeilijk te beantwoorden omdat, als reeds vermeld, beschrijvingen of foto's van vóór 1845 ontbreken. Wel weten we dat de middeleeuwse kappen nog beston-

Afb. 93 Kerk met het nog middeleeuwse dak omstreeks 1850. Staalgravure. Deventer, Coll. Museum De Waag. (foto Gemeentelijke Archiefdienst Deventer).

den: drie lange kappen naast elkaar. Eén in het midden reikend vanaf de westgevel boven de hoofdingang tot aan de omgang achter het hoofdkoor, en twee boven de beide zijbeuken.

De zuidelijke kap was tegen het torenlichaam aangebouwd, de noordelijke tegen een gevel met wolfseind die zich toen nog boven de scheidsmuur met de Mariakerk bevond (afb. 93). In het oosten, bij de Grote en de Kleine Poot kon het daar rondlopende deel van de kooromgang niet gedekt worden door deze drie kappen. Daarom waren er daar drie tentdaken. De Magistraatskapel tenslotte had een kap, zoals we die daar ook nu nog zien, alleen zonder torentje.

De middeleeuwse kappen zijn in die periode nauwelijks veranderd. Wel weten we van aanpassingen aan de dakvoet om daar een goede verbinding met de gietijzeren goten te kunnen maken. Deze goten werden in delen aangevoerd, ter plaatse aan de onder- en zijkanten ingemetseld en onderling met twee schroeven verbonden, waarna alles nog eens met een dikke menieverf werd overgeschilderd. Om de verfhuid van het ijzerwerk in het gebruik niet te beschadigen(?) legde men in de goten '26 streeps Nervaasch[20] greenen deelen', planken die plaatselijk werden ondersteund door regels. In de notulen lezen we dat ze op gezette tijden werden geschilderd, net als de goot. Soms werden de planken ook wel geteerd en uiteindelijk natuurlijk vernieuwd.[21] Hoe breed de goten waren is niet precies bekend. Zowel voor de eerste opvang en berging van het regenwater maar ook om er goed door te kunnen lopen zal tussen dakvoet en balustrade, net als nu, wel ongeveer 30 cm ruimte zijn geweest.

Naast de gietijzeren goten, die aan de voet van de daken boven in de buitenmuren rond de kerk waren aangebracht, waren er natuurlijk ook de zakgoten tussen de kappen onderling. Deze zullen hoogstwaarschijnlijk een loden bekleding hebben gehad en gehouden, hoe moest het anders! De afvoer van het water uit die goten was een moeilijk punt. Hier moest een keuze worden gemaakt tussen twee kwade oplossingen.

De eerste was het water rechtstandig naar beneden voeren. In dat geval zouden de pijpen binnen langs de pilaren tussen middenschip en zijbeuken uitkomen, en moest vandaar een riolering onder de zerken door worden gevoerd. De tweede oplossing lag in het gebruik van zogenaamde Keulse goten die het water dwars door de daken terzijde, dus over de gewelven van de noordelijke en zuidelijke zijbeuken, naar de goten op de buitenmuren moesten voeren (afb. 94 en

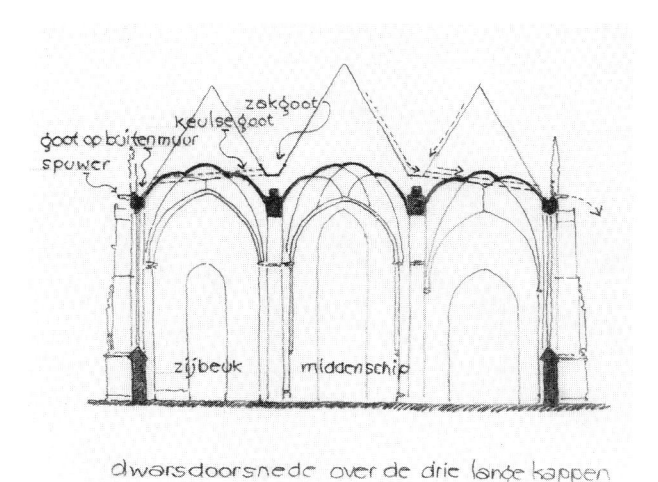

Afb. 94 Keulse goten die het hemelwater, tussen de gewelfkappen van de zijbeuken door, naar de goten op de buitenmuren voeren, zo niet sneeuw of afgevallen leien dit beletten (tekening H.J.A. Rademaker).

95). Er bestaan geen concrete aanwijzingen dat deze laatste oplossing werd gekozen. Toch zal er nauwelijks een andere mogelijkheid zijn geweest. Wel bestaat er een blauwdruk, waarschijnlijk uit 1907[22], waarop door architect Te Riele de dan bestaande en de door hem nieuw geplande hemelwaterafvoeren staan aangegeven. De oude pijpen zijn alle gesitueerd aan de buitengevels, drie stuks aan de zuidgevel, drie stuks aan de noordgevel en twee stuks aan de oostzijde van de kerk. Ook die zakgoten moeten zo breed zijn geweest dat een man er doorheen kon lopen, al was het maar om er 's winters de sneeuw uit te kunnen scheppen.[23] Alhoewel we van wateroverlast in de kerk nauwelijks lezen, moet de middeleeuwse kapconstructie met twee lange zakgoten over de volle lengte van het gebouw zeker narigheid hebben veroorzaakt. Toen Te Riele later de kapconstructie ingrijpend veranderde, bereikte hij op dit punt in ieder geval een verbetering (afb. 96).

Naast de zorg voor een afdoende afvoer van het hemelwater stond die voor bescherming tegen het vuur. In de notulen lezen we regelmatig over de noodzaak tot een verzekering van het gebouw tegen brand. Loodgieters met open vuur, nodig voor de reparaties aan de loden goten, waren hoogst gevaarlijke lieden. Concrete maatregelen om hun werk veilig te doen uitvoeren, kwamen verschillende keren aan de orde. Naar aanleiding van 'een missive uit Zwolle' in 1851, wanneer de ijzeren goten juist zijn aangebracht, lezen we: '(...) (om)dat alhier ter stede (Deventer) het afbranden van gebouwen zeer zeldzaam voorkomt en bij het bestaan van zeer goed werkende stedelijke reglementen en middelen tegen brand de overtuiging bestaat dat het niet raadzaam is de gebouwen zelve te verzekeren, terwijl zulks in vroeger jaren herhaaldelijk door dit collegie aldus (wel verzekeren) is verstaan, toen nog de goten der kerk met lood bedekt zijnde dikwerf herstellingen, welke het gebruik van vuur op daken noodig maakten, zoodat men nu die gooten met ijzeren zijn verwisseld, geene reden heeft om van de vroeger genomen besluiten in dit opzicht af te gaan'.[24]

Het lijkt er op dat het Provinciaal Kollegie dat in zijn 'missive' van 16 april 1851 vroeg naar de hoogte van de verzekering van de Deventer kerk, het verzekerde bedrag[25] nogal aan de lage kant vond. Want na het bericht van de kerkvoogden was Zwolle er kennelijk niet helemáál zeker op; aan hun goedkeurende antwoord voegen zij toe: 'dat behalve het mobilair en het orgel, men zich bij de assurantie der kerkgebouwen nog kan bepalen bij het dakwerk en het verwulfsel'.[26]

De meeste tekeningen en prenten of een enkele oude foto van de kerk rond 1850 tonen het gebouw gezien vanaf het Grote Kerkhof of van één van beide Poten (afb. 97 en 98). De gevels met de ramen en steunberen zijn altijd veel duidelijker zichtbaar dan het dak dat meest met een enkele lijn is getekend of op de foto wazig blijft. Ook zien we er nog de bebouwing aan de voet van de kerk tegen de zuidgevel, links en rechts van de Magistraatskapel en de woonhuizen die even verder stonden, in en naast de doorgang tussen de beide Poten en de Armenkamer die tegen de noordkant van de toren stond geleund (afb. 93).

Afgezien van al deze verdwenen aanbouwen, lijkt het beeld van de kerk min of meer gelijk aan dat van vandaag. En toch, wie goed kijkt, ziet dat de afwerking van de balustrade, op de grens tussen dak en gevel, er toen heel anders uitzag en veel rijker was dan nu. Boven de horizontale dekplaat ging het stenen kantwerk van daaronder nog door en leek de balustrade wel tweemaal zo groot (afb. 99). Het waren de 'canteelen aan de einden afgewerkt met gothische tulpen'.[27] Ook de pinakels die de steunberen op die hoogte bekroonden zagen er anders uit. Met name hun detaillering met hogels en kruisbloemen was veel fijner (afb. 100). De spuwers die eens het regenwater vanuit de goten ver van de gevel wegvoerden, waren eleganter en minder zwaar dan die van vandaag.

Op de prenten en foto's blijft dit grotendeels onzichtbaar. Daarvoor moeten we gaan kijken bij de steunbeer rechts naast de torentrap of links daarvan onder de eerste torentrans of aan een gevel in de Menstraat, waar de door Te Riele later afgekeurde spuwers nog aanwezig zijn of nadien bij een restauratie als versiering werden aangebracht (afb. 101). Ook van de oude pinakels zijn er nog te over. Te Riele gebruikte ze als ze goed waren, zuinig, op een plaats waar ze toch niet opvielen. Wie op de Kleine Poot vlak aan de gevels tegenover de kerk omhoog kijkt kan ze daar nog zien, tezamen met een aantal nieuwe (afb. 102).

Afb. 95 Een nu nog in de kap van Polstraat 18 te Deventer functionerende Keulse goot (foto Gemeentelijke Archiefdienst Deventer).

Afb. 96 De nieuwe kap van Te Riele (foto Rijksdienst voor de Monumentenzorg, Zeist 1959).

Reeds Looman, de voorganger van Metzelaar, had van 1850 af tot en met 1858, jaar in jaar uit aan de kerk gewerkt. Daarna was tot 1885 het tempo wat ingezakt, zij het dat Metzelaar, die in 1883 vertrok, nog de voorbereiding en uitvoering verzorgde voor omvangrijk werk aan de kooromgang. Zo maakte hij in 1873 ondermeer het eerste raam van de kooromgang, direct oostelijk van de Magistraatskapel. Tot dat tijdstip was daar het muurwerk, volgens het bestek van toen, gesloten geweest.[28] Van de meeste van deze werken zijn de bestekken bewaard gebleven. Wat daarin opvalt is de zorg voor de uitvoering van het nieuwe werk, dat zo getrouw mogelijk het toen nog aanwezige 'originele' werk diende te volgen: 'De kepels zal men ter hoogte van de kruisbloemen op de bekroning boven het lijf uit één stuk volgens teekening moeten vervaardigen, de vest (= basement) mede uit een stuk alles voorzien met kruisbloemen, hogels, standaardlijsten enz. zoo als de teekening aangeeft en nadere uitslagen in het groot dit zullen voorschrijven, bij welke men met de grootste naauwkeurigheid de bestaande voorbeelden aan de kerk en toren zal volgen'.[29] Of: 'Hoewel de voorhanden detailteekeningen met zorg zijn opgemeten is de aannemer verplicht deze met de werkelijkheid te vergelijken ten einde fouten ontstaan door afwijkingen in de bijzondere afmetingen te voorkomen (...) Bij de uitvoering der details moet niet alleen het oog gehouden worden op de teekeningen alleen, doch moet, gelijktijdig door het vergelijken (naar de vorm) van nog oorspronkelijke ornamenten gestreefd worden (...)'[30]

Eenzelfde zorg lijkt ook aanwezig bij de kerkvoogden wanneer hun wordt aangewreven partijdig te zijn geweest in hun keuze voor H.H. Beltman als steenhouwer voor uit te voeren werk. Andere patroons hadden geklaagd bij het Provinciaal Collegie van Toezicht. In hun antwoord van 18 maart 1864 voerden de kerkvoogden aan: 'dat hoewel zij de juistheid der opgegeven cijfers niet hebben onderzocht, als minder ter zake afdoende, bij vroegere herstellingen aan ramen en penanten aan de Groote Kerk, nimmer openbare aanbestedingen hebben plaats gehad, waartoe Kerkvoogden zich ook door geene enkele wet of reglement gebonden achten, maar dat wel de bestekken aan twee à drie steenhouwers zijn aangeboden geweest ten einde na bekomen opgave van prijs daaruit eene keus te doen; dat daarbij echter nimmer in aanmerking zijn genomen metselaars, nog veel minder andere werkbazen; dat ook dergelijk kunstwerk niet geschikt is voor eene openbare aanbesteding en zelfs niet door iederen steenhouwer naar eisch kan worden verrigt zooals de ondervinding aan kerkvoogden heeft geleerd, dewijl

Afb. 97 De kooromgang aan de Kleine Poot in 1861. Tekening van Cornelis Springer. Deventer, Coll. Museum De Waag (foto Gemeentelijke Archiefdienst Deventer).

Afb. 98 Huizen aan de Grote Poot omstreeks 1880. Daarboven de kooromgang van de kerk. Anonieme pentekening. Deventer, Coll. Museum De Waag. (foto Gemeentelijke Archiefdienst Deventer).

het niet genoeg is de afmetingen correct te maken en de lijnen den juisten loop te geven naar het plan en de teekening, maar dat er in het werk geest en leven moet zitten; dat er tusschen het werk van den eenen steenhouwer en den anderen evenveel onderscheid bestaat als tusschen dat van verschillende teekenaars. Het werk van den discipel zal in afmeting en beloop van lijnen volmaakt gelijk kunnen zijn aan dat van den meester en toch zal dat van den discipel geene de minste kunstwaarde bezitten en dit is wat Kerkvoogden voor oogen hebben gehouden'.
'Het werk in kwestie (een nieuwe ingang onder het grote raam van de Magistraatskapel) maakt het glanspunt uit van het geheele gebouw en Kerkvoogden zouden zich dus niet voor zich zelven verantwoord rekenen als zij dat werk niet aan beproefde handen toevertrouwden. Het meerendeel der Kerkvoogden zouden zelfs liever dit gedeelte niet zoodanig restaureren, als ze niet vrij waren daartoe werkelijke kunstenaars te bezigen. Zij zouden zich dan liever bepalen tot de allernoodzakelijkste herstellingen'.
'Uit het bovenstaande blijkt alzoo dat de grond der klagt onwaar is (...) en waar het beste werk wordt gezocht, al ware het tegen iets hoger loon, berokkent men de kerk geene schade'.[31]

Steigers rond de kerk

Afb. 99 De 'canteelen met gothische tulpen' (foto Gemeentelijke Archiefdienst Deventer 1898).

Afb. 100 Middeleeuwse pinakel aan de noordzijde (foto Gemeentelijke Archiefdienst Deventer 1991).

Toch legden ook deze kerkvoogden in hun werk onwetend de kiem voor toekomstig kwaad. In de al genoemde bestekken lezen we van een uitvoerig gebruik van Portlandcement: 'De dagzijde der eggen (= neggen) zullen zooverre deze overeen komen met de pijlers moeten afgebikt en rein met Portlandcement opgewerkt worden. De gaten of uitgebrokkelde gedeelten zal men met klinkers in Portlandcement moeten volmetselen, waarna men deze eggen zoowel van binnen als van buiten met Portlandcement voor zooverre die inmetseling reikt zal moeten bijpleisteren of bijwerken, alles volgens het bestaande Profil'. Op veel plaatsen waar een complete vernieuwing niet direct nodig leek, werd opgevuld, aangestreken en vlakgepleisterd met het nieuwe wondermiddel: Portlandcement. Pas later, na verloop van vele jaren – ook Wol-

Afb. 101 Middeleeuwse spuwers van de toren (links) en spuwers van Te Riele aan de kerk (rechts) (foto Gemeentelijke Archiefdienst Deventer 1991).

ter te Riele ging er zich aan te buiten – zou blijken dat het materiaal te hard, te dicht en vooral onvoldoende waterdoorlatend was gebruikt, vergeleken met het overige materiaal waarvan de kerk gebouwd was. Wanneer immers 's winters het regenwater dat nog in het muurwerk van de gevel aanwezig was, omdat het door de waterdichte cementmortel niet naar buiten had kunnen verdwijnen, met vorst in ijs werd omgezet, en dus uitzette, kwam met het ijs ook de mortel of de steen waarin het was opgesloten los te zitten en kon bij het invallen van de dooi naar beneden vallen.

Maar niet alleen het gebruik van Portlandcement ook dat van ijzer zou leiden tot grote schade. Want hoe goed ook de drie stadsbouwmeesters in hun bestekken voorzorgen namen om dit te voorkomen, overal zou de werking van het door corrosie uitzettende ijzer zichtbaar worden. De ijzeren verankeringen van de talloze natuurstenen onderdelen van steunberen, balustraden, pinakels en vooral ramen lieten ook de Deventer kerk niet onberoerd. In de latere notulen van de kerkvoogdij zijn hier en daar de sporen van de neergekomen stukken nog zichtbaar.

De restauratie van 1905-1925

Wanneer we in de notulen van de kerkvoogdij lezen dat op 28 september 1885 het besluit viel om het omvangrijke plan voor de buitenrestauratie van de kooromgang tot uitvoering te brengen[32], lijkt het alsof daarna het werk, waaraan in 1845 was begonnen, toch min of meer zou zijn voltooid. Toch waren nog vele niet urgente maar wel wenselijke punten voorlopig achterwege gebleven en het was inmiddels 33 jaar geleden dat het eerste raam in de zuidgevel, dat naast de toren, was aangepakt. Zou onder dat raam het eerste brokstuk al die winter naar beneden vallen? Onbegrijpelijk zou dit na zo'n tijd niet zijn geweest. Enkele jaren tevoren was het in ieder geval wel gebeurd, aan de noordzijde, waar in het steenwerk en aan de ramen gebreken waren geconstateerd. Naar het oordeel van de stadsbouwmeester konden die toen al niet meer met kleine voorzieningen worden opgeknapt.[33] Omdat ook het interieur van de kerk kennelijk aanpassing behoefde, zou een nieuwe grote onderhoudsbeurt de kerkvoogden steeds meer gaan bezig houden. Ook het contact met de Rijksadviseurs, sinds 1875, zal van invloed zijn geweest. Mede misschien zelfs op hun instigatie deden de kerkvoogden op 5 maart 1877 hun eerste verzoek om een rijksbijdrage voor hun kerk. Dit verzoek belandde bij Victor de Stuers, die de minister adviseerde: '1) in het algemeen hulp toe te zeggen zonder ons aangaande het cijfer te binden en dit wel voornamelijk ook omdat zonder eenige hulp de regeering niet zou kunnen verkrijgen 2) dat zij een weldadige richting aan dit werk gaf, waartoe in de eerste plaats nodig is het maken van een goed plan en het instellen van een grondig onderzoek. Sinds 10 jaren heeft men meer dan gerepareerd doch zonder ooit een volledig plan en onderzoek afgewacht te hebben. Van daar dat die restauratie zeer gebrekkig was, en ons een soort gothiek-troubadour te zien geeft. Het is een zeer gelukkig verschijnsel dat kerkvoogden thans een betere weg op willen'.[34]

De referendaris eindigde zijn advies met erop te wijzen dat vooral de noord- en de westzijde van de kerk herstel nodig hadden omdat daar sinds tweehonderd of driehonderd jaar niets was gedaan.

De kerkvoogden hadden er in hun verzoek desgevraagd op gewezen dat zij een weliswaar niet onbelangrijk kapitaal bezaten, maar dat de opbrengsten daarvan, met nog enige andere inkomsten, nauwelijks reikten om in de gewone uitgaven te voorzien. En dan moesten ze al helemaal niet denken aan stormschade of aan het ogenblik dat de gewelven moesten worden opgelapt. Daarom verzochten ze de minister een onderzoek naar de toestand van het gebouw te doen instellen in de hoop dan te mogen rekenen op een rijksbijdrage voor een algehele restauratie van hun kerk. We weten dat die subsidie nog heel lang op zich zou laten wachten. Intussen werden de kerkvoogden in 1889 opnieuw gedwongen een stuk van het dak onder handen te nemen.[35]

Een opmerkelijk verschil tussen de restauratie die zou komen en de voorafgaande lag in de organisatie van het werk. Stonden voorheen de kerkvoogden zelf voor alle beslissingen, in de toekomst zou dat anders worden. De oorzaak daarvan moeten we zoeken in de veel bredere belangstelling die het gebouw rond de eeuwwisseling had gekregen. De kerk die er op zoveel punten wat onderkomen uitzag, was, tenminste voor een deel van de burgers, niet alléén een behuizing voor gelovigen. Ook zij zouden voortaan in actie komen om het gebouw, een tastbaar bewijs van de geschiedenis en de kunst van hun stad, te restaureren. Het waren 'de meest geachte ingezetenen uit verschillende maatschappelijke kringen en godsdienstige gezindheden (...) die hun gewaardeerde redelijken steun (...)'[36] wilden verlenen aan een initiatief van Jhr. O. Smissaert, grondbezitter te Diepenveen, mr. J. Acquoy, gemeentearchivaris, dr. M.E. Houck, conrector van het Deventer gymnasium, en F.A. Hoefer, gemeentearchivaris van Hattum. Op vrijdag 21 maart 1902 kwam men voor het eerst bijeen en een van de

Afb. 102 Middeleeuwse pinakels te zamen met één uit de periode 1905-1921, zichtbaar vanaf de Kleine Poot (foto Gemeentelijke Archiefdienst Deventer 1991).

eerste vragen was natuurlijk in hoeverre het Rijk bereid was in de kosten bij te dragen. De voorzitter, mr. J. Acquoy, wist dat van overheidswege alleen gegeven werd als van particuliere zijde werd voorgegaan. De heer Besier vroeg of het in de bedoeling lag de tegen de kerk staande huisjes af te breken en de heer Lugard wilde weten of er ook beelden in de buitennissen zouden worden geplaatst en of er geschilderde glazen zouden komen. Het verslag van de bijeenkomst eindigt: 'De heer Houck spreekt tenslotte nog een woord van opwekking en spoort de aanwezigen aan bij vrienden en verwanten intusschen op de wenschelijkheid der restauratie te wijzen, er op drukkende, dat behalve het artistique belang ook het financiële belang der gemeente bevorderd wordt'.[37]

Hoe die avond precies verlopen is, zullen we wel nooit weten. Men was vermoedelijk belangstellend en misschien zelfs zo voortvarend dat het nieuwe bestuur zich zorgen moest maken om haar leidende positie, althans ...? Drie dagen later schreef Hoefer aan Acquoy: 'Veel is reeds gewonnen, men wil met U mede.

Vuur moeten *wij* hebben, *ons* vuur moet anderen bezielen. De meeste mensen geven slechts schijnlicht, weerkaatsen hun omgeving, wij moeten leiden'.[38] Na verloop van tijd zou blijken dat Hoefer niet zo paste in het Deventer gezelschap. Hij stapte op, maar zou met grote belangstelling het werk blijven volgen.

De oudste archiefstukken van de Commissie tot de Uitwendige Restauratie van de Grote of Sint-Lebuinuskerk dateren van begin 1902. Daaruit blijkt dat de eerste opgave die het jonge bestuur zich stelde, was gelegen in het aanboren van de geldstroom die nodig was om het restauratieproces te beginnen en ook te voltooien. 'Gewaardeerde redelijke steun' zou betekenen dat de leden van de kerkelijke gemeente, particulieren en later ook de burgerlijke gemeente, zich bereid moesten tonen – en dat liefst zo vlug mogelijk – tien jaar lang een bijdrage voor het herstel van de kerk te geven. Die garantie zou het bestuur in staat stellen de minister te tonen dat zij aan zijn voorwaarde voor steun konden voldoen. Alleen dàn rijkssteun, indien Deventer zelf, tien jaar lang, de helft van de restauratiekosten zou dragen. Dit plan leek uitvoerbaar. Op 4 juni 1904 stelde H.J. Iordens, ter vergadering, dat de animo zeer groot was. Vooral de heren Iordens en mr. C. Vermeer, alsook de kerkvoogdij der Doopsgezinde Gemeente, hadden zeer ruime bijdragen toegezegd. Maar ook hier wogen de laatste loodjes zwaar. 'Helpt ons ook, bid ik U, als het U eenigzins mogelijk is' schreef Acquoy op 8 juni aan de kerkvoogdij der Nederlands Hervormde Kerk en, nogmaals(!) aan het kerkbestuur van de Doopsgezinde Gemeente, 'Het zou toch waarlijk zeer te betreuren zijn indien een voor Deventer zo belangrijk werk moest mislukken door het gemis aan de ontbrekende ƒ 1.000, – 's jaars'.[39] Toch zou, toen dat gelukt was, eerst nog een andere Deventer lobby in actie moeten komen om nieuwe ambtelijke hobbels glad te strijken. Op 24 september 1904 was het dan zover. Om 11.30 uur kwam een telegram: 'tien jaar ƒ 5000, – marchant'. Ook de Deventer pion in Den Haag[40] zal opgelucht adem hebben gehaald. Van toen af aan zou voor de hele restauratie die door Te Riele begroot was op ƒ 100.000, – en die hij in tien jaar dacht te kunnen voltooien, ƒ 5.000, – per jaar aan rijkssubsidie worden verleend.

Eind 1902 had Te Riele de commissie al laten zien hoe hij het gebouw wilde restaureren. Hij en dr. P.J.H. Cuypers, de architect der Rijksmuseumgebouwen die door de minister met het toezicht op de restauratie was belast, schijnen uitstekend te hebben kunnen samenwerken. Nergens in het verloop van al die jaren viel Cuypers Te Riele af of andersom. Het lijkt aannemelijk dat Cuypers op de restauratie van de kerk een grote invloed heeft gehad.
Hoe misschien beiden, door hun oogharen kijkend, de kerk zagen hadden de Rijksadviseurs al in 1877 gemeld, toen zij, naar aanleiding van de Deventer subsidieaanvrage uit dat jaar, de Minister van Binnenlandse Zaken verslag uitbrachten van hun bezoek aan de Deventer kerk: 'Wanneer wij thans deze indrukwekkende kerk bezoeken en pijnlijk aangedaan worden door de kale witte muurvlakken, meer dan nodig verlicht door de groote vensters, dan komt het ons bijna ongelooflijk voor dat dit gebouw eenmaal de bewondering wekte wegens den rijkdom aan kunstschatten en de pracht waarmede het versierd was'. 'Van de reeks kostbaar geschilderde glazen waarmede het geheele koor was versierd, waren in 1752, nog eenige weinige brokstukken overgebleven die thans, tot de laatsten toe geheel verdwenen zijn. Evenzo is het lage koor, dat men met drie trappen vanuit de kerk bereikt, en waarin zich, behalve een klein altaar, toegewijd aan den heiligen Chrysostomus, regts en links de fraai bewerkte zitplaatsen voor Proost, Deken, Kanonniken en Vicarissen bevonden, thans geheel ledig en verlaten, en niet beter is het gesteld met het hooge Koor dat zich boven de Crypt bevindt en dat met zeven trappen van af het lage koor wordt beklommen. Hier was eenmaal het Hoogaltaar geplaatst, gewijd aan den heiligen Lebuinus, wiens uit zilver vervaardigde beeltenis het versierde. Eene groote kroon, welke vanuit het gewelf voor dit altaar hing, verlichtte het bij plechtige feesten door een groot aantal kaarslichten'.
'Een aanzienlijk getal altaren, waaronder vele die de zilveren beelden van de schutsheilige droegen, was in de kerk verspreid, en nog in 1566 was, hoewel reeds veel verminderd blijkens eene toen opgemaakte lijst, het aantal kostbaarheden dezer kerk grooter, dan misschien alles wat thans nog van dien aard in geheel Nederland te samen te vinden is'.
'Wat de St.-Lebuinuskerk betreft, op enkele brokken van muurschilderwerk na, bleef daarin niets over wat van dien vorigen luister kan getuigen. En toch heeft dit gebouw, geschonden en beroofd als het is, ook nu nog groote waarde, en blijft het een allerbelangrijkst monument uit een oogpunt van architectuur'.
Met name die architectuur van het gebouw interesseerde de beide heren in hoge mate.
De restauratie begon in 1905, en wel aan de oostzijde van de kerk. Boven het koor en de kooromgang werd tot aan het transept de hele middeleeuwse kap weggebroken en vervangen door de nieuwe kap die we daar nu nog zien. Het volgende jaar werd boven het transept de oude kap gesloopt en ook daar door nieuw werk vervangen. De dakvlakken werden voorlopig gedicht met asfaltpapier totdat in 1907 de leidekkers konden beginnen. Naast hen zaten toen boven de eerste twee traveeën van het schip de timmerlieden en werd ook daar de oude kap gesloopt en door een nieuwe vervangen. Dit werk aan de kap was een ingewikkelde operatie omdat tegelijkertijd ook de goten

Afb. 103 De nieuwe gevelbeëindiging van Te Riele. Kalkstenen balustrade met pinakels en hardstenen spuwers. Op de achtergrond de nieuwe steekkappen met het hoofddak (foto Gemeentelijke Archiefdienst Deventer 1991).

moesten worden vernieuwd, tezamen met de cordonlijsten eronder en de balustraden die erop stonden. Bouwkundig kon dit ook niet anders omdat de nieuwe hardstenen goten tot onder de dakvoet van de aangrenzende dakvlakken moesten reiken.
Het uiterlijk van de kerk is in die paar jaren, onder aanvoering van de beide architecten, sterk veranderd. De sinds eeuwen ongekende vernieuwingsdrift was een duidelijk gevolg van de rond het midden van de negentiende eeuw opgekomen herwaardering van de middeleeuwen, een belangstelling die de architectuur een nieuwe stijl zou leveren: de neo-gotiek. De Rijksadviseurs uit 1877 dachten daar net zo over, getuige hun lyrische beschrijving van de vroegere Lebuinuskerk. En ook Acquoy en Houck droegen, wel of niet gesouffleerd door Te Riele en Cuypers, hun steentje bij toen ze begin 1906 aan de minister verslag deden van het werk aan de kap in dat jaar: 'Aangezien de St.-Lebuinuskerk in het laatst der 15e en begin der 16e eeuw in haar grootsten luister praalde, beoogen de ontworpen restauratieplannen het gebouw uitwendig zooveel mogelijk in den bloeitoestand dier dagen te herstellen. Dientengevolge moet een ingrijpende verandering der bedaking plaats hebben: immers door vergelijking met andere soortgelijke gebouwen in binnen- en buitenland en uit oude nog bestaande afbeeldingen kan met zekerheid worden besloten, dat in de 16e eeuw het middendak hooger was, dan dat van thans, terwijl de beide lange parallel loopende zijdaken toenmaals uit verschillende lagere tentdaken bestonden. En de in 1905 uitgevoerde herstellingswerken betreffen dan ook in hoofdzaak een gedeeltelijk aanbrengen van de hier bedoelde wijziging in de bedaking' (afb. 96).[41]
In 1908 moest het tempo worden vertraagd. In de drie voorafgaande jaren was tengevolge van de gekozen werkwijze meer werk verricht en geld uitgegeven dan met het in 1905 opgemaakte plan strookte. Door zich voorlopig te beperken tot de aanmaak van steen- en beeldhouwwerk aan de grond, kon men de uitgaven even beperken en tegelijk een voorraad vormen om het volgende jaar boven op de steigers sneller te kun-

Afb. 104 Nieuwe, een kwartslag gedraaide pinakels op de buitenhoeken van de Magistraatskapel (foto Gemeentelijke Archiefdienst Deventer 1991).

nen werken. Dat lukte ook, want in 1909 reikte de nieuwe kap tot aan de toren en aan het einde van het jaar 1910 was ze helemaal klaar, met alle goten, balustraden, pinakels en spuwers. Het hele dak was gedekt met nieuwe leien en tot en met eind 1909 bedroegen de totale uitgaven f 81.507, –, zo meldde Cuypers aan zijn minister.[42]

De 'biksteenen'[43] onderdelen uit deze vijf jaren tonen Te Riele en Cuypers als architecten met één duidelijk doel voor ogen: een gotische kerk naar hun maat. Zoals al is opgemerkt, waren de oude pinakels, voor zover nog goed, verplaatst naar de noordgevel, en van de vroegere spuwers bleef er maar één op zijn plaats (afb. 102). Ook de nog bruikbare balustraden waren naar de noordgevel verhuisd. Daarvoor in de plaats waren er aan de zichtzijde, aan het Grote Kerkhof, nieuwe verschenen, gehakt uit dé steen van het kathedralenland, uit kalksteen van Saint Joire, even ten zuiden van Verdun (afb. 103). Wonderlijk genoeg verdwenen de 'canteelen' met de, notabene, gotische tulpen. Een nauwkeurige vergelijking van de kerk uit vroegere afbeeldingen met de kerk die we nu zien, doet vermoeden dat de nieuwe pinakels boven op de steunberen met opzet minder hoog werden uitgevoerd.[44] De toen gesloopte bovenafsluiting van het gevelwerk zag er ondanks haar grotere hoogte en omvang veel fijner uit.

Toch ligt het belangrijkste verschil tussen de kerk van vóór 1905 en die van daarna in de fraaie combinatie van de middeleeuwse kap met de oude balustrade. Het vlakke leiendak met zijn egale kleur was een ideale achtergrond voor het fijne kantwerk (afb. 62).

Daarmee vergeleken is de huidige balustrade als gevelafsluiting harder en veel minder een afsluiting. Het is niet onwaarschijnlijk dat Te Riele dit ook zo wilde, dat hij er juist op uit was het verticale, dat in zijn ogen zo karakteristiek was voor de gotiek, te beklemtonen. Zouden om die reden ook niet de pinakels op de buitenhoeken van de Magistraatskapel een kwartslag zijn gedraaid (afb. 104)? Zo oogden ze immers veel meer als een voortzetting van de steunberen.

Minder begrijpelijk is de verandering in de goten, die van beneden af gezien eigenlijk nauwelijks zichtbaar waren. Cuypers heeft waarschijnlijk al in een vroeg stadium van de bouw voorgesteld de gietijzeren goten te vervangen door goten van hardsteen. Toch moeten de toen aanwezige goten nog hebben voldaan. 'Bovenal voldeden de ijzeren goten reeds gedurende een vijftigtal jaren zeer goed en behoefden zij bijna geen reparatie, en het graniet – zo meende men – zou in ons klimaat op de voegen gaan werken', aldus Acquoy, voorzitter van de commissie, in een brief aan Cuypers.[45] In die brief, een gevolg van enige oppositie uit de commissie tegen het gotenplan, stelde hij voor de bestaande goten, als er dan toch wat moest gebeuren, aan de zichtzijde te verbergen achter een lijst van graniet.[46] Twee dagen later was er al antwoord. Cuypers berichtte dat 'indien de ijzeren goten gedurende de vijftig jaren, zonder noemenswaardige reparatie, aan het doel volkomen voldaan hebben, er geen reden is om deze nu reeds te vervangen wanneer zij geen beletsel zijn voor de herstelling van het monument'. Maar alvorens te beslissen wilde hij wel graag een goede tekening.[47] De tekening zal wel zijn verzonden, maar de oude goten werden gesloopt, ondanks 'de aanmerkelijk grootere kosten' voor de nieuwe. Deze wijziging van de oorspronkelijke plannen roept vragen op, ook al omdat Acquoy en Houck namens de commissie – misschien niet de dagelijkse – maar toch wel de nadrukkelijk aanwezige bouwleiding vormden. Uitgerekend *zij* moeten, getuige de vele afrekeningen, een goed inzicht hebben gehad in de 'fabrica ecclesiae'. Of zou misschien in deze latijnse, nogal romantische benoeming van het bouwbedrijf, die door Houck gebruikt werd in zijn verslag van de commissievergadering van 2 december 1908, een antwoord kunnen liggen?[48] Zoals ook in het slot van Acquoy's brief aan Cuypers, waarin hij hem om opheldering vroeg over het waarom van die goten, mede gezien de hoge extra kosten? Zou Acquoy, die toch met zijn commissie de helft van dat geld bij elkaar moest zien te bedelen, in die brief zijn bijna wat serviele beleefdheid echt hebben gemeend? Hij schreef: 'Ik bied U mijne verontschuldiging aan, dat ik U deze last veroorzaak, maar ik meende terwille van de goede zaak dat beroep op Uwe welwillendheid wel te mogen doen'.[49] Cuypers was, met Berlage, een van de belangrijkste architecten in dit land en gold op restauratiegebied als de Nederlandse Viollet le Duc. Uit alle stukken blijkt dat 'Doctor Cuypers voor diens tegenwoordigheid en welwillendheid steeds der restauratiecommissie betoond' bij voortduring dank wordt betuigd.[50] Hij zal met zijn autoriteit de commissie ervan hebben kunnen overtuigen dat de oude goten, hoe dan ook, een belemmering vormden voor de herstelling van het monument. Alles wijst erop dat het voor Cuypers niet te verteren moet zijn geweest dat in 'zijn' gothische kerk ijzeren goten zouden liggen. We komen de goten nog eens tegen in een brief aan de minister van 13 december 1903, waarin de commissie hem uiteenzette waarom de uitgaven zo sterk waren gestegen. Voor wat betreft de goten wees ze op het 'verlangen van den met het toezicht belasten Heer Architect van 's Rijks Museumgebouwen'.[51] En daar bleef het bij.

Ook tegen de gietijzeren kronen die in de kerk hingen, trok Cuypers ten strijde. In zijn verslag over 1905 aan de minister staat 'dat er zware gaskronen van gegoten ijzer in de kerk hangen, welke op onpraktische wijze aan de kap zijn bevestigd, zoodanig, dat bij elken zwaren winddruk, eene beweging aan de ijzeren hangers door trilling wordt medegedeeld, die zich in de gewelven voortzet en daar nadeelig kan werken. Op de schadelijke gevolgen van deze inrichting heb ik de aandacht van de commissie gevestigd en den raad gegeven om de zware, lompe, stijlloze kronen te verwijderen en de verlichting op eene doelmatige wijze tot stand te brengen (...)'[52] Deze mededeling, vertrouwelijk of niet, moet ook de kerkvoogden ter ore zijn gekomen, want zes weken later, op 22 januari van het jaar daarop, schreven zij de voorzitter van de commissie 'dat wij ons uitdrukkelijk verzetten tegen het wegnemen der 3 gaskronen en dat wij ernstige bedenkingen hebben tegen het vervangen der ijzeren in natuursteenen goten (...)'[53]

De commissie antwoordde dat zonder haar toestemming de kronen nooit zouden worden verwijderd. De commissie bezat op dat ogenblik niet Hoefers vuur om de kerkvoogdij op het punt van de kronen 'om te krijgen'. Misschien ook heeft ze Cuypers niet zelf in de strijd kunnen werpen? De kronen bleven hangen, voorlopig tenminste.

In 1910 was de restauratie van de hele kap klaar, inclusief de goten, de balustraden en de pinakels daartussen. Boven op de Magistraatskapel was zelfs een dakruitertje verschenen en voor een luiklok had iemand die onbekend wilde blijven ƒ 100,– gegeven. Men was ervan uitgegaan het hele werk, begroot op ƒ 100.000,–, in tien jaar te voltooien. Dit bleek een probleem te zijn geworden. Tot eind 1909 bedroegen de uitgaven al ƒ 81.507,–, en onder de goten was nog niets gedaan. In de vergadering van 6 maart 1911 kwam deze kwestie ter sprake. Nog ƒ 45.000,– extra zou nodig zijn om de onderneming te kunnen afronden. Liefst voor het einde van het jaar zou de aanvrage om voortzetting van de Rijksbijdrage bij de regering moeten worden gedaan. De vergadering besloot voorzitter en secretaris op te dragen middelen te zoeken om aan de vereiste eigen bijdrage te komen. Hoe het Acquoy en Houck gelukt is, aan waarschijnlijk dezelfde mensen die zich verplicht hadden tot in 1910 hun geldelijke toezegging van vóór 1905 waar te maken, opnieuw, de helft van het reeds toegezegde te ontfutselen, valt uit de stukken niet na te gaan. Eind 1913 hadden ze het voor elkaar en volgde hun verzoek 'om verlenging van het Rijkssubsidie, opdat de herstelling van het merkwaardigste monument dezer stad zal kunnen worden voltooid en tot een zoo hoogst gewenscht einde gebracht'.[54] Met de uiterste inspanning was de commissie erin geslaagd van verschillende zijden toezeggingen te ontvangen, waardoor het haar mogelijk was 50 procent in de geraamde kosten bij te dragen. Cuypers steunde Deventer met zijn advies[55], en de goedkeuring moet zijn gevolgd, want het werk liep door. Toch dreigde er opnieuw een kink in de kabel te komen, nu door oorlogsomstandigheden. Daarbij kwam dat het werk, dat nu al tien jaren liep, steeds moeilijker de belangstelling van de contribuanten leek te kunnen binden. Door vlugger te werken en meer aan de weg te timmeren, dacht de commissie daarin verandering te kunnen brengen. Begin april 1915 richtte ze haar ideeën aan de minister. Het Deventer voordeel zou liggen in de hernieuwde activering van de publieke belangstelling. Voor de minister zou het aantrekkelijk zijn, dat als gevolg daarvan in die tijd meer werklieden konden worden ingeschakeld. En, om de uitbreiding van werkzaamheden te financieren, wilde de commissie een extra lening afsluiten, waarvan de rentelasten echter wel als subsidiabel in de restauratiekosten zouden moeten kunnen worden opgenomen.[56]

Al op 6 mei kwam een positief antwoord uit Den Haag.[57] Voor het werk van alle dag zou dit betekenen, zo had Te Riele bedacht, dat in de eerste twee jaren alle nodige natuursteen werd aangekocht en bewerkt. Tegelijkertijd moest het werk aan de gevels worden voortgezet. In het derde jaar wilde hij, naast het werk op de steigers, ook een aantal gewelven onderhanden nemen. Het laatste jaar zou dan kunnen worden besteed aan de sloop van de huisjes westelijk van de Magistraatskapel, en aan het afwerken van het daarachter vrij komende muurwerk van de kerk. Dit plan werd gevolgd en het kon, voor een groot deel, ook worden afgewerkt, al zou ten gevolge van de steeds moeilijker wordende oorlogsomstandigheden de beglazing, opgedragen aan de Päpstliche Hofglasmalerei Wilhelm Derix te Kevelaer en Goch, vertraging ondervinden. Begin 1920 moesten nog zes ramen worden gedaan, waarvan toen voor drie het glas al in huis was.[58]

Op 8 juni 1921 werd de officiële afsluiting van de restauratie gevierd met de onthulling van een gedenksteen. Aan alle dank die Acquoy bracht, voegde hij toe dat er naar zijn mening 'geen stad in ons land (is) waar de bijdragen van belangstellende inwoners voor een dergelijk doel ruimer hebben gevloeid dan hier'. Nadat hij zich had gericht tot de architect en de inmiddels overleden dr. Cuypers in zijn lof had betrokken, sprak Acquoy de leden van de Rijkscommissie voor de Monumentenzorg toe, de commissie die inmiddels met het toezicht op het werk was belast: 'Het is bekend, dat deze commissie op het gebied van restauratie andere denkbeelden huldigt dan door dr. Cuypers werden voorgestaan. Niettemin heeft zij terecht gemeend in de eenmaal gevolgde methode geen verandering te moeten aanbrengen (...)' Onder leiding van deze commissie zou nadien de restauratie van het interieur tot uitvoering komen.

Alleen het westportaal moest nog worden gedaan. Al zag dit portaal er in 1921 ook nog zo onderkomen uit, de feestelijkheden gingen wel door. Gezien vanaf het Grote Kerkhof lag het gelukkig wat verscholen, en vanuit de kerk was het zelfs nauwelijks te zien! Toch zal de belangrijkste reden voor het achterblijven van het werk aan de feitelijke hoofdingang van de kerk gelegen hebben in nieuwe financiële moeilijkheden en aan de verslappende aandacht van de commissie, zelfs van Acquoy en Houck. Daarmee tenminste dreigden deze twee toen ze op 1 februari 1923 de minister van de Deventer problemen op de hoogte stelden.[59]

Het hielp. In de twee volgende jaren prijkte de Lebuinuskerk weer op de staatsbegroting. Het portaal kwam tot uitvoering en kon in 1925 worden opgeleverd. Op 21 januari 1927 dankte de commissie de minister voor zijn laatste subsidie ad f 12.248,- en de kerkvoogden namen het gebouw weer in onderhoud. Het geld dat nog over was, werd ondergebracht in een fonds dat de naam van de ijveraars Acquoy en Houck zou dragen.

De kerk staat er zoals ze in 1921 is opgeleverd nu nog. Vergeleken met de prenten en foto's van vóór 1900 is er één punt van verschil dat bovenal opvalt. De huizen, huisjes en andere bouwsels die haar, vloeiend als het ware, met de overige bebouwing van de stad verbonden, zijn verdwenen. De restaurateurs hadden kans gezien van het gebouw aan het Grote Kerkhof een monument te maken, het af te zonderen van wat zij minderwaardig vonden en het te plaatsen op een voetstuk, als een altaar voor kunst en cultuur. De kerk die één geheel vormde met de stad en haar bewoners

Afb. 105 Bomen ter begrenzing van het vroegere kerkhof. Prent van Jan de Beijer, 1747. Deventer, Coll. Museum De Waag (foto Gemeentelijke Archiefdienst Deventer).

was door Cuypers en Te Riele èn door hun plaatselijke adepten tot een museumstuk gemaakt en op afstand gezet. En hierin is na tachtig jaren nauwelijks iets veranderd. Nog steeds zijn de bomen die ooit aan haar voet het Kerkhof stoffeerden, om klein gewin⁶⁰ verbannen (afb. 105). Nog steeds is het er kaal en koud. Van de huisjes links van de Magistraatskapel is alleen nog de afdruk in de kerkmuren te zien. Na de sloop werden de muren gewoon met 'dikke' stenen ingeboet. Toen in 1874 en 1886, rechts van de kapel, onder Metzelaar en Mulock Houwer was gesloopt en hersteld, was er nog geld voor tufsteen geweest.

De restauratie van de binnenmuren van de kerk, 1926-1952

In hetzelfde jaar 1925 waarin de laatste stukken slechte buitenmuur aan het gebouw waren hersteld, traden nieuwe mensen aan, nu voor de binnenkant van het gebouw. Ook daar moest nu echt eens wat gebeuren. Waar precies hun gedachten op dat ogenblik naar uitgingen blijft verborgen. Wel is duidelijk dat zij het nodig vonden er met de Haagse heren over te spreken. Op 14 juli verzocht A.G. Beltman, namens de kerkvoogden, de Rijkscommissie om een gesprek over een mogelijke restauratie van de binnenkant van de kerk. Hij verwees daarbij naar een soortgelijk gesprek dat zijn mede-kerkvoogd Van Dissel al met Van Heeswijk⁶¹ had gehad.⁶² Twee maanden later schreef Beltman opnieuw. Ook hij had Van Heeswijk intussen gesproken. Op geen van beide brieven is enig antwoord voorhanden. Deze brieven zullen de commissie overigens niet hebben verrast. Het ligt zelfs voor de hand dat het Deventer idee, zeker de laatste jaren, met deze of gene van hen werd besproken. Bovendien, zelf berichtte de Rijkscommissie al in 1918 dat 'Mocht uw college van de wenschelijkheid overtuigd zijn,(het geboden is) u bijtijds met genoemde Rijkscommissaris (Afdeeling B) in verbinding te stellen'.
Eerder in dezelfde brief staat dat de commissie van de inspecteur had begrepen dat hij een voorstel in die richting zou steunen.⁶³
Het college van kerkvoogden nam nu zelf het voortouw en richtte zich tot hen die naar zijn mening capabel en wellicht ook bereid waren in een restauratiecommissie zitting te nemen. Ter aanmoediging misschien, kon het melden dat in overleg met het college van notabelen al een bedrag van ƒ 10.000,- ter beschikking stond. Het was afkomstig van een legaat-Van Delden Kronenberg, door de erflaters aan de kerk vermaakt voor herstel en onderhoud van de gebouwen.⁶⁴

Kort na de uitnodigingen, begin 1926 verzonden, werd te Deventer de commissie gevormd. Op 1 maart verzochten mr. H. Kronenberg, voorzitter, en C.B. Vervoort, secretaris, tezamen met hun deskundige H.H. Beltman, om een onderhoud bij dr. J. Kalf, directeur van het Rijksbureau voor de Monumentenzorg.⁶⁵ Bij die gelegenheid is gesproken over de Deventer plannen om de binnenwanden van de kerk van hun pleisterwerk te ontdoen. Het plan was voor Kalf allerminst verwerpelijk, hij bood deskundige hulp aan. Terug in de stad is men aan het werk getogen en werden gedeelten van de koorom gang, en waarschijnlijk ook hier en daar van de pilaren, van hun pleister ontdaan. Op 23 augustus al kon Kronenberg 'tot zijn genoegen' berichten dat er wat te zien viel en nauwelijks een week later kwam Kalf, tezamen met Van Heeswijk, de resultaten bezien en zich beraden over een mogelijk vervolg.

In een vrij uitvoerige brief, een week later, constateerde Kalf dat het muurwerk, alhoewel niet overal homogeen qua bouwmateriaal – een logisch gevolg van de diverse bouwperioden – toch zodanig oogde dat een verdergaande ontpleistering niet onmogelijk leek. Wel was duidelijk dat de muren altijd gepleisterd waren geweest, getuige het ruwe voegwerk.⁶⁶ 'De muurpijlers daarentegen, met hun keurig gevoegd metselwerk van baksteen, afwisselend met banden van bergsteen, zijn blijkbaar bedoeld als schoon werk'.⁶⁷ Toch bleef het moeilijk, zo schreef hij, zich een beeld te vormen van een geheel ontpleisterde kerk, die bovendien onder haar pleister misschien nog verrassingen verborg. Omdat de kooromgang uit één periode stamde en dus hoogstwaarschijnlijk uit één materiaal bestond en bovendien voor de eredienst niet werd gebruikt, 'zou ik Uw college in overweging willen geven de gehele chooromgang met de daartegenoverstaande pijlers, en ook de gewelven te ontdoen van de pleister en witsellagen, waarbij grote voorzichtigheid dient te worden betracht met het oog op het vinden van muurschilderingen, die natuurlijk zoveel mogelijk behouden en gefixeerd zouden moeten worden'.

Kalf stelde voor na de ontpleisteringen alleen die gedeelten die van meet af aan ook als schoon werk waren bedoeld, bijvoorbeeld de muurpijlers in de buitenmuren, als zodanig te handhaven en de overige delen opnieuw te witten. Dit witten zou echter niet op de pleisterlaag moeten geschieden, maar onmiddellijk op de steen, waardoor een mooier en levendiger uiterlijk zou ontstaan. Hij besloot zijn brief met de suggestie de banken op te ruimen en ook de veel te drukke gegoten ijzeren kronen. Eerst dan zou er weer een doorzicht in het gebouw tot stand komen! Ten aanzien van de uitvoering van het werk stelde hij voor, eerst een klein gedeelte in uitvoering te nemen, om zo tevens een idee te krijgen van de kosten. Daarna 'zou een subsidie-aanvrage aan de Regeering kunnen worden gericht, waarover ik t.z.t. gaarne met U in overleg zal treden'.⁶⁸

Kalf had zich in zijn brief tot het college van kerkvoogden gewend, wat ook niet verwonderlijk was,

Afb. 106 De kerk is voor de helft ontpleisterd (foto Gemeentelijke Archiefdienst Deventer 1942).

omdat Kronenberg en Vervoort als voorzitter respectievelijk secretaris van de commissie, beiden in een dubbelrol functioneerden. Hoe dan ook, commissie en college kregen waarschijnlijk het advies dat ze wilden hebben, alleen de financiële tegemoetkoming, waarop ze toch wel een beetje zullen hebben gehoopt, zat er voorlopig niet in.

Het volgende jaar, op 23 februari 1927 schreef Kronenberg opnieuw. De geldinzameling, zo schreef hij, was over z'n hoogtepunt heen. Er was f 21.000,- binnengehaald. Graag zou hij die zomer nog beginnen, en zo dachten ook de overige commissieleden erover. Want wat zou er anders moeten gebeuren? Opnieuw witten? Aan het slot van zijn relaas staat waar het om ging. Als ze niet direct subsidie konden krijgen, dan misschien wel een toezegging voor later; een subsidie waarin ook de tot dat tijdstip gespendeerde kosten konden worden opgenomen. Zo vlug mogelijk toch wilden zij de gevers wat laten zien, temeer omdat ze ervan overtuigd waren dat al werkend de publieke belangstelling zou toenemen en ook haar bereidheid te geven. Op 19 april ontving Kalf nog eens hetzelfde verzoek, nu van de commissie als geheel, die schijnheilig verzuchtte of ze dan gedwongen was de oude muurschilderingen over te schilderen. Niet aflatend ging op 5 mei opnieuw een brief uit, nu rechtstreeks aan de minister. In het ambtelijke advies op dat verzoek – waarom de minister de Rijkscommissie verzocht – bespeuren we zelfs enthousiasme voor het Deventer plan. 'Het daarbij verkregen effect is inderdaad verrassend', zo berichtte de waarnemend voorzitter en voegde eraan toe: 'Nu bovendien overblijfselen van gewelfschilderingen zijn ontdekt is er tengevolge van dit succes op het ogenblik groote belangstelling'. Buiten het proefvlak, zal het interieur van de kerk er zeker slecht en haveloos hebben uitgezien. Volgens de commissieleden was herstel dringend noodzakelijk. Bovendien achtten zij het niet raadzaam 'het psychologisch moment waarop voor dit monument groote belangstelling is gewekt, ongebruikt te laten voorbijgaan'.[69]

Binnen twee weken was er toen de ministeriële toezegging. In beginsel was hij bereid te subsidiëren. Wanneer en in welke mate was moeilijk te zeggen, zeker zolang de commissie niet in staat was de totale kosten aan te geven en zolang ook andere lichamen niet over hun bijdragen hadden beslist. In de zomer van 1928 ging men weer aan het werk én aan het rekenen, en in 1929 kon een verzoek, met de gevraagde kostenraming ad f 88.000,- worden verzonden. De burgerlijke gemeente, zo wisten voorzitter en secretaris aanvullend te vermelden, zou niet subsidiëren, van de Synode en de Provincie was nog geen bericht terug ontvangen.

De Rijkscommissie adviseerde positief. Ze stelde voor in de staatsbegroting van 1930 als eerste termijn een bedrag van f 8.800,- op te nemen. Op het archiefstuk staat in fijn schrift bijgeschreven: 'niet overgenomen'.

Over de verdergaande ontpleistering van de kerk en met name over het contact daarover met de rijksoverheid, lijkt niet veel te zijn geschreven. In 1938 berichtte Beltman aan Kalf dat men gevorderd was 'tot en met het oostelijk deel van het dwarspand (afb. 106) en dat een van de pijlers uit het middenschip er prachtig uitzag met rode baksteen en zandstenen banden'. Eind 1949 schreef hij, nu aan Verheus:[70] 'Ik ben vorige week nog bij de heer van Nispen[71] geweest. Een fabrikant hier wil 50 mille geven voor inwendige restauratie Groote Kerk mits hij die op onkosten mag boeken. Dat beslist Lieftinck. De heer van Nispen was er enthousiast over en zal zijn adhesie betuigen'.[72] In de marge van een volgende brief van Beltman staat vermeld: 'juist ontvang ik bericht dat de zaak in orde is en wij f 50.000,- voor de binnenrestauratie kunnen besteden', en 'Lebuinuskerk Deventer' staat er, om elke vergissing te voorkomen, nog eens bij geschreven.[73]

Uit 1951 dateert nog een krabbel met enkele foto's van nieuw gevonden schilderingen. 'Wij schieten er

mooi mee op en voor Pasen moeten de steigers er uit', voegde Beltman toe. Een paar krantenberichten is het laatste dat over deze zaak in het archief van de Rijksdienst te vinden is. 'Een gigantisch karwei waarvoor geen cent overheidssubsidie is verleend', wist de Telegraaf te melden bij de ingebruikname van de kerk op 4 april 1952. In de Gelders-Overijsselse Courant van 9 april stond: 'Zou men er ooit aan begonnen zijn als men vooruit had geweten dat een kwart eeuw verstrijken zou voor en aleer de opdracht was voltooid? Maar wat wegen 25 jaren in de eeuwigheid?'
Na afloop van de korte inwijdingsdienst werd aan de uitgang van de kerk een collecte gehouden voor het Fonds voor de Restauratie van de Ramen.

Met de pleisterlaag was ook de witte binnenkant uit het kerkgebouw verdwenen, een afwerking die zolang haar interieur had bepaald. Ook was daarmee verdwenen, en dat voorgoed, het overgrote deel van de veelkleurige middeleeuwse beschildering, die tijdens de reformatie door witsel voor de ogen van de 'nieuwe' gelovigen was verborgen. Hoogstwaarschijnlijk is ze stukje bij beetje, onopgemerkt, als puin naar buiten afgevoerd. We mogen er immers van uitgaan dat de oudste schilderingen die nu nog in de kerk te zien zijn slechts een fractie vormen van het oorspronkelijk aanwezige tableau. Alhoewel Kalf en de kerkvoogden niet moedwillig hun ondergang zochten, er zelfs op uit waren ze te behouden, lag niet daarin het hoofddoel van hun arbeid. Dat de pleisterlaag, naar de huidige opvattingen, bovendien essentieel is en de muren slechts dienen om deze dunne huid aan de buitenzijde te dragen[74] is een opvatting, waarvan zij toen geen weet hadden. Mag over het waarom van de ontpleistering in de archieven niets te vinden zijn, ze was op zich geen unicum. In Delft, in Alkmaar en in Den Haag hebben Kalf en ook Beltman waarschijnlijk kunnen zien wat zij ook in Deventer nastreefden.
Op grond van recent onderzoek[75] mogen we aannemen dat de eigenlijke reden voor het zo veranderde schoonheidsideaal gezocht moet worden in een nieuw gevoel voor eerlijkheid en oprechtheid in het gebruik van bouwmaterialen. Die eerlijkheid en oprechtheid hebben tezamen met een herwaardering van het pure bouwmateriaal 'an sich' ertoe geleid dat in het architectonische Nederland van toen een uitgebreide 'schoonwerk'praktijk op gang kon komen, ook in de restauratiewereld (afb. 107).
Wanneer we ons echter alleen al in het koor van deze kerk, met de daar bewaarde schilderingen voor ogen, proberen voor te stellen wat met de ontpleistering verdween, dan ontkomen we er niet aan de afzwering van de 'leugenachtige bepleistering' van weleer diep te betreuren.

Afb. 107 Ochtendzon op de pijlers tussen het middenschip en de noordelijke zijbeuk (foto Gemeentelijke Archiefdienst Deventer 1991).

De restauratie van de ramen, 1942-1965

Een brief van de secretaris van de Rijkscommissie voor de Monumentenzorg van 16 oktober 1942 naar het bureau 'Goedkeuringswerken' in de Provincie Overijssel te Zwolle is misschien het vroegste archiefstuk over de latere restauratie van de ramen van de kerk.[76] Bij een bomexplosie in 1942, in de directe omgeving van het gebouw, waren verschillende stijlen (montants) uit de vensters van de zuidelijke zijbeuk ernstig beschadigd. Uit sommige waren stukken steen losgeraakt en zelfs naar beneden gevallen zodat, wanneer niet onmiddellijk voorzieningen werden getroffen, te vrezen viel dat de montants het zouden begeven en als gevolg daarvan, ook de fraaie traceringen in de vensterbogen, aldus de secretaris van de commissie. Toch was niet dit oorlogsgeweld de bron van de ontstane ellende. De kerkvoogden wisten heel goed, zo schreven zij ongeveer een jaar later, dat de eigenlijke oorzaak te wijten was aan de meer dan slechte constructie en uitvoering van de ramen tijdens de restauratie onder architect te Riele, ongeveer 25 jaar geleden. Negen ramen waren er in dat oorlogsjaar heel slecht aan toe. Aan de straatzijde was zelfs een hek met schotwerk opgericht om voorbijgangers te behoeden voor vallend gesteente. In hun brief aan de Secretaris Generaal van het Departement van Onderwijs, Kunsten en Wetenschappen berichtten de kerkvoogden, als een schot voor de boeg, niet aansprakelijk te zijn voor dit ernstige verval. Van verwaarloosd onderhoud kon immers geen sprake zijn en bovendien had

het kerkbestuur toen, 25 jaar geleden, niets te zeggen gehad, wist de president kerkvoogd A.G. Beltman er nog aan toe te voegen.[77] De toestand was gevaarlijk en direct ingrijpen noodzakelijk, reden waarom in overleg met de Rijkscommissie een kostenraming werd opgesteld. Deze kwam uit op ƒ 22.000, – . Zowel wegens de precaire situatie als om hun goede wil te tonen boden de kerkvoogden aan zelf, in het uiterste geval, ƒ 2.000, – bij te dragen en daarenboven nog eens een bedrag van ƒ 2.000, – op het Grootboek van de Wederopbouw, dat hun door de Schade-Enquête-Commissie was toegezegd.[78] Van het inmiddels naar Apeldoorn verhuisde departement kwam bericht dat het subsidie was bepaald op 81,8 procent van de kosten, een uiterste geval dus!
Op 26 april 1944 werd een begin gemaakt met de restauratie van één van de negen ramen. Het werd een moeilijk karwei; alleen al om 32 kilo nieuw lood te kunnen bemachtigen moest veel geschreven worden en was men verplicht, vooraf, een zelfde gewicht aan oud lood in te leveren. Op 8 augustus van dat jaar berichtte de waarnemend directeur van het Rijksbureau voor de Monumentenzorg nog dat hij het goedkeuringsnummer van de kerk niet kon vinden en dat noch Heiligers, de loodgieter, noch den heer Beltman telefonisch waren te bereiken. Beider aansluitingen bleken te zijn afgesloten.[79]
De laatste fase van de oorlog belette een verder herstel. En misschien maar gelukkig. Eén dag voor de bevrijding van de stad kwamen opnieuw, nu als gevolg van het opblazen van de verkeersbrug, de stukken naar beneden.

Direct na de bevrijding stonden twintig ramen aan weerskanten in de steigers, ongeveer tweederde deel van het totaal. Om de kerk toch zoveel mogelijk wind- en waterdicht te houden was boven op het dak over een oppervlakte van 70 m² een tijdelijke afdichting gemaakt met asfalt-papier en waren in de ramen, bij gebrek aan glas, 215 m² planken en 100 m² eternitplaten gezet. Toen deze provisorische voorzieningen in 1946 steeds meer begonnen te irriteren kwam vanuit de Domkerk te Utrecht, waar de oude glazen werden herplaatst, 30 m² noodglas. De klacht, dat het in kerk zo donker was, lijkt terecht als we ons realiseren dat dit noodglas net voldoende was voor één raam.

De architect die van toen af aan de restauratie van de ramen zou begeleiden, was J. van Nieukerken, de man die eerder, in 1942 al, de kerkvoogden van dienst was geweest voor het ontwerp van een nieuwe orgel in de koooromgang. Met grote voortvarendheid pakte hij het werk aan. Op 8 juli 1947 kwam hij met een uitgebreide beschrijving van de situatie en een gemotiveerd voorstel voor de restauratie, met natuurlijk een begroting van de kosten.[80]
In zijn plan ging hij ervan uit, in ieder geval alle ijzeren ankers, brugstaven en stormroeden te vervangen door nieuwe van brons. Ook stelde hij zich voor alle montants te verzwaren[81] om daardoor ruimte te scheppen voor een zwaardere maat brugstaven dan voordien was gebruikt. Door die combinatie van zwaardere montants en dito brugstaven (meestal acht stuks horizontale koppelingen tussen de montants en de muurkanten van de ramen) hoopte hij de ramen aanmerkelijk te verstijven. Klinkt dit in eerste instantie misschien wat onbegrijpelijk, na lezing van een rapport over de toestand van de ramen na de bombardementen, zal, zeker toen, begrip voor zijn plan zijn opgebracht. Uit dat verslag blijkt dat van de eerste serie ramen van tien stuks waarvoor direct herstel geboden was, twee ramen het nagenoeg zonder de stenen binnenverdelingen moesten stellen. Eén raam boog vijftig centimeter naar binnen, twee andere veertig, nog een ander dertig centimeter en de overige minder. Maar alle, zonder uitzondering, waren ontzet en dankten alleen aan het toen direct aangebrachte steiger- en stutwerk hun voortbestaan tot op dat moment. De verzwaring van de montants maakte volgens de architect – naar zal blijken tot zijn genoegen – ook een vernieuwing van de traceringen boven in de raamkoppen onontkoombaar.
Tenslotte stelde hij voor, opnieuw terwille van een grotere sterkte, het aantal brugstaven te vergroten. In plaats van acht stuks wilde hij er elf aanbrengen, met als gevolg dat alle glas-in-lood volledig zou moeten worden vernieuwd, een maatregel die overigens tòch wel nodig zal zijn geweest.
Deze vrijwel complete wijziging van alle ramen, met nieuw ontworpen traceringen, ontmoette bij het Rijksbureau voor de Monumentenzorg nauwelijks tegenstand. Alleen de veel hogere kosten zouden leiden tot een gefaseerde uitvoering van het werk en tot eenzelfde wijze van subsidieverlening. De vervanging van het diagonale glas-in-lood van Te Riele door rechthoekig glas zoals Van Nieukerken dit voorstelde, ontmoette bij Monumentenzorg alleen maar grote bijval.[82]

De eerste 'beschikking' (subsidieverlening) door het Ministerie van Onderwijs, Kunsten en Wetenschappen dateert van 16 juli 1948. Van het begrote bedrag ad ƒ 52.500, – voor drie ramen, werd 75 procent door het rijk vergoed. Op 25 maart 1949 volgde geld voor het tweede drietal, en op 13 oktober een toezegging voor het derde stel. Begin 1951 dreigden financieringsmoeilijkheden bij het rijk[83], maar het werk was nu eenmaal in uitvoering en kon niet zonder extra kosten worden stopgezet, afgezien nog van alle kou en vocht die voor het gebruik van de kerk een onhoudbare toestand zouden scheppen. Op 13 oktober kwam, na een emotionele zomer, het bericht dat de subsidiëring zou worden voortgezet. En zo werd verder gewerkt tot midden 1960 onder leiding van Van Nieu-

Afb. 108 Het huisje dat in 1957 werd gesloopt terwille van een ruimere verbinding tussen de beide Poten (foto Gemeentelijke Archiefdienst Deventer).

kerken, en daarna onder die van ir. W.P.C. Knuttel, de architect die inmiddels door de gemeente met de restauratie van de toren was belast.

Dat ook voor de ramen geld uit de burgerij moest worden verkregen valt uit de archiefstukken nauwelijks op te maken. We weten van een collecte op 4 april 1952 en in 1955 lezen we dat het beroep op de burgerij niet meer voldoende was voor het eigen kostenaandeel. Burgemeester Bloemers zag kans voor dit cultuurobject de gemeenteraad warm te krijgen.[84] De stad zou 75 procent van de voor de commissie blijvende kosten subsidiëren; om te beginnen, voor het vierde, vijfde en zesde drietal ramen.[85]

Is het toevallig dat vanaf dat tijdstip de restauratie zich niet meer uitsluitend op de ramen richtte maar ook op het omringende, op de verkankerde tufsteen, op loszittende balustraden en op andere ongerechtigheden die vanaf de steigers gemakkelijk konden worden 'meegenomen'? Misschien om diezelfde reden kon in 1957 nog één keer een huisje, achter tegen het koor, tussen de beide Poten worden gesloopt. Nog één keer ook, ging de Rijkscommissie door de bocht. De kerkvoogdij en de gemeente waren enthousiast, het huisje was nauwelijks bewoonbaar en hinderde het verkeer! Het mocht verdwijnen, want in het De-venter veen keek men voorlopig nog niet op een turfje (afb. 108).[86]

Een heel andere operatie aan het gebouw, buiten Van Nieukerken om, gold het herstel van het leien dak dat door H.J. Runeman, bouwkundig ambtenaar bij de gemeente werd begeleid. Op verzoek van de kerkvoogden c.q. door bemiddeling van hun secretaris ir. J. Adriaanse, de ambtelijke chef van Runeman, was al meermalen het nodige voorwerk verricht. Gebrek aan middelen had grondig herstel al jaren in de weg gestaan. Toen midden 1957 tegelijk met de goedkeuring voor het achtste stel ramen, de mededeling kwam dat de Rijksdienst van zijn kant f 150.000,- voor het beoogde herstel had gereserveerd[87], vonden ook de kerkvoogden de moed een definitief plan voor deze restauratie te laten maken. Begin 1959 kwam het werk in uitvoering dat twee jaar later kon worden afgerond, met inbegrip van diverse reparaties aan balustraden, pinakels en gewelven.

Toen echter in 1960 de ramen ter hoogte van de consistoriekamer en kosterswoning aan snee kwamen en het volgens Van Nieukerken nodig was ook in die aanbouwen van de kerk omvangrijke ingrepen te realiseren, werden nieuwe grenzen gesteld. 'Onze financiën zijn niet zo overvloedig dat wij een hele nieuwe consistorie kunnen meefinancieren, maar toch meen ik dat een bescheiden herstel,een sanering van de gebouwen aan de noordzijde van de kerk wel wenselijk zou zijn. Om deze huizen zo goed mogelijk op te knappen is niet in de eerste plaats een fraai restauratieplan, doch wel een uitvoerige studie van het object ter plaatse noodzakelijk', aldus ir. R. Meischke, het hoofd der afdeling Restauraties van de Rijksdienst.[88]

Van Nieukerken wilde ook daar de ramen volledig beglazen, dus inclusief de onderste panelen die ter plaatse in verband met de aansluitende kappen en goten toen waren dichtgemetseld (afb. 109). Zowel de consistorieruimte als de kosterswoning wilde hij en passant voor circa f 60.000,- ombouwen tot 'een waardiger, karaktervolle, vergader- en trouwzaal, gelijkvloers met het kerkruim (...)'

Nog duidelijker was Meischke waar het ging om de noordmuur van het transept boven de genoemde ruimten (afb. 110). 'Dit is feitelijk de oudste gevel in Nederland en we zouden er graag zo weinig mogelijk in vernieuwen, al mag het dan waar zijn dat de gevel wellicht in de komende honderd jaar nog verder zal verweren. Toch kan men een kopie ervan ook dan nog maken. Het is naar onze mening wenselijk deze gevel zolang als het maar enigszins mogelijk is vrijwel geheel onaangeroerd te laten, wellicht in de hoop dat hij de duizend jarige leeftijd zal halen. De noodzakelijke vernieuwing van het (gotische!) raam in deze dwarsschip gevel dient er geheel op gericht te zijn om deze gevel zo veel mogelijk intakt te houden.

Aangezien dit werk is dat slechts op de steigers kan worden besproken, staan wij ten aanzien van de res-

Afb. 109 Raamkop in de romaanse noordgevel van het oostelijk transept in 1958, vóór de restauratie door Van Nieukerken (foto Rijksdienst voor de Monumentenzorg, Zeist).

Afb. 110 Raamkop in de romaanse noordgevel van het oostelijk transept na de restauratie door Van Nieukerken (foto Gemeentelijke Archiefdienst Deventer 1991).

tauratie van deze dwarsschip gevel op het standpunt dat dit alleen kan geschieden in direct overleg van de aannemer met onze dienst, d.w.z. met de heer Verheus en mij'. De gevel is toen, met uitzondering van enkele lager gelegen gedeelten, vrijwel onberoerd gebleven. Daarna hebben Meischke noch Verheus de restauratie van het gebouw nog aanzienlijk kunnen beïnvloeden.

Een vergelijking van de afbeeldingen van de ramen vóór deze periode met die van nu, laat zien dat Van Nieukerken voor de koppen van al die ramen nieuwe traceringen had bedacht (afb. 123 en 124). Alleen het raam achter het nieuwe orgel lijkt ongewijzigd. Dit is ook niet onaannemelijk omdat het raam, om het orgel te kunnen plaatsen, nogal was ingekort en dientengevolge waarschijnlijk minder van het oorlogsgeweld zal hebben geleden.
In 1961 kwam de restauratie van het westportaal in uitvoering, als een uitbreiding van het werk aan de toren en eind 1964 volgden nog de laatste vijf ramen. Ruim twee jaar eerder, in 1962 had de restauratiecommissie haar taak al neergelegd, het getij was verlopen.

Maar ook nu nog is aan de zuidkant van de kerk, aan het Grote Kerkhof, deze restauratieperiode duidelijk herkenbaar. De gevel die tot in het midden van de vorige eeuw nog grotendeels uit zandsteen, tuf en glas zal hebben bestaan, werd, eerst door Cuypers en Te Riele en na hen door Van Nieukerken, veranderd in een lappendeken. Nieuwe materialen met nieuwe kleuren, soms zonder enig verband met de architectuur van het gebouw, verschenen als opvullingen van wat de tand des tijds aan stenen had weggeknaagd. Voor de beide eerste architecten was het gebruik van kalksteen een 'must'. Nieuwe balusters, pinakels en

ook grote delen van de steunberen werden toen, naar de mode van die tijd, gehakt uit de lichtgrijze steen van Saint Joire. Later, in 1943, heeft men voor het herstel van de eerste ramen nog zandsteen willen gebruiken, maar na de oorlog toen opnieuw een keuze moest worden gemaakt, kon dat niet meer. In een brief aan Verheus klaagt Beltman over Bentheim en Oberkirchen, waar de groeven dicht waren of de mensen er niet meer in wilden werken.[89] Beltman stelde hem voor Euville te nemen, of later Bierry, maar niet de Anthéor die hem veel te geel leek. Toch zou het op die laatste steen uitdraaien. Kwalitatief was ze uitstekend en bij gebruik van een wat lichtere soort zou ze, zo hoopte Verheus, nog wel meevallen. Waarschijnlijker is echter dat zij in feite niet kiezen konden en wel genoodzaakt waren die steen te gebruiken die over zee vanuit Bordeaux kon worden geïmporteerd. De invoer van Euville of Bierry vanuit Noord-Frankrijk was op dat tijdstip, toen bruggen en wegen nog waren vernield, wellicht onmogelijk.[90] Die laatste veronderstelling lijkt temeer aannemelijk omdat de gele kleur van de Anthéor zowel Van Nieukerken als Beltman en Verheus verschillende keren hebben doen twijfelen over hun keuze, een mogelijkheid die zij, naar hun allengs zal zijn gebleken, in feite niet bezaten.

Voor Cuypers en Te Riele is de keuze van de steen waarschijnlijk nooit een probleem geweest. Het kleurverschil tussen de Saint Joire en de zandsteen zal hun niet hebben gedeerd. Niet alleen in Deventer, maar ook elders waar zij restaureerden, is hun voorliefde voor die toentertijd onbekende kalksteen, nog goed te zien!

Mensen van vandaag zijn misschien juist gecharmeerd van die veelkleurige littekens die de geschiedenis in het

Steigers rond de kerk

Afb. 111 Maaswerk van de vijf ramen aan het Grote Kerkhof in 1898 (foto Gemeentelijke Archiefdienst Deventer).

Afb. 112 Maaswerk van de vijf ramen aan het Grote Kerkhof na de restauratie door Van Nieukerken (foto Gemeentelijke Archiefdienst Deventer 1991).

gebouw heeft achtergelaten. Het zijn evenzovele zichtbare bewijzen van haar ouderdom die niet meer gelden als verstoringen van het al lang vergeten uiterlijk dat de middeleeuwse bouwers hun kerk ooit gaven. Wellicht juist voor die mensen maakte van Nieukerken in de glas-in-lood ramen op allerlei plaatsen met opzet kleine scheurtjes en afgebroken hoekjes, allemaal wel keurig in loodstripjes gevat en dus niet echt stuk!

Een aardig presentje van de man die tot op 83-jarige leeftijd met zijn kerk bezig bleef en door ziekte gedwongen dankbaar maar ook weemoedig afscheid nam van wat hem het liefste was.

De restauratie van 1987-1990

Ook de meest recente restauratie heeft haar voorgeschiedenis. In de verschillende archieven vormen brieven, notities en ambtelijke stukken de neerslag van een ook nu weer frequent overleg tussen de kerkvoogdij en de Rijksdienst.
Dat het kerkgebouw opnieuw meer dan gewone aandacht behoefde, blijkt uit alles. Al vóór de oplevering van de laatste ramen in 1964[91], en ook daarna[92], werden gebreken geconstateerd en werden ook bij de constructieve toestand van het gebouw vraagtekens gezet. Met name onzekerheid op dit laatste punt zou van invloed zijn op het werk dat vanaf 1987 tot uitvoering kwam.

Een klacht van de naburige Sallandsche Bank over de voor haar bedreigend zorgelijke toestand van de noordzijde van het kerkgebouw[93] lijkt de jongste restauratie in gang te hebben gezet. In nauw overleg met de Rijksdienst werd onderzoek verricht naar wat er te doen stond en wanneer. De min of meer dreigende scheuren in de gewelven van de kerk en in enkele steunberen rond het koor leidden opnieuw naar het rapport dat al in 1910 door Te Riele was opgesteld.[94] Daarin had deze, aan de hand van een drietal tekeningen, toegelicht dat het ontbreken van steunberen in het meest westelijke deel van de noordgevel tot gevolg had dat de kap met haar gewicht het muurwerk daar naar buiten had doen wijken, hetgeen scheuren in de gewelven veroorzaakte. Voor soortgelijke scheuren in twee gewelven van de kooromgang had hij verwezen naar het verhaal 'dat bij de plaatsing der vernieuwde ramen in de kooromgang veertig jaar geleden (1874) het daar aangetroffen kettinganker bij ieder venster werd doorgezaagd en niet weder hersteld', hetgeen ook daar had geleid tot werking in de muren en zelfs in de steunberen en tot de gewraakte scheuren in de gewelven. Als directe maatregel waren op beide plaatsen extra ankers aangebracht om de constructie, voorlopig tenminste, te zekeren. Tevoren, op 22 december 1909, had Cuypers de kerkvoogden al voorgehouden tegelijk met de restauratie van de muren ook de kettingankers te doen herstellen. Toch heeft hij toen dit mogelijk was daar geen werk van gemaakt, tenminste, uit niets blijkt dit. Misschien was het ook niet zo nodig, een deel van de ankers bleek na verloop van tijd zelfs niet meer te functioneren; spanningsloos en wat doorgebogen hingen ze onder de gewelven.
We keren terug naar de meest recente restauratie. De Rijksdienst trad in overleg met architect D. Wijma, die door de kerkvoogden met het werk was belast. Een constructieadvies had inmiddels uitgewezen dat alleen een godswonder de kerk nog overeind hield, in ieder geval dat de moderne rekenkunde vooralsnog ontoereikend was. Het beraad tussen de Rijksdienst en de architect betrof het al dan niet fixeren van de bestaande situatie door middel van uitgebreidere onderlinge verankeringen tussen buiten- en binnenmuren, al of niet in combinatie met extra verstijvingen in de kapconstructie of met plaatselijke funderingsverbeteringen. Dat met name de te verwachten hoge kosten tot grote aarzelingen leidden spreekt vanzelf. Was wellicht een diepgaand meningsverschil over de mogelijkheid en de noodzaak tot zo vergaande restauratieve maatregelen de reden dat Wijma tenslotte afhaakte? In zijn plaats kwam het architectenbureau van de gemeente Deventer.
De voorbereidingen van de restauratie, onder Wijma in 1973 gestart, zouden pas in 1987 uitmonden in een daadwerkelijk begin. Eerst werd in de kerk, zowel nabij de geboorte van de gewelven als boven in de kap ter hoogte van de dakvoet, een stelsel van meetpunten geïnstalleerd, om door een registratie over een periode van enkele jaren vast te stellen in welke mate het gebouw aan werking onderhevig zou zijn. Op grond van deze metingen zullen later met meer inzicht maatregelen kunnen worden genomen om de stabiliteit van het gebouw te vergroten. De onlangs uitgevoerde bouwkundige werkzaamheden zijn met het woord restauratie feitelijk onjuist gekarakteriseerd. Naar aard en omvang waren ze vrijwel uitsluitend gericht op conservering van de bestaande toestand. In februari 1987 werd met de steunberen, buiten rond de kerk, op twee plaatsen begonnen. Het eerste doel van het conserveringswerk lag in het vervangen van alle nog aanwezige ijzeren ankerwerk door soortgelijke voorzieningen van roestvrij staal (afb. 113). Het ging vooral om de steunberen, de ramen waren immers al vlak na de oorlog behandeld. Deze eerste werkzaamheden hadden het karakter van een proef teneinde vóór het eigenlijke begin van de restauratie een goed inzicht te krijgen in de aard en de omvang van de aanwezige schade, en vooral in de kosten van alle afzonderlijke onderdelen. Tevens bood deze aanpak de mogelijkheid een tevoren bedachte conserveringsmethode in de praktijk te toetsen. Door J. Querido, deskundige voor natuursteenzaken bij de Rijksdienst, werd in overleg met de steenhouwers een werkwijze ontwikkeld om — met de minste schade aan het oude werk — de demontage en het herstel van de steunberen, de pinakels en de balustraden uit te voeren. Ook werden proeven genomen met het 'schillen' van het bekledingsmateriaal van de buitenmuren, vooral van de tufsteen, een steensoort die op den duur een verweringshuid vormt. In plaats van de gebruikelijke volledige vervanging van die steen, beperkte men zich nu tot het wegsteken van de korstige en brokkelige verweringshuid tot op de harde gezonde steen. Alleen daar waar minder dan 15 cm (ongeveer de helft van de oorspronkelijke materiaaldikte) overbleef, werd 'ingeboet' met nieuwe steen (afb. 114).
Deze zorg voor een zo groot mogelijk behoud van het oude materiaal was niet alleen ingegeven door kosten-

Afb. 113 Gevolgen van het roestende ijzer; overzicht en detail (foto Rijksdienst voor de Monumentenzorg, Zeist 1985).

besparing. Meer nog stond van meet af aan het kunsthistorische belang voorop, het maximale behoud van het nog bestaande bouwmateriaal, waarin hier en daar misschien nog oorspronkelijk materiaal schuilde. Een in het oog springend gevolg van deze manier van werken, die gedurende de gehele bouwtijd werd gevolgd, zou een vrijwel ongewijzigd uiterlijk van het gebouw opleveren. Waar bij andere gebouwen omvangrijke vernieuwingen zo vaak hadden geleid tot duidelijk als nieuw herkenbare, afstekende kantige gevelfragmenten temidden van een oudere verweerde omgeving, ontbreekt dit hier vrijwel volledig. Alleen voor de wimbergen, de bekroningen van de hoogste beeldnissen boven aan de steunberen van de zuidgevel van de kerk, moest een uitzondering worden gemaakt. Aan deze zijde, aan het Grote Kerkhof, was in de loop der jaren grote schade ontstaan in de Saint-Joire-steen, de steensoort die door Te Riele in het begin van deze eeuw was geïntroduceerd. Van 'zijn' wimbergen, misschien amper 75 jaar oud, was mogelijk onder invloed van veranderde klimaatomstandigheden, het fijne ornamentwerk korstig en verbrokkeld verweerd, soms zelfs verdwenen (afb. 115). Zonder uitzondering zijn deze wimbergen vernieuwd, nu in Peperino, een Italiaanse tufsteen met een grote duurzaamheid. Zichtbaar nieuw staan ze daar, dikwijls wat vooruitstekend op de nog oude onderliggende kalk- en tufsteenbekleding van de steunberen. Het is te hopen dat bij een volgende restauratie, wanneer ook dit laatste steenwerk weer aan vervanging toe is, men erop bedacht is het nieuwe werk in één vlak te brengen met de dan wellicht gepatineerde Peperinobekroningen (afb. 116).

De proefperiode kon in de zomer van 1988 worden afgesloten. Zowel de organisatorische opzet van het werk als de kosten en het resultaat vielen niet tegen, voldoende redenen om de verdere voortgang – eigenlijk het begin van de restauratie – tot uitvoering te brengen. Het Deventer aannemersbedrijf Hardonk en Ebenau en de steenhouwers De Vries en Zn. uit Franeker brachten een toegewijde ploeg mensen in het veld

Afb. 114 Steunbeer aan het Grote Kerkhof. De zijkant is bekleed met oude (en dus geschilde) tufsteen en met nieuwe die een glad oppervlak heeft. De tufsteen aan de voorzijde van de steunbeer, die door de zon anders wordt belicht, is volledig geschild, zoals de tengevolge daarvan voorspringende kalkstenen hoekbekleding ook nog eens toont (foto Gemeentelijke Archiefdienst Deventer 1991).

Afb. 115 Kalkstenen wimberg van Te Riele (foto Rijksdienst voor de Monumentenzorg, Zeist 1985).

Afb. 116 Nieuwe wimberg (foto Rijksdienst voor de Monumentenzorg, Zeist 1989).

die, tot aan het eind van het werk, eensgezind en met grote inzet rond het gebouw zou trekken; eerst aan de Grote en de Kleine Poot rond het koor, vervolgens langs de noordzijde van het gebouw, die qua besteigering en aan- en afvoer van materialen als moeilijk gold, om te eindigen aan het Grote Kerkhof langs de zuidwand van de kerk met inbegrip van de Magistraatskapel.

Tegelijkertijd werden, gebruik makend van hetzelfde steigerwerk, de zakgoten tussen de steekkappen – die van Te Riele – van een nieuwe koperbedekking voorzien en kregen ook de hardstenen goten, in aansluiting op deze bedekking, aan de binnenzijde een koperen voering.

Voor deze goten, die in het begin van deze eeuw op voorstel van Cuypers waren aangebracht, was waarschijnlijk een slechte steensoort gekocht. In de ook toen geldende kwaliteitsomschrijving voor deze steen staat, onder de eerste tot en met de vierde kwaliteit, overal omschreven: 'steken mogen niet aanwezig zijn'.[95] En uitgerekend deze steken, dat wil zeggen de in het ruwe materiaal soms moeilijk herkenbare scheuren dwars door het materiaal, noopten, deels uit voorzorg, tot de onlangs aangebrachte waterdichte koperen binnenvoering.

Een voorwerp van veel aandacht vormden tenslotte de twee geveldelen die ooit de noordzijden van de beide romaanse dwarspanden afsloten. Van de straat af nauwelijks zichtbaar, waren ze tot dan toe gespaard gebleven voor vernieuwing. Hoorde het deel boven de consistoriekamer nog grotendeels tot de romaanse kerk, het andere geveldeel maakte, zoals elders in dit boek is omschreven, deel uit van een vroegere aanbouw aan de kerk.[96] Reeds in 1960 tijdens de restauratie onder Van Nieukerken, wierpen Meischke en Koch[97] zich op als beschermers van de romaanse eindgevel, die zij in ongerepte staat een duizendjarige leeftijd toewensten.

Ook nu weer is deze gevel nauwelijks beroerd. Onder aanvoering van Querido is ze beklopt en betast, en is dat wat los zat met vele tientallen kunststofpennen in het achterliggende werk verankerd, een voorlopige reddingspoging in afwachting van een latere wellicht nog betere methode om deze oudste gevel van Nederland nog langer te kunnen behouden.

De restauratie is ten einde. Het gebouw is weer toegerust voor een periode van minder zorgelijk gebruik. Aan het Grote Kerkhof oogt de kerk weer als van ouds. Wat saai en ongenaakbaar, sinds aan haar voet de bewoners werden verdreven en ook de bomen, die haar als een mantel van groen tooiden, om geldgewin hun vroegere plaats niet herkregen. Zou de stad, die haar herstel zo gul steunde, ook de bereidwilligheid en fantasie kunnen opbrengen om hierin te voorzien?

Noten

1. Eigenaar van de Deventer ijzermolen.
2. GAD, Archief Hervormde Gemeente 439/293.
3. GAD, Archief Hervormde Gemeente 427/21.4.1847.
4. Naast de Grote of Lebuinuskerk was ook de Bergkerk bij de Nederlands Hervormde Gemeente in gebruik.
5. Waarschijnlijk door onvoldoende materiaaldikte.
6. GAD, Archief Hervormde Gemeente 443/1773.
7. GAD, Archief Hervormde Gemeente 443/1777.
8. GAD, Archief Hervormde Gemeente 439/255a,b.
9. GAD, Archief Hervormde Gemeente 443/1513.
10. GAD, Archief Hervormde Gemeente 427.
11. GAD, Archief Hervormde Gemeente 440/438.
12. Vriendelijke mededeling van H. Koldewijn.
13. GAD, Archief Hervormde Gemeente 428/30.1.1850.
14. GAD, Archief Hervormde Gemeente 428/26.5.1852.
15. GAD, Archief Hervormde Gemeente 438/125 en HG 438/4.
16. Molhuijsen was een man uit hun midden. Hij fungeerde in 1837 als praeses van de Kerkeraad en had in de Deventer Courant van 2-11-1838 al over de crypte geschreven.
17. GAD, Archief Hervormde Gemeente 443/1759.
18. GAD, Archief Hervormde Gemeente 429.
19. 's-Hertogenbosch, Rijksarchief (RAH), Archiefstukken van de ambtelijke instellingen die de aangelegenheden van de monumentenzorg behartigden voor de instelling van de Rijksdienst voor de Monumentenzorg 75.
20. Havenstad aan de Finse golf.
21. GAD, Archief Hervormde Gemeente 440/447.
22. GAD, Archief van de Commissie tot uitwendige restauratie van de Grote of Lebuinuskerk 9.
23. Een voorzorgsmaatregel die ook nu nog hier en daar, ondermeer aan het stadhuis, geboden is.
24. GAD, Archief Hervormde Gemeente 428/28.5.1851.
25. ƒ 35.000,- voor meubilair en orgels van beide kerken.
26. GAD, Archief Hervormde Gemeente 440/450.
27. GAD, Archief Hervormde Gemeente 440/624.
28. GAD, Archief Hervormde Gemeente 443/1679, zie tevens bijdrage van H. Koldewijn aan deze bundel.
29. GAD, Archief Hervormde Gemeente 440/624.
30. GAD, Archief Hervormde Gemeente 445/mei 1885.
31. GAD, Archief Hervormde Gemeente 428/31.3.1864.
32. GAD, Archief Hervormde Gemeente 430/28.9.1885.
33. GAD, Archief Hervormde Gemeente 429/6.5 en 1.7.1878.
34. RAH, Archiefstukken Rijksdienst 84(?)/8 juni 1877.
35. GAD, Hervormde Gemeente 430/24.6.1889.
36. GAD, Archief Restauratiecommissie 1.
37. GAD, Archief Restauratiecommissie 2.
38. GAD, Archief Restauratiecommissie 6.
39. GAD, Archief Restauratiecommissie 5/8.6.1904.
40. GAD, Archief Restauratiecommissie 5. Mr. H.P. Marchant, Deventernaar en toen lid van de Tweede Kamer.
41. RAH, Archiefstukken Rijksdienst 106/22.1.1906.
42. RAH, Archiefstukken Rijksdienst 177.
43. Natuurstenen onderdelen door steen- of beeldhouwers bewerkt.
44. Het verschil is, gemeten boven de dekplaat, 12-15 cm.
45. GAD, Archief Restauratiecommissie 7/19.1.1905.
46. Bedoeld: 'petit granit de l'Ourthe', een hardsteensoort.
47. GAD, Archief Restauratiecommissie 7.
48. GAD, Archief Restauratiecommissie 10.
49. GAD, Archief Restauratiecommissie 7.
50. GAD, Archief Restauratiecommissie 4.
51. RAH, Archiefstukken Rijkdienst 239.
52. RAH, Archiefstukken Rijksdienst 101.
53. GAD, Archief Restauratiecommissie 8.
54. RAH, Archiefstukken Rijksdienst 239.
55. RAH, Archiefstukken Rijksdienst 242.
56. RAH, Archiefstukken Rijksdienst 266, AC 17.
57. RAH, Archiefstukken Rijksdienst 270.
58. RAH, Archiefstukken Rijksdienst 20.
59. GAD, Archief Restauratiecommissie 21.
60. Inkomsten voor de stad uit de verpachting van de ondergrond tijdens de jaarlijkse kermis.
61. H. van Heeswijk, architect bij de Rijksgebouwendienst en lid van de Rijkscommissie voor de Monumentenzorg.
62. Zeist, Rijksdienst voor de Monumentenzorg, Oud Archief 439.
63. GAD, Archief Restauratiecommissie 20.
64. GAD, Archief Hervormde Gemeente 543a.
65. Zeist, Rijksdienst, Oud Archief 439.
66. Was deze Deventer situatie een uitzondering op Kalfs algemene veronderstelling? Zie Meischke 1988.
67. Zeist, Rijksdienst, Oud Archief 439/7.9.1926.
68. Zeist, Rijksdienst, Oud Archief 439/7.9.1926.
69. Zeist, Rijksdienst, Oud Archief 439/30.12.1927.
70. Architect bij de Rijksdienst voor de Monumentenzorg.
71. Jhr. dr. E.O.M. van Nispen tot Sevenaer, directeur van de Rijksdienst voor de Monumentenzorg.
72. Zeist, Rijksdienst, Oud Archief 440/28.12.1949.
73. Zeist, Rijksdienst, Oud Archief 440/6.3.1950.
74. Meischke 1966.
75. Denslagen en De Vries 1984.
76. Zeist, Rijksdienst, Oud Archief 439/2.10.1943, 25.11.1943.
77. Zeist, Rijksdienst, Oud Archief 439/4.11.1943.
78. Zeist, Rijksdienst, Oud Archief 439/2.10.1943, 25.11.1943.
79. Zeist, Rijksdienst, Oud Archief 439/8.8.1944.
80. Zeist, Rijksdienst, Oud Archief 439.
81. Zeist, Rijksdienst, Oud Archief 440/3.12.1947, 4.2.1948.
82. Zeist, Rijksdienst, Oud Archief 439/8.7.1947, 7.8.1947.
83. GAD, Archief Hervormde Gemeente aanvullende correspondentie 1951/9.
84. GAD, Archief Hervormde Gemeente aanvullende correspondentie 55/IX 15.12.1954.
85. GAD, Archief Hervormde Gemeente aanvullende correspondentie 56/IX 23.7.1956.
86. Zeist, Rijksdienst, Oud Archief 441/11.2.1957.
87. Zeist, Rijksdienst, Oud Archief 441/15.7.1957.
88. Zeist, Rijksdienst, Oud Archief 441/20.12.1960.
89. Zeist, Rijksdienst, Oud Archief 439/14.10/1946.
90. Slinger 1980, p. 59.
91. GAD, Archief Hervormde Gemeente aanvullende correspondentie 61/41.
92. GAD, Archief Hervormde Gemeente aanvullende correspondentie 1961/41.
93. Zeist, Rijksdienst, Oud Archief 5437/24.3.1971.
94. RAH, Archief Restauratiecommissie 188/15.2.1910.
95. Slinger 1980, p. 50.
96. Zie de bijdrage van W. Bloemink aan deze bundel.
97. Dr. A.C.F. Koch, de toenmalige gemeentearchivaris van Deventer.

De schilderingen en hun plaats in het gebouw

W. Haakma Wagenaar

Aan de wijze waarop de romaanse vergotiseerde Lebuinuskerk in de vijftiende en het begin van de zestiende eeuw tot hallenkerk werd verbouwd, is het te danken dat van de bovenste zone van het romaanse werk nog zoveel bewaard gebleven is. Wanneer deze in de kapruimte verscholen bouwdelen in hun samenhang met het resterende romaanse opgaande werk en de bij opgravingen verzamelde gegevens worden beschouwd, dan roepen zij de hoofdtrekken op van Bernold's grootse dubbelkruisbasiliek. Maar een duidelijke voorstelling van het interieur van dit kerkgebouw, daarvoor zijn de verstopte aanwijzingen betreffende inrichting en afwerking te schaars.
Oorspronkelijk was het in tufsteen opgetrokken romaanse werk geëgaliseerd met een fijne kalkzandspecie waarvan de dikte slechts 1-5 mm bedroeg. De resten daarvan gaan schuil achter de colonnetten die bij de eerste overwelving tegen wanden en pijlers geplaatst werden. Welke architectonische beschildering op deze pleisterlaag was aangebracht, is uit de bestudeerde snippers niet af te leiden.[1] De enige informatie over de geschilderde afwerking van de dertiende eeuw is verkregen tijdens de opgraving van 1961-1962 in de viering waarbij de onderbouw van de noordelijke koorafscheiding, aansluitend op de noordwestelijke vieringpijler, in het zicht kwam.[2] Deze aan de buitenzijde door geprofileerde pilasters gelede wand bleek afgewerkt met een gesausde pleisterlaag waarop in rode biezen een voegverband was aangegeven. Resten van dergelijke schijnvoegen zijn onder andere aangetroffen in Utrecht op de ommetseling van de kolommen in de Janskerk[3] en het gewelf van het in de dertiende eeuw verhoogde koor van de Klaaskerk.[4] Aangenomen kan worden dat de afwerking met rode schijnvoegen op witgesausd pleisterwerk in de Lebuinuskerk niet tot de zijwanden van het kapittelkoor beperkt was. Naar de afwerking van ramen, wanden, pijlers en de eerste gewelven kan slechts in stijl worden gegist.
De overblijfselen van schilderwerk uit de vergotiseerde (dubbel)kruisbasiliek stammen uit de eeuw die voorafging aan de verbouwing tot hallenkerk met kooromgang.

Calvarie op de zuidoostelijke pijler van het vroegere westelijke dwarsschip (afb. 118)

Van de westelijke viering resteren de oostelijke twee pijlers. Op de westzijde van de zuidoostelijke pijler toont het bewaarde stuk schilderwerk een gekruisigde Christus met aan zijn rechterzijde Maria en aan de andere kant de treurende Johannes. Dit Calvarietafereel is tegen een golvend rood gordijn geplaatst binnen een ommuring die aan beide zijden kantelen heeft en vooraan een door twee pinakelachtige torentjes geflankeerde poort. Van de voorstelling is de onderhelft verloren gegaan zodat van de wijde poortopening alleen nog de rondboog te onderscheiden is en van een midden in de poort opgestelde figuur het vervaagde door een nimbus omgeven gezicht dat links naar beneden is gewend. Het haar van de figuur heeft de scheiding in het midden en valt achter de (linker)schouder. Het is opgezet in geel met daarop rode penseellijnen. Aan de linkerzijde van de figuur, rechts in het beeld, is een verticaal gehouden staaf te zien. Uit de schaal van de figuren is af te leiden dat de schildering nog minstens 60 cm naar beneden moet hebben doorgelopen. Bedriegen de verfsporen niet, dan is de stralenkrans een kruisnimbus. In dat geval kan de figuur alleen Christus zijn en de verticale staaf een deel van de in de verdwenen linkerhand gehouden kruisstaf met kruisvaan, andersgezegd: Christus als de verrezen of verrijzende Salvator.
Niettemin lijkt de Calvariegroep als de kern van de voorstelling opgevat te mogen worden en Maria daarin als de hoofdpersoon. Vanuit Christus' rechterzijde gericht, staat het zwaard van smart boven haar ineengeslagen handen in haar borst. Zoals Rientjes in 1952 direct na de ontdekking van de schildering schreef, zijn hier de door Simeon bij de presentatie in de tempel tot Maria gesproken woorden uitgebeeld volgens het Stabat Mater.[5] Dit dertiende-eeuwse franciscaanse Marialied was als sequentia in de liturgie opgenomen. De eerste van de tien strofen tekent het beeld:[6]

Stabat mater dolorosa	Stond de moeder, diep bewogen,
iuxta crucem lacrymosa,	vol van tranen waren de ogen,
dum pendebat filius.	naast 't kruis waar haar Zoon aan hing.
cuius animam gementem	Door haar pijnlijk zuchtend harte,
contristatam et dolentem	overstelpt van wee en smarte,
pertransivit gladius.	't scherpe zwaard van droefheid ging.

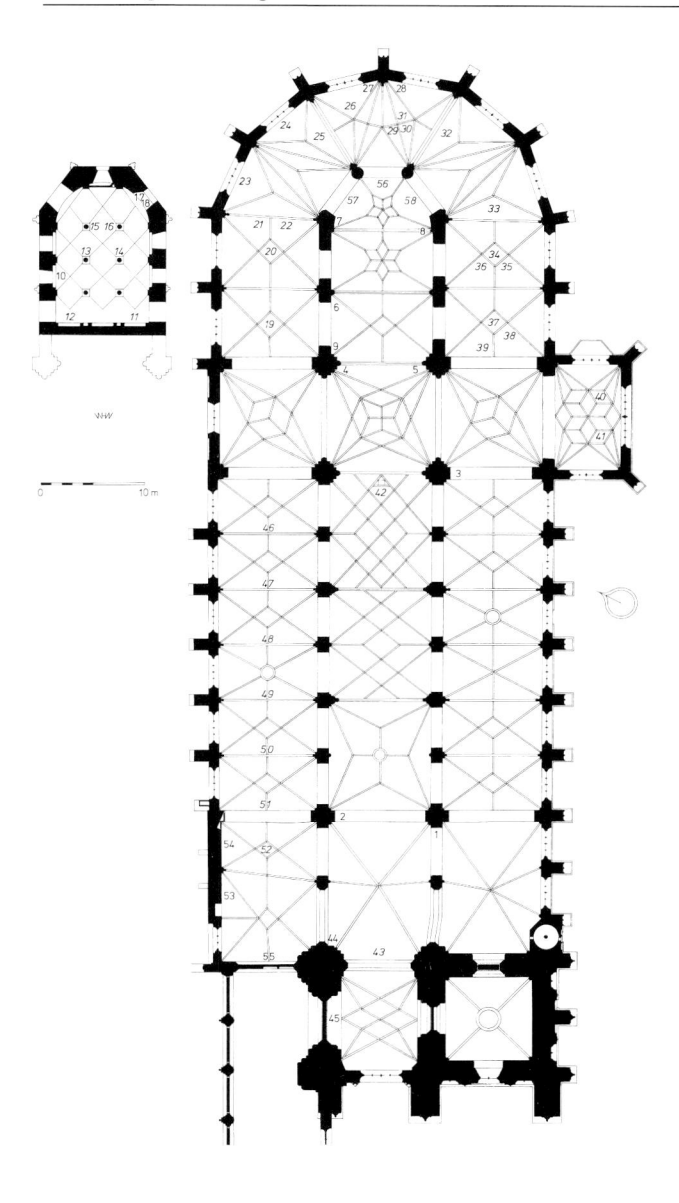

Schilderingen in het gebouw 129

Afb. 117 Plattegrond van de Lebuinuskerk met de genummerde plaatsen van figurale schilderingen en belangrijkste opschriften (gewelfschilderingen cursief).
1. Calvarie met Maria met zwaard van smart; 2. Cosmas en Damianus, tapijtfragment; 3. Gekanteelde weergang (linkerbovenhoek van de voorstelling); 4. Tapijtschildering waarboven Victor van Marseille en Dorothea tussen twee paren musicerende engelen; 5. Tapijtschildering met beneden geestelijken en boven musicerende engelen, IHS; 6. Rest schildering in twee taferelen: Calvarie, daaronder Apostelen; 7. Tapijtschilderingen met (restant) profeet; 8. Tapijtschilderingen met deel profeet, Mozes en koningin; 9. Fragmenten van o.a. gemijterde figuur; 10. Fragment voorstelling (van Anna-altaar?); *11. Fragment Gethsemane; 12. Fragment Christus voor Pilatus; 13. Engel met spons en emmertje; 14. Engel met doornenkroon en lans; 15. Engel met roe, geselpaal en karwats; 16. Engel met kruis en drie nagels;* 17. Schim (van profeet?) met banderol; 18. Schim (van profeet?) met '(...) et erit sepulchrum eum (...)' *19. Heilig Aanschijn; 20. Wapen van de Bergenvaarders; 21. Koning Olaf; 22. Gertrudis van Nijvel; 23. Gaper-achtige halffiguur; 24. Schim van vrouw met uil; 25. Twee apen tussen het lofwerk; 26. Uil op lofwerk;* 27. Aartsengel Michael; 28. Quirinus van Neuss; *29. Haas uit lofwerk; 30. Wildeman met knots; 31. Hert uit lofwerk; 32. Gezicht waarvan uit de mond lofwerk komt; 33. Twee elkaar beteugelende mansfiguren; 34. De Dood als schutter; 35. Christus 'ecce ho(mo)'; 36. Leeuw met beide stadswapens; 37. Lam Gods 'ecce agnus (dei)'; 38. Koekoek-achtige vogel op het lofwerk; 39. Koekoek-achtige vogel op lofwerk dat uit drakenkop komt; 40. Wildeman met stadswapen (adelaar); 41. Wildevrouw met oude stadswapen; 42. Twee musicerende engelen bij 'Hemelgat'; 43. Lebuinus, datering (1500, 1502, 1505 of 1510);* 44. Fragment met hek in landschap; 45. Kruisdraging; 46. 'DANK GODT'; 47. 'EERT GODT'; 48. 'LOOFT GODT'; 49. 'DIENT GODT' 50. 'VREES GODT'; *51. 'an(n)o dni c (x) v.iii' (1503); 52. Sint Maarten met kreupele en bedelaar;* 53 Gethsemane; 54 Laatste Oordeel; 55 Tien Geboden met 'ECCLESIA ME POSUIT 1611'; *56. Stadswapen 'ANNO 1620'; 57. Bellenblazende jongen op schedel 'QUIS EVADET?'; 58. Zandloper boven drie schedels 'MEMENTO MORI'.* (tekening W. Haakma Wagenaar).

De voortgezette verheerlijking van het lijden gaat in de vijfde strofe over in een in de ik-vorm gestelde belijdenis die in de laatste twee strofen besloten wordt met een bede om Maria's steun en voorspraak bij het Oordeel na de dood.

Later werd het Stabat Mater thema van polyfone composities voor het feest der Zeven Smarten van Maria. Rientjes bracht de schildering in verband met deze latere verering en een daartoe opgerichte broederschap.⁷ In de Lebuinuskerk bestond inderdaad zo'n instelling die in de zestiende eeuw werd aangeduid als 'Lieve Vrouwen Gilde der Droeffenisse', ook als 'Onser Liever Vrouwen Gilde van die seven Droeffenissen in die groete Kerke, by der Raithsheeren Cap-

pelle'.⁸ Als dit gilde al in de vijftiende eeuw bestond, dus vóór de voltooiing van de Raads- of Magistraatskapel, dan moet het toen zijn altaar elders hebben gehad. Hieruit mag echter niet geconcludeerd worden dat de bewuste schildering de plaats van dat gilde-altaar aangeeft. Stilistisch typeren de figuren, hun gebaren, de golvende boord van het gordijn en de architectuur de schildering als werk van 1400 of even daarvoor.⁹ De voorstelling staat dan ook nog dicht bij de dertiende-eeuwse inspiratiebron en moet daarom niet geassocieerd worden met de devotie waarin dit 'beeld' gedegradeerd was tot onderdeel van het willekeurig samengestelde zevental Smarten, tegenhanger van de zeven Vreugden.¹⁰

Een eind veertiende-eeuws altaar met deze voorstel-

Afb. 118 Calvarie op westzijde zuidoostelijke pijler van vroegere westelijke viering (foto A.J. van der Wal/Rijksdienst voor de Monumentenzorg, Zeist).

ling kan worden beschouwd als voorpost en complement van het toen nog bestaande westelijke koor dat waarschijnlijk aan Maria was gewijd.

Cosmas en Damianus op de noordoostelijke pijler van het westelijke dwarsschip (afb. 119)

Op de zuidzijde van de noordoostelijke pijler is eveneens een vak pleisterwerk vanwege daarop aangetroffen resten schilderwerk bij de vroegere ontpleisterings-restauratie gespaard. Het draagt een restant van een voorstelling van twee heiligen en daarboven een stuk tapijt van latere datum. Het middendeel van de voorstelling is verloren gegaan bij de plaatsing van een console voor een beeld. Het restant van de voorstelling verdween toen achter het rood van het tapijt dat als achtergrond van dat beeld op de pijler werd geschilderd. Getuige de stijl van de op het rood geschabloneerde lichtgroene bloemsilhouetten, gebeurde dit even na het midden van de vijftiende eeuw. De oudere voorstelling, waarvan het restant bij de herontdekking in 1951 van het bedekkende rood werd bevrijd, liet twee baardeloze mannelijke heiligen zien, staande in een opengewerkt gebouw. De twee kunnen door de overgebleven letters van het onderschrift 'COS (...) NU (..)' geïdentificeerd worden als de onafscheidelijke tweelingbroers Cosmas en Damianus die, *pro Deo* de geneeskunst bedrijvend, velen tot het Christendom bekeerden en daarom in 303 als martelaars de dood vonden.[11] De schildering zal zijn aangebracht op kosten van de Arbeidsbroeders-Barbiers, het gilde van doktoren en apothekers, van wie Cosmas en Damianus de schutspatronen waren.[12] In de wetenschap dat het om deze heiligen gaat, kunnen ook hun attributen worden herkend. De bovenkanten daarvan zijn vlak boven het gat in de schildering te onderscheiden; een vijzel en een urineglas. Hun martelaarschap wordt aangeduid met de over de schouder gehouden palmtak. Het architectonisch decor toont een gekanteelde weergang met uitkragende torentjes waarvan het middelste voorzien is van een spits. Deze is, net als de kap van het gebouw daarachter, afgedekt met panleien. Het enige gotische element in de voorstelling is de uitkraging van de torentjes. De letters, de gezichten en de weergave van de architectuur met de a-perspectivisch radiaal geplaatste kantelen zijn nog romaans van stijl. Denkelijk werd de schildering in de veertiende eeuw gemaakt naar ouderwets voorbeeld, wellicht de afbeelding op of in een oud missaal van het gilde.[13] Enkele bijzonderheden maken het twijfelachtig of deze voorstelling als een altaarstuk te beschouwen is:
— de voorstelling is niet op de westelijke maar op de zuidelijke zijde van de pijler geplaatst;
— de onderkant met de namen ligt zeer hoog, ongeveer 2,70 m boven het vroegere vloerpeil;
— de namen van de heiligen sloten als een sigarebandje tegen een omcirkeld wijdingskruis. Met zo'n kruis wordt de wijding van een bouwdeel, niet van een altaar aangegeven.
De voorstelling zal dus niet het altaar hebben gesierd maar eerder de plaats van het grafperk van het Barbiersgilde hebben aangeduid. Het altaar zal meer noordelijk geplaatst zijn geweest, misschien in de tussen noordbeuk en noordwestelijk transept gelegen kapel. Dat de westzijde van de pijler hiervoor niet werd gebruikt, hing mogelijk samen met de status en het gebruik van het noordwestelijk transept. Hierin was tegen de noordwand een galerij geplaatst die, verbonden met de wijde trap tegen de noordelijke toren van de westbouw, de statige entree vanuit het achterliggende bisschoppelijke paleis vormde.

Schilderingen in het gebouw

Fragment op de zuidwestelijke pijler van het oostelijke dwarsschip

Op de zuidwestelijke pijler van de oostelijke viering is op de zuidzijde een fragmentje pleisterwerk met de linkerbovenhoek van een veertiende-eeuwse schildering overgebleven. De bovengrens ligt 4,15 m boven de vloer. Dat is hier ongeveer 5,50 m boven het oude vloerpeil. Het restant bestaat uit een gebogen gekanteelde weergang tegen het gele kader dat de voorstelling zal hebben omsloten. Net als in de ommuring rond de Calvarie en afwijkend van de weergang boven Cosmas en Damianus, staan de zijkanten van de kantelen verticaal weergegeven.

De schildering bevond zich aan de buitenzijde van de westelijke hoek van het kanunnikenkoor. Oostwaarts liep de zuidelijke lage scheiwand van het koor die onderaan door pilasters was geleed en met rode schijnvoegen afgewerkt en die daarboven bestond uit het geprofileerde met platen van kalksinter gevulde raamwerk. De oostzijde van het transept opende zich op het smalle zijkoor dat door de inbouw van een verdieping was verlaagd.

Er is één altaar dat mogelijk met het stukje schildering in verband gebracht kan worden. In 1350 wordt gesproken over een graf van Johannes de Noertmersche, '(...) Vicaris novi altaris dicti Sancti Christofori ex australis parte chori'.[14] Ten zuiden van het koor kan hier niet anders zijn dan in het zuidertransept en wel de westelijke zijde, niet de oostelijke met het zijkoor. Wellicht geeft dus het stukje schilderwerk de vroegere plaats aan van Christoffel en het aan hem gewijde altaar. Bij dit altaar werd in 1370 Reinout of Reinier van Coevorden begraven.[15] In de zestiende-eeuwse Ordinarius wordt alleen dit graf nog als laatste punt in de processie op Allerheiligen genoemd.[16] Christoffel niet; die was toen stellig al in westelijke richting verhuisd.

De monumentale inrichting van het koor van Rudolf van Diepholt

Op de grens van schip en oostelijke viering bevond zich de westelijke afscheiding van koor en lekenkerk. Bestanddelen van deze koorafsluiting waren; twee kansels tegen de vieringpijlers, daarnaast doorgangen met deuren en daartussen, in het midden aan schipzijde, het Heilig-Kruisaltaar. Dit geheel zal tegelijk met de lage langswanden en in dezelfde laatromaanse stijl zijn opgetrokken en meer het karakter hebben gehad van een monumentaal koorhek dan van een galerijachtig doxaal.[17] Aan een orgel bood het geen plaats en het werd dan ook in de zestiende eeuw nog aangeduid met 'ambo' (= kansel).[18] De vloer voor het Heilig-Kruisaltaar lag drie treden hoger dan elders in het schip. Bij het betreden van het koor, via een van de

Afb. 119 Cosmas en Damianus, stuk tapijt van latere datum, zuidzijde noordoostelijke pijler van vroegere westelijke viering (foto A.J. van der Wal/Rijksdienst voor de Monumentenzorg, Zeist).

twee doorgangen, moesten nog eens vier stappen omhoog gezet worden. Hier, in de viering, waren tegen de lage langswanden de koorgestoelten van proost, deken, kanunniken en vicarissen geplaatst. Direct voorbij de oostelijke hoekpijlers bevonden zich doorgangen naar de smalle zijkoren. Even verder, aan de voet van de trap naar het hoogkoor, stond aan elke kant een altaar waarachter een gedeeltelijk in de wand weggewerkte trap westwaarts opging naar de in het zuidelijke, resp. noordelijke zijkoor ingebouwde verdieping.[19] De zijwanden van het koor waren verder gesloten tot aan de twee hoog boven de lessenaarsdaken van de zijkoren uitziende kleine vensters.

Midden in het koor, waarschijnlijk tussen de twee oostelijke hoekpijlers, stond een altaar opgesteld dat was gewijd aan Johannes Chrysostomos, alias Johannes Guldenmond.[20] In de zestiende-eeuwse Ordinarius met de regie-aanwijzingen voor de bijzondere feestelijkheden heet dit altaar steeds 'het kleine altaar', ter onderscheiding van het hoofdaltaar.[21]

Het hoofdaltaar stond op het hoogkoor, het 'sanctuarium', en was geflankeerd door de kostbare reliekkasten van de drie eertijds in de kerk begraven heiligen, Lebuinus, Marchelinus en Radboud en de kist met houder voor een arm van Margareta. De kleinere houders met relieken van andere heiligen waren ondergebracht in het altaar-zelf.[22] Hierachter was het koor gesloten door een absis. Cylindrisch van binnen en oorspronkelijk overwelfd met een halfkoepel, was deze koorabsis terwille van een aansluiting op de dertiende-eeuwse overwelving verhoogd en voorzien van een straalgewelf en lange smalle vensters in plaats van de oorspronkelijke kleine rondboogvensters. De absis werd vrijwel geheel gesloopt bij de aanleg van de kooromgang.

Alle op de wand- en pijlervlakken bewaarde schilderingen stammen uit de periode waarin het koor het zojuist beschreven gemoderniseerde maar in hoofdvorm nog vrijwel gesloten romaanse karakter had. Zij zijn de restanten van een inrichting die voornamelijk door toedoen van Rudolf van Diepholt, bisschop van Utrecht 1425-1455, werd voltooid.

De oostelijke hoekpijlers van de oostelijke viering (afb. 120 en 121)

De naar elkaar toegekeerde zijden van deze pijlers bevatten resten vijftiende-eeuwse tapijtschilderingen die de achtergrond vormden van de tegen de colonnetten op consoles en onder baldakijnen geplaatste heiligenbeelden. De beschadigingen in de colonnetten geven de plaats van deze voetstukken en overhuivingen aan en daarmee ook de maat van de verdwenen figuren; levensgroot. Boven de tapijten zet de schildering zich voort als hemelse architectuur met in loggia's geplaatste figuren.

Aan noordzijde is de loggia zeer verzorgd gedetailleerd (kleurafb. 5). De penanten tussen de openingen zijn bekroond met pinakels. Daartussen staan frontalen die zijn afgezet met hogels en een kruisbloem. De nok van de kap op de loggia is voorzien van een kamlijst. Onlogisch is de daarboven nog eens in zwart geschabloneerde band met kruinwerk. Deze doublure zal bij een herstelling in de tweede helft van de vijftiende eeuw zijn toegevoegd. In de loggia staan vier engelen te musiceren. De twee voor de openingen links bespelen schalmeien, de twee rechts een vedel en, aan oostzijde om de hoek, een triangel.

Voor de twee middelste openingen, geschilderd op de colonnet, poseren twee heilige martelaren. Rechts de noodhelpster Dorothea, herkenbaar aan haar bloemenmand, links de geharnaste Victor van Marseille met lans en zijn attribuut, de windmolen. Onder hem is het wapen van het Sticht geplaatst (in rood een kruis van zilver). Als heiligen waren zij van een plaats in de hemel verzekerd, maar het naar het schip gerichte wapen doet vermoeden dat hun aanwezigheid hier, tussen de musicerende engelen boven het (verdwenen) heiligenbeeld, een schenking van een gilde of broederschap in herinnering moest houden.

De schildering op de zuidelijke pijler, waarvan het gedeelte links van de middencolonnet op de onderkant na verloren is gegaan, vertoont binnen eenzelfde indeling enkele afwijkingen ten opzichte van de noordelijke tegenhanger. De architectuur boven het tapijt is veel simpeler van vormgeving (afb. 121). Dit is mede het gevolg van een plaatselijk herstel waarbij de indeling van de loggia en de opstelling van de engelen werden gewijzigd (kleurenafb. 6). Naar de stijl te oordelen is dit herstel van een andere hand maar van niet veel latere datum. Ook voor de twee op de colonnet geschilderde openingen staan engelen. Zij blazen, als die rechts opzij, op lange rechte trompetten. Boven de twee middelste openingen zijn bij het herstel nog eens drie kleine openingen in de kap gemaakt voor drie met de blazers meeneuriënde engelen.

Net als aan overzijde, is bovenaan een zwarte schabloonversiering toegevoegd. Voor de band werd hetzelfde, voor het kruinwerk een afwijkend schabloon gebruikt. Tegelijk zullen op het pijlervlak rechts van de middencolonnet het Christus-monogram IHS en

Kleurenafb. 4 (links) Tapijtschilderingen met rest profeet daarboven op noordelijke koorwand en restant koorabsis (foto collectie Ned. Herv. Gemeente, Deventer).

Kleurenafb. 5 (rechtsboven) Noordelijke hoekpijler koor. Hemelse loggia met Victor van Marseille en Dorothea tussen musicerende engelen (foto A.J. van der Wal/Rijksdienst voor de Monumentenzorg, Zeist).

Kleurenafbeeldingen

Kleurenafb. 6 (rechtsonder) Zuidelijke hoekpijler koor. Musicerende engelen in hemelse loggia boven tapijt. (foto A.J. van der Wal/Rijksdienst voor de Monumentenzorg, Zeist).

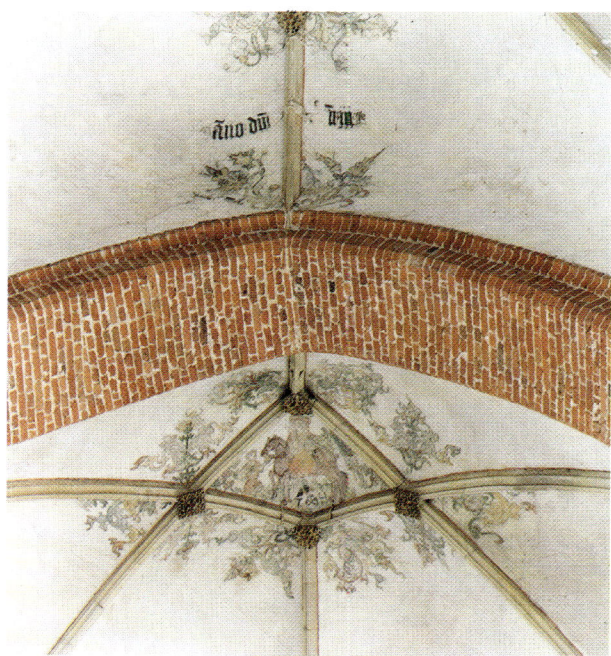

Kleurenafb. 7 (boven) Mozes en Koningin boven tapijten op zuidelijke rest koorabsis en koorwand (foto A.J. van der Wal/Rijksdienst voor de Monumentenzorg, Zeist).

Kleurenafb. 8 (beneden) Noordbeuk. Zesde gewelfveld met datering, zevende gewelfveld met Sint Maarten. (foto A.J. van der Wal/Rijksdienst voor de Monumentenzorg, Zeist).

Kleurenafb. 9 Kooromgang, gewelfvelden aan weerszijden van noordoostelijke gordelboog met twee apen tussen het lofwerk (foto A.J. van der Wal/Rijksdienst voor de Monumentenzorg, Zeist).

het nu niet meer leesbare monogram op het westelijk vlak zijn neergezet. Onderaan springen drie bijzonderheden in het oog:
— Aan weerszijden van de colonnet, ter hoogte van de weggehakte console, staan twee gebeeldhouwde gepolychromeerde wapens tegen het tapijt. Aan oostzijde weer het kruis van zilver in rood, het wapen van het Sticht, aan westzijde het doorsneden wapen met boven een gekroonde gaande rode leeuw in goud, onder een zilveren adelaar in blauw; het wapen van de Van Diepholts. Als pendant van het Stichtse wapen verwijst dit uiteraard naar (een schenking van) bisschop Rudolf van Diepholt.[23]
— Over de lengte van het verdwenen heiligenbeeld, is de colonnet met een groen tapijt bedekt. Tegen dit groene fond staat aan westzijde een geestelijke in aanbidding, als secondant van de niet meer aanwezige heilige hoofdpersoon.
— Naast de geestelijke tegen het groen en vlak boven het Van Diepholt-wapen steekt een kleine sobere console uit het beschilderderde pijlervlak. Plaats en schaal doen vermoeden dat de console geen beeldje droeg maar diende om er een (kaars)licht op te kunnen zetten.

Fragmenten op het westelijk vak van de noordelijke koorwand

Ter hoogte van de bovenkant van de pijlerschildering zijn op het wandvlak ernaast twee stukjes oud pleisterwerk bewaard en hoger nog een derde stuk met de schamele resten van een figurale schildering (ca. 1450). In het bovenste fragment is een venster met middenstijl en diagonaal verdeeld glas-in-lood te herkennen. Het grootste fragment daaronder bevat van een heilige bisschop, zijn mijter, nimbus en rechterschouder (in kazuifel). Het kleine restant links is niet te definiëren. De mogelijke betekenis van deze schildering komt straks ter sprake.
In de linkerhoek beneden van dit meest westelijke wandvak bevindt zich het overblijfsel van een oudere schildering, waarschijnlijk van kort na 1400, die al vóór het midden van de vijftiende eeuw aan het oog onttrokken werd en door het openen van de wand op de kooromgang voor het grootste deel verloren is gegaan (afb. 122). Het kader van de schildering grenst rechts aan de middelste colonnet. Links is het kader niet meer aanwezig, maar het moet hebben aangesloten tegen de opening naar de deels in de wand weggewerkte trap naar de in het zijkoor aangelegde verdieping. De plaats van deze trapopgang is in het nieuwe tufsteenwerk aangegeven met twee doorlopende verticale voegen. De schildering omvatte twee door het kader gescheiden taferelen: boven, tegen een rood tapijt met zwarte schabloonfiguurtjes, een Calvarie, zoals nog te herkennen aan het uiteinde van het kruishout

en de verminkte figuur van Johannes Evangelist. Hij staat in een groengevoerde rode mantel, blootsvoets, met de handen gevouwen en heeft als enig attribuut een boek. Van zijn gouden nimbus is de rechterhelft overgebleven, van zijn hoofd niets. De verdonkering ter hoogte van het kruishout is het residu van de blokband onderaan een jongere tapijtschildering die, voorzover nog aanwezig, bij het blootleggen in 1930 werd verwijderd.
Het kleinere tafereel daaronder bestond uit een groep figuren waarvan slechts de buitenste twee rechts nog compleet zijn. Zij zijn blootshoofds en hebben lange baarden. Van de derde ontbreekt het gezicht, van de vierde het hele hoofd. Van de anderen resteren slechts de onderbenen. De groep staat te boek als 'apostelen'.[24] Wie nu, de fragmenten onderscheidend, gaat tellen, komt inderdaad uit op twaalf figuren. Meer kunnen het er niet geweest zijn. Ten eerste staan de figuren zo dicht opeen met hun nimbus tegen het kader, dat een opstelling van figuren op het tweede plan uitgesloten is. Ten tweede is er naast de meest linker figuur tot waar de trapopgang was slechts ruimte voor het ontbrekende kader. De colonnet rechts en de dispositie van de trappen bepaalden maat en plaats van de schildering met onderin de groep van twaalf. Zijn het de apostelen, dan blijft de vraag waarom de achtste van rechts niet blootvoets, zoals de anderen, maar met puntschoenen aan is afgebeeld. Voor die afwijkende dracht komt Petrus in aanmerking als hij was weergegeven als eerstbenoemde Opperherder en eerste Paus. Er zou dan een relatie tussen deze aan evangelie-zijde geplaatste voorstelling en de ten zuiden van het koor ingerichte Petruskapel vermoed kunnen worden.[25]

Het sanctuarium

De opgangen van de trappen langszij, boven aan de grote trap, markeerden de grens van het hoogkoor, waar het hoofdaltaar stond; het sanctuarium. De op de wanden overgebleven fragmenten van tapijtschilderingen en daarboven aansluitende voorstellingen behoorden bij een zeldzaam rijke uitmonstering van het sanctuarium die was afgestemd op de rondom op consoles en onder baldakijnen geplaatste apostelbeelden. De beelden waren stellig gepolychromeerd. Het omgevende schilderwerk bestond allereerst uit boven de baldakijnen aan roeden opgehangen tapijten; de achtergrond voor die apostelbeelden. Daarbovenuit verrezen oud-testamentische figuren tegen een decor van een zeer suggestief uitgewerkte binnenarchitectuur, waarvan de overblijfselen tot bij de kapitelen reiken. Of het schilderwerk zich ook daarboven nog voortzette, langs de hooggeplaatste kleine vensters opzij en de toppen van de smalle lang-uitgeslepen vensters in de absis, is niet meer na te gaan.

Afb. 120 (links) Noordelijke hoekpijler koor met tapijtschildering en figuren in hemelse loggia daarboven, fragment bisschop op de wand (foto A.J. van der Wal/Rijksdienst voor de Monumentenzorg, Zeist).

Afb. 121 (rechts) Zuidelijke hoekpijler koor. Geestelijke 'voor' tapijt boven de wapens van het Sticht en Van Diepholt (foto A.J. van der Wal/Rijksdienst voor de Monumentenzorg, Zeist).

Op het flauwgebogen noordelijke restant van de absis zijn van een profeet slechts de handen en het daarin gehouden opengeslagen boek bewaard (kleurenafb. 4). Het fragment op het vlakke stuk aan de andere kant van de colonnet geeft de hoek van een kasteel/paleis tegen een blauwe hemel te zien door een opening in de imaginaire binnenarchitectuur, waarvan de in grijze natuursteen opgetrokken dagkant, rechts, een colonnet met loos kapiteel bevat. Van wat voor soort voorstelling deze fragmenten deel hebben uitgemaakt kan aan zuidzijde beter worden herkend (afb. 123).

Op het zuidelijke restant van de absis is de in een groene mantel geklede gehoornde Mozes nog vrijwel compleet aanwezig. Via de met de rechterhand op de neus gehouden klinknagelbril, houdt hij zijn blik gevestigd op de Wetstafelen in zijn andere hand. Aan zijn rechterzijde bevindt zich een door de sloop van de absis gehalveerde rijk geklede man met tulband, wellicht de in het vierde boek van Mozes optredende waarzegger-profeet Bileam, ofwel Balaäm. Jammergenoeg is er van de tekst op de in zijn linkerhand gehouden banderol niets leesbaars overgebleven. Tussen de twee mannen opent een groot rondboogvenster het uitzicht op een ommuurde stad onder een blauwe hemel met sterren waartegen een vlucht ganzen afsteekt. Aan Mozes' linkerzijde, op het vlak aan de andere kant van de colonnet, bevindt zich een gekroonde vrouw, een koningin, in een ruim zijvertrek met houten zoldering (kleurenafb. 7). Zij is weergegeven voor een perspectivisch wijkende dwarswand met kruisvenster. De geopende onderste vakken van dit venster laten van het landschap een boom en door zijn gebladerte een kerktoren zien en, meer op de voorgrond, een water waarin twee zwanen zwemmen. Over het water lijkt een loopplank te liggen. De vrouw zou daarom gehouden kunnen worden voor de Koningin van Scheba, ofwel Saba, van wie de Legenda Aurea vertelt dat zij, op weg naar Koning Salomo, een balk, die onbewerkbaar was gebleken bij de bouw van de tempel en die daarom op Salomo's bevel als loopplank over een stroom was gelegd, niet wilde betreden omdat zij voorzag dat dit hout bestemd was voor de Kruisiging van de Messias. Uit respect doorwaadde zij de stroom.[26] Aangenomen dat het deze koningin is, dan is het waarschijnlijk dat zij haar wijze gastheer hier gezelschap hield en dat zij daarom naar links gewend werd uitgebeeld. Salomo, of wie het ook was, is verdwenen bij het uitbreken van de opening op de kooromgang, en met hem nog een tweetal in dit vak opgestelde figuren van wie ook aan de andere kant van de opening niets bewaard is gebleven. Helaas is, toen het resterende schilderwerk schuilging onder witkalk, ook het linker bovenvak van het kruisvenster achter de koningin grotendeels verloren gegaan bij de aanleg van de trekstangen. Het rechter vak bevat weer het wapen van de Van Diepholts. Pendant in het linker vak zal opnieuw het wapen van het Sticht zijn geweest. De wapens duiden weer op een schenking.

De latere en de oorspronkelijke plaatsing van de apostelbeelden

De aanleg van de kooromgang, waarmee het kapittel in 1486 instemde, hield in dat de zijkoren gesloopt, en de wanden van het koor op de nieuwe omgang ge-

Afb. 122 Noordelijke koorwand met rest schildering in twee taferelen: Johannes (Calvarie) met apostelenreeks daaronder (foto A.J. van der Wal/Rijksdienst voor de Monumentenzorg, Zeist).

opend zouden worden.[27] Omdat de absis een dergelijke ingreep niet toeliet, moest daarvoor het tweetal oostelijke pijlers in de plaats gesteld worden nadat de vier daartegen gemonteerde apostelen in veiligheid waren gebracht. In de pijlers en de wandvlakken zijn de blokken natuursteen te herkennen waarvan de consoles en baldakijnen, na de reformatorische opruiming van de beelden, zijn afgehakt. Op het blok in het rode tapijt aan de noordzijde is op het oorspronkelijke vlakke deel nog schilderwerk aanwezig met hetzelfde patroon als in het tapijt. Niettemin sluit dit schilderwerk niet op de omgeving aan. Hieraan is te zien dat niet alleen de oostelijke consoles, na de sloop van de absis, herplaatst zijn, maar ook de andere exemplaren tegen de langswanden. Na de doorbreking van die langswanden op de kooromgang was er voor de apostelen in het hoogkoor niet genoeg plaats meer zodat zij allen moesten verschuiven en twee naar de westelijke travee moesten uitwijken. In deze travee was de zuidelijke trap opzij in functie gebleven als opgang naar de nieuwe sacristie. De doorgang daarnaartoe, ook weer in de vernieuwde tufsteen herkenbaar gemaakt, maakte het nodig de serie apostelbeelden op een iets grotere hoogte te herplaatsen dan in hun oorspronkelijke opstelling. Aan noordzijde is het boven de gedichte opening herplaatste console-blok nog aanwezig. De resten van de oorspronkelijke tapijtschilderingen werden opgelapt en aan de onderzijde ingekort. De oud-testamentische wereld keerde niet terug.

De oorspronkelijke dispositie was aldus:
Tegen de absiswand, naast en tussen de drie vensters; vier apostelen met ieder twee ten halve boven de tapijten uitrijzende profeten boven zich, het rechter tweetal profeten te herkennen als Balaäm(?) en Mozes. Tegen het aansluitende zuidelijke wandvak; drie apostelen met boven de tapijten uitkijkend vier profeten, waarbij de Koningin (van Saba met Koning Salomo?).
Tegen het noordelijke wandvak ertegenover; drie apostelen met vier profeten boven de tapijten, mogelijk ook paarsgewijs opgesteld. Dat zijn tien apostelen en zestien profeten erboven. De voorste twee apostelen, mogelijk Petrus en Paulus, waren tegen de wandvakken van de westelijke travee geplaatst, ieder boven een trapopgang, dus precies op de door de trappen al gemarkeerde grens van het sanctuarium.
Hoe nu de westelijke beëindiging van de uitmonstering verder voor te stellen?

De uitmonstering van de westelijke travee

Ook de fragmentarisch bewaarde bisschop hoog naast de noordelijke hoekpijler is een restant van schilderwerk dat verloren ging bij de verbouwing aan het eind van de vijftiende eeuw (afb. 120). De afmetingen van de figuur en zijn plaats op de wand komen met die van de profeten overeen, de schildertechnische uitvoering lijkt wat eenvoudiger. Hij stak waarschijnlijk ook ten halve boven een tapijt uit en zijn achtergrond bestond eveneens uit architectuur met een venster waardoor een landschap te zien zal zijn geweest. Het tapijt waar hij bovenuit keek was hier denkelijk de voortzetting van de tapijtenreeks waartegen in de oostelijke helft van het wandvak de voorste apostel was geplaatst. De band onderaan het tapijt, waarvan de plaats als een schaduw op de oudere schildering eronder is achtergebleven, liep naar het westen toe teniet tegen de in de wand uitgehouwen overwelving van de trap naar de verdieping in het zijkoor.
Net als de figuren in de oostelijke travee moet de bisschop nog drie anderen naast zich en vier tegenover zich hebben gehad. Het meest voor de hand ligt de veronderstelling dat dit de vier Oostelijke en de vier Westelijke Kerkvaders waren. Eén van het oosterse viertal was Johannes Chrysostymos aan wie het hier middenin het koor geplaatste 'kleine altaar' was gewijd.[28]

De schildertechniek

Van de tapijten en de voorstellingen daarboven zijn enkele technische bijzonderheden vermeldenswaard. Het schilderwerk is op een egaliserende lichtrode grondlaag opgebouwd in dunne dekkende lagen verf die rijk was aan een oliehoudend bindmiddel, een opbouw als de polychromie op (de) stenen beelden.
De patronen in de tapijten en de kleine siermotieven daarbinnen zijn met behulp van schablonen neergezet, de lichthogingen uit de hand daaraan toegevoegd. De in de patronen geplaatste overhoekse vierkantjes bevatten de resten van een materiaal-imitatie die volgens een ingewikkelder procédé tot stand is gekomen. Het is de imitatie van brocaatweefsel in stanniool-relief.[29] De receptuur, naar het daarin gebruikte bladmetaal aangeduid als 'stannio(o)l', bestond in varianten, maar het gemeenschappelijke principe was dit: Het reliëf van de voor brocaat zo typerende dier- of plantmotieven wordt, in negatief, nagebootst in koper. In deze mal wordt tinfolie (stanniool) geklopt en vervolgens een snel verhardende maar enigszins elastisch blijvende vulling gedrukt en aan de achterzijde vlak gewalst. De dunne afdruk wordt uit de mal genomen om later, meestal in veelvoud, in een schildering of op een beeld te worden gelijmd. Hierna volgen vergulding en aanvullende beschildering.[30]
Interessant is dat eenzelfde applicatie-techniek is gebruikt om de vergulde sterretjes in de lucht reliëf te geven. Als kaarsen het koor verlichtten, twinkelden de sterretjes in de hemel en was het in de oud-testamentische wereld echt nacht.

De bewaarde opdracht en kwitantie uit 1447

De gereconstrueerde uitmonstering van het hoogkoor is zojuist met opzet omschreven in vijf 'vakken'. Eenzelfde term en hetzelfde aantal vijf komen voor in een deel van een opdracht uit 1447 aan een broeder Rembertus Renesche voor schilderwerk in het koor.[31] In het namens kapittel en deken opgesteld stuk is vastgelegd hoeveel deze Rembertus voor een al voltooid 'vak' zou krijgen en hoeveel voor de nog uit te voeren vier vakken. Voor het laatste kreeg hij een jaar de tijd. Op de kwaliteit van (blad)goud mocht niet bezuinigd worden en de vier vakken moesten in ontwerp en uitvoering even verzorgd zijn als het voltooide eerste vak. De opdracht is al in 1847 integraal gepubliceerd.[32] In latere publikaties werden van het stuk, met de nodige citaten, samenvattingen gegeven. Over de plaatsbepaling van het in 1447 bedoelde werk waren de schrijvers het oneens. Rientjes dacht aan gewelfvakken. Wetend dat het koorgewelf in 1502 werd vernieuwd, concludeerde hij dat van Rembertus' werk niets meer resteerde.[33] Hoogewerf voegde aan de verdwenen gewelfschildering het werk op de vieringpijlers toe met de veronderstelling dat de geestelijke aan zuidzijde een zelfportret van Rembertus zou kunnen zijn.[34] Ter Kuile nam het laatste over maar verwierp de gedachte dat met de genoemde vakken een gewelfschildering bedoeld zou kunnen zijn en stelde daarvoor de vier wandvakken en absis in de plaats. Tot het overgebleven werk van Rembertus rekende hij echter de schilderingen op de hoekpijlers en de nog oudere, uit twee taferelen samengestelde schildering op de noordwand, niet de meer oostelijk gesitueerde restanten met Mozes c.s. die hij onbegrijpelijkerwijze op 1500 dateerde.[35] Behoudens die datering hield Stenvert zich aan de visie van Ter Kuile.[36]

De restanten van de bisschop, hoog op de noordwand, werden in geen van de beschouwingen vermeld. De bewaarde stukken hebben slechts betrekking op de verrekening van het door Rembertus gemaakte schilderwerk. De bijhorende omschrijving van het werk ontbreekt. Dat het omvangrijk was blijkt uit de tijd die voor de uitvoering gerekend werd; een jaar voor de nog te maken vier vakken. Niet het getal vijf, waar Ter Kuile geen gewelf bij kon denken, maar die omschrijving in vakken vraagt om een verklaring.

Het schilderwerk was omvangrijk en bewerkelijk. Het werd niet naar zijn aard verdeeld, met vermelding van figuren of herhaald voorkomende decoraties, maar naar de wijze waarop het stapsgewijs werd uitgevoerd, en wel vanaf een achtereenvolgens voor vijf wandvakken op te bouwen steiger. Voor een gecompliceerde gewelfschildering zou de aanleg van één steiger voor het geheel het minst storend zijn geweest en een vaksgewijze oplevering en verrekening niet passend. De uitvoering van schilderwerk tegen de wandvlakken kon juist ter vermindering van de overlast beter vaksgewijs worden uitgevoerd.

De kwitantie bevat summiere informatie over het betreffende werk maar één post bevat een interessante aanwijzing: 'Item vor golt ij r(ijn)s gl. betalt bister'. Het bijbungelend 'bister' is een organisch pigment dat toegepast werd in de haarpartijen van polychromie op beelden.[37] De veronderstelling dat de opdracht aan Rembertus en de bijhorende kwitantie uit 1448 op de beschildering van de apostelbeelden en het omgevende schilderwerk betrekking hebben wint aan waarschijnlijkheid door de vermelding van dat pigment bister. Aangenomen dat de verrekening van de genoemde 'vijf vakken schilderwerk' betrekking had op de bewuste uitmonstering van het sanctuarium, inclusief de westelijke uitloper daarvan, dan voegt dat aan het overgeleverde werk niet meer toe dan een gepreciseerde datering en een naam. Waar Rembertus vandaan kwam, kan uit zijn als 'Renesche' geschreven naam niet worden afgeleid, gegeven het feit dat in die documenten de 'rijnse' gulden op zeven verschillende manieren, met wisseling van klinkers, geschreven staat. Wie Rembertus het vak leerde, blijft een open vraag.

Afb. 123 Tapijtschilderingen met figuren daarboven op zuidelijke rest koorabsis en koorwand (foto A.J. van der Wal/Rijksdienst voor de Monumentenzorg, Zeist).

Reconstructie van het complete ensemble in het Van Diepholt-koor

De hier gereconstrueerde dispositie van figuren in de uitmonstering van het koor van omstreeks 1448 was dus: de twaalf apostelen, als beelden, tegen de wandvlakken rondom het hoofdaltaar en in de schildering daarboven zestien wijzen/profeten. Bij de laatsten sloten de vier westelijke en de vier oostelijke kerkvaders aan, uitkijkend boven de tapijten in de westelijke travee.

De band onder het tapijt bevond zich ter hoogte van het kruishout in de oudere schildering met de Calvarie en de groep van twaalf. Deze voorstelling was dus toen al aan het gezicht onttrokken.

De tapijten zijn op dezelfde hoogte opgehangen als de wat oudere op de hoekpijlers. De boven die tapijtschilderingen aanwezige Victor van Marseille en Dorothea, tussen de musicerende engelen aan noordzijde, verwezen naar een gift. De geestelijke beneden aan zuidzijde, boven het Van Diepholt-wapen, kan niet met Rembertus geassocieerd worden maar wel met Van Diepholt's (eerste) schenking. De figuur van de geestelijke maakte duidelijk dat de schenking niet alleen de aankleding van het koor ten goede kwam maar ook de koordiensten-zelf.

Resteert de bepaling van de twee tegen deze pijlers opgestelde levensgrote heiligenbeelden. In de Ordinarius staat dat het Kruis, als het 's middags op Paaszondag voor de tweede maal uit de crypte in het koor is gebracht, werd neergezet 'sub imagine S.Marcellini',[38] dus onder het beeld van Marcellinus-confessor, één van de drie oorspronkelijk in de Lebuinuskerk begraven heiligen van wie de relieken in de zilveren schrijnen naast het hoofdaltaar werden bewaard. De andere twee waren Lebuinus en Radboud. De schrijn van Marcelinus stond, met die van Lebuinus, aan noordzijde naast het hoofdaltaar, de schrijn van Radboud aan zuidzijde. Lebuinus, naamheilige van de kerk, en Maria, het tweetal waaraan het hoofdaltaar was gewijd, waren daar ongetwijfeld markant voorgesteld. Radboud lijkt daarom de meest waarschijnlijke overbuurman van Marcellinus en als de voorganger van bisschop Balderik de juiste figuur waaronder Rudolf van Diepholt zijn gebeeldhouwde heraldische signatuur kon laten aanbrengen (afb. 121). Markhelm, alias Marchelinus/Marcellinus, volgeling van Willibrord en medestander van Lebuinus in de kerstening van de streek, in 762 overleden,[39] en Radboud, die als bisschop van Utrecht (900-917) eveneens vanuit Deventer zijn taak uitoefende en bovendien over het leven van Lebuinus schreef[40], waren als dierbare voorgangers zeer geschikte middelaars tussen het hemelse gezelschap rondom het sanctuarium en de practiserende koorheren.

Beide 'standbeelden' overleefden de onttakeling van het hoogkoor, waarover kapittel en stadsbestuur het in 1486 eens werden. Bij wat toen aan monumentaal schilderwerk werd vernield, valt de bij de reformatie gehouden opruiming in het niet. Kwalitatief werd het verlies van het Van Diepholt-koor niet door werk van vergelijkbare allure gecompenseerd. De nadruk was inmiddels verlegd naar de theatrale en muzikale verrijking van de liturgie. De verbouwing van de kerkelijke ruimte was daarop gericht, de architectuur geheel daaraan ondergeschikt gemaakt.

De hallenkerk met kooromgang

De zuidbeuk

In de vijftiende eeuw werd tussen de twee zuidelijke transepten een nieuwe zijbeuk aangelegd. Het betekende het begin van de verbouwing van het basilicale schip en westelijk dwarspand tot hallenkerk. Terwijl de verbouwing van het schip nog lang niet was voltooid, werd in 1486 het besluit genomen het koor te omgeven door een omgang die op dezelfde leest was geschoeid als de nieuwe zuidbeuk, dus als voortzetting van de beoogde hallenkerk.[41] Zoals uit bouwkundige details kan worden opgemaakt, lag het in de bedoeling de verbouwing zodanig uit te voeren dat de zuidbeuk als vervangend schip kant en klaar in gebruik kon worden genomen en het gewelf van de oude lichtbeuk intact kon blijven.[42] Het laatste was bij de verbouwing van het kleinere romano-gotische schip van de Walburgskerk in Zutphen gelukt.

Het over de oude lage zijbeuk heen aangelegde gewelf van de nieuwe zuidbeuk werd verfijnd met een eenvoudige en snel aan te brengen decoratie. De ribben werden gesausd maar bleven ongekleurd. Waar zij elkaar ontmoeten, zijn zij voorzien van rood-wit gekeperde manchetten. Hierlangs zijn zwarte vierpasbanden met aansluitend kruinwerk middels schablonen op het gewelf aangebracht (afb. 124). Deze gewelfversiering komt vrijwel identiek voor in het koor van de Bathmense kerk, in de Raadskapel van de Zutphense Walburgskerk en, zestiende-eeuws overschilderd, in de Broederenkerk in dezelfde stad. De soortgenoten in de Bergkerk zijn helaas tijdens de restauratie in de zeventiger jaren uit de losse hand overschilderd. Zou de verbouwing van de Lebuinuskerk tot hallenkerk volgens de oorspronkelijke plannen zijn verlopen dan zouden waarschijnlijk ook de andere gewelven met de geschabloneerde decoratie zijn afgewerkt en zou in het gewelf van de middenbeuk nog informatie over de geschilderde afwerking van de overwelfde basiliek bewaard zijn gebleven.

Maar zo is het niet gegaan. Het bleek te riskant om het gewelf van de oude lichtbeuk tijdens de verdere verbouwing intact te laten. Evenals in Utrecht bij de vergroting van de twee grote gotische stadskerken, moest

Afb. 124 Gewelfdecoratie zuidbeuk, oostelijke travee vanuit het westen (foto A.J. van der Wal/Rijksdienst voor de Monumentenzorg, Zeist).

dit gewelf, hoewel gelegen op de juiste hoogte, toch worden gesloopt.[43] Na de nu veel moeizamer verlopen integrale verbouwing, kregen alle andere gewelven uiteindelijk een decoratie van veelkleurig zwierig lofwerk. Hierdoor onderscheidt het prototype, de zuidbeuk met zijn volkomen afwijkend gedecoreerde gewelf, zich duidelijk van het latere werk. Uit dit stijlverschil blijkt het tijdsverloop tussen begin en voltooiing van de metamorfose van het gebouw tot stadskerk.

De decoratie van het gewelf na de aanleg van de kooromgang

Het in 1486 genomen besluit om de moeizaam verlopende verbouwing tot hallenkerk ten oosten van het dwarsschip voort te zetten met de aanleg van een even hoge en brede kooromgang, betekende dat alle oude gewelven moesten worden gesloopt, ook in het oostelijke dwarsschip en het koor. Met de nieuwe overwelving kon omstreeks 1502 worden begonnen.[44] Dit werk zal vaksgewijs maar vrij snel zijn uitgevoerd, gezien de geringe stijlverschillen in de direct na de overwelving aangebrachte gewelfschilderingen.
Bij de ontmoetingspunten van de ribben en de toppen van de gordelbogen en gordelribben werd lofwerk op het gewelf geschilderd. Het meeste van dit laatgotische werk is in vormgeving nog verwant aan de getekende voorbeelden voor de steenhouwer maar staat in zijn stilistische wispelturigheid dichter bij de decoratieve randvullingen van getijdenboeken. Zoals gebruikelijk in de geschilderde uitvoering, krult het lofwerk om fijne sprieten die naturalistische en fantastische bloemen dragen. De bladeren hebben verschillend gekleurde voor- en achterzijde zodat bij het torderen en omklappen de kleur wisselt. Hiermee is zowel een decoratief effect bereikt, als een versterking van de plasticiteit. Dat het laat werk is, blijkt uit 'degeneratieverschijnselen' als de op vele plaatsen aanwezige vergroeiing van het lofwerk met de bloemsprieten, de verandering van bladtype binnen één plant en de wijze waarop de planten ontspruiten. Afhankelijk van het nagevolgde voorbeeld, komen sommige planten zó uit de gewelfrib, sommige uit daarop geplaatste vaasachtige bloemkelken en andere weer uit los boven de rib gezette gesnoeide takjes.

Schilderingen in de kooromgang

Zoals in de marges van getijdenboeken, zijn in het lofwerk hier en daar figuurtjes verstopt, de meeste tevoorschijn komend uit de bloemkelken. Daarnaast zijn enkele figuren als blikvangers midden in de gewelfkappen geplaatst. Van de uit het lofwerk verschijnende figuren is de stand bepaald door die van het lofwerk. Bij de blikvangers is dat minder willekeurig. Beginnend vanuit het noordertransept, zijn de volgende menselijke en dierlijke figuren aan te wijzen:
— In de middenruit van de westelijke travee naast het koor, een Heilig Aanschijn; het gelaat van Christus met doornenkroon en kruisnimbus, te bekijken in westelijke richting. Het zal geen toeval zijn dat dit Passieteken aldus geplaatst werd boven de (noordelijke) verbinding met de crypte die toen voor de paasliturgie was heringericht, waarover straks meer.
— De middenruit in de volgende travee toont het wapen van de Bergenvaarders, het gilde van de op de Noorse Hanzestad Bergen gerichte koopvaardij. Het wapen moet in oostelijke richting worden bekeken. Het is gedeeld met heraldisch rechts de halve gekroonde zwarte rijksadelaar in goud (geel) en links de gekroonde stokvis, zilver (wit) in rood. Het is de samenstelling van het wapen van Deventer als Rijksstad en de vestiging van de Duitse Hanze in Bergen (kleurenafb. 13).
— Eveneens 'georiënteerd', maar met een kleine afwijking in de richting van het wapen staan in de oostelijk aansluitende gewelfkappen twee heiligen ten voeten uit groot afgebeeld, beiden merkwaardigerwijs zonder nimbus. Aan raamzijde de baardige Noorse koning Olaf, in harnas met mantel en kroon, grote drinkbeker met hoge deksel in de rechterhand, een hellebaard in de andere en aan zijn voeten een draak met op de dunne geringde vogelhals een baardige gekroonde mensenkop. De draak verwijst naar het door Olaf in zijn land bestreden heidendom, de hellebaard

naar zijn sneuvelen tegen de Denen en Zweden in 1030, de beker naar het mirakel vóór die slag: Omdat het een vastendag was weigerde Olaf de beker toen het door hem gevraagde water bier geworden bleek te zijn. Pas toen het water, na een tweede verandering en daarop volgende weigering, in wijn veranderde en de bisschop daartoe het bevel gaf, dronk Olaf de beker uit. Hij trok ten strijde en kwam om.[45]

Olaf is de patroon van Noorwegen geworden en als heilige door de Bergenvaarders in Deventer geïmporteerd. Wapen en schutspatroon verwezen naar het eronder opgestelde altaar van de Bergenvaarders die hier een eigen gestoelte hadden en waarschijnlijk ook hun grafperk.[46]

Maar nu de andere heilige. Het is Gertrudis van Nijvel, afgebeeld als abdis met staf, een kapel op de rechterhand en twee ratten onder aan haar voeten. Zij was de patrones van de kapellen en gasthuizen voor pestlijders en de beschermster tegen ratten- en muizenplagen, bovendien de beschermster van de reizigers.[47] Zij zal dus door de kooplui van de Hanze op handen zijn gedragen. Gelet ook op de weergave van de naar elkaar toegewende heiligen en hun stand ten opzichte van het wapen, moet worden aangenomen dat het altaar van de Bergenvaarders aan beide heiligen was gewijd. Een schenking uit 1498 maakt het aannemelijk dat dit altaar toen, dus tegelijk met de ingebruikneming van de nog niet overwelfde kooromgang, kon worden opgericht.[48] Het lofwerk in beide noordelijke gewelfvelden is op overeenkomstige wijze gerangschikt als in de andere gewelven maar valt qua vorm en kleurstelling uit de toon. Het bestaat uit paarsgewijs uit de rib groeiende bereklauwbladen die monochroom zijn uitgevoerd in rood, blauw of groen, met in de contour versmeltende schaduwaccenten. De uitvoering van het schilderwerk in deze twee gewelfvelden was kennelijk in andere handen gelegd en werd stellig door de Bergenvaarders bekostigd. In 1509, niet lang nadat het gewelf uit de steiger moet zijn gekomen, kon het gilde zijn nieuwe 'kapel' voltooien met het nieuwe gestoelte.[49]

Aan het lofwerk in deze twee noordelijke gewelfvelden moet later, dus vanaf hangsteigers, geknoeid zijn. Dit gebeurde waarschijnlijk bij het herstel van de oorlogsschade uit 1578 die later aanleiding was tot de herbouw van het tweede koorgewelf.

Een vanuit het noorden voortgezette rondgang om het koor brengt achtereenvolgens deze menselijke en dierlijke figuren in het zicht (afb. 117):

– In de gewelfkap boven het eerste venster in de polygonale oostwand bevindt zich een als borstbeeld weergegeven kereltje. Hij draagt een pelgrimssteek, een dubbele hangsnor en een schoudermantel van hermelijn. Zijn helderrode lippen zijn neergezet om een touwgat in het gewelf dat zo zijn opengesperde mond werd. Door zijn grimas en uitdossing lijkt hij op een gaper. Het touwgat is na de bouw, denkelijk voor een onderhoud vanaf eenhang steiger, in het gewelf geboord, het kereltje dus na een eerste onderhoud pas aangebracht. Bij het volgende venster moet om net zo'n gat en op dezelfde wijze een vrouw zijn afgebeeld. Slechts haar hoofddoek en haar begeleidend attribuut, de uil, zijn bewaard. Met beide figuren zullen boeren personages zijn bedoeld zoals die in satyrisch werk figureerden. In deze context duidt de uil de onkuisheid aan.[50]

– In hetzelfde vijfhoekige gewelfveld, in de kap tegen de zware gordelboog, zitten twee aapjes in het lofwerk van de vruchten te snoepen (kleurenafb. 9). Eén is in het lofwerk boven de gordelboog geklommen, ondanks het koord aan zijn rode halsband. De tweede heeft zich genesteld tussen het distelachtige lofwerk boven de sluitsteen ertegenover. Hoewel voorzien van enorme handen, is dit wat verscholen dier wel eens voor een beer aangezien.[51]

– In het middelste vijfhoekige gewelfveld, in de gewelfkap boven het noordelijke van de twee middelste ramen, zit een uiltje op het lofwerk.

– Een haasje komt tevoorschijn uit het lofwerk aan zuidwestzijde van de middelste sluitsteen.

– In de aan zuidzijde hiervan gelegen gewelfkap zwaait een wildeman zijn knots vanuit het lofwerk.

– In de oostelijk aansluitende kap steigert een groot hert tussen de bladeren.

Op drie van de vier wandvlakken naast de twee middelste ramen is boven de kapitelen een vak pleisterwerk bewaard vanwege daarop geschilderde heiligen. De twee figuren op de twee middelste vlakken zijn vrijwel ongeschonden. Van de voorstelling aan de andere kant van het linker raam rest slechts de onderkant; een begroeide rotsbodem waarop, getuige de kleding en een staf, een heilige bisschop stond. Aan de rechterkant van het raam is de levensgrote gevleugelde aartsengel Michael frontaal weergegeven als hemelse zielenweger (kleurenafb. 11 en 12). In zijn linkerhand houdt hij de weegschaal waarmee hij het gewicht van twee zielen vergelijkt. Hij heeft het zwaard in de rechterhand geheven tegen de duivel die beneden de uitslag van de weegschaal tracht te beïnvloeden. Michael is uitgedost als ridder maar heeft in plaats van een heiligenschijn, een kruisje op zijn haarband, zoals voorbehouden aan engelen. Zijn gezicht vertoont de gebruikelijke meisjesachtige trekken, is hier in verhouding veel te groot.

Eenzelfde proportiefout vertoont de schuin van opzij geziene figuur naast het rechter raam. Deze heilige ridder is aan zijn wapenschild met negen bollen te herkennen als Quirinus van Neuss, één van de vier heilige maarschalken.[52] De negen bollen komen nog eens voor op het vaantje aan zijn lans. Zij werden gezien als aanduiding van de negen kwalen waartegen Quirinus' bijstand werd gevraagd. Het tweede, aan een dorreboom hangende wapen bevat een tot dusver on-

Schilderingen in het gebouw

Afb. 125 Kooromgang, tweede zuidelijke gewelfveld met de Dood als schutter, Christus 'Ecce Ho(mo)' en leeuw met beide stadswapens (foto A.J. van der Wal/Rijksdienst voor de Monumentenzorg, Zeist).

Afb. 126 Kooromgang, middenruit van zuidwestelijk gewelfveld met Lam Gods, 'ecce agnus (dei)' (foto A.J. van der Wal/Rijksdienst voor de Monumentenzorg, Zeist).

besproken gildeteken. Het bestaat uit twee met een bundel vlas bekroonde hekels; het gereedschap bij het begin van de produktie van linnen. Het was bekend dat het linneweversgilde in 1496 zijn goedkeuring kreeg.[53] De schildering laat zien waar dit gilde zijn altaar had en aan welke beschermheilige het was gewijd. Ook de andere twee figuren zullen bij gilde-altaren hebben behoord en even na de gewelfschilderingen zijn aangebracht, in het eerste kwart van de zestiende eeuw. Hun functie was dus dezelfde als die van Olaf en Gertrudis in het gewelf.

– In de gewelfkap tegen de zuidoostelijke brede gordelboog komt het lofwerk boven het snijpunt van de ribben uit de mond van een menselijk gezicht (afb. 117).
– Een bijzonder tafereel is te vinden in het meest westelijke deel van dit vijfhoekige gewelfveld (kleurenafb. 10). Uit het lofwerk tevoorschijn gekomen, staren twee figuren elkaar aan die, ieder met een bit in de mond, door een leidsel verbonden zijn. De figuur aan de kant van de sluitsteen is eenvoudiger gekleed dan zijn tegenhanger. Rientjes herkende in deze voorstelling verwantschap met de geschiedenis van Aristoteles die zijn koning gewaarschuwd had voor het verliefdworden op het zo veel jongere meisje Phyllis dat zich vervolgens op Aristoteles wreekte door hem geheel aan zich te onderwerpen en te berijden als haar paard.[54] Het gegeven was in de vijftiende eeuw verwerkt in een Vastenavondstuk waarvan de strekking paste in de anti-Thomistische opvattingen van de Moderne Devotie.[55] De vrouw is hier ingeruild voor een verdwaasde ijdeltuit, waardoor een nog lachwekken-

der situatie is ontstaan. Beide tot rijdier vernederde figuren kunnen zich verbeelden de menner te zijn. Het tafereel zal niet als willekeurige grap in dit gewelf zijn aangebracht. Rudolf van Diepholt's ontmantelde koor met zijn hooggeplaatste wijzen kreeg hier nog eens een trap na.

De twee gewelfvelden ten zuiden van het koor bevatten de volgende extra's tussen het lofwerk:
– In de ruitvormige gewelfkap van het oostelijke veld komt de Dood, in de gedaante van een met pijl en boog gewapend kadaver, uit het lofwerk (afb. 125). Zijn pijl was gericht op een kleine figuur met geldbuidel. Deze ten halve weergegeven gierigaard is vrijwel verdwenen bij het inboren van een touwgat.
– In de aansluitende zuidwestelijke gewelfkap rijst de figuur op van de aan het volk getoonde Christus met de doornenkroon. Pilatus' tekst staat erbij op een banderol: 'ecce ho(mo)'.
– De tegenhanger in de noordwestelijke gewelfkap is een monsterlijke leeuw die de Deventer wapens vasthoudt. Het oude doorsneden wapen, boven zilver (wit), onder rood en het bij de status van Rijksstad behorende wapen met de zwarte adelaar, hier naar het schijnt in zilver (wit).

Gedrieën geven deze motieven de positieve verklaring voor de ingrijpende verandering van het koor: tot het gedenken van de Passie als uitdrukking van het geloof in de Verlosser als enige troost bij het vooruitzicht van de onvermijdelijke Dood, heeft de Stad deze omgang aangelegd.

– In de middenruit van het westelijke gewelfveld, waaronder zich vroeger de sacristie op een galerij bevond, staat het Lam Gods, te bekijken in westelijke richting (afb. 126). Dit Christussymbool is te herkennen aan kruisnimbus, kruisvaan, het bloed dat uit de

Afb. 127 Gewelf in Magistraatskapel. Wildeman en wildevrouw met de stadswapens tussen het lofwerk. (foto A.J. van der Wal/Rijksdienst voor de Monumentenzorg, Zeist).

borst in een kelk stroomt en door de tekst van Johannes de Doper op de banderol: 'ecce agnus dei'. De kelk is per abuis haaks op de gewelfrib links onder, dus gekanteld, weergegeven.
– In elk van de twee westelijk aansluitende gewelfkappen staat een koekoekachtige vogel op het lofwerk. De kleinste, aan westzijde van de noordelijke kap, staat op een spriet die met het lofwerk door een hondachtige drakenkop wordt opgerispt.

Dwarsschip en Magistraatskapel

Aan het lofwerk in het gewelf boven het dwarsschip is nergens iets toegevoegd. In het gewelf van de aan zuidzijde aansluitende Magistraatskapel prijken opnieuw de stadswapens (afb. 127). Het wapen met de adelaar, hier eveneens in wit, wordt gehouden door een wildeman, het doorsneden wapen door een wildevrouw. Hun behering ontwikkelt zich tot lofwerk dat de wapens als helmkleden omwappert. De ruimte werd in 1499 gewijd. Waarschijnlijk was toen ook het gewelf gereed en werd de beschildering daarop, rond 1500, als onderdeel van de afwerking van alle nieuwe gewelven aangebracht.

De crypte

Toen in de vorige eeuw de crypte voor het eerst met nieuwe kunsthistorische belangstelling werd bekeken, wekte het verbazing dat de zes pijlers zonder basement uit de vloer oprezen. Terwille van een nader onderzoek werd in 1837 rondom een pijler een gat in de vloer gegraven. Men vond zo het pijlerbasement en daarmee het oorspronkelijke vloerpeil.[56] Besloten werd om de ophoging ongedaan te maken en de ruimte te herstellen.[57] De banken, die destijds met oud materiaal in de spaarnissen op de verhoogde vloer waren opgemetseld, bleven echter intact omdat zij niet als onderdeel van de ophoging werden onderkend.[58] Hun golvende onderkant werd nu gewit, tegelijk met het pleisterwerk op alle wandvlakken dat beneden de hoogte van de imposten was vernieuwd.

Vreemd genoeg zou het nog tot 1875 duren eer iets van het onder de witkalk bewaarde middeleeuwse schilderwerk in het zicht werd gebracht. In dat jaar werden op het gewelf de vier engelen met de Lijdenswerktuigen ontdekt en blootgelegd.[59] De ontdekking was waarschijnlijk het toevallige gevolg van bouwkundig herstelwerk, want voor het blootleggen werd grof gereedschap gebruikt, getuige de in de verf - en kalklagen achtergelaten beschadigingen. Een volledig onderzoek bleef achterwege en wat er hier en daar buiten de engelen tevoorschijn was gekomen verdween weer onder een kalksaus. Bij volgende bouwkundige ingrepen gebeurde hetzelfde. Wat bij toeval (aan noordzijde) werd gevonden, bleef in het zicht maar was geen aanleiding voor verder onderzoek. Met zo'n onderzoek werd pas in 1988 een begin gemaakt. De daardoor ontdekte en vervolgens tevoorschijn gebrachte en met het overige werk gerestaureerde schilderingen laten het laatmiddeleeuwse gebruik van de ruimte wat duidelijker uitkomen.

In het westelijk gewelfdeel tussen de twee ingangen zijn fragmenten voor de dag gekomen van twee Passie-taferelen en op de dagkanten van de zuidoostelijke opening zijn restanten aanwezig waarin eveneens nog een verwijzing naar de Passie herkend kan worden. Het fragment architectuur in de westelijke spaarnis aan noordzijde was deel van een voorstelling die verloren is gegaan bij het uitbreken van de openingen in de zijwanden na de aanleg van de kooromgang. Dit fragment en de andere nog wèl thuis te brengen voorstellingen, de vier engelen inbegrepen, hebben deel uitgemaakt van een uitmonstering uit het derde kwart van de vijftiende eeuw. Dit schilderwerk is aangebracht op een geëgaliseerd pakket oudere lagen pleisterwerk.

De vijftiende-eeuwse uitmonstering werd al in het begin van de zestiende eeuw afgedankt en met twee dikke sauslagen bedekt, waarna in het oostelijk deel van de ruimte de laatgotische begroeiing werd aangebracht.

Van een verkenning naar mogelijk onder het vijftiende-eeuwse materiaal nog aanwezig verscholen schilderwerk van vroegere datum is in 1989-1991 afgezien terwille van het behoud van het genoemde laat-middeleeuwse werk.[60]

De vijftiende-eeuwse uitmonstering

Van de vier op het gewelf aanwezige engelen met de Arma Christi, de Lijdenswerktuigen, zijn twee tegenover elkaar boven het oostelijk paar zuilen geplaatst, de andere twee aan oostzijde boven het middelste zuilenpaar. Zij staren nu naar de opening van de herstelde oude put maar keken oorspronkelijk toe op een hier opgesteld symbolisch Heilig Graf vóór het altaar dat tegen het geblindeerde midden van de absis stond (afb. 130). Zij hebben grote vleugels, wijd uitstaand blond krulhaar en een kruisje voor op het hoofd, geen nimbus. De koormantels van de tegenover elkaar geplaatste engelen hebben een gekleurde voering, terwijl die van de westelijke twee met hermelijn zijn gevoerd. De engel boven de noordoostelijke zuil draagt de geselpaal en de karwats in de linkerarm en in de rechterhand de geselroe (afb. 128). De engel tegenover hem houdt de drie nagels van het kruis in de linkerhand, in de andere hand het Kruis met de drie spijkergaten (kleurenafb. 2). Zijn zwarte, blauw gevoerde koormantel is gesloten met een rond pectorale, in tegenstelling tot de vierkante sluitingen bij de drie anderen. De noordwestelijke engel heeft het emmertje met zure wijn in de linkerhand, de spons op de rietstok in de rechterhand (afb. 130). De vierde engel heeft de doornenkroon en de lans van Longinus (afb. 129). Opmerkelijk is de weergave van de ingeweven versiering in de stof van de onderkleden. Deze versiering is in elke figuur met behulp van een groot schabloon opgebracht.

De dagkanten van de zuidoostelijke opening bewaren sporen schilderwerk dat direct naar het Heilig Graf verwees. Aan elke zijde stond een rijk geklede figuur (geen engel, geen heilige, waarschijnlijk een profeet) met een banderol. De figuur rechts is nog vaag te onderscheiden. Naar de plaats van het Graf gewend, met geheven handen, de wijsvinger naar de duim gebogen, spreekt hij de op de banderol geschreven woorden, waarvan nog te lezen '(...) Et erit sepulchrum eum (...)'.[61]

Op het kwartrond waarmee het gewelf aan westzijde op de wand aansluit zijn boven de ingangen de resten aanwezig van twee rood-omlijnde Passie-taferelen:[62] Links, aan zuidzijde, Christus in gebed in de hof van Gethsemane (afb. 131). Voor hem staat, op een begroeide rotspunt, de kelk, foutief met hostie.[63] Van de slapende discipelen resteren slechts het haar en de nimbus van twee. Het blonde krullende haar in de nimbus naast Christus is van Johannes. Boven de palissade, links van het overdekte toegangshek, zijn nog fakkel, lamp, lans, hellebaard en enkele gezichten van de naderende overvallers te onderscheiden.

Rechts, aan noordzijde, Christus voor Pilatus op het moment van diens handenwassing. Het onderwerp van dit tafereel is uit de teruggevonden resten af te leiden; hoofddeksel van Pilatus en de bovenkant van zijn troon met twee leeuwtjes, overhangende puntmuts met bol van een schriftgeleerde en geharnaste soldaten naast hem, het haar en de waterkan van de jonge dienaar rechts en de overwelving van de rechtszaal.

Uit de schamele resten schilderwerk in het westelijke spaarveld aan noordzijde is alleen nog te zien dat de voorstelling gesitueerd was in een ruimte met een stenen ribgewelf. Mogelijk behoorde de schildering bij het in 1468 bestelde en in het jaar daarop door bisschop David van Bourgondië goedgekeurde altaar van Sint Anna, dat eveneens gewijd was aan Christus Besnijdenis, Thomas van Aquino en Pancratius.[64]

De binnenzijde van de spaarboog draagt een eenvoudige rankenversiering in rood en groen die ook in de volgende boog nog aanwezig is. Aannemelijk lijkt dat de twee spaarbogen aan de zuidzijde op overeenkomstige wijze waren versierd. Het is helaas niet meer na te gaan doordat de resten van deze in de zestiende eeuw doorbroken bogen bij de restauratie in 1953 niet werden aangevuld maar werden weggehakt om zo weer een gave, maar te hooggeplaatste, rondboog te verkrijgen.

Afb. 128 Crypte. Engel op gewelf boven de noordelijke van de oostelijke twee zuilen, vanuit het zuiden.
(foto A.J. van der Wal/Rijksdienst voor de Monumentenzorg, Zeist).

Afb. 129 Crypte. Engel op gewelf boven de zuidelijke van de middelste twee zuilen, westelijke grens van latere rozenhaag. (foto A.J. van der Wal/Rijksdienst voor de Monumentenzorg, Zeist).

De verbouwing rond 1500 en de zestiende-eeuwse uitmonstering

Zoals al uit het voorgaande gebleken is, lieten de sloop van de zijkoren en de aanleg van de kooromgang ook de crypte niet onberoerd. Deze verbouwing maakte het mogelijk de openingen in de blinde spaarnissen opzij te maken en het noordoostelijke venster tot een enorme opening te verbreden om zoveel mogelijk van het nu via de hoge grote vensters van de kooromgang binnenvallende licht tot de crypte te laten doordringen. Dit schiep bovendien een nieuwe mogelijkheid voor visueel contact met de crypte vanuit die ruime omgang. Gelet echter op het onverzorgde karakter van de kennelijk empirisch bepaalde openingen, lijken bij de aanleg accoustische overwegingen geprevaleerd te hebben.

Na de aanleg van de fundering van de kooromgang kreeg men waarschijnlijk in sterkere mate te maken met wateroverlast in de crypte bij een hoge stand van de IJssel. De moeilijkheid werd opgelost door het vloerpeil met ruim 90 cm te verhogen. Op een vulling van zand en puin werden eerst de nieuwe nisbanken opgemetseld. Deze werden vervolgens tegelijk met de vloer betegeld.[65] De nieuwe lichtopeningen en de verbrede noordoostelijke opening werden bepleisterd, de andere vlakken, waar nodig, bijgewerkt. Dat de in de vorige eeuw opgeruimde ophoging in dit stadium werd uitgevoerd, kon worden opgemaakt uit de op het oorspronkelijke bovenvlak van de verhoogde nisbanken aansluitende sauslagen die gedateerd worden door het zestiende-eeuwse schilderwerk.[66]

De op de aanleg van de kooromgang volgende veranderingen raakten ook het schilderwerk. De engelen om het Heilig Graf en de andere voorstellingen verdwenen uit het zicht en de dichte rozenhaag in de oostelijke helft van de ruimte kwam er voor terug. Uit de eindeloos doorgroeiende groene stengels, met hun drietallige blaadjes en overgedimensioneerde doornen, komen de bottels tevoorschijn die met hun verhaspelde kelkslippen in alle mogelijke combinaties van rood, blauw en geel zijn gekleurd. Deze overhuivende egelantier ontpruit bij de imposten om de oostelijke spaarnissen en dekplaten boven de kapitelen en strekte zich van daar uit over de oostelijke helft van het gewelf tot in de noord- en zuidoostelijke openingen (afb. 130).

Het nieuw beschilderde gedeelte werd tevoren met een dikke grijze sauslaag bedekt. In het westelijke deel van de crypte verdwenen de vijftiende-eeuwse voorstellingen gewoon onder de witkalk.

Het gebruik van de crypte en het Heilig Kruis in de zestiende eeuw

De overgebleven voorstellingen laten duidelijk zien dat de ruimte in de tweede helft van de vijftiende eeuw voornamelijk was ingericht om in de Paasliturgie als Heilig Graf te dienen. Uit de overgeleverde Ordinarius[67] blijkt dat deze bestemming in de zestiende eeuw nog dezelfde was. Het oversausen van de vijftiende-eeuwse Passie-voorstellingen en het aanbrengen van de oostwaarts woekerende rozenhaag volgden

Afb. 130 Crypte. De vier engelen met de Arma Christi omgeven door latere rozenhaag, vanuit het oosten. (foto A.J. van der Wal/Rijksdienst voor de Monumentenzorg, Zeist).

dus niet op een liturgische maar op de genoemde bouwkundige verandering van de crypte; de doorbraak van de wandvlakken opzij, de verhoging van de vloer.

Centraal attribuut in de Paasliturgie was een Heilig Kruis dat naast het hoofdaltaar stond opgesteld. Dit kruisbeeld, geïntroduceerd als 'imago sancta crucis'[68] en daarna aangeduid met 'sancta crux' of kortweg 'crux', werd op Palmzondag in de processie naar het schip gedragen door de subdiaken. Koorjongens gooiden er palmtakken naartoe ter illustratie van Christus' intocht in Jeruzalem. Na de ontbloting van het tevoren bedekte kruisbeeld werd dit aan het eind van de plechtigheid door de deken en de oudste priester-kanunnik voor het Heilig Kruisaltaar in de crypte gebracht.

Op Witte Donderdag was niet de klok maar het onheilspellende geluid van het slaan op de houten lessenaars van de koorbanken het signaal waarop de koorheren zich voor de middagdienst verzamelden. In deze dienst gingen zij in processie door de kerk voor het zegenen van alle altaren. Aansluitend volgde de herdenking van het Laatste Avondmaal, die na het zingen van de antifoon *Caena facta* werd besloten met een werkelijke voetwassing; eerst bij de armen, dan bij alle anderen.

Op Goede Vrijdag daalden twee priester-kanunniken, na de schriftlezing, met twee blootvoets gaande koorknapen in de crypte af om het daar op Palmzondag geplaatste bedekte Kruis op te nemen en 'plano modo' de antifoon *Popule Meus* te zingen. Voor het Kruis reciteerden de jongens het Sanctus, waarop het koor in de viering reageerde met een gezongen Sanctus.[69] Dit is zo'n moment waar de regie en de zangers in crypte en viering profiteerden van de door de nieuwe openingen verbeterde accoustiek. Het Heilig Kruis werd inmiddels naar de trap voor het Sanctuarium gedragen. Het werd daar ontbloot en opgeheven onder het zingen van de antifoon *Ecce lignum crucis*. De verheerlijking ging over in een bespotting waarbij alle deelnemende koorheren en koorknapen in gebaar de ongelovige Joden uitbeeldden. Aan het einde van de dienst werd het kruisbeeld plechtig voor het Heilig Kruisaltaar in de crypte neergelegd; de Graflegging (in de vijftiende eeuw onder de vier toeziende engelen met de lijdenswerktuigen, in de zestiende eeuw onder de rozenhaag).

In de Paasnacht had de Paaskaars de plaats als centraal attribuut van het Heilig Kruis overgenomen. Slechts bijgelicht door één kaars op een stok, kwam de deken met twee koorknapen vanuit het westen naar het koor. Daar wijdde hij de Paaskaars en plaatste er vijf wierookkorrels in, daarmee de Zalving van de gestorven Christus symboliserend. Door de diaken werd de Paaskaars vervolgens aangestoken, ten teken van Christus' Opstanding. Hierna trok men in processie naar het westen om het doopvont te wijden, direct gevolgd door het luiden van de klokken, waarbij natuurlijk de Salvator.

Voor de viering van Pasen kwamen de koorheren om middernacht bijeen. De deken en twee van de oudere priester-kanunniken daalden dan af in de crypte, voorafgegaan door vijf koorknapen; twee met een

Afb. 131 Crypte. Restant van Gethsemane op gewelf boven westwand, naast vroegere zuidelijke trapopgang (foto A.J. van der Wal/Rijksdienst voor de Monumentenzorg, Zeist).

kaars, drie met wierookvaten. Zij gingen, terwijl het koor de psalm *Domine probasti me* (ps. 26) reciteerde, met zwaaiende wierookvaten rond het 'Sepulchrum' (het Heilig Graf met het kruisbeeld).[70] Daarop zong het koor met gedempte stem de introitus *Ex(s)urge* en verhieven de deken en de twee priesters het Kruis om dit vervolgens, onder het luiden voor de Metten, naar boven en achter de processie door de kerk te dragen. Bij terugkeer in de crypte werd daar, ook weer met gedempte stem, de antifoon *Cum rex gloriaeter* gezongen en het Kruis voor het Heilig-Kruisaltaar geplaatst.

De deken begon de metten met een responsorium dat in afwisseling met het kanunnikenkoor werd gezongen. Na het derde antwoordvers gingen hij en de oudste priester-kanunnik de crypte in, opgewacht door de nog steeds bij het kruisbeeld geposteerde koorknapen met de kaarsen en de wierookvaten, namen het kruis op en droegen dit via de zuidelijke toegang het koor binnen, alwaar zij het kruis ophieven onder het met luide stem inzetten van de antifoon *Surrexit Dominus*. Terwijl het koor de zang overnam, werd nu het Heilig Kruis plechtig neergezet onder het beeld van Marcellinus, dus bij de noordelijke hoekpijler in het koor.[71] De metten werden besloten met de lofzang *Te Deum (adoramus)*, gespeeld op het orgel en in beurtzang door het koor overgenomen.

In de dienst van de terts was een processie opgenomen rond de kerk en het kerkhof. Via het westportaal en langs het doopvont keerde men naar het koor terug voor de mis.

Tijdens de vespers kwamen vanuit de sacristie, dus afdalend langs de trap tegen de zuidelijke koorwand, de subdiaken, geflankeerd door twee vaandeldragende koorknapen, en de diaken, vergezeld door twee koorknapen met een kaars, een derde met een wierookvat, naar het kleine altaar midden in het koor. Begeleid door orgelspel besteeg de deken het sanctuarium en bewierookte achtereenvolgens het altaar, de relieken in het altaar, de in aparte schrijnen bewaarde relieken van Lebuinus, Margareta, Radboud en Marcellinus, dan het aan de voet van de noordelijke hoekpijler onder Marcellinus geplaatste Heilig Kruis en tenslotte alle geestelijken in het koor. Na een rondgang door de kerk ging de eerder genoemde groep langs het voor de westelijke koorafsluiting geplaatste tweede Heilig Kruisaltaar het koor in en terug naar de sacristie.

De bestemming van de crypte tot Heilig Graf maakte deze verouderde aanleg tot een onvervangbaar-beschouwde kern van het kerkgebouw. Dit verklaart waarom, bij het prijsgeven van vrijwel het gehele Van Diepholt-koor, de totaal gewijzigde opzet met de kooromgang ook weer middels een omslachtige verbouwing werd gerealiseerd; om deze kern te sparen. In een liturgie die met illustratieve handelingen en muziek was verrijkt, bleef het centrale attribuut in Deventer het heilige beeld van de gekruisigde Christus. Behoudens de in de Paasnacht met de Paaskaars gesymboliseerde Zalving en Verrijzenis, waren alle hoogtepunten vanaf de intocht op Palmpasen tot en met de viering van de Opstanding met Pasen op dit vereerde crucifix geprojecteerd. Mogelijk is het tot de Reformatie zo gebleven, dit in afwijking van de elders in zwang gekomen meer realistische uitbeelding van de Graflegging met een daartoe afneembaar gemaakt Christusbeeld dat was voorzien van in de schouders draaiende armen zodat het van het kruis genomen en werkelijk in een graf gelegd kon worden. Zo'n uitbeelding schiep vanzelf de behoefte aan een aanschouwelijke weergave van de Opstanding, waarvoor dan ook een tweede beeld nodig was; een triomferende Salvator.[72] Zoals zal blijken, beschikte de Lebuinuskerk wèl over zo'n Salvatorbeeld.

In Deventer werd het ouderwetse crucifix in ere gehouden. Dit figureerde opnieuw in de processies op de drie aan Hemelvaartvoorafgaande Kruisdagen.

De drie grote processies voorafgaande aan Hemelvaartsdag

Op de drie Kruisdagen voor Hemelvaartsdag werden de drie langste processie-routes gevolgd. Het waren de processies die nog eens in juli werden gelopen op Kiliansdag (7 juli) en de twee zondagen daarna vóór Jacobusdag (25 juli), respectievelijk de noordelijke route, de oostelijke, en de ommegang rond de stad.[73] De inspanning op de drie achtereenvolgende Kruisdagen woog natuurlijk het zwaarst (afb. 132).

De processies begonnen na de sext, 's middags na twaalf uur.[74] Op de maandag zongen dan twee vicarissen vanuit het voorgangersgestoelte het *Pater de coelis,* beantwoord door het koor. Vervolgens zetten zij de antifoon *Ex(s)urge Domine* in, waarna het koor de zang overnam. Intussen trad de pastoor van de Mariakerk wijwater sprenkelend binnen en daalde aan de andere kant de sub-diaken met het Heilig Kruis van de sacristie af tot voor het kleine altaar midden in het koor. Nadat dit met wijwater was gezegend, begonnen de twee voorgangers de antifoon *Inter superne* die werd besloten met een vers door het koor.

De processie formeerde zich en verliet de ruimte van het koor onder het zingen van de antifoon *Surgite sancti.* Met het Heilig Kruis schuifelde de stoet langs het doopvont en via het westelijk hoofdportaal de kerk uit, rechtsom naar het noorden. Onder het zingen van de antifonen *Cum iocunditate* en *Iherusalem* ging het over de Nieuwe Markt, de Noordenbergerstraat door, en rechtsaf langs de stadsmuren, waarbij de antifoon *Ecce populus* werd gezongen. Bij de Bagijnenstraat gekomen,[75] zongen de voorgangers nog *Ardua spes mundi* in beurtzang met het koor. Via de Bagijnenstraat bereikte men de kerk van de Minderbroeders. In deze kerk volgden de antifoon *Magna vox laude,* de collecta van Sint Lambertus, uitgesproken door de dienstdoende priester van het Kapittel, de antifoon *O stupor & gaudium* met aansluitende verzen, gezongen in het koor, en de door een van de broeders uitgesproken collecta van Sint Franciscus. Daarna zongen de twee voorgangers van de Lebuinus, bij het doopvont midden in de kerk, het *Omnes o sancti nostrae succurrite vitae* waarvan het eerste vers door het koor van de Minderbroeders werd herhaald. Tenslotte hieven de voorzangers weer de antifoon *Surgite sancti* aan en keerde de stoet via de Bisschopstraat naar de eigen kerk terug.

De processie op de dinsdag ging naar de Bergkerk en daarom werd de kerk nu via het zuidportaal verlaten. Van hier ging het door de (Lange) Bisschopstraat, waarschijnlijk tot het eind en dan rechtsaf door de Korte Bisschopstraat, over de Brink, de Roggenstraat in met de antifoon *Exclamemus omnes* en enige sequentia, voortgezet tot bij het kerkhof op de Berg. Hier werd het responsorium *Beatus Nicolaus* gezongen aan het slot waarvan de prior de collecta van Sint Nicolaas uitsprak. In het koor van de Nicolaas- ofwel Bergkerk werd vervolgens hetzelfde gezongen als de dag tevoren in het koor van de Broederenkerk. Met het *Surgite sancti* zetten de voorgangers de processie weer in beweging voor de terugtocht die ging door de Rijkmanstraat, langs de in de binnenommuring gelegen Zandpoort, door de Assenstraat en (Grote) Poot naar het zuidportaal van de Lebuinuskerk.

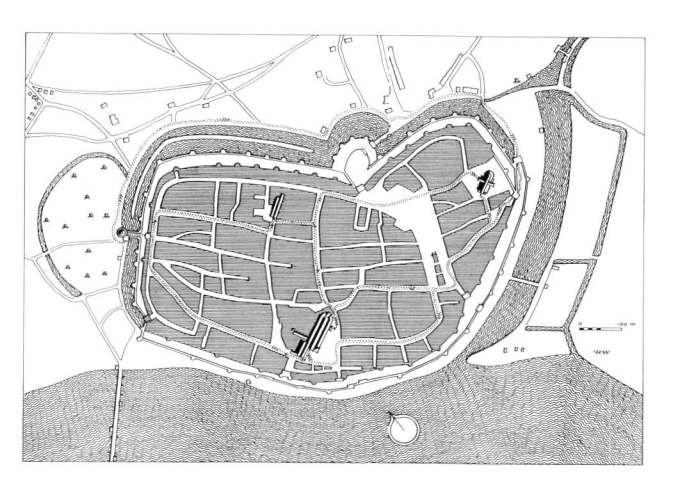

Afb. 132 Routes van de processies op de drie Kruisdagen. Plattegrond vrij naar Jacob van Deventer, rond 1558 (tekening W. Haakma Wagenaar).

De processie op de derde Kruisdag, de dag voor Hemelvaart, was de langste. De tocht begon als op de maandag; via het westelijk portaal, over de Nieuwe Markt, de Noordenbergerstraat uit. Nu ging men echter, onder het zingen van de antifoon *Miserere Domine* en sequentia, de singel over. Eenmaal voorbij de Noordenbergertoren buiten de stad, begonnen de voorgangers het *Aufer à nobis* en sequentia te zingen waarbij het koor steeds met een herhaling van het eerste vers antwoordde. Deze zang ging door tot de plaats bereikt was waar de preek tot de mensen op het land gehouden werd. Na de preek zetten de voorgangers weer het *Omnes o sancti* in en ging de processie verder langs de buitenkant van de singelgracht naar de Bergpoort. Hier kwam men onder het zingen van het responsorium *Beatus Nicolaus* weer in de stad en langs de Berg om ditmaal, na het uitlopen van de Rijkmanstraat en het passeren van de Zandpoort, de Polstraat te nemen en om het kerkhof heen via het westportaal terug te keren in de kerk.

Het kapittel van de Lebuinuskerk, dat zich met inschakeling van (de) drie andere kerken in de aanloop naar Hemelvaart zo dominerend had gemanifesteerd, moest op die feestdag wel voor een aantrekkelijke belevenis zorgen. Dat gebeurde.

Hemelvaart door het gewelf

Op Hemelvaartsdag volgde na de sext een processie door de kerk, met een statie voor het doopvont.[76] Tegelijkertijd kwam de vicaris van het Laurensaltaar langs de trap van de sacristie het koor in, voorafgegaan door twee als engelen uitgedoste koorknapen. Zij begaven zich met de vicaris naar het middenkoor en bestegen daar de westelijke koorafsluiting. Vanaf dit doxaal zongen zij het lied *Recordamini* met een

Halleluja lofzang. Het koor zong daarna de antifoon *O rex gloriae,* beantwoord door de Vicaris met het *Non vos relinquam orphanos.* Hierna liet het orgel het lied *Oramus Domine* horen, door de Vicaris beantwoord met de antifoon *Rogabo patrem,* nog gevolgd door het koor met *Presta hoc genitor.* Dan kwam de apotheose: terwijl door de vicaris de antifoon *Ascendo ad patrem* werd gezongen, steeg het voor het Heilig Kruisaltaar geplaatste beeld van de Salvator tussen kaarsen op, langzaam omhoog getrokken aan een dun koord, en verdween door de kleine hemelopening in het gewelf. De twee engelen op de koorafsluiting zongen dan nog op ingetogen wijze maar met sprekende gebaren de antifoon *Sic veniet.*

In tegenstelling tot de Passie, werd de Hemelvaart realistisch opgevoerd, met een speciaal daarvoor gemaakt Salvator-beeld.[77] Wanneer en hoe dit beeld voor het Heilig Kruisaltaar in het schip werd geplaatst, staat niet in de Ordinarius vermeld, wèl dat het Heilig Kruis nu naar zijn plaats op het sanctuarium terugkeerde.[78] Waarschijnlijk stond de Salvatorfiguur al sinds Pasen op zijn startplaats.[79] De spectaculaire Hemelvaart zal als populaire attractie in navolging van andere kerken zijn ingevoerd, wellicht pas bij de ingebruikneming van de nieuw overwelfde middenbeuk.

Aan deze voorstelling herinnert nu het kleine vierkante hijsgat in het gewelf van de middenbeuk, vlak voor de viering, waaronder vroeger het Heilig-Kruisaltaar tegen de westelijke koorafsluiting heeft gestaan (afb. 133). De 'Hemel' is bescheiden aangegeven met twee boven het gat op het gewelf geschilderde engelen, de linker met een luit, de rechter met een harp, en omgeven door blauwe wolkslingers. Het liturgische gat lijkt niet in het patroon van het gewelf ontworpen te zijn maar zal, gezien de stijl van de engelen, toch tijdens de bouw van het gewelf al zijn aangelegd. Het gat bevindt zich in een westwaarts hellende gewelfkap en meet slechts 53 cm in het vierkant. Hieruit blijkt dat ook in Deventer het Salvatorbeeld kleiner dan levensgroot was.[80]

Dergelijke liturgische hemelopeningen worden vaak gekenmerkt door een acentrische plaatsing, los van het patroon van de gewelfribben. Zij werden dáár aangelegd waar de voorstelling volgens de plaatselijke liturgische regie het beste paste; in het schip, in de viering of zelfs in het koor als dat de enige overwelfde lichtbeuk had, zoals de Dom van Utrecht.[81] In de gevallen waar een in de gewelfbouw voorzien hijsgat voor de Hemelvaart kon worden gebruikt, is dat vroegere liturgisch gebruik van beneden af alleen te herkennen als omgevende schilderingen daarop wijzen, zoals om het hijsgat in de middenbeuk van de Amersfoortse Joriskerk,[82] en om het gat in de viering van de Grote kerk in Breda.[83]

De voltooiing van de hallenkerk. De overgang naar de reformatie

De verlengde middenbeuk

Behalve de twee musicerende engelen bij het hemelgat, bestaat de beschildering op de drie dubbele gewelfvelden van de middenbeuk louter uit lofwerk bij de ontmoetingspunten van de ribben, ook in het derde dubbele veld waar vier ribben tegen de ring om het centraal geplaatste hijsgat eindigen. Dit gat had dus geen liturgische functie en diende alleen om er bouwmateriaal doorheen te kunnen ophijsen, net als de ronde openingen in beide zijbeuken. Na de overgebleven boog van de westelijke viering volgt het enorme zesdelige gewelf over de bij het schip getrokken ruimte die voordien door westelijke viering en voorste deel van het westelijke koor werd ingenomen. Volgens het in alle zestiende-eeuwse gewelven toegepaste principe ontspruit lofwerk bij of uit de sluitsteen in de ontmoetingspunten, hier dus heel iel alleen in het midden waar alle ribben samenkomen. Aan westzijde sluit het gewelf om de zware boog boven de doorgang naar de hoge westelijke portaal-travee die nu geheel achter het Holtgräve-orgel schuilgaat. Het orgel onttrekt ook de boven de boog op het gewelf geschilderde Lebuinusfiguur vrijwel aan het oog, evenals de aan weerskanten van hem neergezette datering van de overwelving '$\overline{a}^o$ dni md..' of 'mvc'. In het eerste gaval te lezen als anno domini 1500 + ? (plus II, V of X), in het tweede geval als anno domini 1500 (1000 plus 5 x 100). Lebuinus is blootshoofds met tonsuur afgebeeld in een roodgevoerd blauw kazuifel, met het opengeslagen evangelie in de linkerhand, de kruisstaf met kruisvaan in de rechterhand (kleurenafb. 1). Sinds 1951 bevrijd van de bedekkende lagen witkalk, kijkt hij tegen de stoffige achterkant van de met ijzerdraad getuide David op het orgel. In zijn goede tijd sloeg hij de processiegangers gade die door de boog onder hem via het westportaal naar buiten trokken.

Rechts van de doorgang naar het westportaal bevindt zich op het schuine scheiboogprofiel tegen de zware torenpijler een toevallig bewaard stukje zestiende-eeuws schilderwerk waarvan sporen tot aan de dag-

Kleurenafb. 10 (boven) Kooromgang, zuidoostelijk gewelfveld met twee elkaar beteugelende mansfiguren (foto collectie Ned. Herv. Gemeente, Deventer).

Kleurenafb. 11 en 12 Kooromgang, Michael (rechts) en Quirinus (links) hoog op de wandvlakken tussen de twee oostelijke vensters (foto A.J. van der Wal/Rijksdienst voor de Monumentenzorg, Zeist).

Kleurenafbeeldingen

Kleurenafb. 13 Kooromgang, schilderwerk in tweede noordelijke gewelfveld met wapen van de Bergenvaarders, koning Olaf en Gertrudis van Nijvel, vanuit het westen (foto A.J. van der Wal/Rijksdienst voor de Monumentenzorg, Zeist).

kant van de doorgang te vinden zijn. Op het schuine vlak staan drie bomen voor een houten schutting waarboven rechts de schim van een gezicht uitkomt. Gezien de plaats, wellicht onderdeel van een schildering met Christoffel.

Het westportaal; de zestiende-eeuwse uitmonstering, de Kruisdraging

De westelijke portaaltravee, vanuit de kerk verscholen achter het orgel, is de enige plaats in het gebouw waar de wandvlakken niet van de pleisterlaag zijn ontdaan en waar de gewelfdecoratie uit het begin van de zestiende eeuw nog onder witte lagen verborgen is. Tijdens onderhoudswerk in 1989 kwam aan zuidzijde bij de inkassing van het gewelf boven het zuidwestelijke kapiteel een stuk van de oorspronkelijke geschilderde afwerking in het zicht; een omberkleurige imitatie-muraalboog, boven- en onderlangs afgezet met een rode bies.[84]. Dergelijke natuursteenimitaties zullen als bescheiden accenten en correcties van de architectuur op meer plaatsen in het interieur aanwezig zijn geweest. De sporen okergeel op ribben, op het gewelf bovenlangs schoongehakte muraalbogen en op colonnetten laten zien dat de onderdelen die traditioneel waren gepolychromeerd of met een natuursteenkleur waren gemarkeerd, bij het eerste herstel na de reformatie geel werden geverfd, net als in zovele andere kerken. Een duidelijke aanwijzing dat niet alleen in de portaaltravee de missende muraalbogen in verf werden aangegeven, is de boog in protestants okergeel tegenover het orgel, stellig geschilderd ter plaatse van een eerdere imitatie in omber.

De noordwand van de portaaltravee draagt een grote voorstelling van de Kruisdraging (afb. 134). De wand is de vulling in de boog die waarschijnlijk was bedoeld om geopend te worden op de ruimte onder de nieuwe noordelijke toren, waarvan de bouw gestaakt werd, dit ten voordele van een nieuwe brede zuidbeuk van de Mariakerk. De kleine doorgang die zich rechts in het metselwerk aftekent zal zijn dichtgezet toen met de aanleg van dat nieuwe stuk Mariakerk werd begonnen. De schildering kan daarom gedateerd worden als na 1519.

De voorstelling wordt gedomineerd door de Christusfiguur en het door hem gedragen T-kruis. Met hem heeft de stoet de stad door de poort rechts verlaten en gaat naar links, naar het westen, zoals de hier passerende naar buiten geleide processies. Voorafgegaan door een met timmergereedschap beladen soldaat, draagt Christus het kruis terwijl hij wordt mishandeld door twee andere soldaten. Een slaat hem, de ander trapt. Een vierde soldaat duwt het kruishout vooruit en zet zijn hellebaard voor Christus' voeten zodat deze zal struikelen en met zijn onderbeen op het spijkerblok zal terechtkomen dat onder de voet van de trappende soldaat is te zien. De achterom kijkende Simon van Cyrene, die het kruis helpt dragen, kan dit niet voorkomen. In een zeldzame pose geeft Christus de zweetdoek, waarop zijn aanschijn is achtergebleven, aan de knielende Veronica terug. Achter het kruis volgen drie treurende vrouwen, waarvan Maria Magdalena aan haar weelderige kleding herkend kan worden en Maria, de moeder van Christus, aan de staande Johannes naast haar, geheel rechts. De middelste is dan waarschijnlijk Maria van Klópas (Cleophas).[85] Daarachter komen mannen te paard, voorop een trompetter, gevolgd door Pilatus en de overpriesters. In het landschap op de achtergrond galoppeert een paard waarvan de berijder nauwelijks nog te onderscheiden is. Geheel links grijpen twee mannen een in het wit geklede figuur, waarschijnlijk de alleen bij Marcus voorkomende jongeling die aan arrestatie wist te ontkomen door zich van zijn kleed te ontdoen, een gebeurtenis die in de latere Passie-voorstelling op de noordelijke transeptwand duidelijker voorkomt. De vierde figuur, tegen de achtergrond van een kerk met dubbeltorenfront en een molen, is Judas die zich heeft verhangen.

De noordbeuk

Het in zes gewelfvelden verdeelde gewelf van de noordbeuk is weer versierd met lofwerk bij de ontmoetingspunten van de ribben. Later zijn op de westelijke gewelfkappen, boven het lofwerk aan weerskanten van de nokrib tegen de gordelboog, teksten neergezet in onbeholpen kapitalen. Van oost naar west leest men achtereenvolgens: 'DANCK GODT, EERT GODT, LOOFT GODT, DIENT GODT, VREES GODT'. De teksten ullen kort na de reformatie zijn aangebracht. Ze zijn geplaatst als het oudere in minuskels geschreven opschrift aan het eind van het zesde gewelfveld: 'āno.dn̄i ^{c}(.)V.III', te lezen als anno domini honderd x 15 plus 3, dus 1503, waarmee de voltooiing van de noordbeuk werd gedateerd (kleurenafb. 8). Onder het jaartal sloot de beuk toen nog niet met de brede boog op het westelijk transept aan maar met een kleinere opening ter breedte van de vroegere smalle zijbeuk. Dit is af te leiden uit de bijzonderheden in de gesloten noordwand van het westelijk transept en de daarop aanwezige zestiende-eeuwse schilderingen.

Het westelijke noordertransept

Afgedwongen door de aanleg van het grote zesdelige gewelf ter plaatse van de vroegere westelijke viering en de twee daartoe gebouwde tussenpijlers, waren ook over het naastgelegen noordelijk transept en aansluitende ruimte aan westzijde nieuwe gewelven ge-

Afb. 133 Middenbeuk, gewelfschildering in oostelijke travee met twee engelen bij het 'Hemelgat' (foto A.J. van der Wal/Rijksdienst voor de Monumentenzorg, Zeist).

bouwd. Het schilderwerk op het oostelijke gewelfveld laat dat nog zien. Het lofwerk heeft hetzelfde stengelachtig karakter als de zestiende-eeuwse gewelfdecoratie in de crypte en zal door dezelfde schilders zijn uitgevoerd, kort na de gewelfschilderingen in de noordbeuk. In westelijke richting te bekijken, staat in de ruitvormige centrale gewelfkap Sint Maarten afgebeeld (kleurenafb. 8). Hij is voorgesteld als edelman te paard, op het moment dat hij met zijn zwaard de helft van zijn mantel afsnijdt om deze te geven aan de kreupele stakker naar wie hij zich heeft omgedraaid, terwijl een voor het paard geknielde bedelaar tevergeefs de bedelnap ophoudt.

Van latere datum en geheel anders van stijl zijn de twee schilderingen die zich bevinden op de noordelijke transeptwand, waarachter zich het bisschoppelijk paleis bevond (kleurenafb. 14). Rechts de grote voorstelling van het Laatste Oordeel, links de kleinere voorstelling van Gethsemane binnen een spitsboogvormige omtrek. Die spitsboog is de grenslijn van een hier verdwenen gewelf. In de schalkenbundel tussen de twee schilderingen zijn de slordig weggehakte kapiteelloze aanzetten van de gewelfribben nog aan te wijzen. In het Laatste Oordeel tekent zich eenzelfde spitsboog af en daarboven een stofvangende horizontale ribbel op de hoogte waarboven in het linker vak de doorgang naar het bisschoppelijk paleis nog aanwezig is. Dit is dus de hoogte van de vloer die gedragen werd door een overwelfde galerij die oorspronkelijk over de volle breedte van de transeptwand liep en later voor de (oostelijke) helft werd ingekort. De schilderingen werden in laatstgenoemd stadium aangebracht, vandaar die spitsboogvormige omtrek van Gethsemane en de onbelemmerde maatvoering van het Laatste Oordeel. De gotische galerij was in hoogte afgestemd op de verdieping in het bisschoppelijk paleis en was te bereiken via de ruime spiltrap die daarom als enige restant van de romaanse westbouw intact was gelaten. De aanwezigheid van deze monumentale trap verklaart waarom de doorgang naar de Mariakerk zo excentrisch, naar het zuiden verschoven, was aangelegd.

Er is nog een onregelmatigheid in de grote schildering waaruit iets over de veranderende zestiende-eeuwse inrichting van dit deel van de kerk kan worden afgeleid. De rechter pilaster van het kader om het Laatste Oordeel is bij een oude herstelling bovenaan in een te hoog eindigende zuil veranderd. De rest daaronder is naderhand verloren gegaan. Ter plaatse van die oude herstelling bestaat de wand uit een halfsteens vulling voor een bepleisterde en gesausde in de muur uitgehouwen nis.[86] De achterwand van deze verscholen nis loopt in zuidoostelijke richting en kwam vroeger uit aan de oostzijde van de oostelijke transeptwand bij een lichtopening. In het als penant overgebleven stuk transeptwand is de nis met kleine baksteentjes gedicht. Wie op de galerij stond, had de onderkant van de nis op ellebooghoogte, de gewelfde bovenkant net boven zijn hoofd. Het was dus geen doorgang maar een lichtnis en het gewenste licht viel hier klaarblijkelijk niet via het zuiden of door een opening in de oostwand binnen. Waarschijnlijk is dit de verklaring: Toen de noordbeuk was voltooid en aangesloten op het eveneens nieuw overwelfde oostelijke transept, was de oostelijke transeptwand van het westelijke transept een zeer geschikte plaats voor een orgel waarvan de windvoorziening geplaatst kon worden op de achterliggende galerij waarlangs ook de organist zijn positie kon bereiken. Om de trappers achter de balgen enig licht te bezorgen werd die nis in de noordoostelijke hoek gemaakt. Uit de Ordinarius kan de plaats van het daarin genoemde orgel niet worden afgeleid. Een orgel voor de kleinere niet gespecificeerde koordiensten zal een plaats hebben gehad op de aan zuidzijde in de kooromgang aanwezige verdieping met galerij waar ook de sacristie was ondergebracht.

Na verloop van tijd verhuisde de organist van het eind van de noordelijke zijbeuk naar het eind van de verlengde zuidbeuk waar een nieuw instrument tegen de toren was opgebouwd. Dit maakte het mogelijk de noordbeuk geheel op de westelijk gelegen ruimte te openen zodat de nu tot bordes voor de bisschop ingekorte galerij beter te zien was en niet meer ontsierd werd door de balgenkast van het orgel. Als westelijke beëindiging van de verlengde noordbeuk werd heel passend de voorstelling van het Laatste Oordeel aangebracht en onder het bisschoppelijk bordes Gethsemane, een voorstelling die al enige tijd niet meer in de crypte te zien was.

Schilderingen in het gebouw

Gethsemane op de noordwand

De schildering is, net als de grote schildering ernaast, in een maniëristische vroege renaissance-stijl opgezet en geeft de gebeurtenissen op de Olijfberg weer. De compositie bestaat uit een tafereel vooraan en twee scenes in de achtergrond die worden gescheiden door de boom ongeveer in het midden op de voorgrond. Tegen deze boom geleund, slaapt Jacobus. Tegenover hem ligt de slapende Petrus. De linkerhelft van dit voorste tafereel is verloren gegaan. Hier waren de slapende Johannes en de biddende Christus afgebeeld, stellig bij een hooggeplaatste kelk die in het geschonden onderschrift vermeld wordt: '(...) dus . hebe . jc . dē . kelck . des . ly (...)'. Het tweede deel van het onderschrift is compleet en betrekt de voorstelling bij het Laatste Oordeel: 'Daer . om . wylt . dat . gedechtich . syn . Of . du . wert . gestraft . mette . helscher . pyn'.

Mogelijk is dit onderschrift naderhand aan de schildering toegevoegd. Dat geldt zeker voor de bijschriften die de schildering het karakter van een catechesatieprent hebben gegeven. Ook de voorstelling in het linker tafereel in de achtergrond lijkt bij die gelegenheid geheel gereviseerd. Hier is de gepalissadeerde hof van Gethsemane nog eens weergegeven. Het arrestatieteam komt er tweemaal in voor; in het houten ingangspoortje en nog eens, van schrik op de grond gevallen, voor de middenin staande Christus. Diens woorden 'wen soekt gy' staan erbij, ook het antwoord, 'jesus v nasaret' evenals de plaats in de bijbel, 'johannes xviii'. De verwijzing 'marcus xiiii', achter Christus, slaat op de scene rechts daarvan, met de aan arrestatie ontsnappende jongeling die zijn kleding in de handen van zijn belager achterlaat. De weergave van deze twee figuren is ontleend aan de Gevangenneming uit de als 'Grote Passie' bekendgeworden serie houtsneden van Dürer, uitgegeven in 1511.

De grote engel in de lucht met het kruis hoort bij het voorste tafereel met de (verdwenen) biddende Christus en komt voor in 'lucas xxii', zoals het bijschrift vermeldt, doelend op vers 43.

Het tafereel rechts in de achtergrond toont opnieuw de arrestatie van Christus maar nu met Judas in een hoofdrol. Omringd door de soldaten kust hij Christus, terwijl Petrus het zwaard heft tegen de op de grond geworpen Malchus, de slaaf van de hogepriester. Hoewel deze twee figuren alleen bij Johannes met name worden genoemd, wordt in het bijschrift verwezen naar 'marcus xiiii'.

Het Laatste Oordeel

Het Laatste Oordeel is voorgesteld als het laatste visioen van de sterveling. Hij ligt als kadaver opgebaard in een monumentale omlijsting waardoor het samen-

Afb. 134 Westelijke portaaltravee. Kruisdraging op de noordwand (foto A.J. van der Wal/Rijksdienst voor de Monumentenzorg, Zeist).

gestelde beeld van de Oordeelsdag te zien is. Zijn laatste woorden staan waarschuwend op de spreukband boven hem: 'Ō Menssche . ghedenckt . ō . stervē . en . gy . en . sult . niet . sondygen . in . Eeuvjcheit'.[87] Op de sarcofaag staat ter nadere vermaning:

'Eelck.gedenckt.wat.scoender.frouden.daer.wesen.mach.
Daer.dusent.jaer.niet.mer.en.is.dan.eenen.Dach.
By.dat.is.O.wee.Ocharmmen.toe.lyden.al.Daer.
Daer.een.vure.veel.langher.is.dan.hondert.dusent.Jaer'.

De Oordeelsdag is met de gebruikelijke rangschikking van de figuren uitgebeeld. Boven op de regenboog en met de wereld als bol aan zijn voeten, troont Christus; de rode rechtersmantel om de schouders, de armen gespreid, en omringd door de twaalf apostelen. Zijn barmhartigheid wordt gesymboliseerd door de lelietak aan de rechterkant van zijn gezicht, zijn gerechtigheid door het zwaard aan de andere kant. Twee op flauwgebogen hoorns blazende engelen fladderen om Maria en Johannes de Doper die in hun rol van voorsprekers geknield zijn bij de plaatsen waar de regenboog tevoorschijn lijkt te komen. Het landschap hieronder toont de aarde als een kerkhof waarin zich de graven openen en de tot het Oordeel opgeroepen doden, één in narrenpak, zich verheffen. Engelen leiden de uitverkorenen naar links, naar de hemel. Duivels voeren de ongelukkigen naar de vuren van de hel. Waar Michael in de vijftiende-eeuwse maar ook in latere voorstellingen een prominente plaats als Zielenweger inneemt, vervult hij hier een bijrol. In de verte moet hij het met zijn kruisstaf tegen een duivel voor een net-verrezene opnemen. De plaats van de Zielenweging, de Psychostasie, is hier ingenomen door de in scene gezette metafoor van Mattheus; de herder die de schapen van de bokken scheidt, de schapen aan zijn rechterhand plaatst en de bokken aan zijn linkerhand, voor de slacht; richting Hel (kleurenafb. 15). De bron staat vermeld onder de als standbeeld tegen de omlijsting geplaatse figuur van de evangelist: 'mateus:xxv:' (kleurenafb. 14). Zijn tegenhanger, waarschijnlijk Johannes, is met de omlijsting en een stuk van de hel verloren gegaan.

Geheel boven tegen de gele binnenrand van de omlijsting zweven kleine cherubijnenkopjes. De omlijsting bestaat daar uit een klassiek hoofdgestel, opgebouwd uit architraaf, fries met centraal medaillon en kroonlijst, dat boven de vervaagde kapitelen als postament naar voren springt

Op deze postamenten staan absurd geproportioneerde engelen met de Arma Christi. Een soortgenoot midden op het fronton herhaalt het signaal dat door de engelen in de voorstelling geblazen wordt. Nog merkwaardiger is Mozes, die vanonder het fronton als een koekoek uit zijn klok tevoorschijn komt met de tafelen waarop de evangelische samenvatting van de Wet staat:

'Du sul. dyn here. dyn God lijf hebbē (...)
ende .u. naeste gelyck .als. .u. selve'

In het kader van de contra-reformatie was voor Mozes een plaats ingeruimd tussen de Hemelse scharen van de Oordeelsdag, maar dan bij de apostelen of als secondant van de voorsprekers.[88]

Verder valt aan het fronton op dat de zijkanten van de caissons in de onderzijde zich niet schikken naar het in de binnenkanten van de postamenten aangegeven perspectief. Het laatste lijkt te bevestigen dat de hele partij boven het hoofdgestel werd toegevoegd aan een voorstelling waarvan de opzet, behoudens de herder van Mattheus, traditioneel was. Het zal zijn gebeurd tijdens de herstelling waarbij de pilaster rechts in gewijzigde vorm vernieuwd werd.

De cartouche die onder de schildering over een wijdingskruis is aangebracht, bevat een geschonden tekst. Er lijkt te hebben gestaan: 'a.DOMi xv c * lviiii' of 'xv c xlviiii', te lezen als anno Domini 15 honderd en 59, of 15 honderd 49. Of hiermee de oorspronkelijke schildering dan wel de latere aanvulling gedateerd werd, kan uit de tekst niet worden opgemaakt.[89]

De schildering is in ieder geval ouder dan de gewelfschilderingen in Harderwijk (1561/1562) die er verwantschap mee vertonen.[90] De Mariafiguur en de door een duivel opgejaagde groep in de achtergrond onder Johannes de Doper zijn, wat hun houdingen

Afb. 135 Westelijk einde van noordbeuk met gedichte doorgang naar de Mariakerk, daarboven de gedateerde Tien Geboden (foto A.J. van der Wal/Rijksdienst voor de Monumentenzorg, Zeist).

betreft, vrijwel gelijk aan die in Harderwijk en lijken naar dezelfde voorbeelden gemaakt. De toegevoegde engelen met de Arma Christi in hun overlange armen komen in hun wanstaltigheid overeen met de Harderwijkse soortgenoten. Mogelijk zijn zij van dezelfde hand.

De figuren in de voorstelling binnen de omlijsting, deel van de oorspronkelijke compositie, hebben de maniëristische houdingen en gebaren van de via de grafiek verspreide noordelijke renaissance. Ze zijn gedecideerd opgezet, maar met een nogal ongewone nadrukkelijke inkleuring van de schaduwvormen. De schilder die in een voor hem niet vertrouwde techniek lijkt te hebben gewerkt, heeft zijn monogram geplaatst tussen de handen van de verrijzende nar en de herder (kleurenafb. 15). Dit monogram bestaat uit drie ineengeschreven letters 'D.I.V' ofwel 'I.V.D', en is mogelijk de signatuur van Ioannes Van Doetecum die eerst het vak van zijn vader, de in Deventer gevestigde glazenier Jan, uitoefende maar daarna als graveur het werk van een aantal Vlaamse schilders reproduceerde en later door zijn werk voor cartografen bekendheid kreeg.[91]

De Tien Geboden in de gesaneerde noordwest-hoek

Met het sluiten van het Twaalfjarig Bestand ontstond een situatie waarin uitvoering gegeven kon worden aan het hoognodige herstel van de voor de 'Gereformeerde' eredienst in te richten kerken. De Lebuinuskerk werd Grote kerk. De verbindingen met de Mariakerk en het bisschoppelijk paleis, beide rijp voor de sloop, werden gedicht (afb. 135). Uiteindelijk bleven delen van de kleinere zusterkerk bewaard maar het bisschoppelijk paleis verdween wèl meteen, zodat de monumentale opgang daarnaartoe, bestaande uit de spiltrap in de overgebleven zware noordwesthoek van de westbouw en het daartegen gelegen stuk gotische galerij, kon worden afgebroken. Daarmee verdween waarschijnlijk ook een als voortzetting op die romaanse trap aansluitende trap of laddertrap naar de zolderruimten boven de Mariakerk.

Na de sloop van de romaanse trap werd in het metselwerk van de gemeenschappelijke muur van de twee kerken het schuine profiel van de spaarboog ook rechts naar beneden doorgezet. Vervolgens werd het door dit profiel omsloten wandvlak voorzien van de 10 Geboden, in navolging van de schildering op de zuidelijke westwand in de Bergkerk. De gebruikelijke verwijzingen 'Exodi xx, int xi vers' en 'deut v, int vi vers' staan boven links en rechts tussen tafel en omlijsting met rolwerk, terwijl de tekst daartussen de schildering alsook het voorafgaande sloop- en herstelwerk dateert: 'ECCLESIA ME POSVIT 1611'.

Het herstel van het koorgewelf

Het eerste gewelf boven het koor was in 1502 in verband met de aanleg van de kooromgang gesloopt.[92] Daarna werd het koor opnieuw overwelfd. Het gewelf moest in 1620 weer worden vernieuwd. De mankementen die dit nodig maakten zullen het gevolg zijn geweest van de beschietingen bij het beleg in 1578 toen echt hevig om de stad is gevochten. De vernieuwing werd uitgevoerd met gebruikmaking van de natuurstenen ribben van het vorige gewelf. De zware gordelribben bleven daarbij mogelijk op hun plaats. De lichtere secundaire ribben onder de gewelfkappen moesten worden gedemonteerd. Beschadigde ribstukken werden tot korte blokjes gezaagd die een plaats onder in de nieuwe ribben kregen. Uit de verhakte sluitstenen kan worden opgemaakt dat het zestiende-eeuwse ribbenpatroon niet werd aangehouden. Het daarvoor in de plaats gestelde patroon werd waarschijnlijk zodanig bepaald dat het gewelf met het beschikbare nog bruikbare materiaal, dus met minder ribben, kon worden herbouwd.

Na bepleistering werden de gewelfkappen gewit en de ribben, overeenkomstig de elders bijgewerkte ribben en schalken, okergeel geverfd.[93] Daarbij bleef het

Afb. 136 Koorsluiting. Gewelf met stadswapen, zinnebeelden en datering (foto A.J. van der Wal/Rijksdienst voor de Monumentenzorg, Zeist).

niet. Op het nieuwe gewelf werden snijbloemen geschilderd. Enorme bossen opzij in de kruin bij de wand en kleinere, in vaasjes geschikt, midden in het gewelf. In het veld boven de koorsluiting kwam nog eens het stadswapen te staan met de datering van het werk, 'ANNO 1620', en aan weerskanten daarvan een zinnebeeld (afb. 136). Links het op een mensenschedel gezeten blote jongetje dat bellen blaast, met als onderschrift de vraag 'QUIS EVADET', wie ontsnapt (aan het lot van de zeepbel)[94], rechts de zandloper boven drie schedels met daaronder 'MEMENTO MORI'. Geen kerkganger kreeg deze voorstellingen te zien, want voordat de steiger was afgebroken waren ze al weer overgewit en vervangen door de elders ook aangebrachte snijbloemen. Het gebeurde op last van de kerkeraad die vooral aan het jongetje aanstoot had genomen.[95] De twee emblemata kwamen pas bij de restauratie in 1930 weer in het zicht.

Opmerkelijker dan de vrome kuisheid van de zeventiende-eeuwse kerkeraad is dat dit bestuur zich het gewelf niet anders dan met schilderingen afgewerkt kon voorstellen. Het is eens temeer een aanwijzing dat de kerkinterieurs na de alteratie niet van de ene op de andere dag wit werden maar dat middeleeuwse decoraties daarin als karakteristiek bestanddeel geaccepteerd bleven en waar nodig aangevuld werden.

Geheel wit werden de interieurs van de oude kerken pas aan het begin van negentiende eeuw. Voor de later in die witte interieurs weer teruggevonden en blootgelegde schilderingen werd steevast een biljartgroen schuifgordijn gemonteerd waarmee ze 's zondags voor de kerkgangers konden worden afgeschermd. In de Lebuinuskerk was dit het geval voor het Laatste Oordeel.⁹⁶ Zulke gordijnen waren toen overigens een standaard-voorziening voor alle vensters aan zuidzijde. De meeste zijn tijdens twintigste-eeuwse restauraties weer verdwenen, in de Lebuinuskerk allemaal, net als de negentiende-eeuwse banken, tochtportalen en neo-gotische luchters.

Noten

1 Tijdens restauratie van de schilderingen in 1989 vastgesteld t.p.v. colonnetten tegen de noordeijke koorwand.
2 Ter Kuile 1964, p. 39-40, afb. 82.
3 Van Wezel 1981, p. 121 en afb. 87.
4 Haakma Wagenaar 1978, p. 107, afb. 67 en 70.
5 Rientjes 1952, p. 58.
6 De tekst wordt toegeschreven aan Jacopone de Benedetto (1228/1230-1306), naar zijn geboorteplaats Jacopone da Todi genoemd. Over de tekst 'L.M.fr.Daniëls O.P.', Het Stabat Mater in het oorspronkelijk Latijn en de vertalingen van een Middelnederlanschen dichter en Joost van den Vondel, Naarden (1939); over de muziek G. van der Leeuw, Beknopte Geschiedenis van het Kerklied, Groningen 1939, tweede hoofdstuk.
7 Zie noot 5.
8 Dumbar 1732, p. 50a
9 O. Demus 1968, p. 214-216; schilderingen in de voormalige Dominicanenkerk te Krems a.d. Donau ca. 1280 (afb. 248 en C II) en in de zogenaamde 'Bisschopskapel' van het voormalige Benediktijner Seminarie te Göss ca. 1282-1285 (afb. 249).
10 Kirschbaum IV, kolom 85-87. Het feest van de Maria Droefenis pas ingesteld in Provinciale Synode te Keulen 1423, gevolgd door de oprichting van een broederschap. Pauselijke goedkeuring verkreeg het pas in 1495.
11 Keller 1979, p.321-322.
12 Van de Arbeidsbroeders-Barbiers is bewaard de Inventaris Ordinantie uit 1513, in Middeleeuws Archief nr. 285 in het Stadsarchief van Deventer.
13 Een soortgelijk kader met dezelfde karakteristieken toont het fol. 11 v, in het missaal Ms. 9217 van de Koninklijke Bibliotheek Brussel, afgebeeld in Rhein und Maas 1972, P14, p. 398.
14 Dumbar 1732, Nieuwe Altaren III, p. 420a.
15 Zie noot 14.
16 Ordinarius, Dumbar 1732, p. 290.
17 Hoeffer & Te Riele 1906, afb. II, IV, V, gebaseerd op vondsten weergegeven in afb. VIII onder 5b, 5c en 5d.
18 'Ambo' vermeld in Ordinarius, Dumbar 1732, p. 285 (2x) en p. 300.
19 De trap met voet van zijaltaar te zien op tekeningen van G. Lamberts en de plattegrond van vóór 1839. GAD, OA 272-2.
20 Bericht over Joh. Chrysostomos die, om beter verstaan te kunnen worden, zich dichter bij zijn gehoor opstelde, in Vrins, 1966, p. 16.
21 Vermelding van de heilige aan wie het kleine altaar was gewijd in Ordinarius, Dumbar 1732, p. 280, 'parvum altare' op p. 280 (2x), 285, 295, 298, 299 (2x), 300.

22 Dumbar 1732, opgave van reliekenlijst uit 1556, p. 440a/b. Inventaris van reliekhouders en andere kostbaarheden uit 1566, p. 440b-441b.
23 En niet naar proost Koenraet van Diepholt, benoemd in 1431 en overleden 1482, volgens het Register van Proosten, in Dumbar 1732, p. 327b.
24 Na hun ontdekking voor het eerst zo genoemd in Rientjes 1932, p. 36a en gedateerd als veertiende-eeuws.
25 Petrus in pontificale dracht: Keller 1979, p. 419 en p. 420 ('Petrus in cathedra').
26 Keller 1979, bezoek bij Salomo p. 443-444. Koningin van Scheba in de stroom, voorgesteld op blad M. 109 van Het Getijdenboek van Catharina van Kleef, hertogin van Gelre, in: uitgave van G. Plummer, Amsterdam 1966/1975, nr. 85.
27 Dumbar 1732, p. 411a-412a.
28 Ordinarius, Dumbar 1732, p. 280.
29 Receptuur in vijftiende-eeuws handschrift van het klooster Tegernsee, gepubliceerd in E. Berger 1912, p. 194-195.
30 Oellermann 1978, p. 51-59. De brokaat- imitaties daarin 'Pressbrokate' genoemd.
31 GAD, Kapittelarchief inv. nr. 10.
32 Overijsselsche Almanak voor oudheid en letteren 1847, XII, p. 333-335.
33 Rientjes 1932, p. 21a, op grond van vermelding over de sloop van het gewelf (in Dumbar 1732, p. 412a).
34 Hoogewerff 1936, p. 283-285.
35 Ter Kuile 1964, p. 52-53.
36 R. Stenvert 1984, p. 30-31 onder nrs. 27 en 28.
37 Receptuur in het vijftiende-eeuwse Straatsburgse manuscript, gepubliceerd als: The Strasburg Manuscript, a medieval painters' handbook, vergezeld van een vertaling door V. en R. Borradaile, London 1966, p. 48/49-50/51.
38 '(...) crucem sub imagine S.Marcellini devote ponent', Ordinarius, Dumbar 1732, p. 298.
39 Ordinarius, Dumbar 1732, p. 286, toelichting bij de feestdag van de heilige op 14 juli, Kirschbaum VII, kol. 488.
40 Bibliotheca Sanctorum, X, Roma 1968, kol. 1345-1346, Kirschbaum VIII, kol. 245.
41 Dumbar 1732, p. 411a-412a.
42 Zie bijdrage D.J. de Vries in dit boek.
43 Haakma Wagenaar 1936, hoofdstuk III (de verbouwing 1435-1456); Haakma Wagenaar 1976, p. 52-55 (verbreding schip vanaf 1421, verhoging zijbeuken vanaf 1461).
44 Afgaande op de daarmee verband houdende vervanging van het koorgewelf in dat jaar, Dumbar 1732, p. 412a.
45 Kirschbaum VIII, kol. 81; uitgebreider in Keller 1979, p. 402.
46 Dumbar 1732, p. 423a.
47 Kirschbaum VI, kol. 406-408; Keller 1979, p. 228-229.
48 Dumbar 1732, p. 438b.
49 Dumbar 1732, p. 423b.
50 Moxey 1980, p. 125-148; Moxey 1985, p. 65-79.
51 Rientjes 1932, onderschrift afb. 11.
52 Keller 1979, p. 430; Rientjes 1932, p. 27a; Hoogewerff I, 1936, p. 281-283.
53 Dumbar 1732, p. 44b.
54 Rientjes 1932, p. 7-8, 10.
55 Campbell Hutchison 1966, p. 73-78.
56 Molhuysen 1839, p. 280-284.

57 Molhuysen 1842, p. 173-175, verklarende tekst bij steendruk van opmeting.
58 Samenhang voor het eerst herkend door ir. E.J. Nusselder tijdens een bezoek op 25-4-1989.
59 Nederlandsche Kunstbode, 1875, nr. 18, p. 142 en nr. 19, p. 151.
60 Non-destructief onderzoek van onderliggende lagen is wellicht in de toekomst mogelijk.
61 Tevoorschijn gebracht in 1990 tijdens de restauratie van het schilderwerk. Aan onderzoek en restauratie van de schilderingen 1987-1992 werkten mee: D. Schellaars, P. Dijkman, H.G. Haakma Wagenaar-Vriesendorp, H.R. Bremer en W. Haakma Wagenaar.
62 Ontdekt tijdens onderzoek eind 1988, geconserveerd in 1990.
63 Over deze veel voorkomende onjuistheid: J.J.M. Timmers 1947, nr. 516.
64 Dumbar 1732, p. 423b.
65 Resten van de betegeling op de verhoogde nisbanken werden aangetroffen tijdens onderzoek in maart 1990.
66 De baard van de dikke sauslaag op alle spaarvelden achter de bovenste kopse laag op de nisbanken aangetroffen tijdens onderzoek in maart 1990.
67 Ordinarius, Dumbar 1732, p. 295-299.
68 'Prope imaginem sanctae crucis', Ordinarius, Dumbar 1732, p. 295.
69 Ordinarius, Dumbar 1732, p. 297.
70 'Sepulchrum circumibunt', Ordinarius, Dumbar 1732, p. 298.
71 Zie noot 38.
72 Taubert 1978, hoofdstuk 5, 'Mittelalterliche Krucifixe mit schwenkbaren Armen', p. 38-50.
73 Ordinarius, Dumbar 1732, p. 285.
74 Ordinarius, Dumbar 1732, p. 285, p. 299-300.
75 Straat aangeduid met 'platea Baguttarum'.
76 Ordinarius, Dumbar 1732, p. 300.
77 H.-J. Krause, '"Imago ascensionis' und 'Himmelloch" in: Skulptur des Mittelalters 1987, hierna verkort tot Krause 1987.
78 Slechts 'sic ligato salvatoris imagine cum subtili corda superius trahetur (...)' en tenslotte 'extunc crux ante palmas deposita ibidem superius reponetur', Ordinarius, Dumbar 1732, p. 300.
79 Dit op grond van de conclusie in Krause 1987, p. 315a.
80 De bewaarde beelden hebben dan ook alle een tamelijk gesloten contour, de grootste meet 1,02 m, de hoogte van de andere ligt daar ruim onder. Krause 1987, p. 295b, inclusief noot 53, p. 305, noot 105, en p. 314a.
81 In de Dom bevindt het door een kozijn van trachiet omsloten rechthoekige gat zich tegen de gordelrib aan westzijde van het eerste gewelfveld vóór de koortravee. Dit nooit besproken hemelgat is stellig daar aangebracht omdat het schip met een 'prozaïsche' houten zoldering was afgedekt. Zelfde situatie als in Biberach, vermeld in Krause 1987, p. 310a.

82 Joriskerk Amersfoort, gewelfopening vóór het doxaal, in de derde travee van de middenbeuk. De iconografie van de schilderingen doet vermoeden dat dit gat ook op Pinksteren werd gebruikt om er een 'Heilige Geest' door neer te laten, zoals in Breda. De schilderingen om het gat zijn beknopt beschreven en afgebeeld in Dekhuysen 1969, p. 51-52.
83 Over de aanschouwelijke Hemelvaart en neerdalende Heilige Geest in Breda zijn al in 1903 gegevens gepubliceerd door de toenmalige secretaris-kerkvoogd: 'Eenige Wetenswaardigheden betreffende de GROOTE- of LIEVE VROUWENKERK TE BREDA IN DE XVIe EEUW, uit oude rekeningen medegedeeld door J.R. Baron Van Keppel', o.a. op p. 48, post 120 uit 1539: 'Noch gheven van een lijnt tot den sieldreijer daer onser heer mede opwoer VI st.';
post 249 uit 1546: 'Itm betalt van en lijn doer ons leve heer te hemel vart cost III st.';
op p. 49, post 253 uit 1546: 'Itm betaelt aen en pijp op pijnsdach dair den hijligen gest neder qua V st.';
post 277 uit 1548-1549: 'Itm steve den scijlder gegeve vand croen daerme den heylighe gest mede neder laet XII st.'.
84 Dezelfde roodomrande natuursteen-imitatie aangetroffen tijdens onderzoek 1978-1982 in de tweede zuidbeuk van de Buurkerk in Utrecht (ca. 1517), t.p.v. de kapiteelloze aanzetten van de gewelfribben.
85 Keller 1979, p. 361 'Maria Kleophas/Maria Salome', p. 463-464 'Heilige Sippe'.
86 Klein gat in de vulling gemaakt en gefotografeerd tijdens de restauratie in 1987-1988.
87 Wijsheid van Jezus Sirach 7.36, Deuterokanonieke Boeken 7,in Groot Nieuws Bijbel met deuterokanieke boeken, vertaling in de omgangstaal, Boxtel/Haarlem 1985.
88 Harbison 1976, p. 136-140.
89 Jaartal gelezen als '1549' in Rientjes 1952, p. 52.
90 Miedema 1980, p. 259-281. Veronderstelling verwantschap in noot 29 op p. 279.
91 Biografische gegevens vergaard door Nalis 1990, p. 53-56.
92 Dumbar 1732, p. 412a.
93 Observaties tijdens de restauratie in 1989. De posten betreffende de herbouw en afwerking van het gewelf in Rekeningen Kerkmeester 1620-1621, bewaard in de Gemeentelijke Archiefdienst te Deventer.
94 Rientjes 1932, p. 36b. Het jongetje daarin herkend als de ook door Goltzius gegraveerde figuur die vaak voorzien werd van onderschrift 'Homo Bulla'. Aldus betiteld komt de bellenblazer voor in de grote Vanitas-allegorie van Jacques van Gheyn II uit ca. 1599 (Hollstein 98).
95 Het wegwerken van de naakte bellenblazer vastgelegd in de Classis-vergaderingen van 30-10 en 6-11-1620, aangehaald in Rientjes 1932, p. 36b-37a.
96 De laatste klossen en verroeste geleide-wielen zijn verwijderd bij de restauratie in 1987-1988.

Grafzerken in de Lebuinuskerk

H. J. Nalis en J. J. van Nijendaal (†)

Begraven in de middeleeuwen

De oudste vermeldingen van een begraafplaats of kerkhof te Deventer dateren uit de dertiende eeuw. Op de beroemde koopmansgilderol werd in de periode 1255-1267 een 'Henricus filius Celmari prope Cimterum' ingeschreven.[1] Belangrijker dan deze eerste vermelding is een privilege uit 1289 dat Dumbar noemt in een voetnoot bij het contract tussen stad en kapittel uit 1486. Ter toelichting op de passage in dit contract, waarin gezegd wordt 'Ende die plaets des selven olden Vrythoves/die alsdan bueten der kercken onbetymmert sal komen ende blyven/sall Deken ende Capittel toebehoren tot behoef ende ter groeve der geenere (...) als dat hier toe is geweest' schrijft Dumbar: (...)'Deze waren 1. De Broeders en Zusters van het Kapittel, welker doode lichaemen men afzonderlijk op dezen Kerkhof begroef ingevolge voorrecht daer aen in het jaer 1289 door Bischop Jan van Syrick verleent. 2. De Leden van ons Fraterhuis, den welken men op ernstige bede van Florens Radwyn mede had gegunt een gedeelte van dezen Kerkhof tot hunne grafsteden. En 3. andere, welke noch levende hunne grafsteden voor zekere somme gelts aldaar van het Kapittel hadden gekoft'.[2]

Hoe het kerkhof zich verder ontwikkeld heeft, blijft duister. Plattegronden uit de tweede helft van de zestiende en eerste helft van de daarop volgende eeuw, die alle teruggaan op karteringswerk van Jacob van Deventer van voor 1558, vertonen een muur die begint bij de Waterstraat en die zich in een boog uitstrekt tot aan de tegen de kerk gebouwde huizen bij de overgang van Kleine naar Grote Poot. Bij die huizen bevond zich een rooster om vee buiten het kerkhof te houden. De boekdrukker Simon Steenberghen die in één van deze huizen woonde vermeldt op een in 1579 gedrukte ordonnantie als zijn adres: 'Ghedruckt tho Deuenter dorch Simon Steenberghen/woenende tegen der Stadt Wijnhuys an den Kerckrooster'.[3]

Wie in de middeleeuwen in de kerk begraven werd en wie op het kerkhof, is moeilijk na te gaan. Concrete gegevens hierover ontbreken. Vermoedelijk week Deventer wat dat betreft niet af van andere steden en werden de gewone burgers en armen buiten begraven en alleen de rijken binnen. De bewaard gebleven vijftiende-eeuwse epitafen in de muren wijzen in die richting.[4] De oudste, uit 1421, bevindt zich in de muur van de kooromgang en is aangebracht ter memorie van kanunnik Henric de Diepenem. De nagedachtenis van een andere kanunnik, de in 1467 gestorven Herman Badijser, wordt geëerd met een gedenksteen in de muur links van de noordelijke ingang. Rechts van de deur is een epitaaf ter nagedachtenis van de in 1485 overleden notaris Gerardus Texalie, mogelijk dezelfde als Gerardus van Texels, die Dumbar noemt als begunstiger van het Hieronymushuis.[5] Verder is een steen bewaard gebleven ter ere van de in 1450 gestorven Johan Levini, vicaris van het Driekoningen-altaar. Naast de magistraatskapel bevindt zich een steen ter memorie van leden van het geslacht Van Leiden, een bekende burgemeestersfamilie uit de eerste helft van de vijftiende eeuw.

Behalve de epitafen is thans nog maar een klein aantal liggende zerken aan te wijzen uit de tijd van vóór de Reformatie. Deze zerken zijn na de Reformatie opnieuw gebruikt. Een aantal vertoont een geheel of ten dele uitgesleten 'gotisch' opschrift (bijvoorbeeld de zerken met de grafnummers 11, 24-232, 16-377, 25-493, 25-494, 24-500 en 10-606), sommige bovendien een vierpas (10-606, 425) of medaillon (25-494, 427) op iedere hoek, waarin een evangelistensymbool. De zerk met de grafnummers 20 en 179 vertoont een miskelk, wat wijst op een priestergraf (afb. 139). Een ander attribuut toont aan dat er ook adellijke personen in de kerk begraven werden. In de laatgotische zerk 548 is een ridder in harnas uitgehouwen met een helm aan de voeten (afb. 140).

De uitgesleten opschriften maken een datering meestal onmogelijk. Van slechts drie voor-reformatorische zerken is het ingehakte jaartal goed te lezen:

10-127   1556   Johan Martens
17-547   Ao 1556 DEN (...) MAY STERF (...)
34   1558   Willem va(n) Doetinche(m) schult

Willem van Doetinchem was schout van Deventer,[6] terwijl een Johan Martens in de periode 1585-1587 als schepen of stadsraad wordt vermeld.[7]

De weinige bewaard gebleven memoriestenen en grafzerken van vóór de Reformatie laten zien dat er behalve kapittelheren ook magistraatsleden in de kerk werden begraven. Ook Alexander Hegius, de beroemde rector van de Latijnse school, vond in de Lebuinuskerk zijn laatste rustplaats en wel op 27 december 1498. Zijn grafsteen was in de eerste helft van de vorige eeuw nog te zien aan de 'linkerzijde van het koor

Grafzerken in de Lebuinus

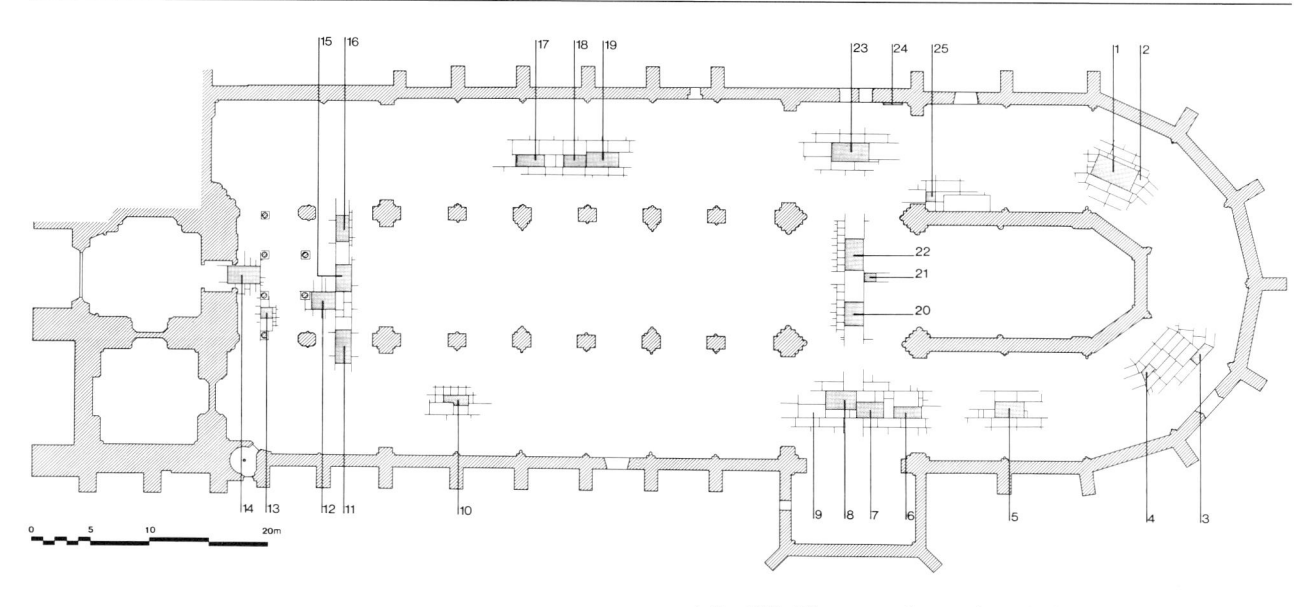

Afb. 137 Plattegrond van de Lebuinuskerk waarop aangegeven de belangrijkste in de tekst besproken grafzerken.
1 = grafnr. 408; 2 = grafnr. 475; 3 = grafnr. 314; 4 = grafnr. 4-20; 5 = grafnr. 5-68; 6 = grafnr. 30-289; 7 = grafnr. 6-56; 8 = grafnr. 24-233; 9 = grafnr. 34; 10 = grafnr. 128; 11 = grafnr. 31-295; 12 = grafnr. 323; 13 = grafzerk Jan van Dijk; 14 = grafnr. 19; 15 = grafnr. 6-57; 16 = grafnr. 33-315; 17 = grafnr. 548; 18 = grafnr. 17-547; 19 = grafnr. 10-127; 20 = grafnr. 179; 21 = grafnr. 117 (ingang bisschoppelijke grafkelder); 22 = grafnr. 36-404; 23 = grafnr. 25-493; 24 = grafnr. 22-516; 25 = grafsteen Gerrit Iacopsen (tekening R. Glaudemans).

en daar naast den ingang der krypt ter linkerhand'.[8] Geen van de middeleeuwse zerken heeft nog een koperen of bronzen inleg. Toch zijn er ook dergelijke zerken in de Lebuinuskerk geweest. Zo vertonen de zerken met de grafnummers 190 en 19-538 nog pengaten voor bronzen versieringen. Het achttiende-eeuwse grafboek vermeldt bovendien onder nr. 25-493: 'kelder wed. Terbeecq daerop een groote zark met 1 coperen plaadt'[9] (afb. 141).

Begrafenisgebruiken

Door de grote hiaten in vooral de kerkelijke archieven uit de middeleeuwen is er over begrafenisgebruiken te Deventer weinig bekend.
De oudste codificatie van het Deventer stadsrecht, uit 1448, heeft onder het hoofd 'Vanden begengnissen' twee bepalingen met betrekking tot het begraven.[10] Het eerste artikel schreef voor dat wanneer iemand was overleden, de heer des huizes en zijn vrouw noch thuis, noch buitenshuis, noch in de wijntaveerne meer dan twaalf rouwenden te gast mochten hebben gedurende de tijd dat de overledene was opgebaard, alsmede vanaf de dag van de begrafenis tot een maand na het overlijden, de dag waarop een zielemis werd opgedragen. Datzelfde gold ook voor de verjaardag van het overlijden. Dezelfde beperking werd opgelegd ten aanzien van het verlenen van gastvrijheid in bierhuizen.
Het tweede artikel bepaalde dat de erfgenamen zich gedurende de genoemde tijdvakken moesten onthouden van kegelen, wijn aanbieden of gelagen geven buiten de kring van ouders, zusters, broers, nichten en neven, ooms en tantes en even nabije aangetrouwde

Afb. 138 Detail van een kaart van het beleg van Deventer in 1578 door Joannes van Doetecum, waarop de muur om het kerkhof te zien is (foto Rijksprentenkabinet Amsterdam).

verwanten, alsmede de vier naaste buren en de doopouders. Het zijn bepalingen die gemaakt werden met het oog op de openbare orde en goede zeden. Daaruit mag men afleiden dat er regelmatig excessen waren rond de begrafenisceremonie.

Afb. 139 Zerk 20-179 met gotisch randschrift in een cirkel en een miskelk in een zeshoek binnen de cirkel (foto Gemeentelijke Archiefdienst Deventer).

Hervormde kerk

Na de verovering van Deventer door het Staatse leger op 19 november 1578 brak een periode van grote onzekerheid op kerkelijk gebied aan.[11] Voorlopig namen de hervormden genoegen met de Broederenkerk, maar de door het stadsbestuur voorgestane religievrede tussen katholieken en hervormden was wankel. Op 2 mei 1579 verlangden de hervormden een tweede kerk en toen hun wensen niet werden ingewilligd, maakten zij zich later in dat jaar meester van de Mariakerk. In maart 1580 was het gebeurd met de kortstondige religievrede en hadden de katholieken geen eigen kerk meer. Gedurende de periode 1587-1591 namen de katholieken weer kortstondig hun oude positie in en sinds juni 1591 was de hervormde religie de enige toegestane godsdienst geworden.

In deze tijd van grote politieke en godsdienstige ongewisheid formuleerde het Deventer stadsbestuur opnieuw enige reglementen met betrekking tot het begraven. Op 1 juli 1581 werd een instructie opgesteld voor de doodgraver, waarin werd geregeld wat hij zou ontvangen voor zijn verrichtingen bij begrafenissen in de kerk of op het kerkhof.[12] Hij moest het kerkhof schoon houden en 'die butten der menschen int kneckelhuiss werpen'. Op 23 augustus 1584 werd aangekondigd dat doden niet langer dan 24 uur opgebaard mochten staan.[13] Deze verordening werd niet erg goed nageleefd, want in 1621 verzocht de kerkeraad aan het Deventer stadsbestuur om voorzieningen te treffen, dat dode lichamen bijtijds ter aarde besteld zouden worden en niet zeven of acht dagen boven de aarde zouden blijven, zoals toen vaak geschiedde.[14]

Vanaf 1588 is er sprake van een reeks jaarrekeningen – met hiaten – van kerkmeesters. Pas door de aanwezigheid van deze rekeningen is het mogelijk het wel en wee van het kerkgebouw en zijn gebruikers goed te volgen. In de eerste rekening lezen we dat de weduwe van Reint Speldemaker een inlage gekocht had bij de pilaar tegenover de zijdeur naar het raadhuis voor zes goudgulden.[15] Toen zij naderhand te kennen gaf het graf erfelijk in eigendom te willen hebben, werd dat toegestaan en moest zij bijbetalen tot 12 goudgulden. In het jaar daaropvolgende werd op bevel van Schepenen en raad aan de overleden rector van de Latijnse school, mr. Gerhard Rovenius, 'een inlage tot zijn begrafenis gegund'.[16] Op 13 februari 1606 keurden Schepenen en raad de verkoop goed door de kerkmeesters aan Gerhardt van Limbergen van een dubbele groeve voor 24 goudgulden.[17] Tevens bepaalde de

Afb. 140 Zerk [17]-548, in het grafboek van 1681 getypeerd als: 'daer staet een heel mensch uitgehouwen'. Links- en rechtsboven de wapens van het echtpaar Scherff-Roeck (foto Gemeentelijke Archiefdienst Deventer).

magistraat bij die gelegenheid dat dubbele groeven voortaan 30 goudgulden en enkele 15 goudgulden zouden gaan kosten. Het bedrag voor een inlage werd bepaald op 7½ goudgulden, een dubbele eens zo veel. Uit de rekening van 1618, die een aparte rubriek 'Groeven ende Inlaghen' kent, blijkt dat een enkele groeve toen 16 goudgulden kostte, tegen een dubbele 28.[18] De grootte van een groeve werd slechts een enkele maal geregistreerd. In 1622 was een dubbel graf in de Bergkerk zeven 'holt voeten' lang en vijf voeten breed.[19] Een uitzonderlijk hoog bedrag betaalde de Heer van Asperen in 1622, namelijk 62 goudgulden. Hij kocht niet alleen een dubbele groeve, maar mocht ook een wapen boven zijn graf aanbrengen.[20] Intussen was het stadsbestuur ook gaan beschikken over groeven die voor de omwenteling eigendom van het kapittel waren geweest. In juni 1611 werden de Gedeputeerden van het kapittel gelast in onderhandeling te treden met cameraar Peter Scholier.[21] Enige speelruimte werd niet geboden door de toevoeging aan het slot van de resolutie: 'ende syne E. dieselve errflick tho vercoepen'. Scholiers echtgenote was overigens reeds in het graf begraven en het stadsbestuur maakte een einde aan de kwestie door in september daaropvolgende de groeve met zerksteen aan Scholier te 'vereren', mits hij daarvoor 24 goudgulden wilde betalen. In 1615 werd de kerkmeesters toegestaan de groeven van het kapittel te nummeren en te inventariseren en 'daervan inlaegen maer niet erffelick te moegen verkoepen'.[22]

Burgemeester Johan van Hemert kreeg op 5 maart 1619 speciaal permissie een 'gewulffte groeve te doen mettzelen' tussen de deur naar het Stadswijnhuis en het doxaal.[23] Hiermede zal een grafkelder bedoeld zijn. Van Hemert bleef aansprakelijk voor de eventuele schade die de grafkelder kon veroorzaken.

Nieuwe zerken

Uit het feit dat het stadsbestuur in 1621 toestond dat alle personen die een zerksteen op één van de kerkhoven hadden liggen, deze daar vandaan mochten halen en op hun groeven in de kerk mochten leggen, kan men afleiden dat het begraven in de kerken meer in zwang kwam. In de jaren dertig van de zeventiende eeuw kochten de kerkmeesters een groot aantal zerkstenen en voetstenen. Met name in het najaar van 1631 werden hieraan grote bedragen besteed. Aan schipper Gerrit Henrixen Boijer werd op verschillende tijdstippen betalingen voor transportkosten gedaan in grootte variërend van 214 tot 2.665 gulden. Jan van Bentem bracht de zerken met twee knechten in de kerk.[24] Ook in de jaren 1632 en 1633 werden grote aantallen zerkstenen en blauwe stenen gekocht van schipper Boijer.[25] In 1634 werd secretaris Hendrick Gelinck betaald voor het schrijven van biljetten 'om

Afb. 141 De rechthoek met ijzeren pennen van zerk 25-493 diende om een koperen plaat vast te zetten (foto Gemeentelijke Archiefdienst Deventer).

de groeven in de karcke an te geven'.[26] Deze biljetten waren aan de poorten en alle kerken geplakt. Er waren kennelijk al zoveel eigenaren van graven in de kerk, dat zij hun recht moesten laten registreren.

Een tragisch hoogtepunt in de geschiedenis van het begraven vormt het jaar 1656. In dat jaar en het voorafgaande had de pest in Deventer zo hevig gewoed dat er op sommige dagen zeventig tot negentig slachtoffers te betreuren waren. Er was zo'n groot tekort aan grafruimtes ontstaan dat het stadsbestuur op 1 september bepaalde dat alle zerkstenen van de graven op de kerkhoven moesten worden genomen en op een hoop gegooid, waarna de lege groeven zonder onderscheid zouden worden geopend.[27] Zodoende konden de lege graven weer gevuld worden. De groeven in de kerken werden met rust gelaten.

Excessen

Een besluit van Schepenen en raad van juli 1656, waarbij bepaald werd dat de diaconie van de hervormde gemeente samen met de aalmoezeniers de begrafeniskosten van arme lidmaten moest betalen,[28] lijkt een direct gevolg van de heersende pest te zijn. Op 18 augustus daaropvolgende verzocht de kerkeraad aan de magistraat om op zondag 'op een uiren'[29] geen begrafenissen toe te staan en de kerkdeuren voor de dragers gesloten te houden tot het gebed beëindigd was.[30] Dat laatste zal geen verband hebben gehouden met de pest in dat jaar, want er waren door de jaren heen voortdurend klachten over het storen van erediensten door begrafenissen. De magistraat werd in februari 1657 zelfs verzocht het begraven op zondag helemaal te verbieden,[31] waartoe de vroedschap ten slotte in 1664 besloot;[32] de doodgravers mochten voortaan op zondag geen graven openen.

Een andere herhaalde klacht betrof de excessen tijdens de rouwmalen. De reeds genoemde bepaling in het oudste stadsrecht van 1448 had ongetwijfeld ook al hierop betrekking, maar er was kennelijk weinig kruid tegen gewassen. De magistraat beloofde de kerkeraad in 1665 om de excessen bij de rouwmalen en het gebruik van 'grovenbieren' (bier dat bij de begrafenis werd gedronken) aan te kaarten bij het college van Ridderschap en Steden van Overijssel.[33]

Plein

Het feit dat begraven buiten de kerk minder in zwang raakte, was misschien de aanleiding van een besluit uit 1664 van het stadsbestuur om een deel van het Grote Kerkhof aan de dodenakker te onttrekken en het te plaveien tot een plein.[34] Het ging om het gedeelte tussen het Stadhuis en de Poot. Op 18 juli van dat jaar werd toegestaan de muur af te breken vanaf de Poot tot aan de Latijnse School (nu het pand Grote Kerkhof 5-6). In plaats van de afgebroken muur om het kerkhof werd een laag muurtje gemaakt en met grauwe steen bedekt 'schietende op de nieuws gemaeckte muijre tegen over de Latijnsche schole'. Deze muur heeft vermoedelijk niet erg lang bestaan, want zij is niet meer te zien op achttiende-eeuwse topografische tekeningen.

De grafboeken

Het intensieve gebruik van de grafsteden en de voortdurende verkoop van nieuwe groeven zullen na verloop van tijd hebben geleid tot onoverzichtelijkheid. Dit noopte de kerkmeesters de eigendomsrechten beter op schrift te stellen. De rekening van kerkmeester Samuel de Lespierre vermeldt op 15 december 1669: 'Met mijn confrater Adams op het Wijnhuijs geweest om een nieuw register der naemen te maken (...)'.[35] Waarschijnlijk is er op die datum een openbare zitting geweest in het Stadswijnhuis aan de Grote Poot, waarop eigenaren van groeven hun recht konden laten registreren. Deze registratie werd pas ruim tien jaar later vastgelegd in een grafboek.

Dit bewaard gebleven register van de groeven is gebonden in perkament.[36] Het opschrift op de voorzijde van de band is bijna verbleekt en met moeite valt te lezen: 'Protocol van de graven ende kelders in de Lebuini ofte Groote Kerck. Anno 1681'. Het systeem van registreren is af te leiden aan de hand van een inhoudsopgave voorin het register zelf. De verdeling ging uit van een nummering aan de hand van 'regels',[37] rijen van op één lijn liggende zerken. Administratief gezien werd de kerk hiertoe in tweeën verdeeld, namelijk aan 'd'sijde van de garffkaamer' (dus aan de zijde van de Hofstraat) en aan 'de sijde naet raadhuijs, vant orgel'. Men begon te tellen aan de zijde van de toren, vanaf het portaal en het orgel. De regels aan beide zijden lagen haaks op de as van de kerk en zodoende kwamen de nummers 'agter het koor tegens malkander', dus in de kooromgang.

Aan de zijde van de gerfkamer kwam men tot 39 regels, terwijl er 37 aan de zijde van het Grote Kerkhof werden geregistreerd. Een vervelende bijkomstigheid vormt het feit dat de regels aan de zijde van het raadhuis tussen 1681 en 1756 hernummerd zijn. Zo is regel 1 uit die categorie hernummerd tot gedeeltelijk 4 en gedeeltelijk 5, regel 2 werd 5, enz. De hoogste regel 37 werd 41. Ten slotte waren er 14 regels van de groeven onder de banken. Pro memorie vermeldt het register: 'Voor eerst van de toornduer ofte portael aff begonnen tot aan de gruttemuelen zijn altemael kercken groeven met enckelde zarcken en groote en cleyne voetsteenen'.

De grafzerken werden in de grafboeken van 1681 en 1756[38] aangeduid met de regel waarin zij lagen, echter niet stuk voor stuk genummerd. Het vanaf 1681 bijgehouden register werd in 1756 gekopieerd. Het nieuwe boek handhaafde de bestaande verdeling in regels en werd op zijn beurt bijgehouden tot 1820. In dat jaar werd een geheel nieuw register opgezet.[39] Het nieuwe systeem gooide de verdeling in regels overboord en ging uit van een doorlopende nummering.

Bijzondere verkopingen

Behalve door de verkoop van bestaande grafsteden met daarop liggende zerken door particulieren werd in de toenemende behoefte om in de kerk te begraven voorzien door de verkoop van geheel nieuwe groeven. Soms werden nieuwe groeven en bloc publiekelijk verkocht. Dat was bijvoorbeeld het geval in 1698 toen de kerkmeesters werden geautoriseerd om twaalf dubbele en vijfendertig enkele groeven te verkopen.[40] Hergebruik van oude groeven met hun zerken en verkoop van geheel nieuwe waren echter onvoldoende om te voorzien in de voortdurende behoefte. Het was de kerkmeesters opgevallen dat vele groeven lange tijd niet meer gebruikt werden omdat bijvoorbeeld de familie uit Deventer was vertrokken. Veel van die groeven werden echter niet particulier verkocht, hetgeen een vlotte doorstroming in het gebruik belette. Na toestemming van het stadsbestuur verkregen te hebben namen de kerkmeesters in januari 1734 een aantal maatregelen dat een vlottere doorstroming moest bevorderen en bovendien voor de kerk een aardige winst kon opleveren.

In de − landelijke − couranten verscheen een advertentie, waarin de eigenaren van groeven in de Lebuinuskerk werden opgeroepen om hun eigendomsrechten binnen een half jaar te laten overtekenen, 'bij verbeurte van haer grafsteden ofte groeven ten profijte van deselve kerk'.[41] Nadat het halve jaar verstreken was werd enige clementie betracht en de kerkmeesters plaatsten opnieuw een advertentie in de couranten, waarin eigenaren nogmaals werden opgeroepen hun groeven te laten overtekenen.[42] Zij konden dat doen op 10 november en de twee volgende woensdagen van die maand, alsmede op 2, 8, 15, 22, 30, 31 december en op 5 en 12 januari 1735 ten overstaan van de Overkerkmeesteren die van 2 tot 4 uur zitting hielden in de gerfkamer. In het in 1681 aangelegde grafboek kan men vinden wie op één van deze data aangifte had gedaan van zijn eigendom van een grafruimte.

De verbeurdverklaringen leverden kennelijk een behoorlijk aantal groeven op en op 10 oktober 1736 kregen de kerkmeesters toestemming van het stadsbestuur om een derde deel van de zerken te verkopen om de opbrengst 'te emplojeren tot plaineringe ende ordentlik bevloeringe van de grond en passagie'.[43] Alleen al op 31 december 1736 werden 67 enkele of dubbele groeven verkocht.[44] Na het beëindigen van deze transacties werd de opbrengst van de groeven ten dele besteed aan het ophogen van de verkochte groeven, terwijl het restant als 'extraordinaris ontvangst' moest worden geboekt.

Amper twintig jaar later moesten opnieuw rigoureuze maatregelen worden genomen om ingezakte groeven op hoogte te brengen en om nieuwe zerken te kunnen aanschaffen. Meester-timmerman Jan van Dijk en de stadsmetselaarsbaas Jan Peterzen reisden speciaal naar de steengroeve in het Bentheimse Gildehaus om daar zerken in te kopen.[45] Zij mochten 100 nieuwe zerken en 150 vloerstenen inkopen. Ook mocht er een nieuwe bok worden aangeschaft 'om de zarken te ligten'.[46]

Van Dijk en Peterzen werden ook belast met de uitvoering van het werk, dat in de loop van 1756 en 1757 plaatsvond. Ruim 95 guldens werden op 12 november 1757 betaald aan Engbert Stenfort 'voor varen van sand dat tot verhogen van de sarken gebruijkt is'.[47] De Overkerkmeesteren H.G. Jordens en H.F. Bouwer ontvingen aan het einde van het jaar 1760 de somma van 109 gulden wegens de zerken die in november daaraanvoorafgaande publiekelijk op het koor waren verkocht. De meester-timmerman Jan van Dijk werd een zerk 'praesent gedaen' voor zijn verdienstelijke werk.[48] De nog aanwezige zerk draagt het jaartal 1760 (afb. 142). Het aanleggen van een nieuw register van de groeven in 1756[49] heeft direct te maken met deze werkzaamheden, want er komen ook begrotingen van het herstellen en het rechtleggen van diverse grafstenen in voor. De kosten van deze werkzaamheden werden verhaald op de particuliere eigenaren.

Buiten de stad

Al in de zeventiende eeuw gingen in verschillende Europese steden stemmen op tegen het begraven in de kerk. Zij wezen niet alleen op het ongemak dat veroorzaakt werd omdat men juist op zondag en bij voorkeur tijdens de preek begroef. Ook argumenten

Afb. 142 Zerk [13-147], in 1760 geschonken aan meester-timmerman Jan van Dijk voor zijn verdienstelijke werk aan de kerk (foto Gemeentelijke Archiefdienst Deventer).

van hygiënische aard werden aangevoerd. In 1779 verzochten enkele Zwolse notabelen, onder wie Rhijnvis Feith en Joan Derk van der Capellen tot den Pol, hun stadsbestuur om een buitenkerkhof aan te leggen, bijvoorbeeld op de Agnietenberg. Toen dit werd geweigerd, liet de familie Van der Capellen op de Gorsselse Heide een privé-begraafplaats aanleggen.[50]
Bij decreet van 12 juni 1804 verbood Napoleon het begraven in de kerken. Dat besluit werd ook hier van kracht na de inlijving van het Koninkrijk Holland, het gebied ten noorden van Maas en Waal, bij 'le grand empire' Frankrijk in 1810. Het Franse juk was amper afgeworpen, toen bij Souverein Besluit van 24 december 1813 de burgers in het genot van hun oude rechten werden hersteld. Tenslotte maakte het Koninklijk Besluit van 22 augustus 1827 aan het begraven in de kerken voorgoed een einde met ingang van 1 januari 1829. Steden en dorpen van meer dan duizend inwoners moesten begraafplaatsen buiten de bebouwde kom aanleggen. De stad Deventer kocht enige stukken grond aan de latere Diepenveenseweg, waaronder het perceel 'De Hoge Hond' en richtte daar de eerste Algemene begraafplaats in. Op 1 oktober 1831 werden de eerste eigendomsbewijzen afgegeven.[51] In het jaar daarvoor had op 31 augustus de laatste begraving in de Lebuinuskerk plaatsgevonden, toen Johannes Theodorus Roessink, weduwnaar van Trijntje Saaxuma begraven werd onder steen nr. 314,[52] die nog aanwezig is met het inschrift 'IAN SAAXUMA'.
Eigenaren van graven in de Grote Kerk en de Bergkerk, alsmede op het Bergkerkhof dat nog steeds in gebruik was, konden een nieuw graf op de nieuwe begraafplaats verkrijgen. Daardoor vervielen niet automatisch hun eigendomsrechten op de oude graven: 'dat de eigenaren van die grafplaatsen daarom niet van alle eigendomsregt op deselve verstoken zijn' lezen we in de notulen van de kerkvoogdij d.d. 26 februari 1834.[53] Aan de andere kant betekende dit dat de verplichting tot onderhoud op de particuliere eigenaren bleef rusten. De kerkvoogdij wilde graag van deze situatie af om over de gehele kerkvloer te kunnen beschikken. In deze kwestie om advies gevraagd, kwam het College van Notabelen met een oplossing. De eigenaren zouden worden opgeroepen 'ten einde zich te verklaren of zij bij voortduring het beheer over hunne graven in die kerken begeren te behouden (...) dan wel of die eigenaren mogten verkiezen het onderhoud hunner graven tegen afstand der zerken of grafsteenen (...) aan de kerk over te laten (...)'.[54] Tweemaal werd een advertentie in de Haarlemmer en Overijsselsche Courant geplaatst, waarin iedere eigenaar kon lezen dat hij zich vóór 1 augustus 1836 tot de Deventer kerkvoogdij moest richten.[55] Het resultaat viel de kerkvoogdij reuze tegen of mee, zo men wil. Er werd opgemerkt: 'Hoewel het wel eenigsins te verwonderen is dat van zoo een aantal graven maar zoo weinige eigenaren opgekomen zijn, kan dat echter geen verschoning, nu of in vervolg vinden, in een voorgeven dat er geen behoorlijke oproeping daer toe geschied is!'.[56] In het kerkarchief zijn maar twee briefjes, gedateerd juli 1836, te vinden van eigenaren die hun eigendom op bepaalde graven wensten te behouden, te weten R. Fenema voor de nrs. 409, 410 en 411 en G.T.J. Wicherlink voor nrs. 103 en 104.[57] In een afrekening betreffende de kerkvloer uit 1849, waarover hierna meer volgt, is sprake van nog vier zerken die op hun plaats moesten blijven liggen omdat die nog eigendom waren van particulieren. Het is echter niet na te gaan om welke vier zerken het gaat.

Verlegging van de kerkvloer in 1849

Het feit dat het eigendom van vrijwel alle zerken aan het kerkbestuur was gekomen, maakte het op den duur mogelijk de kerkvloer ingrijpend te wijzigen. In het voorjaar van 1849 kreeg Bernardus Looman (1811-1871), stadsbouwmeester sedert 1837, van de kerkvoogdij opdracht om een bestek te maken voor het verleggen en ophogen van de vloer.[58] Op 27 juni volgde de aanbesteding.[59] Looman ontwierp door de gehele kerk een 'loper' van donkere grafzerken, omzoomd door een rand van lichtgekleurde zerken. Waar onvoldoende lichtgekleurde zerken waren, werd een cementvloer aangebracht, in een bij de grafzerken passende kleur.
Om in dit patroon te passen moest het formaat van vele zerken worden aangepast, wat er op neer kwam dat sommige rigoureus doormidden of in mootjes werden gehakt (afb. 143). Fragmenten van één zerk werden soms verspreid. Ook werden de zerken gescheiden van hun toen nog eventueel aanwezige voetstenen. Uit de grafboeken blijkt dat vele zerken in de zeventiende en achttiende eeuw een enkele of dubbele rij van drie voetstenen hadden (zogenaamde drielingen).
De gehele vloer werd iets opgehoogd, met uitzondering van de viering, het vierkant voor het koor. Daar werd de vloer een trede verlaagd, zodat de gehele vloer in één vlak kwam te liggen.
De zerken die in 1836 'door enige eigenaren gereserveerd waren, mochten voorlopig niet verlegd worden'. Eén van die zerken was waarschijnlijk het graf van H.J. Jordens en kinderen, gelegen voor het grote orgel (afb. 144). Het tapijt van donkere stenen kwam half over dit graf heen te lopen. Een paringsteken in de zandstenen zerk met inscriptie en in een grijze steen in het tapijt geeft aan dat de stenen bij elkaar horen en markeren op deze wijze samen het graf. Het ingehakte jaartal 1849 bewijst dat de stenen toen zo zijn gelegd.

Afb. 143 Looppad van fragmenten van grafzerken in de kooromgang, zodanig gelegd om een bocht te kunnen maken. Middenboven graf [2]7-475, dat op 31 december 1736 werd gekocht door Andries Pieterman (foto Gemeentelijke Archiefdienst Deventer).

Genealogische en heraldische gedenkwaardigheden

De grafzerken in de kerk werden van tijd tot tijd bestudeerd vanwege de heraldische en genealogische gegevens die de wapens en inscripties bevatten, maar over het algemeen leiden zij een vergeten bestaan en zijn ze niet veel meer dan vloerelementen. De Deventer predikant en archivaris ds. P.C. Molhuysen (1793-1865) was geïnteresseerd in merken op grafstenen en publiceerde daar in 1854 een artikel over,[60] waarin facsimile's van merken op zerken in de Grote en Bergkerk werden opgenomen. In Molhuysens tijd was de belangstelling voor merken groot, vanwege het vermeende verband met het oudgermaanse runenschrift.

Ds. Jac. Anspach (1830-1908), toen predikant te Eckеn-Wiel en oud-student van het Deventer Athenaeum, publiceerde in 1883 een artikel 'Grafschriften in de kerken te Deventer'.[61] Zijn belangstelling ging vooral uit naar genealogische en heraldische gegevens. Een zelfde belangstelling toonde mr. P.C. Bloys van Treslong Prins getuige de titel van zijn werk: 'Genealogische en heraldische gedenkwaardigheden in en uit de kerken der provincie Overijssel', dat in 1925 verscheen als achtste deel van een per provincie opgezette reeks.[62] Hij beschrijft daarin 189 hele of fragmenten van grafzerken in de Lebuinuskerk. In 1974 werden alle grafstenen opnieuw beschreven door J.J. van Nijendaal, medewerker van de Gemeentelijke Archiefdienst van Deventer ten behoeve van de bij die dienst aangelegde architectuur-historische documentatie. Van Nijendaal beschreef niet alleen de zerken met namen, initialen of familiewapen, maar ook die welke

Afb. 144 Grafstenen [34]-323 van H.J. Jordens en kinderen met paringsteken om aan te geven dat de donkere en de licht steen bij elkaar horen (foto Gemeentelijke Archiefdienst Deventer).

Afb. 145 Fragmenten van stenen, onder de bestaande vloer tevoorschijn gekomen bij werkzaamheden in november 1989 (foto Gemeentelijke Archiefdienst Deventer).

alleen nog een nummer droegen. Zijn werk telde daarom 641 beschrijvingen, waarvan 234 van zerken met alleen een grafnummer. Daaruit blijkt dat het werk van Bloys van Treslong Prins erg onvolledig was geweest. Misschien waren in zijn tijd vele zerken aan het oog onttrokken door houten plankieren. Enkele door Bloys beschreven stenen werden door Van Nijendaal niet teruggevonden, waaronder die van de in 1477 begraven Henric Vogelsanck.[63] Het is echter mogelijk dat zerken door verdergaande slijtage in de tussenliggende periode onleesbaar zijn geworden.
Pas in een vrij recente studie van dr. P.C.J. van Dael werden de Overijsselse grafstenen in de eerste plaats gezien als voortbrengselen van steenhouwerswerk en beeldhouwkunst.[64] Hij gebruikt enkele malen de term grafkunst.

De recente restauratie

In de jaren 1989 en 1990 is de vloer opnieuw gelegd in verband met het aanleggen van nieuwe verwarmingsbuizen. Op iets minder dan een halve meter onder de bestaande vloer werd een negental grafzerken blootgelegd, die nog nimmer beschreven waren (afb. 145). Daarbij waren de interessante zerken met de inscripties 'R. SNETHLAGEN', '(JO)HANNA VAN LOEN' (afb. 147) en het jaartal 1724, alsmede 'GERRIT IACOPSEN GOLTSMIT' en het jaartal 1632 (afb. 146). De teruggevonden zerken zijn kort daarna elders in de kerkvloer ingepast. De vloer werd gecompleteerd met een groot aantal uit de Zwolse Broerenkerk afkomstige grafstenen (150 m²) die door bemiddeling van de Rijksdienst voor de Monumentenzorg waren verkregen. Het waren stenen zonder inschriften, voor het grootste deel zgn. drielingen (ca. 60 x 60 cm) van blauwe steen.

De bewaard gebleven grafzerken

Afgezien van de vijftiende-eeuwse epitafen zijn aan grafmonumenten slechts de grafzerken bewaard gebleven, die deel uitmaken van de in 1849 in één vlak gelegde vloer. De zerk van Boedeker werd in de loop van deze eeuw rechtop tegen de noordmuur geplaatst. Epitafen uit de tijd na de Reformatie zijn er kennelijk wel geweest, doch niet meer aanwezig. In 1681 althans kreeg de stadscommandant Hendrick de Sandra permissie 'bij ende omtrent de grafstede, alwaar sijn vrouw zal. leijt begraven'[65] een 'epitaphum met de wapenen van sijn Ed. ende desselfs eheliefste zal. neffens d'ornamenten daartoe specterende' te plaatsen.[66]
Tijdens de laatste restauratie is de blauwe 'loper' met bruingrijze rand erlangs, die Looman in 1849 had ontworpen gehandhaafd. De zerken in die rand hebben een tamelijk uniform formaat van gemiddeld 200 x 78 cm. De daarin aanwezige drielingen meten 66/67 x 77/78 cm. De meeste zerken in de rand hebben geen inscriptie. Hebben ze dat wel, dan betreft het nooit meer dan één inschrift. Vergelijking van de jaartallen leert dat deze zerken met een enkele uitzondering dateren uit het tijdvak 1756-1794.
Ongetwijfeld zijn daarbij nieuwe zerken, die in 1756 en volgende jaren in Gildehaus werden ingekocht, zoals wij boven zagen. De meeste blauwe zerken in de 'loper' zijn van oudere datum. Deze hebben veelal meer inscripties, die aantonen dat de grafstenen steeds herbruikt werden, soms eeuwenlang. Die inscripties kunnen bestaan uit namen, initialen, jaartallen en grafnummers. Een groot aantal andere zerken heeft twee gaten (bijvoorbeeld nrs. 19, 23, 27, 34, 35) die zijn aangebracht om de zerken te kunnen lichten. Omdat vele zerken in 1849 in de looppaden werden gelegd, zijn deze sedertdien steeds verder afgesleten. Slechts weinige hebben nog ongeschonden beeldhouwwerk. Een nog tamelijk gave zerk is die van de in 1689 gestorven Jasper van Markel. De steen toont ouder, zestiende-eeuws beeldhouwwerk, voorstellende een dode met het langgebaarde hoofd op een kussen, de handen devoot gevouwen (afb. 148). De dode

Grafzerken in de Lebuinus 169

is weliswaar liggend uitgebeeld, maar tegelijkertijd wordt gesuggereerd dat hij in een rondboognis staat. Het staan en de uitbeelding van de actief gevouwen handen verwijzen nog naar het levende.[67]

Familiewapens werden vaak uitgebeeld. De zerken van het echtpaar Marckus van Wees/Catrina van Mouwick (gestorven 1597)[68] (afb. 149) en van het in 1618/1619 overleden echtpaar Adolf van Gelder-Maria van Batenburg[69] (afb. 150) laten een veel voorkomend decoratieschema zien: een randschrift, kwartierwapens in de hoeken en in het midden het familiewapen.

De nu rechtop staande grafsteen van de in 1617 begraven Baltazar Boedeker heeft in het midden zijn wapen en dat van zijn echtgenote Johanna ten Grotenhuis. Ter weerszijden links en rechts zijn onder elkaar in twee rijen de kwartierwapens van hun beiden weergegeven[70] (afb. 151).

Afb. 146 (links) Steen in 1989 tevoorschijn gekomen nabij de Magistraatskapel. In 1990 is de steen nabij de ingang van de crypt in de nieuwe vloer gelegd. Gerrit Iacopsen had in 1632 deze groeve gekocht (foto Gemeentelijke Archiefdienst Deventer).

Afb. 147 (rechts) Zerk [10]-128 van [Jo]hanna van Loen, in 1989 onder de vloer opgegraven en een jaar later ingepast in de nieuwe vloer (foto Gemeentelijke Archiefdienst Deventer).

Grafkelders

Tengevolge van het verleggen van vrijwel alle zerken in 1849 zijn vermoedelijk alle oorspronkelijke grafkelders thans verdwenen. In de grafboeken over de periode 1756-1820 staat een aantal grafstenen genoteerd als kelderingang:

303-304	ingang kelder	295	W.G. Lemker, door vererving van de familie Van Markel (vergelijk afb. 148)
309	ingang kelder	317	W.F. van Hemert tot Dingshof
515 + 524	ingang kelder	508	in 1820 gekocht door Johanna Wilhelmina Scheltinga, weduwe C.A. Jordens, voorheen Henric de Sandra
509	ingang kelder	516-518	L.M.G.A. Michorius, voorheen Boedeker-Ten Grotenhuis (vergelijk afb. 151)

Afb. 148 Zerk 31-295 die oorspronkelijk op de grafkelder van de in 1689 begraven Jaspar van Markel lag. De gebeeldhouwde figuur is van oudere datum (foto Gemeentelijke Archiefdienst Deventer).

Afb. 149 Grafzerk 6-56 met de kwartierwapens Van Wees, Van Mouwick, Hinckaert en Van Doetinchem (foto Gemeentelijke Archiefdienst Deventer).

Het waren zeer gegoede families die een grafkelder bezaten. De familienamen Lemker, Van Hemert, Jordens en Ten Grotenhuis zijn namen van bekende Deventer patriciërsgeslachten. Op één nu nog aanwezige grafsteen is vermeld dat deze ooit behoorde tot een grafkelder: nr. 5-68 heeft het randschrift 'GRAFKELDER VAN DE GENERAAL MAJOR (...)'. De afgebroken steen onthult geen naam, maar aan de hand van het grafboek is na te gaan dat de generaal-majoor A.N. van Aerssen Beyeren van Voshol heette, die de kelder in 1780 verwierf.

Aparte vermelding verdient de bisschoppelijke grafkelder die dateert uit de vrij korte periode dat Deventer zich bisschopsstad mocht noemen, dus tussen 1559 en 1591. De kelder werd voor de eerste maal ontdekt in februari 1841 tijdens werkzaamheden aan het koor. Men trof er de resten van twee doodkisten en stoffelijke resten aan, op een ijzeren rooster naast elkaar geplaatst.[71] Voorts werden er twee houten kromstaven gevonden, die er op wezen dat het om twee bisschoppen ging, die de staven als teken van hun waardigheid hadden meegekregen. De ene bisschop was de in 1570 benoemde Aegidius de Monte, die op 29 mei 1579 met veel staatsie was bijgezet.[72] Godfried van Mierlo was de andere in de Lebuinuskerk begraven bisschop van Deventer. Van Mierlo was benoemd nadat Deventer begin 1587 weer in handen van de Spanjaarden was gekomen. Als slachtoffer van de pest overleed hij al op 28 juli 1587, waarna hij op last van de Spaanse bevelhebber in de bisschopskelder werd bijgezet. Als grafschrift werd aangebracht de tekst: 'Godefridus a Mierlo, rarae doctrinae, admirandae mansuetudinis ac humanitatis antistes',[73] ('Hier ligt Godfried van Mierlo, een bisschop bedeeld met zeldzame kennis en bewonderenswaardig om zijn milde, vredelievende inborst'). De kelder raakte in vergetelheid tot maart 1985, toen hij opnieuw werd onderzocht. De ingang wordt nu afgedekt met een steen met het nummer 117 en de inscriptie: 'INGANG BISSCHOPPELIJKE GRAFKELDER GEVONDEN 1841-1985'.

De nummers op de zerken

Wij zagen dat de grafzerken in de grafboeken van 1681 en 1756 werden aangeduid met de regel waarin zij lagen, echter niet stuk voor stuk genummerd. In

Grafzerken in de Lebuinus

Afb. 150 Grafzerk 6-57 met medaillons in de hoeken met de kwartierwapens Van Gelder, Van Batenburg, Van Broeckhuijsen en Fockinck. In het midden de wapens Van Gelder en Van Batenburg (3 rozen, 2 en 1) (foto Gemeentelijke Archiefdienst Deventer).

Afb. 151 Grafsteen 22-516 van de in 1617 gestorven jonker Baltazar Boedeker werd in onze eeuw rechtop tegen de muur gezet. In het midden de wapens Boedeker en Ten Grotenhuijs. Links en rechts onder elkaar de kwartierwapens. (foto Gemeentelijke Archiefdienst Deventer).

1820 werd een geheel nieuw register opgezet dat uit ging van een individuele, doorlopende nummering.
De in de stenen gehakte nummers verwijzen naar die regels of naar de doorlopende nummering uit 1820. Sommige stenen hebben twee nummers, zoals de fraaie zerk van Catrina van Mouwick met de nummers 6 en 56 (afb. 149). Het nummer 6 verwijst naar de inschrijvingen in de boeken van 1681 en 1756, waar de steen onder regel 6 staat genoteerd. Het nummer 56 verwijst naar het grafboek uit 1820. Uiteraard verwijzen alle nummers boven 41 naar het jongste grafboek. Nummers onder 42 kunnen betrekking hebben op zowel een regel als een doorlopend nummer. Drie voorbeelden kunnen het systeem en het grote nut van nog in de steen aanwezige nummers verduidelijken.

Een nog aanwezige, complete zerk van blauwe steen met twee gaten voor de zerkenlichter heeft een wapen bestaande uit twee gekruiste pijlen en als helmteken een zittende hond tussen twee olifantstrompen. Voorts is aangebracht de naam HERBERT: DAPPER MD met het jaartal 1703, alsmede het nummer 19. Het nummer 19 biedt vijf mogelijkheden. Volgens de registratie uit 1681:
a) regel 19 aan de zijde van de gerfkamer,
b) regel 19 van de eerste inschrijving aan de zijde van het raadhuis,
c) 19 aan dezelfde zijde volgens de hernummering die plaats vond tussen 1681 en 1756, mogelijk rond 1735 (was oorspronkelijk 16),
d) regel 19 onder de stoelen of banken, of
e) nummer 19 uit de doorlopende nummering van 1820.
Aan de hand van de uitvoerige omschrijvingen in de grafboeken is meestal met zekerheid vast te stellen welke inschrijving bij het betreffende graf hoort, mits

de zerk meer geeft dan alleen een nummer. Op folio 175 van het register uit 1681 vinden wij de volgende inschrijving: 'no. 19. Daaraan volgt een dubbelde blaauwe sarck toecom(ende) d'erffgenaamen van zall. David Scholier'. In een latere hand is daaraan toegevoegd: '1703, den 10 Octob(er) is dese grafstede overgedragen aen de Heer Herbert Dapper Med. Dr. en desselfs erfgenamen volgens opdragt aan mij vertoont op dato voors. staande getekent op no. 22'. Nog weer later werd hieraan toegevoegd: '1734, den 22. December Dr. Herbert Dapper deese aengegeven'. Het grafboek van 1756, dat kennelijk in eerste opzet een kopie van dat van 1681 is, vermeldt (fol. 174): 'no. 19 daer aen een dubbelde blauwe sark toekomende d'erffgenamen van zall. David Scholier; 1734 den 22 Decembr(is) Dr. Herbert Dapper deese aengegeven'.
Deze regel 19 valt onder de categorie grafzerken 'onder de stoelen of banken', waarvan de regels hernummerd zijn tussen 1681 en 1756, waarschijnlijk rond 1735. Eén folio terug leest men dat het oorspronkelijke regelnummer 11 was. Hieruit kan men afleiden dat het ingehouwen grafnummer niet ouder is dan van omstreeks 1735. Vergelijking van andere ingehouwen grafnummers met de grafboeken bevestigt deze conclusie.
Niet alleen de eigendomsoverschrijving op naam van Herbert Dapper in 1703 legt het verband tussen zerk en register, ook het wapen op de zerk doet dat, want dit wapen met twee gekruiste pijlen is dat van het geslacht Scholier.

Het tweede voorbeeld is de eveneens blauwe zerk met het randschrift (afb. 149): 'Ao. 1597 op Sant. Pauls.dach den .25. iannewari.sterf iuffer Catrina va(n) Mouwick die huisfrow va(n) ioncker Marckus van Wees die hier begrave(n) lich'. Voorts is het wapen van Van Wees te zien: een dwarsbalk met als helmteken een zittende hond. In de hoeken zijn vier kwartierwapens gebeeldhouwd:
a) een dwarsbalk (Van Wees),
b) een dwarsbalk vergezeld van tien sterren, vier boven en zes beneden de balk (Van Mouwick),
c) gevierendeeld, in de vier kwartieren een leeuw (Hinckaert),
d) een ankerkruis (Van Doetinchem).
In het hoofdwapen zijn later de letters IPSB aangebracht en in de rechthoek eronder het jaartal 1740. De steen draagt twee nummers: 6 en 56.
In 1681 (fol. 19) vond men op regel 6 van de banen aan de zijde van de gerfkamer naast de – ook nu nog in de kerk aanwezige – groeve van kapitein Adolph van Gelder: 'Daer beneffens noch een gelijcke groeve ende zarck daer op staedt de naam van Catharijna van Mouwick, huijsvrow van Jr. Markus van Wees'. Er onder staat geschreven: '1737, den 1 Jann(uari) per ordere de HHrn. Overkerkmeeste(ren) verkoft an de vaendr(igh) J.P. Swakenberg voor twintig gulden ƒ 20 − : − '.
In 1756 registeerde men, eveneens onder regel 6 van de zijde van de gerfkamer, (fol. 86): 'Daer volgt een dubbelde groefe toekoomende Jan Pauel Swaeken Bargh', met de toevoeging 'geb.N.56'. In het grafboek van 1820 vinden we onder no. 56 dit graf terug met de gegevens dat het op 9 februari 1820 was overgetekend op naam van Joh. Meijer. De initialen IPSB zijn door raadpleging van de registers tevens opgelost.

Het derde voorbeeld betreft een fragment van een blauwe steen met één gat voor de zerkenlichter, waarin een aan een boomtak opgehangen wapenschild is gehouwen met de letters VOS (de benen van de V door de O en de S heen). De steen heeft de nummers 4 en 20. Het oudste grafboek (fol. 11) registreerde onder regel 4 aan de zijde van de gerfkamer: 'Daer aan volgt een dubbelde groeve met een cleijne zarck en cleijne voetsteen toecomende d'erffgenamen van Herman Rijckels', waaraan is toegevoegd: '1734 den 8 December aengegeven voor de erfgenamen van Antoni Voss'. In 1756 werd genoteerd (fol. 78): 'daer aen volgt een dubbelde groefe toekoomende Antoni Voss. No. 20 aan de kerk 1820'. Omdat de groeve aan de kerk was verkocht, vermeldt het grafboek van 1820 slechts: 'is een dubbeld graf'. Elders in de kerk is nu nog een kleine steen met de letters VOS op dezelfde wijze verstrengeld. Ongetwijfeld heeft die steen ook tot het graf behoord van bakker Antonij Vos, die op 7 mei 1728 in de Lebuinuskerk werd begraven.[74]

De jaartallen op de stenen

In een aantal stenen is zowel een naam als een familienaam gehakt. Soms is de preciese sterfdatum ingehakt in het randschrift, zoals blijkt uit de volgende opsomming:

Zerk 10-127: 'Int jaer ons Heren XV C LVI op Sa(n)t Michijls dach staerf zelige. Johan Martens'.
[5]-34: randschrift met bladornamenten in de hoeken: '(...) dach december is gestorven salge Engbert va(n) Doetinchem, Ao.1558 den XVII Augustij sterf Willem va(n) Doetiche(m) schult (...)'.
17-547: 'AO 1566 DEN....MAY . STERF D...OK'.
6-56: randschrift 'A° 1597 OP SANT. PAVLS.DACH. DEN .25. IANNEWARI. STERF IVFFER CATRINA VA(N) MOVWICK DIE HVISFROW VA(N) IONCKER. MARCKVS. VAN WEES. DIE HIER BEGRAVE(N) LICH' (afb. 149).
31-294: 'ANNO DOMINI 1613 25° IVNII IS IN GODT GERVST. D.E. HERMAN PINNINCK .W.Z.G.G.S DEN 14 IVLII A° 1617 IS GESTORVAN IR LVCIA VA(N) REEDE WED: HERMAN PINNINCKS W.Z.I.G.R.'.
-:'ANNO DNI 1615. 31 DIE IVLII OBIIT HONESTVS VIR AC MR. JOANNES LVBBERDINCK'.

Grafzerken in de Lebuinus

22-516: 'A° 1617 DE(N) 11 FEBRVARII STARF IONCKER BALTAZAR BOEDEKER' (afb. 151).
24-233 vermeldt zelfs drie sterfjaren: 'A° 1617 DE 22 AVGVSTI IS IN GODT GERVST DIE E MARTEN S(T)EGEMAN DESER STADT KEMENER'; 'A° 1644 DE 12 IUNY IS IN. DE(N) HERE(N). GERUST IUFFER' (= Anna Glawe, zijn weduwe);[75] 'SIMON VA(N) GRONINGEN OBIIT 17 9/10 58' (afb. 152).
[6]-57: 'A° 1618 DE(N) 29 MARTS STAERF MARIA VA(N) BATENBORG DE HVISFROV VA(N) ADOLPH VA(N) GELDER CAPITEIN DER SIELEN IN DEN HEREN GERVSTET' en 'A° 1619 DEN 20 IANVARII IS IN DEN HEREN GERVST DE WOLEDEL ERENVESTE HEER CAPPETEIN ADOLF VAN GELDER'.
22-487: 'Ao 1618 (...) starf die Erwerdige Edele Erentrijcke Anna van Linteloe abdisse va(n) de Fraue des stift Honnep'.[76]
[28]-275: 'A° 1625 DEN. 1.1. IVNIVS. IS. GESTORVEN. THOMAS. VANDER. CAPPELLEN. A° 1618' alsmede 'DEN. 8. NOVEMBER' (afgebroken hoek waar behalve een jaartal een tekst zal hebben gestaan in de trant van: 'STIERF TREESKEN SNE)LS .SIN. HVISVROV'.
— : 'Ao 1626 de(n) 12 Nove(m)br. starf Winoldt Loose, cornet va(n) de(n) Rijngrave'.[77]
23-219: 'A° 1633.DE(N).3.NOVEMB: IS IN DE(N). HEERE. GERVST. DIE WOLEEDELE. EN(DE). GESTRENGE IOHAN. VA(N). LAER. TOT. EFFINCK IN SYN LEVE(N) DROST. TOE HAEXBAERGE(N). DIEPENHEIM ENDE. LAGE'.
36-404: 'A° 1635 DE(N) 19 APRIL STORF HENDRICK VA(N) HAEXBERGE(N) SECRETARIS DER STADT DEVE(N)TER' (afb. 153).
3[3]-429: 'D.WINANDVS. ALSTOR PHIVS.5.NOVEMB. 163[6] SEPVLTVS. IN VITA ECCLESIAST DAVENT.'.
24-498: 'Ao 1638 de(n) 7 Octob. is in de(n) Heere ge-

Afb. 152 Zerk 24-233 vermeldt drie sterfjaren: 1617, 1644 en 1758 (foto Gemeentelijke Archiefdienst Deventer).

rust Johan Luloff Borgemeist. en Camener der stadt Deventer'.[78]
24-499: 'Ao 1641 de(n) 25 Junius is in de(n) Heere(n) gerust juffrou Gerlatia Voeths huisvrou va(n) Borgemeister Johan Lueloffs'.[79]

Afb. 153 Zerk 36-404 van Hendrick van Haexbergen met vanitassymbolen en diens wapen, een klimmend hert. De latijnse spreuk zegt: 'als wij geboren worden, sterven wij (reeds) en ons einde is bepaald door ons begin' (foto Gemeentelijke Archiefdienst Deventer).

7-83: 'WILH: KNOOP: I.V.D. OBIIT: 1721' (begraven 23-8-1721).[80]
24-230: 'SEGER ALARDIN OBIIT DEN 3 NOVEMBER 1748' (begraven 8-11-1748).
7-75: 'CONRECTOR PH. LINDENHOF OVERLEEDEN 18 12/14 20' (begraven 18-12-1820).

Een groot aantal stenen draagt een jaartal zonder verdere uitleg. Is dat het geval, dan heeft het jaartal meestal betrekking op het jaar van eigendomsverkrijging van de groeve en is het dus niet het sterfjaar van de op de steen vermelde persoon. Het volgende staatje illustreert dit:

grafnummer:	jaartal:	naam op steen:	verkoop/cessie in grafboek
19-?	1703	HERB: DAPPER	10-10-1703 Herbert Dapper
39-378	1708	HERB: DAPPER	28-4-1708 Herbert Dapper
41-[358]	1713	ARENT ARENTSE	20-11-1713 Arent Arents
[19]-537	1716	IAKOB BLOMBERG	30-10-1716 Jacob Roveen Bloemberg
[39]-380	1719	D.RAVE	1719 Derck Raeve roedendrager
40-368	1723	A. NILANT	16-7-1723 Assuerus Nilant
28-272	1724	BW.BD	16-11-1724 Berent Willemsen Bovendorp
[10]-128	1724	(...) HANNA VAN LOEN (afb. 147)	4-1-1725 Jr. Johanna van Loenen
5-35	1734	ABRAHAM VAN OLST	2-12-1734 Abr. van Olst
16-552	1735	HENDRIK HESSELINK	8-12-1734 Henrik Hesselink
[38]-[385]	1737	J:L:WERNINK	31-12-1736 Joannes Lambertus Wernink
5-38	1737	GERHARD TEN NUYL	31-12-1736 Gerh.ten Nuyl
[2]7-475	1737	ANDRIES: PIETERMAN (afb. 143)	31-12-1736 Andries Piterman
24-496	1737	IOHANNES DE MAYNE	31-12-1736 Joannes de Main
9-[611]	1737	B:TOURNAY	31-12-1736 Monsr. Tournay
17-547	1744	JOACHIM:WARNER	30-3-1744 Joachim Warnaers
3[3]-429	1759	BERNARDUS	18-1-1759 Bernardus Wyers
6-96	1784	ABK	10-1-1784 Anna Berbera Kok
20-191	1786	D:J:V:GOOR	22-9-1786 Derk Jan van Goor
5-67	1794	WOUTTER COLLYN	3-4-1794 Wouter Colijn

De vijf zerken met het jaartal 1737 zijn alle groeven die met 62 andere enkele of dubbele groeven op 31 december 1736 werden verkocht.

De namen op de zerken

Vele teksten geven de namen van personen die onder de zerk waren begraven met de datum van begrafenis. Vermeldt de steen enkel een jaartal dan is dat meestal het jaar van eigendomsverkrijging en de daarbij behorende persoonsnaam duidt de nieuwe eigenaar van het graf aan. De zerk met de nummers 33-315 vermeldt expliciet de naam van de eigenaar: 'DESE GROVE HORT THO MR. IVRRIEN LENTINCK'.
Het laatste impliceert dat de persoon die achter deze naam verscholen gaat niet per definitie in dat graf begraven hoeft te zijn. Deze persoon hoeft zelfs niet eens in de Lebuinuskerk te zijn begraven. Een voorbeeld kan dit duidelijker maken. In zerk 30-289 is de naam gehakt 'I.V.HETEREN'. Het grafboek vanaf 1756 vermeldt als eigenaar: 'Nu den Custos Jan van Heteren' en het register uit 1820 vult aan: '23-2-1820 op naam van Jan Heteren, coster van de Grote Kerk sedert den jaare 1778'. Hetzelfde register maakt melding van het begraven van Jan van Heterens echtgenote, Johanna Wesselina Jalink, op 17 mei 1806. Daarna bood het graf nog ruimte aan 'Anna Hendrika van Heteren, dochter van Jochem Albertus van Heteren, van Amsterdam, alhier gelogeerd'. Jan van Heteren zelf bereikte een zodanige gezegende ouderdom dat hij het Koninklijke Besluit van 1827, waarbij het begraven in de kerken verboden werd, overleefde. Nadat hij op 25 januari 1836 op 88-jarige leeftijd was overleden, werd hij op de enkele jaren oude Algemeene Begraafplaats aan de Diepenveenseweg ter aarde besteld. Al ruim vijf jaar eerder, op 31 augustus 1830, had de laatste begraving in de Lebuinuskerk plaatsgevonden.
Aangezien de meeste stenen nog steeds een grafnummer dragen, is het mogelijk de namen van eigenaren te achterhalen in de grafboeken. Vele initialen die op de zerken voorkomen, kunnen op die manier worden opgelost. Ook is het mogelijk onvolledige namen op brokstukken te completeren. Enkele voorbeelden laten zien, hoe vruchtbaar dit onderzoek kan zijn:

Grafnummer:	Initialen of onvolledige naam:	Volledige naam volgens grafboek:
5-31	AMTK	Anna Maria Tuenissen Kuijper (begraven 12-5-1732)[81]
38-[391]	B:V:W: 1708	Berent Van Welbergen (begraven 2-12-1724)
5-40	(...) SCHATE	Eenschate
9-124	A:VAN	A. van IJsendijk
28-272	BW:BD 1724	Baerent Willemsen BoovenDorp (begraven 10-10-1727)
28-273	ATH	Arent Ter Horst (begraven 15-11-1675)
[40]-355	H:F:B: 1758	H. Frederik Bouwer (begraven 25-1-1780)
[35]-41[1]	EILA BORG	Eilard Borgerink (begraven 30-4-1799)
[34]-423	A:C:A:	Aleida Catharina Arentzen (begraven 6-10-1761)
3[3]-429	BERNARDUS 1759	Bernardus Wyers (begraven 1-8-1770)
30-448	Goosen va(n) 1695	Goossen van der Souw (begraven 9-6-1741)
29-466	I.V.S.B.	Jan van SteenBergen (begraven 6-3-1771)
16-555[82]	AK (ligatuur)	Arnoldus Kurtenius (begraven 19-9-1707)
12-[594]	RILMAN	Berent Brilleman (begraven 13-4-1712)
21-193	EGBERTUS 17	Egbertus Middelburg (begraven 26-12-1788)
22-514	GVD (monogram)	Gerrijt Janssen van Diepenveen (begraven 5-1-1745)

Een steen die nu nog slechts het nummer 408 draagt, wordt onder dit nummer in het grafboek van 1680 curieus beschreven als: 'een groote zarck, de grootste in de gantzes kerck daerop de naam van Joannes Visbeeck' (mogelijk Johannes van Vijsbeck die in 1542 als kanunnik voorkomt). Het uitzonderlijk grote formaat van deze steen had een even curieus als praktisch gebruik ervan tot gevolg.

Een achttiende-eeuwse beschrijving van ceremoniële gebruiken 'omtrent het kiesen van Schepenen en Raden mitsgaders vacante gemeensmansplaatsen voor en op Petri- keurdagh tot Deventer'[83] schrijft dat op de dag na Petrikeur, 23 februari, 's morgens om 8 uur (sedert 1722 10 uur) alle 8 straten met 'hare straatheeren' in de Grote kerk aanwezig moesten zijn, 'ieder met zijn voet op de gewone zerk of steen, op boete van 1 goudgulden'. Bedoeld worden de nieuwgekozen gemeenslieden van elk der acht wijken waarin de stad was verdeeld. Voor de wijk Bisschopstraat werd de grafzerk van Visbeeck voor deze plechtigheid gebruikt. De gemeenslieden van de Polstraat stonden op de zerk van de dichter apotheker Jan van der Veen, die destijds vlak voor het orgel lag en het aardige grafschrift droeg:

'Hier leit die groote van der Veen,
Begraven met soo kleinen steen (...)'.

Kennelijk was ook die steen zo klein nog niet, want er konden twaalf gemeenslieden met hun voet op staan. Vanaf die plek gingen de gemeenslieden naar hun eigen wijk om daar de putten, pompen en brandemmers te inspecteren.

Noten

[1] Van Ommeren 1978, p. 109.
[2] Dumbar 1732, p. 411.
[3] Ordinantie va(n) der Wacht by Burgermeystere(n) Schepen und Raedt der Stadt Deuenter opghericht/tot bewaerunghe der seluer Stadt. Ghepubliceert op den XV. Februarij. Anno. 1579. Deventer, Stads- of Athenaeumbibliotheek, BORG 3243a, volgnr. 4.
[4] Zie het artikel van B. Dubbe in deze bundel.
[5] Dumbar 1732, p. 635.
[6] Dumbar 1732, p. 58.
[7] Dumbar 1732, p. 93-94.
[8] Molhuysen 1852, p. 52.
[9] Inv. nr. 613 f. 61.
[10] Stadsarchief, MA 132, derde boek, f. VIIIvs.
[11] Zie voor deze periode: De Hullu 1915.
[12] Houck 1921, p. 149.
[13] Stadsarchief, MA 135c, f. 421.
[14] Archief Hervormde Gemeente, nr. 1, p. 300 d.d. 21-12-1621.
[15] Stadsarchief, Rep. I 371A, onder 'extraordinarius untfanck'.
[16] Stadsarchief, Rep. I 371A, 1589 d.d. 13 mei.
[17] Stadsarchief, Rep. I 4.
[18] Stadsarchief, Rep. I 371B, f. 16-17.
[19] Stadsarchief, Rep. I 4 d.d. 2-1-1622.
[20] Stadsarchief, Rep. I 371B, rekening 1620-1621-1622, f. 15vs.
[21] Stadsarchief, Rep. I 4, d.d. 17-6 en 3-9-1611.
[22] Stadsarchief, Rep. I 4, d.d. 8-2-1615.
[23] Stadsarchief, Rep. I 4, d.d. 5-3-1619.
[24] Stadsarchief, Rep. I 371B, rekening 1630-1631.
[25] Stadsarchief, Rep. I 371B, rekening 1632-1633-1634.
[26] Stadsarchief, Rep. I 371B, extraordinaris uitgave d.d. 24-5-1634.
[27] Stadsarchief, Rep. I 4 d.d. 1-9-1656.
[28] Archief Hervormde Gemeente, nr. 3, f. 181 d.d. 3-7-1656.
[29] Het voorzetsel 'op' moet waarschijnlijk opgevat worden als 'tot'.

30 Archief Hervormde Gemeente, nr. 3, f. 186.
31 Archief Hervormde Gemeente, nr. 3, f. 203 d.d. 2-2-1657.
32 Stadsarchief, Rep. I 4 d.d. 28-5-1664.
33 Archief Hervormde Gemeente, nr. 4, f. 140 d.d. 20-3-1665.
34 Stadsarchief, Rep I 4 d.d. 18-7 en 5-9-1664. In Koch 1982, p. 16 is abusievelijk het jaartal 1644 opgegeven.
35 Stadsarchief, Rep. I 371C, f. 26.
36 Archief Hervormde Gemeente, nr. 613.
37 Een systeem waarbij gebruik werd gemaakt van regels bestond overigens al langer. Een transportakte van 14-1-1661 noemt 'seecker enckelde groeve in Lebuini Kercke alhijr, gelegen in de negende *rijgel* van de Vrouwen-karckedeure af'.
38 Archief Hervormde Gemeente, nr. 614.
39 Archief Hervormde Gemeente, nr. 615 en 616.
40 Stadsarchief, Rep. I 4 d.d. 28-6-1698.
41 Stadsarchief, Rep. I 4 d.d. 28-1-1734.
42 Stadsarchief, Rep. I 4 d.d. 14-9-1734.
43 Stadsarchief, Rep. I 4 d.d. 10-10-1736.
44 Archief Hervormde Gemeente, nr. 613.
45 Stadsarchief, Rep. I 371 E d.d. 6-5-1755.
46 Stadsarchief, Rep. I 371 E, rekening 1756-1757-1758, extraordinaris uitgave d.d. 14-11-1757.
47 Stadsarchief, Rep. I 4, rekening 1756-1757-1758, extraordinaris uitgave d.d. 14-11-1757.
48 Archief Hervormde Gemeente, nr. 617, f. 8.
49 Archief Hervormde Gemeente, nr. 614.
50 Van Dael 1980, p. 73.
51 Nalis 1984, p. 116.
52 Archief Hervormde Gemeente, nr. 615.
53 Archief Hervormde Gemeente, nr. 427, f. 79.
54 Archief Hervormde Gemeente, nr. 438, stuk 30 d.d. 30-5-1834.
55 Archief Hervormde Gemeente, nr. 438, f. 122.
56 Archief Hervormde Gemeente, nr. 610.
57 Archief Hervormde Gemeente, nr. 610.
58 Archief Hervormde Gemeente, nr. 427, f. 351 d.d. 8-3-1849.
59 Bestek en voorwaarden in Archief Hervormde Gemeente, nr. 439 (stuk 366).
60 Molhuysen 1854.
61 Anspach 1883.
62 Bloys 1925.
63 Bloys 1925, p. 80, nr. 153.
64 Van Dael 1980.
65 Bewaard gebleven zijn twee fragmenten met de nummers 23-508: één met inscriptie 'HENRIC DE', het andere met 'SANDRA'.
66 Stadsarchief, Rep I 4, d.d. 8-12-1681.
67 Van Dael 1980, p. 44 en 49.
68 Marckus van Wees, zoon van Cornelis en Maria Hinckaert, was gehuwd met Catrina van Mouwick, dochter van Wijnald en Catharina van Doetinchem (Bloys 1925, p. 69).
69 Adolf van Gelre kreeg 13 mei 1593 commissie als kapitein in het Staatse leger. Hij was een zoon van Fenna van Broeckhuijsen en Karel van Gelre de jonge, die een bastaardzoon was van de hertog van Gelre, Karel van Egmond. Adolf huwde te Deventer op 10 maart 1607 Maria van Batenburg, dochter van Godert van Batenburg en Margaretha Fockinck (Dek 1958, p. 32).
70 Houck 1901, p. 37.
71 Molhuysen 1843, p. 139.
72 Van Heel 1935, p. 104.
73 Hensen 1912, kol. 923.
74 De in dit artikel genoemde begraafdata zijn ontleend aan de begraafboeken van de Lebuinuskerk 1674-1811, Gemeente Archief Deventer, DTB 117-119 (Hendriks 1952, p. 36).
75 Thans nauwelijks leesbaar. Aangevuld aan de hand van Bloys 1925, p. 70, nr. 46.
76 Thans uitgesleten inscriptie, de beschrijving is overgenomen uit Bloys 1925, p. 75, nr. 102.
77 In 1991 niet gevonden (misschien geheel uitgesleten?). Beschreven aan de hand van Bloys 1925, p. 77, nr. 116.
78 Niet meer te lezen. Tekst overgenomen uit Bloys 1925, p. 74, nr. 96.
79 Niet meer te lezen. Tekst overgenomen uit Bloys 1925, p. 74, nr. 93.
80 Zie noot 74.
81 Zie noot 74.
82 Op de steen staat 555. Volgens het grafboek uit 1820 had er moeten staan 557 (Archief Hervormde Gemeente, nr. 616).
83 Van Doorninck 1875, p. 226-229.

Opbouw en afbraak als golfbeweging in de tijd

Het interieur van de Lebuinuskerk sinds 1795

H. Koldewijn

1 Inleiding

Als iemand de onlangs gerestaureerde Lebuinuskerk binnengaat, komt hij in een gebouw dat al een geschiedenis van bijna duizend jaar met zich meedraagt. In die duizend jaar zijn hem globaal genomen veertig generaties mensen voorgegaan.
Dat al die generaties niet altijd even zachtzinnig met het gebouw zijn omgesprongen zal duidelijk zijn. Onze geschiedenis vermeldt niet alleen diverse rampen en oorlogen, maar laat ons ook zien dat de cultuur steeds in beweging is geweest, waardoor normen en waarden aan wijzigingen onderhevig waren. Daarnaast wisselden in de loop der eeuwen perioden van welvaart en armoede elkaar af.
Al deze factoren hebben invloed gehad op het gebruik van de kerk en ze hebben vaak hun sporen in het interieur achtergelaten.
Daardoor ontstaat een beeld van een golfbeweging; toppen van opbouw worden afgewisseld met soms diepe dalen van afbraak.

1.1 Beknopte voorgeschiedenis tot 1795

Het ontstaan van de huidige (hallen)kerk
De romaanse basiliek, zoals die onder bisschop Bernulphus omstreeks 1040 gebouwd werd, was zo groot en degelijk dat hij ruim vier eeuwen dienst kon blijven doen.
De stadsbranden uit de dertiende en de veertiende eeuw hebben de kerk weliswaar gedeeltelijk verwoest,[1] maar bij het daarop volgende herstel bleven de wijzigingen aan het gebouw hoofdzakelijk beperkt tot het interieur. Uitwendig veranderde er echter niet zo veel.
De vijftiende eeuw bracht grote welvaart aan de stad. Dat heeft geleid tot ambitieuze verbouwingen die de kerk in- en uitwendig een totaal ander aanzien gaven. De gotische hallenkerk die toen ontstond, is sindsdien uitwendig niet meer wezenlijk gewijzigd. In het interieur daarentegen hebben daarna nog vele wijzigingen plaatsgevonden.
Zo wordt er melding gemaakt dat de kerk in het begin van de tachtigjarige oorlog (in 1578) tot tweemaal toe door 'des konings troepen',[2] die van Philips II dus, is geplunderd en ook in 1672 zullen er door bezettende troepen, ditmaal van de bisschop van Munster, wel vernielingen aangericht zijn. Ook als gevolg van culturele veranderingen, zoals reformatie en begraven in de kerk, hebben er diverse wijzigingen in het interieur plaatsgevonden. Hoewel interessant, laten we ze in het kader van dit artikel verder rusten.
Wel van belang is de korte, maar onrustige periode die vooraf ging aan de Franse Tijd.
In de uitzonderlijk koude januarimaand van 1795 werd de kerk namelijk als paardestal gebruikt. De hulptroepen van de stadhouder, bestaande uit Engelsen, Hannoversen en Hessen deden op hun vlucht voor de oprukkende Fransen ook Deventer 'aan'.
Toen zij na verloop van een week(!) weer verder trokken, was de kerk een ruïne.[3]
Het aanwezige meubilair was opgestookt. Veel van de fraaie, beroemde gebrandschilderde ramen,[4] waren stukgeslagen om de dikke rookwolken uit de kerk te laten wegtrekken.
Graven waren geopend, lijkkisten verbrand en er lag 'een menigte dode paarden' in de kerk.
Afbeeldingen van het interieur vóór die catastrofe zijn niet bekend, maar uit een beschrijving van Coenraad Alexander Jordens, een ooggetuige, weten we wel wat er door de soldaten zoal verbrand is.[5] Het betrof onder andere 'het koorhek, het Magistraatsgestoelte, de banken, de gestoelten en de preekstoelen'.[6] Waarschijnlijk worden met 'de gestoelten' ook de middeleeuwse koorbanken bedoeld.
Dat Jordens over meer dan één preekstoel schrijft, is niet vreemd. Behalve in het schip zal er zeker ook een in de grote ruimte van het hoge en lage koor hebben gestaan. Dat was in elk geval voor vergelijkbare stadskerken wel gebruikelijk.
Jordens schrijft dat ook het koorhek was verdwenen. Dat is opmerkelijk omdat eerdere vermeldingen van een koorhek ontbreken. De oudst bekende westelijke koorafscheiding – een doxaal waarvan Te Riele omstreeks 1900 de fundering teruggevonden heeft,[7] – moet ongeveer uit de dertiende eeuw stammen.[8] Dit doxaal was kennelijk al vóór 1795 vervangen door een koorhek.
Wellicht zijn hier relaties te leggen met de vijftiende eeuw toen men het gehele koor verfraaide of met de zestiende eeuw toen de kerk zetel werd van de Bisschop van Deventer en men in het lage koor de bisschoppelijke grafkelder groef.
Omdat die ene week in 1795 voor het interieur van de kerk zo'n diep dal in de golfbeweging van opbouw en

afbraak is dat er een duidelijke breuk met het verleden ligt, is gekozen dit artikel daar te beginnen.

1.2 Diverse invloeden

Allereerst moeten we stilstaan bij de verschillende achtergronden die invloed hebben gehad op het handelen van de mensen die na de catastrofe van 1795 het gebouw hebben gebruikt en ingericht.

De Franse invloeden
De ideeën die in Frankrijk tot de revolutie van 1789 leidden, leefden ook sterk bij de toenmalige Deventer intelligentsia. Dat de zoon van een Deventer wijnhandelaar, Rutger Jan Schimmelpenninck in 1795 raadpensionaris van de Bataafse Republiek werd, mag als een symptoom daarvan gezien worden.
De ideeën over vrijheid, gelijkheid en broederschap leidden er toe dat in het begin van de negentiende eeuw ingrijpende veranderingen in het maatschappelijke leven plaatsvonden.
De wijzigingen van het interieur van de Lebuinuskerk die toen tot stand kwamen, zijn daarvan gedeeltelijk een gevolg.

Scheiding Kerk en Staat
De scheiding van Kerk en Staat is in Deventer in 1799 een feit geworden.[9] De verschillende kerkgenootschappen werden gelijkgeschakeld en de dwingende band tussen de 'Gereformeerde godsdienst' en het stadsbestuur werd verbroken.[10]
Er volgde een verdeling van de diverse kerkgebouwen over de verschillende kerkelijke gezindten. De besturen werden niet meer door de stad benoemd maar door elke gezindte zelf.
Na een periode van een vrijheid, waarin allerlei plaatselijke verschillen in de organisatie van het bestuur van de oude staatskerk ontstonden, werd door de landelijke overheid een uniforme ordening aan de Hervormde Kerk opgelegd. Zo ontstonden na 1820 de Kerkvoogdijen, die uiteindelijk een vrij autonome positie verkregen ten opzichte van de Kerkeraad.[11] Voor belangrijke financiële beslissingen hadden de kerkvoogden goedkeuring nodig van een college van Notabelen. De leden van beide colleges behoefden geen deel uit te maken van de Kerkeraad. Niet formeel, maar wel in de praktijk werd door de bemoeienis van de landelijke overheid de band tussen de kerk en de overheid weer wat aangehaald.
In de wet die in 1799 de scheiding van Kerk en Staat en de verdeling van de gebouwen regelde, was bepaald dat 'de toren met de klokken en deszelfs behuizinge' eigendom van de stad zouden worden en dat de kerkgebouwen, waaraan toen nog veel inkomsten uit huizen in de stad toevielen, in eigendom van het betreffende kerkgenootschap zouden komen. Dat zo'n zin in de wet voor meer dan één uitleg vatbaar was, zullen we verderop in het verhaal zien als het doodgravershuis beschreven wordt.

Als gevolg van revoluties kunnen wetten snel veranderen maar de mensen die ze moeten uitvoeren blijven dezelfde. Hùn ideeën veranderen veel langzamer. Toen de Fransen (voor Deventer in 1814) verdwenen waren, dachten velen dat 'de oude tijden weerom kwamen'.[12] Vaak handelden ze daar ook naar. Dat 'de kerk' haar eigen financiën regelde was wel duidelijk. Maar dat ze al haar wensen voor eigen rekening moest nemen, werd lang niet altijd als vanzelfsprekend ervaren. Ook nu, na bijna 200 jaar, is de scheiding van Kerk en Staat nog niet volledig: het 'zilveren koord' dat tussen de staat en de grotere kerkgenootschappen bestond, is pas enige jaren geleden officieel verbroken, maar nog steeds bestaan er resten van de oude band.[13]
Wanneer er aanleiding toe is, probeert het kerkbestuur de rekening van zijn wensen bij het stadsbestuur te leggen. Vooral zaken die verband houden met de toren en de klokken lenen zich daartoe. Juist op dat punt zijn de verhoudingen onduidelijk omdat de (muziek-)instrumenten daarin (klokken, uurwerk en orgel) van beide partijen zijn of door beide gebruikt worden.
We zullen zien dat de partijen in die gevallen proberen hun voordeel te doen door op oude rechten terug te vallen.
Voor architectonische en bouwkundige zaken heeft de kerkvoogdij sinds ongeveer 1834 de stadsbouwmeester in dienst.[14] Ook dit is te beschouwen als een restant van de oude relatie tussen het kerkgenootschap en het stadsbestuur. Tot in deze eeuw is die relatie blijven bestaan.[15]

Begraven in de kerk
In een ander artikel wordt nader ingegaan op het begraven en de graven in de Lebuinuskerk. Daarom zal hier slechts globaal iets aangeduid worden van de ontwikkelingen met daarbij enige plaatselijke voorbeelden. Verder zal dit artikel zich beperken tot de invloeden van dat begraven op het interieur.
Beïnvloed door de moderne Franse ideeën had de progressieve familie Van der Capellen bij Deventer op de Gorsselse heide een eigen begraafplaats met monument gemaakt.[16] In de achttiende eeuw bestonden daartegen echter nog veel weerstanden bij de bevolking. De stoffelijke overschotten die er in 1786 waren bijgezet, werden wegens beschadigingen aan het monument al in 1787 weer naar het graf in de Gorsselse kerk overgebracht; in augustus 1788 werd het buitengraf door Zutphenaren opgeblazen. Ook de Deventer familie Cost-Budde heeft, buiten de stad aan de Molenweg in Diepenveen een eigen begraafplaats laten inrichten. Deze begraafplaats bestaat nog steeds en er worden ook nog leden van die familie begraven.

De doorwerking van de Franse ideeën in de negentiende eeuw bracht veel veranderingen te weeg. Het begraven in de kerken werd verboden en buiten de stad werden begraafplaatsen aangelegd. De burgerlijke overheid nam de taak op dit gebied over van het kerkbestuur en verkreeg ook de inkomsten.
In Deventer werd in 1829 een begraafplaats buiten de stad, aan de Diepenveenseweg, aangelegd. Die is in 1918 gesloten. Omdat er graven met het recht van eeuwige grafrust zijn uitgegeven bestaat die begraafplaats nog steeds.
Men krijgt er een goed beeld van de ontwikkelingen in grafcultuur die in de negentiende eeuw hebben plaatsgevonden. Wegens haar belang voor de geschiedenis van Deventer, is deze oude begraafplaats enige jaren geleden door B & W tot gemeentelijk monument verklaard.
Een werkgroep van een aantal enthousiaste mensen is momenteel in samenwerking met de gemeentelijke diensten bezig de grafzerken weer zichtbaar te maken.

Duitse invloeden
De toenemende invloed van het opkomende Pruisen in de negentiende eeuw is ook in Deventer te merken. De grote mode uit de zeventiende en de achttiende eeuw, het preken in het Frans, waartoe de 'Eglise Wallone' was gesticht, raakte in onbruik. De Waalse gemeente was in 1799 al de Broederenkerk kwijtgeraakt aan de rooms-katholieken, en ze werd ten slotte in 1822 opgeheven. Haar bezittingen werden overgedragen aan de hervormde gemeente.[17]
De Deventer ijzergieterij van Nering Bögel onderhield nauwe kontakten met het Duitse achterland. Als eerste in Nederland gaf ze in 1834 een catalogus van haar produkten uit.[13] Daaruit en ook uit andere bronnen blijkt dat de gieterij een zeer geavanceerd produktieprogramma had. Het bestond uit diverse soorten fijn en grof gietwerk zoals het zogenaamde 'fer de Berlin', haardplaten, potten, grafmonumenten, buizen, kachels en dergelijke.
Kortom de toepassing van het gietijzer van toen is vergelijkbaar met die van de tegenwoordige kunststoffen.
Toen de bouw van een nieuw orgel ter sprake kwam, was in Deventer de uit Westfalen afkomstige orgelbouwer Naber werkzaam. Hij had sinds 1832 het oude orgel in onderhoud, maar zijn eveneens uit Westfalen afkomstige concurrent Holtgräve kreeg uiteindelijk de opdracht voor de bouw van het nieuwe orgel.

Technische ontwikkelingen
De negentiende eeuw is ook de eeuw van de industriële revolutie. Er vond een enorme ontwikkeling plaats op technisch gebied. Deze ontwikkelingen zetten zich voort tot in onze tijd. Veel van wat in de vorige eeuw modern was, is inmiddels al lang weer als ouderwets afgedaan. In het interieur van de kerk vinden we er nu niet veel meer van terug, maar door de gegevens uit de archieven is er nog genoeg van te beschrijven.
GIETIJZER. IJzergieterijen bestonden reeds in de achttiende eeuw. Maar met name in de negentiende eeuw ontwikkelde deze industriële activiteit zich. Men kreeg het gietproces steeds beter onder controle en gietijzer werd een belangrijk, onderhoudsvrij materiaal waar van alles van gemaakt kon worden.
De al eerder genoemde Deventer gieterij van Nering Bögel zou met dit materiaal een belangrijke bijdrage leveren aan de negentiende-eeuwse uitmonstering van de kerk.
VERLICHTING EN VERWARMING. De ontwikkeling van de verlichting, ging in de beschreven periode van kaarsen via olielampen en gas naar elektriciteit.
Een belangrijke ontwikkeling vindt ook plaats ten aanzien van maatregelen tegen de koude in de immense ruimte. Bestonden die in het begin van de periode slechts uit zeer plaatselijke warmtebronnen (stoven) en dichte, hoge banken om de tocht tegen te gaan, in later tijden zien we grootschaliger systemen. Onlangs is men er zelfs in geslaagd de totale ruimte te verwarmen.
AKOESTIEK. Ook in akoestisch opzicht is er sprake van ontwikkelingen, maar deze zijn minder spectaculair. Van oudsher werden preekstoelen van een klankbord voorzien dat het geluid van de prediker naar de toehoorders richtte. Deze borden werden in de loop der eeuwen steeds groter. In onze eeuw is die functie overgenomen door de moderne elektronika. Daarbij blijkt echter dat de akoestische eigenschappen van het gebouw zelf dermate overheersend zijn dat (nog) niet van een ideale oplossing gesproken kan worden.
Ook de plaats van het orgel heeft met de akoestische eigenschappen van het gebouw te maken. In het verleden bepaalde men de plaats ervan door uit te gaan van de specifieke eigenschappen van de ruimte. Het instrument werd dan daar geplaatst waar het op zijn best in de gehele ruimte van de kerk te horen was. Dat had vaak wel tot gevolg dat het visuele aspect minder tot zijn recht kwam. Bij de verplaatsing en nieuwbouw van het orgel in de dertiger jaren van de vorige eeuw was men dat echter vergeten en overheerste het visuele aspect. Resultaat daarvan is dat de klank van het orgel nu helaas onvoldoende tot zijn recht komt. Toen omstreeks 1950 een tweede orgel geplaatst werd, is gelukkig beter aan de akoestische voorwaarden voldaan.

Demografische en sociale ontwikkelingen
Vanaf 1800 zien we dat de bevolking van Deventer geleidelijk groeit. Dat het aantal kerkgangers daarmee gelijke tred hield, was in die tijd vanzelfsprekend. Daardoor was er een voortdurend tekort aan zitplaatsen. Dat verklaart de groei van het aantal banken. Afsplitsingen in diverse kerkgenootschappen leidden tot stichting van nieuwe gebouwen. Daardoor wordt het

gebrek aan zitplaatsen in de tweede helft van de negentiende eeuw minder opvallend. Ook zal de in Deventer reeds vroeg optredende secularisatie daar debet aan zijn.

De toenemende industrialisatie in de negentiende eeuw kan niet los gezien worden van de ontwikkelingen op het platteland. In het begin van de negentiende eeuw gingen veel pachtboerderijen in eigendom over naar de pachters. Het geld dat de oorspronkelijke eigenaren, vaak bekende regentenfamilies, daarvoor vrijkregen, werd geïnvesteerd in de industrie, die daardoor kon groeien.

Mede als gevolg van de progressieve, liberale ideeën werden al voor het midden van de negentiende eeuw de gemeenschappelijke gronden, de marken, verdeeld.[19] Daardoor ontstond een schaalvergroting in de landbouw en werden de gronden beter bewerkt. Dat had betere opbrengsten tot gevolg. Vooral in de tweede helft van de negentiende eeuw ontstond er door die schaalvergroting in de landbouw en door de toenemende vraag naar arbeidskrachten van de industrie, een trek van het platteland naar de stad.

In de stad ontstond er naast een nieuwe groep rijke industriëlen, de 'nouveau riche', ook een grote groep minder bedeelden.

Culturele ontwikkelingen
Reeds in de achttiende eeuw kwam er meer aandacht voor het historische bouwen. Dat richtte zich toen vooral op de Romeinse Oudheid. Vooral de opgravingen van Pompeji genoten grote belangstelling. Nadat de Fransen die onder Napoleon in Egypte vochten, de steen van Rosette hadden gevonden die de mogelijkheid bood de hiëroglyfen te ontcijferen, verplaatste die aandacht zich naar Egypte.

In samenhang daarmee en wellicht ook als reactie op de grote veranderingen die in de eerste helft van de negentiende eeuw op allerlei gebied plaatsvonden, ontstond er ook een toenemende belangstelling voor de eigen oude bouwwerken. Als gevolg daarvan onderkende men dat de bouwstijl van de crypte van de Lebuinuskerk dezelfde was als die van verschillende oude (romaanse) Duitse kerken.

Rooms-katholieke invloeden
Na de scheiding van Kerk en Staat in 1799 kon de emancipatie van de rooms-katholieken beginnen. In 1827 was onder de regering van koning Willem I al een concordaat gesloten met de paus over het bestuur van de rooms-katholieke kerk in Nederland. Door protestantse tegenwerking werd het echter niet uitgevoerd. Na de grondwet van Thorbecke, die in 1848 de vrijheid van de kerken nadrukkelijk vastlegde, beschouwden regering en paus het als opgeheven. In 1853 kwam de officiële bevestiging daarvan met het herstel van de bisschoppelijke hiërarchie.

Tegen het einde van de negentiende eeuw bestond er in Deventer een welvarende rooms-katholieke gemeenschap. Dat er vanuit deze gemeenschap meer dan gewone belangstelling was voor de Lebuinuskerk zal duidelijk zijn. Per slot moest in de kerk nog het graf van de stichter Lebuinus aanwezig zijn. Ook was bekend dat zich in de kerk een grafkelder bevond van de zestiende-eeuwse bisschoppen van Deventer.

Zonder deze rooms-katholieke belangstelling zouden een aantal ontdekkingen en onderzoekingen in de hier beschreven periode zeker niet gedaan zijn.

2 Beschrijving van het interieur in diverse perioden

Sinds de ramp van 1795 is er voortdurend in en aan de kerk gewerkt. Hoewel in dit artikel het interieur centraal staat, zal een klein uitstapje gemaakt worden naar de ramen. Die behoren immers niet alleen bij het exterieur, maar ze zijn ook heel bepalend voor het karakter van het interieur.

In de afgelopen tweehonderd jaar is een aantal momenten te onderkennen die zich lenen om nader te beschrijven. Er is dan een afgerond beeld van het interieur te geven.

2.1 Rond 1810

Het herstel
Nadat de 'bitt're ramp' waartoe 'dees kerk voor vijf jaren was verwezen' in 1800 hersteld was, werd ter gedachtenis aan dat herstel en de daaraanvoorafgaande ramp een bord in de kerk opgehangen (afb. 154). Het hangt er nu nog, zij het niet meer boven de deur naar de consistoriekamer, waar het vele jaren gehangen heeft. De huidige plaats in het koor komt meer in de buurt van de oorspronkelijke. Het bord is gedateerd 1800. Dat we het interieur beschrijven zoals het ongeveer 10 jaar later was, heeft te maken met het feit dat het herstel van de ramen toen was voltooid.

Afb. 154 Herinneringsbord uit 1800 (foto Gemeentelijke Archiefdienst Deventer).

Het interieur van de kerk

Op 16 maart 1800 werd de kerk weer in gebruik genomen met een middagdienst. Daarna zouden er 's zondags tweemaal daags diensten worden gehouden.
In 1800 zal de preekstoel hersteld zijn. Wellicht werd hij toen op de huidige plaats, aan de noordzijde van het schip, opgesteld. Deze plaats is merkwaardig; in de oude stadskerken in andere IJsselsteden, zoals Kampen, Zwolle en Zutphen, staat de preekstoel aan de zuidzijde van het schip. Ook in de Bergkerk in Deventer is dat het geval. De huidige plaats is wel erg praktisch; de kerkgangers kunnen de predikant goed zien. Hij staat in het invallende zonlicht en zij kijken dus niet tegen de zon in. Bij plaatsing van de preekstoel aan de zuidzijde van het schip is dat wel zo. In de Bergkerk was dat vroeger erg hinderlijk.
Verder zal er een aantal nieuwe banken gemaakt zijn. Daarover is echter in de archieven tot op heden niets gevonden. Ook zal men de gewelven en de muren opnieuw gewit hebben. Immers door het verbranden van alle houtwerk zal de 'dikke zwalm' die Jordens beschrijft, de muren van de kerk vreselijk vuil gemaakt hebben.
De schade aan de ramen was provisorisch hersteld. Niet alle ruiten waren hersteld. In 1809 is in elk geval nog sprake van tocht.[20]

Het begraven in de kerk
Het gebruik van de kerk wijzigde niet ten opzichte van dat in de achttiende eeuw. Naast wekelijks kerkdiensten, vrij toegankelijke orgelbespelingen en catechesaties werd er ook nog steeds in de kerk begraven. Bij dat begraven hoort aan aantal specifieke voorzieningen.
In de eerste plaats betreft dat een doodgraver. De man woonde dicht bij zijn werk in een huis dat aan de voet van de toren stond.
Verder is er een gronddepot nodig. Niet alle graven bestonden uit kelders. Alleen de duurdere graven kenden die voorziening. De goedkopere lagen gewoon in de aarde onder een deksteen. Na verloop van tijd verrotte de kist en de steen verzakte daardoor.
Dat kunnen we tegenwoordig op begraafplaatsen ook nog zien. Voor het regelmatig aanvullen van graven beschikte de doodgraver over een hoeveelheid grond die in de kerk was opgeslagen. Het gronddepot bevond zich in de ruimte onder de toren.[21]

Meubelstukken van vóór 1795
Alle meubels in de kerk waren – op een enkele uitzondering na – nieuw. Zo'n uitzondering was het klankbord van de preekstoel. De preekstoel zelf moet uit 1800 dateren. Voor de Bergkerk, waar volgens Jordens eveneens de preekstoel verbrand was, werd een een nieuwe preekstoel ontworpen die veel verwantschap vertoont met die in de Lebuinuskerk. Daarvan is het bestek en de ingekleurde ontwerptekening nog in het archief van de hervormde gemeente

Afb. 155 Niet uitgevoerd ontwerp voor een nieuwe preekstoel in de Bergkerk uit ca. 1800. Dit ontwerp vertoont opvallende overeenkomsten (zie kleurafb. 3) met de preekstoel in de Lebuinuskerk (Deventer, Coll. Gemeentelijke Archiefdienst).

bewaard gebleven (afb. 155). Dat ontwerp is echter niet uitgevoerd. De huidige preekstoel daar moet uit het eind van de zestiende eeuw dateren.[22] Kennelijk heeft men een preekstoel uit een andere kerk (mogelijk de Broederenkerk ?) daarheen overgebracht.
Ook een ander groot meubel was aan de vernielzucht ontkomen. Aan de westzijde van de zuidelijke zijbeuk stond op een viertal zuilen (afb. 156, nr. 1) het orgel.[23] Een uitgebreidere beschrijving van de opstelling van het orgel wordt gegeven in een ander artikel in dit boek. De kas van het orgel was geschilderd, in 1835 is er sprake van schilderen en een slechte staat van het door de houtworm verteerde hout.[24] Dat is een aanwijzing dat hij oud was en dat hij niet uit eikehout was gemaakt. Dat hout wordt namelijk niet door houtwormen aangetast.
Om de zuilen onder het orgel stond een hekwerk (afb. 156), zodat de ruimte onder de toren vanuit de kerk niet vrij toegankelijk was. De orgelgalerij werd bereikt via de wenteltrap van de toren. Tegenwoordig bewaart een dichtgemetselde nis in de torenmuur de herinnering aan die deur.

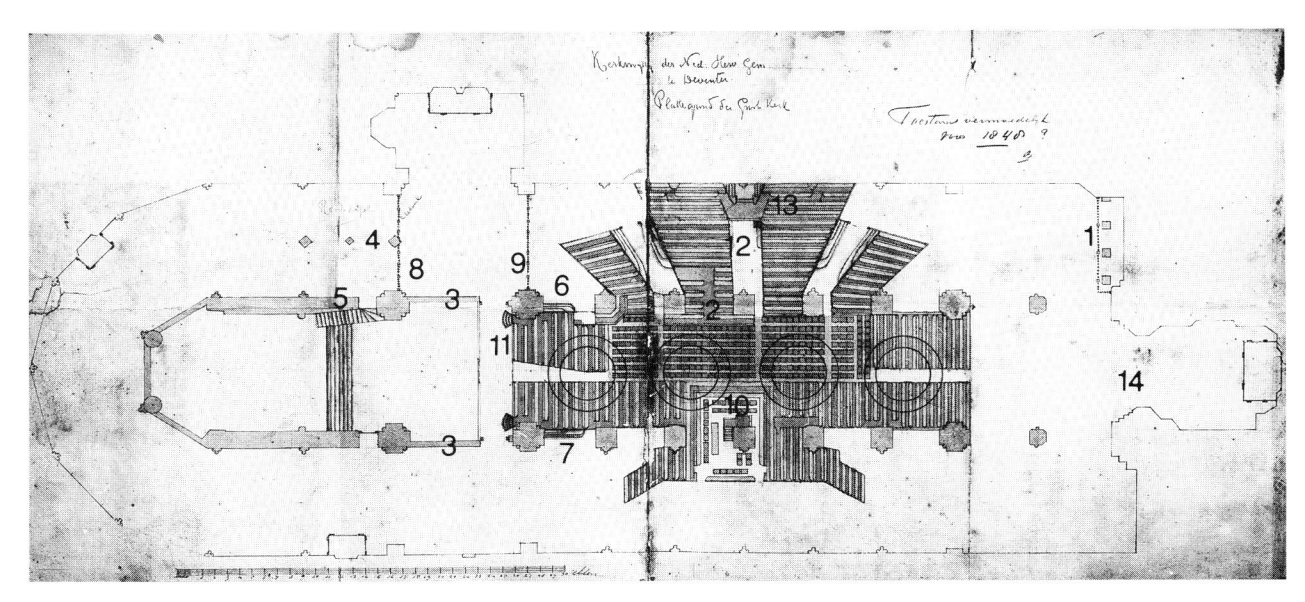

Afb. 156 Plattegrond van de Lebuinuskerk (schaal 1 : 100), toestand 1821-1835, tekenaar waarschijnlijk B. van Zalingen.
1. plaats orgel; 2. regeringsbank; 3. muren tussen het lage koor en de zijbeuken; 4. drie zuilen van de voormalige Pieterskapel; 5. trapje naar de 'kleedkamer' boven de voormalige Pieterskapel; 6. en 7. hier stonden voor 1819 geen banken, er was een 'doorgang voor het koor'; 8. en 9. hekken; 10. dooptuin; 11. gang uit 1819 als verbinding tussen de zijbeuken; 12. alle banken in de zijbeuk zijn uit 1821; 13. gaanderij uit 1821; 14. plaats van het huidige orgel dat in 1839 gereed kwam (foto Gemeentelijke Archiefdienst Deventer).

Door deze opstelling van het orgel was de kerkruimte, niet zoals tegenwoordig wèl het geval is, afgesloten van de westelijke ingang. Het grote raam boven die ingang verlichtte zodoende het schip van de kerk. Dat moet vooral bij ondergaande zon voor een heel bijzondere sfeer in de kerk gezorgd hebben.[25]

Verlichting
Zoals in een ander artikel vermeld, hebben de zeventiende-eeuwse koperen kaarsenkronen de ramp overleefd. Ze behoefden slechts schoongemaakt te worden. De verlichting bleef dus nog met kaarsen. Dat zou echter niet lang meer zo blijven.

De ramen
Overdag werd de kerkruimte verlicht door gebrandschilderde glas-in-loodramen. De meeste waren nog uit de zeventiende eeuw, een enkele zelfs nog ouder.

Afb. 157 Glasvondst Assenstraat, gebrandschilderd glas ca. 1610. De ruitjes die in 1985 in de bodem van een pand in de Assenstraat gevonden werden, geven een beeld van de kwaliteit van de gebrandschilderde glas-in-loodramen die in de zeventiende eeuw de ramen van huizen en kerken in Deventer sierden (foto Gemeentelijke Musea Deventer).

Waar in de zeventiende eeuw nog kleurige schilderingen (zie bij voorbeeld de beschildering van het gewelf van het koor uit 1620) en fraaie, gebrandschilderde glas-in-loodramen in de mode waren (afb. 157),[26] werd het in de achttiende eeuw bon-ton om de muren en gewelven geheel te witten. Vaak wordt dat toegeschreven aan de invloed van de reformatie. Dat is echter maar ten dele waar; de Sint-Servaaskerk in Maastricht bijvoorbeeld onderging toen hetzelfde lot ondanks het feit dat die kerk nimmer in protestantse handen is geweest!

Het vuil worden en gedeeltelijk afbladderen van de schilderingen zal naast mode en godsdienstige opvattingen zeker ook een belangrijke oorzaak van het overwitten zijn geweest. Ook in het recente verleden gebeurde dat; bijvoorbeeld in de rooms-katholieke Broederenkerk in Deventer. In het hoofdkoor is daar bij de jongste restauratie de rijke polychromie hersteld nadat die in de vijftiger jaren in saai grijs was overgeschilderd. Ook dat is een gevolg van veranderde opvattingen en niet van een simplificatie van de tegenstelling Rome-Reformatie.

De vele en grote beschadigingen die de militairen in 1795 aan de ramen hadden aangericht, waren in 1800 slechts gedeeltelijk en met eenvoudig glas gerepareerd. Dat zal niet alleen een kwestie van gebrek aan geld zijn geweest. Ook veranderde opvattingen over kleur en sfeer in een kerkgebouw zullen daarmee te maken hebben.

Dat de reparaties uit 1800 niet volledig zijn geweest, blijkt in 1809.[27] Koning Lodewijk Napoleon had bij zijn bezoek aan Deventer ook de Grote Kerk bezocht. In zijn ogen was de kerk nog onvoldoende 'opgeciert' en hij stelde een grote gift van ƒ 2.400,- beschikbaar om dat te verbeteren. Als de kerkeraad dan aan de financiële commissie – de voorloper van de huidige kerkvoogdij – voorstelt om voor die gift onder andere een fraai koorhek te maken, blijkt dat hij graag de oude schoonheid van de kerk herstellen wil.

Uit het schriftelijke antwoord van de financiële commissie wordt duidelijk dat het nog erg tocht in de kerk; de commissie vindt het om die reden nodig om 'de geschonden en geschilderde glazen uit te nemen en te vervangen door nieuwe'. Voor het vervangen van alleen de beschadigde glazen (glas-in-loodpanelen) zou een bedrag van ƒ 1.400,- nodig zijn. Voor ƒ 2.350,- denkt de commissie alle glazen van de kerk te kunnen vernieuwen. Daartoe wordt besloten en het koorhek zal er niet meer komen.

In die antwoordbrief komt overigens ook een competentiestrijd tussen beide kerkelijke colleges aan de oppervlakte. De commissie merkt namelijk in het slot van haar brief fijntjes op dat dit soort zaken tot haar taak behoren en niet tot die van de kerkeraad. Een opvatting die ook nu nog terug te vinden is in de discussies binnen de Hervormde Kerk over de positie van de kerkvoogdij.

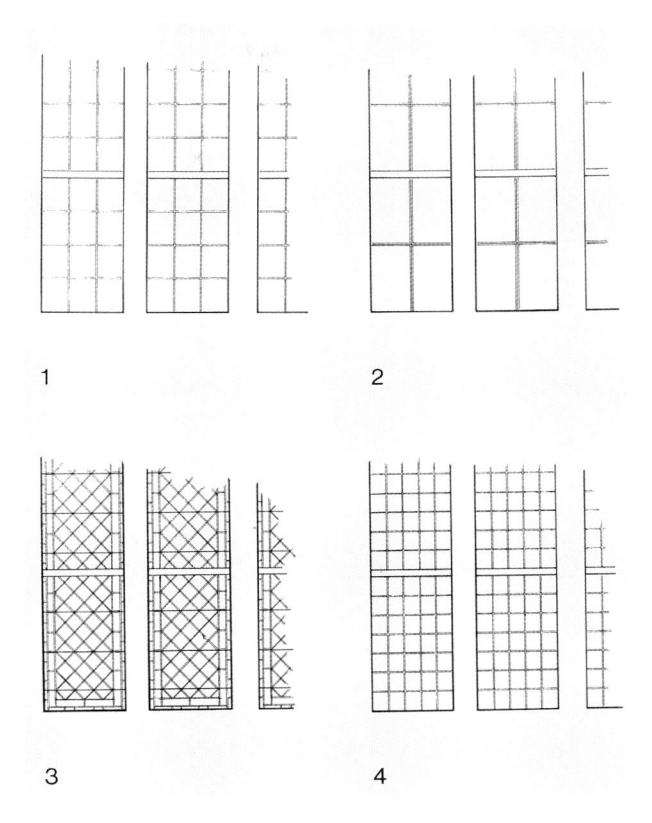

Afb. 158 Overzicht van de verschillende ruitindelingen die de ramen van de Lebuinuskerk sinds 1810 gehad heeft.
1. toestand rond 1810, glas-in-lood; 2. toestand rond 1865, glas-in-gietijzer; 3. toestand rond 1925, glas-in-lood; 4. toestand rond 1965, glas-in-lood (tekening H. Koldewijn).

Het bestek voor het vernieuwen van de ramen leert ons dat reeds bij de eerdere reparaties een trend gezet was;[28] het bepaalt dat de reparaties van de raamkoppen moeten geschieden overeenkomstig die eerdere reparaties.

Alle gebrandschilderde glas-in-loodramen worden vervangen door nieuwe. De ijzeren brugstaven die het verband tussen de natuurstenen stijlen aanbrengen en waaraan ook de glas-in-loodpanelen vastzitten, waren nog zó goed dat slechts een klein aantal vernieuwd behoefde te worden.[29]

De nieuwe glas-in-loodpanelen zullen bestaan hebben uit ongeveer één millimeter dunne rechthoekige ruitjes van een doorzichtig lichtgroen glas zoals dat in de achttiende eeuw ook voor woonhuizen gebruikelijk was.[30]

Doordat het bestek de aantallen ruitjes in horizontale en vertikale richting geeft en de plaats van de brugstaven nog bekend is uit foto's van de negentiende-eeuwse situatie, laat de raam-indeling zich eenvoudig reconstrueren (afb. 158, nr. 1).

De heldere ramen lieten een enigszins bleek, kil licht vallen op de fris gewitte wanden, pijlers en gewelven. De wanden en pijlers waren voorzien van een zwart geteerde plint.[31]
Eigenlijk werd door het aanbrengen van deze ramen het ideaal van het sobere witte achttiende-eeuwse interieur bijna voltooid. In een wat latere tijd, als men in staat is grotere glaspanelen in een volledig heldere uitvoering te maken, zal men dat ideaal bereiken. Maar dat is al een volgende periode in de golfbeweging van de tijd.

Het meubilair
In 1800 was een aantal banken aangebracht. Er waren geen speciale gestoelten voor belangrijke families of voor het stadsbestuur gemaakt. Later kwam de behoefte daaraan weer op.
Zo wenste dat bestuur in 1808, op het mooiste punt van de kerk, een 'Eergestoelte zo voor den Burgemeester, als voor Wethouderen, Schepenen Enz.'.[32]
De financiële commissie van de kerk wilde daaraan niet zonder meer meewerken. De kerk had zitplaatsen verkocht op de plaats waar dat gestoelte voor het stadsbestuur moest komen en voorzag problemen met de eigenaren en hun erfgenamen. Daarom ging de Kerkeraad akkoord mits de stad de kosten van het werk zou betalen. Ook zou de stad de rechten van eigendom die waren verkocht zo veel mogelijk moeten 'handhaven en in het oog houden'. Het stadsbestuur stelde daar echter eenvoudig tegenover dat die eigendom onwettig verkregen was omdat de stadsregering sedert 'onheugelijke jaren in het wettig bezit van een Eergestoelte in de kerk' was.[33]
Uiteindelijk werd het 'Eergestoelte' gebouwd (afb. 156 en 175) en de kerk bleef zitten met de kosten van afkoop van de verkochte eigendomsrechten.
De plaats van het orgel tegen de toren was in akoestisch en in visueel opzicht ideaal. Ervoor bevond zich de ruime, lege, en hoge zuidelijke zijbeuk van de kerk. De gewelven daarin waren allemaal ongeveer even hoog en het geluid kon, weerkaatst door de vlakke stenen vloer, onbelemmerd de kerkruimte vullen. Bovendien stond ook de begane grond van de toren, achter het orgel, in open verbinding met de kerk.
Door de grote, lege zijbeuk voor het orgel hadden bezoekers die de kerk door de week als ontmoetings- en wandelruimte gebruikten, een goed zicht op het orgelfront. Iedere donderdag moest de organist van twee tot drie uur een voor ieder toegankelijke bespeling verzorgen.[34] Dit gebruik stamde nog uit de vroege zeventiende eeuw.
In het overwegend witte interieur bevond zich een aantal banken van eenvoudig grene- en vurehout dat met een houtstructuur was geschilderd.[35] De eiken preekstoel die omstreeks 1800 vernieuwd was, zal samen met die banken donker hebben afgestoken tegen het wit van gewelven en wanden.

De vloer, die voor een groot deel uit blauwgrijze en zandkleurige grafzerken bestond, was ook een donker element in de lichte ruimte.
Tussen het kille, lichte wit van wanden en gewelven en het donker van banken en vloer glom het koper van de kaarsenkronen en de blakers op de banken.[36] Op gezette tijden werd de kerk gewit. Dat gebeurde door stucadoors die eerst alle muren afstoften en het loszittende pleisterwerk bijwerkten.[37] Zij gebruikten dan een 'witstoel' en een 'touwbak' die daarvoor in de kerk aanwezig waren.[38] Regelmatig werden ook de banken en het orgel geschilderd.

Restanten van de middeleeuwse inrichting
In ruimtelijk opzicht was er in de kerk nog veel dat herinnerde aan de middeleeuwse situatie. Later in de negentiende eeuw zou daarvan een aantal wezenlijke elementen verdwijnen, maar de volledig lege ruimte zoals wij die nu kennen is pas in de twintigste eeuw tot stand gekomen.
HET GROTE KOOR EN DE BISSCHOPPELIJKE GRAFKELDER. Het meest in het oogspringende element was wel het grote middeleeuwse koor dat bestond uit een laag en een hoog gedeelte. Het koor zoals wij dat nu kennen, bestaat uit een klein laag gedeelte met trappen naar het eigenlijke koor dat aanmerkelijk hoger ligt. In de middeleeuwen was het koor echter veel groter. Ook de viering – het gedeelte tussen het koor en het middenschip – maakte er toen deel van uit. Dat deel was met hoge muren in het verlengde van de koormuren afgescheiden van de rest van de kerk (afb. 156, nr. 3).
Aan de westzijde, waar nu de stoelen beginnen, was de afscheiding geweest in de vorm van het koorhek. Na de vernielingen van 1795 werd het nimmer hersteld.
De hoge muren in het verlengde van de huidige koormuren waren aan de bovenzijde versierd met een fries van kalksinterplaten in een natuurstenen omlijsting (afb. 159). Restanten van dat fries zijn bij de laatste restauratie opgesteld in twee openingen op de koormuren. Op die plek hebben ze nimmer gestaan, maar zo wordt wel hun relatie met het koor bewaard.
In het koor zullen tot 1795 ook zeker nog fraai bewerkte middeleeuwse koorbanken hebben gestaan. Op de tekening van Lamberts uit 1824 (afb. 159) is nog te zien dat aan de pijler afschuiningen zaten om bij het binnengaan van die banken beschadigingen van de muur te voorkomen. Toen het koor omstreeks 1930 werd gerestaureerd heeft men die afschuiningen zorgvuldig bewaard (afb. 160). Bij een enkele rij banken zijn dergelijke afschuiningen onnodig. Daarom moet er in elk geval een dubbele rij geweest zijn!
Ook is er op die tekening te zien dat de reparatie van omstreeks 1800 heel summier geweest moet zijn; de muur waartegen de koorbanken gestaan hebben werd niet gepleisterd, maar voorzien van een eenvoudige houten beschieting. Die kan aangebracht zijn geweest

Kleurenafbeeldingen 185

Kleurenafb. 14 Noordwand van de vroegere westelijke transept met voorstellingen van Gethsemane en het Laatste Oordeel (foto: A.J. van der Wal/Rijksdienst voor de Monumentenzorg, Zeist).

Kleurenafb. 15 De herder scheidt de schapen van de bokken, onderdeel Laatste Oordeel, monogram tussen de handen van de herder en de verrijzende nar (foto A.J. van der Wal/Rijksdienst voor de Monumentenzorg, Zeist).

op nog aanwezige, ingemetselde houten regels van de achterwand van de oude koorbanken.
Het lage koor, de viering, lag zoals bij aandachtige beschouwing uit de tekening van Lamberts blijkt, gedeeltelijk (alleen in het midden, rechts onder op afb. 159) hoger dan nu. Dat lijkt vreemd maar het is verklaarbaar. De koorbanken waren namelijk ouder dan de bisschoppelijke grafkelder die in de tweede helft van de zestiende eeuw in het lage koor werd gemaakt. In verband met het bij tijd en wijle hoge grondwater kon de kelder niet voldoende diep worden aangelegd. De ingang en de afdekking ervan kwamen boven de vloer van het lage koor uit. Als men de vloer vlak had willen maken, dan zou men de banken hebben moeten demonteren en hoger plaatsen. Dat zal niet zo eenvoudig zijn geweest, want de achterwand van de banken sloot aan op het fries met kalksinterplaten. Dat zou dan aan het oog ontrokken zijn of men had het ook moeten verhogen. De operatie zou dus erg kostbaar geworden zijn. Men zal voor een goedkopere oplossing gekozen hebben en de vloer slechts gedeeltelijk hebben verhoogd. Die verhoging werd weggewerkt door het lage deel voor de trappen naar het hoogkoor op datzelfde niveau te brengen. De verhoging in de vloer van het lage koor behoeft niet helemaal doorgelopen te hebben tot aan de westelijke pijlers van de viering. Gezien de afmetingen van de grafkelder, kan in de westelijke helft van de viering de vloer op de oorspronkelijke hoogte gebleven zijn.
De koorbanken moeten in elk geval wat merkwaardig laag ten opzichte van het middelste deel van de vloer hebben gestaan. Toen Lamberts zijn tekening maakte, waren de banken weg, maar de merkwaardige vloer was er nog. Dat is een aanwijzing dat de middeleeuwse koorbanken tot 1795 nog bestonden.
Waren ze eerder verwijderd, had men zeker ook deze vreemde vloer veranderd. Zo'n verhoging is immers uiterst onpraktisch. Overigens, de meeste oude kerken hebben hun koorbanken bewaard, ondanks het feit dat de koorheren als gevolg van de reformatie in de zestiende eeuw afgedankt waren. Deventer zal daarop zeker geen uitzondering geweest zijn.
De vloer waarop de koorbanken stonden lag zelf ongeveer één trede hoger dan de vloer van de zijbeuken. Dat bleek toen in 1849 de vloer herlegd werd; er moest aan de trapjes naar de banken van het middenschip één trede worden bijgemaakt om de vloer in het tegenwoordige vlak te brengen.[39] De kruin van het gewelf van de bisschoppelijke grafkelder ligt sindsdien pal onder de zerk die er overheen ligt. In 1849 is het gewelf gedeeltelijk weggehakt en de zerk afgekapt om de vloer te kunnen verlagen tot het vlak zoals dat voor de gehele kerk bepaald was.[40] Wellicht is toen de ingangstrap naar de kelder verwijderd. Bij onderzoek naar de juiste plaats van de kelder in 1985 bleek mij dat die trap niet meer aanwezig was. Ook bleek toen dat het huidige gewelf van de kelder origineel is.

De vloer van de viering ligt nog steeds enigszins hoger dan de zijbeuken; het gewelf van de grafkelder is in 1849 niet vernieuwd en maakte zo een volledig vlakke vloer onmogelijk.
De bisschoppelijke grafkelder is in 1841 geopend en de inhoud is onderzocht. Daarover is het een en ander gepubliceerd.[41] De exacte ligging werd echter niet vermeld. Dat het onderzoek ernaar zich destijds in de warme belangstelling van de plaatselijke rooms-katholieke geestelijkheid mocht verheugen, zal geen verwondering wekken. In dit verband is het aardig een verhaal dat door overlevering tot ons gekomen is vast te leggen.[42] Enige jaren geleden kwam een paar stokoude dames de kerk bezoeken. Zij woonden al jaren in Amsterdam, maar kwamen oorspronkelijk uit Deventer. Een verre voorvader van één van hen had als jongen geholpen bij het onderzoek naar die kelder. Op een gegeven moment was de pastoor van de Broederenkerk in de kelder afgedaald. De jongen had met zijn maat de ladder weggehaald en de pastoor zo een tijd lang in de kelder laten zitten. De jongens hadden uiteraard veel plezier gehad en de pastoor een benauwd halfuurtje...
Naar aanleiding van het opnieuw terugvinden van de bisschoppelijke grafkelder in 1985 heeft de kerkvoogdij een publikatie over de kelder uitgegeven.[43] Daarin wordt onder andere nader ingegaan op de personen die erin begraven waren.

PIETERSKAPEL. In de zuidelijke zijbeuk tegen het koor was nog een ander belangrijk middeleeuws element aanwezig. In het eerste vak van de kooromgang vond men nog de zogeheten Pieterskapel. Deze kapel bestond op de begane grond uit een viertal kruisribgewelven (afb. 161) die steunden op drie kolommen in de zijbeuk (afb. 156, nr. 4).
Langs de muur van het koor en langs de buitenmuur rustten ze op kolonetten. De west- en oostzijde naar de kerk was open. In de buitenmuur bevonden zich op de begane grond twee lage, gotische ramen. Deze ramen zijn aan de buitenkant in dichtgemetselde vorm (afb. 81) nog aanwezig.
De bovenruimte van deze kapel was via een ingenieus gemetseld trapje (afb. 156, nr. 5) bereikbaar vanaf het hoge koor. Dat trapje werd gedragen door een halve segmentboog die ontsprong op het hoge koor en liep tot tegen de zuid-oostelijke vieringpijler. Het trapje liep niet evenwijdig met de muur. Als gevolg van de kleine maat die de pijler buiten de muur komt, liep het trapje naarmate het hoger kwam steeds meer in de muur. Aan de noordzijde van het koor heeft een soortgelijke situatie bestaan, die reeds eerder verdwenen moet zijn.
Of de bovenruimte in open verbinding met de kerk stond of daarvan afgesloten was door middel van muren en een plafond, is niet bekend. De indruk bestaat dat dat wel zo geweest zal zijn. De muren die de ruimte naar de kerk afsloten, zullen niet tot aan de gewel-

Afb. 159 Het lage koor van de Lebuinuskerk, aquarel G. Lamberts 1824. De grote deur op de begane grond geeft toegang tot de Pieterkapel in de zuidelijke zijbeuk. Het trapje met het kleine deurtje daarboven geeft toegang tot de 'kleedkamer'. Rechts is de muur met het fries van kalksinterplaten nog aanwezig.

ven hebben doorgelopen. Die gewelven dateren uit de vijftiende eeuw en er zijn geen aanwijzingen te vinden dat er tussenmuren op aangesloten hebben.
In de kerk zijn wel sporen te vinden die er op wijzen dat die muren niet doorliepen. Het verschillend materiaal (zandsteen/tufsteen) van de eerste kolonetten van deze travee en de aanzetstenen onder de hoekkolonetten (afb. 177) wijzen er op dat de tussenmuren daar niet hoger opgingen.[44]
Het grote raam in de zuidgevel is een produkt van een negentiende-eeuwse restauratie; horizontale waterlijsten die aan de buitenzijde nog voorkomen geven de oorspronkelijke indeling aan. Binnen zijn aan de koormuur de gewelfaanzetten nog zichtbaar (afb. 186), en ook aan de binnenzijde van de buitenmuur is dat het geval. Bij de restauratie omstreeks 1930 zijn de gevonden resten van deze aanzetten hersteld.

DOORGANG VÓÓR HET KOOR. Vóór het koor was er tot 1819 een doorgang van de noordbeuk naar de zuidbeuk. Er stonden in de eerste travee (afb. 156, tussen nrs. 6 en 7) van het schip geen banken. Dat klopt met het feit dat er tot 1795 een koorhek geweest is.
Het gebruik van deze doorgang zal voor wandelaars heel essentieel geweest zijn, omdat de verbinding tussen Grote Kerkhof en Stroomarkt er aanmerkelijk door wordt bekort. Als in een latere tijd de doorgang opgeofferd moet worden aan uitbreiding van het aantal banken, zullen we zien dat hij elders opnieuw gemaakt wordt.
Het gebruik van doorgangen door stadskerken is ook in andere steden bekend. Bij de Buurkerk in Utrecht bestond dat ook. Door middel van een 'verkeersbord' werd daar onder andere aangegeven dat het niet toegestaan was om vee mee door de kerk te voeren. Het bord hangt er nu nog als curiosum.
In samenhang met dit profane gebruik van de kerk kunnen ook de hekwerken gezien worden die aangegeven zijn op de plattegrond uit het tweede kwart van de negentiende eeuw (afb. 156, tussen nrs. 8 en 9).

Afb. 160 De zuidwestelijke koorpijler gezien van af het noorden. Dit is dezelfde pijler die te zien is op de tekening van Lamberts uit 1824. Bij de restauratie van 1930 bleef de eerste afschuining – die aan het tufsteen – behouden. De tweede afschuining – die aan de colonnet van trachiet – werd aangevuld met nieuw trachiet: de verticale naden in de colonnet laten zien dat het hier om een reparatie gaat. De derde afschuining – wederom aan tufsteen – verdween doordat het gehele tufstenen metselwerk vernieuwd werd (foto H. Koldewijn).

2.2 Rond 1865

Het interieur is in de halve eeuw na 1810 vrij ingrijpend gewijzigd. In ruimtelijk opzicht betreft dat het uitbreiden van het bankenplan, het slopen van de Pieterskapel, het uitdiepen van de crypte, het verplaatsen van het orgel en het veranderen van het koor.

Dat voor zulke ingrijpende veranderingen tekeningen nodig zijn mag als bekend verondersteld worden. Er zullen verschillende tekeningen gemaakt zijn die men niet bewaard heeft. Gelukkig zijn er in het archief nog wel twee plattegronden overgebleven. Aan de hand van de verschillende wijzigingen in en aan het interieur van de kerk zijn ze te dateren nà 1821 en vóór 1837. Het betreft in de eerste plaats een plattegrond van de gehele kerk op schaal 1:100 (afb. 156). Verder is er nog een tekening waar uitsluitend het bankenplan van het schip van de kerk op staat. De schaal van die tekening is 1:50 (afb. 162). Deze dateer ik op 1837. In het vervolg van dit artikel waar de verlichting behandeld wordt, zullen deze dateringen duidelijker worden. De tekenaar kan de stadsbouwmeester Van Zalingen zijn geweest. Hij was de eerste stadsbouwmeester die in dienst van de Kerkvoogdij was.

Ook zijn er in het archief nog opmetingstekeningen van de crypte uit 1839. Zij geven de situatie van vóór het uitdiepen weer (afb. 164).

Ten aanzien van het gebruik van de kerk is de belangrijkste wijziging dat er sinds 1830 niet meer in de kerk wordt begraven. Dat heeft tot gevolg dat in 1849 de gehele vloer opnieuw gelegd is. Een gronddepot in de kerk is dan niet meer nodig omdat er geen verzakkingen meer optreden.

Wellicht mede doordat er niet meer in de kerk begraven wordt, krijgt de kerk veel meer een strikt religieuze functie. De zondagse erediensten zijn de belangrijkste gebeurtenissen. Door de week vinden er nog wel bijeenkomsten voor catechesanten plaats, maar later in de negentiende eeuw zal de kerkelijke vorm van onderwijs steeds meer concurrentie ondervinden van het onderwijs dat door de overheid georganiseerd wordt.[45] De catechesaties zullen op het eind van de negentiende eeuw worden verplaatst naar een nieuw gebouw in de Hofstraat.[46] Elke predikant zal daar een eigen lokaal krijgen.

Wat de sfeer betreft is er omstreeks 1865 in de kerk het nodige veranderd. Door de wijzigingen van de ramen treedt het licht onbarmhartiger dan voorheen naar binnen. Dat heeft grote invloed; het bleke licht zal samen met het wit van de wanden een kil interieur gevormd hebben.

Afb. 161 Gezicht in het koor vanuit de noordbeuk, aquarel G. Lamberts 1824. Door de deur onder het trapje in het koor is de middenkolom met gewelfribben van de Pieterskapel zichtbaar (foto Gemeentelijke Archiefdienst Deventer).

Het gebruik van gietijzer voor allerlei onderdelen is typerend voor deze tijd. Ook in en aan de kerk zijn is daarvan een aantal toepassingen te noemen.

De tweede helft van de negentiende eeuw zal in tegenstelling tot de vijftig jaar daarvoor een periode van rust in het interieur worden. Daarom is gekozen om wat nader stil te staan bij de situatie van omstreeks 1865.

Hierna zal een aantal onderdelen van het kerkinterieur met de wijzigingen die daaraan in de eerste helft van de negentiende eeuw plaats vonden, nader worden besproken. Daarbij zal af en toe een blik op de buitenkant van de kerk noodzakelijk zijn. Incidenteel zal ook een stapje terug in de geschiedenis gedaan worden.

Het bankenplan

Door de stijgende behoefte aan zitplaatsen is al snel na 1810 uitbreiding nodig. Zo had het gebrek aan zitplaatsen tot gevolg dat op een gegeven moment ook zitplaatsen (afb. 156, nr. 10) in de dooptuin gemaakt werden.[47]

In 1819 werden 'enige banken met een aankleven van dien in de doorgang voor het choor der Groote Kerk' gemaakt.[48] Daarmee werd het koor afgescheiden van de kerk. Een koorhek was voorgoed van de baan. De doorgang tussen de noord- en de zuidbeuk kon men kennelijk niet missen, want die werd naar het oosten verplaatst. In de beide koormuren bracht men kozijnen aan. Tussen de beide kozijnen zorgde een nieuw

Afb. 162 Plattegrond van de banken, tekenaar waarschijnlijk B. van Zalingen, ca. 1837. De nummers corresponderen met die op de plattegrond van afb. 156 (foto Gemeentelijke Archiefdienst Deventer).

houten wandje dat er een gang (afb. 156, nr. 11) ontstond die het koor afscheidde van de kerk. De beschotten van deze gang waren geschilderd met een effen gele kleur.[49] In de kozijnen tussen die gang en de zijbeuken zijn de opstapjes, zoals hierboven reeds aangegeven werd, van één trede geweest.[50]
Tegelijk met de banken werd er ook een nieuwe 'nagtmaalstafel', een avondmaalstafel, gemaakt. Als dat de tafel was die op de plattegrond uit ongeveer 1837 (afb. 156, nr. 10) in de dooptuin getekend staat, dan had die een bladmaat van ongeveer 0,60 x 2,60 m.
In 1821 vond in de zuidelijke zijbeuk (afb. 156, nr. 12) de volgende grote uitbreiding van het bankenplan plaats.[51] Voor die tijd stonden daar geen banken. Daarbij werd ook een gaanderij (afb. 156, nr. 13) gemaakt die zo hoog opliep dat de achterste banken voor de ramen kwamen. De looppaden van dit amphitheater bepaalde men door de zichtlijnen vanuit de preekstoel langs de pijlers te trekken.
In latere jaren vinden nog diverse kleinere uitbreidingen van het bankenplan plaats. Die zijn echter minder opvallend.

Het doodgravershuis
Hoewel niet direct in de kerk gelegen, is het in dit verband ook zinvol het doodgravershuis te behandelen. Het was als gezegd gebouwd tegen de westelijke voet van de toren.
Bij de verdeling van de kerkgebouwen omstreeks 1795 was er nog discussie geweest over het eigendom van dit gebouw.[52] In de wet die een en ander regelde stond dat 'de toren met de klokken en deszelfs behuizinge' aan de stad zou toebehoren. Volgens het stadsbestuur hield dat in dat dit huis ook daarbij behoorde. Het kerkbestuur verzette zich echter met succes tegen deze theorie en omdat het stadsbestuur inzag dat de term 'deszelfs behuizinge' geen verband legde met aangebouwde woningen, maar terugsloeg op 'de klokken' bleef de kerk eigenaresse.
Toen na 1830 niet meer in de kerk begraven werd, verloor het huis zijn functie als dienstwoning voor de doodgraver. Het werd armenkamer voor de diaconie van de hervormde gemeente. Die zou het behouden tot ze een nieuw pand aan de Singel bouwde. Dat gebouw heeft ook nu nog een kerkelijke functie; het dient als kerkgebouw voor de Baptistengemeente.
Als gevolg van de opvattingen over restauratie die in de negentiende eeuw leefden, werd het oude pand aan de voet van de toren in 1883 gesloopt. Deze restauratiefilosofie bestond nog tot in de zestiger jaren van onze eeuw. Toen werd in de smalle doorgang tussen de kooromgang en de Kleine Poot, tegenover de huidige wereldwinkel, het laatste huis gesloopt.
In de zeventiger jaren kwam er een kentering in die opvattingen. De huisjes die in de achttiende eeuw op de Kleine Poot tegen de kerk aangebouwd waren, werden niet meer gesloopt, maar gerestaureerd.
Gelukkig gevolg daarvan is niet alleen dat de oude stadspomp bewaard bleef, maar ook dat de winkelkast die zich aan een van die huisjes bevindt behouden bleef. Dergelijke vroege winkelkasten zijn in Deventer zeer zeldzaam.

De sloop van de Pieterskapel
In 1838 besloot de kerkvoogdij op voordracht van de commissie belast met het toezicht over de gebouwen, na advies van de stadsbouwmeester Looman, om 'het zoogenaamde oxaal of de Kleedkamer in de Groote Kerk' te doen wegbreken. Het ging hier om de voormalige Pieterskapel in de zuidelijke zijbeuk.[53]
De benaming 'kleedkamer' lijkt te bevestigen dat er een verdieping aanwezig was. Overigens lijkt die be-

Afb. 163 Crypte, aquarel J. Striening 1875. Een bezoeker neemt de 'monumentale' ruimte in zich op. Merkwaardig is de lichtval. Het lijkt er op dat alleen de openingen in de absis van de crypte licht in de ruimte laten vallen. Op foto's van het interieur van de zijbeuken komt die situatie echter niet voor (foto Gemeentelijke Archiefdienst Deventer).

naming te stammen uit de tijd dat de kerk werd gebruikt voor de katholieke eredienst. In de protestantse eredienst is geen aparte kleedkamer nodig.
Een verklaring voor 'kleedkamer' zou ook kunnen zijn dat de ruimte door de diaconie gebruikt werd om kleren te bewaren die aan de armen uitgedeeld werden. Een aparte ruimte is daarvoor zeker nodig geweest. Deze verklaring is in het archief van de diaconie niet te verifiëren, maar lijkt mij wel aannemelijk. Een tweetal feiten valt ten aanzien daarvan namelijk samen.
In 1830 was het begraven in de kerk gestaakt. Het huis van de doodgraver aan de voet van de toren zal daarom niet meer nodig geweest zijn. Het wordt later genoemd als 'armenkamer' voor de diaconie die het als zodanig zou behouden tot zij in de tachtiger jaren een nieuw gebouw betrok.
In 1838 werd het doxaal (of kleedkamer) gesloopt, wellicht verhuisde de diaconie toen naar het oude doodgravershuis.
De benaming 'doxaal' voor dit middeleeuwse element in de kerk is overigens al oud. In 1619 komt deze naam al voor als aan burgemeester Hemertt toegestaan wordt om een 'overwelft graf' aan te leggen 'tussen de deur naar het Wijnhuis en het oxaal'.[54]

Het uitdiepen van de crypte
In 1840 werd de crypte uitgediept. De predikant ds. Molhuysen publiceerde er enige malen over in de Overijsselsche Almanak. Hij zal voor het tekenwerk (afb. 165) wel hulp gehad hebben van de stadsarchitect Looman.

De aanleiding tot dit werk zal puur ingegeven zijn geweest door interesse in de bouwkunst, in het bijzonder voor het oude Duitse bouwen dat wij nu als romaans bestempelen.
Het uitdiepen kan in elk geval geen praktisch doel gehad hebben. De ruimte werd voor die tijd gebruikt voor allerhande opslag waaronder die van de doodsbaren. Na het uitdiepen kreeg de crypte geen specifieke functie, maar kon als 'monument' bezichtigd worden (afb. 163).
Door het uitdiepen kwam de vloer zo laag te liggen dat hij bij hoge waterstanden van de IJssel onder water kwam te staan. Dat was bij de nieuwe monumentale functie niet zo erg, maar vroeger, toen de crypte nog een belangrijke liturgische functie had, zal dat wel de reden zijn geweest van de ophoging.
Het ontgraven van de crypte heeft f 30,- gekost. Negen jaar later, kostte het verwerken van 1 m³ grond de kerk f 0,15.[55] Aannemende dat de uurlonen in die negen jaar niet veel gewijzigd zijn, betekent dit dat de crypte, die volgens Te Riele een oppervlak heeft van 115,2 m²,[56] ongeveer 73 cm uitgediept is. Dat is ongeveer de onderkant van de gemetselde 'banden' in de nissen van de zijmuren van de crypte.
Dat verklaart waarom die 'banden' op geen enkele wijze zijn ondersteund: ze zijn aangebracht na of tegelijk met de ophoging van de vloer. Dan betekent dat, dat die ophoging, mede gezien het formaat van de gebruikte baksteen voor de 'banden', middeleeuws moet zijn.
De 'banden' zullen in het middeleeuwse gebruik van de crypte nodig geweest zijn, bij voorbeeld als zit-

bank. De oorspronkelijke romaanse nissen liepen ook niet door tot op de grond. Dat kan een praktisch nut gehad hebben.

Na de reformatie had de crypte geen functie meer in de eredienst. In 1681 wordt bij de beschrijving van de 'regels' van de graven gesproken over 'de kelder ondert koor'.[57] De kelder is dan met een deur afgesloten van de kerk. De benaming 'kelder' wijst niet op een ruimte met een belangrijke functie.

Afb. 164 Opmetingstekening crypte. Omstreeks 1839 werd een aantal opmetingstekeningen van de crypte gemaakt. Deze tekening toont het interieur van de crypte vóór het ontgraven. De zuilen zijn niet juist weergegeven. De groeven, die in werkelijkheid tegen elkaar indraaien, zijn hier gelijk getekend. Op latere tekeningen is dit gecorrigeerd (foto Gemeentelijke Archiefdienst, Deventer).

Als de ophoging nà de reformatie zou zijn aangebracht, dan had men zeker niet de moeite genomen om dergelijke 'banden' te metselen.

De organist/beiaardier en zijn instrumenten

Elders wordt uitgebreid ingegaan op het orgel en zijn plaats in de kerk. Hier is voldoende om te melden dat het orgel verplaatst werd van de westzijde van de zuidelijke zijbeuk (afb. 156, nr. 1) naar de westzijde van het middenschip (afb. 156, nr. 14). Er ontstond zodoende een groot tochtportaal.

Interessant is nog wel te vermelden dat de bouw van het orgel in maart 1837 reeds zover was gevorderd, dat men constateerde dat lichtkronen het zicht erop belemmerden.

Men wenste op het orgel een klok aan te brengen. Om de wijzers te bedienen zou een verbinding kunnen worden gemaakt met het stadsuurwerk dat zich in de toren bevond. De commissie die belast was met 'het daarstellen van een nieuw orgel' meende dat dat wel voor rekening van de stad zou kunnen geschieden. Er hingen immers nog 'klokjes tendienste van de kerk' in de toren, die '(...) enige jaren lang onbruikbaar' waren.[58] Daarop volgde een serieuze correspondentie met het stadsbestuur. Resultaat was dat deze laatste mede op grond van de 'scheiding van Kerk en Staat' van mening was dat de kerk dan zelf de kosten maar moest betalen. Er werd wel toestemming tot het maken van de voorziening verleend, maar indien de stad dat wenste, moest een en ander weer verwijderd worden.[59] Uiteindelijk werd van de verbinding afgezien en kwam er een eenvoudig uurwerk op het orgel.

In 1839 was de bouw van het orgel klaar. De vaste organist van de kerk, Van Trigt was niet erg gelukkig met de keuze van de orgelbouwer en met het produkt

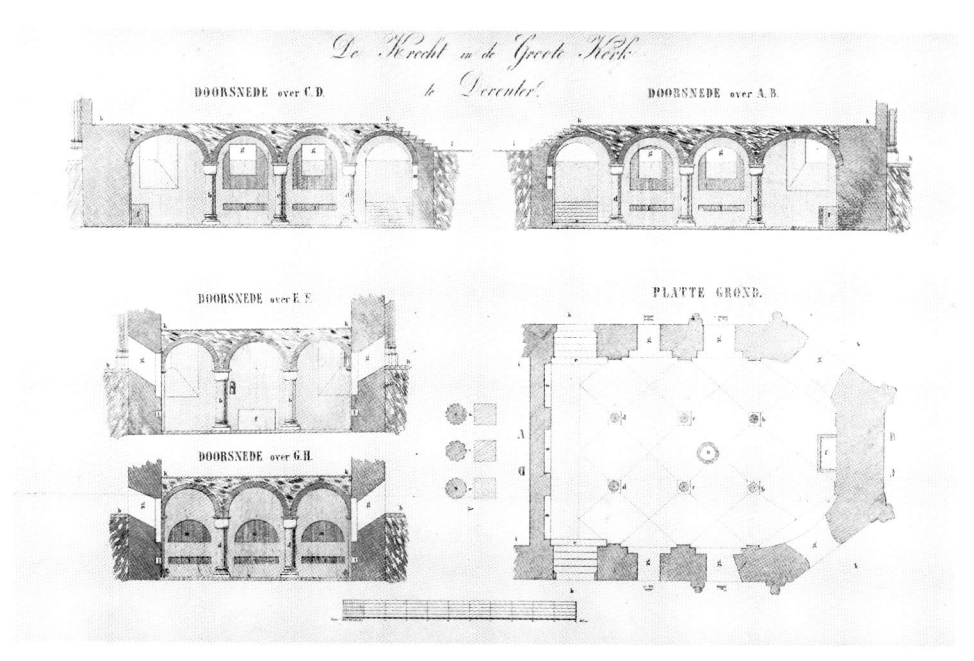

Afb. 165 Crypte omstreeks 1840 (foto Gemeentelijke Archiefdienst Deventer)

dat die had afgeleverd. Bij meerdere gelegenheden liet hij dat blijken. Hij maakte zich daarmee uiteindelijk volledig onmogelijk en omdat hij ook de kwaliteiten van het instrument in zijn spel niet meer tot uiting liet komen, verzocht de commissie die belast was met het opzicht over de Grote kerk aan de kerkvoogdij om maatregelen te nemen. Daarop koos Van Trigt eieren voor zijn geld en nam ontslag.[60] Tot 1853 bleef hij – in dienst van de stad – als beiaardier nog in functie. Voor het nieuwe orgel moest daarom vrij snel een nieuwe organist gezocht worden. Men vond die in 1840 in de persoon van Cornelis Alyander Brands Buys.[61] Hij zou de post vijftig jaar bekleden en een belangrijke plaats innemen in het Deventer muziekleven. Omdat hij sinds 1853 tevens als beiaardier in dienst van de stad was, moest hij ook zorgen voor het aanbrengen van 'wijsjes op de toren', dat wil zeggen hij moest de melodieën op het automatisch spel bepalen en instellen op de trommel. Dat heet 'versteken'. Zijn invloed zal zeker geleid hebben tot het aanbrengen van de enorme gietijzeren speeltrommel die in 1866 in de toren werd geplaatst.[62]

Deze trommel is niet alleen belangrijk als technisch staaltje van de gietkunst van de Deventer ijzergieterij Nering Bögel, maar ook in muzikaal opzicht heeft hij bijzondere waarde.

De grote hoeveelheid gaatjes in de breedte van de trommel was nodig om voor een groot aantal klokken meer dan één hamer per klok te bedienen. Daarmee werd het mogelijk om snelle wisselingen per toon door het automatisch spel te laten spelen. Vooral voor de grote klokken, die ook grote hamers hebben, is er namelijk veel tijd nodig voordat een hamer voor de tweede keer tegen de klok kan slaan.

Deze kostbare voorziening is helaas bij latere restauraties van de beiaard verloren gegaan. Slechts de enorme afmetingen van de trommel, die nu maar voor ongeveer de helft van zijn breedte benut wordt, herinneren er nog aan. Gelukkig is de oorspronkelijke versteeklat nog bewaard. Op die lat, die gebruikt werd bij het 'versteken' (afb. 166) van de trommel, zijn met strepen en letters de verschillende toonhoogtes van de rijen nokken op de trommel aangegeven. Aan de hand van deze lat is vast te stellen welke klokken oorspronkelijk drie en welke twee hamers gehad hebben. Ook ligt zodoende vast welke klokken slechts door één hamer bediend werden.

Het is te hopen dat bij de ophanden zijnde restauratie van de beiaard ook deze mogelijkheden van de trommel weer hersteld worden. Elk kwartier kan de stedeling dan weer genieten van dat snelle spel.

Het veranderen van het koor

De eerste aanslag op het middeleeuwse koor was gepleegd door de soldaten in 1795. Daarna zouden er nog meer volgen.

In april 1809 had de Kerkeraad nog voorgesteld om

Afb. 166 Binnenzijde van de gietijzeren speeltrommel van het carillon tijdens het 'versteken' in 1962. De monteur van de gemeente, dhr. B. Eijsink, schroeft de noten vast die de beiaardier er aan de buitenzijde heeft opgezet (foto Gemeentelijke Archiefdienst Deventer).

een fraai hek voor het koor te laten maken. Maar zoals we zagen werd dat idee al in 1819 verlaten. De behoefte aan zitplaatsen won het van de zucht tot verfraaiing en het koor werd van de kerk gescheiden door een grote hoeveelheid oplopende banken.

In april 1848 richtte de Kerkeraad zich tot de kerkvoogdij met het verzoek om het koor van de kerk in te richten als een 'vrije kerk'.[63] Daarmee zal bedoeld zijn een aparte ruimte voor kerkelijke bijeenkomsten. De kerkvoogden antwoordden in eerste instantie dat de fondsen van de kerk zo'n kostbare verbouwing niet toestonden.[64] Maar één maand later vergaderden ze er weer over en besloten dat er maar een plan gemaakt moest worden. Het kan verkeren.

In juni was dat plan klaar en de begroting van stadsbouwmeester Looman gaf aan dat er een bedrag van ƒ 882,60 mee gemoeid was.[65] Bij de aanbesteding in oktober werd het werk aangenomen door meestertimmerman Martinus Straalman voor een bedrag van ƒ 873,–.

Voor dat bedrag werden de noord- en de zuidmuren, waartegen vroeger de koorbanken hadden gestaan, gesloopt. Op die muren stond een gedeeltelijk beschadigd fries van kalksinterplaten in een natuursteen omlijsting (afb. 159).

In 1841 had de vice-president van de kerkvoogdij, Van Munster Jordens, van de merkwaardige bruine stenen een stukje opgestuurd naar professor Bijma in Leiden.[66] Die schreef terug dat het een afzettingsgesteente betrof uit de Romeinse waterleiding van Keulen.[67]

Tussen de meest westelijke pijlers van het koor werd in 1848 een nieuwe muur gebouwd die het koor afsloot van de kerk.

Op die muur werden de restanten van dat fries met bruine platen opgesteld (afb. 167). De ruimte tussen

Afb. 167 Het koor gezien vanuit het zuid-westen, ca. 1865. Hierop zijn o.a. te zien de westelijke afscheidingsmuur van het koor en de zuidelijke toegangstrap naar het koor, beide uit 1849, de trapleuningen uit 1852 en de gasverlichting aan de koorpijlers uit 1861 (foto Gemeentelijke Archiefdienst Deventer).

Afb. 168 De preekstoel op het koor, ca. 1900. Vanuit de kooromgang ging in een trappenhuisje een trapje omhoog naar het niveau van het koor. In het trappenhuisje ging vanaf het niveau van het koor een trapje omhoog naar de preekstoel. De achterwand van de preekstoel werd gevormd door een dubbele deur (foto plaat XXII uit Hoefer en Te Riele 1906, reproduktie H. Deunk).

de nieuwe muur en de grote trappen van het koor werd opgevuld. Daarvoor zal behalve zand ook wel puin van de afbraak gebruikt zijn.
Het afgescheiden koor werd ingericht met eenvoudige banken en een preekstoel in de oostzijde. Die preekstoel was toegankelijk via een trap vanuit de kooromgang; boven gekomen kwam de predikant via een deur op de preekstoel uit (afb. 168). Dat moet voor de kerkgangers die zaten te wachten een spannend moment geweest zijn; ze zagen hem immers niet aankomen. Voor hen waren er toegangen met trappen (afb. 167) in de zijmuren van het koor gemaakt. Later zouden deze voorzien worden van leuningen.[68]
De koorkerk werd gebruikt voor trouwdiensten en catechesaties.

De vloer
Aansluitend op de wijzigingen van het koor nam men het herleggen van de vloer ter hand. In januari 1849 had Looman het bestek gereed. Dat is er nog en geeft een schat aan informatie.[69]
Door het wegbreken van de oude scheidingsmuren tussen het lage koor en de zijbeuken was het eerder aangeduide hoogteverschil tussen die delen van de kerk erg storend geworden. Het 'verhoogde plein voor het koor', zoals men dat toen noemde, zou verlaagd worden naar een nieuw niveau dat rondom in de kerk aangegeven was. Verzakte graven moesten opgevuld worden en de kerkvloer opgehoogd. Het vlak werd niet waterpas gelegd, maar 'overeenkomend met rechte lijnen die van de ene ingang van de kerk naar de andere' getrokken werden.
De daarvoor benodigde grond kon voor een deel worden gehaald uit het gronddepot in de toren. Dat was 100 m³, lang niet genoeg voor het gehele werk. Looman had dat voorzien en in het bestek bepaald dat 310 m³ van de Stads Weide gehaald mocht worden. Daarvoor mochten 'Stads Ponten' gebruikt worden. Die 'ponten' hadden een dubbele bodem; er werd bepaald dat ze na afloop van het werk goed schoongemaakt moesten worden. Desnoods moesten er enige planken in de bodem los genomen worden om alle zand tussen de beide bodems te verwijderen.
De gehele vloer werd niet zo erg veel opgehoogd. Het

bestek bepaalde bijvoorbeeld dat de dorpel van de uitgang bij het Wijnhuis (op de plaats van de huidige sociëteit 'De Hereniging'), tegenwoordig de uitgang onder het koororgel, '9,5 duim', dat is negen en een halve centimeter moest worden opgehoogd.[70] Bij het grote orgel zal de ophoging minimaal geweest zijn; anders zouden de basementen van de zuilen in de vloer zijn verdwenen. Ter plaatse van de banken werd niets opgehoogd; ze bleven staan.

In het gedeelte van het schip waar de stoelen stonden, werden de grafzerken opgenomen; de ontstane openingen werden voorzien van 'blaauwe estrikken', dat zijn grijze, reducerend gebakken (zgn. gesmoorde) plavuizen. Kennelijk lagen daar ook al van dat soort stenen en was niet het gehele oppervlak van grafzerken voorzien. Het vlak werd niet opgehoogd.

Van alle donkere zerken werd een soort tapijt door de kerk gelegd. Dat tapijt werd omzoomd door een rand van licht gekleurde zerken. Voor zover er daarvan niet genoeg waren, werd een cementvloer aangebracht (afb. 169). De kleur daarvan werd passend gemaakt bij de licht gekleurde stenen. De cementvloer werd door middel van groeven in vakken verdeeld om de suggestie van natuurstenen zerken te wekken.

De meeste zerken kwamen zodoende op een andere plaats te liggen. Uit de afrekening van het werk die de aannemer opstelde blijkt echter dat er vier zerken op hun graf gebleven zijn.[71] Nader onderzoek kan misschien aan het licht brengen welke dat zijn.

Links voor het grote orgel geven twee zerken, een grijze en een lichte, die door middel van een paringsteken met elkaar verbonden zijn, aan dat het graf van de familie Jordens daar half onder het grijze 'tapijt' en half onder de lichtgekleurde rand ligt. Het jaartal 1849 geeft weer dat die situatie toen zo ontstaan is.

De stadsbouwmeester had het werk begroot op ƒ 3.504,57. De minst aannemende was Wolter Mensink voor ƒ 2.960, –. Bij de afrekening bleek dat de aannemer diverse werkzaamheden had uitgevoerd waarin het bestek niet voorzag. Hij diende voor dat werk een meerwerknota in van ƒ 256,02. De stadsbouwmeester had echter gezien dat de cementvloer niet overal zo dik gemaakt was als hij in het bestek had voorgeschreven. Hij ging daarom in aanwezigheid van de aannemer monsters van de dikte nemen. Daartoe werden op verschillende plaatsen in de vloer gaatjes gehakt. Aan de hand van de gemiddelde diktes berekende hij dat de aannemer ƒ 201,42 had bespaard. Met nog een bedrag voor meer verwerkte zandsteen en na aftrek van de post voor onvoorziene werken en enige brokstukken steen die de aannemer overgenomen had, kwam Looman zo op een netto meer werk van ƒ 41,595. De kerkvoogden namen zijn opstelling over en besloten daarop de aannemer 'ƒ 200, – te korten wegens de mindere waarde van de vloer'.[72] Ook moest hij het werk gedurende tien jaren garanderen. Tijdens de beraadslagingen daarover

Afb. 169 Het koor met kooromgang gezien vanuit de noordelijke zijbeuk, ca. 1900 (foto: Gemeentelijke Archiefdienst Deventer).

moest de aannemer op de gang wachten. De notulen vermelden namelijk dat '(...) de aannemer, binnen geroepen zijnde, verklaarde hierin te zullen berusten'.[73] Een fraai voorbeeld van de gezagsverhoudingen in die tijd.

Bij de huidige restauratie is zorgvuldig met de historische vloer omgegaan. Afdrukken van het bankenplan in de zijbeuk zijn gevuld met afwijkende stenen en gemarkeerd door bronzen strippen.

Verlichting

VERLICHTING MET KAARSEN. Zoals gezegd werd de kerk in 1810 nog verlicht door kaarsen in de oude zeventiende-eeuwse kronen. In een ander artikel in dit boek wordt daarop nader ingegaan.

OLIEVERLICHTING. In het begin van de negentiende eeuw komen olielampen in de mode. De Zwitser Argand had de verbranding van de olie weten te verbeteren.[74] Daardoor ontstond een heldere vlam die weinig rook gaf.

In 1831 besloot de kerkvoogdij om deze 'Engelse lampen', als verlichting in de kerk te gaan gebruiken.[75] Daarvoor waren nieuwe kronen nodig. Er werden vier grote en twee kleine kronen aangeschaft. Groot voor-

Afb. 170 De noordbeuk, ca. 1900. In deze zijbeuk hingen aan elke pijler gietijzeren wandarmen. Ook daar tegenover aan de buitenmuur waren die wandarmen aangebracht. Elke wandarm had drie gietijzeren 'kaarsen' met een vleermuisbrander (foto: plaat XII uit Hoefer en Te Riele, reproduktie H. Deunk)

deel van deze lichtbron zal geweest zijn dat de lampen langer konden blijven branden en dat de lichtopbrengst groter was. Verontreiniging van de kronen door lekkend kaarsvet behoorde eveneens tot het verleden.
De lampen konden van de kronen afgehaald worden. Men had een speciale 'lampenkamer',[76] die in de benedenruimte van de toren bij het gronddepot van de doodgraver gezocht moet worden.[77] In die kamer zullen de lampen bijgevuld zijn en ook zal men er de olievoorraad bewaard hebben. Wellicht ook werden de lampen daar bewaard als ze niet in gebruik waren.
Met de ramp van 1795 nog in gedachten zal men bijzonder voorzichtig geweest zijn met deze brandbare zaken. De combinatie met het gronddepot had daarom voordelen. In geval van brand kon men over voldoende zand als blusmiddel beschikken.
De kronen worden in de bijdrage van de heer Dubbe behandeld; in dit verband zal er daarom niet nader op ingegaan worden. Het aantal is echter bijzonder interessant. Er werden als gezegd vier grote en twee kleine kronen gekocht. Die vier zullen ongetwijfeld in het schip gehangen hebben en de twee kleine in de zuidelijke zijbeuk. Op de plattegrond, schaal 1:100 (afb.

156) uit het tweede kwart van de negentiende eeuw zijn er in het schip ook vier te zien. Het kan zijn dat de dubbele stippellijn erop duidt dat de kronen een dubbele rij lampen hadden. In de zijbeuk is niets aangegeven.
De plaats van de kronen is bepaald door de plaats van de banken en niet door de architectuur van het gebouw. Ze hangen namelijk a-centrisch ten opzichte van de pijlers en de gewelven.
Wegens hun omvang werden de kronen in 1837 als storend ervaren.[78] De stadsbouwmeester Van Zalingen kreeg daarom toen opdracht om één kroon te veranderen volgens een tekening die hij gemaakt had. In juni was die ene kroon klaar. Het model werd goedgekeurd en er werd besloten dat Van Zalingen een bestek zou maken om nog twee kronen zo te wijzigen. Op 1 september daarop volgend was dat werk klaar. Er zullen daarna dus drie (!) grote kronen in het schip gehangen hebben.
Aan de hand van een andere plattegrond in het archief van de kerkvoogdij, op schaal 1:50 (afb. 162), waar alleen het bankenplan op staat, wordt duidelijk wat er gebeurd zal zijn. Er staan daarop namelijk ook kronen gestippeld: drie grote in het schip, twee kleinere en twee heel kleine in de zuidelijke zijbeuk. Ook in de noordelijke zijbeuk ter weerszijden van de preekstoel vinden we twee van die heel kleine kronen. Uit foto's (afb. 170) weten we dat het niet mogelijk is dat de tekening een latere situatie weergeeft. Als dat zo was, zouden er gaskronen op de tekening aangegeven zijn. In de noordelijke zijbeuk hebben echter nooit gaskronen gehangen.
Van Zalingen zal van de grote kronen in het schip de diameter verkleind hebben en er één hebben laten vervallen. Daardoor hield hij lampen over. Daarvan zal hij vier heel kleine kronen hebben kunnen maken. Deze hing hij er in de zijbeuken bij. Aldus sloeg hij twee vliegen in één klap; het zicht op het orgel werd verbeterd en tegelijkertijd was de verlichting gelijkmatiger verdeeld over de banken. Deze theorie maakt tevens duidelijk waarom op de tekening 1:100 (afb. 156) geen kronen in de zijbeuken zijn weergegeven. Die kronen werden door Van Zalingen gehandhaafd. Hij hoefde ze dus niet te tekenen. De tekening 1:100 is dan te zien als de bestaande toestand van de kronen in het schip en de tekening 1:50 als de gewijzigde toestand zoals die in 1837 ontstaan is.
GASVERLICHTING. De olieverlichting zou de kerk niet lang sieren. Toen de stad in 1858 een gasfabriek kreeg,[79] werd ook de Lebuinuskerk op het gasnet aangesloten en kreeg een nieuwe verlichting.[80]
Gas was een schone lichtbron. Het geknoei met olie behoorde nu tot het verleden en men had geen last meer van de stank die de Engelse lampen ongetwijfeld zullen hebben gegeven. Bovendien gaven de gaslampen minder roetaanslag.
De stadsbouwmeester Looman ontwierp de daarvoor

Het interieur van de kerk

Afb. 171 Ontwerptekening voor gietijzeren gaskronen ten behoeve van de Lebuinuskerk, Looman 1859 (foto Gemeentelijke Archiefdienst Deventer).

Afb. 172 Het grote orgel gezien vanaf de preekstoel op het koor, ca. 1900. De kronen in het schip zijn zo groot dat ze bijna het klankbord van de preekstoel raken (foto: plaat X uit Hoefer en Te Riele, reproduktie H. Deunk).

benodigde kronen. Wellicht mede door zijn goede relaties met de ijzergieterij Nering Bögel werd er gekozen voor het materiaal gietijzer. Uit een aantal los gegoten elementen werden kronen opgebouwd. Die elementen werden met schroefdraad in elkaar gezet. Doordat ze van binnen hol gemaakt waren, kon het gas binnen door de kronen naar de branders gevoerd worden. Die branders waren zogenaamde vleermuisbranders, de oudste branders voor gaslampen. Door een smalle spleet in een porseleinen mondstukje werd het gas gevoerd. Bij aansteken ontstond er een klein vlammetje dat een gelig licht verspreidde vergelijkbaar met dat van de Engelse lampen.

De vormgeving had Looman in de smaak van zijn tijd passend gemaakt bij het interieur van de kerk en was dus neogotisch (afb. 171). De branders zaten in de top van gietijzeren 'kaarsen'.

Zoals alles wat nieuw is wil opvallen, waren de kronen groot (afb. 172). De middelste kroon raakte bijna de preekstoel! Ook aan de pijlers waren nog wandarmen aangebracht.

Het bezwaar dat in 1837 tegen de grote kronen met Engelse lampen geopperd was, het gebrek aan zicht op het orgel, gold na zo'n twintig jaar kennelijk niet meer. De kronen werden geheel wit geschilderd. Daardoor vielen hun enorme afmetingen minder op.

Van een goed zicht op het orgel was echter geen sprake meer.

Ook in de zijbeuken werden wandarmen met gaslampen opgehangen.[81] De foto die opgenomen is in de publikatie van Hoefer en Te Riele (afb. 170) laat zien dat we niet zonder meer blij moeten zijn dat deze gasverlichting uit de kerk verwijderd is. In de kooromgang kwamen er eveneens een paar.[82] Het koor zelf werd verlicht met wandarmen (afb. 168).

Later ontstonden branders met zogenaamde 'kousjes'. Daarbij werd de uitmonding van het gas omgeven door een kousje. Na aansteken van de lamp gaat dat kousje gloeien en verspreidt daarbij een helder bleek licht. Ten opzichte van de vleermuisbranders is de lichtopbrengst veel groter. Wij kennen deze verlichting nu nog in kampeerlampen.

Gasverlichting werd ook voor straatverlichting toegepast. Tot in de zestiger jaren van onze eeuw was dat in Deventer nog het geval. Toen werden alle gietijzeren gaslantaarns vervangen door 'moderne' aluminium lantaarns met TL-buizen. De laatste gaslantaarn in Deventer werd gedoofd op 16 december 1963.[83]

In het buitenland komt gasverlichting nog steeds voor. Zo kan men tegenwoordig nog in diverse straten van Düsseldorf de gasverlichting in werking zien.

In de gaskronen in de Lebuinuskerk werd later een aantal branders van dergelijke kousjes voorzien. Ter verbetering van de lichtopbrengst werd er daarbij tevens een aantal kapjes geplaatst die het licht naar beneden moesten kaatsen. Dit deed echter afbreuk aan het ontwerp van Looman met de vleermuisbranders.

Afb. 173 De noordgevel, ca. 1900. Duidelijk zijn de gietijzeren ramen zichtbaar. Ze zijn gevat tussen de oorspronkelijke brugstaven. (foto: plaat XIX uit Hoefer en Te Riele 1906, reproduktie H. Deunk).

Hij had in zijn vormgeving van de lampen aansluiting gezocht bij de oorspronkelijke kaarsenkronen. Nu kwamen er tussen zijn 'kaarsen' vreemde kapjes (afb. 177) met een ander soort licht.

De ramen

Sinds 1852 was er gelijktijdig met restauratie van de goten en steunberen, waar in een ander artikel op wordt ingegaan, ook aan de ramen gewerkt.

Door de ontwikkeling in de kunst van het ijzergieten was de Deventer IJzergieterij Nering Bögel in staat om vrij grote, maar dunne elementen te gieten. Voor bouwkundige doeleinden bood dat de mogelijkheid om bijvoorbeeld glasroeden in uiterst dun gietijzer te maken. In houten ramen was dat een enorme verbetering. Daarin waren roeden nodig omdat de fabricage van glas de afmetingen van ruiten aan een zeker maximum bond. De roeden moesten altijd een vrij dikke maat hebben die bepaald werd door de minimale maat die in hout te maken is. Houten roeden zijn als gevolg van condens op de ramen erg onderhoudsgevoelig. Gietijzer was een materiaal dat die beide problemen oploste. Het had weinig onderhoud nodig en kon in zeer kleine afmetingen gemaakt worden.

Het voorbeeld voor de toepassing van gietijzeren ramen zal zeker de Boreelkazerne geweest zijn, die in 1847 door Looman werd aanbesteed.

De ramen uit 1809 waren nog gemaakt volgens het middeleeuwse systeem van kleine ruitjes gevat in lood. Deze werden dan samengesteld tot handzame panelen die gevat werden in de openingen tussen de natuurstenen stijlen en de brugstaven van de ramen. Het fabricageproces van glas was omstreeks 1800 al wel zover verbeterd dat er grotere ruitjes gemaakt konden worden dan in de middeleeuwen, maar om het

Afb. 174 Het schip naar het oosten gezien, ca. 1925 (ansichtkaart, coll. H. Koldewijn). De gaskronen hadden enorme afmetingen. Aan de pijlers waren wandarmen aangebracht. De verschillende kapjes in de kronen zijn een latere toevoeging.

Afb. 175 Overzicht van het schip vanuit het oosten gezien, ca. 1925. De grote bank na het dwarspad links is de 'regeringsbank' uit 1808.

Afb. 176 De preekstoel, ca. 1925 (foto J.W. Jansen, Gemeentelijke Archiefdienst Deventer).

gehele vak tussen de stijlen en de brugstaven met glas uit één stuk te bezetten was nog niet mogelijk.
Die grotere ruiten werden toegepast op basis van het oude systeem. De loden strippen waren door de grotere ruitjes langer dan bij de kleinere ruitjes. Daardoor zullen ze relatief te licht geweest zijn.
Het systeem van glas-in-lood heeft als nadeel dat bij toepassing van te licht lood en te weinig zogenaamde bindstaven – die het paneel moeten verstevigen – het lood uitzakt en de ruitjes los komen te zitten. Het vervangen van kapotte ruitjes is vrij lastig en vooral als de beschadigingen hoog zitten erg kostbaar.
Het probleem van het uitzakkende lood moet – gezien de relatief grote glasruitjes uit 1809 – bij de Lebuinuskerk zeker een rol gespeeld hebben. Glas-in-loodramen kunnen namelijk veel langer dan veertig jaar mee. Dat na zo een korte periode besloten is tot vervangen, zal er ongetwijfeld mee te maken hebben dat het stevige gietijzer een goede vervanging was van het uitzakkende lood.
De panelen tussen de natuurstenen stijlen en de brugstaven konden gemaakt worden van een licht gietijzeren raampje dat voorzien werd van een tweetal elkaar kruisende roeden zodat er voor elk paneel vier ruiten nodig waren (afb. 158, nr. 2). De ruiten werden gezet in stopverf op dezelfde manier als bij houten ramen. Het vervangen van de ruiten was daardoor bovendien goedkoper, omdat er geen lood meer nodig was.
In 1852 wilde men, beginnend aan de zuidgevel bij de toren, geleidelijk aan alle ramen op deze manier aanpassen.[84] In de raamkoppen zouden aangepaste modellen gemaakt worden. Omdat tegelijk aan de steunberen en aan de goten gewerkt zou gaan worden, ging het hier om een grote investering. De kerkvoogden besloten daarom het plan eerst aan de notabelen voor te leggen; die gaven hun goedkeuring en het werk kon van start gaan.[85] Een foto van de noordzijde van de kerk die in de publikatie van Te Riele en Hoefer opgenomen is (afb. 173) geeft een goed beeld van het resultaat.
Door deze ingreep ontstond er een totaal andere sfeer in de kerk. Voordien was de kerk weliswaar helder verlicht, maar het licht werd door het groenige glas toch nog een beetje gedempt en verzacht.
Door het verbeterde, heldere glas had het licht die zachtheid verloren en kwam nu koud en hard het witte interieur bestralen. Ook het grovere raster van de roeden ten opzichte van de eerdere loodverdeling versterkte het kille effect (afb. 168). Slechts de banken en

Afb. 177 De noordelijke zijbeuk, ca. 1925. Er is nog gasverlichting in de kerk, maar tussen de 'kaarsen' van Looman zijn vreemde kapjes gekomen (foto A.G. Beltman).

het orgel die als donker eikehout geschilderd waren compenseerden dat.

De gewelven
Over de gewelven is niet veel bijzonders op te merken. Vanaf de middeleeuwen waren ze beschilderd, maar zeker in de negentiende eeuw zullen ze geheel gewit zijn geweest. Op de snijpunten van de gewelfribben werden in de middeleeuwen vaak versieringen aangebracht. Of die versieringen er in de Lebuinuskerk ook geweest zijn, is niet bekend.
In elk geval waren ze er omstreeks 1850 niet. Wel moet bekend geweest zijn dat daar zoiets behoorde te zitten. In 1851 besluit de kerkvoogdij om '128 stuks ontbrekende rosetten in het gewelf van de Grote Kerk in gegoten ijzer te doen daarstellen'.[86] Leverancier zal ongetwijfeld de firma Nering Bögel geweest zijn en de stadsbouwmeester Looman zal het ontwerp wel geleverd hebben. De rozetten werden verguld.[87]
Dat in een paar generaties eenvoudige dingen vergeten worden, mag blijken uit de publikatie van Te Riele en Hoefer uit 1905. Te Riele tekent diverse details uit het interieur van de kerk keurig uit. Zo ook deze versieringen aan de gewelven (afb. 178). Hij dateert ze echter middeleeuws en vermeldt dat ze van natuursteen zijn gemaakt. Hier zal de wens wel de vader van de gedachte zijn geweest.
De rozetten aan de gewelven zijn nu nog aanwezig en daarmee niet alleen het enige restant van de gietijzercultuur in de Lebuinuskerk, maar samen met het grote orgel en de preekstoel ook het enige dat over is van de inrichting zoals die omstreeks 1865 bestond. Helaas zijn ze nu niet meer verguld maar deerlijk verroest.

2.3 Rond 1925

In de zestig jaren die verliepen sinds het moment dat hiervoor beschreven is, veranderde er in de kerk niet zoveel. Alle aandacht was geconcentreerd op de buitenzijde van het gebouw. Mede beïnvloed door de negentiende-eeuwse restauratie-opvattingen werd het exterieur onder leiding van Te Riele en onder supervisie van de 'bouwmeester der Rijksmuseumgebouwen', dr. P.J.H. Cuypers, gerestaureerd.
Als gevolg van de bijzondere aandacht voor de Hollandse Gouden Eeuw, de zeventiende eeuw, werd het werk uit het begin en het midden van de negentiende eeuw als minderwaardig beschouwd. Algemeen werd die tijd als een periode van verval gezien.
Terug naar het oude ambacht en weg met moderne materialen zoals gietijzer, was het parool. Allerlei negentiende-eeuwse ingrepen en materiaal wijzigingen, zoals bijvoorbeeld de gietijzeren ramen en goten, werden verwijderd. In het artikel van de heer Rademaker wordt daar uitgebreid op ingegaan.
Deze met name voor de kappen en de zuidelijke zijbeuk ingrijpende restauratie heeft in het interieur geen grote veranderingen te weeg gebracht. Alleen de wijziging van de ramen veranderde de sfeer binnen.
In 1924 werd de uitwendige restauratie afgesloten met het aanbrengen van een grote herdenkingssteen in de magistraatskapel. Was die plaats wellicht bedoeld als prikkeling om ook het inwendige van de kerk te gaan restaureren? Dat is niet bekend, maar het zal blijken dat we aan de vooravond staan van ingrijpende veranderingen in het interieur.
Daarom is gekozen om even bij de situatie van omstreeks 1925 stil te staan. Het is een moment van rust tussen de negentiende- en de twintigste-eeuwse veranderingen.
De witte kerkruimte met het donkere meubilair was nog geheel intakt. Het amphitheater van vaste banken, waarin een ieder zijn vaste plaats tijdens de diensten had, was er nog. De witte muren werden door een zwart geteerde plint gescheiden van de vloer.

Het interieur van de kerk

Afb. 178 Diverse kapitelen en sluitstukversieringen. Bij nummer 8 worden diverse sluitstukversieringen getekend. De datering is niet juist. Ze zijn uit 1852 en gemaakt van gietijzer. Het ontwerp zal van Looman zijn. (foto: plaat XX uit Hoefer en Te Riele 1906, reproduktie H. Deunk).

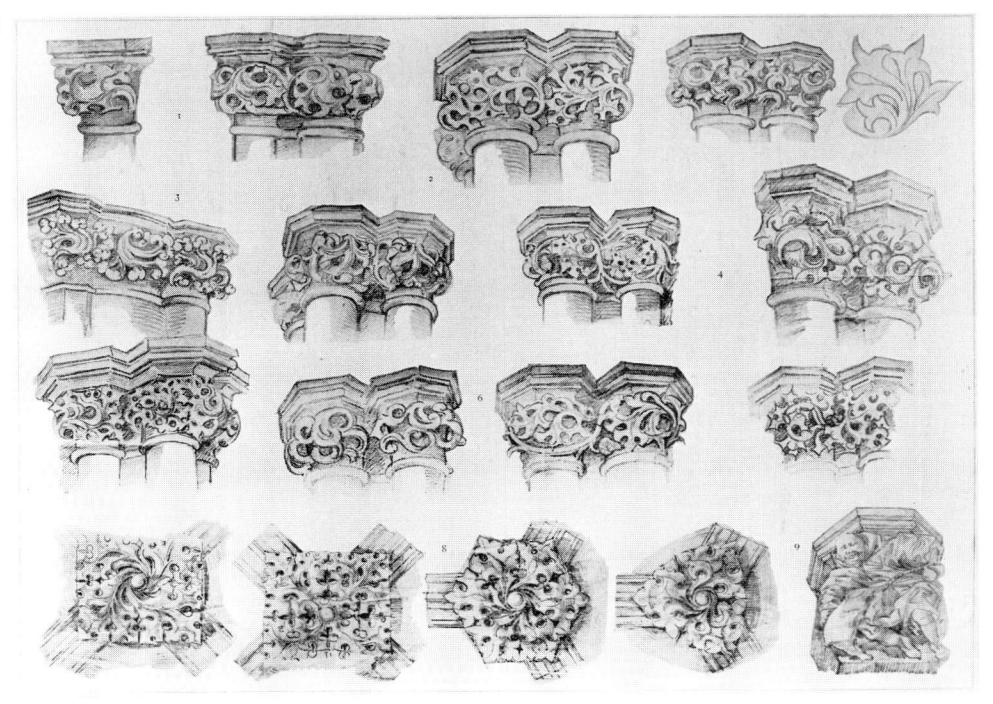

De nieuwe, kleurige glas-in-loodramen verspreidden een mooi licht door de kerk. Het gebruik van de kerk voor profane doeleinden kwam niet veel meer voor. Het beperkte zich tot een enkel orgelconcert.

De ramen
De blanke ruiten in gietijzeren panelen werden door de restaurateurs uit het begin van onze eeuw als volkomen in strijd met een gotisch monument gezien.
Te Riele toonde zich een goede leerling van Cuypers en wist te bereiken dat de ramen vervangen konden worden door glas-in-loodramen met gekleurd glas. De panelen werden voorzien van smalle strookjes glas langs de zijkanten, die tegen de muren en de tussenstijlen aansloten.
Op diverse foto's (afb. 174, 176, 180 en 186) is nog zichtbaar hoe deze ramen er uitgezien hebben. Er is een vergelijking te maken met de eerdere raamindelingen (afb. 158, nr. 3). Het kille, heldere interieur veranderde door die ingreep volkomen. De kerk werd een stuk donkerder maar wel veel kleuriger. Overigens bleef alles bij het oude. Interessant is hierbij dat in tegenstelling tot 1852 nu de drijfveer niet de slechte technische toestand van de ramen was, maar de filosofie van de restaurateurs over materiaaltoepassingen aan een 'monument'.

2.4 Rond 1965

In de jaren na 1925 zou het gedaan zijn met de rust in de kerk. Bij de restauratie van het inwendige, die in 1926 begon, gold het uitgangspunt dat negentiende-eeuwse wijzigingen waardeloos en niet historisch waren, nog steeds. Dat zou er toe leiden dat definitief afgerekend werd met het negentiende-eeuwse interieur. Met tussenpozen wegens geldgebrek en oorlog, zou die restauratie duren tot 1952. Daarna werd er nog tot 1964 aan de ramen gewerkt. Sindsdien is er in het interieur weinig veranderd.
In tegenstelling tot de uitwendige restauratie was het inwendige een zaak die geheel onder verantwoordelijkheid van de kerkvoogdij geschiedde. De Deventer steenhouwer Beltman was als kerkvoogd belast met de begeleiding ervan.[88]
Vanuit zijn liefde voor de Lebuinuskerk zou hij de belangrijke motor van de restauratie zijn. Als architect trad daarbij op de gemeentearchitect Uytenhoudt en later de Gorsselse architect Van Nieukerken.[89]
Het werk begon in de noordzijde van de kooromgang. Volgens de toen moderne restauratie-opvatting was besloten de gehele kerk te ontdoen van pleisterwerk. Gedeelten waar men muurschilderingen aantrof, werden niet ontpleisterd. De schilderingen werden hersteld. Gekozen werd om de gewelven geheel gepleisterd te laten.
Deze restauratie-opvatting is sindsdien steeds discutabel gebleven. Als argument voor de keuze werd destijds genoemd dat het metselwerk onder de pleisterlaag keurig afgevoegd was. Dat moest betekenen dat het pleisterwerk later aangebracht was en dus niet origineel. Echter, men dient te bedenken dat het gotische metselwerk onderdeel vormt van een verbouwing van een romaanse kerk die zeker oorspronkelijk ge-

pleisterd zal zijn geweest. Afgevoegd metselwerk aan uitbreidingen daarvan kan wel betekenen dat de pleisterlaag later aangebracht is, maar dat later kan weinig later zijn en praktisch ingegeven door financiële overwegingen.

Dat juist voor déze restauratie-filosofie is gekozen, zal te maken hebben met de wetenschappelijke interesse voor de bouwgeschiedenis van de Lebuinuskerk. Sinds de publikatie van Hoefer en Te Riele was duidelijk dat het hier om een, ook landelijk, belangrijke historische kerk ging. Ontpleisteren kon zeker veel gegevens opleveren waarmee de bouwgeschiedenis duidelijker zou worden. Door het uitvoeren van de wanden als schoon metselwerk werd die geschiedenis voor het nageslacht zichtbaar vastgelegd.

Hoe het ook zij, bedoeld of niet,[90] het bouwhistorische zoekplaatje dat wij nu hebben overgeleverd gekregen, is de moeite van het bewaren en koesteren zeker waard. De witte gotische hallenkerk die tot in onze eeuw bestaan heeft, had zeker kwaliteiten getuige de foto's die er van overgebleven zijn (afb. 169 en 170), maar miste de extra waarde van alle oude bouwsporen.

De huidige situatie met zijn fraaie kleuren steen doet ons vergeten dat de kerk eigenlijk ontzettend leeg is en voegt als extra dimensie er aan toe dat veel meer van de romaanse Lebuinuskerk zichtbaar is dan ooit, toen alles nog wit was.[91] Daarvoor moet dan maar geaccepteerd worden dat deze situatie voordien nimmer bestaan zal hebben en in dat opzicht niet 'historisch verantwoord' is. Maar dat geldt in wezen ook voor zestiende-eeuwse schilderingen in een elfde-eeuwse crypte of twintigste-eeuwse radiatoren in een zestiende-eeuwse zijbeuk om maar eens wat te noemen.

Elke tijd laat zijn sporen na in de kerk, ook de onze.

Het koor en de crypte
Als gezegd was men in 1926 in de noordelijke kooromgang begonnen (afb. 179) met ontpleisteren. Het werk ging gestaag door en in 1938 had men het koor en de kooromgang klaar (afb. 180) en was men begonnen met de eerste pijler van het schip. In die pijler herinnert een herdenkingssteen ons aan de geboorte van prinses Beatrix.

De koorpartij is het meest ingrijpende deel van de inwendige restauratie geweest. Er werd hersteld naar de, aan de hand van gevonden fragmenten, veronderstelde meest oorspronkelijke toestand. Daartoe werd in 1929 met toestemming van de minister de westelijke koormuur met het fries van tien kalksinterplaten, die daar in 1849 was gebouwd, gesloopt.

De toestemming kon verkregen worden, omdat aangetoond werd dat de muur niet origineel was. Tevens stelde de minister als voorwaarde dat het fries met kalksinterplaten, dat wel origineel was, bewaard zou blijven om elders in de kerk opgesteld te worden. Daar kon men echter geen geschikte plek voor vinden.

Deze restanten zouden vervolgens bijna zestig (!) jaar opgeslagen blijven. Toen ze in 1983 teruggevonden werden, bleek dat twee van de tien platen verloren en de meeste beschadigd waren.

Naar gevonden gegevens werden nieuwe trappen naar het koor gelegd. De oude tegelvloer op het koor kwam te voorschijn. Beltman maakte er een tekening van (afb. 227) en de vloer werd weer afgedekt.

Aan de buitenwanden van het koor werden de gevonden aanzetten van de overwelving van de noordelijke en de zuidelijke zijkapellen van het koor gerestaureerd. Die aan de zuidzijde laat ons nu de twee fasen van de voormalige Pieterskapel zien.

De rondbogen horen bij de lange, smalle laat-romaanse fase en de spitsbogen bij de korte maar tweemaal zo brede gotische fase. In de tegenwoordige buitenmuur van de kerk zijn de corresponderende gewelfaanzetten van die gotische fase ook gerestaureerd.

In de hoek aan de zijde van de magistraatskapel bevindt zich nog een restant van de geboorte van de gewelfribben. Helaas is bij het aanleggen van de centrale verwarming onlangs op brute wijze een deel daarvan weggehakt.

Aan de binnenzijde van de koormuren werden de aanzetten van de trapjes die op de tekening van Lamberts uit 1824 (afb. 159) nog te zien waren, gerestaureerd. Ook de bijbehorende doorgangen in de koormuren werden in gedichte vorm zorgvuldig behouden.

Alle wijzigingen uit de negentiende eeuw daarentegen werden even zorgvuldig weggerestaureerd. Van de toegangen tot het koor die hierboven genoemd zijn en die naar de preekstoel op het koor, is thans niets meer terug te vinden.

Ook de lichtopeningen naar de crypte, die niet pasten in de romaanse bouwtrant, werden zorgvuldig aan het oog onttrokken.

De crypte zelf werd daardoor teruggebracht tot de meest zuivere romaanse situatie. Van de twee toegangen vanuit de zijbeuken werd slechts de noordelijke hersteld.

De banken
De wijzigingen van het koor hadden ruimte gebracht in de kerk (afb. 174 en 182). Een ruimte die er voordien nimmer geweest was. Ook de negentiende eeuw had zich aangesloten bij de traditie van alle eeuwen daarvoor, namelijk dat de grote ruimte van de kerk was opgedeeld in een aantal kleinere ruimtes. Het geheel was nooit te overzien geweest.

Toen de kerk wit was en de banken donker, stoorde dat niet. Met het afbikken van het pleisterwerk werden de muren donkerder. Daardoor vervaagde het

Kleurenafb. 16 Evangeliarium van Lebuinus (35,5 x 26,5 cm, IXb). Coll. Rijksmuseum Het Catharijneconvent, Utrecht (foto W. Addink).

Kleurenafbeeldingen

Kleurenafb. 17 Evangelistarium van Ansfridus (33,5 x 26 cm, XI), voorzijde. Coll. Rijksmuseum Het Catharijneconvent, Utrecht (foto W. Addink).

Het interieur van de kerk

Afb. 179 Noordzijde kooromgang en koor tijdens de restauratie, ca. 1929. De omgang achter het koor is al gerestaureerd en men is bezig met het koor zelf en met de zijbeuken naast het koor. De westelijke koorafscheiding is reeds gesloopt. De ingangen met trappen en leuningen uit het midden van de negentiende eeuw zijn nog aanwezig. Aan de noordwestelijke koorpijler, die gedeeltelijk is ontpleisterd, bestond de westelijke colonnet uit metselwerk in kleine baksteen dat in 1849 gemetseld zal zijn. Op de noordelijke koormuur zijn de aanzetten van de gewelven van de zijkapel zichtbaar. Er is reeds elektrische verlichting in de kerk (foto A.G. Beltman).

Afb. 180 Noordzijde kooromgang en koor na de restauratie, ca. 1938. De negentiende-eeuwse opgang naar het koor is verdwenen. De colonnet aan de noordwestelijke koorpijler is gerestaureerd in trachiet. Doordat voor de reparatie blokken gebruikt zijn is goed te zien tot hoe hoog de colonnet beschadigd was. Net over de rand van het koor is een donkere lijn te zien. Dat is de bovenkant van het tochtportaal dat toen nog aanwezig was voor de uitgang naar de Grote Poot. Het linkerraam in de kooromgang is tot een bepaalde hoogte dichtgemetseld. De huidige toegangstrap tot de crypte is er nog niet. Het gerestaureerde deel van de kerk heeft nog geen verlichting (foto A.G. Beltman).

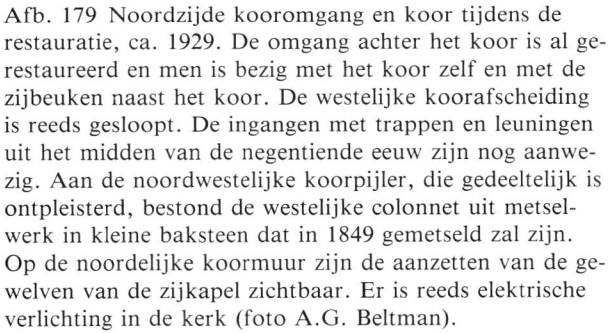

contrast tussen de muren en het meubilair. Het spel van het licht op de kleurige wanden en de effen vloer zal een zeer verrassend effect opgeleverd hebben. Maar de hoge, donkere banken belemmerden het overzicht op de grote ruimte.
Bovendien was inmiddels het gebruik van de kerk als concertruimte in zwang gekomen. Arie van Opstal, die in 1923 tot organist benoemd was, begon met de uitvoering van Bachcantates en later voerde hij met het het Sweelinckkoor ook de Mattheus Passion van Bach uit. Dat zou een jaarlijkse traditie worden. Die uitvoeringen, gesponsord door een Deventer industrieel,[92] genoten grote belangstelling.
De aanwezigheid van de vaste banken werkte niet alleen storend op het beleven van de totale ruimte, maar was ook lastig omdat het een gebruik als concertruimte bemoeilijkte.

Wegens dreigend oorlogsgevaar werd omstreeks het eind van de dertiger jaren vanuit het Ministerie van Onderwijs, Kunsten en Wetenschappen aangedrongen om brandgevaarlijk getimmerte, zoals banken, uit monumentale kerken te verwijderen.[93] De restaurateurs grepen deze gelegenheid gretig aan om de banken te slopen (afb. 181 en 183) en zo het laatste restje negentiende-eeuwse inrichting uit de kerk te verwijderen. Als compensatie voor het gebrek aan zitplaatsen dat daardoor ontstond, wisten ze zelfs subsidie op de aanschaf van stoelen (!) te verkrijgen.[94]

De verlichting
Reeds tijdens de werkzaamheden aan de buitenzijde van de kerk was er door Cuypers bij de kerkvoogdij op aangedrongen de gietijzeren gaskronen te verwijderen.[95] Als argument voerde hij aan dat ze te zwaar

Afb. 181 Zuidelijke zijbeuk tijdens sloop van de banken, ca. 1938. Dit beeld roept herinneringen op aan de beschrijving die Jordens gaf van de ravage in 1795 (foto Gemeentelijke Archiefdienst Deventer).

zouden zijn voor de kap. De kerkvoogden wilden daar toen echter niets van weten; de kronen bleven dus hangen. Omstreeks 1925 verdwenen ze toch.
Dat daarmee de kous niet af was, mag blijken uit het vervolg. In de dertiger jaren, toen men de kooromgang en het koor restaureerde, zou vrij onopvallend een andere richting worden ingeslagen.
De gietijzeren wandarmen in de kooromgang en het koor werden na het ontpleisteren niet meer aangebracht. In plaats daarvan bracht men de geëlektrificeerde koperen wandarmpjes aan die er nu nog hangen. In de zeventiger jaren bleek dat de elektrische bedrading niet meer deugde en werd die buiten gebruik gesteld. Daarom voorzag men de wandarmpjes bij een schoonmaakbeurt later van echte kaarsen.
Bij het voortschrijden van de inwendige restauratie zijn op een gegeven moment ook de grote gaskronen in het schip verwijderd. Wanneer dat precies gebeurd is, is in dit verband niet zo van belang. In het begin van 1945 waren ze er in elk geval niet meer. De foto die toen gemaakt is (afb. 182), toont een interieur met grote elektrische lampen die toen ook voor de verlichting van schoollokalen in zwang waren.
Ze waren duidelijk als een soort noodoplossing bedoeld. Bij de restauratie van het koor was een gift ontvangen om de huidige elektrische kronen in het koor aan te kopen. De kronen in het schip werden later geschonken (afb. 184). De plaats werd architectonisch bepaald; ze kwamen in het centrum van de gewelven te hangen.
Toen in 1964 de Bergkerk buiten gebruik gesteld werd, moest er voor de Kerstnachtdienst, die daar bij kaarslicht gehouden werd, een oplossing gevonden worden in de Lebuinuskerk. In de Bergkerk waren nog oude koperen blakers aanwezig die daar op de banken gezet werden. Daarin plaatste men dan kaarsen. Voor de Lebuinuskerk werden een aantal stalen kaarsenhouders gemaakt die tussen de stoelen geplaatst konden worden. Ook kwam er een noodoplossing in de vorm van halfronde platen spaanplaat die met eenvoudige beugels aan de pijlers werden opgehangen. In de spaanplaat werden de oude blakers gestoken. Die noodvoorziening bleef in gebruik tot in de tachtiger jaren. Toen werd er van staal een definitieve oplossing gemaakt. De blakers blijven nu permanent zitten.

De ramen
Reeds voor de oorlog waren de ramen in de zuidbeuk erg slecht. Bij de uitwendige restauratie had Te Riele daar alle brugstaven vernieuwd. Deze ijzeren staven koppelen de natuurstenen raamstijlen en dienen tevens voor de bevestiging van de glas-in-loodpanelen. Het ijzer dat in die tijd gebruikt werd, was zuiverder dan het ijzer dat men in de eeuwen ervoor gebruikte. Gevolg daarvan was dat het sneller ging roesten.
Omdat roesten van ijzer met een enorme volumevergroting gepaard gaat, wordt het natuursteen bij de aansluitingen kapot gedrukt. Met de beste bedoelingen was er zodoende een erg slechte constructie ontstaan.
In 1937, pas dertien jaar na afronding van de uitwendige restauratie, waren er al klachten over de slechte kwaliteit van de ramen in de zuidbeuk.[96]

Afb. 182 Gerestaureerd koor met elektrische kronen, ca. 1945. Het schip is nog niet ontpleisterd, wel zijn de banken inmiddels vervangen door stoelen (foto A.G. Beltman).

Afb. 183 Het schip van de kerk tijdens de restauratie, 1951. De opname is gemaakt op een moment dat de stoelen verwijderd waren. De pijlers zijn wel afgebikt maar nog niet gerestaureerd. Het orgel heeft nog zijn donkere kleur. De elektrische verlichting uit ca. 1925 met een groot soort schoollampen is nog aanwezig. Er is een eenvoudige planken vloer aangebracht. De afschuiningen aan de pijlers zijn nog niet aangevuld, de trachiet colonnetten aan de vieringpijlers ontbreken nog gedeeltelijk; op een hoogte van een meter of 3 à 4 vangt een uitmetseling van baksteen de nog aanwezige delen op (foto A.G. Beltman).

Tot het vernieuwen van die ramen kwam het in de oorlog echter niet wegens gebrek aan materialen. Wel werd geconstateerd dat de glas-in-loodpanelen niet, zoals het hoorde, met een loodstrip in de sponning zaten maar rechtstreeks. Bovendien waren ze met een sterke cementspecie vastgezet. Verwijderen zonder het glas te beschadigen was daardoor onmogelijk.
De reparatie zou dus moeten bestaan uit vervangen van brugstaven en beschadigde natuurstenen stijlen en uit herstel van glas-in-loodpanelen. Kortom het zou erg kostbaar gaan worden.
In 1945 waren, als gevolg van bomexplosies en het opblazen van de bruggen, veel ramen beschadigd. Aan de kant van het Grote Kerkhof waren bijna alle ramen stuk.
De ramen in de noordbeuk waren nog tot in de zestiger jaren op het oog in een betere staat. Had Te Riele daar misschien niet de oorspronkelijke brugstaven vervangen? Het natuursteenwerk was daar echter wel aan vernieuwing toe.
De discussie over het herstel van de slechte ramen van Te Riele kwam in een stroomversnelling door de bijkomende oorlogsschade.
Was men oorspronkelijk van plan het glas-in-lood te handhaven, nu moest er zoveel vervangen worden dat er besloten werd om geheel nieuw glas-in-lood te plaatsen. Daarbij werd onder leiding van architect Van Nieukerken uit Gorssel, tevens al het natuursteenwerk van de ramen vernieuwd. Van Nieukerken zou het werk niet helemaal afmaken; hij moest om gezondheidsredenen in 1960 stoppen en werd opgevolgd door architect Knuttel uit Deventer, die ook de restauratie van de toren onder zijn hoede had.
De brugstaven werden van brons gemaakt en de ramen voorzien van een licht gekleurd, genuanceerd glas-in-lood. Het interieur onderging daardoor opnieuw een wezenlijke wijziging. Zo ontstond de heldere ruimte die wij nu kennen (afb. 184 en 185). Vooral wanneer de zon door de ramen naar binnen schijnt, zorgt het genuanceerde glas er voor dat de veelkleurigheid van het schone metselwerk prachtig tot zijn recht komt (kleurenafb. 3).

Afb. 184 Het schip van de kerk na restauratie, ca. 1952 (foto Gemeentelijke Archiefdienst Deventer).

Afb. 185 De zuidelijke zijbeuk na restauratie, ca. 1952 (foto Gemeentelijke Archiefdienst Deventer).

Het koororgel
Bij de uitvoeringen van de Mattheus Passion werd het koor als opstelruimte voor de zangers gebruikt; ervoor – in de viering – vond het orkest een plaats. In de visie van die tijd deed men zo'n uitvoering met een grote bezetting. Dat vereiste ondersteuning van een fors continuo. Omdat daarin een orgel onmisbaar is, was het erg lastig dat het orgel aan de andere kant van de kerk stond.

De sponsor van de uitvoeringen zal dat probleem onderkend hebben. In 1942 gaf hij met een grote gift de aanzet tot de bouw van een speciaal orgel voor de begeleiding van deze uitvoeringen.

Door het uitschrijven van een lening verkreeg de kerkvoogdij de ontbrekende middelen om tot opstelling van het orgel over te gaan.

Het instrument kwam gereed in 1950 en werd gebouwd door de Fa. Van Leeuwen uit Leiderdorp. De architect van de inwendige restauratie, Van Nieukerken, maakte het ontwerp (afb. 186) en de Deventer beeldhouwers Ordelman en Budde leverden het houtsnijwerk.

Geheel in de geest van de schenker wordt op sobere wijze in het snijwerk aangegeven dat een gift in 1942 aanleiding tot de bouw was (afb. 187). Enige jaren geleden is op de muur naast het orgel een bordje met zijn naam aangebracht.

Van Nieukerken had het snijwerk zo fijntjes gedetailleerd, dat het erg kostbaar werd en het beschikbare budget overschreed. Gevolg daarvan is geweest dat het tot op heden nimmer geheel voltooid is. Het ontbrekende stuk boven het rechter pijpveld wordt in ruwe vorm nog in de kerk bewaard. De beeldhouwers hebben hun bedrijf lang geleden beëindigd, en één van hen is intussen niet meer in leven.

Van diens compagnon vernam ik dat het nooit is afgemaakt, omdat Van Nieukerken tegen de sponsor gezegd zou hebben dat die nog maar eens 'in de busse mos bloazen' om het te kunnen voltooien.[97] Iets dat waarschijnlijk tegen het zere been zal zijn geweest; de man had immers al zoveel gegeven en hij paste ook jaarlijks de tekorten van de Mattheus Passion bij.

Voor de kast werd gebruik gemaakt van oud, uitgewerkt eikehout dat vrijkwam uit balken van gebombardeerde middeleeuwse huizen uit de Deventer binnenstad.

Toepassing van het elektro-pneumatische systeem maakte het mogelijk om het orgel op te stellen in de kooromgang en de speeltafel op het koor. De opstelling van die beide elementen paarde een ideale akoestische plaats voor het orgel aan een praktisch gebruik bij de uitvoeringen van de Mattheus Passion.

Verwarming
Van oudsher bestond de verwarming van de Lebuinuskerk slechts uit stoven. Bij intensieve kou werd de kerk niet gebruikt en viel men terug op de Bergkerk. Die werd reeds in de negentiende eeuw verwarmd met een drietal grote gietijzeren kachels. Ze werden gestookt met cokes, stonden ruim voordat de diensten begonnen rood gloeiend, maar de kerkgangers moesten wel hun jassen aanhouden.
Tot de sluiting van de Bergkerk in 1964 waren die kachels nog in gebruik. Keurig gepoetst staan er nu nog twee in die kerk.
Na sluiting van de Bergkerk werd één van de kachels door de Kerkvoogdij uitgeleend aan de hervormde gemeente van het Drentse Anloo. Nadat hij ook daar niet meer gebruikt werd, is de kachel omstreeks 1983 teruggekomen naar Deventer. Hij heeft sindsdien een plaatsje in de Lebuinuskerk gekregen. Daar wacht hij nu op een enthousiasteling die hem opnieuw wil potloden. Dat hij nog niet zo lang geleden gebruikt werd, is te zien: de cokes en as zitten er nog in.
Van oudsher is de Lebuinuskerk dus nooit echt verwarmd geweest. Toen in de vijftiger jaren in de binnenstad een systeem van stadsverwarming werd aangelegd, was de grote promotor daarvan, de directeur van Openbare Werken ir. Adriaanse, tevens kerkvoogd van de hervormde gemeente. De inwendige restauratie van de kerk was voltooid, maar het multifunctionele gebruik werd toch wel gehinderd door het feit dat de kerk zo koud was.
Besloten werd tot aansluiting op de stadsverwarming. Het was relatief goedkoop want er moest toch een leiding naar de toren gemaakt worden. Daar werd op één van de zolders het expansievat geplaatst. Het aansluiten van de kerk had als nevenvoordeel dat aansluiting van het gemeentelijke gymnasium aan de Nieuwe Markt goedkoper kon geschieden. De aanvoerleiding werd namelijk dwars door de kerk gelegd.
Het systeem dat in de kerk aangelegd werd, bestond uit een volledige vloerverwarming in het schip (onder de stoelen). De zijbeuken werden niet van verwarming voorzien. Tussen de pijlers kwamen daarom gordijnen. Om de koudeval tegen te gaan, installeerde men daarboven elektrische stralers.
In de praktijk voldeed deze verwarming niet. De kerk werd niet geheel verwarmd en was daardoor toch maar beperkt bruikbaar. Voor bijeenkomsten in het schip werkte het systeem wel redelijk, met gesloten gordijnen kon het daar behaaglijk worden gestookt. Het was echter niet te voorkomen dat vanuit de grote, onverwarmde zijbeuken koude lucht over de gordijnen viel. Dat werd als tocht ervaren.
Wanneer er echter zoveel mensen kwamen dat de gordijnen geopend moesten worden, werkte het systeem

Afb. 186 Ontwerp voor het koororgel, ingetekend op een foto van de kooromgang. Op de koormuur zijn links de gerestaureerde aanzetten zichtbaar van de verschillende gewelven die de Pieterskapel gekend heeft (foto Gemeentelijke Archiefdienst Deventer).

averechts. De lucht in het schip werd verwarmd, steeg op en van alle kanten werd uit de zijbeuken koude lucht aangevoerd. Daardoor zaten de mensen voortdurend in een koude luchtstroom. Bij de belangrijkste kerkelijke feesten, die in de wintermaanden vallen, was dat het geval. Voor het multifunctionele gebruik, bijvoorbeeld bij concerten, werden schip en koor meestal tegelijkertijd gebruikt. Daarvoor was dit systeem ook niet geschikt: het publiek kon warm zitten maar de uitvoerenden zaten in de kou.
Ook verstoorden de buizen waaraan de gordijnen hingen, het zicht op het orgel en op het koor.
Bij de recente restauratie werd het systeem uitgebreid met radiatoren langs alle buitenmuren. De koudeval van de ramen werd daarmee voorkomen en zo konden de lelijke stralingspanelen en de gordijnen om het schip vervallen. De vloerverwarming in het schip bleef gehandhaafd. Nu is de totale ruimte verwarmd en dus te allen tijde in zijn geheel bruikbaar.

De geluidsinstallatie
Bij de grote veranderingen hoort als sluitstuk in de vijftiger jaren ook de aanleg van een geluidsinstalla-

Afb. 187 Het koororgel, detail van het snijwerk (foto Gemeentelijke Archiefdienst Deventer).

tie. Aan bijna alle pijlers werden luidsprekers opgehangen (afb. 184 en 185). Die waren vrij groot en opgenomen in houten kastjes. De kastjes waren grijzig wit geschilderd om ze zo min mogelijk te laten opvallen. Ook op het koor kwamen zulke luidsprekers te hangen. Aan het klankbord van de preekstoel hing de microfoon en in het kastje onder de trap van de preekstoel bevond zich de versterker.

Dit systeem heeft gefunctioneerd tot in de zeventiger jaren. Toen werd een nieuwe versterker aangeschaft. Die kreeg een andere plaats. Ook werden er nieuwe luidsprekers opgehangen. Nu niet meer aan alle pijlers, maar alleen in de nabijheid van de preekstoel. De oude bedrading kon opnieuw gebruikt worden. Door de akoestische eigenschappen van de ruimte functioneert de installatie nog niet optimaal.

3 Slot

Het interieur van de Lebuinuskerk is de afgelopen tweehonderd jaar het toneel geweest van enorme veranderingen. Die werden ingezet met een vreselijk dieptepunt van afbraak door vluchtende soldaten in dienst van de Republiek.

Daarna is er een periode van opbouw geweest. Dat geschiedde in een tijd waarin de belangstelling voor het monumentale karakter van het gebouw begon te ontwaken. Algemeen echter ging men, evenals in de vele eeuwen daarvoor, vrij nonchalant om met het historisch erfgoed. Men deed er echter wel alles aan om een, in de ogen van die tijd, fraai geheel te creëren. Daartoe liet de kerkvoogdij zich vanaf 1834 steeds adviseren door de stadsbouwmeester. Vooral de stadsbouwmeesters Van Zalingen en Looman zouden een belangrijk stempel drukken op het interieur van de kerk. Dat kwam doordat zij leefden in een tijd van economische opbloei. Voor Looman geldt bovendien dat hij lang in functie was.

Na hem kwam er een periode van verstilde rust in het interieur van de kerk.

'De Groote Oorlog', zoals destijds de Eerste Wereldoorlog genoemd werd,[98] zal mede aanleiding geweest zijn dat er grote veranderingen in de maatschappij plaatsvonden.

Vaste zekerheden uit de tijd vóór de oorlog verdwenen. Ook de restauratie-opvattingen veranderden.

De 'inwendige restauratie' die daarop volgde zou in wezen een diep dal van afbraak combineren met een hoge berg van opbouw. Door bewuste sloop van alles wat de eeuw ervoor was opgebouwd, ontstond, evenals in 1795, een forse breuk met het verleden. Maar ook werd de basis gelegd voor een multifunctionele ruimte.

Dat zou zo ingrijpend gebeuren dat ook onze tijd er nog mee kan leven. De recente restauratie heeft slechts marginale wijzigingen in het interieur teweeg gebracht. Door uitbreiden van het verwarmingssysteem is de kerk beter bruikbaar geworden.

In de toekomst zal blijken hoe het nageslacht oordeelt over onze verrichtingen. Ook zal dan een oordeel geveld worden over het huidige gebruik van de kerk. Als er nu niet zorgvuldig genoeg met dit kostbare bezit wordt omgegaan, worden volgende generaties opgezadeld met de negatieve gevolgen.

Multi-functionaliteit is een prachtig gegeven, maar het dwingt de gebruiker wel zich goed te realiseren waarmee hij bezig is.

Bij discussies daarover in het recente verleden was steeds het uitgangspunt dat een protestantse kerk geen heilig gebouw is. Er zou eigenlijk alles kunnen wat ook met goed fatsoen op straat kan. Dat klinkt als theoretisch uitgangspunt goed, maar een historische kerk is uiteindelijk toch wat anders dan 'de straat'. Dat wisten de zeventiende-eeuwers in Utrecht in elk geval wel toen ze verbonden om met vee door de kerk te gaan.

Evenals het gebruik in 1795 door een volkomen ontredderde legermacht, is ook het huidige gebruik van de kerk slechts een rimpeling in de golfbeweging van de tijd.

Het is zoals de Prediker het zei, voor alles is een tijd. Alleen wij zijn meer of minder gelukkig met datgene wat gebeurt in de tijd waarin wij leven. Hoewel het gebruik van een monument als de Lebuinuskerk haar voortbestaan garandeert, ligt daarin juist ook de grootste bedreiging van haar voortbestaan. De afgelopen periode van tweehonderd jaar heeft ons dat duidelijk gemaakt. Op de huidige gebruikers en beheerders rust de taak met het multi-functionele gebruik te schipperen op de voortgaande golfbeweging in de tijd. Doel daarbij moet zijn de Lebuinuskerk door te geven aan de komende generaties en hen de waarde ervan te leren inzien, opdat zij te zijner tijd met respect voor die waarde het roer kunnen overnemen.

Noten

[1] Ter Kuile 1964, p. 24.
[2] Van Heussen 1725, p. 110.
[3] Iordens, handschrift, In Atheneum Bibliotheek Deventer. Zie ook Koldewijn 1990.
[4] Houck 1909, p. 25.
[5] Zie noot 3.
[6] Zie noot 3.
[7] Hoefer 1906, plaat II, plaat VIII, fig 5b en 5c.
[8] Koldewijn & Stenvert 1983, p. 5.
[9] GAD, Archief Hervormde Gemeente, nr. 526.
[10] Tot die tijd de staatsgodsdienst in de Republiek der Zeven Verenigde Nederlanden.
[11] GAD, Archief Hervormde Gemeente, nr. 486.
[12] Heitling & Lensen 1980, p. 309 (proclamatie van 17 november 1813 van Van Hoogendorp, Van der Duyn van Maasdam en Van Styrum).
[13] Bijvoorbeeld de tijdelijke frankeerregeling Kerken.
[14] GAD, Archief Hervormde Gemeente, Notulen Kerkvoogdij, diverse nummers.
[15] Gemeente-architect Uytenhoudt voor de oorlog en recentelijk (oud)gemeente-architect Rademaker.
[16] Heytling & Lensen 1980, p. 272 en 279.
[17] GAD, Archief Hervormde Gemeente, nr. 426, notulen Kerkvoogdij.
[18] Kapsenberg 1982, p. 31.
[19] Bijvoorbeeld: veiling van diverse gronden van de Marke Bathmen in 1834 en de polemieken over de verdeling der stadsweiden in Deventer omstreeks 1862.
[20] GAD, Archief Hervormde Gemeente, nr. 425, notulen Kerkvoogdij.
[21] GAD, Archief Hervormde Gemeente, nr. 440, stuk nr. 461 (het bestek voor de vloer uit 1849).
[22] Ter Kuile 1964, p. 67.
[23] Zie de bijdrage van Kleinbussink.
[24] GAD, Archief Hervormde Gemeente, nr. 427, notulen Kerkvoogdij dd. 16-04-1835, p. 97.
[25] Wellicht was dit raam in de westgevel evenals het westelijke raam in de Bergkerk echter al eerder dichtgemetseld om vochtdoorslag te voorkomen.
[26] Zie noot 4. Ook de woonhuizen in Deventer waren van fraaie gebrandschilderde glazen voorzien getuige de glasvondst die in 1985 in de Assenstraat gedaan is. Zie ook Nalis 1988.
[27] Zie noot 20.
[28] GAD, Archief Hervormde Gemeente, nr. 544.
[29] Zie noot 28.
[30] Bij restauratie van het pand Boterstraat 3 in 1981 kwamen resten van dergelijk glas-in-lood van de dichtgemetselde ramen op de begane grond tevoorschijn. Bij restauratie van een pand in de Assenstraat te Deventer (oude nummering 29) vond ik in 1985 een groot aantal van dit soort ruiten; ze waren secundair verwerkt in het pleisterwerk van een muur om vochtdoorslag te voorkomen.
[31] Bij de onlangs geopende nissen in de crypte is aan de dagkanten deze afwerking nog zichtbaar.
[32] GAD, Archief Hervormde Gemeente, nr. 544.
[33] GAD, Archief Hervormde Gemeente, nr. 544 (extract uit het boek van Notulen van Burgemeester en Wethouderen der Stadt Deventer, dd. 6 april 1808).
[34] GAD, Archief Hervormde Gemeente, nr. 425.
[35] GAD, Archief Hervormde Gemeente, nr. 544; bestek voor de gaanderij.
[36] GAD, Archief Hervormde Gemeente, nr. 544. Zie ook noot 34.
[37] Bijvoorbeeld: GAD, Archief Hervormde Gemeente, nr. 426, notulen Kerkvoogdij dd. 25-03-1820 en nr. 427, notulen Kerkvoogdij dd. 3-12-1838.
[38] GAD, Archief Hervormde Gemeente, nr. 544 (het bestek voor herstel van de ramen in 1809 vermeldt het gebruik daarvan).
[39] Zie noot 21. Het bestek schrijft voor dat na het verlagen van 'het verhoohgde plein voor het koor' aan de trapjes van de banken één trede bijgemaakt moet worden.
[40] Zie noot 21.
[41] Onder andere Overijsselsche Almanak, 1842.
[42] Volgens vriendelijke mededeling van dhr. H. Bouwhuis te Deventer.
[43] Kruissink 1986.
[44] Het tufsteen is wellicht resultaat van het herstelwerk na de sloop van de Pieterskapel in 1838.
[45] Tot voor enige jaren was van de eerste generatie gemeentelijke scholen het gebouw in de Assenstraat nog aanwezig. Het werd bij de grootscheepse restauratie/renovatie in het midden van de tachtiger jaren gesloopt.
[46] Het pand Hofstraat 6, thans onderdeel van de Sallandsche Bank, die het liet restaureren. Daarbij is helaas het tegeltableau in de topgevel dat 'de Zaaier' voorstelde verdwenen.
[47] GAD, Archief Hervormde Gemeente, nr. 426.
[49] GAD, Archief Hervormde Gemeente, nr. 426.
[50] Zie noot 21.
[51] GAD, Archief Hervormde Gemeente, nr. 426, notulen Kerkvoogdij dd. 15-01-1821.
[52] GAD, Archief Hervormde Gemeente, nr. 7, Acta Kerkeraad dd. 16-11-1798.

[53] GAD, Archief Hervormde Gemeente, nr. 427, notulen Kerkvoogdij dd. 3-12-1838, p. 155.
[54] Zie ook de bijdrage van Nalis elders in dit boek.
[55] GAD, Archief Hervormde Gemeente, nr. 439, stuk nr. 367.
[56] Hoefer 1906, p. 8.
[57] Volgens vriendelijke mededeling van de heer H. J. Nalis te Deventer.
[58] GAD, Archief Hervormde Gemeente, nr. 427, notulen Kerkvoogdij dd. 27-06-1838, p. 147.
[59] GAD, Archief Hervormde Gemeente, nr. 427, notulen Kerkvoogdij dd. 28-11-1838, p. 151 en nr. 438, stuk nr. 78.
[60] GAD, Archief Hervormde Gemeente, nr. 427, notulen Kerkvoogdij dd. 27-12-1839 en nr. 438, stukken nr. 97 en 98.
[61] GAD, Archief Hervormde Gemeente, nr. 438, stukken nrs. 106 en 107.
[62] Hogenstijn 1983, p. 112.
[63] GAD, Archief Hervormde Gemeente, nr. 427, notulen Kerkvoogdij dd. 19-04-1848, p. 338 en nr. 439, stuk nr. 333.
[64] GAD, Archief Hervormde Gemeente, nr. 427, notulen Kerkvoogdij dd. 31-05-1848, p. 339.
[65] GAD, Archief Hervormde Gemeente, nr. 439, stuk nr. 334 bis.
[66] GAD, Archief Hervormde Gemeente, nr. 427, notulen Kerkvoogdij dd. 28-07-1841, p. 199-200.
[67] GAD, Archief Hervormde Gemeente, nr. 438, stukken nrs. 133 en 134.
[68] GAD, Archief Hervormde Gemeente, nr. 428, notulen Kerkvoogdij dd. 25-02-1852, p. 34.
[69] Zie noot 21.
[70] Verhoeff 1983; gebruikt is het Nederlandsch metriekstelsel dat gold van 1820 tot 1870.
[71] GAD, Archief Hervormde Gemeente, nr. 440; bijlage bij stuk nr. 393.
[72] GAD, Archief Hervormde Gemeente, nr. 440, stuk nr. 393.
[73] GAD, Archief Hervormde Gemeente, nr. 428, notulen Kerkvoogdij dd. 27-03-1850, p. 3.
[74] Zie het hoofdstuk van Dubbe.
[75] GAD, Archief Hervormde Gemeente, nr. 427, notulen Kerkvoogdij dd. 08-06-1831, p. 32.
[76] Zie noot 21, in artikel 10 van het bestek is sprake van de 'lampenkamer', ook in de afrekening van de aannemer.
[77] Zie noot 21.
[78] GAD, Archief Hervormde Gemeente, nr. 427, notulen Kerkvoogdij dd. 29-03-1837, p. 129.
[79] Coenders & Lathouwers 1983, p. 15.
[80] GAD, Archief Hervormde Gemeente, nr. 428, notulen Kerkvoogdij dd. 09-06-1859.
[81] GAD, Archief Hervormde Gemeente, nr. 428, notulen Kerkvoogdij dd. 28-08-1861, p. 286.
[82] Zie noot 81.
[83] Deventer Dagblad 1963.
[84] GAD, Archief Hervormde Gemeente, nr. 428, notulen Kerkvoogdij dd. 21-04-1852, p. 37-38.
[85] GAD, Archief Hervormde Gemeente, nr. 428, notulen Kerkvoogdij dd. 28-04-1852, p. 39.
[86] GAD, Archief Hervormde Gemeente, nr. 428, notulen Kerkvoogdij dd. 26-08-1851, p. 23-24.
[87] GAD, Archief Hervormde Gemeente, nr. 428, notulen Kerkvoogdij.
[88] Beltman werd geboren op 15 augustus 1874 te Deventer en overleed daar op 8 februari 1973. Hij is begraven op de Algemene Begraafplaats aan de Raalterweg. Hij was firmant van de gelijknamige steenhouwerij aan de Handelskade die in 1850 gesticht en in 1962 werd opgeheven.
[89] Beltmen 1939, p. 24.
[90] Ter Kuile 1939, p. 57.
[91] Zie noot 90.
[92] D. L. Ankersmit van de gelijknamige textielfabriek te Deventer.
[93] GAD, Archief Hervormde Gemeente, nr. 434, notulen Kerkvoogdij dd. 26-09-1939.
[94] GAD, Archief Hervormde Gemeente, nr. 434, notulen Kerkvoogdij dd. 27-11-1939.
[95] Zie hiervoor ook de bijdrage van Rademaker in dit boek.
[96] GAD, Archief Hervormde Gemeente, nr. 434, notulen Kerkvoogdij.
[97] Deventers om aan te geven dat hij nog maar eens wat geld moest geven.
[98] Schulte, ca. 1920.

Een 'Clockenspel (...) dat in dese Geunieerde Provincien geen beter sal werden gevonden'

De lui- en speelklokken en het uurwerk in de toren van de Lebuinuskerk vanaf de middeleeuwen[1]

C.M. Hogenstijn

Het uurwerk van Matthijs Gerritsen en het klokkenspel van Hendrick Wegewaert

Meer dan een eeuw lang had het in 1499 geplaatste uurwerk[2] de tijd aangegeven: de tijd van de grote bloei van de stad in de late middeleeuwen, maar ook die van de bange oorlogsjaren aan het eind van de zestiende eeuw. Vanaf 1602 dreef het de wijzers aan van toen nieuw geplaatste wijzerplaten. Weldra bleek echter, dat het die taak niet meer naar behoren kon vervullen. Beierman Hendrick Steen, die op de stilhangende klokken met hamers of klepels ritmische variaties aansloeg en die ook voor het uurwerk zorgde, slaagde er niet meer in dit op tijd te laten lopen. Schepenen en raad bestelden daarop een nieuw uurwerk 'twelk dan oick mett een voerspeell off voerslaen angelecht sijnde'.[3] Met andere woorden: de magistraat wilde niet alleen het oude uurwerk door een nieuw vervangen, maar aan het nieuwe ook een voorslag toevoegen. Dit was een van oorsprong viertal klokken, dat voor elke slag een motiefje liet horen. Het aanslaan heette in het Frans quadrillonner; van dit woord is ons woord carillon afgeleid. Daarmee legde de stadsregering de grondslag voor het plaatsen van een automatisch spel met een speeltrommel en uiteindelijk ook voor het installeren van een volwaardig klokkenspel.[4]

Op 20 februari 1609 werd in principe besloten[5], aan mr. Matthijs Gerritsen, 'Uhrwerker' te Leiden, een offerte voor een nieuw uurwerk te vragen. Ondertussen probeerde burgemeester Jacob van Lith, die toch naar Amsterdam zou gaan, daar een goedkopere leverancier te vinden. Kennelijk mislukte die poging en op 21 juli 1609 ondertekende mr. Matthijs de voorwaarden voor de leverantie.[6] Het uurwerk zou een signaal geven aan 19 of 20 klokken die een voorslag ten gehore zouden brengen. Inclusief de trommel en de tuimelaars, doch exclusief de hamers, zou het uurwerk 8.000 pond mogen wegen, met een marge van 200 pond.[7]

Gerritsen werd, volgens een zeer oude gewoonte, naar het gewicht betaald: 10 stuivers per pond tot 8.200 pond, daarboven slechts 3 stuivers per pond. De financiële regelingen en de technische details werden nauwkeurig beschreven. Zo moest het binnenwerk 'reyn, suyver en claer' zijn. Het geheel zou door externe deskundigen worden gekeurd. Per augustus 1609 kreeg de uurwerkmaker anderhalf jaar de tijd voor het werk, met een uitloop van nog een half jaar. Hij zou zelf aan het werk deelnemen, bijgestaan door een meesterknecht en nog twee knechten. De voorslag werd voorzien van een trommel en een klavier met pedaal. De trommel werd uitgerust met verwisselbare stiften en niet, zoals in steden die reeds vroeg een speelwerk geplaatst hadden, van vaste, waarmee slechts één melodie kon worden gespeeld.

Eind 1613 kon de magistraat zich een beeld vormen van het werk.[8] Geheel tevreden waren de heren nog niet. Ze gaven mr. Matthijs opdracht, het uurwerk te demonteren, om alsnog een kwartierslag toe te voegen. Beneden in de kerk moest het uurwerk bovendien cimbalen laten slaan. Aangenomen mag worden, dat het uurwerk spoedig daarna werd opgeleverd. Het oude uurwerk werd na het opleveren van het nieuwe niet vernietigd. Mr. Matthijs kreeg in 1615 opdracht[9], het geheel te herstellen 'gaende ende slaende te leferen', en het over te brengen naar de Bergkerk. Daar bleef het in gebruik tot 1765, toen het werd vervangen door een geheel nieuw werk.

Begin 1613 liet het zich aanzien, dat het uurwerk en de lantaarn aan het eind van dat jaar gereed zouden komen. De stadsregering moest daarom uitzien naar een gieter die de klokken van de voorslag kon gieten. In Deventer was op dat moment geen klokkengieterij[10] gevestigd. Te Kampen werkte echter de gieter Hendrick Wegewaert, neef van Willem Wegewaert, die tevoren in Deventer klokken had gemaakt.[11]

Op 2 maart 1613 sloten afgevaardigden van schepenen en raad een overeenkomst met deze Hendrick.[12] Op dezelfde dag werd besloten, dat de koepel van de toren iets hoger zou worden dan aanvankelijk in De Keijsers plan was voorzien.[13] Zo kon de ter beschikking komende ruimte in de toren worden aangepast aan de plaats die de klokken zouden gaan innemen. Het contract met Wegewaert bepaalde het volgende: de voorslag zou uit 20 klokken bestaan 'beginnende van ut, in C. der scalen musicael ende voertz ascendendo tot D.E.F.G.A.B.C.D.E.F.G.A.' en verder 'met soeven semitonien', (halve tonen) namelijk tussen de C. en de D., de F. en de G., de G. en de A., de A. en de B., de C. en de D., de F. en de G., en de G. en de A. Ten behoeve van deze voorslag zouden vier reeds bestaande klokken uit de toren worden gehaald, die de C.D.E. en F. van de nieuwe beiaard zouden vormen. De grootste van de vier klokken woog 2.400 pond. In totaal moest dus de Kamper meester

Afb. 188 De drie grootste klokken van het carillon. Links: de es1-klok, met in het opschrift een verwijzing naar Francois Hemony, Jhr. Jacob van Eyck en Lucas van Lenninck, oorspronkelijk gegoten door Francois Hemony (1647), hergoten door Petit en Fritsen (1951) (zie p. 224; bijlage, nr. 4). Midden: de ges1-klok, de oudste van het spel, gegoten door Hendrick Wegewaert (1613), aangewezen door de stadsbeiaardier Roel Smit (zie p. 224; bijlage, nr. 7). Rechts: de e1-klok 'Voorspoed', gegoten door Petit en Fritsen (1950) (zie p. 224; bijlage, nr. 5). (foto Gemeentelijke Archiefdienst Deventer).

16 nieuwe klokken gieten. Hij kreeg opdracht eerst de zwaarste klok van deze reeks te maken, de cis. Deze zou ongeveer 2.100 pond mogen wegen. Gelukte het hem niet deze klok direct op de juiste toon te gieten, dan waren schepenen en raden van Deventer toch bereid deze klok te accepteren, mits zij 'reyn van toon was'. Zij zou dan in het vervolg als luiklok dienen. In het laatste geval was mr. Hendrick echter verplicht een nieuwe cis te gieten en daarna de 15 andere klokken, te beginnen met de fis. Het kleinste klokje, een A., zou ongeveer 100 pond mogen wegen. Het gieten moest plaatsvinden in de Deventer stadsgieterij en wel direct na Pasen. Gedurende zijn verblijf te Deventer, zou mr. Hendrick in het huis van Arent van der Put mogen logeren. Dit stond waarschijnlijk leeg door het vertrek van deze klokkengieter of het werd bewoond door Ideke Wegewaert, een dochter van Willem Wegewaert, die in ieder geval de eigenaresse van deze woning was. De stad zou voor de benodigde klokspijs zorgen. Of hiervoor ook oude klokken opgeofferd werden, meldt de historie niet; wel zou de magistraat ook het extra tin ter beschikking stellen, indien dat voor de 'fynicheyt der clock' nodig mocht blijken te zijn. Voor elke honderd pond gewicht, zou de gieter 24 gulden beuren, terwijl hij tevens tien procent smeltverlies (lackasie) in rekening mocht brengen. Zo de klok, die hij het eerst zou gieten, alleen voor luiklok geschikt was, dan zou de meester hiervoor slechts de helft van zijn gietloon ontvangen. Op verzoek van Hendrick Wegewaert werd verder bepaald, dat de betaling eerst zou geschieden na de aflevering van de 16, resp. 17 klokken. Dan zouden schepenen en raden van Deventer tevens zijn vrouw een 'verehring' van twee rosenobels schenken en zijn knecht drie pond groot. Mocht Wegewaert voortijdig komen te overlijden, dan rustte op zijn vrouw en erfgenamen de plicht te zorgen, dat de klokken toch nog afgeleverd werden. Tot zover de zakelijke inhoud van de overeenkomst. Twee bepalingen in het contract zijn opmerkelijk. In de eerste plaats is het ongewoon dat Hendrick Wegewaert, die te Kampen over een goed geoutilleerde gieterij beschikte, zijn werk te Deventer moest verrichten. Daarmee spaarde de stad wel transportkosten uit, maar deze waren lager dan de verblijfkosten die de gieter vergoed kreeg. Daar stond tegenover, dat de heren van het stadhuis de gieter dagelijks konden controleren. Bovendien kon Hendricks stiefbroer en naamgenoot zonder zijn woonplaats Deventer te verlaten, onder bekwame leiding de kunst van het klokkengieten leren. Deze Hendrick Wegewaert de Jongere vestigde zich inderdaad na korte tijd als klokkengieter in het Deventer giethuis.[14] Merkwaardig is ook de toonreeks van het carillon.[15] Indien de in het contract genoemde benamingen identiek zijn met de huidige, moet worden aangenomen, dat de beiaard als volgt geklonken moet hebben: c-cis-d-e-f-fis-g-gis-a-ais-b-c-cis-d-e-f-fis-g-gis-a. De dis ontbrak dus, terwijl de veel minder belangrijke cis wel noodzakelijk werd geacht. Door het opofferen van vier luiklokken aan de beiaard pleegde de stadsregering een ernstige aanslag op de imposante groep middeleeuwse luiklokken. Het zou helaas niet de laatste aanslag op het machtige middeleeuws gelui blijven.[16]

Het nieuwe carillon kwam vóór 27 september 1613 gereed. Op die datum bezichtigden schepenen en raad het spel.[17] Op de Waag werden de klokken gewogen. De waagmeester noteerde als totaal gewicht 14.375 oude ponden. Vervolgens werden de klokken opgehesen naar de koepel, die inmiddels vrijwel voltooid was. Ze kregen een plaats aan dwars gemonteerde metalen stangen in de open bogen van de koepel. De klokken hingen dus half binnen, half buiten de lantaarn. Het geluid kwam, in tegenstelling tot dat van de luiklokken, rechtstreeks op de toehoorders af. De

Afb. 189 De klokken g2, as2 en a2. De eerste twee van François Hemony, de laatste van Petit en Fritsen (zie p. 224; bijlage, nr. 20 t/m 22). De achterste klok is tevens de laatste die nog een kroon heeft. De kleinere klokken hebben die niet meer (foto Gemeentelijke Archiefdienst Deventer).

luiklokken daarentegen bleven waar ze al vanouds hingen: in de klok- en luizolder, in de tweede trans van de toren, achter klankborden in galmgaten. Aldus ontstond een klokkenkamer. Daarin bleven de hogere tonen en de boventonen hangen, zodat de klank van de luiklokken milder was. Alleen de grote uurklok was in september 1613 van de luizolder opgehesen tot midden boven in de koepel.

Muzikaal gezien is het eerste carillon van Deventer waarschijnlijk geen succes geworden. Vermoedelijk was dat vooral daaraan te wijten, dat Wegewaert weliswaar een goed gieter van luiklokken was, maar dat hij onvoldoende in staat was (carillon)klokken te stemmen. Geheel onbekend met de principes van het stemmen was mr. Hendrick echter niet. In zijn afrekening met de stedelijke regering, van 5 maart 1614[18], is namelijk een post opgenomen, om een 'groote olde klockke uijt to draaijen ende opt' accoord te brengen'. Bijzonder is in deze passage het gebruik van het begrip 'uitdraaien'. Vrijwel alle bronnen vóór Hemony spreken van uithakken. Toen na 34 jaar de Hemony's een nieuw spel zouden leveren, gebruikten zij alle Wegewaertklokken op één na als spijs voor hun nieuwe schepping.

Wat thans nog over het Wegewaertcarillon bekend is, berust enerzijds op de ene nog bestaande klok, anderzijds op archiefmateriaal en literatuur.[19] De enige klok die gehandhaafd bleef (nr. 7) heeft de absolute toonhoogte ges1. Deze is 96 cm hoog, heeft een diameter van 110,6 cm, en is voorzien van het volgende randschrift: HENDRICK.WEGEWAERT. – TOE. CAMPEN.WONDE.HY(X) HEFT.TOE.DEVENTER.GEGATEN. Y(X)OP. – PAS(X)DOE.DEN.TORNE.VERHOECHT.WAS. NNO.1613. Daar waar een (x) staat is een scheidingsteken opgenomen in de vorm van een soort klavertjedrie, terwijl tussen HENDRICK en 1613 een Franse lelie is aangebracht. Het randschrift staat op de hals van de klok. Eronder, op de flank, staat een grote afbeelding van het schild van het wapen van de stad Deventer, omgeven door drukke versieringen.

In 1620 herstelde de Deventer uurwerkmaker mr. Hendrick Haberecht uurwerk en klokkenspel.[20] Adviseur was mr. Jan Carlier, uurwerkmaker te Zwolle. Haberecht moest verschillende mankementen verhelpen. De kwartieren van het torenuurwerk waren verschillend van lengte en ze klopten bovendien niet met de kwartieren die de cymbalen in de kerk sloegen, de wijzers van het uurwerk liepen niet gelijk en een veer was stukgeslagen. Mr. Hendrick regelde de kwartierslag in de kerk met een 'tonne' (trommel voor automatisch spel), hij verving de raderen die de wijzers dreven, de wijzerstangen en de verbindingen tussen uurwerk en halve- en heel-uurklok. Tevens verstelde hij de hamers die de klokken aansloegen, verbeterde het tuimelaarsysteem en verving de trommel met stiften door een nieuwe. Zoals al is vermeld, waren de stiften los, zodat ze verstoken konden worden. Zo kon het automatisch spel weer naar behoren functioneren.[21]

Ook de voorzieningen voor de beiaardier werden verbeterd. In die tijd was Claude Bernardt[22] als zodanig in functie, die de uurwerkmaker gemeenzaam met 'Glaudi' aanduidt. Het klavier werd gedeeltelijk vervangen en uitgebreid. Dat laatste was mogelijk, omdat ook de brandklok nu in het spel werd opgenomen. Daartoe werd deze voorzien van een hamer, veer, nieuwe klepel, draden en een tuimelaar. Aan de halve-uurklok kwamen twee nieuwe hamers met toebehoren

Afb. 190 Het uurwerk in de toren, in 1862 geleverd door A. Borrel van de firma J. Wagner Neveu te Parijs (foto Gemeentelijke Archiefdienst Deventer).

en ook deze werden aan het klavier gekoppeld. Omdat de toetsen te breed waren en de verbinding met de klokken door de draden moeizaam was, verliep het spelen zwaar. Haberecht verlengde de schroeven waarmee de draden werden gespannen, hij veranderde de vorm van de klavieren naar Zwols model (een idee van Jan Carlier?) en wijzigde het verloop van de draden en de positie en bevestiging van de tuimelaars. Voorts werden de pedalen verbeterd. Mr. Hendrick liet zich bijstaan door een knecht en trok voor enkele dagen een smid en een touwslager aan. Hij reinigde het gehele uurwerk en leverde het bedrijfsklaar op. Toen moest het werk door mr. Jan Carlier worden 'opgenomen en geprezen', dat betekent gecontroleerd en akkoord bevonden worden. Daarna diende Hendrick zijn declaratie in, waarin hij op spoedige betaling aandrong en de stadsregering in dat verband wees op zijn zorg 'in deze benarde tijden' en voor zijn 'vrouwe en kinderkens'.

Uit het bovenstaande kan worden afgeleid, dat het Wegewaertspel beschikte over behoorlijke voorzieningen voor zowel automatisch als persoonlijk spel. De klepels waren van zodanige kwaliteit, dat Jurriaan Sprakel[23] ze in 1647 kon monteren aan de toen nieuwe Hemonyklokken. Waarschijnlijk waren de klokken niet al te zuiver gestemd, maar in de eerste jaren dat ze er hingen, zullen de Deventenaren er toch met genoegen en trots naar geluisterd hebben.

Het klokkenspel van de gebroeders Hemony

Hendrick Wegewaert werkte niet in een bloeiperiode van het gieten van speelklokken. Die tijd zou in het midden van de zeventiende eeuw aanbreken en wel door de inzet van de gebroeders François en Pieter Hemony en door hun samenwerking met Jhr. Jacob van Eyck. Door die samenwerking werd een oplossing gevonden voor het oude probleem van het zuiver stemmen van klokken.

De blindgeboren Utrechtse musicus, musicoloog, componist en beiaardinrichter Jhr. Jacob van Eyck[24], die goed was ingevoerd in de wetenschappelijke en muzikale wereld van zijn tijd, ontwikkelde met zijn zuiver gehoor theorieën over het ontwerpen van het profiel en het stemmen van klokken. Hij raakte daarover in gesprek met de Hemony's.[25] Zij waren in Levecourt in het toenmalige hertogdom Lotharingen geboren en hadden zich na een zwervend bestaan in 1644 gevestigd te Zutphen. Daar goten zij het carillon van de Wijnhuistoren (1645). Als externe keurmeesters waren daarbij Van Eyck en de Deventer beiaardier Lucas van Lenninck aangewezen.[26] Laatstgenoemde moet diep onder de indruk zijn gekomen. Het − lovende − keuringsrapport stelt onomwonden, dat het nieuwe spel dat in naburige steden overtrof.

Het goede resultaat dat te Zutphen was bereikt, was te danken aan de nieuwe inzichten over de juiste verhoudingen tussen de diameter, de hoogte en de dikte van de wand van de klok. Deze verhoudingen konden, in combinatie met het gebruik van het juiste brons, tot zuivere toonvorming leiden, zowel van de individuele klok als van een spel van klokken. Er was dus een duidelijke relatie tussen de toonzuiverheid en de diameter, de hoogte en de dikte van de klokwand. Na het gieten bewerkten de Hemony's, mede op advies van Van Eyck, daarom op een draaibank hun klokken aan de binnenzijde met een beitel, het zogenaamde 'uitdraaien' om ze, door het plaatselijk verdunnen van de wand, zuiverder te stemmen. Daarbij benutten zij een metalofoon, een soort xylofoon met klankstaven.

Voor Lucas van Lenninck, die op de niet zuiver gestemde Wegewaertklokken van Deventer speelde, moet in Zutphen een nieuwe wereld zijn opengegaan. Zonder twijfel was hij het, die François Hemony (Pieter was tijdelijk niet aan de werkplaats verbonden) inspireerde, om Deventer ongevraagd een nieuwe beiaard te offreren.[27] François was niet alleen een begaafd ambachtsman, maar ook een met psychologisch inzicht begiftigde zakenman. Hij trof de heren ten stadhuize op hun zwakste punt: hun ijdelheid. Het

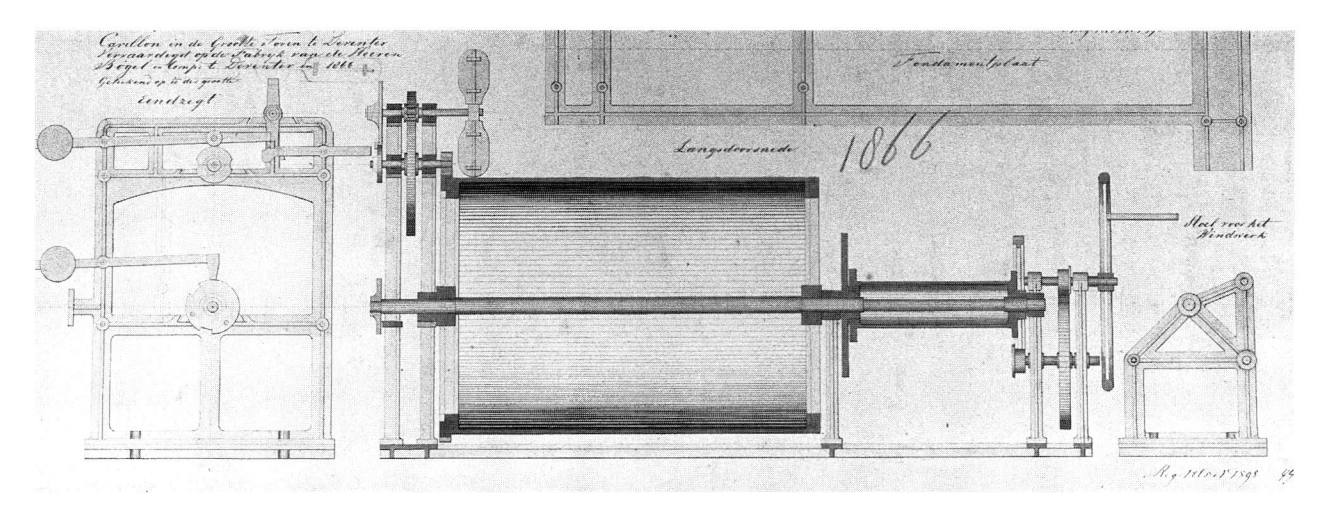

Afb. 191 Ontwerp voor de speeltrommel naar een tekening van B. Looman (foto Gemeentelijke Archiefdienst Deventer).

huidige klokkenspel, zo schreef hij, is niet veel zaaks en dat komt de reputatie van de beroemde stad Deventer bepaald niet ten goede. Hij kon echter een spel leveren van 25 klokken, zodanig 'dat in dese Geunieerde Provincien geen beter sal werden gevonden'. Hij bood aan, de nieuwe beiaard geheel voor eigen rekening en risico te maken, zonder betaling van voorschotten, naar eigentijdse toonzetting en gestemd naar de uurklok. Het werk mocht worden beproefd door experts en musici. Bij aflevering was de stad niet tot koop gehouden. Bij goedkeuring en aanvaarding was Deventer aan Hemony vierduizend Carolusguldens ineens schuldig, terwijl hij de bestaande klokken mocht vergieten en een eventueel overblijvend gewicht aan brons tegen marktprijs zou vergoeden. François zou dus een onovertroffen produkt leveren, zelf voorfinancieren en het volle risico van afkeuring door externe deskundigen op zich nemen.

Of het de kracht van Hemony's welgekozen argumenten was, de naijver met het naburige Zutphen dat een beter klokkenspel had dan Deventer, de voorspraak van Van Lenninck, of een combinatie van deze en andere factoren, feit is, dat de Deventer bestuurders in december 1646 op het voorstel van Hemony ingingen. Ook werd van Eyck bij de opdracht voor Deventer betrokken.[28] Vanuit Utrecht schreef hij op 6 november 1646 'aen de eersame constricke musicus mr. Lucas van Lenninck organist van de groote kerck tot Deventer'. Van Eyck verwonderde zich erover, dat het Deventer spel lichter zal worden dan het Zutphense: 'Daer ick grootelijcks in verwondert ben dat het Deventerse nu noch soo veel minder soude wegen, daer het wel dusent pont swaerder behoorde te wegen, want het meerder lager iss als hooger is ende ten anderen den toorn hier noch so veel hooger is ende te wijder van malkander hangen, soo dat het geluyt so licht zijnde gans mager soude luijden, voornamelijk de cleynties'. Even verder zei hij dat erop gelet moet worden, of de oude uurklok wel zal stemmen met de nieu-

Afb. 192 De speeltrommel, in 1865 geleverd door de Deventer ijzergieterij Nering Bögel, met gaatjes, noten (ook stiften of pennen genaamd), lichters en draden (foto Gemeentelijke Archiefdienst Deventer).

we beiaard. Hij verzocht Van Lenninck dan ook, Hemony, hij noemt François 'Mr franco', te vragen, indien hij naar Amsterdam gaat om spijs te kopen, bij hem langs te komen 'opdat ick hem noch int het een offte ander wat onderrichte (...)'. Dit had blijkbaar goede resultaten, want op 4 december 1646 werd met Deventer een overeenkomst gesloten[29] waarin Hemony zich verplichtte een spel van 25 klokken te leveren, waarvan de zwaarste 2.500 pond zou wegen, een lage e1. Een eïs1 en een g1 waren hierbij niet inbegrepen. Hemony verrichtte het gietwerk voor de Deventer beiaard in zijn werkplaats te Zutphen. Enkele klokken goot hij samen met zijn broer Pieter, doch verreweg de meeste alleen. In de Zutphense gieterij werden de klokken ook gestemd, en wel in de middentoonstemming, de algemeen geldende stemming in de zeventiende eeuw. Tevoren waren de meeste Wegewaertklokken van het oude carillon van Deventer naar Zutphen gebracht, waar ze, zoals contractueel overeengekomen, ten dele als de spijs voor de nieuwe klokken dienden.

De nieuwe klokken werden gewogen in de Waag op de Brink.[30] Dat was de officiële levering, die plaats vond op 23 september 1647. Er bleken toen 25 klokken (es1-f1-g1-chromatisch-f3) te zijn, totaal wegende 13.799 pond, met als lichtste een klok van 250 en als zwaarste een van 2.855 pond. Waarom de beiaard uiteindelijk nog een halve toon lager uitkwam dan aanvankelijk in de bedoeling lag, is nergens vermeld. Van de Brink gingen de klokken naar het Grote Kerkhof, waar ze in de toren werden opgehesen. Uit de archiefstukken blijkt niet, dat een nieuwe klokkestoel is gebouwd. Aangenomen mag daarom worden, dat de nieuwe klokken werden opgehangen in de constructie die voor de Wegewaertbeiaard was geplaatst. De inrichting van het spel werd opgedragen[31] aan Jurriaan Sprakel uit Zutphen, een bekwaam uurwerkmaker, die veel met de Hemony's samenwerkte. In zijn aanbiedingen is sprake van 27 klokken: de 25 nieuwe, de bestaande uurklok en de enige Wegewaertklok (nr. 7), die behouden bleef. De oude klepels werden opnieuw gebruikt.

In Deventer werden de klokken gekeurd. Evenals te Zutphen waren Van Eyck en Van Lenninck de keurmeesters. Tien weken en twee dagen lang verbleef Van Eyck ter stede. Hij was vergezeld van zijn knecht, die hem vanwege zijn blindheid op al zijn reizen terzijde stond. Mogelijk was dit Nicolaas van Raesvelt, die Van Eyck trouw heeft gediend.[32] Behalve de verblijfkosten kregen beiden een royale gratificatie uit de stadskas.[33] Ook Van Lenninck werd extra bedacht.[34]

In december 1647 werden enkele betalingen geboekt in verband met het afronden van de werkzaamheden voor het nieuwe klokkenspel. Toen moet het gereed zijn geweest om te worden bespeeld. François Hemony kon de koopsom in klinkende munt in het stadhuis ophalen: 11.729 harde guldens.[35]

Afb. 193 De aankomst van de klokken te Deventer, 1952 (foto Gemeentelijke Archiefdienst Deventer).

Voor de opschriften van de klokken gebruikten de katholieke Hemony's de hun vertrouwde Vulgaattekst van de psalmen.[36] Zo dragen klokken in het kleine oktaaf heel de tekst van psalm 150. De randschriften, die in aansluiting op de psalmverzen eveneens in het Latijn gesteld zijn, vermelden verder een of meer van de volgende gegevens: de opdrachtgever, de stad Deventer, de gieter, Zutphen als plaats van gieten, het jaar 1647, en op de grootste klok (es1, nr. 4) een verwijzing naar de keurmeesters Van Eyck en Van Lenninck. Zo werd de vriendschappelijke en vruchtbare samenwerking tussen gieters en adviseurs vastgelegd. De Hemony's versierden de klokken met hun dikwijls gebruikte palmhouten matrijzen met sierranden van engelenfiguurtjes.

Men zou denken, dat de stad nu lange tijd veel voldoening en weinig zorgen over het carillon zou hebben. Binnen enkele jaren echter waren aanvullende voorzieningen vereist.[37] In 1653 meende de stadsregering, dat de bes-klok, de zwaarste in het spel, niet goed en helder sloeg. Deze klok, die al van vóór 1613 dateerde en die in dat jaar van de luizolder tot midden boven in de koepel werd gehesen, sloeg de hele uren. Toen ook een luiklok barstte, gaf de regering opdracht aan de gebroeders Hemony, beide klokken te hergieten. De tekst van de resolutie luidde: 'De geheele uyr-clocke op een beter ende helderder, ende de geborstenen luyd-clocke op een leger toon te doen vergieten, ende d'oude clocken daer toe te verbesigen, ende met Frans Hemoni daer over te accorderen' De nieuwe bes-klok (uurklok) kreeg een hoogte van 145 cm en een diameter van 175 cm (nr. 1). Het opschrift luidt: CIVITAS DEVENTRIAE ME FIERI FECIT*ANNO DOMINI 1653.F:ET P:HEMONY ME FEC: ZUTPHANIAE. (De stad Deventer heeft mij laten maken in het jaar onzes Heren 1653 F. en P. Hemony hebben mij te Zutphen gemaakt). Op de flank is het adelaarswapen in een gevlochten krans geplaatst.

Tot heden vormt deze klok de basis van het gehele klokkenspel. Zij is het grootste exemplaar, slaat sinds 1653 alle hele uren en is tegenwoordig bovendien de zwaarste luiklok.

Na verloop van tijd bleek, dat een aantal van 26 klokken weinig was voor het op verantwoorde wijze ten gehore brengen van een behoorlijk repertoire. Aanvulling van het derde en hoogste octaaf was gewenst, hetgeen tien nieuwe klokken zou vergen. In drie fasen voegde de stad deze aan het spel toe. In 1664[38] liet de regering zeven klokken (nrs. 31 t/m 37) gieten door François Hemony, die zich inmiddels in Amsterdam had gevestigd. Deze exemplaren dragen het opschrift: F HEMONY ME FECIT AMSTELODAMI A 1664 (F. Hemony heeft mij te Amsterdam gemaakt in het jaar 1664). Nadat Jan Borcherts het klavier had veranderd (1675) en op advies van H. Kamp te Zutphen het dradenwerk en het tuimelaarstelsel waren hersteld[39], goot de uit Enkhuizen afkomstige en te Amsterdam werkzame Cyprianus Crans Jansz. in 1753 een klok.[40] Deze diende ter vervanging van een gebroken Hemonyklok, waarvan het brons gebruikt werd. Het randschrift luidde: C CRANS AMSTELODAMI A 1753 ME FECIT (C. Crans te Amsterdam heeft mij in het jaar 1753 gemaakt). De Groninger gieter Johan Christiaan Borchardt tenslotte produceerde de drie nog ontbrekende klokken in 1755[41] met als randschrift: FUDIT I BORCHARDT GRONINGAE 1755 (J. Borchardt heeft mij te Groningen gegoten 1755). Het carillon telde eind 1755 derhalve in totaal 37 klokken, waarvan: 1 van Wegewaert, 32 van de Hemony's, 1 van Crans en 3 van Borchardt. Dit aantal zou tot de restauratie van 1950-1952 ongewijzigd blijven. Op een niet nader bekend tijdstip werden twee van de speelklokken zodanig geplaatst, dat deze ook konden worden geluid.

Uit het bovenstaande blijkt, dat over het carillon in de tijd van de Republiek vrijwel volledige gegevens kunnen worden verzameld. De informatie over de luiklokken daarentegen is onvolkomen. De zojuist genoemde twee speelklokken die konden worden geluid, hingen in de koepel. Het is overigens niet geheel zeker, of het luimechaniek er al in de tijd van de Republiek was. De klokken waarmee uitsluitend kon worden geluid hingen in de klokkenkamer, achter de galmborden, in de tweede geleding van de toren en in eikehouten stoelen. Vast staat, dat tijdens de Republiek het aantal luiklokken kleiner was dan in de late middeleeuwen. Vier waren immers door Hendrick Wegewaert opgenomen in zijn carillon en later door François Hemony vergoten.[42] Eén klok werd overgegoten en vervangende luiklokken werden niet geplaatst. In de sobere calvinistische eredienst was een groot gelui ook minder belangrijk.

De middeleeuwse Jezus- en Martinusklokken namen op de luizolder een opvallende plaats in.[43] Dan hing er de luiklok die de gebroeders Hemony in 1653 hadden hergoten.[44] Tenslotte was er ook de kleinste van

Afb. 194 De middelste luiklok 'Vrede' (1950) (zie p. 224; bijlage, nr. 2). Rechts het wiel dat de klok laat luiden, daaronder de klepel die de beiaardier vanaf het klavier kan bespelen, midden onder de klepel voor het luiden en links de hamer die met de speeltrommel in verbinding staat (foto Gemeentelijke Archiefdienst Deventer).

de drie in 1838 vervreemde klokken.[45] De uurklok was in 1613 van de luizolder naar de koepel gehesen. Uit literatuur en archiefmateriaal blijkt[46], dat een poort-, een wacht- en een brandklok werden gebruikt, dat klokken het afkondigen van verordeningen (banklok), het samenkomen van bestuurscolleges en het vertrek van de postwagen aangaven, dat er een 'boerenklokje' was (waarover niets naders bekend is; in andere steden veelal genoemd naar een corporatie van boeren), en dat voor de aanvang van de kerkdiensten en bij begrafenissen eveneens geluid werd. Om verwarring te voorkomen zullen voor de meeste van deze doeleinden afzonderlijke klokken zijn gebruikt. De hierboven genoemde klokken waren daarvoor nodig en misschien hingen in de toren nog een of meer andere klokken die geen sporen hebben nagelaten. Tot 1838 zou de samenstelling van de groep luiklokken ongewijzigd blijven.

Afb. 195 Boven in de klokkenstoel hangen de kleinste klokken in drie rijen van telkens zes naast elkaar (zie p. 224; bijlage, nrs. 30 t/m 47) (foto Gemeentelijke Archiefdienst Deventer).

Neergang en opbloei in de negentiende eeuw

Het was een botte zucht naar geld, die het gemeentebestuur in 1838 tot de verkoop van zes historische klokken bracht.[47] Juist in de tijd, dat Johann Heinrich Holtgräve in de kerk zijn monumentale orgel bouwde[48], verkocht de gemeenteraad, ter leniging van financiële nood, drie klokken uit de toren daarboven, evenals drie klokken uit de Bergkerk. Uit de Grote Kerk verdwenen de zwaarste luiklokken, die eens het middeleeuws 'groot akkoord' hadden gesierd. Tot dit drietal behoorden de Jezusklok uit 1457 en de in 1653 door de Hemony's hergoten luiklok. Van het derde exemplaar is slechts bekend, dat het de kleinste was. Aangenomen moet worden, dat alle drie klokken in de smeltkroes verloren zijn gegaan.

Ruim twintig jaar later echter gaf het gemeentebestuur blijk van zorg voor en trots op de klokken. Uitgerekend in een tijd van verval van de klokkencultuur zorgde het voor een nieuw uurwerk en voor een nieuwe speeltrommel. In 1860 werd duidelijk, dat het uurwerk uit 1613 niet meer behoorlijk kon functioneren.[49] Stadsbouwmeester B. Looman zocht contact met de Parijse uurwerkmaker A.Ph. Borrel van de gerenommeerde firma J. Wagner Neveu.[50] Borrel was een belangrijk vernieuwer op het gebied van de vervaardiging van grote tijdmeters en hij experimenteerde met de toepassing van electriciteit. In 1859 had hij een nieuw uurwerk mogen leveren voor de Utrechtse Domtoren;[51] drie jaar later mocht hij dat in Deventer doen.[52] Het uurwerk zou de wijzers van de vier wijzerplaten voortbewegen, het zou de trommel voor het automatisch spel elk kwartier laten draaien en het zou het signaal geven voor de slag op het hele en het halve uur. Op de klankborden in de galmgaten kwamen witte wijzerplaten van zwaar gegalvaniseerd plaatijzer. De prijs van het nieuwe werk viel – door de onverwacht hoge transportkosten en invoerrechten – tegen.[53] De tevredenheid over het werk was echter algemeen.[54] R. van Spanje prees in zijn 'Handboek voor den horlogiemaker'[55] Borrels uurwerken te Utrecht en Deventer als toonbeelden van eigentijdse techniek. Bij het plaatsen van het uurwerk was gebleken, dat de speeltrommel uit 1620 eveneens aan vervanging toe was.[56] Ditmaal behoefde de gemeente niet naar een leverancier te Parijs, want in eigen stad was een voortreffelijke ijzergieterij te vinden: de firma J.L. Nering Bögel en Co.[57] Wederom was bouwmeester B. Looman contactpersoon. Hij had met gemeentelijke en particuliere opdrachten de nodige ervaring met de gieterij had opgedaan. Aan de hand van zijn tekening goot Nering Bögel in 1865 een volkomen zuivere cylinder.[58] Nadat deze was gladgeschuurd, boorden de metaalbewerkers van dat bedrijf in ongeveer honderd werkdagen de in totaal 30.240 gaatjes en smeedden zij de 1.350 losse koperen noten (later door gehard ijzer vervangen).[59] (volgt opmerking over de grote breedte van de trommel, mogelijk in verband met wensen van Brandts Buys of om cymbalen in de kerk te laten klinken).[60]

Uurwerk en trommel functioneren nog steeds, zij het dat het voortbewegen van de wijzers is overgenomen door een elektrische 'moederklok', die in 1991 vernieuwd is. Tezamen vormen zij een fraai monument van bedrijf en techniek.

Restauraties in de twintigste eeuw

Hoewel in 1916 een elektromotor het met de handopwinden van het uurwerk overbodig maakte en in 1922 de wijzerplaten van elektrische verlichting werden voorzien, vertoonde het klokkenspel in toenemende mate technische mankementen.[61] Het zou tot 1935 duren, eer de firma Addicks te Amsterdam voorzieningen kwam treffen. Deze voorzieningen betroffen met name het repareren en vervangen van hamers en klepels en van andere onderdelen van de mechaniek. In plaats van gewichten dreef een elektromotor in het vervolg de trommel voort. Bovendien plaatste Addicks een nieuwe speeltafel. J. Vincent, beiaardier van het Koninklijk Paleis op de Dam te Amsterdam, speelde het vernieuwde spel op 26 november 1935 in. Tijdens de Tweede Wereldoorlog bracht de bezetter grote schade toe aan het Nederlandse klokkenbezit. Historische exemplaren werden soms niet geroofd en vergoten. Ook de klokken in de toren van de Grote Kerk ontsprongen de dans.[62] Wel weggevoerd werd de klok in de dakruiter op de magistraatskapel van de kerk. Deze klok was in 1884 gegoten door de gebroeders Van Bergen te Midwolda (Groningen) voor de familie Van Welderen baron Rengers op Epemastate bij het Friese IJsbrechtum en in 1910 door de Deventer kerkvoogdij gekocht. Ook de Deventer klokken in andere torens moesten het ontgelden. Bombardementen vernielden in het carillon één klok volkomen, terwijl vijf klokken beschadigd waren en van 14 andere de kronen kapot waren. Bovendien was de mechaniek grotendeels vernield.[63]

Plannen werden beraamd om het herstel van de oorlogsschade gepaard te doen gaan met een verbetering in de opstelling en bespelingswijze van de beiaard, een uitbreiding van het aantal klokken en het bruikbaar maken van drie klokken om ermee te kunnen luiden.[64] De speeltrommel zakte naar de bovenste toren zolder en in de lantaarn werd een betonnen klokkenstoel gebouwd voor het carillon, de drie luiklokken daaronder begrepen. De uurklok (1653) (nr. 1), werd tevens de zwaarste luiklok, twee andere luiklokken en een speelklok (nrs. 2, 3 en 5) werden bijgegoten en overbrugden het toonverschil met de laagste klok van het carillon. Het verbinden van de luiklokken aan het spel en het toevoegen daaraan van een grote en zeven kleine klokjes (41 t/m 47) bracht het totale aantal klokken op 47. De nieuwe klokken die de andere kerken bestelden, werden bovendien afgestemd op de uurklok van de Lebuinus, zodat voor de gehele stad een harmonisch totaal ontstond. De luizolder in de toren verloor zijn functie. De N.V. Klokkengieterij Petit en Fritsen te Aarle-Rixtel voerde het werk uit (1950-1952). Het meeleven vanuit de burgerij was groot, ook in financiële zin. Enkele bedrijven, instellingen en particulieren financierden elk een klok.

De gieterij liet de onbeschadigde grote uurklok op de torentrans achter, nam 31 Hemonyklokken (of wat daarvan over was) en de Wegewaertklok mee naar Aarle-Rixtel en takelde de Cransklok en de drie Borchardtklokken eveneens naar beneden, waar ze ten bate van het klokkenfonds aan particulieren werden verkocht. Twee Hemonyklokken, die niet in de nieuwe samenstelling van het spel zouden passen, kregen een plaats in de dakruiter van het wijkgebouw aan de Johannes van Vlotenlaan, twee andere waren zodanig beschadigd, dat ze werden hergoten (nrs. 4 en 13). De resterende 28 Hemony-klokken werden, voorzover nodig, hersteld, maar niet schoongemaakt of bijgestemd. Met de Wegewaert (nr. 7) vormen zij de historische kern van het huidige Deventer carillon. Harmoniërend met hun toonhoogte goot Petit en Fritsen vervolgens nieuwe klokken bij: vier ter vervanging van die van Crans en Borchardt, vier ter vervanging van die van de Hemony's (dat bracht het aantal weer op het oorspronkelijke aantal van 37), drie nieuwe zware klokken en zeven lichte, zodat tien exemplaren werden toegevoegd, alle bekostigd uit giften.[65] Een samenvattend overzicht biedt de bijlage op pagina 224 en 225.

De randschriften van de nieuwe klokken werden bedacht door de toenmalige burgemeester mr. H.W. Bloemers en zijn vriend, de befaamde advocaat, toneelspeler en regisseur mr. A.H. Schmidt:[66]

— Absolute toonhoogte cl, middelste luiklok (nr. 2):

AANGEBODEN DOOR BURGERIJ
'VREDE'
IK LUID DE WREDE OORLOG UIT
BRENG' IMMER VREDE MIJN GELUID.
A.D. MCML
PETIT EN FRITSEN AARLE-RIXTEL

Afb. 196 Gedenkplaat op de koepel van de toren, aangebracht bij de restauratie in 1950 (foto Gemeentelijke Archiefdienst Deventer).

Deze tekst is op één zijde verspreid over de bovenrand (eerste regel), de flank en de onderrand (laatste regel) van de klok. Aan de andere zijde staat in de rand van de klok N.K.O., hoogstwaarschijnlijk de afkorting van Nederlandse Klokken- en Orgelraad. Aan die zijde is midden op de flank ook het wapen aangebracht van de firma Petit en Fritsen met de spreuk: Soli Deo Gloria (alleen God de eer).

— Absolute toonhoogte d1, kleinste luiklok (nr. 3):

AANGEBODEN DOOR INDUSTRIE
'VRIJHEID'
VRIJHEID IS HET HOOGSTE GOED,
NIJVERHEID MIJ KLINKEN DOET
A.D. MCML
PETIT EN FRITSEN AARLE-RIXTEL

De indeling is gelijk aan die bij de c1 klok, ook het gieterswapen komt voor.

— Absolute toonhoogte es1 (nr. 4):

PSL. 130. LAVDATE DOMINVM IN SANCTIS EIVS.
LAVDATE EVM IN FIRMAMENTO VIRTUTIS EIVS

DE STADT DEVENTER HEEFT ONS LAETEN GIETEN A
1647. DOOR FRANS HEMONY. OP DE PROEBE VAN
IR IACOB VAN EICK EN MR LVCAS LENNICH. VERNIELD DOOR KRIJGSGEWELD ZIJN WIJ ANNO 1951
HERGOTEN DOOR PETIT EN FRITSEN

De indeling is in dezelfde sfeer als bij de hierboven genoemde klokken. Niet alleen het gieterswapen is opgenomen, maar ook, aan de andere zijde van de klok, het wapen van de stad Deventer. Dit wapen komt eveneens voor op veel klokken van Hemony. Deze klok neemt de plaats in van de es1 klok van François Hemony. Het aardige randschrift over het tot stand komen van de beiaard in 1647 is vrijwel letterlijk overgenomen. De aanduiding van de psalm is echter pertinent onjuist: 130 moet zijn: 150. Overigens heeft de gieter een kleiner en wat minder duidelijk lettertype gebruikt dan Hemony.

— Absolute toonhoogte e1 (nr. 5):

AANGEBODEN DOOR MIDDENSTAND
'VOORSPOED'
NERING DOET LEVEN,
HEEFT VOORSPOED GEGEVEN
A.D. MCML
PETIT EN FRITSEN AARLE-RIXTEL

De indeling is gelijk aan die bij de c1 klok en het gieterswapen verschijnt ook weer.

— Absolute toonhoogte c2 (nr. 13):

AANGEBODEN DOOR DEVENTER DAGBLAD
NA 'T KRIJGSGEWELD
BEN IK HERSTELD
MIJN VRIJE WOORD
WORDT WEER GEHOORD

Aan de andere zijde staat, onder aan de flank:

FRANC.HEMONY A.D. MDCXLVII ZUTPHANIAE ME
FECERAT
FURORE BELLI DELETUM PETIT ET FRITSEN A.D.
MCML ME REFECIT

(François Hemony heeft mij in het jaar des Heren 1647 te Zutphen gegoten. Door oorlogsrazernij vernield heeft (de firma) Petit en Fritsen mij in het jaar des Heren 1950 opnieuw gegoten).

Ook op enkele andere klokken werd een randschrift aangebracht.

— Op de a2 (nr. 22) en de b2 klok (nr. 24):

Afb. 197 Het klavier van het carillon, in 1981 geleverd door de gieterij firma Koninklijke Eijsbouts te Asten (foto Gemeentelijke Archiefdienst Deventer).

PETIT ET FRITSEN ME REFUDERUNT ANNO DOMINI M CM LII

(Petit en Fritsen hebben wij opnieuw gegoten in het jaar des Heren 1952).

— Op de f3 klok (nr. 30):

OPGEDRAGEN AAN L.C. KIEVIT STADSUURWERKMAKER DEVENTER A.D. MCML PETIT ET FRITSEN ME FUDERUNT

(Petit en Fritsen hebben mij gegoten).

De namen van de schenkers van de zeven kleine klokjes (nrs. 41 t/m 47) werden als volgt vermeld op een bronzen bord, dat werd aangebracht op de lantaarn:

Mr. H.W. Bloemers
F.W. Haarbrink Sr. en Jr.
A.G. Beltman
Familie Ankersmit
U.D. 1875, de Band die Bindt
Deventer Landbouwcorps Nji Sri
De Kleine Commissie[67]

Nadat de klokken op 6 april 1952 in optocht de stad waren ingehaald, werden ze naar boven gehesen en geïnstalleerd. Ferdinand Timmermans, adviseur bij de restauratie en beiaardier van Rotterdam en Schiedam, speelde het carillon op 19 juli 1952 in.[68] Roodkoperen ringen op de koepel vervingen inmiddels de witte ijzeren wijzerplaten op de klankborden.[69]

De meest recente geschiedenis van de klokken is snel verteld. De firma Koninklijke Eijsbouts te Asten plaatste in 1981 een nieuw klavier, tevens de eerste aanzet voor een volgende restauratie. Deze zal in de jaren negentig noodzakelijk zijn. In 1984 tenslotte keerde een klok terug in de dakruiter op de Magistraatskapel, afkomstig uit het toen verkochte hervormde wijkcentrum 'Oase' in de Deltawijk.

Het Deventer carillon is een bijzonder instrument, ook als monument. Sinds het klokkenspel in de Zutphense Wijnhuistoren door brand is verwoest, is het het oudste ter wereld dat in de samenwerking tussen de Hemony's en Jhr. Jacob van Eyck is gestemd. Daarnaast heeft het steeds een rol van betekenis vervuld in het kerkelijke, het culturele en het sociale leven van de stad Deventer. De achtereenvolgende beiaardiers, die veelal tevens organist waren (zie bijlage op pagina 224 en 225), waren op velerlei wijzen in het muziekleven van hun tijd actief.

Om de rijke cultuur en traditie rond de klokken voort te zetten en te vernieuwen, werd in 1974 de (Stichting) Deventer Beiaardkring opgericht. Deze organiseert sindsdien elk zomerseizoen een reeks concerten onder de titel: 'Torenmuziek'. Opdat de klokken klinken blijven.[70]

Bijlage

Samenvattend overzicht van alle klokken in de toren van de Grote of St. Lebuinuskerk, zoals deze (sedert 1952) daar aanwezig zijn. De klokken zijn gestemd in de middentoonstemming op basis es. In 1952 werd de beiaard ten onrechte op basis bes op het klavier aangesloten.

volg-nummer	absolute toonhoogte	diameter	gewicht	gieter(s) en jaartal		naam c.q. bijzonderheden
1	bes°	175,0 cm	3310,0 kg	F. en P. Hemony	1653	grootste luiklok, hele uurklok
2	c^1	157,0 cm	2484,0 kg	Petit en Fritsen	1950	Vrede, middelste luiklok (burgerij)
3	d^1	139,5 cm	1741,0 kg	Petit en Fritsen	1950	Vrijheid, kleinste luiklok (industrie)
4	es^1	131,0 cm	1471,0 kg	Petit en Fritsen	1951	hergoten (met verwijzing naar François Hemony, Jacob van Eyck en Lucas van Lenninck)
5	e^1	125,0 cm	1230,0 kg	Petit en Fritsen	1950	Voorspoed (middenstand)
6	f^1	116,0 cm	998,0 kg	F. en P. Hemony	1647	halve uurklok
7	ges^1	110,6 cm	872,0 kg	H. Wegewaert	1613	
8	g^1	103,5 cm	726,0 kg	F. en P. Hemony	1647	
9	as^1	96,8 cm	597,0 kg	F. Hemony	1647	
10	a^1	97,2 cm	518,0 kg	F. Hemony	1647	
11	bes^1	87,0 cm	423,0 kg	F. Hemony	1647	
12	b^1	83,0 cm	360,0 kg	F. Hemony	1647	
13	c^2	77,5 cm	289,0 kg	Petit en Fritsen	1950	hergoten (aangeboden door Deventer Dagblad)
14	des^2	72,3 cm	241,0 kg	F. Hemony	1647	
15	d^2	69,3 cm	215,0 kg	F. Hemony	1647	
16	es^2	65,0 cm	175,0 kg	F. Hemony	1647	
17	e^2	62,3 cm	159,0 kg	F. Hemony	1647	
18	f^2	58,0 cm	124,0 kg	F. Hemony	1647	
19	ges^2	54,9 cm	109,5 kg	F. Hemony	1647	
20	g^2	52,2 cm	94,0 kg	F. Hemony	1647	
21	as^2	48,7 cm	76,5 kg	F. Hemony	1647	
22	a^2	46,2 cm	65,0 kg	Petit en Fritsen	1952	hergoten (laatste klok met kroon)
23	bes^2	43,3 cm	57,0 kg	F. Hemony	1647	
24	b^2	41,5 cm	48,5 kg	Petit en Fritsen	1952	hergoten
25	c^3	39,0 cm	41,5 kg	F. Hemony	1647	
26	des^3	36,5 cm	34,5 kg	F. Hemony	1647	
27	d^3	35,2 cm	30,0 kg	F. Hemony	1647	
28	es^3	32,8 cm	25,5 kg	F. Hemony	1647	
29	e^3	31,4 cm	22,0 kg	F. Hemony	1647	
30	f^3	35,6 cm	37,5 kg	Petit en Fritsen	1950	Kievitsklok
31	ges^3	30,3 cm	20,5 kg	F. Hemony	1664	
32	g^3	29,0 cm	18,0 kg	F. Hemony	1664	
33	as^3	26,9 cm	15,0 kg	F. Hemony	1664	
34	a^3	26,8 cm	15,5 kg	F. Hemony	1664	
35	bes^3	25,7 cm	13,5 kg	F. Hemony	1664	
36	b^3	23,9 cm	11,5 kg	F. Hemony	1664	
37	c^4	22,7 cm	9,5 kg	F. Hemony	1664	
38	des^4	26,5 cm	18,0 kg	Petit en Fritsen	1950	
39	d^4	25,7 cm	17,0 kg	Petit en Fritsen	1950	
40	es^4	25,0 cm	16,0 kg	Petit en Fritsen	1950	
41	e^4	24,7 cm	15,5 kg	Petit en Fritsen	1950	geschonken door mr. H.W. Bloemers
42	f^4	23,9 cm	15,0 kg	Petit en Fritsen	1950	geschonken door F.W. Haarbrink sr. en jr.
43	ges^4	23,3 cm	14,5 kg	Petit en Fritsen	1950	geschonken door A. G. Beltman
44	g^4	22,7 cm	14,0 kg	Petit en Fritsen	1950	geschonken door fam. Ankersmit
45	as^4	22,3 cm	13,0 kg	Petit en Fritsen	1950	geschonken door UD 1875
46	a^4	21,7 cm	12,5 kg	Petit en Fritsen	1950	geschonken door Nji Sri
47	bes^4	21,3 cm	12,0 kg	Petit en Fritsen	1950	geschonken door De Kleine Commissie

Beiermannen, stadsbeiaardiers en organisten
en de jaren van hun werkzaamheid

Beiermannen:
Jan Gertss	15.. - 1598
Henrick Steen	1598 - 1615

Stadsbeiaardiers, tot 1840 tevens organisten:
Willem Weinichman, ook genaamd Kuyt	1615 - 1617
Claude Bernardt	1617 - 1625
Lucas van Lenninck	1625 - 1653

(Van Lenninck bleef tot en met 1666 wel organist, zodat Cornelissen toen alleen beiaardier was)
Henrick Cornelissen	1653 - 1666
Jurriën ofwel Georg Berff	1666 - 1691
Wessel Labare	1691 - 1732
J. W. E. Böhler	1732 - 1771
J. C. Böhler	1771 - 1803
C. Berghuys	1804 - 1807
J. W. Brandenburg	1807 - 1808
J. van Trigt Jr.	1808 - 1852
C. A. Brandts Buys	1853 - 1885
H. v.d. Berg	1886 - 1900
F. W. Haarbrink Sr.	1900 - 1938
F. W. Haarbrink Jr.	1939 - 1957
H. K. J. Jaeger	1957 - 1971
A. R. Smit	1972 - heden

Organisten (na de ontkoppeling van de functies van beiaardier en organist):
C. A. Brandts Buys	1840 - 1890
J. W. Wensink	1890 - 1922
A. van Opstal	1923 - 1970
J. W. Kleinbussink	1970 - heden

Noten

[1] Dit hoofdstuk is in belangrijke mate gebaseerd op Hogenstijn 1983, waarin nadere vermelding opgenomen van bronnen en informanten. Onder deze laatste verdient met name Roel Smit, de huidige Deventer stadsbeiaardier, een bijzonder woord van dank. Zie voor algemene achtergronden voorts met name Balfoort 1938; Doornink 1938; Dubbe 1961; Dumbar 1732 en 1788; Ellerhorst 1957; Houck 1901b; De Jong 1966; Ter Kuile 1964; Lehr 1959 en 1981.
[2] Hogenstijn 1983, p. 42-43.
[3] GAD, Rep I, nr. 243.
[4] Bij het automatisch spel zijn de onderdelen van het mechaniek: de speeltrommel, de lichters, de verbindingen tussen de lichters en de hamers en tenslotte de hamers. De trommel of ton is een grote, holle, metalen cylinder, die met spaken op een horizontale as bevestigd is. In de omtrek of mantel zijn op regelmatige afstanden gaten aangebracht. In deze gaten worden stiften of pennen, ook noten genaamd, gestoken. Het veranderen ervan noemt men 'versteken'. In de regel worden deze zodanig aangebracht, dat over de trommel verspreid vier groepen van stiften elk een melodie vormen. Het torenuurwerk licht dan elk kwartier, of op een andere tijdseenheid, een pal op, die de speeltrommel vast houdt. Met behulp van een zwaar gewicht begint de trommel dan te draaien. Het gewicht wordt van tijd tot tijd naar boven gehesen. Wanneer de trommel in beweging wordt gezet, passeert een aantal pennen de lichters, een soort hefbomen die via draadspanners of wartels, metalen trekdraden en tuimelaars, een hamer van de klok lichten. De hamer valt tegen de buitenkant van de klok aan en de klok klinkt. Bij het persoonlijk spel of handspel neemt de beiaardier plaats achter een klavier, waarop handtoetsen en waaronder sinds omstreeks 1600 ook pedalen, zijn gemonteerd. Deze werken als eenarmige hefbomen, die via metalen trekdraden en onder andere tuimelaars een klepel in de klok tegen de binnenkant daarvan trekken.
[5] GAD, Rep I, nr. 243.
[6] GAD, Rep I, nr. 243, afgedrukt in Dumbar 1732, p. 412.
[7] Vóór de invoering van het metrieke stelsel aan het begin van de negentiende eeuw was een Deventer pond gelijk aan 493,68 huidige grammen.
[8] GAD, Rep I, nr. 243.
[9] GAD, Rep I, nr. 244.
[10] Doornink-Hoogenraad 1941, p. 90.
[11] Fehrmann 1967, p. 161-171.
[12] GAD, Rep I, nr. 243, afgedrukt in Hogenstijn 1983, p. 164.
[13] GAD, Rep II, concordaat 22 april 1612; Kuyper 1980, p. 28 en 241; Neurdenberg 1980, p. 77-79.
[14] Doornink-Hoogenraad 1941, p. 96-97.
[15] Fehrmann 1967, p. 168.
[16] Hogenstijn 1983, p. 64 en 108.
[17] GAD, Rep I, nr. 243.
[18] GAD, Rep I, nr. 243.
[19] Doornink 1938, p. 150-152; Hogenstijn 1983, p. 62-66.
[20] GAD, Rep I, nr. 243.
[21] De nummers van klokken in dit artikel verwijzen naar het overzicht op p. 224 en 225.
[22] Dubbe 1961, p. 121-122; Van Slee 1923, p. 101-113.
[23] GAD, Rep I, nr. 245.
[24] Swillens 1928, p. 88-132, met name p. 117-120.
[25] Balfoort 1938, p. 57, 58 en 64-66; Lehr 1959 p. 32 e.v.; Lehr 1981 p. 186-190; Swillens, p. 119-120.
[26] GAD, RA 124, Boek van Memoriën, 15 januari 1629.
[27] GAD, Rep I, nr. 245, afgedrukt in Hogenstijn 1983, p. 166.
[28] GAD, Rep II, nr. 153.
[29] GAD, Rep I, nr. 245, afgedrukt in Hogenstijn 1983, p. 167.
[30] GAD, Rep I, nr. 245, afgedrukt in Hogenstijn 1983, p. 169.
[31] GAD, Rep I, nr. 245.
[32] Swillens 1928, p. 96 en 101.
[33] GAD, Rep I, nr. 4, resolutiën schepenen en raad 18 november 1647 en 23 november 1647.
[34] GAD, Rep I, nr. 4, resolutiën schepenen en raad 29 december 1647.
[35] GAD, Rep I, nr. 4, resolutiën schepenen en raad 25 november 1647.
[36] Hogenstijn 1983, p. 71.
[37] GAD, Rep I, nr. 4, resolutiën schepenen en raad, 4 april 1653.

38 GAD, Rep I, nr. 4, resolutiën schepenen en raad, 29 oktober 1664.
39 GAD, Rep I, nr. 4, resolutiën schepenen en raad, 23 oktober 1676.
40 GAD, Rep I, nr. 4, resolutiën schepenen en raad, 28 juli 1752 en 9 november 1752.
41 GAD, Rep I, nr. 4, resolutiën schepenen en raad, 6 mei 1755.
42 Zie noot 28.
43 Zie het artikel van D.J. de Vries in dit boek.
44 Zie noot 36.
45 Zie noot 47.
46 Hiervoor bestaan diverse aanwijzigen. Zie bijvoorbeeld Stadsrecht 1640, p. 12; Doornink 1938, p. 153; Houck 1901b, p. 189; Van Beek 1924, p. 114 en 126. Zie voorts GAD, Rep I, nr. 4, resolutiën schepenen en raad 20 juni 1673, 17 december 1693, 18 december 1704, 27 oktober 1715, 3 december 1737, 26 april 1746, 31 oktober 1751, 6 september 1753, 2 februari 1759, 4 april 1778, 13 november 1781, en GAD, Rep II, nr. 125, concordaten 10 juni 1617 en 19 september 1665. Deze reeks vormt slechts een selectie uit de vele vermeldingen.
47 GAD, archief 1814-1930, deel 210, nr. 462, notulen van de raadsvergadering van 19 maart 1838.
48 Zie de bijdrage van J.W. Kleinbussink aan dit boek.
49 GAD, archief 1914-1930, deel 452, nr. 190.
50 Dictionnaire 1972, p. 651.
51 Baart de la Faille 1981.
52 GAD, archief 1814-1930, deel 452, 1861, nr. 190; deel 454, 1861, nr. 609; deel 455, 1861, nr. 749; deel 467, 1862, nr. 736; deel 470, 1862, nr. 1338; deel 471, 1862, nr. 1632; deel 474, 1862, nr. 2318.
53 GAD, archief 1814-1930, deel 478, 1863, nr. 842.
54 Verslag van burgemeester en wethouders aan de raad van de gemeente Deventer over 1862, p. 19-20.
55 Van Spanje 1864, p. 417.
56 Verslag van burgemeester en wethouders aan de raad van de gemeente Deventer over 1863, p. 15, en over 1864, p. 15, en over 1865, p. 15-16.
57 Kapsenberg 1982, met name p. 69-74.
58 GAD, archief 1814-1930, deel 507, 1865, nr. 2139; Verslag van burgemeester en wethouders aan de raad van de gemeente Deventer over 1866, p. 35-37.
59 Verslag van burgemeester en wethouders aan de raad van de gemeente Deventer over 1868, p. 15, en over 1869, p. 14.
60 Zie het artikel van H. Koldewijn in dit boek.
61 Kievit 1935, zonder paginering.
62 Archief gemeente Deventer 1930, dossiers 2.67.351, dozen 97 en 98, restauratie van carillon, luiklokken; rapport van de archivaris over oorlogsschade, 4 juli 1945.
63 Archief gemeente Deventer 1930, rapporten van de directeur Gemeentewerken en van de klokkengieterij Petit en Fritsen, 1950.
64 Archief gemeente Deventer 1930, briefwisseling van burgemeester en wethouders met de minister van Onderwijs, Kunsten en Wetenschappen, offertes van en opdrachten aan de klokkengieterij Petit en Fritsen, 1950-1952.
65 Archief gemeente Deventer 1930, voorstellen van de adviseurs, eindrapporten inzake de restauratie (1952).
66 Hogenstijn 1983, p. 123-126.
67 De Jong 1966, zonder paginering.
68 Hogenstijn 1983, p. 129-130.
69 Ter Kuile 1964, p. 27 en 55.
70 Torenmuziek, jaarlijkse uitgave van de (Stichting) Deventer Beiaardkring, 1974.

Beschrijving van het orgel in de Grote of Lebuinuskerk te Deventer

J. W. Kleinbussink

In de statige rij van IJsselsteden met belangrijke orgels, Zutphen, Deventer, Zwolle en Kampen, is het orgel van de Lebuinuskerk te Deventer het jongste instrument. Het orgel van Zutphen dateert uit 1638/1644 (doch is sindsdien sterk gewijzigd), het orgel van Zwolle werd gebouwd in de jaren 1719/1721 en het orgel van de Bovenkerk in Kampen werd in vele fasen vervaardigd. De schitterende orgelkast is van 1742 terwijl de technische realisatie tot stand kwam in de jaren 1629, 1676, 1742, 1789 en 1866. Het instrument te Deventer ontstond in de jaren 1836-1839 en is van de hand van Johann Heinrich Holtgräve.

De oudste gegevens over orgels in Deventer dateren uit het midden van de vijftiende eeuw.[1] De Onze-Lieve-Vrouwekerk in Deventer zou een orgel ontvangen hebben voor 1447. Volgende gegevens dateren uit het midden van de zestiende eeuw. Wanneer Zutphen in 1535 een nieuw orgel laat bouwen volgen Deventer en Arnhem in gezonde naijver met nieuwe instrumenten 1541. Het Deventer orgel is mogelijk gebouwd door Jorrie Slegel I uit Zwolle, maar dit staat niet onomstotelijk vast. Ook de dispositie van dit instrument werd niet overgeleverd. Een groot instrument uit die tijd bestond dikwijls uit Rugwerk, Hoofdwerk (blokwerk) en een Bovenwerk. Het pedaal was als regel aangehangen, de manuaalomvang liep van F tot a''. Het bovenwerk was rijk gedisponeerd met stemmen als octaaf 4', roerfl. i', quintadeen 8', fluit 4', nasard 2 2/3', gemshoorn 2', sifflet 1', cimbel, trompet en kromhoorn.

De Cameraarsrekeningen vermelden in 1541 over Deventer, dat 'den vrembden organist als die kerckmeisters dat nye orgel ontfangen hadden mitten samenden spoelluyden / qq 11 ½ wijns'.

Het instrument wordt daarna in 1597 gerepareerd getuige een notitie in het Gemeentelijk Archief van Deventer waarin wordt vermeld dat kerkmeester Lubbert voor reparatie 'und etliche gengen dairan verstellen' de somma van vijftig goudguldens ontvangt.[2]

In de periode van 1615 tot november 1616 vindt er dan opnieuw een ingrijpende restauratie plaats. Volgens een raadsbesluit van 23 november 1616 betaalde men de derde en tevens laatste termijn voor het vermaken en repareren van het orgel aan mr. Johan Morlet. Bovendien kreeg hij 'tot ene vereeringhe' nog vijf rosenobels. De totale kosten van de verrichte werkzaamheden bedroegen 900 dalers. Er wordt wel verondersteld dat Morlet bij deze werkzaamheden het orgel van de zuidzijde naar de noordzijde van de kerk verplaatste. In het Rijksarchief te Zwolle is echter de volgende notitie bewaard gebleven: 'Aen Henrick van Deutt, kystemaeker, die met knecht ende noch 2 mans die die Orgels in die Vrouwen kerck hebben affgenomen, 15 gg. 20 st'.[3]

Betekent 'afnemen' in dit verband 'verplaatsen'? Het werk van Johan Morlet wordt door de beroemde organist en componist Jan Pieterszoon Sweelinck, organist aan de Oude Kerk te Amsterdam, gecontroleerd. Sweelinck was in 1562 in Deventer geboren en zijn vader, Pieter Swijbertszoon, werd in 1566 benoemd tot organist van de Sint-Nicolaaskerk te Amsterdam De familie verhuisde hierbij van Deventer naar Amsterdam. Zijn betekenis als orgeldeskundige blijkt wel uit het feit dat Jan Pieterszoon Sweelinck tussen 1585 en 1616 ondermeer belangrijke orgels keurde in Nijmegen, Amsterdam, Middelburg, opnieuw Nijmegen, Harderwijk en Rotterdam. Uit de resolutie van 'Schepen ende Raedt' te Deventer (gedateerd 23 november 1616) blijkt dat: 'Eodem ordinantie gepasseert op den vorss. rentmr., ter summa van 134 gl. 12 st. voor mr. Johan te Clocken, ter cause van die verteringe by mr. Johan Petersen Swelinck, organista te Amsterdam, om het orgel in de St. Lebuinikercke op te nemen verschreven synde, van 13 Novemb. 's avonts tot den 21 dito 's morgens, met eenigeghe van de heeren, organist van Zutphen, organist van Arnhem, Claude Bernhardt ende andere, 't sijnen huse gedaen'.[4]

Claude Bernhardt was in deze tijd de stadsorganist van Deventer, die op kosten van de stad in 1665 bij Sweelinck in de leer mocht gaan. Sweelinck zelf ontving voor zijn visitatie het bedrag van 160 guldens. Mr. Goert, organist van Zutphen ontving 'ter vereeringe' twee rosenobels voor zijn aandeel.

In mei 1624 wordt aan Claude Bernhardt een uitbetaling gedaan voor het tweemaal repareren van het orgel 'ende die balgen soe die rotten verbeten geholpen repareren 4.8. –'.[5]

Ook voerden enkele orgelmakers werkzaamheden aan het instrument uit. In 1663 wordt dan aan de orgelmaker Johan Smit(s) de opdracht gegeven het orgel aanzienlijk te veranderen 'hermaecken'. Smits werd ter zijde gestaan door Jan Borchaerts, de kistemaker, en door mr. Jonas voor het houtwerk. Voor het beeld-

Afb. 198 Orgelfront van het J.H. Holtgräve-orgel. Kenmerkend voor Holtgräve is de hoge onderkas, waarachter de hoofdwerklade schuilgaat. Het hoofdwerk heeft daardoor geen directe uitstraling in de kerk (foto Gemeentelijke Archiefdienst Deventer).

Slegel, het bedrag van 1485 Car. guldens en Slegel bleef ook later bij het instrument betrokken (1684). Tot het begin van de achttiende eeuw heeft het instrument waarschijnlijk naar tevredenheid gefunctioneerd.

In 1721 hebben Schepenen en Raad een veel gelukkiger hand in de keuze van een orgelmaker: Frans Casper Schnitger, de bouwer van het schitterende instrument in de Grote Kerk te Zwolle. Schitger krijgt de opdracht het Deventer instrument een zeer grondige onderhoudsbeurt te geven voor de somma van 2850 guldens. In 1726 voert Schnitger dan nog aanvullende werkzaamheden uit.[7] Blaasbalgen, windlades, tractuur alsmede diverse registers worden totaal vernieuwd. Holtgräve bewaarde en verwerkte later weer diverse onderdelen van Schnitgers hand in andere orgels. Het is gerechtvaardigd uit het teruggevonden materiaal de conclusie te trekken dat Schnitger feitelijk achter het bestaande front in Deventer een nieuw orgel bouwde. De Schnitger-hoofdwerklade bevindt zich thans te Ruurlo.

Joachim Hess vermeldt in zijn 'Dispositien der merkwaardigste Kerkorgelen' de dispositie van het instrument in 1772.[8]

manuaal	*bovenwerk*	*rugpositief*
prestant 16	prestant 8	prestant
octaaf 8	roerfluit 8	fluit dous
octaaf 4	octaaf 4	prestant
mixtuur V-VI	prestant 2	octaaf
basson 16	speelfluit 2	speelfluit
trompet 8	scherp IV-VI	waltfluit
	cimbel III	quint 1
	trompet 8	terriaan
	vox humana 8	scharp
		hautbois
		dulciaan

houwwerk werd de beeldsnijder Derk Daniels aangetrokken. Misschien is het orgel toen van de noord- naar de zuidzijde verplaatst en is een volkomen nieuwe kast gemaakt.[6] Tot de werkzaamheden heeft dus ongetwijfeld een ingrijpende frontvernieuwing behoord. Maar orgelmaker Johan Smits bleek helaas niet voor zijn taak berekend. 'Vermits Johan Smits, orgelmaecker, Schepenen ende Raden een geruimen tyt herwaarts in 't maecken van 't orgel in haer Ed. Verwachtings telkens heeft gefrustreert', werd hij op het stadhuis gevangen gezet en men besloot hem niet eerder uit deze detentie te ontslaan alvorens het orgel geheel gereed zou zijn en in orde bevonden. Aan de echtgenote van de orgelmaker stelde men wekelijks twee Car. guldens ter hand voor het meest noodzakelijke levensonderhoud. De orgelmaker werd dagelijks door een stadsdienaar naar de kerk begeleid en deze moest er ook op toezien of er wel werd doorgewerkt. Maar het werk werd waarschijnlijk ook nu geen succes. Vijf jaar na het begin van zijn werk betaalde men al een grote som geld uit aan orgelmaker Johannes

Het instrument had een aangehangen pedaal en stond aan de zuidzijde van de kerk, tegen de toren aan, dus nog niet centraal boven de ingang zoals het huidige Holtgräve-orgel. Hess roemt in zijn aantekeningen in het bijzonder de kwart-sect-cymbel van dit orgel: 'Ik hebbe deszelfs wederga nog niet gehoord'.[9] Holtgräve schrijft in 1835 nog, dat Vox Humana van Schnitger boven de andere registers uitmunt en dat de geldelijke waarde ervan 'bijkans onberekenbaar' is. Alle Schnitger-tongwerken bleven in het werk van Holtgräve bewaard voor Deventer tot 1890-1891 toen orgelmaker Van Oeckelen uit Haren deze registers uit het instrument van Holtgräve verwijderde en verving door eigen tongwerken, aangepast aan de smaak des tijds.

In 1762 vindt een groot herstel plaats van het werk van Schnitger en aan Albert Anthony Hinsz te Groningen wordt gevraagd hiervoor een offerte in te dienen. Hinsz begroot een bedrag van 990 guldens om het orgel weer in behoorlijke staat te brengen, maar het werk werd uiteindelijk verricht door Joan Gustaav Schilling, omdat hij slechts 390 guldens vroeg. Schilling wordt ook wel 'beroemd orgelmaker en organist in de Lutherse kerk te Deventer' genoemd. Hem viel de eer te beurt het orgel voor de Grote Kerk te Apeldoorn te mogen maken, dat de Prins en Prinses van Oranje aan deze kerk ten geschenke gaven in 1780.

Begin negentiende eeuw, in 1835, komt Johann Heinrich Holtgäve in beeld en naderen we de kern van het huidige instrument. Ten onrechte wordt soms verondersteld, dat de totale orgelbouwkunst in de eerste helft van de negentiende eeuw inferieur was aan die van de zeventiende en achttiende eeuw. Want juist in orgelbouwer Johann Heinrich Holtgräve ontmoeten we een kunstenaar van formaat, wiens idealen en werk volledig aansloot bij de traditie van de orgelkunst in oostelijk Nederland en Westfalen. Holtgräve (1798-1844) was afkomstig uit Westerkappeln in Westfalen en vertrok in 1828 uit Tecklenburg naar Deventer om daar een eigen orgelmakerij te stichten. Dat hij vertrouwd was met de beste tradities van zijn ambacht blijkt onder andere uit het uitvoerig rapport, dat hij over het Schnitger-orgel van de Lebuinuskerk uitbracht. Holtgräve had de grootst mogelijke waardering voor het materiaal en de constructie van dit instrument, welks enige tekortkoming op dat tijdstip was, dat men het te klein en te verouderd vond voor de kerk. Men wilde een orgel dat niet in de oostelijke zijbeuk stond, maar centraal zou zijn opgesteld boven de hoofdingang in de middenbeuk aan de zuidzijde. Holtgräve stelde voor om vele delen van het bestaande orgel, inzonderheid het pijpwerk, in zijn nieuwe instrument over te nemen. Daarbij moet wel de kanttekening worden geplaatst, dat dit pijpwerk wel zou worden versneden en verschoven op de lade, hetgeen inderdaad ook gebeurd is. Op grond van voornoemd rapport van Holtgräve wordt hij en zijn stadgenoot en concurrent Carl Friedrich August Naber uitgenodigd een plan met offerte te maken voor de bouw van een nieuw groot orgel voor de Lebuinuskerk. Beiden zenden een uitvoerig plan in en de kerkvoogden besluiten aan Holtgräve de opdracht te gunnen, omdat hij het laagst inschrijft. Maar Holtgräve heeft nog geen werk van dergelijk formaat afgeleverd. Hij plande een groot vier-klaviers orgel, gebaseerd op 32-voets labialen en tongwerken en een dispositie omvang van 62 stemmen: hoofdwerk – 16 stemmen, rugwerk – 16 stemmen, bovenwerk – 16 stemmen en pedaal – 14 stemmen. Daarom wenden de kerkvoogden zich tot de firma Bätz en Co. om commentaar te leveren op dit bestek. Dit is zeer uitvoerig geschied. Het commentaar van Bätz is als volgt samen te vatten:[10]

Afb. 199 Speeltafel van het Holtgräve-orgel. De vier rijen registerknoppen, links en rechts van de drie manuelen, corresponderen met het bovenwerk, het hoofdwerk, het pedaal en het rugpositief (foto Gemeentelijke Archiefdienst Deventer).

– Reserveringen voor nog meer stemmen is zinloos.
– Dispositie: Bätz acht vele geplande registers overbodig, maar vulstemmen en tongwerken moeten juist sterker vertegenwoordigd zijn. De Cornet moet 6 in plaats van 5-sterk, de mixtuur 8-10 sterk in plaats van 5-6 sterk, etcetera.
– Over het bewerken van houten onderdelen, het vervaardigen van de blaasbalgen, van het snijwerk en het verwerken van koperen in plaats van ijzeren schroeven.
– Tenslotte de toonhoogte van het nieuwe orgel. Bätz acht de voorgestelde orkesttoon te hoog voor de gemeentezang en dringt aan op de kamertoon, dat wil zeggen: de totale toonhoogte een halve toon lager.
– De opzet van het bestek als geheel is te breedsprakig en zelfs verward.

Ook C.F.A. Naber levert zijn commentaar op het ontwerp van Holtgräve. Hij acht de opstelling van de balgen onjuist, ze zijn te ver van het instrument verwijderd.
Holtgräve verdedigt zich door er op te wijzen dat hij juist zoveel mogelijk heeft willen profiteren van het

bestaande pijpmateriaal en dat er voorbeelden voldoende voorhanden zijn van orgels met een ruime afstand tussen balgen en lades.
De kerkvoogden geven de firma Bätz en Co. nu zelf de opdracht om een overzichtelijk bestek op te stellen voor een orgel met drie manualen, zelfstandig pedaal en een dispositie van 45 registers. Het bestek is zeer uitvoering en komt met het volgende voorstel voor de dispositie:

hoofdwerk:		bovenwerk:	
prestant	16	salicionaal	8
bourdon	16	baarpijp	8
octaaf	8	viola di gamba	8
roerfluit	8	holpijp	8
octaaf	4	fluit travers	8 (vanaf g)
gemshoorn	4	octaaf	4
open quint	3	open fluit	4
octaaf	2	quintfluit	3
mixtuur	IV-VIII	woudfluit	2
sezquialter	IV	echotrompet	8
cornet	V	vox humana	8
fagot	16		
trompet	8		

rugpositief:		pedaal:	
prestant	8	prestant	16
(disc. dubbel)		open subbas	16
holpijp	8	octaafbas	8
quintadena	8	fluitbas	8
octaaf	4	quintbas	6
quint	3	fluit	4
octaaf	2	bazuin	16
fluit	2	trompet	8
mixtuur	III-VI	trompet	4
trompet	8		
dulciaan	8	*buitenliggende tremulant*	

Holtgräve tekent in op dit plan voor het bedrag van 9.890 guldens en verkrijgt de uiteindelijke opdracht omdat zijn offerte het goedkoopste was. Uit het contract lichten we nog enkele bepalingen:[11]
– Al het vorenstaande pijpwerk moet iegelijk naar aard en de behoefte van zijne mensureering van wijde mensuur gemaakt worden en het spreekt alzo vanzelf dat de registers van het oude orgel voorhanden welke weer zullen gebruikt worden en (thans) nog van nauwe mensuren zijn, moeten worden ingekort en alzo tot wijde mensuur gebracht.
– Het orgelmetaal zal bestaan uit een menging van 100 ponden zoet lood met dertig ponden zuiver tin (Engels).
– Voor de tongwerken geldt: mondstukken, tongen, veren of dem krukken van goed geel koper, de koppen en stevels van hout.
– Negen blaasbalgen, waarvan vier uit het oude orgel.

– Winddruk: 30 Duitse graden.
– Gelijkzwevende temperatuur op kamertoon gestemd.
– Het oude werk staat ter beschikking van de orgelmaker getekend 11 januari 1836.
Was getekend: M. van Doorninck, president-kerkvoogd, en J.H. Holtgräve.

Orgelbouwer Naber vond het onverdraaglijk dat zijn toen nog volledig onbekende plaatsgenoot hem dit prachtige en eervolle werk voor de neus wegkaapte en bood alsnog aan de kerkvoogdij aan het werk te leveren voor de inschrijfprijs van Holtgräve, hoewel zijn offerte bijna *f* 4.000,– hoger was begroot.
Holtgräve voltooit het werk te Deventer in 1839 en op 13 augustus van dat jaar wordt het instrument opgeleverd en gekeurd door W.G. Hauf(f), organist van de Martinikerk te Groningen en door S.A. Hempanius, organist van de Grote Kerk te Zwolle. Deze laatste verzorgde ook op 28 oktober 1839 het inwijdingsconcert van het nieuwe instrument. Het historische pijpwerk uit het vorige orgel heeft niet alleen tot op de dag van vandaag zijn eigen monumentale waarde, maar heeft tevens in sterke mate de tendens van Holgräves artistieke handelen bepaald. Vooral de van Schnitger afkomstige tongwerken en Holtgräve's nieuwe, daarbij uiterst nauwkeurig aansluitende tongwerken hebben het Deventer orgel een zodanige schoonheid en kracht gegeven, dat de keurmeesters vol bewondering vaststelden 'dat dit werk onder de fraaiste orgels in ons land mag genoemd worden'. Er is reeds op gewezen dat Holtgräve ook delen van het vorige orgel, die hij niet meer verwerkte in Deventer, zorgvuldig heeft verwerkt in andere, door hem gebouwde instrumenten.
Het nieuwe instrument in Deventers Lebuinuskerk is niet alleen een goed testimonium van Holtgräves bekwaamheden en dus van voortreffelijk Deventer kunstambacht, het is tevens een instrument dat zich laat karakteriseren als een orgel waarin invloeden uit zeer uiteenlopende stijl-periodes op gelukkige wijze zijn samengevoegd tot een voor de eerste helft der negentiende eeuw typische klankexpressie en Hollandse traditie. Reeds in 1853 vindt een aanzienlijke restauratie plaats.[12]
Het instrument schijnt niet naar verwachting gefunctioneerd te hebben. Orgelmaker Naber voerde, ondanks zijn ervaringen rondom de bouw van het instrument in deze periode toch grote herstelwerken uit. Holtgrave was namelijk geen lang leven beschoren. Hij stierf al in 1844 en bouwde na Deventer nog instrumenten te Ruurlo en Borne (beide met verwerking van Schnitgermateriaal uit Deventer), in de Bergkerk te Deventer en in Heerde en Brummen. Beide laatste instrumenten zijn na zijn dood door zijn medewerkers voltooid. Orgelstemmer J. Poestkoke werkte een poosje in opdracht van de weduwe Holtgräve. Zijn

Beschrijving van het orgel

Afb. 200 Gezicht op de C-lade van het rugpositief, bij geopende luiken vanaf de speeltafel. Op de voorgrond de bekers van de gereconstrueerde dulciaan en trompet (foto Gemeentelijke Archiefdienst Deventer).

zoon Hermannus Gerhard Holtgräve leverde nog instrumenten voor Deventer (Doopsgezinde kerk), Bathmen en Wesepe. Zijn instrument in Deventer heeft slechts een kort bestaan gekend, de instrumenten in Bathmen en Wesepe zijn of worden binnenkort gerestaureerd.

Enkele grote ingrepen in het orgel, verricht in 1890/1892 en in 1956 hebben het instrument daarna ernstig beschadigd en grotendeels van haar luister beroofd. Men dient hier echter wel voorop te stellen, dat de wijzigingen met de beste bedoelingen zijn verricht, overeenkomstig de stijl en smaak in de desbetreffende jaren. De eerste ingreep werd verricht door de orgelmakers P. van Oeckelen en Zonen te Haren (Groningen). Zijn belangrijkste instrument dat hij nieuw bouwde in Overijssel, was het orgel in de Grote Kerk te Steenwijk. Maar het is vooral door de zucht tot wijzigen van historische orgels, dat de naam Van Oeckelen een bijzondere negatieve klank kreeg in de twintigste eeuw. Het vervangen van historische tongwerken was een van zijn specialiteiten en in onze omgeving werden de orgels van Deventer en Zwolle, beide rijk voorzien van Schnitgertongwerken of van tongwerken in nauwgezette Schnitger factuur (Holtgräve). Als werkzaamheden van Van Oeckelen in de jaren 1890-1892 verricht aan het Deventer orgel zijn te noemen: het herzien van de windladen en de blaasbalgen, het herleiden van de toonhoogte tot de huidige door het pijpwerk op de lades op te schuiven en een stel pijpen voor groot-C bij te bouwen en het veranderen van de dispositie op de volgende wijze:

Rugpositief:
Bourdon 16 i.p.v. Quintadee 8 (gaat naar Bovenwerk)
Clarinet 8 (doorslaand) i.p.v. Dulciaan 8 (was Schnitger) vernieuwen van de Trompet 8

Hoofdwerk:
Trompet 16 i.p.v. Fagot 16
vernieuwen van de Trompet 8

Bovenwerk:
Quintadee 8 i.p.v. Salicionaal 8
Violocel 8 i.p.v. Fluittravers 8
Hobo 8 (doorslaand) i.p.v. Vox Humana 8 (was Schnitger)

Pedaal:
vernieuwen de bazuin 16, trompet 8 en trompet 4

Bovendien plaatste hij het Bovenwerk in een zwelkast. De vervanging van alle tongwerken geschiedde buiten het bestek om. Het dient natuurlijk wel erkend te worden, dat na ruim vijftig jaar Holtgräves werk wel aanleiding gaf tot allerlei klachten, met name op het gebied van de windvoorziening en het regeerwerk. Ten aanzien van de windvoorziening wist Van Oeckelen de problemen goed op te lossen, maar ten aanzien van het regeerwerk lukte dat minder. Met name de overbrenging toets-speelventiel van het rugwerk is zeer problematisch tot op de dag van vandaag. Holtgräve is er door een minder gelukkige mensurering van met name de speelventielen, gekoppeld aan de windtoevoer nooit in geslaagd een acceptabele subtiliteit in de bespeling van het rugwerk te bewerkstelligen. Ook orgelbouwers na hem is dat niet gelukt of zal het niet gelukken zonder fundamentele ingrepen in het werk van Holtgräve. Hiervoor is natuurlijk restauratietechnisch geen plaats. Holtgräves werk zou fundamenteel veranderd moeten worden.

Tot 1956 bleef het orgel verder onaangetast. In dat jaar werden herstelwerkzaamheden uitgevoerd door de toenmalige firma Van Leeuwen, gevestigd te Leiderdorp. De windladen werden door toepassing van de zogenaamde 'VEKA-slepen' ernstig aangetast. Tevens vond er weer een kleine dispositiewijziging plaats. Op het Bovenwerk werd de violocel 8 van Van Oeckel uit 1891 vervangen voor een terstfluit 1 3/5. Tenslotte heeft de restauratie van de toren in deze jaren ertoe geleid, dat de negen pracht blaasbalgen, vier van Schnitger en vijf van Holtgräve, dichter bij het eigenlijke instrument zijn gelegd, zodat het zicht op het portaal vrij kwam.

Tenslotte dienen we de grote restauratie 1971-1975 te vermelden, uitgevoerd door de Flentrop Orgelbouw te Zaandam, met als adviseur van de kerkvoogdij dr. M.A. Vente en als adviseurs van de Rijksdienst voor Monumentenzorg dr. L.H. Oussoren en O.B. Wiersma. Aangezien het orgel in het begin van de zeventiger jaren voortdurend door storingen werd geplaagd, ontstond de wens om niet alleen de speelproblemen afdoende te verhelpen, maar tevens te trachten de klankschoonheid van 1839 weer zo goed mogelijk te reconstrueren. Met andere woorden: de in 1890/1892 en de in 1956 aangebrachte veranderingen geheel of grotendeels ongedaan te maken. Bovendien stond voor orgelbouwer en adviseurs reeds spoedig na het begin van de restauratie vast, dat men moest proberen de evident zwakke onderdelen uit het werk van Holtgräve te verbeteren, nochtans zonder diens factuur fundamenteel te wijzigen.
Voorop stond dat de meest ingrijpende klankverandering, het vervangen van alle tongwerken door Van Oeckelen, ongedaan gemaakt moest worden. Dankzij Holtgräves rapport uit 1835 bestaat er goede en gedetailleerde informatie over deze registers van F.C. Schnitger sr. uit 1722. Men besloot om elders nog bestaande originele Schnitger-tongwerken nauwgezet te kopiëren en in het Deventer orgel te verwerken.

Met medewerking van Monumentenzorg werden proefaccoorden gemaakt met de tongwerken uit het orgel van de Grote Kerk te Alkmaar (1723/1726). Na uitvoerige klankproeven werden acht tongwerken gemaakt naar het voorbeeld van Alkmaar en een tongwerk naar het voorbeeld van de Fagot 16 uit de Bovenkerk te Kampen (1789, H.H. Greytag/F.C. Schnitger jr.). Dit betekende het minutieus met de hand maken van ruim 400 kelen (waarop de tongen rusten), van ruim 400 spieën (waarmee kelen en tongen vastgezet

worden), ruim 400 tongen van een speciale koperlegering en even zo vele stemkrukken, koppen en stevels. Tenslotte waren er ruim 400 klankbekers in lengte variërend van enkele centimeters tot meer dan vier meter. Van al deze onderdelen is er geen enkele in afmetingen gelijk aan een ander. Alle maten werden op ambachtelijke wijze herleid en daarna met de hand verwerkt.

De toepassing van moderne kunststoffen in combinatie met hout (uit 1956) werd weer geheel ongedaan gemaakt. De zwelkast voor het Bovenwerk (uit 1891) werd weer verwijderd. De windvoorziening werd verbeterd door alle beschikbare balgen weer in te schakelen. Bij de balgenverplaatsing uit de vijftiger jaren waren nog maar enkele balgen in werking gebleven. De algehele windtoevoer door de zgn. windkanalen werd geheel verbeterd. Het orgel kreeg twee nieuwe tremulanten voor Bovenwerken en Rugpositief. Er vond ook weer een kleine dispositiewijziging plaats: de tertsfluit uit 1956 werd vernieuwd en op de plaats van de verloren Salicional kwam een Sifflet 1 in het Bovenwerk. Om het historisch pijpwerk niet verder aan te tasten, te versnijden of te verlengen werd besloten de toonhoogte van 1892 ongewijzigd te laten. Dit betekent voor de huidige a' een frequentie van 452 Hz. Hierdoor laat het orgel zich met geen enkel blaasinstrument, orkest of toetsinstrument naar behoren combineren, hetgeen helaas in de praktijk wel eens aanzienlijke moeilijkheden kan opleveren. Ook de taaie speelaard van het rugpositief werd, zoals reeds vermeld, niet ingrijpend verbeterd, om het Holgrave-concept niet te beschadigen.
De laatste onderhouds- en intonatiewerkzaamheden aan het instrument zijn bij het schrijven van dit artikel (september 1991) nog niet voltooid. Een gedeelte van de tongwerken en het labiaalwerk is na de werkzaamheden opnieuw geïntoneerd. Der frontpijpen van de 16 voets prestanten zijn eveneens op aanspraak verbeterd. Het orgel is geheel nagezien en schoongemaakt. Als adviseur van de kerkvoogdij begeleidt Rudi van Straten uit Zutphen de werkzaamheden, terwijl de huidige organist van de kerk zowel de werkzaamheden in 1971/1975 alsmede 1991 kon begeleiden.

Met verwerking van al de gegevens uit deze beschrijving kent het grote orgel anno 1991 de volgende dispositie:

Beschrijving van het orgel

Hoofdwerk:	prestant 16	(1839)
	octaaf 8	(1722 en ouder)
	octaaf 4	(1839/16e eeuw)
	quint 3	(1839)
	octaaf 2	(1839/voor 1722)
	mixtuur IV-VIII	(1839/1722)
	sesquialter IV	(1839/1722)
	cornet V	(1839)
	bourdon 16	(1839)
	roerfluit 8	(1722)
	gemshoorn 4	(1839/1722)
	fagot 16	(1975)
	trompet 8	(1975)
Rugpositief:	prestant 8	(1839)
	octaaf 4	(1839)
	quint 3	(1839/1722)
	octaaf 2	(1722)
	mixtuur III-VI	(1839/1722)
	holpijp 8	(1839)
	quintadeen 8	(1839)
	fluit 2	(1722)
	dulciaan 8	(1975)
	trompet 8	(1975)
Bovenwerk:	baarpijp 8	(1839/voor 1772)
	octaaf 4	(1722 en ouder)
	holpijp 8	(1839)
	viola di gamba 8	(1839)
	open fluit 4	(1839)
	quintfluit 3	(1722)
	woudfluit 2	(1722)
	tertsfluit 1 3/5	(1975)
	sifflet 1	(1975)
	vox humana 8	(1975)
	trompet 8	(1975)
Pedaal:	prestant 16	(1839)
	octaaf 8	(1839/voor 1722)
	quint 6	(voor 1722)
	octaaf 4	(1839/voor 1722)
	subbas 16	(1839)
	fluitbas 8	(1839)
	fluit 4	(1839)
	bazuin 16	(1975)
	trompet 8	(1975)
	trompet 4	(1975)

Op ieder werk is een afsluiter aanwezig, Rugpositief en Bovenwerk hebben een tremulant. Twee loze registerknoppen van Holtgräve, met als opschrift: 'Major bas 32'' en 'Bazuin 32'.

Koppels: pedaal-HW
HW-Rugpos. Disc. en Bas
HW-Bovenw. Disc. en Bas
Rugp. HW Disc. en Bas (gemaakt in 1975)

Noten

[1] Vente 1942, p. 48.
[2] GAD, ordonnantie 18-12-1597.
[3] Rekeningen van de Sint-Lebuinuskerk te Deventer 1611/12, Rijksarchief te Zwolle.
[4] GAD, ordonnantie 20-11-1616 en 27-11-1616.
[5] GAD, Archief Hervormde Gemeente, kerkrekening 1623-1625.
[6] 'Orgel in de Groote Kerck te hermaecken. Het nieuwe model van 't orgel in de Groote kercke is g'arresteert om gemaeckt te worden na die forme van de rechterzijde derselver teeckeninge'. GAD, ordonnantie 7-5-1664.
[7] Schnitger ontving voor de laatste, aanvullende reparatie het bedrag van 385 Car. guldens. GAD, ordonnanties 2-9-1720, 28-2-1722 en 12-7-1726.
[8] Geciteerd naar M. Seijbel, Orgels in Overijssel, p. 63.
[9] Zie noot 8.
[10] Oost 1977, p. 284-285 (inv. nr. 553 nr. 11).
[11] Vente 1950, p. 128.
[12] Op 18 juni 1853 doet de 'Commissie belast met het toezigt over de kerkorgels der Hervormde Gemeente te Deventer' de kerkvoogden een conceptbestek toekomen met betrekking tot herstelling en verbetering van het orgel in de Grote Kerk. De inhoud van dit concept-bestek is aan de heren Naber en Brandt-Buys ter hand gesteld en beiden hebben daarop geen aanmerkingen. GAD, Archief Hervormde Gemeente, nrs. 543 en 544, 18-6-1853. Archief nr. 544 bevat het gehele concept-bestek. Belangrijke punten hieruit zijn:
1. Het orgel zal geheel uit elkaar genomen en gezuiverd worden.
2. De bestaande blaasbalgen zullen worden verplaatst en onmiddellijk achter het orgel worden gelegd. Balgen worden gerepareerd, nieuwe windkanalen zullen worden aangebracht.
3. Pijpwerk wordt geheel nagezien en waar nodig gerepareerd. Ter verwijding van de mensuur zullen aan de Bourdon 16' groot C en groot CIS worden 'bijgebragt'.
4. De viola da gamba 8 krijgt schuiven voor de twee onderste octaven.
5. In het groot-octaaf van de Bazuin 16 zullen nieuwe, dikke tinnen stevels worden geplaats. Groot C en CIS worden nieuw geleverd.
6. Op het Rugpositief zal een Bourdon 16 worden geplaatst op de lek van de Holpijp 8. De Holpijp wordt verschoven naar de Quintadeen 8. De Quintadeen 8 gaat naar het Bovenwerk naar de plaats van de Salicionaal 8. Dit laatste register zal volledig komen te vervallen.
7. Het regeerwerk zal geheel worden gerestaureerd.
8. Het gehele orgel zal nieuw worden gestemd.
9. Het werk is gegund aan C.F.A. Naber voor ƒ 2.325,–.

Interieur en inventaris tot 1800

B. Dubbe

Inleiding

Wie thans de Grote of Lebuinuskerk binnentreedt wordt zeker niet geïmponeerd door het sobere kerkmeubilair, hoewel dit, juist door zijn eenvoud, het monumentale karakter van het gebouw een accent geeft. Hoe anders moet het interieur van de kerk er in de middeleeuwen hebben uitgezien. Het is niet gemakkelijk zich daarvan een beeld te vormen. Immers al hetgeen vóór de reformatie bijdroeg aan de inrichting en verfraaiing van de kerk is goeddeels verdwenen. Door het ontbreken van afbeeldingen van het inwendige en de teloorgang van de daarop betrekking hebbende archivalia, zoals rekeningen van de kerkfabriek, is het moeilijk zich in detail voor te stellen, dat deze kapittelkerk en voornaamste kerk van het Oversticht, ook wat de inventaris betreft van allure moet zijn geweest.

Toch zijn er daaromtrent wel enige aanwijzingen te vinden. Toen de provisoren van de Lieve-Vrouwe-Broederschap te Calcar bij Kleef besloten hadden tot het stichten van een nieuwe altaarkast op het hoofdaltaar in de Nicolaikerk aldaar, namen zij zich voor enige kerken te bezoeken voor het opdoen van ideeën ten aanzien van de vorm en de uitvoering. Voor dit doel reisde een kleine commissie in 1488 naar Wezel en zond men een tekenaar naar Den Bosch om een schets te maken van het daar aanwezige altaar. In hetzelfde jaar werden ook Zutphen en Deventer bezocht: 'Datmen to Sutphen ind to Deuenter trecken soldt die taeffelen daer staende to besien, om een ontwerp dair uit to nemen'. Te Deventer bleef de delegatie enige dagen, waarschijnlijk omdat men daar het voorbeeld aantrof dat overeen kwam met hun wensen dienaangaande. Er werd besloten de beeldensnijder meester Arndt uit Zwolle, die werkte van circa 1460-1492, naar Deventer te ontbieden: 'Om daer to verhoeren ind raetz mede te plegen die taeffel to verdingen to maeken'.[1] Hieruit blijkt, dat de altaarkast te Deventer kennelijk van een zodanige kwaliteit was, dat vreemdelingen het de moeite waard vonden er een voorbeeld aan te nemen.

Altaren

Gerhard Dumbar (1680-1744), de schrijver van 'Het Kerkelijk en Wereltlijk Deventer', geeft een gedetailleerde beschrijving van een deel van het interieur en wel in het bijzonder van het koor. Hij deelt daarover het volgende mee:

'Tree dan voort met my koorwaert aen, en, het benedenste koor door hulp van vier trappen opgeklommen, sla daer gade de wel uitewrogte afgescheidene zitplaetzen van den Proost, Deken, de Kanunniken en Vicarissen van weerkanten nevens de plaets van zeker kleen autaer, den heiligen Chrysostomus toegeeigent,[2] als de ordinarius van ons kapittel, dien ik bezitte getuigt: alwaer men op den dagh van dien sant vint te boek geslagen deze woorden "Dees is de voorstander (patroon) van het kleene autaer op het koor" (...) Van daer langs zeeven trappen ten hoogsten koore gestegen, konde men van naerby beschouwen het pragtige hooge autaer aen Sint Lebuinus heiligh. Een heerlijk en wel uitgewrogt werk, waaran op dat de woorden eenes ouden schryvers de myne maeke, "mennigen braven meister sijnen konste getoent hefft", uitgedost met cierlijk gebordurde en rykelijk met gout en zilver gestoffeerde autaerklederen en van alle andere nootwendigheden overvloedigh voorzien; pronkende met eene kostelyke zilvere vergulde kibori, een zilveren beelt van Sint Lebuinus staende op eenen zeskantigen voet en omgordt met eenen konstigh gevlogten gordel, door Hendrik Cuiper en Agate zyne huisvrou aen dit beelt opgeoffert; en een zilveren kruis door juffer Essele Wyntjes aen dit autaer geschonken; op dat ik zwyge van de kostbaere silvere kassen met verscheidene zoo genaemde heilige overblijfselen binnen in dit autaer opgesloten; welker we in het vervolg nader zullen gedenken. Voor dit autaer hing een welgemaekte groote kroon, op gezette tyden bestraelt door brandende waskaersen'.[3]

Deze beschrijving berust uiteraard niet op eigen waarneming van Dumbar. Het is een reconstructie die gebaseerd is op hetgeen hij in de Deventer archieven vond. Ook was Dumbar in het bezit van een ordinarius van het kapittel, waarin de namen van de kapittelheren waren opgetekend en allerlei gegevens omtrent de kerk, de altaren, de regels betreffende liturgische plechtigheden en dergelijke. Op grond van deze archivalia kwam hij tot de slotsom dat er, behalve het hoogaltaar en dat van Chrysostomus, nog vierendertig andere altaren waren, die hij naar gelang de stichtingsdatum onderscheidde in tien oude en vierentwintig nieuwe.[4]

Tabel 1 Lijst van vermeldingen en de voornaamste uitrustingsstukken van de altaren

Gewijd aan:	jaartal:	bijzonderheden:
Oude altaren		
Stephanus	voor 1292	Ecclesiae nostrae antiquissimum altare (het oudste altaar van onze kerk)[5]
Martinus	1292	Die lamp voir St. Mertens altair[6]
Aartsengel Michaël	1293	In de crypte[7]
Johannes de Doper	eind dertiende eeuw	Achter dit altaar hadden de Bergevaarders een klein gestoelte; voor het altaar hing een lamp en op het altaar stond een zilveren beeld, dat eind dertiende eeuw reeds werd genoemd[8]
Paulus	eind dertiende eeuw[9]	
Thomas	1314	Tegen het westelijk deel van de noordmuur ter hoogte van de voormalige Bisschopshof[10]
Nicolaas en Agnes	1336	Aan de eerste pijler van de noordzijde tegenover het altaar van Maria[11]
Petrus	vermeld 1354	Versierd met een zilveren beeld van Petrus, geschenk van de vissers[12]
Laurentius en Bartholomeus	vermeld 1347	Versierd met een klein zilveren beeld van Laurentius[13]
Margaretha	vermeld 1350	Versierd met een zilveren beeld van de heilige[14]
Nieuwe altaren		
Maria Magdalena, Philippus en Jacobus[15]	voor 1350	Aan de eerste pijler van de zuidzijde
Agneta, Andreas, Catharina	voor 1350[16]	
Christoforus	circa 1350	Aan de zuidzijde van het koor[17]
Drie Koningen, Fabianus, Sebastianus, Lambertus	1350	Ook genoemd altaar van Sebastiaan[18]
Clemens, Elfduizend Maagden	1350[19]	

Allerheiligen	1350	Aan de noordzijde van de kerk naast het koor[20]
Vier Evangelisten, Eustachius, Gregorius, Apollonia	1353[21]	
Onnozele Kinderen, Dionysius, Barbara	1355[22]	
Leonardus	1359	Te zijner ere werd in het eerste kwart van de zestiende eeuw een bedevaart ingesteld[23]
Heilige Kruis	veertiende eeuw	In het midden van de kerk voor het doxaal[24]
Heilige Kruis	voor 1370	In de crypte; vijf lampen branden voor het altaar[25]
Maagd Maria, Nicolaas, ook Brigitta en Aegidius		Een zilveren beeld van Maria; een kaarsenkroontje voor het altaar[26]
Jacobus en Servatius	voor 1439[27]	
Mauritius[28]		
Olaf		Ten noorden van het hoogkoor; de Bergevaarders hadden een gestoelte bij dit altaar[29]
Georgius[30]		
Bartholomeus, Willibrordus	voor 1456[31]	
Antonius[32]		
Tienduizend Martelaren[33]		
Anna, Thomas van Aquino, Pancratius	1468	In de crypte[34]
Vier Gekroonde Martelaren[35]		
Augustinus	eind vijftiende eeuw[36]	
Bonifatius[37]		
Radbodus[38]		
Crispinus		Waarschijnlijk identiek aan het 'Schoenmakers altair'[39]

Hoe deze altaren er hebben uitgezien is niet meer vast te stellen. Er moet worden aangenomen, dat ze voorzien waren van zowel geschilderde als gebeeldhouwde retabels, fraaie antependia en over beide zijden van het altaar afhangende, rijk bestikte 'dwelen' (altaarkleden), terwijl de op de altaartafel geplaatste blank-

Kleurenafb. 18 Lebuinuskelk met montuur (ivoor en zilver, h. 18 cm, diam. 10 cm, IXa) Coll. Rijksmuseum Het Catharijneconvent, Utrecht. (foto: Rijksmuseum Het Catharijneconvent/W. Addink).

Kleurenafb. 20 Koorkapsluiting (13,5 x 13,5 cm, verguld koper, XVd). Coll. Rijksmuseum Het Catharijneconvent, Utrecht (foto W. Addink).

Kleurenafb. 19 Crosse van de staf van de bisschop van Deventer (verguld koper en zilver, h. 41,5 cm, XVIc) voorzijde. Coll. Rijksmuseum Het Catharijneconvent, Utrecht (foto Annegret Gossens).

geschuurde koperen kandelaren het feestelijk effect verhoogden. Trouwens het gehele interieur moet, met zijn muurschilderingen, het beeldhouwwerk, de prachtig besneden koorbanken, de verguld-zilveren en zilveren, vaak met kostbare stenen getooide, kerkschatten, de met bloemen gevulde tinnen of soms zilveren vazen, het geheel omringd door gebrandschilderde ramen, een overweldigende indruk op de middeleeuwer hebben nagelaten.

Dit alles zou niet tot stand gekomen zijn, indien niet ook de burgers van de stad en haar wijde omgeving met talrijke giften in geld en natura hadden geholpen. Om bijvoorbeeld de reliekschrijn van Lebuinus te kunnen vernieuwen vermaakte men onder andere per testament niet alleen geld, zoals Lamme Asschendorp deed, die 'een vyrdendeel' van zijn goederen schonk,[40] maar men liet ook voorwerpen na zoals de 'beste hoyke en tabbert',[41] of 'oeren besten rinck'.[42] De kanunnik Henrick van Rumunde gaf in 1489 onder andere 'twee schaelen tot sente Lebuyns kasse'.[43]

Relieken en reliekschrijnen

De verering van relieken is waarschijnlijk even oud als er mensen op deze aarde rondlopen en is zeker geen uitgesproken christelijk fenomeen. Men denke bijvoorbeeld aan de eer die in het oude Egypte bewezen werd aan de zogenaamde relieken van Osiris of aan de verering in een pagode te Rangoon van de acht echte haren van Boeddha.

In vroegchristelijke tijden werden lichamelijke overblijfselen van heiligen in het altaar ondergebracht, een traditie die tot op de dag van heden wordt voortgezet. Men ging daarbij uit van de gedachte dat deze relieken de heiligen zelf vertegenwoordigden. Van de aanwezigheid ervan werd een wonderdadige kracht verwacht. Door de verering van hun stoffelijke resten hoopte men zelf ook aandeel te krijgen in hun heil. Daarnaast werden ook voorwerpen vereerd die bijvoorbeeld met Christus, Maria of een heilige in aanraking waren geweest, zoals partikels van het kruishout, kleding en dergelijke.[44]

Ook in de Lebuinuskerk werd een aantal heilige overblijfselen bewaard. Blijkens de daarvan in 1556 gemaakte lijst, die door Dumbar wordt vermeld, waren dat de hiervolgende relieken:

Sanct Lebuinus lychaem
Sanct Radbodus lychaem
Sanct Marcellinus lychaem
Eenen arm van Sancte Margariete
Eene ribbe van Sanct Laurens
Eenen vynger van Sanct Andries
Eenen tand van die Heilige Magdalene
Eenen arm ende nog eenige andere botten van die Heilige Justina

Eenige botten van die Heilige Mildrada
Eenige botten van Sancte Barbara
Twee botten van Sancte Odilia
Eenige botten van Sanct Sebastiaen
Eenige botten van Sanct Jacob den olden
Een stuck van 't cruse daer Christus an gehangen en gestorven is
Een stuk van Aarons roe
Een stuk van de kleeren van de H. Moedermagt Maria
Een stuk van Onzer Lieve Vrouwen hemt
Eenige botten van die Heilige Juliane
Sanct Lebuinus nap met eenen silveren voet[45]

In de middeleeuwen werden voor deze relieken prachtig versierde schrijnen, in het Middelnederlands 'rives' genaamd, gemaakt. Ze hadden meestal de vorm van een huis of sarcofaag, waarin de stoffelijke resten van een lichaam werden bewaard. Daarnaast werden voor bijvoorbeeld de schedel of de botten van een arm een respectievelijk op een hoofd of arm gelijkende reliekhouder vervaardigd. Men spreekt dan van een 'sprekende reliekhouder'.

In de Deventer kerk waren vier reliekschrijnen in de vorm van een huis aanwezig, te weten: die van Lebuinus, van zijn metgezel Marcellinus, van de Utrechtse bisschop Radboud (899-917) en van de heilige Margaretha.

Dit type schrijnen was meestal gemaakt van eikehout, dat beslagen werd met geornamenteerde verguld-koperen of zilveren platen, die versierd waren met halfedelstenen, parels, gemmen en cameeën, plaketten en banderollen uitgevoerd in email-champlevé en in verguld koperblik of zilver gedreven voorstellingen van heilige personages, vaak geplaatst onder op zuiltjes rustende bogen. Op het dak van de schrijn werd meestal een verguld-koperen kam aangebracht.[46]

Hoe de Deventer reliekschrijnen eruit gezien hebben is niet meer na te gaan. Slechts is bekend dat de kas van Lebuinus met zilver was beslagen en die van Marcellinus gedeeltelijk. Behalve deze laatste kas, die op vier houten leeuwen rustte, waren er twee voorzien van zilveren leeuwen, te weten zes onder de schrijn van Lebuinus en vier onder die van Radboud. Of de kas van Margaretha ook op leeuwen rustte is niet bekend.

Naast deze reliekkasten waren er vier sprekende reliekhouders, te weten drie zilveren reliekbustes respectievelijk van Lebuinus, Radboud en Marcellinus en een zilveren armreliquiarium van de heilige Margaretha.[47]

Dreigende moeilijkheden rond het geloof

Is, mede door de beschrijving van Dumbar, een oppervlakkige indruk verkregen van het totale beeld —

een grote kerk, met veel altaren, die ongetwijfeld rijkelijk waren opgesmukt – thans dringt de vraag zich op of er ook nu nog bepaalde voorwerpen of beelden tot op de huidige dag bewaard zijn gebleven. Immers de zestiende-eeuwse godsdiensttroebelen en de mede daaruit voortvloeiende strijd met Spanje zijn er de oorzaak van, dat het overgrote deel van het kerkelijke kunstbezit in Nederland teloor is gegaan.
Ook te Deventer is dat het geval. Het is daarom zo moeilijk zich een voorstelling van dit bezit te maken, omdat tijdens en na de alteratie bijna de gehele inventaris van kerken en kloosters door plundering, vernieling en inbeslagneming, gevolgd door verkoop, verloren ging. Het goud en zilver werd verkocht om er 'urgente necessitate', door de nood gedwongen, geld van te slaan. Het brons- en koperwerk diende als grondstof voor te gieten geschut. Een voorbeeld daarvan is te vinden in de rekeningen van de Bergkerk te Deventer van 1582: 'Item die Burgemeysteren Joest ter Bruggen zal. und D. Hermann Scharff hebben, per Willem Wegewoert bussenmeister, als atlery meysteren, ex mandato senatus uth der kercken laten halen, eine metalen krone wegende 106 lb'.[48]
Het lot van het koperwerk in de Lebuinuskerk zal ongetwijfeld hetzelfde zijn geweest. Voor de misgewaden had men eveneens een bestemming. Het Deventer stadsbestuur bijvoorbeeld besloot de daarvoor in aanmerking komende gewaden uit de kerk te Diepenveen te laten vermaken tot kussens.[49]
In 1566 begonnen te Deventer de moeilijkheden rond het geloof ernstige vormen aan te nemen. Zo werd op 26 augustus van dat jaar door de hervormden een verzoek gericht tot de magistraat om de Deventer Mariakerk voor de nieuwe leer beschikbaar te stellen.[50] De kapittelheren van de Lebuinus voorvoelden het dreigende gevaar en besloten de bezittingen van het kapittel, mede onder druk van de elders plaats gehad hebbende beeldenstormen, te laten registreren: 'wyders, datt het Capitell vurs in deser gevairlicker tytt om gueden vrede rost vnd enicheyt tbehalden, van alle Sunte Lebuynus kercken syluerwerck unnd cleynodien, eynen gueden inuentarium schrifftlicken schepenen vnd raeth auergegeuen hebben'.[51] Het kapittel verklaarde zich tevens bereid het zilverwerk in tijd van nood aan het stadsbestuur in bewaring te geven.
Schepenen en raad achtten het echter niet raadzaam op dat moment tot deze stap over te gaan. Wel besloot men het zilverwerk en andere kleinodiën in de overige kerken en kloosters eveneens te laten inventariseren 'omme alle inconuenienten voir tkommem'.[52]
De inventarislijst is bewaard gebleven. Deze werd reeds op 27 augustus 1566 opgemaakt en luidt als volgt:

Inuentarium omnium reliquarium et ornamentorum argenteorum et deauratorum in ecclesia Sancti Lebuini Daventriensis (Inventaris van alle relieken en van de zilveren en vergulde ornamenten in de kerk van de heilige Lebuinus van Deventer)

A dextro latere (Aan de rechterzijde)
Item Sanct Lebuyns sylveren caste myt sees sylveren leuwen beneden aen de voet
Item Sanct Lebuyns houet myt die borst stucke
Item Sanct Margreten caste

A sinistro latere (Aan de linker zijde)
Item Sanct Radbodus caste myt vier leuwen onder aen de voet
Item Sanct Radbodus houet myt de borst
Item Sanct Marcelinus caste nyet volmaeckt van sylver de vier leuwen van holte
Item Sanct Marcelinus hoevet myt de borst

Up de sacristij
Item enen sylveren Marien belde
Item enen sylveren Sanct Peters belde
Item enen sylveren Sanct Johannes belde
Item enen sylveren Sanct Lebuiny belde myt enen sees cantich voet
Item sylveren sunte Margareten arm
Item enen kleyn sylveren sancti Laurentius beldeken
Item drie cleyne sylveren monstrantien by nae eyns fazoens
Item noch ii cleyner monstranzien als die vursc.
Item eyn sylveren vergulden custodi myt sommijge tanden
Item eyn cleyn sylveren voetken myt eyn wytten steen
Item eyn zwarte Indize nott myt enen sylveren voet ende sylver beslagen
Item Sanct Lebuyns nap myt eynen sylveren voet
Item vier sylveren vergulden kellicke myt vier sylveren vergulden patenen
Item noch 1 gebraken sylveren vergulden kelck myt 1 pateen
Item vier sylveren altaer pullen
Item twe sylveren schalen
Item twee sylveren pazen, die eyn groter als die andere
Item drie sylveren wyrokes vaten
Item enen sylveren schipken daer men wyroeck inne draget
Item drie olde boeken myt sylver beslagen ende gesteente up eyne zydt
Item enen groet sylveren vergulden cruce dat men voir in de processie draget
Item twee sylveren vergulden spangen aan de twee golden cappen, waar van eyne spange myt enen messinges plaete geuordert, welcke eyne golden cappe Bisscop David ende die ander Prauest Winckel gegeven hebben.
Item sees rode flouwelen choer cappen myt sees syl-

veren vergulden spangen waer van die eene beter als de ander myt noch sees vergulden knopen achter de cappen
Item soeven blauwe flouwelen choer cappen myt soeuen sylveren vergulden spangen. Die eyne beter als die ander myt noch soeven vergulden knopen
Item enen olde flouwelen rode cappe myt enen sylveren vergulden spange
Item enen roet flouwelen cleet myt golden toeff werck gemaket ende myt peerlen besticket ende myt sylveren vergulden belickens behangen
Alle desse vursc. parcelen synnen bevonden ende up gescreven geworden in voirgemelten plaetze in bywesen der werdigen Heren Bernt Hillebrant, fabrieckmeister pro tempore, M. Adolph ter Spillen, M. Arent Doers, Hilbrandt Vrijen, Michaell van Visbeke, thezaurarius capt. pro tempore van den samentzlicken capitell hyr to deputeert und Peter Westerhuys ende Peter Doys, loco, Jo. Snell borgermeister in der tyt, van de raide daerto verordent. Int jaer ons Heren XV^{c}LXVI up 27 dach Augusti Perfecta est Albertus Somerhuys, Notarius' (Opgemaakt door Albertus Somerhuys, Notaris)[53]

Uit deze lijst blijkt dat er vier reliekkassen, vier 'sprekende' reliekhouders, vijf heiligenbeelden, vijf monstransen, twee kleine reliekhouders, twee nappen, vijf miskelken, vijf patenen, zes pullen en vazen, twee schalen, drie wierookvaten, een wierookscheepje en een groot processiekruis waren, die alle geheel of gedeeltelijk van zilver of verguld-zilver waren vervaardigd. Bovendien vermeldt de lijst drie met halfedelstenen versierde boeken, enige spangen (koorkapsluitingen) en een aantal paramenten met hun toebehoren. De geïnventariseerde voorwerpen bevonden zich op drie verschillende plaatsen in de kerk, namelijk rechts en links van het altaar en in de sacristie. De kleinere stukken waren, voor zover ze daar niet altijd plachten te worden bewaard, waarschijnlijk naar de sacristie overgebracht in verband met de heersende onrust.
Voor alle duidelijkheid moet worden opgemerkt dat de opsomming van voorwerpen in de inventaris geen volledig beeld geeft van hetgeen er aan schatten en andere realia in de kerk aanwezig was. Immers ieder altaar afzonderlijk had zijn eigen ornamenten, terwijl de kapitelheren en de vicarissen van de verschillende altaren beschikten over eigen miskelken en gewaden.

De Lebuinus als kathedraal

Een gevolg van de steeds in omvang toenemende ketterij en de strijd daartegen in het kader van de contrareformatie, was mede aanleiding tot de instelling in 1559 door paus Paulus IV van een aantal nieuwe bisdommen.[54] Daaronder was ook een nieuw bisdom Deventer, dat de Veluwe, het graafschap Zutphen, Overijssel en een deel van het graafschap Lingen omvatte. De eerst benoemde bisschop Johannes Mahusius (overleden 1577) heeft zijn zetel nooit ingenomen, hetgeen vooral is toe te schrijven aan het verzet van het kapittel en aan de grote aversie van de steden. Zij beschouwden deze bisschop als een handlanger van de inquisitie en een aanrander van de oude privileges: 'Ende hebbben de sake anders niet kunnen verstaen, dan dat dese nije bisschoppen niet anders dan kettermeisters ende inquisiteurs waren, ende die lantschap van Overijssel seer schadelick solden wesen in hare privilegien'.[55] Mahusius zag op grond van deze tegenwerking van zijn benoeming af.
Zijn opvolger de minderbroeder Gillis van den Berg, beter bekend onder de latijnse naam Aegidius de Monte, werd in 1570 te Antwerpen door de bisschop van die stad, Franciscus Sonnius, tot bisschop gewijd.[56] Hij nam op 30 november van datzelfde jaar bezit van zijn zetel,[57] die hij tot zijn overlijden in 1577 te Zwolle bezet heeft gehouden. Op 29 mei 1577 werd de bisschop in de Grote Kerk te Deventer begraven.[58] Daar Deventer eind 1578 door de Staatse troepen was heroverd kon eerst in 1587, na het verraad van de Engelse gouverneur van de stad, William Stanley, op 29 januari van dat jaar, een opvolger worden aangewezen. Het was de zeer Spaans gezinde en omstreden Godefridus van Mierlo (1518-1587). Deze was daarvoor bisschop van Haarlem geweest, maar had de wijk moeten nemen naar Munster. In dezelfde maand dat hij te Deventer arriveerde, in juli 1587, overleed hij, zodat hij zijn ambt niet heeft kunnen uitoefenen. Hij werd eveneens in de bisschoppelijke grafkelder in de Lebuinuskerk bijgezet. Sinsdien is er geen roomskatholieke bisschop van Deventer meer benoemd.
In 1841 werd tijdens de werkzaamheden in de kerk de zich voor het koor bevindende grafkelder opnieuw ontdekt.[59] Er werden de resten van twee lijkkisten aangetroffen met daarin de stoffelijke overblijfselen van de beide bisschoppen, Aegidius de Monte en Godefriedus van Mierlo. Ook werden er twee houten kromstaven gevonden, die hen als teken van hun waardigheid in het graf waren meegegeven. Ze werden na de ontdekking in de kelder teruggeplaatst. Thans markeert een steen met de tekst: 'Ingang bisschoppelijke grafkelder, gevonden in 1841 en 1985' de ingang van deze groeve.

Confiscaties door het Spaanse garnizoen

Thans komt de vraag aan de orde wat het lot is geweest van de in de inventaris genoemde voorwerpen. Plunderingen, beeldenstormen en inbeslagneming waren er de oorzaak van dat ook te Deventer onherstelbare verliezen aan kerkschatten werden geleden. Sedert 1568 lag er te Deventer een Spaans garnizoen. In 1572 werden de Spaanse soldaten vervangen door drie vendels Duitse troepen. Een van de hoplieden, Augustin Reich von Reichenstein, betekende een ware plaag voor zowel de burgerlijke als kerkelijke overheden. Aangezien hij van koning Philips II geen soldij kreeg voor zijn soldaten, werd hij gedwongen zich de benodigde gelden op andere wijze te verschaffen. Nadat al gedurende een aantal jaren de hoge lasten van de bezetting door de stedelijke overheid waren betaald, werd de stad in 1584 uit geldgebrek genoodzaakt haar zilverwerk te vermunten. Ook de kerkelijke gezagsdragers moesten het ontgelden. Niet alleen dwong Reich de geestelijkheid onder bedreiging met geweld grote sommen gelds te betalen. Alras maakte hij zich ook meester van kerkelijk preciosa, nadat daarover wel eerst was onderhandeld.[60] Zo werd uit de Bergkerk het zilveren beeld van Sint Nicolaas ontvreemd, waarvan vervolgens munten werden geslagen.[61] Op 17 juli 1578 vergreep Reich zich aan de zilveren reliekschrijnen en andere zilveren voorwerpen van de Lebuinuskerk.

Een naderhand, in 1584, vanwege de koning ingestelde commissie, die onderzoek moest doen naar de reden van de overgave van de stad op 19 november 1578 aan de Staatse troepen onder Rennenberg, ondervroeg te Oldenzaal diverse daarheen gevluchte getuigen. Zij deden ook verslag van de door de soldaten bedreven gewelddadigheden. Heer Beernt Heendrich, oud-kanunnik van Sint-Lebuinus en in 1584 woonachtig te Oldenzaal, verklaarde ten aanzien van de plundering van de kerk het volgende.[62]

Om te beginnen merkte hij op dat het kapittel reeds grote sommen geld had opgebracht om de soldaten van hopman Reich te onderhouden. Tenslotte had Reich 'van den selfden Heeren ghevordert haer kercken silver als kassen, daer inne waeren bewaert die heylighen lichamen et reliquien divorum Lebuini, Radbodi, Marcellini et aliorum'. Hoewel de deken van het kapittel met klem had betoogd dat een dergelijke inbeslagneming niet door de beugel kon, werd naar zijn woorden niet geluisterd. De zilveren leeuwen waarop reliekkassen rustten en de zilveren beelden waarin geen relieken waren besloten, werden meegenomen. Bovendien maakten de soldaten zich meester van zilveren ampullen, kustafels, schotels, wierookvaten, vergulde spangen en zelfs van de verguld-zilveren belletjes, die onderaan de koorkappen hingen. Dit alles werd, voorzover het niet in de zakken van de soldaten verdween, naar de munt gebracht. Vervolgens werden ook de reliekschrijnen zelf gehaald en tenslotte de 'sprekende' reliekhouders in de vorm van een buste 'ter groote van een halff man'. Deze werden op draagbaren, 'op berrien daer men onreinnicheit op ghedraeghen had', hetgeen op zichzelf al een grove belediging betekende, door huurlingen naar het munthuis gedragen. Daar werd de muntmeester Balthazar Wijntjens gedwongen er munten van te slaan.[63] Als uiterste middel om toch nog wat te kunnen redden gingen enige kapittelheren in vol ornaat naar het muntgebouw. Hier waren de muntmeesterknechten al bezig de inbeslaggenomen voorwerpen met hamers kapot te slaan. Na het muntpersoneel gemaand te hebben hun werk te staken, dat daar echter geen acht op sloeg, werd het geëxcommuniceerd, een handeling die na dreigementen van Von Reichenstein weer ongedaan werd gemaakt. Tot zover de mededelingen van Heer Beernt.

Een ander getuigenis over hetgeen zich ten aanzien van deze inbeslagneming afspeelde, levert een zekere Matthis Quaden, een uit het Gulikse, in de buurt van Keulen, afkomstige graveur, die zijn verhaal ontleende aan hetgeen hem daarover te Deventer was verteld. Ten aanzien van de Grote Kerk merkt hij op dat er rijke schatten waren, waaronder de reliekkast van Lebuinus, van louter zilver gemaakt, die zo zwaar was dat tijdens een processie 'sechs Mann aus allem Vermogen daaran zutragen hatten'. De kast stond op zes gegoten leeuwen, 'welche in der Zeit des hispanischen Garnisoens (wie etlich wollen) alle sind vermunszt worden'. Zij werden echter eerst naar 'Heinrich Friesen', de goudsmid, gebracht om ze om te smelten. Vervolgens maakte die er een dikke plaat van, opdat ze in de munt niet zouden worden herkend, zoals 'mir genanter Goltschmit bey den ich ein Jahr lang gearbeitet, selbs bekant hat'. Ook noemde hij aan Quaden de namen van de kerkmeesters.[64]

Volgens de muntmeester zou het totale gewicht aan zilver, dat hij 'soevoor als naar' van de Lebuinuskerk had ontvangen, 624 mark (circa 154 kilogram) hebben bedragen. De waarde in geld schatte hij op 624 maal 16 daalders of 9984 daalders. Bovendien was de waarde aan goud, dat verkregen was door het verguldsel van het zilver af te schrapen, eveneens aanzienlijk.[65] Wat er van de reliekkassen is overgebleven zijn enkele van de daarvan geslagen noodmunten. Ze zijn vierkant van vorm, dragen het jaartal 1578 en werden geslagen met het stempel van de drie steden Deventer, Kampen en Zwolle. De stukken hadden een waarde van respectievelijk 44, 22 en 11 stuiver. Op de hoeken van de vierkante stukken zijn de letters V, S, L, K geslagen, hetwelk door sommigen geduid wordt als een afkorting van 'Van Sint Lebuins kiste' (afb. 201). Een bewijs daarvoor is echter niet voorhanden.[66]

Beeldenstorm en inbeslagneming door de stad

Na de verovering op 19 november 1578 van de stad door de Staatse troepen en een drietal beeldenstormen in 1579 en 1580,[67] werd het resterende deel van de kerkelijke realia, voorzover het niet gestolen of vernietigd was, geregistreerd en inbeslaggenomen. Vele zilveren voorwerpen werden verkocht, zoals blijkt uit de toestemming van het stadsbestuur om het restant van het kerkelijk zilverwerk uit de Broederenkerk en de

Afb. 201 Noodmunt van Deventer, munt- en keerzijde (zilver, 4,15 x 4,36 cm, 1578). Part. coll. (foto B. Dubbe).

grote monstrans van de Lebuinuskerk te wegen en te doen schatten. De opbrengst werd aangewend om Jan Jelissen te Amsterdam de 2300 gulden te betalen, die de stad hem wegens geleverd 'pulver' verschuldigd was.[68]
Toch is het de vraag of de toen zittende magistraat al deze voorwerpen, die sinds mensenheugenis in de kerk aanwezig waren geweest, gemakkelijk en zonder gewetensbezwaren van de hand deed. Uit een resolutie in het 'Prothocoll des Rhades' is een zekere schroom te constateren, die tot uitdrukking kwam in het besluit de verkoop van het 'golden cruce' – bedoeld werd het grote verguld-zilveren processiekruis – en de edelstenen 'so daer inne sinnen' uit te stellen.[69]
De oorlog dwong echter tot verkoop, hetgeen blijkt uit het besluit van enige maanden later, waarin werd vastgelegd het kerkelijk zilverwerk te gelde te maken voor de financiering van de aan te leggen fortificaties.[70] Het gouden kruis echter bleef ook toen nog onder beheer van het kapittel. Het was niet altijd even gemakkelijk de kerkschatten in handen te krijgen. Al spoedig stond vast dat men verscheidene kostbaarheden had laten onderduiken. Zo bleek bijvoorbeeld in 1580 dat er twee kelken, in afwachting van betere tijden, in bewaring waren gegeven, de een bij heer Herman, organist, en de andere bij Peter van Wesel.[71] Op 11 mei 1581 lieten de heren van het kapittel, op het stadhuis ter verantwoording geroepen, door hun kameraar verklaren 'dat het gouden en zilveren vaatwerk, de kleinodiën van de kerk en de beste priesterkleden, welke de plundering eerst van het Spaanse en daarna van het Staatse garnizoen nog onaangeroerd hadden gelaten, naar Oldenzaal en andere plaatsen waren weggezonden en dat geen der heren er kennis van droeg, dat er nog iets van binnen Deventer zou berusten'.[72]
De hoplieden van de burgervendels, de ergste scherpslijpers onder de hervormden, ontstaken in een vreselijke woede en snauwden hem toe: 'Wij hebben de moed gehad de koppen van de heiligenbeelden te ver-

gruizelen, gij zult zien dat wij desnoods ook die van de kanunniken en vicarissen durven inslaan'.[73] Het gevolg was dat op 10 augustus 1581 nog een aantal voorwerpen werd ingeleverd bij de muntmeester Wijntjens, namelijk:
Een verguld-zilveren ciborie (circa 3 kilogram zwaar); twee kleine verguld-zilveren ciboriës; vier verguld-zilveren miskelken met de daarbij horende patenen; twee zilveren pullen; een vergulde knoop; een vergulde spang voor een koorkap; een zilveren kastje met vergulde stijlen; een zilveren degell (pot); een zilveren beker met een vergulde krans; drie zilveren kroezen; een wierookvat met een zilveren ketting; een zilveren Mariabeeldje; een gouden kruisje.[74]
Inmiddels was Deventer in 1587 door verraad van de Engelse bevelhebber, overste Stanley, weer in Spaanse handen overgegaan. Dit feit maakte voorlopig een eind aan verdere confiscaties. Na de verovering in 1591 van de stad door Prins Maurits bleek dat de kapittelheren indertijd niet alle vasa sacra en andere voorwerpen hadden ingeleverd. Zo waren het gouden kruis, twee kelken en enige andere sieraden elders in veiligheid gebracht. Daarvoor werd de kanunnik Berend Herinck verantwoordelijk gehouden. Hij bekleedde na de dood van bisschop Aegidius de Monte het ambt van vicaris-generaal van het bisdom Deventer. Deze kanunnik werd gedwongen zich borg te stellen voor de verdwenen kerkelijke goederen en kreeg zelfs huisarrest, opdat hij er zorg voor zou dragen dat de verdwenen voorwerpen teruggegeven zouden worden.[75] 'Op 18 juni 1593', zo staat er in de Chronyke van Deventer van Arnold Moonen (1644-1711) te lezen 'heeft Bernart Hering, kanonyk van Sint Lebuyns kerke de hoofden en overblijfselen van Marcellinus en Lebuinus met een kruis en twee kelken ingeleverd'.[76]
De persoonlijke bezittingen van een aantal kapittelheren waren evenwel niet meer te achterhalen. Anderen daarentegen leverden de in hun bezit zijnde goederen in, waarbij de hoop werd uitgesproken, dat er vrede zou komen en godsdienstvrijheid 'in krafft van welcken ieder parthie dairinne benoempt, seiner religion frijhe exercitie hebben sall moigen, alsdan capittel und vicarien disse kelcken und cleder oick wedder tgebruicken sullen hebben'.[77] Dit voor die tijd waarlijk zeer liberale standpunt, zal echter mede zijn ingegeven door de nood waarin men verkeerde.
Heer Henrick van Zutphen gaf te kennen dat zijn kelk te Emmerik was en dat zijn overige bezittingen waren gestolen. Heer Egbert Roloffsen beweerde, dat hij tengevolge van de onlusten alles was kwijtgeraakt en heer Lambert Cuyper had zijn miskelk naar Keulen laten brengen. Weer een ander zond zijn kelk naar zijn moeder te Oldenzaal, terwijl hij de nog aanwezige altaarornamenten aan de 'olderluyden van het sunte Anthoniusgilde' had gegeven. Nicolaas van Cuijnder tenslotte zei dat hij zijn kelk 'in guede bewaernisse' had gegeven.

Tot degenen die wel bezittingen inleverden, behoorde om enige voorbeelden te noemen, heer Matthijs van Drunen die onder andere een verguld-zilveren kelk met pateen overreikte. Een andere kapittelheer, Henrick Buyser, leverde een kelk in met pateen, twee kazuifels, de één van rood laken met een zwart fluwelen kruis, de ander van bruin laken met een bleek satijnen kruis, een albe, een stola en een manipel, alles tot zijn altaar hebbende behoord.[78] Zo werd door de stedelijke overheid op allerlei manieren getracht het kerkelijk gerei in bezit te krijgen om het vervolgens te gelde te maken.

Liturgische voorwerpen die bewaard bleven

In het begin van de vorige eeuw is desondanks een aantal van de in de inventaris van 1566 genoemde kerkschatten in de Broederenkerk terecht gekomen. Het is niet geheel duidelijk of zij reeds in het katholieke kerkje aan de Nieuwstraat werden bewaard en vandaar naar de Broederenkerk werden overgebracht. Ook bestaat de mogelijkheid dat ze voor een deel uit de stadssecreetkamer kwamen en tijdens het Franse bewind of kort daarna aan de Broederenkerk werden overhandigd. Tenslotte is het denkbaar dat ze geschonken werden door katholieke families, die de sieraden van geslacht op geslacht hadden bewaard, nadat men ze in de woelige laat zestiende-eeuwse periode had laten 'onderduiken'. Dit laatste was in elk geval met verscheidene relieken gebeurd, die in 1739 aan de rooms-katholieke gemeente werden teruggegeven.[79]

De Lebuinuskelk

Het belangrijkste voorwerp uit de kerkschat is ongetwijfeld de wereldberoemde Lebuinuskelk, 'Sanct Lebuyns nap' uit de inventaris van 1566. Deze als enige uit de vroege middeleeuwen overgebleven ivoren kelk, zou naar de meest recente opvattingen zijn vervaardigd in de paleisschool van Karel de Grote te Aken en volgens deze inzichten dateren uit het begin van de negende eeuw.[80] Hij werd in 1939 overgebracht naar Utrecht voor een tentoonstelling en is daar sindsdien gebleven als bruikleen van de rooms-katholieke parochie van Sint Lebuinus te Deventer aan het Aartsbisschoppelijk Museum te Utrecht.[81] Thans bevindt de beker zich in het Rijksmuseum Het Catharijneconvent te Utrecht.
De vorm van de kelk is door het in de veertiende eeuw aangebrachte zilveren montuur niet goed waar te nemen (kleurenafb. 18). De bekende Utrechtse edelsmid J. Brom heeft het eens aangedurfd dit montuur te demonteren, waardoor de 'nap' in zijn oorspronkelijke staat te voorschijn kwam (afb. 202). Het tijdstip van de vervaardiging van de beker, in het begin van de negende eeuw, wordt door W. Meyer-Barkhausen afgeleid uit de overeenkomst in ornamentiek met het hekwerk om de verdieping van de Paltskapel in de Akense Munsterkerk (afb. 203). In het bijzonder noemt deze auteur de inderdaad treffende gelijkenis van de acanthusranken, die de bovenste zone van de beker sieren, met dergelijke ranken op het fries van enige bronzen hekken, in het bijzonder van de hekken III en VII, in de genoemde kerk. Weliswaar zijn de ranken op de beker in verband met de veel geringere ruimte die de ivoorsnijder ter beschikking stond, niet zo mooi ontrold en minder plastisch van vorm dan op het hek, maar ze zijn wel tot in onderdelen gelijk. Ook de plaatsing van het kapiteel juist onder de linkerkrul van de acanthusrank is in overeenstemming met de plaatsing van de pilasterkapitelen van het hek, die zich ook precies onder de linkerhelft van de dienovereenkomstige ranken op de heklijst bevinden. Ofschoon er ook enige afwijkingen in de ornamentiek van het kapiteel van beker en hek zijn vast te stellen, neemt Meyer-Barkhausen een direct verband aan tussen de hekken en de beker.
Behalve de overeenkomst van het rankenfries constateert Meyer-Barkhausen dat ook het ornament van het hek zelf op de kelk is aangeduid en wel op de vier velden tussen de kapitelen. Ook hier is sprake van eenzelfde indeling van het vlak door dubbele diagonale lijnen, zij het met enige variatie. Uit de door de auteur aangegeven overeenkomsten tussen hek en kelk leidt hij ook de datering af. Als terminus post quem ziet hij het jaar 805, het jaar waarin de Munsterkerk volgens de overlevering zou zijn gewijd.[82]
Deze en andere auteurs na hem menen ook dat de beker een produkt is van de Akense, door Karel de Grote gestichte hofschool.[83] W. Braunfels is zelfs van oordeel dat hek en beker door een en dezelfde kunstenaar zijn vervaardigd.[84] Aangezien Lebuinus omstreeks 773 moet zijn overleden,[85] wordt door deze auteurs de mogelijkheid verworpen dat − zoals de traditie wil − de kelk door deze geloofsprediker kan zijn gebruikt. Toch zijn er bij deze naar schijnt zo waterdichte bewijsvoeringen ten aanzien van het voorbeeld voor de kunstenaar, de maker en de datum van ontstaan van de nap in het begin van de negende eeuw enige vraagtekens te zetten, vraagtekens die de thans gevestigde opvatting misschien niet direct op de tocht zetten, maar die wel tot nadenken stemmen.

− Is de gieter ook de ontwerper van de hekken? Bovendien moet men zich afvragen wie de modellen voor de te gieten hekken maakte. Was dat de gieter of een modelmaker? In de literatuur betreffende de beker wordt op deze vragen nauwelijks ingegegaan. Braunfels neemt aan dat de gieter(s) uit de werkplaatsen van wapensmeden kwamen, die nog vertrouwd waren met de gietkunst van de Merovingers, terwijl V.H. Elbern spreekt van 'auswärtige, wohl italienische Künstler'.⁸⁶ Waren deze in staat ontwerpen voor hekken te maken, of waren zij slecht de gieters na een van te voren door een andere kunstenaar of bouwmeester gemaakt ontwerp?

– Braunfels gaat nog verder door op grond van de overeenkomst in ornamentiek en de uitvoering daarvan te beweren, dat hek en beker door dezelfde meester zijn vervaardigd: 'Die Art, wie die Blattformen modelliert sind, läszt keinen Zweifel darüber, dasz die gleiche Hand, die an den Gittern gearbeitet hat, sich hier an einem anderen Material versucht'.⁸⁷ Naar onze mening is twijfel hier wél op zijn plaats. De veronderstelling dat een bronsgieter ook ivoorsnijder zou zijn lijkt ons, zonder dat dit op meer overtuigende wijze wordt aangetoond dan Braunfels dat doet, vooralsnog onjuist. De technische vereisten waaraan een ivoorsnijder moet voldoen verschillen zodanig van die van een bronsgieter, dat alleen op grond daarvan aan de bewering van Braunfels moet worden getwijfeld.
De opmerking van A.M. Koldeweij, dat er te Aken een werkplaats was waarin verschillende ambachten werden uitgeoefend, komt meer overeen met de realiteit.⁸⁸ Vooral indien daarmee bedoeld wordt, gelet op de afwijkende technieken van de verscheidene ambachten, verschillende met elkaar samenwerkende ateliers.

– Het ornament op de hekken en dat op de beker is niet geheel identiek. Afwijkingen zijn te constateren in de vorm van de kapitelen en de invulling van de velden tussen de dubbele diagonale lijnen. Meyer-Barkhausen veronderstelt op grond van het, wat de versiering betreft, afwijkende kapiteel, dat 'in Aachen ein weiteres Gitter existiert haben muss, dasz sich nur in der Kapitellform von dem erhaltenen Gitterpaar mit Rankenfries unterschied und das dem Künstler des Elfenbeinkelches unmittelbares Vorbild gewesen ist. Über den Platz im Münster wissen wir nichts aber die möglichkeiten sind manche'.⁸⁹ Hier begeeft de auteur zich op glad ijs. Zou het niet mogelijk kunnen zijn dat de maker van de kelk en de ontwerper/gieter van de hekken zich hebben laten inspireren door de talrijke in de Karolingische tijd nog aanwezige restanten van op Romeinse bouwwerken, zowel in Italië en elders, als in het Rijnland, aangebrachte versieringen? Meyer-Barkhausen oppert deze mogelijkheid zelf, om haar tenslotte te verwerpen. In het geval dat de hekken niet de directe voorbeelden zijn geweest voor de versiering van de beker, behoeft het veronderstelde jaar 805 van de kerkwijding geen terminus post quem te zijn. Dan zou – ofschoon minder waarschijnlijk – het zelfs mogelijk zijn, dat de beker later in de negende eeuw zou zijn vervaardigd.

– Vervolgens moet worden gewezen op het toch kor-

Afb. 202 Lebuinuskelk zonder montuur (foto Rijksmuseum Het Catharijneconvent, Utrecht).

te tijdsbestek dat ligt tussen het tijdstip van overlijden van Lebuinus, circa 773, en het door de hiervoor geciteerde schrijvers op stilistische gronden aangenomen moment van vervaardiging van de beker. De heilige zou hem in het laatst van zijn leven hebben kunnen verkregen. Deze veronderstelling vindt steun in de traditie. Ook moet daarbij in aanmerking worden genomen dat de kennis over deze periode nog veel hiaten vertoont. Het is zelfs van niet gemerkte of gedateerde achttiende-eeuwse voorwerpen nog moeilijk om ze op tien jaar nauwkeurig te dateren. Bepaalde stijlkenmerken kunnen daarbij zelfs verwarrend werken in die zin, dat men op grond daarvan tot een andere datering komt dan bijvoorbeeld uit archivalia of uit andere feitelijkheden blijkt. Onze ervaring is dat datering van voorwerpen alleen op basis van stijlkenmerken tot grote vergissingen kan leiden.

– Er blijf de vraag hoe een dergelijk toch heel bijzonder stuk in Deventer is terecht gekomen. Aangezien de veronderstelling wordt verworpen, dat het Lebuinus zelf was die de beker heeft meegebracht, zal deze vraag waarschijnlijk nooit beantwoord kunnen worden.
In dit verband moet ook worden gewezen op de benaming in de inventaris van 1566: 'Sanct Lebuyns nap'. Naar de mening van verscheidene auteurs was het

Afb. 203 Hekwerk van de Akense Munsterkerk (brons, IXa) (foto W. Addink).

voorwerp oorspronkelijk een drinkbeker, die in de veertiende eeuw door het aanbrengen van een zilveren montuur geschikt gemaakt werd voor liturgisch gebruik.[90] De aanduiding 'nap' wijst er op dat hij althans in de zestiende eeuw niet werd gebruikt als miskelk, maar als reliek werd beschouwd. Dit wordt trouwens bevestigd door Dumbar, die onderaan de lijst met relieken in de Lebuinus ook deze 'nap' opneemt.[91]

– Van de bewaard gebleven voorwerpen uit de Karolingische tijd is het ivoorsnijwerk redelijk goed vertegenwoordigd. Er bestaat derhalve de mogelijkheid tot vergelijking. Indien bijvoorbeeld het verfijnde ivoorsnijwerk op de band van het zogenoemde evangeliarium van Lorsch (afb. 204), dat zich in het Victoria & Albertmuseum te Londen bevindt en dat omstreeks 810 in de hofschool van keizer Karel zou zijn vervaardigd, wordt vergeleken met het snijwerk op de beker, dan zijn er grote verschillen in kwaliteit vast te stellen en dat geldt niet alleen voor dit voorbeeld.[92] Er ontstaat twijfel aan het feit of de 'nap' in of in de omgeving van de hofschool zou zijn gemaakt, tenzij aangenomen wordt dat er ambachtslieden van heel verschillend niveau werkten. Het snijwerk op de beker is primitiever, technisch minder volmaakt, maar wel dynamisch, hetgeen mogelijk tot een vroegere datering aanleiding zou kunnen zijn.

Resumerende kan worden vastgesteld, dat de datering van de Karolingische kunst nog vele hiaten vertoont, vooral waar het om voorwerpen gaat. Bij het bepalen van de ouderdom van de Lebuinuskelk gaat het om het afwegen van een aantal waarschijnlijkheidsfactoren. Mogen de voorgaande overwegingen aanleiding zijn om het zo definitieve oordeel over ontstaan en datering van deze 'nap' nog eens te overwegen.

De drie olde boeken

Behalve de nap van Lebuinus bevonden zich op de zolder van de pastorie van de Broederenkerk drie codices, die ongetwijfeld identiek zijn aan de 'drie olde boeken myt sylver beslagen ende gesteente up eyne zydt' uit de inventaris van 1566. Op het moment van de vondst dienden ze de kostersvrouw nota bene als gewicht voor haar mangel. Op advies van Mgr. Van Heukelum, de eerste directeur van het Aartsbisschoppelijk Museum te Utrecht werden ze overgebracht naar het Groot-Seminarie Rijssenburg te Driebergen. Omstreeks 1870 verhuisden ze naar het Aartsbisschoppelijk Museum. Thans zijn de drie banden als bruikleen van de Sint-Lebuinusparochie te Deventer ondergebracht in het Rijksmuseum Het Catharijneconvent, eveneens te Utrecht. Het zijn het zogenaamde evangeliarium van Lebuinus en de evangelistaria van Ansfridus en Bernulfus.

Het handschrift van het eerste boek, het evangeliarium (boek met de teksten van de evangeliën) van Lebuinus, is Karolingisch werk (kleurenafb. 16). Men neemt aan dat het omstreeks 835 in Noord-Frankrijk werd vervaardigd.[93] De band bestaat uit twee panelen van eikehout (35,5 x 25,6 cm), gedeeltelijk bekleed met leer. Aan de met zilver en halfedelstenen versierde voorzijde bevinden zich tussen de armen van een uit de elfde eeuw stammend, met filigrainwerk versierd zilveren kruis, vier kleine reliëfs van walrustand.[94] Ze werden in het midden van de twaalfde eeuw te Keulen vervaardigd en stellen de vier evangelisten voor. Aan zowel de top als de voet van het kruis is een pseudocamee geplaatst, waarschijnlijk van Merovingische herkomst. Het uit chalcedoon gesneden Bacchuskopje op het snijpunt van de armen van het kruis is mogelijk in het begin van onze jaartelling in Klein-Azië gemaakt. Op de hoeken van de band en op de armen van het kruis zijn rozetten van respectievelijk verguld koperblik en zilver bevestigd, in het midden waarvan een halfedelsteen is gevat. De rozet aan de rechter onderkant evenals de ornamenten ter weerszijden van de liggende kruisbalk ontbreken. De band zoals die nu bekend is stamt uit de twaalfde eeuw.[95]

Dit evangeliarium zou Lebuinus gebruikt hebben bij zijn prediking. De wetenschap is met het dateren van handschriften uit de vroege middeleeuwen verder gevorderd dan met het bepalen van de ouderdom van het schaarse aantal voorwerpen uit diezelfde periode. In verhouding bleef er een betrekkelijk groot aantal teksten bewaard die vaak zijn te dateren aan de hand van er in voorkomende jaartallen of aan vaststaande gebeurtenissen. Ook heeft men bepaalde schriftkarakteristieken kunnen verbinden met 'schrijfscholen', die in kloosters in een bepaalde streek gevestigd waren (Reichenau, Einsiedeln). Door schriftvergelijking kan dan de ouderdom van niet gedagtekende teksten worden vastgesteld. Op grond van de kennis van het schrift moet worden aangenomen dat het hiervoor gegeven tijdstip van vervaardiging correct is en dat het evangelieboek derhalve eerst in de negende eeuw moet zijn geschreven. Lebuinus kan het dus onmogelijk hebben gebruikt.

In dit verband is een opmerking van H.J. van Rijn in zijn Oudheden en Gestichten van het Bisdom Deventer interessant. Hij vertelt dat hij het boek heeft gezien. Na een korte beschrijving vervolgt hij: 'Doch ik heb geen enkelden tuttel gezien, ook niet in andere gedenkschriften der zelve kerke, die het gemelde boek aan St. Lebuinus toeschrijft: daar die kerk nochtans zoo eene getuigenis niet zoude geweigert hebben aan 't gemelde boek, die zy aan St. Lebuinuskelk, die met goud (sic) beslagen is en noch in weezen is wel heeft willen geeven'. Dezelfde schrijver vermeldt, dat dit boek werd gebruikt bij de inhuldiging van de Overijsselse landheren, de bisschoppen van Utrecht. Het laatst legde de graaf van Aremberg, als vertegenwoordiger van Philips II de eed op dit boek af bij de inhuldiging in 1556, die plaats vond in De Waag te Deventer.[96] De herkomst van deze codex staat niet vast. Mogelijk komt hij uit Utrecht. Betrouwbare aanwijzingen zijn daarvoor echter niet.

Het tweede boek is de zogenaamde codex van Ansfridus (kleurenafb. 17). Dit pericopenboek (boek dat de gedeelten uit de evangeliën bevat, die tijdens de mis worden voorgelezen), dankt zijn naam aan een inscriptie, een tweetal hexameters, die in graveer- en niellotechniek is aangebracht langs de rand van een spitsovalen zilveren plaat, in het midden waarvan een bisschopsfiguur met staf is afgebeeld (afb. 205). Rond de bisschop, juist onder de lijst met de teksten, is een rand van palmetten te zien. De plaat is, evenals de gegraveerde hoekstukken, met spijkertjes op het eiken achterplat van de band bevestigd, dat overigens met fluweel is overtrokken. De tekst van rechtsboven naar onder luidt: ORNATU LAPIDUM RUTILANS AUROQUE POLITUM en van linksonder naar boven: PRAESULIS ANSFRIDI MARTINO MUNUS OBIVI (Versierd met flonkerende edelstenen en schitterend goud ben ik een geschenk van Ansfrid aan Maarten).[97] Hieruit blijkt dat Ansfridus, bisschop van Utrecht van 995-1010, de schenker van dit boek is geweest aan Martinus, dat wil zeggen aan de Utrechtse Domkerk, die Sint Maarten als schutspatroon had.

Het ornament van deze zilveren plaat wijst er op dat zij in de tijd van Ansfridus is gemaakt. Vooral de wijze waarop de palmettenrand rond de bisschopsfiguur is uitgevoerd wijst in deze richting. Volgens F. Steenbock is daarin nog niets te bespeuren van de schematisering die werkstukken uit het midden van de elfde eeuw kenmerken.[98]

In dit verband is een door G.I. Lieftinck ontdekte aantekening op het schutblad van dit boek in het schrift van omstreeks 1100 interessant. Daaruit blijkt dat bisschop Bernold ter ere van de Heilige en ondeel-

Afb. 204 Voorplat van het Evangeliarium van Lorsch (38,5 x 27 cm, ca. 810). Coll. Victoria and Albert Museum, London (foto coll. B. Dubbe).

bare Drievuldigheid en van zijn speciale patroon Sint Maarten, een verguld-zilveren (draag)altaar liet maken, waarbij hij nog een aantal geschenken voegde. Uit deze notitie kan met zekerheid worden afgeleid, dat dit pericopenboek oorspronkelijk te Utrecht thuis hoorde.[99] Trouwens, eerst in 1292 werd in de Deventer Lebuinuskerk een Sint-Maartenaltaar gesticht. De codex, die circa 1375 nog in de Utrechtse Dom aanwezig was, moet voor 1566 naar Deventer zijn overgebracht.[100]

Het eiken voorplat (33,5 x 26 cm) is met een dunne verguld-zilveren plaat beslagen en heeft een brede rand. Het ten opzichte van de rand verzonken middendeel toont een filigrainkruis met er op en er omheen verscheidene halfedelstenen als agaat, amethyst, bergkristal en kwarts, gevat in met een kabelrandje omgeven kasten.

Op de vier hoeken van de rand zijn vijftiende-eeuwse medaillons bevestigd, die nog sporen van email vertonen. Rechtsboven is het symbool voor de evangelist Mattheus, een gevleugelde mensfiguur, aangebracht. Linksboven is Johannes weergegeven in de vorm van een adelaar. Rechtsonder bevindt zich de gevleugelde stier voor Lukas en linksonder het symbool voor Mar-

Afb. 205 Evangelistarium van Ansfridus (33,5 x 26 cm, XI), achterzijde. Coll. Rijksmuseum Het Catharijneconvent, Utrecht (foto W. Addink).

Afb. 206 Evangelistarium van Ansfridus (33,5 x 26 cm, XI), detail. Coll. Rijksmuseum Het Catharijneconvent, Utrecht (foto W. Addink).

cus, de gevleugelde leeuw. Op de banderollen onder de figuren zijn de namen van de evangelisten vermeld. Op elk van de lange zijden bevinden zich twee kleinere medaillons. De beide bovenste tonen de kroning van Maria en de onderste twee met een wierookvat zwaaiende engelen. Tussen de medaillons met de evangelisten en de kleinere medaillons bevinden zich aan weerszijden, zowel boven als beneden, vier zogenoemde, uit de zevende tot negende eeuw stammende alsengemmen (afb. 206). Dit zijn gemmen genoemd naar het Deense eiland Alsen waar ze in 1871 voor het eerst werden gevonden en als een aparte groep van imitatie gemmen werd herkend. Ze zijn gemaakt van gelaagd glas, waarin primitieve figuurtjes zijn 'gesneden'. Op de beide korte zijden is een medaillon met een springend hert bevestigd. Ertussen zijn gemmen en halfedelstenen aangebracht, die alle zijn gevat in kastjes omgeven door een kabelrand.

De codex van Ansfridus is vrijwel zeker in de late vijftiende of begin van de zestiende eeuw gerestaureerd. Daarop wijst het koordornament rondom de medaillons, dat typisch is voor de late gotiek.[101]

Het derde boek is het evangelistarium van Bernoldus (afb. 207). Ook deze codex komt, naar Lieftinck aantoont, oorspronkelijk uit Utrecht.[102] Dat wordt geconcludeerd uit een tweetal bijgebonden elfde-eeuwse afschriften van oorkonden betreffende schenkingen aan de Utrechtse domkerk. Hierin komt de naam Bernold eveneens voor. De band van de codex (31,3 x 22,6 cm) bestaat uit twee eikehouten platten. Het achterplat is bedekt met leer. De voorzijde toont, evenals de codex van Ansfridus een enigszins verdiept middenveld omgeven door een rand. Het brede filigrainkruis heeft een achtpuntig, door concave lijnen met elkaar verbonden, wat verhoogd middendeel eveneens versierd met filigrain. In het centrum daarvan is een ovale onyx gevat. Op de top van de staande balk van het kruis is een laat-antiek uit chalcedoon gesneden vrouwenkopje bevestigd. Op de voet van het kruis bevindt zich een agaat en op de rechter kruisbalk een cabochon van gekleurd glas. De linkerarm is verdwenen. De rest van het middenveld is bedekt met daarop met spijkertjes bevestigd goudblik, waarin vier medaillons met kleurig email. In de rechter bovenhoek ziet men een in een vierkant kastje gevatte opaal. In de andere hoeken is deze versiering verdwenen. De gestanste verguld-zilveren rand met zeven bloemrozetten is alleen op de rechter rand nog geheel aanwezig en op de linker gedeeltelijk. In het midden van deze rand is een gestanst medaillon met een maskerkopje op de zich daar bevindende bloemrozet gespijkerd. Verder zijn op de beide lange zijden twee gesneden stenen gevat, waarvan het rechtsboven geplaatste exemplaar ontbreekt. Ook hier zijn op de hoeken van de rand schijfjes met de symbolen van de vier evangelisten bevestigd. Het zijn latere toevoegingen aan de uit de elfde/twaalfde eeuw stammende band. Bij vergelijking van de beide perikopenboeken blijkt dat het voorplat dezelfde indeling heeft, namelijk een verdiept middendeel met een rand. Ook de vorm van het filigrainkruis met het achtpuntige middendeel, de plaatsing van de edelstenen daarop en de randversiering met op de hoeken de schijfjes met de vier evangelisten vertonen grote gelijkenis.

A.S. Korteweg is naar aanleiding van deze overeenkomst van mening dat de voorzijde van de Ansfriduscodex, toen die tegen het eind van de vijftiende eeuw aan restauratie toe was, vernieuwd werd met gebruikmaking van de versierende delen van de achterzijde van de codex van Bernold. Daarbij zouden dan tevens de ornamenten van het oorspronkelijke, maar versleten voorplat van het boek van Ansfridus benut zijn. Behalve op de reeds hiervoor gesignaleerde overeenkomsten wijst zij op de gelijke afmetingen van het filigrainkruis, de vlakke stenen op het kruis en de mindere kwaliteit van alle andere stenen. Het doel van de restauratie zou zijn geweest beide codices eenzelfde uiterlijk te geven om ze bijvoorbeeld naast elkaar in processies rond te dragen, of om ze op het hoogaltaar tentoon te stellen.[103]

J.M.A. van Cauteren wijst de hiervoor gegeven mening om plausibele redenen van de hand, omdat het niet gebruikelijk was het achterplat van een codex rijk te versieren met edelstenen en gemmen. Hij huldigt de opvatting dat er een pendant van de Bernoldcodex moet hebben bestaan, die zo beschadigd was, dat met behulp van de onderdelen daarvan de eveneens beschadigde Ansfriduscodex kon worden hersteld met de bedoeling om een, wat compositie en vorm betreft, op de Bernoldcodex gelijkende band te verkrijgen. Deze reparatie zou volgens de auteur zijn uitgevoerd door de Utrechtse edelsmid Abel van der Vechte. Hij komt tot deze opvatting omdat in de rekening van de Dom over het boekjaar 1515-1516 de volgende post is vermeld: 'Item Abel die goutsmit heeft dit jaer beweesen gemaeckt te hebben aen die clenodien gulden boeken te reformeren met gesteent daer toe gekoft'. Dit zou tevens betekenen dat beide codices tussen 1516 en 1566 overgebracht zijn naar de Deventer kerk. Immers men maakt het uiterlijk van beide banden niet gelijk, indien één ervan niet meer aanwezig is. Aangezien de Dom over verscheidene van deze rijk versierde banden beschikte – Van Cauteren vermeldt dat er soms zeven op een rij op het altaar stonden – staat geenszins vast dat de reparatie betrekking had op de codex van Ansfridus. Bovendien vermeldt de auteur dat deze vroege boekbanden in de late middeleeuwen in de Dom nauwelijks meer een functie hadden, een reden te meer om te veronderstellen dat de banden reeds voor 1516 overgebracht zijn naar Deventer.[104] Het hebben van een pendant voor de Bernoldcodex kan juist dáár gewenst geweest zijn in verband met het op het altaar tentoonstellen van twee ogenschijnlijk gelijk versierde boeken. De consequentie van dit laatste standpunt is, dat de band waarschijnlijk door een Deventer goudsmid is vernieuwd.

Afb. 207 Evangelistarium van Bernoldus (31,3 x 22,6 cm, XI-XII). Coll. Rijksmuseum Het Catharijneconvent, Utrecht (foto W. Addink).

Deventer goudsmeden waren werkzaam voor het kapittel, hetgeen blijkt uit het feit dat in het begin van de zestiende eeuw, maar voor 1524, meester Jan Goudsmid voor 120 goudgulden de reliekkast van Lebuinus hermaakte.[105] Twee meesters komen daarvoor in aanmerking, namelijk Johan Tylmanssen, die in 1490 burger werd of Johan van Bueren, die in 1508 het Deventer burgerschap verwierf. In de periode 1450-1525 waren er te Deventer op zijn minst tien goudsmeden werkzaam.[106] De stad voldeed immers juist in die tijd aan de voorwaarden die noodzakelijk waren voor de vestiging van belangrijke meesters op het gebied van de goud- en zilversmeedkunst. De stad bloeide, er was geld, er waren van heinde en ver bezochte markten en er was bovendien een rijk kapittel. Korteweg, die terecht opmerkt dat er in vergelijking met de banden tot nu toe weinig aandacht is besteed aan de inhoud van de boeken, komt tot de slotsom dat het handschrift van de Bernoldcodex een werk is uit de school van Reichenau. Wat de datering betreft, moet het kort voor het midden van de elfde eeuw zijn ontstaan.[107]

Het evangelistarium van Bernold is ook uit een ander oogpunt belangwekkend. Hij bevat in afwijking van de beide andere codices, die met een enkel initiaal (Lebuinuscodex) of met vele kleine initialen (Ansfriduscodex) zijn versierd, veertien miniaturen en acht bladzijden met door ranken en andere ornamenten omgeven initialen. Zij worden door Korteweg uitvoerig behandeld.[108]

Edelsmeedwerk in het Catharijneconvent

Van de overige uit de Grote Kerk afkomstige voorwerpen, die zich thans als bruikleen van de Sint-Lebuinusparochie te Deventer in het Rijksmuseum Het Catharijneconvent te Utrecht bevinden, moet allereerst een 20 cm hoog, gedeeltelijk verguld zilveren beeldje worden genoemd, voorstellende Sint Laurentius (afb. 208). In de inventaris van 1566 wordt het als 'enen kleyn silveren sanct Laurentius beldeken' aangeduid. Op drie vlakken aan de voorzijde van het geprofileerde achtkantige voetstuk is zijn naam gegraveerd op een gearceerde ondergrond: ST-LAVR-ENS. Rechts van hem is zijn attribuut, het rooster te zien waarop hij werd gemarteld op bevel van de prefect van Rome, Decius, die zich meester wilde maken van het vermogen van de kerk. Dat was door de juist vermoorde paus Sixtus II aan Laurentius in bewaring gegeven. Deze weigerde de schatten te overhandigen. Hij toonde zijn beulen de om hem heen verzamelde armen en zieken en sprak op hen wijzende: 'Ziedaar de schatten van de kerk'.[109]

Het beeldje draagt in de handen de eigenlijke reliekhouder, die de vorm heeft van een rib. Dumbar vermeldt onder de relieken van de kerk: 'Eene ribbe van Sanct Laurens'.[110] In de Lebuinuskerk bevond zich een aan Laurentius en Bartholomeus gewijd altaar, dat reeds in 1347 wordt genoemd. Het beeldje dateert uit de tweede helft van de vijftiende eeuw en is waarschijnlijk door een Deventer zilversmid vervaardigd.

Het tweede objekt is een merkwaardige en zeldzame reliekmonstrans (hoogte 21,5 cm; breedte 14,7 cm) uit het begin van de veertiende eeuw (afb. 209). Het wordt in de inventaris van 1566 genoemd 'eyn sylveren vergulden custodie myt sommyge tanden'. Het heeft de vorm van een opengewerkt reliekschrijntje op voet en met een puntdak waarop pannen zijn aangeduid. Het heeft een gekanteelde rand en het 'dak' kan door middel van twee scharniertjes worden geopend. Het nog gedeeltelijk vergulde schrijntje rust op een zeskantige stam met aan de boven- en onderkant een zeskantige platte knoop en in het midden een forse zeskantige nodus. Op de bovenste knoop staat aan weerszijden een leeuwtje met de achterpoten op de knoop. Met de voorpoten wordt het schrijntje ondersteund. De zeskantige voet heeft een geprofileerde rand waarlangs een parellijst is aangebracht. Op de

Afb. 208 Reliekhouder van Sint Laurentius (verguld zilver, h. 20 cm, XVB). Coll. Rijksmuseum Het Catharijneconvent, Utrecht (foto Hans Sibbelee, Rijksmuseum Het Catharijneconvent).

bodemplaat van het schrijntje zijn houdertjes bevestigd voor het vastmaken van de tanden.[111]

Het derde voorwerp is een omstreeks 1300 gemaakt ostensorium (een houder met een glazen cylinder waarin een reliek wordt tentoongesteld, hoogte 29 cm) (afb. 210). Hierin is het 'cleyn sylveren voetken myt eyn wytten steen' uit de inventaris te herkennen. Het heeft een zeslobbige voet met geprofileerde voetrand. Daar waar de voet overgaat in de dunne zeskantige stam, bevindt zich een platte kantige knoop. Het midden van de stam toont een zeskantige, afgeplatte nodus, die aan boven- en onderzijde vergezeld wordt door eenzelfde platte knoop die ook de onderkant zowel als het boveneind van de stam markeert. De stam verwijdt zich naar boven en draagt een gearceerde houder met driepasversieringen. Hierin rust een hol geslepen cylinder van bergkristal. Waarschijnlijk werd er het vingerreliek van Sint Andreas in bewaard. Deze houder stamt mogelijk uit slijperijen die in die tijd te Parijs en Venetië gevestigd waren, of uit een slijperij in het Rijn-Maasgebied waar de kunst van het slijpen en doorboren van bergkristal ook in zwang kwam.[112] Op de houder is een kantige torenvormige deksel aangebracht versierd met een driepas, een rand met kruisbloempjes en een koordrandje om de top. Aan weerszijden van de houder is een zilveren band bevestigd die het geheel bij elkaar houdt.[113]

Van deze twee vroege reliekhouders en trouwens ook

van het Laurentiusbeeldje wordt om onduidelijke redenen wel gezegd dat ze in het Nederrijnse zouden zijn vervaardigd, waarmee dus de streek ten noorden van Keulen wordt bedoeld. Welke steden liggen daar die in de veertiende eeuw een centrum van goud- en zilversmeden herbergden? Voorzover wij kunnen nagaan, geen! Waarom zoekt men de herkomst van deze toch zeer oude voorwerpen zo ver van huis. Wat is de reden waarom ze bijvoorbeeld niet te Utrecht of misschien wel te Deventer kunnen zijn vervaardigd. Uit de Deventer stadsrekeningen is vast te stellen dat er in de eerste helft van de veertiende eeuw tegelijkertijd minstens vier goudsmeden werkzaam waren.

Een in het museum bewaarde koorkapsluiting (13,5 x 13,5 cm) is eveneens afkomstig uit Deventer (kleurenafb. 20). Hij is gemaakt van verguld koper en heeft de vorm van een vierpas met aan elke zijde een kast om een edelsteen in te vatten. Die zijn echter verloren gegaan. De voorstelling laat de verkondiging zien van de aartsengel Gabriël aan de maagd Maria. Dit was in de tijd van het ontstaan van deze fibula, circa 1500, een geliefde scène. Het is mogelijk een van de twee spannen uit de inventaris en wel het exemplaar dat 'myt enen messinges plaete gevodert is'.[114]

Er zijn twee voorwerpen bewaard gebleven die herinneren aan bisschop Aegidius de Monte. Als eerste moet de staf met gebogen uiteinde of crosse worden genoemd, die thans ook bewaard wordt in het Rijksmuseum Het Catharijneconvent te Utrecht als bruikleen van de Oud-Katholieke kerk (afb. 211 en kleurenafb. 19). Tot voor kort was deze staf in het bezit van de titulaire Oud-Katholieke bisschop van Deventer. Wegens het feit dat er momenteel geen Oud-Katholieke bisschop van Deventer is herbenoemd is zij thans eigendom van het Metropolitaan Kapittel van de Oud-Bisschoppelijke Clerezij te Utrecht.

Onder invloed van het Jansenisme[115] koos het kapittel te Utrecht in 1723 op eigen gezag een bisschop, met name Cornelius van Steenhoven. Deze gebeurtenis was mede aanleiding tot het onstaan van een schisma in de Nederlandse rooms-katholieke kerk en betekende tevens de geboorte van de Oud-Katholieke kerk, die de paus wel bleef erkennen, hoewel het omgekeerde niet het geval was. Aangezien de bezittingen van de kerk ten tijde van het ontstaan van de breuk in de jaren twintig van de achttiende eeuw door het kapittel werden beheerd, zal bij deze gelegenheid ook de kromstaf van de voormalige bisschop van Deventer in het bezit van de Oud-Bisschoppelijke Clerezij gekomen zijn.

Toen Aegidius de Monte te Antwerpen werd gewijd, is aldaar ook de kromstaf met krul aangeschaft. De Sinjorenstad was in die tijd een internationaal bekend centrum van edelsmeedkunst,[116] zodat het niet moeilijk was op korte termijn een krul voor de staf te vervaardigen. Zij is 41,5 cm hoog en gemaakt van verguld koper met verguld-zilveren beeldjes. Ze herin-

Afb. 209 Reliekmonstrans voor tanden (verguld zilver, 21,5 x 14,7 cm, XIVa). Coll. Rijksmuseum Het Catharijneconvent Utrecht. (foto Hans Sibbelee, Rijksmuseum Het Catharijneconvent).

nert wat de vorm betreft sterk aan de in 1536/37 eveneens te Antwerpen gemaakte crosse van de staf van de toenmalige abt van Berne, Coenraet van Malsen,[117,118] hoewel die twee rijen boven elkaar geplaatste beeldnissen heeft en van verguld-zilver is vervaardigd. Uit dezelfde periode 1536-1570 stammen de tot chrismatorium (recipiënt ter bewaring van de heilige olie) verwerkte verguld-zilveren nispartij der krul van de staf van de abt van Tongerlo(?)[119] en de verguld-koperen crosse van de abdij van Saint Hubert.[120]

Blijkens de lengtenaden bestaat de krul uit twee aan elkaar gesoldeerde helften, die om een holle buis zijn bevestigd. Boven een vakjesband bevindt zich een bredere kussenvormige ring omwonden met afwisselend een koord van bloemen en een vakjesband, het geheel op een gegranuleerde ondergrond. Daarop is een zeshoekige naar boven breder wordende sokkelzone aangebracht bestaande uit zes vakken met elk vier cassones met in het midden afwisselend een gebaarde mannenkop en een vrouwenkop beiden met

Afb. 210 Ostensorium met kristallen cilinder (zilver, h. 29 cm, XIIId-XIVa). Coll. Rijksmuseum Het Catharijneconvent, Utrecht (foto Hans Sibbelee, Rijksmuseum Het Catharijneconvent).

een hoofddoek. De zes vakken zijn gescheiden door wijd uitstaande dolfijnvoluten, die tevens dienen als ondersteuning van de architraaf. Op het fries daarvan zijn de namen van de daar boven staande uitgebeelde figuren gegraveerd namelijk: 'S. Aegidius. S. Maria. S. Martinus. S. Franciscus. S. Henricus. S. Petrus' (afb. 211 en kleurenafb. 19). De zone daarboven, in de vorm van een zeshoek, bestaat uit zes ondiepe nissen. De achterwand ervan wordt afgesloten door een geprofileerde lijst met een vakjesband en daarboven een schelp met de punt naar beneden gericht. Boven langs de boog van de nissen is opnieuw een vakjesband te zien. De nissen zijn van elkaar gescheiden door maniëristische hermenpilasters. Deze hebben de vorm van een van onder taps toelopende gecanneleerde pilaster met daarop een kapiteel waarop de Arma Christi (de lijdensemblemen) gegraveerd zijn. Daarboven de busten van engelen, wier vleugels de bogen van de nissen omlijsten.

De beeldjes en het erbij behorende kapiteeltje zijn in volgorde van het opschrift:

Aegidius in monniksgewaad met een boek in de linkerhand. De rechterhand ligt tegen de kop van de tegen hem opspringende ree. Lijdenswerktuigen: gekruiste lans, stok met spons en hamer.

Maria met kind. Maria gekroond met een koninginnekroon, het naakte kind op de rechterarm, terwijl zij met de linker zijn beentjes ondersteunt. Lijdenswerktuigen: ladder en lantaarn.

Martinus als staande bisschop met een geopend boek op de linkerhand en een grote staf in de rechter. De staf heeft een nodus gelijkende op die van De Monte. Lijdenswerktuigen: drie emmers en drie dobbelstenen.

Franciscus toont wonden in de beide naar buiten gedraaide handpalmen. Hij draagt een pij met de knoop van het koord midden voor het lichaam. Lijdenswerktuigen: twee maal 15 zilverlingen.

Henricus. Staande keizersfiguur in antieke kledij, een borstkuras, twee korte wapenrokken, lange schoudermantel en laarzen. Hij heeft een rijksappel op de linkerhand en een geheven zwaard in de rechter. Lijdenswerktuigen: drie gekruiste nagelen.

Petrus. Hij heeft een gesloten boek in de linkerhand en een grote sleutel in de rechter. Lijdenswerktuigen: gekruiste karwats en twijgenroede.

Boven deze nissen bevindt zich een architraaf met in het fries een gegraveerd opschrift, opnieuw beginnende bij Aegidius: + D. AEGIDIUS DE MONTE / DEI GRA(TIA) / PRIM(US) EP(ISCOPU)S DAVEN(TRIENSIS) / ME FIERI FECIT. A(NN)O 1570. Daar weer boven bevindt zich een band met een blokjesmotief en teruglopend naar de buis, waaromheen het geheel is gemonteerd, een dak belegd met afhangende acanthusbladeren en op de hoeken cartouche-achtige voluten. Hierboven is een schroefdraad gedraaid waarop de eigenlijke krul wordt geschroefd. Boven het dak is een band met diagonale strepen bevestigd, die afgedekt wordt door een overkragende eierlijst. Daarboven is een sokkelband aangebracht met vier maal een festoen en vier leeuwenkopjes in reliëf aan de bovenkant. Op deze band rust een soort fantasiekroon bestaande uit een schuinstaande band met vakken en daarop viermaal een rechthoekige verhoging met aan weerskanten een palmtak en in het midden een rozet, die de knop is van een schroef waarmee de kroon bevestigd is. Ertussen zijn vier halfcirkelvormige opzetstukjes geplaatst waarop een leeuwenkopje.

Boven de kroon begint de eigenlijke krul (kleurenafb. 19), die min of meer vierhoekig in doorsnede is. De buitenkanten zijn versierd met een doorlopend reliëf van bladwerk. De voorzijde is versierd met licht bollende elkaar overlappende acanthusbladeren. De krul is omwonden met wingerdbladeren en druiventrossen en de zich daaronder bevindende kleine krul alleen met wingerdblad. Op de voorzijde van de onderste krul bevinden zich twee in kastjes gevatte oud geslepen diamanten (achtzijdig). Op de voorzijde van de grote krul is een herme-engel gemonteerd die aan de onderzijde uitloopt in bladeren en die met beide handen voor het lichaam een schildvormige in een kast gevatte amethyst draagt. Deze steen werd in 1932 aangebracht ter vervanging van een schildje met het opschrift: 'Hermanus Heijkamp, Bisschop van Deventer 1853'.

In de krul staat op een met gegraveerde ranken versierde sokkelzone, die in het midden cirkelvormig is, een beeldje van Lebuinus als bisschop met een gesloten boek op de rechter- en een staf in de linkerhand. Het beeldje is wat model aangaat gelijk aan dat van Martinus. Hij wordt geflankeerd door twee balustervormige vazen met bloemtakken. Onder de figuur, op het punt waar de krul zich splitst bevindt zich een cartouche met aan de voorzijde de tekst: SANCTUS LIBVINVS en op de achterzijde: BEATIUS DARE QUAM ACCIPERE. Deze lijfspreuk van de bisschop: 'Het is zaliger te geven dan te ontvangen', is ontleend aan een, door Paulus bij zijn afscheid van de ouderlingen te Efeze, geciteerd woord van Jezus.[121]

Dit bijbelse woord komt ook voor op een ander, niet in het Rijksmuseum Het Catharijneconvent te Utrecht bewaard en minder bekend voorwerp (afb. 212). Het behoorde eens tot de bezittingen van De Monte, namelijk een in 1561 te Venetië gedrukte pontificale Romanum van Paus Pius IV (1559-1565) (een boek dat de kerkelijke riten en gebeden bevat die een bisschop verricht). Het boek (25 x 37 cm) heeft op het schutblad de volgende geschreven tekst: 'Pontificale Reuer(endissi)mi Domini Aegidy de Monte Primi Daventrien(sis) Episcopi Sc'. Daaronder staat de lijfspreuk: 'Beatius est dare quam accipere A (nn) o 1570 AEM' en 'WB'. Boven deze teksten staat er nog een die echter is doorgehaald en daardoor onleesbaar is geworden. Dit boek is thans eigendom en in het bezit van de Oud-Katholieke kerk.

Liturgische gewaden

In de inventaris van 1566 is ook sprake van een aantal misgewaden. Alvorens daarop in te gaan moet melding gemaakt worden van een veel ouder stuk textiel, dat in verband gebracht kan worden met de heilige Lebuinus. Het bevond zich indertijd in de Oud-Katholieke kerk van Sint Gertrudis te Utrecht (thans in het Rijksmuseum Het Catharijneconvent aldaar). Het is door W.J.A. Visser uitvoerig beschreven. Daaraan wordt het volgende onleend. Het reliek DE VESTIMENTIS was in een stuk perkament verpakt, waarop in Karolingische unicale letters is geschreven: CORPUS SANCTI LEBUINI CONFESSORIS CHRISTI (afb. 213. Op grond van deze tekst moet dus worden aangenomen, dat in het textielfragment een reliek van het lichaam van de heilige gewikkeld is geweest. Het bestaat uit een floszijden schering en inslag, die in keper zijn geweven. In een zwartlijnige tekening op een citroengele achtergrond is een frontaal staande figuur afgebeeld, ge-

Afb. 211 Crosse van de staf van de bisschop van Deventer (verguld koper en zilver, h. 41,5 cm, XVIc), achterzijde. Coll. Rijksmuseum Het Catharijneconvent, Utrecht. (foto: Annegret Gossens).

Afb. 212 Schutblad Pontificale Romanum van Aegidius de Monte (37 x 25 cm, XVI), detail. Coll. Oud-katholieke kerk, Utrecht (foto Annegret Gossens).

Afb. 214 Fragment van een priestergewaad (6,5 x 5 cm, XIVB). Coll. Museum De Waag Deventer (foto B. Dubbe).

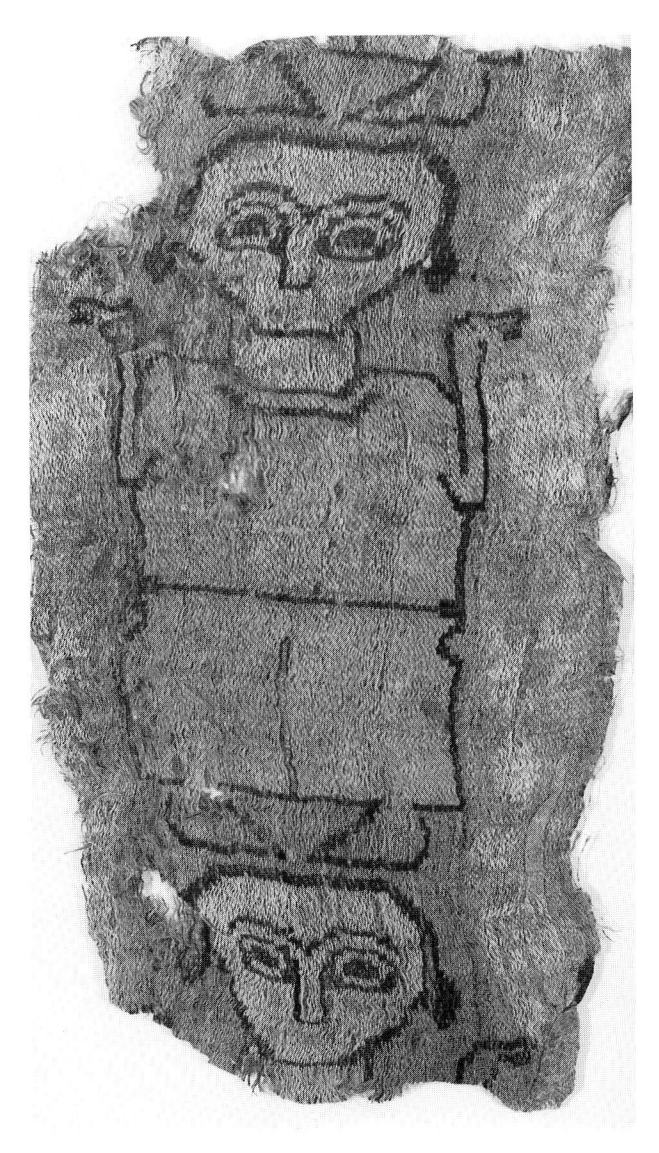

Afb. 213 Reliek De Vestimentis (30 x 17 cm, VI-VII). Coll. Rijksmuseum Het Catharijneconvent, Utrecht (foto Ruben de Heer, Rijksmuseum Het Catharijneconvent).

kleed in een zeegroen gewaad, een orante (= biddende figuur) voorstellend. Het in verhouding tot het lichaam veel te grote hoofd heeft als voornaamste kenmerk de wijd geopende, veel te grote ogen. Eronder en erboven zijn resten van soortgelijke figuren waar te nemen. De schrijver komt op grond van de overeenkomst met hetgeen op Ierse miniaturen en Angelsaksische sculpturen is afgebeeld tot de conclusie dat het een fragment is van een gewaad, een Engels weefsel, dat Lebuinus zou hebben meegebracht vanuit Engeland.[122] Een later gedaan onderzoek leidde tot de gevolgtrekking dat het weefsel in Centraal-Azië zou zijn vervaardigd en dat het voor het jaar 700 zou zijn gemaakt.

Naast dit fragment worden nog twee stukjes textiel, die afkomstig zouden zijn van Lebuinus, bewaard in het museum Het Catharijneconvent. Ze zijn afkomstig uit de Utrechtse Oud-katholieke Sint-Gertrudiskerk. Het zijn kleine restanten van een gordel (cingel) en van een schoudermantel (albe). Uit de tekst op het bijgesloten stuk perkament, welke tekst geschreven is in de Karolingische unicaal (laat negende-tiende eeuw) blijkt dat het fragmenten van de kleding van Lebuinus zouden zijn (CORPUS SCI LEBUINI CONFESSORIS XRI = het lichaam van de heilige Lebuinus, belijder van Christus).[123]

Vermeldenswaardig is ook een negentiende-eeuwse vondst, gedaan tijdens de aanleg van een gasleiding in de Grote Kerk, van een stukje met gouddraad versierd zijden breisel (circa 6,5 x 5 cm) (afb. 214). Het is vervaardigd van bruin gekleurde zijde en zou volgens de notitie op het doosje waarin het fragment wordt bewaard, een 'stukje goed' zijn 'van het kleed van een bisschop'. Het is waarschijnlijk afkomstig uit de bisschoppelijke grafkelder, die in 1841 werd teruggevonden en zal tot het gewaad hebben behoord waarin een van de beide bisschoppen werd bijgezet.[124]

In 1929 werd door het Aartsbisschoppelijk Museum te Utrecht van de Deventer Sint-Lebuinusparochie een aantal middeleeuwse misgewaden aangekocht, bestaande uit een stel rode en enige anders getinte paramenten. De rode gewaden waren in 1810 reeds in de Broederenkerk aanwezig, de andere zijn waarschijnlijk in datzelfde jaar aangekocht.[125] In hoeverre de rode exemplaren identiek zijn aan de stukken genoemd in de inventaris van 1566 valt niet meer vast te stellen. Het is bijvoorbeeld mogelijk dat ze persoonlijk eigendom van een of meer kanunniken zijn geweest. Van twee vijftiende-eeuwse dalmatieken kan

Kleurenafb. 21 Jacobus de Meerdere (h. ongeveer 180 cm, XV). Coll. Parochiekerk St.-Georg te Vreden (foto A. Esseling).

Kleurenafbeeldingen

Kleurenafb. 22 Achterzijde dalmatiek II met links Andreas en in het midden Margaretha (X, XV). Coll. Rijksmuseum Het Catharijneconvent, Utrecht (foto W. Addink).

echter worden verondersteld dat ze uit de Grote Kerk afkomstig zijn.[126] Van op de mouwen en aurifrisiae afgebeelde heiligen hadden er zesentwintig van de vierenveertig een altaar in de Lebuinuskerk, waarbij moet worden aangetekend, dat de opsomming van de in de kerk aanwezige altaren niet volledig is.[127] Onder de voorgestelde heiligen bevinden zich Lebuinus, Radbod en Margaretha (afb. 215). Het voorkomen van eerstgenoemde is natuurlijk veelbetekenend, terwijl ook de beide andere heiligen een bijzondere verering genoten in de Deventer kapittelkerk. Van alle drie de genoemde heiligen bevonden zich immers belangrijke relieken in de Lebuinuskerk.

Dit middeleeuwse naaldwerk is een facet van de gebonden kunsten dat min of meer veronachtzaamd is. Dit is te betreuren want het kenmerkt zich door een prachtige tekening van de personen, terwijl de kleuren het geheel vervolmaken tot ware schilderijen in textiel (kleurenafb. 22).

Afb. 215 Voorzijde dalmatiek met middenvoor een afbeelding van Lebuinus (X, XV). Coll. Rijksmuseum Het Catharijneconvent, Utrecht. (foto Ruben de Heer, Rijksmuseum Het Catharijneconvent).

Beeldhouwwerk

In het voorgaande is nog weinig gezegd over het beeldhouwwerk dat de Deventer kathedraal ongetwijfeld heeft opgeluisterd. Dumbar zegt hierover: 'Men zagh deze kerk ook gesiert met een goet aantal van beelden afzonderlijk hier en daar geplaatst'. Vervolgens maakt hij melding van enige sculpturen.[128] Als eerste noemt hij het beeld van Sint Elisabeth, waarschijnlijk Elisabeth van Thüringen, vaak afgebeeld met drie kronen in haar hand en een bedelaar aan de voeten. Ook op een aurifrisia van een der Deventer dalmatieken komt een afbeelding van haar voor. Het tweede beeld dat genoemd wordt is dat van Sint Rochus, de verpleger van de pestlijders. Hij is te herkennen aan een pestbuil op zijn been, terwijl hij vergezeld is van een hond. Vervolgens vermeldt Dumbar de heilige Juliane, mogelijk de martelares uit Nicodemië, die leefde in het laatst van de derde en het begin van de vierde eeuw. Er zijn echter nog twee heilige vrouwen met dezelfde naam, te weten Juliana van Luik of van Cornillon (1258?) en Juliana van Falconieri (1341?). Tenslotte wordt nog gewag gemaakt van het beeld van Onze-Lieve-Vrouwe van zeven smarten, vaak uitgebeeld met zeven zwaarden door haar hart[129] en van Onze-Lieve-Vrouwe in de Zon. Dit laatste beeld is een zogenaamd Marianum, een hangend Mariabeeld met Christuskind, dat staat op een maansikkel en is omgeven door een stralenkrans.

Waar Dumbar niet over spreekt zijn de altaarkasten. Een altaarkast is een opstand achter de altaartafel, waarin beelden van heiligen of gebeeldhouwde scènes uit het leven van Christus zijn opgenomen, vaak met draaibare beschilderde of van beeldhouwwerk voorziene zijluiken of vleugels, die in dichtgeklapte toestand het beeldhouwwerk aan het oog onttrekken. Dit waren de 'taeffelen', die de burgers van Calcar in 1488 kwamen bezichtigen. Bovendien vormden de door Dumbar vermelde sculpturen slechts een klein deel van hetgeen er in de kerk aan beeldhouwwerk aanwezig moet zijn geweest.

Soms werden aan beelden bij testament sieraden nagelaten zoals vrouw Kuper in 1507 deed: 'Item dat gulden ketenken sal hebben Onse Lieve Vrouwe in die Sonne, in die Grote Kercke omse to stoffieren of to versieren'.[130] Naast beelden van heiligen die hier bijzonder vereerd werden en dat waren er heel veel, zullen er tegen de pijlers en mogelijk ook tegen de doorbroken wand van het hoogkoor apostelbeelden hebben gestaan. Immers de kolommen die het kerkgebouw schragen symboliseren de apostelen als steunpilaren van de kerk. Van al dit beeldhouwwerk is niets bewaard gebleven. Bij de aanleg enige jaren geleden van de stadsverwarming, die ook een deel van de kerk verwarmt, zijn nog een paar brokstukken gevonden van wat waarschijnlijk eens een rijk in steen gebeeldhouwd sacramentshuis moet zijn geweest. Het zal vernietigd zijn tijdens de beeldenstormen van 1579 en 1580.

Toch blijft de vraag of al het beeldhouwwerk is verdwenen. In het juist over de Nederlandse grens bij Winterswijk gelegen stadje Vreden bestaat een hardnekkige zeer oude traditie, dat een aantal daar nog aanwezige houten beelden uit de Deventer Lebuinuskerk stamt. Deze houten beelden, zo luidt het verhaal, die op het punt stonden door de beeldenstormers te worden verbrand, werden door een op dat moment net aanwezige bakker uit Vreden gekocht, die ze op een kar heeft meegenomen naar zijn stad. Deze man heette Abbing en, hoewel daaraan niet te veel waarde

Afb. 216 (links) Andreas (h. ongeveer 180 cm, XV). Coll. Parochiekerk St.-Georg te Vreden (foto A. Esseling).
Afb. 217 (midden) Bartholomeus (h. ongeveer 180 cm, XV). Coll. Hamaland Museum te Vreden (foto A. Esseling).
Afb. 218 (rechts) Johannes (h. ongeveer 180 cm, XV). Coll. Hamaland Museum te Vreden (foto A. Esseling).

kan worden gehecht, bevestigen zowel zijn thans nog levende nakomelingen, als de kerkelijke autoriteiten dit verhaal. Pogingen om deze traditie op enigerlei wijze te verifiëren bleken vruchteloos, mede door het ontbreken van archieven, die in deze door oorlogsgeweld zo zwaar getroffen stad verloren zijn gegaan.
Oorspronkelijk zou bakker Abbing acht van de twaalf apostelbeelden hebben gered, die alle levensgroot waren (circa 180 cm). Zij zijn omstreeks 1480 vervaardigd. In de negentiende eeuw zijn er te Kevelaer vier, in dezelfde stijl gesneden beelden bijgekocht om het getal van twaalf weer compleet te maken.
Gelet op de techniek, zowel Nederrijnse als Westfaalse invloeden zijn aanwijsbaar, zouden de originele beelden in de IJsselstreek kunnen zijn ontstaan.[131] Van de twaalf beelden hebben er vijf de oorlog overleefd. Twee ervan bevinden zich in de nieuwe Vredense parochiekerk, twee worden in het Hamaland Museum te Vreden bewaard en een vijfde lag indertijd heel toepasselijk in zwaar beschadigde toestand op de zolder van het plaatselijke ziekenhuis.
De twee beelden in Sankt-Georgkirche, die na de oorlog gerestaureerd werden, stellen Jacobus de Meerdere en Andreas voor. De eerstgenoemde apostel ligt te Santiago de Compostela begraven, alwaar hij het christendom zou hebben gebracht. Compostela werd een der belangrijkste pelgrimsoorden van de middeleeuwen, dat ook vanuit Deventer veelvuldig werd bezocht (kleurenafb. 21). Andreas was een van de eerste discipelen van Jezus. Hij bekeerde met zijn prediking zovelen, dat de Romeinse gouverneur van Patras hem gevangen nam en na hem te hebben gemarteld, op een kruis bond, dat de vorm zou hebben gehad van een gaffelkruis. Met dit kruis wordt hij ook meestal afgebeeld (afb. 216). In het Hamaland Museum te Vreden worden de zwaar beschadigde beelden van de apostels

Bartholomeus (afb. 217) en Johannes (afb. 218) bewaard. De eerste heeft het evangelie onder andere in India en Armenië verkondigd. Johannes werd, nadat hij te Ephese het geloof had verbreid, voor de Latijnse Poort te Rome, tijdens de regering van Domitianus in een ketel met kokende olie gemarteld en verbannen naar Pathmos.

Epitafen

Noordmuur

Ten aanzien van de in de kerk nog aanwezige epitafen kan het volgende worden opgemerkt. Tegen de noordwand van de kerk bevindt zich links van de consistoriekamer een memoriesteen (125 x 57 cm) met in een nis een voorstelling van de Bewening van Christus (Johannes 19:38 en volgende). Het in de eerste helft van de zestiende eeuw vervaardigde beeldhouwwerk, dat aan de bovenzijde een fries met driepassen heeft, is uitgevoerd in gele zandsteen. Het is sterk geschonden. Het tafereel is gesitueerd op de berg Golgotha. Jezus is van het kruis genomen – op de achtergrond zijn nog sporen aanwezig van het weggehakte kruis – en ligt op de schoot van Maria. Deze beide figuren in het midden van de scène zijn weggebeiteld, maar de restanten van de plooien van het gewaad van Maria en van het lichaam van Jezus zijn met enige moeite waar te nemen. Links en rechts boven Maria liggen nog enige lijdenswerktuigen zoals twee hamers, een knijptang en nagels. Links voor haar staat Maria Magdalena (Lukas 8:2). De overige drie personen stellen waarschijnlijk Johannes, Joseph van Arimathea en Nicodemus voor. De zwikken van de nis zijn met ranken versierd. Onder het epitaaf bevindt zich een wapenschild (29,5 x 28 cm), van degene door of voor wie deze steen werd gesticht. De wapenfiguren zijn echter moedwillig verwijderd (afb. 219).

Rechts naast dit epitaaf is in 1936, ter gelegenheid van de herdenking van de vierhonderdvijftigste geboortedag, een gedenksteen aangebracht (120 x 79 cm) voor Jacob Revius (1586-1658), die vanaf 1614 tot 1642 predikant was te Deventer. Hij is bekend geworden als dichter en geschiedschrijver. De steen werd vervaardigd door de Haagse beeldhouwer Dirk Bus (1907-1978).[132]

Tussen de gedenksteen voor Revius en de deur naar de consistoriekamer bevindt zich op de muur een vijftiende-eeuws wijdingsteken, rond van vorm, voorzien van een kruisje en versierd met rankjes. Dit teken werd in verf op het pleisterwerk aangebracht en is bij het weghakken daarvan tijdens een kerkrestauratie gespaard gebleven. Ook op de zuidmuur van de koorgang is een dergelijk teken te zien.

Bij de noordelijke ingang van de kerk zijn hoog tegen de muur drie rechthoekige gedenkstenen ingemetseld.

De steen links naast de ingang (97,5 x 44,5 cm) herinnert aan de in 1467 gestorven kanunnik Herman Badijser (afb. 220). De tekst in minuskelschrift luidt: 'anno d(omi)ni m°cccc°lxvii p(rim)a die maij obiit ho(no)rabilis d(omi)nus m(a)g(iste)r h(er)man(us) badyser cano(nicus) hui(us) eccle(sie) h(ic) sepult(us) orate p(ro) eo' (In het jaar ons Heren 1467 op de eerste dag in mei is gestorven de geëerde heer en magister Herman Badyser, kanunnik van deze kerk, hier begraven, bidt voor hem).

De tweede steen (59 x 35 cm), rechts naast de deur, is gewijd aan Gerhardus Texalie, die in 1485 stierf. Dit epitaaf heeft, eveneens in minuskels het volgende opschrift: 'anno d(omi)ni (m°cccc°l)xxxv° in die s(an)c(tiss)i(m)i po(n)tiani obyt honestus vir gerhardus texalie dretis p(ro)p(i)t(ium) deu(m) p(ro) eo'. Het woord 'dretis' in deze tekst is onverklaarbaar. Het lijkt waarschijnlijk dat, mede door het ontbreken van een contractieteken, de steenhouwer een fout heeft gemaakt en een 'd' in plaats van een 'o' heeft gehouwen. In dat geval luidt het laatste deel van de tekst: 'oretis propitium deum pro eo'. De vertaling van het gehele opschrift is dan als volgt: 'In het jaar ons Heren 1485 op de dag van de allerheiligste Pontiaan (14 januari) is de eerzame man Gerhard Texel gestorven. Laten wij voor hem tot de genadige God bidden'.

Gerhard (van) Texel werd in 1437 burger van Deventer en was later notaris van het kapittel. Zijn wapen, een anker, is onder de tekst te zien en verwijst mogelijk naar zijn herkomst, het eiland Texel (afb. 221).

De meest rechtse gedenksteen (43 x 29 cm) eert de nagedachtenis van de in 1421 overleden kanunnik en scholasticus Henricus de Diepenem, zoals blijkt uit de in minuskels gestelde tekst: 'an(no) d(omi)ni m°cccc°xxi° obyt d(omi)n(u)s henric(us) de diepenem cano(n)ic(us) et scolastic(us) h(uius) eccl(es)ie hic sepult(us) orate p(ro) eo.' (in het jaar ons Heren 1421 is gestorven de heer Henric van Diepenem, kanunnik en scholasticus van deze kerk, hier begraven, bidt voor hem) (afb. 222).

Zuidmuur

In de zuidmuur, ten oosten van de magistraatskapel, is een in gele zandsteen uitgevoerd epitaaf (90 x 90,5 cm) uit circa 1450 ingemetseld (afb. 223). Het draagt in minuskels het volgende onderschrift:
'int.iaer.vns.here(n).mccccl.vp.den.xxviii.dach.va(n). meie.starf.her.johan.levini.vicari(s).(des).heilge(n).dri. koninc.altaer.bit.vor.hem'

De memoriesteen is ongetwijfeld tijdens de beeldenstorm zwaar beschadigd. Links van het midden staat Maria met kind. Boven haar komt links en rechts vanuit een wolk een engel. Aan de rechterzijde van Maria knielt de overleden vicaris, die vergezeld is van de hei-

Afb. 219 Epitaaf Bewening (125 x 57 cm, XVIa).
Coll. Grote of Lebuinuskerk, Deventer (foto Gemeentelijke Archiefdienst Deventer).

lige Sebastiaan, gekluisterd aan een zuil en wiens lichaam overdekt is met pijlwonden. Aan haar linkerhand bevinden zich — hoe kan het anders bij een epitaaf gewijd aan de vicaris van het Driekoningen altaar — de Drie Koningen, waarvan de eerste in aanbidding is geknield.[133] Door de ernstige beschadigingen kan over de kwaliteit van het beeldhouwwerk moeilijk een oordeel worden uitgesproken. Tenslotte kan worden gesignaleerd dat het epitaaf wordt gedekt door een gotisch boogfries. Uit een beschrijving van P.C. Bloys van Treslong Prins van omstreeks 1925 blijkt dat het epitafium op dat moment ingemetseld was in de buitenzijde van de kooromgang.[134]

Aan de andere zijde van de magistraatskapel is vermoedelijk kort na 1456 een memoriesteen aangebracht (150 x 160 cm) (afb. 224) met de volgende, eveneens in minuskels gestelde tekst:
'hier. licht.begrauen.johan.van.leiden.end mechtelt.sin.wiif.ende.hen(ric).(va)n.leiiden.die ster(f).(in)t.iiaer.ons.here(n).mccccxxxviii.op. ste.seueryns.avent.bit.voer.die.sielen.wert.bi. begraue(n).ghert.va(n).leiid(en).d(ie).starf.int.iaer. ons.here(n).mcccclvi'
Daaronder is op de rand nog een onleesbaar geworden tekst gehouwen. Boven deze woorden bevindt zich een gotisch boogfries. Links en rechts van de tekst is een wapenschild geplaatst. Alleen het rechterwapen is niet beschadigd. Het is van de familie Ter Bruggen en is beladen met drie hulstbladeren, geplaatst 2 en 1.[135]
In het midden van het zich daarboven bevindende beeldhouwwerk staat Maria met Kind. Links en rechts van haar knielt een echtpaar. Achter het linker echtpaar staat als voorspreker blijkens zijn attribuut, de winkelhaak, en de tekst op de banderol 's. toomaes'. Ook bij de man en vrouw zijn banderollen te zien respectievelijk met de teksten: '(a)postel.god's. bit.voer.mi.' en 'o.m(ate)r.dei.memento.mei'. Tussen dit echtpaar bevindt zich een gedeeld wapenschild waarvan de rechterhelft is verdwenen. Het linker draagt een faas met vijf tinnen, waartussen vier van boven en onder gepunte palissaden en een vijfpuntige ster midden boven de tweede en derde palissade.[136] Onder het wapenschild ligt een tas aan de onderzijde waarvan drie kwasten zijn bevestigd. Bij de voeten van de man ligt zijn hoed. Het echtpaar rechts van Maria is blijkens het attribuut de sleutel, vergezeld van Petrus, die geheel rechts staat. De tekst op de banderol bij de vrouw luidt: 'bidt.voer.uns.' en bij die van de man: 'untferm.u.unser'. Het zich tussen deze echtelieden bevindende wapen is gelijk aan de linkerhelft van het hiervoor beschreven wapen en behoorde aan de familie Van Leyden.[137] Tussen de vrouw en de man ligt een opengeslagen boek, terwijl ook hier bij de voeten van de man zijn hoed ligt. Boven het epitaaf is een rechthoekig, nogal geschonden nisje te zien met enig gotisch ornament.
Het kwalitatief gezien mooie beeldhouwwerk van dit epitaaf kenmerkt zich door aan Rogier van der Weyden herinnerende vormen. Het is een voorbeeld van het opkomend realisme en kan vergeleken worden met een grote groep uit Doornik stammende reliëfs.[138]
De Van Leydens waren belangrijke figuren in het Deventer stadsbestuur. Reeds in de veertiende eeuw zijn een Jan, Peter en Henric van Leyden schepen en raad.[139] Vanaf 1420 tot 1435 fungeert opnieuw een Johan van Leyden en wel degene die op het epitaaf is vermeld, afwisselend als burgemeester, dobbelmeester, timmermeester en weidegraaf.[140] Bovendien werd hij in 1427 benoemd tot dijkgraaf van Salland[141], terwijl zijn zoon(?) Jan in 1455 optrad als

Interieur en inventaris tot 1800

Afb. 220 Memoriesteen Herman Badijser (97,5 x 44,5 cm, XV). Coll. Grote of Lebuinuskerk, Deventer (foto Gemeentelijke Archiefdienst Deventer).

Afb. 221 Memoriesteen Gerhardus Texalie (59 x 35 cm, XVd). Coll. Grote of Lebuinuskerk, Deventer (foto Gemeentelijke Archiefdienst Deventer).

schepen.[142] Geert van Leyden was lid van de magistraat in de jaren 1447-1453.[143]
Tegen de pijler tegenover de magistraatskapel werd in 1938 een steen geplaatst die gewaagt van het feit dat tijdens de restauratie van de betreffende pilaar Prinses Beatrix werd geboren.

Noordmuur van het hoogkoor

Naast de ingang van de crypte hangt een mozaïek van de Deventer schilderes Elly Geesink (afb. 225). Het in gelijmde natuursteenkiezels uitgevoerde werk stelt de strijd om de mens voor die gevoerd werd door de aartsengel Gabriël en Lucifer. Het werd op 10 april 1981 onthuld en vormt een herinnering aan de bevrijding van Deventer op 10 april 1945. Een mensfiguurtje niet groter dan een hand (circa 15 cm) staat centraal. Het is geflankeerd door grotere engelenfiguren. De mens heeft de dreigende Lucifer de rug toegekeerd en vraagt de zegen van Gabriël die achter de horizon oprijst. Deze houdt een kelk tegen zich aan, het levenswater bevattend en uit zijn hand groeit een plantje, symbool van het leven. Lucifer schrikt voor deze krachten terug en probeert met zijn linkerhand nog de brug te vernielen, het symbool van het oorlogsgeweld in Deventer.[144]
Tegen de zuidelijke pijler van het hoogkoor zijn twee wapenschilden gemetseld. Het linker wapen, dat van het Sticht, toont een zilveren kruis op een veld van keel (= rood). Het rechter wapenschild draagt in het bovenste veld een rode leeuw op goud en in het onderste een zilveren adelaar op een veld van lazuur. Dit laatste wapen is van Rudof van Diepholt, bisschop van Utrecht (1430-1455) (afb. 121).

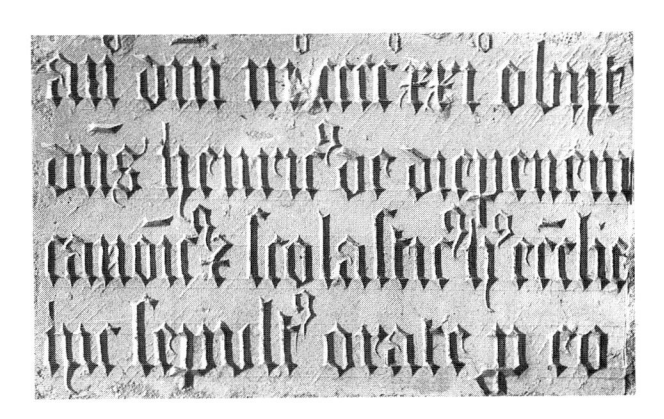

Afb. 222 Memoriesteen Henricus de Diepenem (43 x 29 cm, XVa). Coll. Grote of Lebuinuskerk, Deventer (foto Gemeentelijke Archiefdienst Deventer).

Afb. 223 Epitaaf Johan Levini (90 x 92,5 cm, XVb-c). Coll. Grote of Lebuinuskerk, Deventer (foto Gemeentelijke Archiefdienst Deventer).

De tegelvloer in het koor

In tegenstelling tot de vloer in het overige deel van de kerk, die grotendeels bestaat uit grafstenen, is de

Afb. 224 Epitaaf Van Leyden (150 x 160 cm, XVc). Coll. Grote of Lebuinuskerk, Deventer (foto Gemeentelijke Archiefdienst Deventer).

Afb. 225 Mozaïek door Elly Geesink (150 x 97 cm, XXd). Coll. Grote of Lebuinuskerk, Deventer (foto Gemeentelijke Archiefdienst Deventer).

vloer van het hoge koor goeddeels belegd met gebakken tegels, die rood en grauw van kleur zijn (afb. 226). Hij bestaat uit drie langwerpige vlakken, die in breedte verschillen. In deze vlakken zijn in west-oostelijke richting tegelvelden gelegd met van elkaar afwijkende patronen. Hiltrud Kier onderscheidt vijf verschillende grondvormen.[145] De plaats in de absis van het koor, waar het hoofdaltaar heeft gestaan, is niet belegd. De vlakken daarnaast zijn in schaakbordpatroon betegeld. Het gedeelte van de tegelvloer voor het hoofdaltaar vertoont grote slijtage.

De voormalige kerkvoogd, de heer A.G. Beltman heeft in 1933 een tekening van de vloer gemaakt, zoals hij op dat ogenblik, op mogelijke vroegere reparaties na, nog in oorspronkelijke staat aanwezig was (afb. 227). Nadien zijn de nogal beschadigde randen vernieuwd, waarbij de vervangende tegels echter niet in het oorspronkelijke patroon werden teruggelegd. Men heeft zich afgevraagd of de tegels in de Lebuinuskerk geglazuurd zijn geweest.[146] Naar onze mening is dat niet het geval. De grauwe exemplaren zijn reducerend gebakken, dat wil zeggen zonder toevoeging in de oven van zuurstof, waardoor de niet verbrande koolstof de kleur bepaalt. Die variëert dan van zeer donkerblauw tot lichtgrijs. De rode tegels werden oxyderend gestookt, hetgeen de rode kleur tot gevolg heeft.

Ten aanzien van de maten van de tegels kan worden opgemerkt dat de grootste vierkanten met inleg van kleinere tegels 30 x 30 cm meten, de daarop volgende in grootte 15 x 15 cm en de kleinste tegels 10,5 x 10,5 cm. De zeshoekige langwerpige exemplaren meten 29,5 x 15 cm en de rechthoekige 10 x 15 cm.

Aangezien de elfde-eeuwse kerk aan het einde van de twaalfde eeuw werd verbouwd en de meest oostelijke delen, dus ook het koor, eerst in het begin van de dertiende eeuw werden overwelfd, moet volgens Kier worden aangenomen dat de tegelvloer uit het eerste kwart van de dertiende eeuw stamt.[147] Dergelijke vloeren uit dezelfde periode komen voor in de vroegere praemonstratenzerskerk te Arnstein aan de Lahn, in het voormalige cisterciënzersklooster te Marienfeld in Westfalen en in het vroegere cisterciënzersklooster te Eberbach in Hessen.[148] De tegelvloeren in die gebouwen zijn echter geheel of gedeeltelijk geglazuurd. De vloer op het hoge koor van de Lebuinuskerk is direct gelegd op de gewelven van de krocht. Bij de bouw daarvan in de elfde eeuw moet er toch ook een bodembedekking zijn geweest. Het lijkt ons daarom zinvoller te veronderstellen dat de tegelvloer bij de bouw of kort daarna is aangebracht. Deze mening vindt steun in het feit dat uit dezelfde tijd in andere kerken soortgelijke vloeren met eveneens ongeglazuurde tegels zijn aan te wijzen, zoals in de voormalige benedictijnenkerk te Werden aan de Ruhr (1066-1081), de dom te Paderborn (1051-1076), de Sint-Quirinuskerk te Neuss (1055-1100) en uit ietwat later tijd in de tussen

Interieur en inventaris tot 1800

Afb. 226 Tegelvloer op het koor in huidige toestand (XI) (foto Rijksdienst voor de Monumentenzorg Zeist).

1616 en 1627 afgebroken en zeer waarschijnlijk uit het prille begin van de twaalfde eeuw stammende Sint-Walburgkerk te Groningen.[149] Trouwens het gebruik van tegelvloeren in kerken is reeds veel ouder. Voorbeelden zijn in talrijke bedehuizen terug te vinden, waarbij naast gebakken tegels vooral ook exemplaren van marmer of van een andere natuursteen werden toegepast. De Paltskapel te Aken (circa 800) is wel een van de oudste vindplaatsen, waar zowel marmeren als andere natuurstenen tegels zijn gebruikt. Ook in de Keulse kerken als de Dom (negende eeuw), Sint-Cäcilien (tiende eeuw) en Sint-Gereon (circa 1060) zijn, om slechts enkele voorbeelden te noemen dergelijke vloeren aangetroffen. In het Rijksmuseum te Amsterdam tenslotte wordt een aantal marmeren tegels uit de Sint-Salvatorkerk te Susteren bewaard, die uit de tijd omstreeks 1060 dateren.[150]

Platen van bruine kalksinter

Heel bijzonder zijn de platen van bruine kalksinter, een soort travertijn, die in de kerk aanwezig zijn (150 x 50 cm). Sedert de dertiende eeuw maakten ze, gevat in zandstenen omlijstingen, deel uit van de borstwering van het doxaal. Na 1848 werd een aantal van deze platen opnieuw gebruikt in de muur die het hoge koor van de kruising afscheidde. Nadat deze muur in 1928 was afgebroken werden ze in de magistraatskapel opgeslagen. Thans, na de restauratie zijn de acht reste-

Afb. 227 Tegelvloer op het koor in 1933 (tekening A.G. Beltman/Rijksdienst voor de Monumentenzorg, Zeist).

Afb. 228 Kalksinterplaten (150 x 50 cm, I) (foto Gemeentelijke Archiefdienst Deventer).

rende platen aangebracht op de zijmuren van het hoge koor, op iedere muur vier, gevat in de oude omlijstingen (afb. 228).
Deze platen zijn afkomstig uit het Rijnland en wel van de 105 kilometer lange waterleiding die vanuit de Eifel, Keulen van goed water voorzag. Deze leiding was in de tijd van keizer Augustus (29 voor - 14 na Christus) of kort daarna door de Romeinen aangelegd. Doordat het water uit kalkhoudende lagen afkomstig was, zette zich in de loop der eeuwen kalk af op de bodem van de gemetselde waterleiding. Langzamerhand ontstond een dikke gesinterde laag. Nadat de leiding in de vijfde eeuw in onbruik was geraakt werden uit dit afzettingsgesteente de platen gezaagd, die onder andere in de Lebuinuskerk werden gebruikt. Van de 58 door R. Stenvert genoemde vindplaatsen – hij wijdde een diepgaande studie aan dit onderwerp – bevinden zich er 43 in Duitsland, dertien in Nederland en twee in Denemarken.[151]
H. Halbertsma citeert in zijn artikel de Vita Fretherici, een levensbeschrijving van de abt Frederik van het Friese klooster Mariëndal te Lidlum (circa 1230), waarin Deventer en Utrecht worden genoemd als belangrijke stapelplaatsen voor tufsteen. Deze steen werd in grote partijen vanuit de Eifel via de Rijn aangevoerd. In verband daarmee vermeldt de Vita een reis van de abt Inte, een voorganger van abt Frederik, die hij omstreeks 1180 maakte om in de IJsselstad 'dufsten' te kopen ten behoeve van de uitbreiding van het klooster en de bouw van een nieuwe kerk.[152]
Tot de steen die over de Rijn werd getransporteerd naar de stapelplaatsen in onze streken behoorde ook veel materiaal gewonnen uit de afbraak van Romeinse bouwwerken. Daartoe behoorden ongetwijfeld ook de platen kalksinter, die in de elfde of twaalfde eeuw hun weg naar Deventer hebben gevonden.

Een sarcofaag

Tijdens opgravingen in de kerk die in de jaren 1961-1962 plaatsvonden, werd in de zuidelijke helft van de noorderarm van het westelijke dwarsschip een stenen sarcofaag aangetroffen voorzien van een gebroken deksel. Hij lag circa een meter onder de vloer van de romaanse voorganger van de huidige kerk. De trogvormige kist heeft aan de bovenzijde een lengte van 215 cm, de breedte van het hoofdeinde bedraagt zowel boven als onder circa 75 cm. Het voeteinde meet 61 cm boven en 57 cm onder. De wand is 9 cm dik. Hij is aan de binnenkant eenvoudig gespitst, dat wil zeggen dat in het oppervlak grove groeven zijn aangebracht met behulp van een spitsbeitel. Ook aan de buitenzijde is hij vrij ruw bewerkt. Bijzondere ornamenten als kruizen ontbreken. De deksel heeft een lengte van 228 cm. De breedte bedraagt aan het hoofdeinde 84 en aan het voeteinde 68 cm. De doodskist heeft een enigszins dakvormig opgeschuind bovenvlak (wolfdak), waarvan de kanten geaccentueerd worden door rondstaven (afb. 229).
Rode zandsteen is het materiaal waaruit de sarcofaag werd vervaardigd. Deze kisten werden tot in de dertiende eeuw via de Rijn naar onze streken verscheept vanuit het gebied van de Main. Vooral Miltenberg fungeerde als een centrum waar deze sarcofagen werden gehouwen.
Na verwijdering van het deksel werden de beenderen aangetroffen van drie verschillende personen. Uit on-

Afb. 229 Sarcofaag (zandsteen, 215 x 75 cm, XId-XIIa Grote of Lebuinuskerk te Deventer (foto Gemeentelijke Archiefdienst Deventer).

derzoek bleek dat zij niet gelijktijdig werden begraven. Dikwijls werden deze sarcofagen meermalen gebruikt; daarop wijst in dit geval ook het gebroken deksel. Wat de ouderdom van de kist betreft moet, gelet op de eenvoudige vorm zonder bijzondere ornamenten, worden aangenomen dat hij uit de tweede helft van de elfde of uit de twaalfde eeuw stamt.[153]

De Grote Kerk, een hervormd bedehuis

In 1591, na de herovering van de stad door Prins Maurits namen de gereformeerden, zoals de hervormden toen werden genoemd bezit van de Grote Kerk. Vrijwel onmiddellijk begon men met de restauratie van het gebouw. Uit de vele tonnen kalk die gekocht werden kan worden afgeleid dat met het witten van de muren een begin was gemaakt.[154] De glasvensters werden gerepareerd [155] en er werd 'tot noedige tymmeratie tho Amsterdam gekofft ein groet hondert Nortsche delen' (balken) en ander houtwerk.[156] Altaren en andere aan de roomse religie herinnerende zaken werden voorzover dat mogelijk was verwijderd, zodat kon worden begonnen met het inrichten van de kerk naar de behoeften van de Protestantse eredienst. Voor de hervormden staat het 'Woord', zoals dat in de bijbelboeken is neergeschreven, in het middelpunt. De opdracht van de voorganger in die tijd bestond dan ook voornamelijk uit het verklaren van het bijbelwoord. Daarnaast werden de sacramenten zoals die in de rooms-katholieke kerk zijn gekend, zeven in getal, teruggebracht tot de twee die in de bijbel worden genoemd, namelijk de doop en het avondmaal. Dit bracht met zich mee, dat de inrichting van de kerk zich in hoofdzaak beperkte tot een preekstoel met daaromheen de zogenaamde dooptuin als liturgisch centrum en rondom banken voor de kerkgangers.[157] Ook de verlichting van de kerk werd aan de behoefte aangepast. De godshuizen van vóór de kerkhervorming kenden niet die rijkdom aan lichtkronen als later de reformatorische kerken. De aard van de godsdienstige praktijk bracht mee, dat men kon volstaan met verlichting op en bij de altaren in de vorm van kandelaars of soms van een kroonluchter zoals in de Lebuinuskerk bij het hoofdaltaar. Daarnaast werd wel eens verlichting aangebracht bij een bepaalde sculptuur. De hervormde leer daarentegen met haar bijbellezingen en het zingen der psalmen door de gehele gemeente vereiste een behoorlijke verlichting, niet alleen bij de preekstoel maar ook boven de banken in het schip van de kerk.[158]

Het kerkmeubilair

Preekstoelen

Er moet worden aangenomen dat er ook voor de hervorming een of meer preekstoelen in de Grote Kerk waren. Door het ontbreken van daarop betrekking hebbende Deventer bronnen viel hierover tot voor kort niets met zekerheid te zeggen. Een post in het kerkeboek van de kerkmeesters van de Sint-Walburgkerk te Zutphen echter bevestigt de hiervoor geuite veronderstelling. Omdat het belangrijk is voor het uiterlijk van preekstoelen uit de late middeleeuwen, volgt hier wat de kerkmeester in 1538 in zijn boek noteerde: 'Anno v^c xxxviii des anderen dages nae alle Hillichgen hebbe ick ter eren Goetz bestaet enen nien predixstoll inder groeter Karken in bijwesen des paters van Heren Henrixhuijs ende hebbe den bestaet toe maecken an enen genant Henrick Kistemaeker ende woent bij den niestat Karkhoff an die siet dair Egbert Kuper woent in aldesdane voerwerden alz dat hie den predixtol maken sall in sullicken gestalte ende aller manieren alz den stoll toe Deventer in sint Lebuinus Karke, soe hoege oft lanck ende alsoe wijt ende met alsoe folle belden, vort met sullicken Kronament met alle sinen snytselwarck gelick toe deventer is, ende die groetheit van den belden gelick alz dair, ende belden alhier sullen wesen die Saluator int middel met sint Gregorius, Jeronymus, Ambrosius, Augustinus ende baven op dat kronament onse lieuwe Vrouwe in die sonne. Bij alsoe dat hie met en schone eghenen voet ofte stender eronder toe maeken dan met enen knop, oick will hie den stoell tot siner meisterscapp met snitselwark nae beloep dess tit van antiken dat beter sort dan dair. Dat mach hie doen alz hie oick gelauet heft, oick sall hie ein doer met ein bescatenne trabbe met krisponiren maeken opt beste ende sierlyxte hie omme kan ende dit allet toe samen op sin kost ende holt. Dan war daranne van iserwarck toe behort sall ick bekostichgen, ende sall den lieueren tusschen dit ende paeschen ende gheen ander warck in middeler tit annemen'. Tot slot volgen dan enige regels over de beloning, die 38 'Gelresche rider' bedroeg. De waarde van de 'rider' zou al naar gelang de koers van het moment van betaling vastgesteld worden op vier of vijf gulden. Bovendien ontving meester Henrick nog 'ein molder roggen'. Om het werk goed te kunnen uitvoeren werd de schilder Jacob Hurninck opgedragen 'om een patroen ende ontwerp van den stoel toe Deventer' te maken, waarvoor hij als loon een 'knapkoexken' (een halve goudgulden) kreeg.[159]

Uit het voorgaande blijkt dat er in het begin van de zestiende eeuw in de Lebuinuskerk een houten preekstoel stond, die steunde op een voet. Daarboven was een met snijwerk versierde bekroning aangebracht. Vijf beelden waren om of tegen de kuip van de stoel geplaatst – te Zutphen waren dat Christus als redder der wereld en de vier kerkvaders – bovendien bevond zich een beeld op de bekroning. De ornamenten van de stoel te Zutphen moesten worden uitgevoerd in renaissancestijl – 'nae beloep dess tit van antiken' – terwijl het snijwerk mooier zou moeten zijn dan dat te Deventer.

De preekstoel is het belangrijkste meubelstuk in het protestantse kerkinterieur. Om deze stoel scharen zich de kerkgangers om het Woord te aanhoren. Het is dan ook niet verwonderlijk dat ook in de reformatorische kerken veel aandacht is besteed aan de bouw en de versiering ervan. Het is niet bekend of de preekstoel die de Zutphenaren als voorbeeld diende de beeldenstormen heeft overleefd. Ook over de plaats in de kerk direct na de ingebruikname door de hervormden is niets bekend. Voorts vermelden de kerkrekeningen niets over het eventueel verplaatsen van de reeds aanwezige preekstoel. Het is mogelijk dat dit geschiedde in de tijd tussen 1595 en 1618, de periode waarover geen rekeningen bewaard zijn gebleven. In 1725 is er sprake van twee preekstoelen, want op 2 april van dat jaar werden bij Jacob Verbeek te Amsterdam twee nieuwe zandlopers van '1½ uirlopens' gekocht 'om op de predikstoelen te zetten'.[160] In 1758 echter wordt er één genoemd. In dat jaar werd 'een beste kooperen stoof' aangeschaft 'om op de predikstoel te gebruyken'.[161]

De thans nog in de kerk aanwezige kansel is in 1781 gemaakt door P.J. Zickler, naar een ontwerptekening van Gerhard Gijsbert Joan van Suchtelen, burgemeester en cameraar van de stad (overleden 29-5-1788).[162] Hoe deze stoel werd betaald konden wij niet vaststellen. De kerkrekeningen over de jaren 1780-1782 vermelden de bouw ervan niet.

Ten aanzien van de ontwerper, burgemeester Van Suchtelen kan worden opgemerkt dat hij een kunstzinnig man was. Dat blijkt wel uit het feit dat hij een ontwerp maakte van het 'fraay zinnebeeldig stukadoorwerk dat in den jaare 1777 op de voorzaal van het raadhuis ten wederzijden van de schoorsteen gesteld is'.[163] Wat dat betreft lijkt de mededeling over Van Suchtelen geloofwaardig. Ook de uitvoering van het werk in Lodewijk XVI-stijl wijst op het laatste kwart van de achttiende eeuw.

De vraag is echter of deze preekstoel thans nog in de kerk aanwezig is. In januari 1795 namelijk werd het kerkinterieur verwoest. Engelse en andere vreemde troepen gebruikten de kerk als stalling voor de paarden. Zij stookten er vuren met als brandstof al wat aan hout in de kerk te vinden was. Volgens een ooggetuige, Coenraad Alexander Iordens was er welhaast geen magistraatsgestoelte, geen koorhek, geen predikstoel meer te vinden.[164] Een tijdgenoot van hem meldde: 'dat de kerken die elk christen die maar een aandoenlijk hart heeft, met traanen in de oogen moet beschouwen hoeverre de wreedheeden door onze zogenaamde bond- en geloofsgenooten, de Engelschen namentlijk hebben kunnen brengen, zo dat de overgebleeven muren de bewijzen kunnen opleveren van de onbruykbaare kerken.[165]

Uit deze relazen zou men kunnen op maken dat de gehele kerkinventaris, de preekstoel inclus, door de soldaten zou zijn verbrand. In 1804 echter vermeldt een bestek betreffende reparaties in de Grote Kerk onder artikel 14, waarin gesproken wordt over pleisteren en witten, dat de kansel en het orgel goed moesten worden afgedekt, 'opdat daar geen kladde, vlekke of eenig ongemak aankoomt'.[166] In 1804 was er dus weer een preekstoel. Gelet op het voorgaande en op hetgeen aan de preekstoel zelf waar te nemen is, namelijk een wat lichtere kleur van het houtwerk van kuip en trap en het weinig briljante en steriele houtsnijwerk in vergelijking met het beeldhouwwerk op en aan het klankbord, lijkt de conclusie gewettigd dat in 1795 het klankbord gespaard is gebleven. De oorspronkelijke kuip en trap zijn waarschijnlijk in vlammen opgegaan. In 1804 was de schade blijkbaar weer hersteld. De eiken preekstoel is in classicistische stijl uitgevoerd. Hij heeft een vierzijdige kuip versierd met eenvoudig, vrij stijf snijwerk. Een smalle trap dient om de stoel te bereiken. Erboven is een rechthoekig klankbord aangebracht met een cassettenplafond, in elk vak waarvan in het midden een rozet prijkt. In het plafond bevindt zich boven de lezenaar een ronde opening ten behoeve van de verlichting. Het fries van het hoofdgestel is versierd met triglyfen. Op de kroonlijst is een gebroken driehoekig fronton geplaatst met daartussen een voor de Lodewijk XVI-stijl zo typische vaasvorm. Ook op de hoeken aan de voorzijde staat een dergelijke vaas. Op de zijkanten is aan iedere kant een medaillon met afhangende guirlandes bevestigd, omgeven door gestrikte banden. Op deze medaillons is een tekst te lezen. Links: 'Een is uw meester namelijk Christus' en rechts: 'Hoort en uwe ziel zal leven'. De gehele kansel is circa 450 cm hoog.

Interieur en inventaris tot 1800

Afb. 230 Kussen magistraatsgestoelte (35 x 48 cm), 1758 (foto Gemeentelijke Archiefdienst Deventer).

Het zitmeubilair

In de middeleeuwen was er voor de gewone kerkganger bijna geen zitmeubilair. Wilde men toch zitten, dan werd een stoeltje, meestal een klapstoeltje, een 'predike stoell'[167] meegenomen naar de kerk: 'een predick stoelken dat men ter kerken draegt'.[168] Al spoedig na de overname van de kerk door de hervormden kreeg een timmerman opdracht 'nije bancken in der kercken tho maicken', waarvoor hij negen goudgulden en achttien stuiver ontving voor de achttien dagen dat hij er aan werkte.[169] In oktober 1592 kreeg dezelfde vakman vijftien goudgulden en tien stuiver, omdat hij het tochtportaal, de banken en ander houtwerk uit de Onze-Lieve-Vrouwekerk had uitgebroken en ze in de Grote Kerk weer had aangebracht, terwijl hij bovendien nog 'etlicke nije bancken' had vervaardigd.[170] Overigens werden enige tijd later alle banken uit de Mariakerk gesloopt omdat er soldaten in gehuisvest werden.[171]
De kerkrekening over het jaar 1592 maakt ook melding van de aankoop van een houten avondmaalstafel[172], terwijl van Jan Roloffsen, 'sydenlaickerkoper', lakens werden aangeschaft om een 'pellen taiffellaicken' voor de avondmaalstafel te kunnen maken.[173] Zo kon op zondag 19 december 1591 in de Lebuinuskerk voor het eerst een avondmaal gevierd worden onder 'twee gedaanten', dat wil zeggen met brood en wijn.[174]
Hoewel het zitmeubilair aanvankelijk tot het hoogst noodzakelijke beperkt bleef, kwam men er gaandeweg toe om enige verbeteringen aan te brengen. Helaas is het niet mogelijk een volledig overzicht daarvan te geven, daar de kerkrekeningen over de periode 1596-1617 ontbreken, hetgeen waarschijnlijk juist de jaren zijn waarin een grote activiteit ten aanzien van de inrichting van de kerk werd ontplooid. Voor de notabelen werden afzonderlijke gestoelten opgericht. In 1593 al werd Herman de steenmetseler een bedrag uitgekeerd voor het maken van een stenen vloer bij het koor 'daer het gestoelte up staedt dair die drosten in sitten'.[175] In 1627 vervaardigde Henrick van Gent de kistemaker (meubelmaker) 'nieuwe gestoelten achter den predickstoell'[176], en in de jaren 1629-1631 kreeg hij een som van ƒ 500,- voor zijn arbeid aan het gestoelte voor het koor.[177] De bank van de magistraat stond aan een pijler, waarschijnlijk tegenover de kansel.[178] Ook is er sprake van een gestoelte voor de professoren (1638)[179], een voor de 'latijnsche jongens' (1647)[180], een bank voor de gemeenslieden, het 'meensmans gestoelte' (1652)[181] en een bank voor de 'militaire officieren' (1687).[182] Een post in het stedelijk resolutieboek herinnert aan het gestoelte van de secretarie, waarin 'niemant anders plaetse sal hebben als de heeren soo des raedes geweest sijn, de riddermatige edelen, de commandeur De Sandera ende de vier secretarien' (1687).[183] In de achttiende eeuw worden banken voor de predikantsvrouwen (1765)[184] en voor de advocaten en doctoren (1773)[185] genoemd, terwijl in 1778 nieuwe lange banken werden gemaakt voor de 'arme lieden'.[186] De zitplaatsen voor de predikanten, de ouderlingen en diakenen bevonden zich naar ouder gewoonte binnen het doophuis, het met een hek omringde gedeelte van de kerk, direct voor de preekstoel. Uit de aanwezigheid van al deze gestoelten blijkt wel, hoewel volgens het evangelie een ieder gelijk is voor God, vele lieden op dit ondermaanse daar een wat genuanceerder opvatting over hadden. De in 1631 fungerende kerkeraad zag deze ongelijkheid wél en verzette zich tegen het oprichten van steeds weer nieuwe gestoelten. Men verzocht de magistraat: 'Dat er voortaan geen timmeragie meer an de stoelen in de kerk geschied, opdat het Godeshuis gelijk blijve voor arm en rijk'.[187] Het lot van al deze banken en gestoelten is inmiddels bekend. In 1795 werden ze door het vuur verslonden.
Op de banken en in de diverse gestoelten lagen kussens, die meestal groen van kleur waren. Herhaaldelijk komen in de rekeningen van de kerk posten voor betreffende aanschaf van nieuwe kussens of reparatie van oude. Zo werd om een voorbeeld te geven in 1769 aan Christiaan Slichtenbree een bedrag van 17 stuiver uitgekeerd voor '9/16 el flaams tapijt tot een kussen in de latijnse praeceptorenbank'.[188] Maar niet alleen slijtage was er oorzaak van dat er gerepareerd moest worden. Soms knaagde ongedierte aan de kussens, zoals blijkt uit het feit dat in 1721 'de kussenen in het heeren gestoelte, die door ratten waren beschadigd weder versteld' werden.[189] Eén van de in de kerk gebruikt kussens is bewaard gebleven. Hij draagt het geborduurde opschrift MAGISTRAAT 1758 en heeft een afmeting van 35 x 48 cm (afb. 230).
Zeker eenmaal per jaar werden al deze banken en gestoelten schoongemaakt en waar nodig gerepareerd. In 1645 bijvoorbeeld hadden vier personen gedurende vier dagen werk 'om het holtwerck in die kercke te wrijven'.[190]

Kerkramen

Over de gebrandschilderde ramen die de kerk voor de hervorming gesierd hebben, valt weinig te zeggen, omdat ze alle in de loop der tijden zijn vernietigd. Toch zijn er nog enige vrij lang gespaard gebleven. Wel was er steeds aandrang ze te verwijderen. In 1639 werd de magistraat verzocht de 'afgodische glazen' te vervangen. Blijkbaar werd dit verzoek toen niet gehonoreerd want in 1645 werd in de acta van de kerkeraad genoteerd: 'Dat de kerkeraad is voorgeworpen dat er enige ergerlijke figuren in de glazen van de Grote Kerk zouden zijn'. Hierop verzocht men het stadsbestuur opnieuw toestemming, in het geval dat deze glazen 'afgodisch of superstitieus' waren, ze te mogen wegnemen.[191]

Alleen in het koor waren tot het eind van de achttiende eeuw nog enige gebrandschilderde ramen aanwezig. Een Duitse reiziger, die de stad in 1710 bezocht merkte ten aanzien van deze glazen op dat ze: 'Mit allerhand Farben nach alter Art im Pabstthum sehr wohl gemalet waren'.[192] De bisschop van Keulen zou er indertijd 9.000 rijksdaalders voor hebben geboden.[193] Tijdens de gebeurtenissen van 1795 werden ook de glasramen kapot geslagen, opdat de rook die in de kerk aanwezig was vanwege de daar gestookte vuren, zou kunnen wegtrekken.

Na de overname van de kerk in 1591 door de gereformeerden werden de ramen eerst provisorisch hersteld. Langzamerhand werden ze vervangen door glazen die niet meer herinnerden aan het oude geloof. De gilden in het bijzonder beijverden zich een nieuw glasraam aan te bieden en als ze het al niet uit eigen beweging deden werden ze er toe aangemaand zulks te doen. Zo leverde de glazenier Jan Hogers een nieuw glas van het lakenkopersgilde, dat in de plaats kwam van Het Laatste Oordeel dat werd weggebroken.[194] De wijnkopers[195], de wevers en zijdekramers[196], de brouwers, bakkers en snijders[197], zij allen werden verzocht een raam te leveren. Soms hadden de schenkers wensen ten aanzien van de plaats waar hun glasraam zou worden aangebracht. De schippers bijvoorbeeld verzochten dat hun glas dicht bij het orgel zou worden geplaatst.[198] Ook het burgerlijk bestuur bleef niet achter. In 1621 werd de magistraat verzocht de Heren van het Landschap te vragen om een nieuw raam, 'opdat allengskens de afgoden uit de glazen geweerd mogen worden'.[199] Vier jaar later schonk de stad er zelf een[200] en in 1626 werden de heren van het stedelijk bestuur verzocht hun best te doen dat de acht straten (wijken) van de gezworen gemeente de Grote Kerk met twee glazen zouden vereren,[201] terwijl in 1629 zelfs een verzoek werd gedaan om de Staten Generaal, de Prins en de Raad van State te bewegen een raam te schenken. De magistraat antwoordde echter dat de Staten Generaal geen glazen gaven.[202] Hoe deze glasramen versierd waren weten we niet meer daar ze alle verdwenen zijn. Ongetwijfeld zullen de symbolen van de gilden, de wapens en namen van de overlieden en de stedelijke bestuurders tot het versieringspatroon hebben behoord. Het is immers een menselijke eigenschap de wereld ook te tonen dat men iets geschonken heeft.

Van één glas echter, dat der magistraat uit 1625, is bekend welke wapenschilden daarop werden aangebracht. Op een niet genummerde achttiende-eeuwse wapenkaart in het Gemeente Archief te Deventer, afkomstig van de familie Besier is de volgende tekst te lezen (afb. 231):

'De 20 boovenste wapenen zijn van de 16 Burgemeesteren en de 4 Secretarien welke in 't jaar 1625 in de Groote Kerk gegeven zijn in het vierde glas van het orgel en waarvan heden nog eenige te vinden zijn'.

Het zijn wapens van schepenen en raden die de stad in 1625 bestuurden, te weten:

1. *Gerard van Suchtelen*, schepen, wapen: keel (=rood), met 4 ringen van zilver, 2,1,1. helmteken: een ring van zilver.
2. *Johan van Hemert*, schepen, wapen: goud, 3 omgewende afgerukte leeuwekoppen van sabel (=zwart), 2,1. helmteken: uit helmkroon van goud, 2 buffelhoorns van zilver, 5 maal dwarsgestreept van sabel.
3. *Diderick Scharf*, schepen, wapen: goud, 3 wassenaars van keel, 1,2. helmteken: een wassenaar van keel, tussen een vlucht, rechts van goud, links van keel.
4. *Everhard Rouse*, schepen, wapen: 3 rozen van keel, 2,1. helmteken: een roos van keel, tussen een vlucht, rechts van goud, links van keel.
5. *Henrick van Markel*, schepen, wapen: goud, een uitkomende leeuw van keel, omgewend, links vergezeld van een afgerukte zwijnskop van natuurlijke kleur. helmteken: een omgewende uitkomende leeuw van keel.
6. *Johan Lulofs*, schepen, wapen: keel, een beurtelings gekanteelde schuinbalk van goud. helmteken: een vlucht, rechts van goud, links van keel.
7. *Herman van der Beek*, raad, wapen: azuur (=blauw), een omgewende natuurlijke adelaar met neerwaarts gerichte vlucht, van zilver. helmteken: de uitkomende adelaar van het schild, van zilver, waar achter een vlucht van azuur.
8. *Wilhelm Marienburgh*, schepen, wapen: sabel, een dwarsbalk, van boven vergezeld van een aanziende ossekop, alles van zilver. helmteken: een vlucht, rechts van zilver, links van sabel.
9. *Thomas Verwer*, schepen, wapen: doorsneden I: keel, een merk, bestaande uit een omgekeerde geledigde driehoek, getopt door een kruisje, alles van zilver;

II: azuur, een verkort kruis van zilver. helmteken: een spits gedakte toren van zilver, geopend van sabel.
10. *Henrick Vriesewijk*, raad, wapen: zilver, een naar boven geopende korf van goud, waarachter een schuingeplaatste hark van azuur en een schuinlinks geplaatste brouwersspaan van goud. helmteken: de hark en spaan van het schild schuingekruist.
11. *Adriaen Bockholt*, schepen, wapen: zilver, op een grasgrond van sinopel (= groen), een klimmende bok van sabel, omgewend. helmteken: een uitkomende omgewende bok van sabel.
12. *Henrick Willemsen van Sallick*, raad, wapen: zilver, een rechtopstaande langwerpige koek van keel, aan weerszijden vergezeld van een smaller exemplaar van hetzelfde. helmteken: uitkomend de koeken van het schild, van keel, waarvan de 2 buitenste nu respectievelijk schuin en schuinlinks zijn geplaatst.
13. *Jellis Nilant*, schepen, wapen: zilver, uit een grasheuvel van sinopel, een roos van keel, gepunt en gesteeld van sinopel, met aan weerszijden 3 bladeren van hetzelfde. helmteken: de roos van het schild, nu met aan elke kant 2 bladeren aan de steel.
14. *Gerhard Donkel*, schepen, wapen: zilver, op een grasgrond van sinopel, een omgewend, liggend, omziend hert van keel. helmteken: een zesender gewei van keel.
15. *Derck van der Kolck*, schepen, wapen: zilver, uit een grasgrond van sinopel, 3 korenhalmen naast elkaar, van goud. helmteken: de korenhalmen van het schild, de buitenste nu respectievelijk schuin en schuinlinks geplaatst.
16. *Gerhard Hissink*, raad, wapen: zilver, 3 klaverbladen van sinopel, 2,1. helmteken: een klaverblad van sinopel, tussen een vlucht, rechts van zilver, links van sinopel.
17. *Andreas Glagau (Glagaw)*, secretaris, wapen: zilver, een verkort kruis van sabel, overtopt door een kroontje van zilver. helmteken: een vlucht, rechts van zilver, links van sabel.
18. *Johan Coudewijn*, secretaris, wapen: zilver, 3 druivetrossen hangende aan dwarsbalksgewijs geplaatste takjes, alles van azuur. helmteken: een vlucht, rechts van zilver, links van azuur.
19. *Hendrick Haaxbergen*, secretaris, wapen: zilver, op een grasgrond van sinopel, een tegen een uit de rechterschildrand komend net van sabel opklimmend hert van keel. helmteken: een tienender gewei van keel.
20. *Henricus Gelinck*, secretaris, wapen: azuur, 3 rechtopgeplaatste pijlen naast elkaar, van zilver. helmteken: de 3 pijlen van het schild, de buitenste respectievelijk schuin en schuinlinks geplaatst.[203]

De verlichting

In 1594, kort na de overname van de kerk wordt voor het eerst iets medegedeeld over de verlichting. Er werd namelijk 14 stuiver betaald voor 'die metalen kroene in die kercke laten affnemen, schuiren und wedder uphangen'.[204] Was dit misschien de grote kroon die oorspronkelijk voor het hoofdaltaar hing? In 1619 was er sprake van de kronen te schuren.[205] Hieruit zou kunnen blijken dat er inmiddels een aantal kronen was aangekocht. Door het ontbreken van een deel der rekeningen tussen 1595 en 1618 kan niet worden vastgesteld of, en zo ja, hoeveel kronen in die tussentijd werden aangeschaft. Wel werd er in 1649 een bedrag van 27 gulden betaald aan de Deventer geelgieter Willem Cornelissen (overleden 1656) 'voor cleyne croenen toe vergieten tot 8 stuck'.[206] Mogelijk werden die in de periode 1595-1618 aangeschaft.
In 1641-1642 werden drie grote kronen van twee hoogten, ieder met acht armen, gekocht bij Elias Eliassen Vliet (1608-1652) te Amsterdam, samen wegende 830 pond voor de som van 830 gulden.[207] Voor het maken en vergulden der knopen werd nog eens 42 gulden neergeteld en voor de kist en de vracht 2 gulden en 6 stuiver. De aankoop van deze 'drie schone kronen' werd door de burgerlijke gemeente gesubsidieerd met 300 gulden.[208] Ze zijn gesigneerd E E V en gedateerd respectievelijk 1641, 1642 en 1642.
Door bemiddeling van dr. Focking werden in 1660 nog eens twee kronen gekocht voor de som van 69 gulden en 16 stuiver.[209] Daarna worden in de kerkrekeningen geen nieuwe aankopen meer vermeld. Wel is er regelmatig sprake van reparaties aan de kronen[210], terwijl ze ook elk jaar werden geschuurd waarvoor 'trieppelsteen, biksteen, lakmous en kalk' werd gebruikt.[211] Aan de pijlers rondom het koor is nu aan de koorzijde ervan telkens een laat-zeventiende-eeuwse geelkoperen wandarm bevestigd (totaal zes stuks). Naast kronen werd voor de verlichting van de kerk gebruik gemaakt van blakers, die aan de onderzijde voorzien waren van een boutje waarmee ze in de zich in de kerkbanken bevindende gaatjes werden vastgezet. Ze werden bijvoorbeeld regelmatig geleverd door de geelgieter Harm (circa 1680-1731) en zijn zoon Hendrik Keusekamp (1710-1788).[212] Van deze blakers zijn er nog verscheidene exemplaren bewaard gebleven (afb. 232).
In de resoluties en notulen van de kerkvoogdij van 3 februari 1830 wordt melding gemaakt van 'het gevaar 't welke het branden van kaarslicht in de kerken meermalen bleek te hebben en andere gewichtige redenen ook goed zouden kunnen gevonden worden het kaarslicht door Engelsche lampen, gelijk elders in de kerken van het vaderland gebruikelijk is te doen vervangen'.[213] Na rijp beraad werd besloten een model van een dergelijke olielamp, die circa vier gulden mocht kosten uit Amsterdam te laten komen.[214] Deze

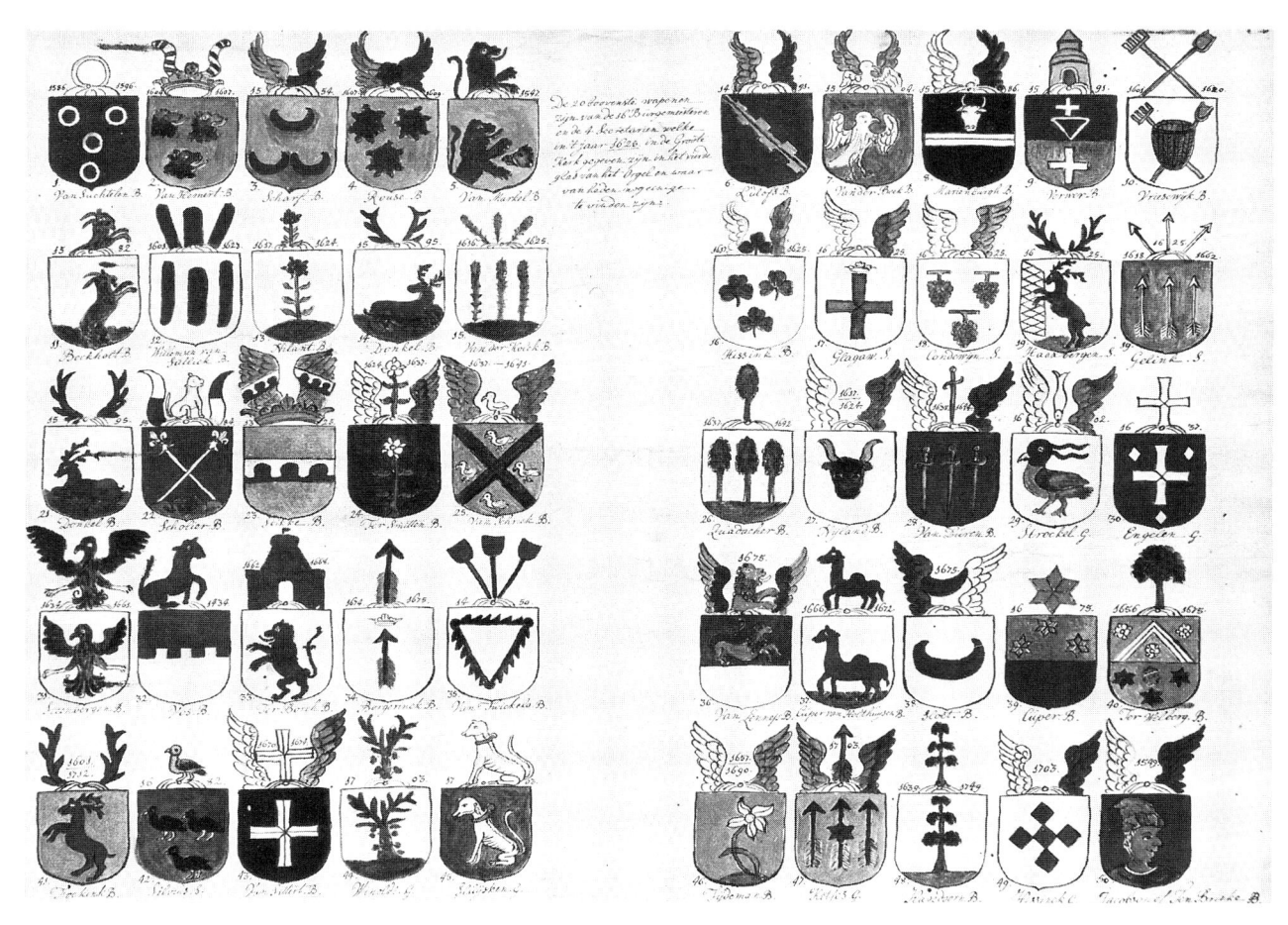

Afb. 231 Wapenkaart met wapens van zestien burgemeesters en vier secretarissen. Coll. Gemeentelijke Archiefdienst Deventer (foto Gemeentelijke Archiefdienst Deventer).

olielampen waren voorzien van een zogenaamde argandbrander, genoemd naar de Zwitserse uitvinder P.F.A. Argand. Het principe berust op een betere verbranding van de olie door lucht toe te voeren binnen door de ronde brander, waardoor een heldere vlam ontstaat met weinig rookontwikkeling.[215] In hoeverre de kaarsenkronen nu zoveel gevaarlijker waren dan de nieuwe lampen moet maar even in het midden gelaten worden. Men wilde wat nieuws en dan moet daarvoor een reden bedacht worden. Nadat de begroting was ingediend voor de aanschaf van vier grote kronen en twee kleine, kosten ƒ 1.050, – , besloot de vergadering dat het plan nog in 1831 zou worden verwezenlijkt.[216] Het gevolg van deze vernieuwing was dat de oude kaarsenkronen van Elias Eliassen moesten verdwijnen. Zij zijn met aan zekerheid grenzende waarschijnlijkheid overgebracht naar de Bergkerk, alwaar in het schip drie kronen hangen waarvan de signering en datering overeenkomt met het merk van de gieter en het jaartal van aanschaf van de kronen in de Grote Kerk (afb. 233). Bovendien werden er in de jaren veertig van de zeventiende eeuw voor de Bergkerk geen kronen bij Elias Eliassen gekocht.

Er werd ook gezorgd voor verlichting bij de ingangen van de kerk. Cornelis Emmelot, de koperslager, vervaardigde in 1774 een 'lugte' bij de raadhuisdeur[217], terwijl zijn collega Lucas Barnecate in 1781 twee nieuwe lantaarns voor de portalen leverde.[218]

Ten behoeve van al deze verlichtingsornamenten werden vrij grote hoeveelheden kaarsen gebruikt. Zo ontving Jan Boegelt in 1645 circa 135 goudgulden voor 570 pond kaarsen, die hij geleverd had tussen Michaelis (8 mei) 1645 en Pasen 1646.[219] Om de kaarsen te kunnen aansteken en te doven werd gebruik gemaakt van een 'dick lang riet'.[220]

Benodigdheden voor de doop

De doop die in reformatorische kerken in de beslotenheid van de dooptuin plaats vindt vergt weinig materiële voorzieningen. In de kerkrekeningen werden on-

Interieur en inventaris tot 1800

Afb. 232 Wandarm (geelkoper, grootste lengte 34 cm, XVIId). Coll. Grote of Lebuinuskerk, Deventer (foto Gemeentelijke Archiefdienst Deventer).

Afb. 233 Twee kronen, thans hangend in het schip van de Bergkerk te Deventer (geelkoper, XVIIb), Elias Eliassen Vliet (foto Gemeentelijke Archiefdienst Deventer).

Afb. 234 (onder) Avondmaalsbord (hout, 174,5 x 55,5 cm, XVIIA). Coll. Grote of Lebuinuskerk, Deventer (foto B. Dubbe).

der andere de volgende posten aangetroffen, die op de voorwerpen betrekking hebben die ten behoeve van de doop werden aangekocht. In 1619 werd een tinnen 'kanneken' verworven om bij het 'kinderdoopen' te gebruiken.[221] Enige decennia later in 1652 werd bij de tinnegieter Claes Arents een tinnen doopbekken met een kan besteld.[222] Later in de achttiende eeuw gebruikte men in plaats van tinnen, koperen bekkens.[223]

Benodigdheden ten behoeve van de avondmaalsviering

Ten behoeve van de avondmaalsviering werden in de loop der jaren diverse aanschaffingen gedaan. Ter vervanging van de in 1592 gekochte tafel bestelde men in 1713 een nieuwe lange tafel[224], die een jaar later vermaakt werd.[225] Uit de Bergkerk werd een uit het begin van de zeventiende eeuw daterend avondmaalsbord verkregen. Tot voor kort lag het te verkommeren in de kelder van de Grote Kerk, maar door ingrijpen van de koster, de heer K.S. Mulder werd het in de magistraatskapel opgehangen. Thans hangt het op het hoogkoor. Het is een heel bijzonder stuk, dat in de kerk hing om de kerkgangers te vermanen en tevens te herinneren aan het Avondmaal (afb. 234). Het bord (174,5 x 55,5 cm) heeft een zwarte geprofileerde lijst. Ook de tekst is in zwarte letters uitgevoerd op een grijze ondergrond. Hij luidt:

'Alle die tot der tafel des Heeren willen gaen
Omme zijn Heijlighe Auentmael te ontfaen
Die willen sich voer all well neerstich bedencken,
Wat ons Jesus Christus hijr doet schencken'.
Daaronder staat in kleinere letters:
'1 Cor. 11' (vers 28) 'Die mensche proeue hem selue(n), e(nde) ete va(n) die(n) broode, e(nde) drincke va(n) die(n) drinckbeker'.
Links naast de tekst bevindt zich een schildje met daarop een naar rechts gewende haan. De letters I en H ter weerszijden ervan duiden waarschijnlijk op de maker van het bord, Johannes Haan? In dit verband is het merkwaardig dat bij de restauratie van de zevende noordpijler, gerekend vanaf de toren, op het oude pleisterwerk in laag reliëf geboetseerd in gips, eveneens een haantje te voorschijn kwam. De restaurateurs hebben het stukje pleisterwerk (25 x 18 cm), waarop het is aangebracht voor het nageslacht bewaard. De vraag rijst in hoeverre het haantje op het avondmaalsbord en dat op de pijler iets met elkaar te maken hebben. Is I.H. misschien de ambachtsman die in de kerk heeft gewerkt, zijn 'handtekening' in de

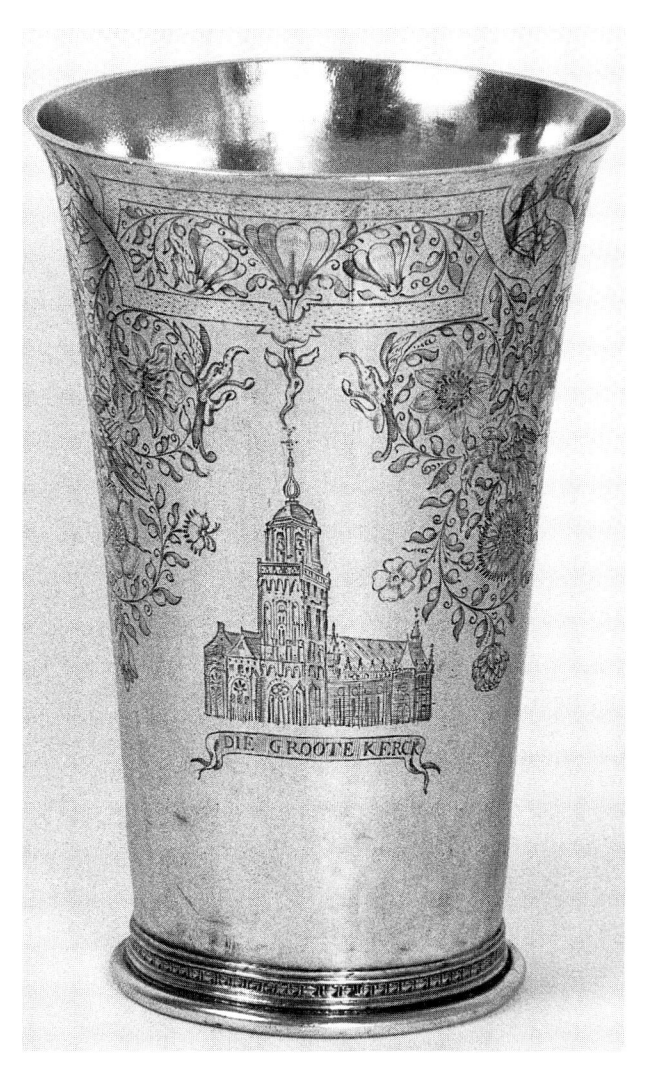

Afb. 235 Avondmaalsbeker (zilver, diam. 18,5 cm, 1628), voor- en achterzijde. Coll. Grote of Lebuinuskerk, Deventer (foto Gemeentelijke Archiefdienst Deventer).

Afb. 236 Avondmaalsbeker (zilver, diam. 18,5 cm, 1628), voor- en achterzijde. Coll. Grote of Lebuinuskerk, Deventer (foto Gemeentelijke Archiefdienst Deventer).

vorm van een haantje op de pijler heeft achtergelaten en als dank voor de verleende opdracht het bord heeft geschonken?
Van de ten behoeve van de viering benodigde utensiliën moeten allereerst vier zilveren bekers worden genoemd. Op 29 september 1628 richtte de kerkeraad een verzoek aan de magistraat om twee zilveren bekers te willen schenken, welk verzoek werd ingewilligd.[226] In het totaal werden er echter vier gekocht, waarvoor de zilversmid Claes Haelwech in 1629 vanwege de stad werd betaald. De bekers zijn 18,5 cm hoog. Onder de voet is gegraveerd 'A^{n}1.6.2.8.'. Op de bekerwanden is een gegraveerde afbeelding van de Grote Kerk aangebracht met daaronder de tekst: 'Die Groote Kerc'. Voor het overige zijn ze versierd met mooi gegraveerde guirlandes en festoenen, met vogels, bloemen en vruchten. Blijkens het meesterteken op de bodem, een zesbladig roosje, werden de beide bekers vervaardigd door de Deventer zilversmid Gerrit Jackopsen. Dit meesterteken is vergezeld door de jaarletter H (1628) en het kwaliteitsmerk, het Deventer wapen zijnde een doorsneden schild (afb. 235).
Behalve deze twee bekers zijn er nog twee, die behoudens kleine verschillen in het graveerwerk identiek zijn aan de vorige (afb. 236). Ze vertonen echter geen merken. Naast deze vier bekers zijn er twee zilveren schalen voor het brood, die tot het oud bezit van de Grote Kerk behoren. Ze hebben beide een diameter van 28,4 cm. Op de achterzijde dragen ze het opschrift: 'Lebuini Kerk 1822'. Ze zijn gemerkt met het meesterteken K W met daaronder twee sterretjes. Hieruit blijkt dat ze werden gemaakt door de Zwolse zilversmid K. Weijns (werkzaam van 1818 tot 1841) (afb. 237).
Twee offerschalen completeren het avondmaalsgerei (afb. 238). Ze zijn ovaal van vorm (35 x 25,5 cm). Op ovale schotels zijn door middel van een moer en schroef ovale schalen bevestigd. Om deze schalen bevindt zich een dikke kabelrand. De gewelfde deksels die de schalen afsluiten, verheffen zich in het midden tot een trechtervormige, brede tuit voor het ontvangen van de geldelijke offers. De schotels werden blijkens het meesterteken, de letter H met daarachter een sterretje, vervaardigd door W. Husselman te Deventer (werkzaam van 1835 tot 1870) en wel in het jaar 1843.
Tenslotte moet nog melding gemaakt worden van een nieuw, kort na de tweede wereldoorlog gekocht, verzilverd avondmaalsstel, bestaande uit een schaal met daarop een groot aantal bekertjes. Het werd namelijk door vele gemeenteleden als minder prettig ervaren gezamenlijk te drinken uit één grote beker. Er zijn

twee typen bekertjes, het ene hoog 4,4 cm, diameter 5,2 cm en het andere hoog 6 cm en diameter 4,1 cm. Thans worden in de Grote Kerk ook bewaard de vier zilveren avondmaalsbekers, die vroeger tot het gerei van de Bergkerk behoorden. De eerste twee bekers (hoogte: 18,2 cm) dragen onder de voet het jaartal '1618' en de naam 'Johan van der Beeck'. Zij zijn versierd met gegraveerde guirlandes en festoenen, met granaatappels, vruchten, bloemen en vogels. Onder de bodem van deze stukken is een meesterteken geslagen, dat wel aan de Deventer zilversmid Harmen Maetyssen moet worden toegeschreven. De derde en vierde beker hebben onder de bodem het jaartal '1616' en de naam 'Johan van Boecholt'. Onder de laatste 6 van het jaartal is eerst het cijfer 7 gegraveerd geweest. Ook deze avondmaalsbekers zijn weer versierd met gegraveerde guirlandes, festoenen, vogels, bloemen en vruchten. Blijkens het meesterteken H S zijn ze gemaakt door Hendrik Swelink. Op de eerste twee bekers is in 1689 door Conraedt van Herten een afbeelding van de Bergkerk gegraveerd met daaronder het opschrift 'Barch Kerke' (afb. 239).[227]

Tenslotte wordt er ook nog een zilveren schotel bewaard (diameter 36 cm), die eens aan de Waalse kerk te Deventer toebehoorde. Op het plat is een mooi doorsneden wapenschild gegraveerd. Het bovenste veld is beladen met een koeiekop, het onderste met drie naast elkaar geplaatste kookpotten. Om het wapenschild, compleet met dekkleden en helmteken, is het volgende opschrift gegraveerd: 'Alexandre Brouwer m'a donné en mourant à l'eglise Walonne de Deventer 1707'. Het wapen zal derhalve van Alexander Brouwer zijn geweest. De schotel zelf heeft drie merken respectievelijk van de maker, de Deventer zilversmid Magnus Lucassen, de Deventer adelaar en de jaarletter L voor 1711 (afb. 240).

Naast zilveren, werd ook tinnen avondmaalsgerei gebruikt. In 1626 werden bij Jacob van Swinderen twee takekannen gekocht, grote wijnkannen met een inhoud van circa 3,6 liter.[228] In 1710 werden twee schotels aangeschaft bij de Deventer tinnegieter Jan Noordinck[229] en in 1714 twee stuks bij zijn collega Willem Alderkamp[230], terwijl in 1725 te Amsterdam gemaakt werden '2 beckenen met tregteren om te gebruiken op de tafel wanneer het nagtmaal bedient wordt'.[231] Deze offerschalen werden in de negentiende eeuw door zilveren exemplaren vervangen.

Van het tinwerk dat nu nog tot het bezit van de Lebuinuskerk behoort moeten allereerst de twee grote takekannen worden genoemd, die in 1626 waren gekocht en waarschijnlijk in 1638 werden hergoten door de tinnegieter Jan Lieffers. Ze zijn 45 cm hoog en hebben een balustervormig lichaam dat rust op een gewelfde voet, een hoge hals, een gewelfd deksel met een torentje en een driekakig scharnier. Midden om het kanlichaam zijn twee groeven gedraaid. Deze kannen zijn uit de Bergkerk afkomstig.[232]

Afb. 237 Twee schalen (zilver, diam. 28,4 cm, 1822). Coll. Grote of Lebuinuskerk, Deventer (foto Gemeentelijke Archiefdienst Deventer).

Afb. 238 Offerschaal (zilver, 35 x 25,5 cm, 1843). Coll. Grote of Lebuinuskerk, Deventer (foto Gemeentelijke Archiefdienst Deventer).

Naast deze beide grote kannen zijn er nog twee, eveneens uit de Bergkerk en daterend uit de zeventiende eeuw (hoogte 33,5 cm). Ze hebben een peervormig lichaam, een gewelfd deksel met torentje en een driekakig scharnier. In de boord van de hals bevindt zich een pegel, waaruit blijkt dat het maatkannen zijn (afb. 241). In de negentiende eeuw werden voor de Lebuinuskerk vier kannen gekocht en wel bij de tinnegieter Poulus van Wijhe (1788-1845) in de Korte Bisschopstraat. Zijn merk, de gekroonde roos met de letters P V W is in het deksel geslagen. Naast het merk staan het jaartal 1822, het cijfer 6 en de letter M. Twee

Afb. 239 Avondmaalsbeker (zilver, 18,2 cm, 1618). Coll. Grote of Lebuinuskerk te Deventer (foto Gemeentelijke Archiefdienst Deventer).

van de kannen zijn 37 cm hoog, de beide andere 28,5 cm. Ze hebben alle negentiende-eeuwse vormen (afb. 242).
Tot het in de kerk aanwezige twintigste-eeuwse tin behoren drie kandelaartjes in Lodewijk XIV-stijl, hoog 19,5 cm en twee kandelaars die vroeger in de Bergkerk stonden, hoog 27,5 cm. Op de voet ervan staan de letters B K voor Bergkerk. Ze zijn gemerkt met het engelmerk waarin de initialen van de Haagse tinnegieter Jan Meeuws. Ook zijn er nog enige tinnen schalen. Negen zijn gemaakt door Kamphof Zwolle (diameter 22,2 cm) en één door de firma Meeuws en Zn. te Den Haag (diameter 23 cm).

Verwarming

Over verwarming van de kerk kan in de zeventiende en achttiende eeuw nauwelijks gesproken worden. Door middel van vuurpotten en stoven trachtte men het verblijf gedurende de kerkdienst zo dragelijk mogelijk te maken. Zo werden in 1699 '50 groote vuurpotten' gekocht, een aankoop die regelmatig in de rekeningen terugkomt.[233] In de achttiende eeuw was Derk van Krewinkel de vaste leverancier van deze potten. Hoe ze gebruikt werden blijkt niet uit de rekeningen. Waarschijnlijk werden ze tussen de banken en in de gestoelten geplaatst. Naast potten kende men de stoven, waarin een vuurtestje stond met gloeiende kooltjes. Ten behoeve van het gloeiend maken van die kooltjes had men de beschikking over een 'vuerketel'. De koperslager Jan ten Recke bijvoorbeeld ontving in 1713 een bedrag van het 'rontom lappen van de koperen vuerketel',[234] terwijl negen jaar later bij zijn collega J. Arentsen een nieuwe werd gekocht.[235] In de negentiende en twintigste eeuw probeerde men met grote kachels de winterse temperatuur in de kerk te verdrijven, hetgeen maar matig gelukte.

Psalmborden

In de zeventiende eeuw werd in de Grote Kerk kennelijk nog gebruik gemaakt van 'leijen', waarop de nummers van de te zingen psalmen werden geschreven. In 1663 maakte de Deventer beeldsnijder Derk Daniels lijsten om de 'leijen'.[236] Later werden ze vervangen door houten borden: 'Aen Hend. Willem Kempen voor een psalmbort gesneden f. 5-6'.[237]

Afb. 240 Broodschaal (zilver, diam. 36 cm) met gravering wapen Alexander Brouwer 1717. Coll. Grote of Lebuinuskerk, Deventer (foto Gemeentelijke Archiefdienst Deventer).

Afb. 242 Twee avondmaalskannen (tin, h. resp. 37 en 28,5 cm, 1822). Coll. Grote of Lebuinuskerk, Deventer (foto B. Dubbe).

Orgels

In de middeleeuwen waren er in de Lebuinuskerk twee, mogelijk zelfs drie orgels.[238] Daarover zijn geen verdere bijzonderheden bekend. Wel werd in 1541 'den vrembden organist als der kerckmeisters dat nye orgel ontfangen hadden mitten samen den spoelluyden' een beloning gegeven.[239] In 1597 werden 'etliche gengen' aan het orgel gerepareerd voor de som van 50 goudgulden. Op dat ogenblik was er inderdaad sprake van 'het' orgel, dat zich in het zuidelijk zijschip, in de omgeving van de zijdeur bevond, waardoor men naar het raadhuis kon gaan.[240] Ingrijpende reparaties vonden in 1616 plaats door de Arnhemse orgelbouwer Johan Morlet II. Toen ging het om een orgel dat tegen de noordmuur van de kerk stond, de juiste plaats werd niet aangegeven. Was het orgel inmiddels verplaatst?[241] In 1638 werden enige kleine reparaties uitgevoerd door een zekere Galtus Hermersen en enige jaren later door de Zwolse orgelmaker Reinier Henrix.[242]

In de jaren zestig van de zeventiende eeuw werd het orgel geheel hermaakt. Het werk werd in 1663 opgedragen aan de orgelbouwer Johan Smit, het houtwerk werd vervaardigd door de kistenmakers Jan Borchaerts en Jonas Hermsen. Het beeldhouwwerk kwam voor rekening van de Deventer beeldhouwer Derk Daniels. De benoeming van Johan Smit bleek een grote vergissing te zijn, zo zelfs dat men op een gegeven moment besloot de meester op het raadhuis gevangen te zetten. De orgelmaker werd toen dagelijks

Afb. 241 Avondmaalskan (tin, 33,5 cm, XVII). Coll. Grote of Lebuinuskerk, Deventer (foto B. Dubbe).

naar het werk gebracht onder begeleiding van een stadsdienaar, die er tevens op moest letten of hij werkte of niet. Uit het feit dat aan de orgelmaker Johannes Slegel in 1668 een bedrag van 1485 Carolus gulden werd betaald mag met zekerheid worden afgeleid dat er van het werk van Smit niet veel is terecht gekomen.[243]

In de periode 1720-1722 kwam het opnieuw tot een grote restauratie, die nu uitgevoerd werd door de beroemde orgelmaker Frans Caspar Schnitger, de man die samen met zijn broer Jurgen het prachtige barokorgel in de Zwolse Sint-Michaëlskerk heeft gebouwd naar een ontwerp van zijn vader, de Hamburgse orgelbouwer Arp Schnitger.²⁴⁴ Ook in 1762 vond er nog een grote reparatie plaats waarvoor de Groninger Albert Anthony Hins een begroting maakte. Deze vroeg ƒ 990, – om het orgel weer in goede staat te brengen. Tegelijkertijd had echter de Deventernaar Joan Gustaav Schilling een begroting ingediend. Hij kwam tot een bedrag van ƒ 390, –, waarop de kerkmeesters besloten het werk door 'den minst aannemenden' te laten uitvoeren.²⁴⁵ Van alle hiervoor genoemde restauraties en reparaties zijn geen tekeningen van het orgel bewaard gebleven.

Op 11 januari 1836 kreeg de Deventer orgelmaker Johann Heinrich Holtgräve opdracht het orgel geheel te hermaken en bovendien te verplaatsen, zodat het boven de ingang naast de toren kwam te staan. De daarvoor benodigde zuilen werden geleverd door L. Hoen te Gildehaus. Aanvankelijk vatte de mening post, dat er nog wel door de beeldhouwer Derk Daniels gemaakte onderdelen aan het hedendaagse orgel te zien zouden zijn. Dit blijkt evenwel niet het geval. Uit de rapportage betreffende de toestand van het oude orgel blijkt dat het lindehout waaruit de ornamenten destijds waren gesneden zodanig door houtworm was aangetast dat al het lof-, snij- en beeldhouwwerk moest worden vernieuwd. Het werk werd uitgevoerd door de toen nog te Rees (Nederrijn) woonachtige beroemde beeldhouwer Johann Theodor Stracké (1817-1891), die van 1878 tot zijn dood directeur was van de Koninklijke School voor Nuttige en Beeldende Kunsten te 's-Hertogenbosch. Hij ontving voor 'consoel en beeldwerk' ƒ 580,– en voor twee stuks Apollolieren ƒ 80,–.²⁴⁶

Gedurende bijna duizend jaar hebben de Deventernaren in de Lebuinuskerk met sacramentele handelingen, met woord en muziek het geloof hunner vaderen beleden. Dat geschiedde in een interieur dat aan talrijke veranderingen onderhevig is geweest. Deels werden ze veroorzaakt door brand, deels door veranderingen van geloof met de daarmee gepaard gaande vernielingen en ook met de wederopbouw naar andere geloofsinzichten. In 1795 viel de inrichting van de kerk goeddeels ten prooi aan de vlammen aangestoken door vreemde troepen. Ook van de realia, van de middeleeuwse kerkschatten is, op enige wel zeer belangrijke stukken na, niets bewaard gebleven. Van de voorwerpen die ten behoeve van de reformatorische dienst tot ons zijn gekomen rest slechts enig koper- en wat zilver- en tinwerk. Doch steeds hebben de kerkleden de moed en de wil opgebracht om de kerk opnieuw in te richten naar de dan vigerende inzichten en te zorgen voor haar behoud.

Moge dat zo blijven!

Noten

Voor hulp dank ik de heren drs. G. Lemmens, mr. H.J. Nalis en drs. G. de Werd.

[1] Witte 1932, p. 32-34; Hilger 1990, p. 73.
[2] Johannes Chrysostomus werd geboren te Antiochië. Hij was bisschop van Konstantinopel gedurende de regeringen van Honorius (395-423) en Arcadius (395-408).
[3] Dumbar 1732, p. 415.
[4] Dumbar 1732, p. 416-439.
[5] Dumbar 1732, p. 416.
[6] GAD, RA 55, 18-5-1475, p. 125-126.
[7] Dumbar 1732, p. 417.
[8] Dumbar 1732, p. 417.
[9] Dumbar 1732, p. 418.
[10] Koch 1977, p. 53.
[11] Dumbar 1732, p. 418.
[12] Dumbar 1732, p. 418.
[13] Dumbar 1732, p. 419.
[14] Dumbar 1732, p. 419.
[15] Dumbar 1732, p. 419-420.
[16] Dumbar 1732, p. 420.
[17] Dumbar 1732, p. 420.
[18] Dumbar 1732, p. 420.
[19] Dumbar 1732, p. 420.
[20] Dumbar 1732, p. 420.
[21] Dumbar 1732, p. 420-421.
[22] Dumbar 1732, p. 421.
[23] Dumbar 1732, p. 421.
[24] Ter Kuile 1964, p. 26.
[25] Ter Kuile 1964, p. 26; Dumbar 1732, p. 421.
[26] Dumbar 1732, p. 422.
[27] Dumbar 1732, p. 423.
[28] Dumbar 1732, p. 423.
[29] Dumbar 1732, p. 423.
[30] Dumbar 1732, p. 423.
[31] Dumbar 1732, p. 423.
[32] Dumbar 1732, p. 423.
[33] Dumbar 1732, p. 423.
[34] Dumbar 1732, p. 423.
[35] Dumbar 1732, p. 424.
[36] Dumbar 1732, p. 424.
[37] Dumbar 1732, p. 424.
[38] Dumbar 1732, p. 424.
[39] Dumbar 1732, p. 424; GAD, RA 55, 8-6-1482, p. 171-173.
[40] GAD, RA 55, 5-6-1480, p. 61-63.
[41] GAD, RA 55, 27-2-1475, p. 121-122.
[42] GAD, RA 55, 20-10-1475, p. 137-1.
[43] Dumbar 1788, p. 216; Dubbe 1975-1976, p. 977-101.
[44] Bouvy 1967, p. 26-33.
[45] Dumbar 1732, p. 440.
[46] Legner 1975, p. 185-214.
[47] Kriss-Rettenbeck 1985, p. 19-24.
[48] GAD, Stadsarchief, Rep. I, 374A, 30-7-1582, p. 8v.
[49] GAD, Stadsarchief, Rep. I, 4, 13-4-1620.
[50] Moonen 1988 (Deventer 1688), p. 69; De Hullu 1903, p. 36-77; Koch 1970, p. 169-170.
[51] GAD, Stadsarchief, MA2, 28-8-1566.
[52] GAD, Stadsarchief, MA2, 28-8-1566.
[53] GAD, Stadsarchief, MA 328, p. 9-15.
[54] Postma 1990, p. 10-27.

55 Nagge 1908, p. 271.
56 Van Heel 1935, p. 27-38.
57 Van Heel 1935, p. 36-38.
58 Van Heel 1935, p. 104-106.
59 Kruissink 1986, p. 6-7.
60 GAD, Stadsarchief, MA, 9-7-1578, p. 118-3; 17-7-1578, p. 123-1.
61 Kleintjens 1930, p. 257-304.
62 Kleintjens 1930, p. 272-282.
63 Berghuijs 1954, p. 125-135.
64 Quaden 1609, p. 328-329 (vriendelijke medewerking van mr. H.J. Nalis, Deventer). Zie voor Henrick Goltsmidt Vriese: GAD, RA 6, 3-7-1571, p. 968-2 en 25-8-1575, p. 448-2 en 449-1.
65 Kleintjens 1930, p. 269.
66 Berghuijs 1954, pl. I nrs. 4, 5.
67 Koch 1964, p. 347-378; Slicher van Bath, Van der Heide, Hijszeler (ed.). 1970, p. 171.
68 GAD, Stadsarchief, MA, 6-10-1579, p. 245-1; GAD, Stadsarchief, MA 1, 6-10-1579, p. 245.
69 GAD, Stadsarchief, MA 1, 5-6-1581, p. 458.
70 GAD, Stadsarchief, MA 1, 5-8-1581, p. 477.
71 GAD, Stadsarchief, MA 1, 15-3-1580, p. 306.
72 Snelting 1909, p. 342-348; De Hullu 1915, p. 36-40.
73 Snelting 1909, p. 346-347.
74 GAD, Stadsarchief, MA 328, p. 17.
75 GAD, Stadsarchief, Rep. I, 4, 19-5-1592, 5-6-1593, 10-6-1593.
76 Moonen 1688, p. 120.
77 GAD, Stadsarchief, MA 328, p. 17.
78 GAD, Stadsarchief, MA 328, p. 17.
79 Hogenstijn 1981, p. 170-171.
80 Bouvy 1962, p. 24-25; Bouvy 1967, p. 16; Braunfels 1967, p. 168-202; Elbern 1967, p. 115-167; Braunfels 1968a, p. 45-54; Koldeweij 1985, p. 76-77.
81 Inventarisnummer Aartsbisschoppelijk Museum bi 787.
82 Meyer-Barkhausen 1930-1931, p. 244-248.
83 Elbern, bijvoorbeeld, ziet in de deels plantaardige, deels architectonische ornamentiek van de kelk een symbolisering van de levensbron, een voorstelling die eveneens voorkomt in de kring van de hofschool en wel in het bijzonder in de boekillustraties. Het oudste tot nu toe bekende Karolingische voorbeeld vindt men in het Godescalc-evangeliarium dat in de jaren 782-783 voor Karel de Grote werd vervaardigd. Ook deze schrijver acht het waarschijnlijk dat de kelk een produkt van de hofschool is. Elbern 1963, p. 1-76 en 130-134; Koldeweij 1985, p. 74-82.
84 Braunfels 1967, 168-202.
85 Koch 1990, p. 130-134.
86 Elbern 1962, p. 417; Braunfels 1968b, p. 135.
87 Braunfels 1968b, p. 137.
88 Koldeweij 1985, p. 80-82.
89 Meyer-Barkhausen 1930-1931, p. 246.
90 Catalogus Karl der Grosze 1965, nummer 533.
91 Dumbar 1732, p. 440.
92 Vergelijk catalogus Karl der Grosze 1965, afb. 93-95, 98-99, 101-104.
93 Korteweg 1979, p. 12.
94 Niehoff 1985, p. 428-431.
95 Snijder 1932, p. 4-52; Vogelsang 1961, p. 96; Steenbock 1962, p. 555v; Korteweg 1979, p. 12-13.
96 Van Rijn 1725, p. 109-110.
97 Korteweg 1979, p. 33.
98 Steenbock 1962, p. 558.
99 Lieftinck 1948, p. 5-10.
100 Korteweg 1979, p. 252, noot 33; Van Cauteren 1988, p. 75.
101 Korteweg 1979, p. 33-36.
102 Lieftinck 1948, p. 9-10.
103 Korteweg 1979, p. 26-36.
104 Van Cauteren 1988, p. 75-78.
105 Dumbar 1732, p. 440.
106 GAD, Stadsarchief, RA 57, p. 125: Geert Goldsmidt, overleden 1477; GAD, Stadsarchief, MA 156, p. 81: Lambert van Lijnloer, burger in 1450, en p. 86: Henrick van Hamborch, burger in 1452; GAD, Stadsarchief, RA 57, p. 127: Evert Goltsmit, overleden 1477, en p. 120: Kersken Goltsmit, overleden 1476; GAD, Stadsarchief, MA 156, p. 179: Johan Tijlmanssen, burger in 1490; GAD, Stadsarchief, RA 57, p. 195: Engebert Goltsmit, overleden 1495; GAD, Stadsarchief, MA 156, p. 207: Herman van Haselt, burger in 1498, en p. 236: Johan van Bueren, burger in 1508, en p. 284: Johan van Cleve, burger in 1525; Fritz 1969-1970, p. 175: Arnt Gromme die Goltsmyt, vermeld tussen 1480 en 1498.
107 Korteweg 1979, p. 37-90.
108 Korteweg 1979, p. 57-80.
109 Timmers 1974, p. 276-278.
110 Dumbar 1732, p. 440. Vergelijk Fritz 1982, afb. 469.
111 Bouvy 1967, p. 30.
112 Hahnloser 1966, p. 18-23; Hahnloser 1972, p. 287-296; Legner 1972, p. 354.
113 Bouvy 1967, p. 29-30.
114 Zie inventaris 1566.
115 Genoemd naar de Leuvense hoogleraar Cornelius Jansen (1585-1638), die vrijzinnige niet roomse denkbeelden ontwikkelde ten aanzien van geloof, genade en vrijheid van wil.
116 Dubbe en Vroom 1986, p. 13-28.
117 Thans bewaard in de abdij van Berne te Heeswijk-Dinther.
118 Catalogus Zilver uit de gouden eeuw van Antwerpen 1989, p. 72, nr. 17.
119 Catalogus Zilver uit de gouden eeuw van Antwerpen 1989, p. 73, nr. 18.
120 Londen, Victoria & Albert Museum, inv. nr. 665-1892.
121 Handelingen 20: 17-35.
122 Visser 1935: p. 3-8.
123 Stam 1991, p. 15-16.
124 Het fragment wordt thans bewaard in het Museum De Waag te Deventer.
125 Visser 1930, p. 10-21.
126 De dalmatiek is een gewaad dat oorspronkelijk uit Dalmatië afkomstig is. Nu wordt het gebruikt als opperkleed van de diaken in de rooms-katholieke kerk.
127 Dumbar 1732, p. 415-440.
128 Dumbar 1732, p. 440.
129 De zeven smarten van Maria zijn: Simeon's voorspelling, de vlucht naar Egypte, het verlies van de twaalfjarige Jezus, Maria ontmoet Jezus op de kruisweg, de kruisiging, de afneming van het kruis en de graflegging.
130 Dumbar 1732, p. 440.
131 Bouvy 1947, p. 51-57 en 116-123.
132 Mak van Waay 1944, p. 25.
133 Bouvy 1947, p. 120.

134 Ter Kuile 1964, p. 54.
135 Houck 1901, p. 182.
136 Houck 1901, p. 182.
137 Houck 1901, p. 182.
138 Rolland 1944, p. 229v; Panofsky 1985, afb. 229-230, 234.
139 Dumbar 1732, p. 72-74. De eerste vermelding van Jan in 1363.
140 Dumbar 1732, p. 75-76. Zie voor zijn activiteiten Meyer 1976, index 580; De stadsrekeningen van Deventer, V 1425-1435; Meyer 1979, index 632.
141 Stenvert 1984, p. 30.
142 GAD, Stadsarchief, RA 57, 1455, p. 22.
143 Dumbar 1732, p. 76.
144 Stenvert 1984, p. 20. Deze tekst werd van Stenvert overgenomen, die de beschrijving heeft ontleend aan hetgeen de kunstenares daarover meedeelde.
145 Kier 1970, p. 93.
146 Ter Kuile 1964, p. 34.
147 Kier 1970, p. 93.
148 Kier 1970, p. 93.
149 Boersma 1990, p. 181-182.
150 Kier 1970, p. 135.
151 Stenvert 1985, p. 180-202.
152 Halbertsma 1954, p. 94-136.
153 Martin 1957, p. 7-49; Ter Kuile 1964, p. 42, afb. 84, 85, 90.
154 GAD, Stadsarchief, Rep. I, 371a, uitg. 1592, p. 3r.
155 GAD, Stadsarchief, Rep. I, 371a, uitg. 1592, p. 4v.
156 GAD, Stadsarchief, Rep. I, 371a, uitg. 1593, p. 2v.
157 Van Swigchem, Brouwer en Van Os 1984, p. 195-203.
158 Dubbe 1981, p. 137-153.
159 Zutphen, Gemeente Archief, Archief kerkvoogdij N.H. Gemeente, kerkeboek I van de kerkmeesters van de Sint-Walburgkerk, f. 146.
160 GAD, Stadsarchief, Rep. I, 371d, uitg. 1725, p. 3.
161 GAD, Stadsarchief, Rep. I, 371e, uitg. 1758, p. 6.
162 Hoefer 1911, p. 139.
163 GAD, genealogische aantekeningen betreffende de families Van Markel, Bouwer en Van Suchtelen, p. 110.
164 Van Slee 1921, p. 68-74.
165 GAD, Archief Hervormde gemeente, nr. 18, 23-4-1795.
166 GAD, Archief Hervormde gemeente, nr. 544.
167 Dubbe 1980, p. 29.
168 Dubbe 1980, p. 29.
169 GAD, Stadsarchief, Rep. I, 371a, uitg. 1592, f. 3a v.
170 GAD, Stadsarchief, Rep. I, 371a, uitg. 1592, f. 5r.
171 GAD, Stadsarchief, Rep. I, 371a, uitg. 1593, f. 3r.
172 GAD, Stadsarchief, Rep. I, 371a, uitg. 1592, f. 4v.
173 GAD, Stadsarchief, Rep. I, 371a, uitg. 1593, f. 5v.
174 GAD, Archief Hervormde gemeente, nr. 1, p. 6.
175 GAD, Stadsarchief, Rep. I, 371a, uitg. 1593, p. 6v.
176 GAD, Stadsarchief, Rep. I, nr. 371b, uitg. 1627, p. 38.
177 GAD, Stadsarchief, Rep. I, nr. 371b, uitg. 1629, p. 9, en uitg. 1631, p. 15, en uitg. 1632, p. 15.
178 GAD, Stadsarchief, Rep. I, nr. 371b, uitg. 1632-1634, p. 16.
179 GAD, Stadsarchief, Rep. I, nr. 371b, uitg. 1638, p. 13.
180 GAD, Stadsarchief, Rep. I, nr. 371b, uitg. 1647, p. 61.
181 GAD, Stadsarchief, Rep. I, nr. 371c, uitg. 1652, p. 4.
182 GAD, Stadsarchief, Rep. I, 4, 13-6-1687.
183 GAD, Stadsarchief, Rep. I, 4, 13-6-1687.
184 GAD, Stadsarchief, Rep. I, 371e, uitg. 1765, p. 7.
185 GAD, Stadsarchief, Rep. I, 371e, uitg. 1773, p. 15.
186 GAD, Stadsarchief, Rep. I, 371e, uitg. 1778, p. 9.
187 GAD, Archief Hervormde gemeente, nr. 1, 13-6-1631, p. 476.
188 GAD, Stadsarchief, Rep. I, 371e, uitg. 1769, p. 11.
189 GAD, Stadsarchief, Rep. I, 371b, uitg. 1721, p. 14.
190 Zie noot 187, uitg. 1645, p. 15.
191 GAD, Archief Hervormde gemeente, nr. 2, 28-10-1639, p. 100 en 19-5-1645, p. 238.
192 Houck 1901, p. 184.
193 Dumbar 1732, p. 415.
194 GAD, Stadsarchief, Rep. I, uitg. 1627, p. 36.
195 GAD, Archief Hervormde gemeente, nr. 1, 19-3-1627, p. 409.
196 GAD, Archief Hervormde gemeente, nr. 1, 12-4-1630, p. 457.
197 GAD, Archief Hervormde gemeente, nr. 1, 4-5-1629, p. 439, en 12-4-1630, p. 457.
198 GAD, Archief Hervormde gemeente, nr. 1, 4-8-1628, p. 427.
199 GAD, Archief Hervormde gemeente, nr. 1, 25-6-1621, p. 281.
200 GAD, Archief Hervormde gemeente, nr. 1, 21-6-1624, p. 357.
201 GAD, Archief Hervormde gemeente, nr. 1, 21-3-1626, p. 393.
202 GAD, Archief Hervormde gemeente, nr. 1, 30-11 en 7-12-1629, p. 449.
203 T' Jong 1981, p. 178-180. De wapenbeschrijvingen werden van hem overgenomen. Doorninck 1886, p. 169.
204 GAD, Stadsarchief, Rep. I, 371a, uitg. 1594, p. 2v.
205 GAD, Stadsarchief, Rep. I, 371b, uitg. 1619, p. 18.
206 GAD, Stadsarchief, Rep. I, 371c, uitg. 1649, p. 10; Dubbe 1963, p. 119-130.
207 Dubbe 1981, p. 143-144.
208 GAD, Stadsarchief, Rep. 1, 4, 3-8-1641.
209 GAD, Stadsarchief, Rep. I, 371c, uitg. 1660, p. 3.
210 GAD, Stadsarchief, Rep. I, 371c, uitg. 1700, p. 3: *bet. aen mester Abram* (Jansz. van Otterbeek) *voor 't maken van 1 arm in de krone 10 st.*
211 GAD, Stadsarchief, Rep. I, 371d, p. 17.
212 GAD, Stadsarchief, Rep. I, 371d, uitg. 1712, p. 16, en uitg. 1719, p. 21, en uitg. 1720, p. 25; Dubbe 1963, p. 125-127.
213 GAD, Archief Hervormde gemeente, nr. 427, 3-2-1830, p. 11.
214 GAD, Archief Hervormde gemeente, nr. 427, 14-3-1830.
215 Rebske 1962, p. 7, 28-29, 32; Thwing 1972, p. 71-79.
216 GAD, Archief Hervormde gemeente, nr. 427, 8-6-1831.
217 GAD, Stadsarchief, Rep. I, 371e, uitg. 1774, p. 20.
218 GAD, Stadsarchief, Rep. I, 371e, uitg. 1781, p. 8.
219 GAD, Stadsarchief, Rep. I, 371b, uitg. 1646, p. 2.
220 GAD, Stadsarchief, Rep. I, 371d, uitg. 1718, p. 15.
221 GAD, Stadsarchief, Rep. I, 371b, uitg. 1619, p. 17.
222 GAD, Stadsarchief, Rep. I, 371c, uitg. 1652, p. 18.
223 GAD, Stadsarchief, Rep. I, 371e, uitg. 1761, p. 4, en uitg. 1768, p. 8.
224 GAD, Stadsarchief, Rep. I, 371d, uitg. 1713, p. 20.
225 GAD, Stadsarchief, Rep. I, 371d, uitg. 1714, p. 24.
226 GAD, Archief Hervormde gemeente, nr. 1, 29-9-1628.
227 Zie ook een studie van dr. J.R. ter Molen betreffende het Deventer zilver die helaas nog niet kon worden gepubliceerd.

228 GAD, Stadsarchief, Rep. I, 371b, uitg. 1626, p. 36.
229 GAD, Stadsarchief, Rep. I, 371c, uitg. 1710 p. 19; Dubbe 1962, p. 53-59.
230 GAD, Stadsarchief, Rep. I, 371c, uitg. 1714, p. 24; Dubbe 1962, p. 59-60.
231 GAD, Stadsarchief, Rep. I, 371c, uitg. 1725, p. 17.
232 Dubbe 1962, p. 112, afb. 9.
233 GAD, Stadsarchief, Rep. I, 371c, uitg. 1699, p. 2 en 371d, en uitg. 1748, p. 14.
234 GAD, Stadsarchief, Rep. I, 371d, uitg. 1713, p. 20.
235 GAD, Stadsarchief, Rep. I, 371d, uitg. 1722, p. 17.
236 GAD, Stadsarchief, Rep. I, 371c, uitg. 1663, p. 7.
237 GAD, Stadsarchief, Rep. I, 371d, uitg. 1737, p. 27.
238 Vente 1950, p. 119.
239 GAD, De Cameraar, 33b, 1541, p. 11.
240 Dubbe 1961, p. 137.
241 Dubbe 1961, p. 137.
242 Dubbe 1961, p. 138.
243 Dubbe 1961, p. 138-139.
244 Vente 1950, p. 121.
245 Dubbe 1961, p. 139-140.
246 GAD, Archief Hervormde gemeente, nr. 553, nrs. 553-6 en nrs. 553-13; Dubbe 1981-1982, p. 361-382.

Literatuur

Adair, J. 1978. The pilgrims' way. Shrines and Saints in Britain and Ireland. London.
Albrecht, G. 1959. Das Münzwesen im niederlothringischen und friesischen Raum vom 10. bis zum beginnenden 12. Jahrhundert. Hamburg (Numismatische Studien 6).
Alders, G.P. 1988. 'Nieuwe dateringen van het vroegste steengoed'. In: Westerheem 37, p. 306-312.
Alpertus van Metz. 1980. De diversitate temporum. H. van Rij (ed.). Amsterdam.
Altfried 1881. 'Vita Sancti Liudgeri'. In: Die vitae Sancti Liudgeri. W. Diekamp (ed.). Münster.
Anderson, W. 1929. 'Lund et Moissac'. In: Gazette des Beaux Arts 71, 2, p. 61-71.
Annales Fuldenses. 1891. In: Monumenta Germaniae Historiae SS. rer. Germ. in us. Schol. F. Kurze (ed.). Hannover.
Anspach, J. 1883. 'Grafschriften in de kerken te Deventer'. In: Verslagen en Mededeelingen Vereeniging tot Beoefening van Overijsselsch Regt en Geschiedenis 13, p. 56-63.
Asali, K.J. (ed.). 1989. Jerusalem in History. Buckhurst Hill (Essex).
Baart de la Faille, C.A. 1981. Ergens beginnen de klokken hun lied. Utrecht/Aartselaar.
Balfoort, D.J. 1938. Het muziekleven in Nederland in de 17e en 18e eeuw. Amsterdam.
Bandmann, G. 1951. Mittelalterliche Architektur als Bedeutungsträger. Berlin (herdruk verschenen in 1979).
Bandmann, G. 1953. 'Zur Bedeutung der romanischen Apsis'. In: Wallraf-Richartz-Jahrbuch 15, p. 28-46.
Bandmann, G. 1979. Zie: Bandmann, G. 1951.
Bannister, T.C. 1968. 'The Constantinian Basilica of Saint Peter at Rome'. In: Journal of the Society of Architectural Historians 27, p. 3-32.
Beaufort, R.F.P. de & H. M. van den Berg. 1968. De Nederlandse monumenten van geschiedenis en kunst. De Betuwe. 's-Gravenhage.
Beeh, W. 1959. Der Kapellenturm in Rottweil und seine Skulpturen aus dem 14. Jahrhundert. Zug.
Beltman, A.G. 1939. 'De grote of Lebuïnuskerk te Deventer'. In: Deventer [bundel artikelen]. Deventer.
Berger, E. 1912. Quellen und Technik der Fresko-, Oel-, und Tempera- Malerei des Mittelalters, von der Byzantinischen Zeit bis einschliesslich der 'Erfindung der ölmalerei' durch die Brüder Van Eyck, nach den Quellenschriften und versuchen bearbeitet. München.
Berghuys, H.K. 1954. 'De noodmunten van de stad Deventer 1578 en 1672'. In: Verslagen en Mededeelingen van de Vereeniging tot beoefening van Overijsselsch Regt en Geschiedenis 69, p. 125-135.
Berkenvelder, F.C. 1991. Zwolse Regesten IV 1451-1475. Zwolle.
Berkum, A. van. 1984. 'Van het charismatische naar het ambtelijk bisschopstype. Onderscheiden visies op de combinatie episkopaat-monnikschap in de achtste eeuw'. In: Liudger 742-809. De confrontatie tussen heidendom en christendom in de Lage Landen. H.F.J. Duindam (ed.). Muiderberg.
Beutler, Chr. 1978. Die Entstehung des Altaraufsatzes. Studien zum Grab Willibrords in Echternach. München.
Bibliotheca Sanctorum. 1968. Deel X. Roma.
Binding, G. 1986. Städtebau und Heilsordnung. Künstlerische Gestaltung der Stadt Köln in ottonischer Zeit. Düsseldorf (Studia Humaniora Ser. min. Bd. 1).

Blaauw, S. de. 1987. Cultus et decor. Liturgie en architectuur in laatantiek en middeleeuws Rome. Basilica Salvatoris, Sanctae Mariae, Sancti Petri. Delft.
Bloemink, J.W. 1985. 'Onderzoek Polstraat 14 Deventer'. In: De Hunnepers, p. 43.
Bloemink, J.W. 1987. 'Onderzoek Vleeshouwerstraat 4 te Deventer'. In: De Hunnepers, p. 16-19.
Bloys van Treslong Prins, P.C. 1925. Genealogische en heraldische gedenkwaardigheden in en uit de kerken der provincie Overijssel. Utrecht, p. 65-85.
Boekzaal der Geleerde Wereld. 1839. Deel II.
Boeles, P.C.J.A. 1951. Friesland tot de elfde eeuw. 's-Gravenhage.
Boeren, P.C. 1962. Heiligdomsvaart Maastricht. Schets van de geschiedenis der heiligdomsvaarten en andere Jubelvaarten. Maastricht.
Boersma, J.W. 1990. 'De Groninger Sint-Walburgkerk en haar bouwheer'. In: Groningen 1040, Archeologie en oudste geschiedenis van de stad Groningen. J.W. Boersma & J.F.J. van den Broek & G.J.D. Offerman (ed.). Bedum, p. 175-192.
Boockmann, H. 1986. 'Die städtische Pfarrkirche'. In: Die Stadt im späten Mittelalter. München.
Borger, H. 1970. 'Bemerkungen zu den "Wachstumsstufen" einiger mittelalterlicher Städte im Rheinland'. In: Landschaft und Geschichte, Festschrift für Franz Petri zu seinem 65. Geburtstag am 22 Februar 1968. G. Droege e.a. (ed.). Bonn.
Bosman, A.F.W. 1990. De Onze Lieve Vrouwekerk te Maastricht. Utrecht/Zutphen (Clavis Kunsthistorische Monografieën 9).
Bouritius, M.Th. 1985. 'Een overeenkomst tussen de Minderbroeders en de geestelijkheid te Mechelen (28-29 september 1448)'. In: Franciscana 40, p. 187-211.
Bouvy, D.P.R.A. 1947. Middeleeuwse beeldhouwkunst in de noordelijke Nederlanden. Amsterdam.
Bouvy, D.P.R.A. 1962. Beeldhouwkunst van de middeleeuwen tot heden uit het Aartsbisschoppelijk Museum. Amsterdam/Brussel.
Bouvy, D.P.R.A. 1967. Edelsmeedkunst, Kerkelijke Kunst 3. Bussum.
Bouwstenen II. 1874. In: Jaarboek der Vereeniging voor Noord-Nederlandse Muziekgeschiedenis 1872-1874, p. 167.
Braunfels, W. 1967. 'Karls des Groszen Bronze Werkstatt'. In: Karl der Grosze, Lebenswerk und Nachleben. W. Braunfels & P.E. Schramm (ed.). Düsseldorf, p. 168-202.
Braunfels, W. 1968a. 'Bemerkungen zur Elfenbeinwerkstätte Karls des Groszen'. In: Amici Amico, Festschrift für Werner Gross. München, p. 45-54.
Braunfels, W. 1968b. Die Welt der Karolinger und Ihre Kunst. München.
Brigode, S. 1950. L'Architecture réligieuse dans le sud-ouest de la Belgique I. Des origines à la fin du XVe siècle. Brussel.
Bulst, W. A. 1972. 'Samson'. In: Lexikon der christlichen Ikonographie 4. E. Kirschbaum (ed.). Roma/Freiburg/Basel/etc., k. 30-38.
Buschhausen, H. 1978. Die Süditalienische Bauplastik im Königreich Jerusalem. Wien.
Cahn, W. 1976. 'Solomonic Elements in Romanesque Art'. In: The Temple of Solomon. Archeological Fact and Medieval Tradition in Christian, Islamic and Jewish Art. J. Gutman (ed.). Missoula (Montana), p. 45-72.
Calkoen, G.G. 1914. De Burcht van Utrecht en hare naaste omgeving. Aantekeningen en beschouwingen omtrent de Kapittelkerk

van Salvator of Oude Munsterkerk na cira 1220. Deel C (typoscript naar het Ms. uit 1914). Gemeentelijke Archiefdienst Utrecht.

Cauteren, J.M.A. van. 1988. 'De liturgische koordispositie van de romaanse Dom te Utrecht'. In: Utrecht, kruispunt van de middeleeuwse kerk. Utrecht/Zutphen (Clavis Kunsthistorische Monografieën 7), p. 63-84.

Clemen, P. 1892. Die Kunstdenkmäler des Kreises Rees. Düsseldorf (Die Kunstdenkmäler der Rheinprovinz 2/1).

Clemen, P. 1911. Die Kunstdenkmäler der Stadt Köln. Die kirchlichen Denkmäler der Stadt Köln. St. Gereon – Gross Sankt Martin. Düsseldorf (Die Kunstdenkmäler der Rheinprovinz 7/1).

Codex Iuris Canonici. 1919. Pii X Pontificis Maximi iussu digestus. Roma.

Coenders, W. en G. Lathouwers. 1958. Honderd jaar gas in Deventer. Deventer.

Constantinus OFM. Cap. 1950. Liturgie en kerkelijke kunst. Bilthoven/Antwerpen.

Corpus Christianorum Ser. Lat. 109A: Bedae Venerabilis opera. Pars II Opera exegetica. 2A de Tabernaculo, de Templo. In: Ezram et Neemiam. D. Hurst (ed.). Turnhout 1959, p. 141-234.

Chrysostomos, Johannes. Ad pop. Antioch. hom. 15, 5. Montfaucon (ed.). II, 158 E.

Daalen, P.K. 1957. Beeldhouwers in de negentiende eeuw. 's-Gravenhage.

Dael, P.C.J. van. 1980. 'Graven in kerk en hof'. In: Graven en begraven in Overijssel. Uitgave 1981 in de serie jaarboeken Overijssel. Zwolle, p. 41-77.

Daniels O.P., L.M. [1939]. Het Stabat Mater in het oorspronkelijk Latijn en de vertalingen van een Middelnederlandschen dichter en Joost van den Vondel. Naarden.

Dehio, G. 1975. Handbuch der deutschen Kunstdenkmäler. Der Bezirk Magdeburg. Berlin.

Dek, A.W.E. 1958. Genealogie der heren en graven van Egmond. 's-Gravenhage.

Dekhuysen, H.E. [1969]. De Sint Joriskerk van twaalfhonderd tot heden. Amersfoort.

Dekker, C. 1977. 'De vorming van de aartsdiakonaten in het diocees Utrecht in de tweede helft van de elfde eeuw en het eerste kwart van de twaalfde eeuw'. In: Geografisch Tijdschrift 11, p. 339-360.

Dekker, C. 1983. Het Kromme Rijngebied in de Middeleeuwen. Een institutioneel-geografische studie. Zutphen (Stichtse Historische Reeks 9).

Demus, O. 1968. Romanische Wandmalerei. München.

Denslagen, W.F. & A. de Vries. 1984. Kleur op historische gebouwen. 's-Gravenhage.

Deventer, GAD. Cameraars Rekeningen Inv. nr. M.A. 150 (1460-1464): rekening van Henric van Doetinghem 1462, 15r.

Dictionnaire des horlogiers francais. 1972. Parijs.

Dijk, M. van. 1982. Het tractaat 'Tegen de Utrechtse Domtoren'. Geert Grote als rigorist. Utrecht.

Dölger, F.J. 1930. 'Die Heiligkeit des Altares und ihre Begründung im christlichen Altertum'. In: Antike und Christentum 2, p. 161v.

Doorninck, J.I. van. 1875. 'Oude regerings-gebruiken te Deventer'. In: Bijdragen tot de geschiedenis van Overijssel 2. Zwolle, p. 226-240.

Doorninck, J.I. van. 1886. 'De secretarissen van Deventer'. In: Bijdragen tot de Geschiedenis van Overijssel. Zwolle, p. 163-172.

Doornink, G.J. 1938. 'De klokken van de St. Lebuïnustoren te Deventer'. In: Verslagen en Mededeelingen van de Vereeniging tot Beoefening van Overijsselsch Regt en Geschiedenis 54, p. 149-166.

Doornink-Hoogenraad, M.M. 1941. 'Deventer klokgieters en hun gieterij'. In: Verslagen en Mededeelingen van de Vereeniging tot Beoefening van Overijsselsch Regt en Geschiedenis 57, p. 77-127.

Dorgelo, A. [z.j.]. Dertig jaar oudheidkundig bodemonderzoek in Deventer (1930-1960), ongepubliceerd manuscript in collectie Museum De Waag te Deventer.

Dorgelo, A. 1956. 'Het oude Bisschopshof te Deventer'. In: Berichten R.O.B. jg. 6, p. 39-80.

Dubbe, B. 1961. 'Bijdrage tot de geschiedenis van het muziekleven te Deventer tot het eind van de 18e eeuw' In: Verslagen en Mededeelingen van de Vereeniging tot Beoefening van Overijsselsch Regt en Geschiedenis 76, p. 111-155.

Dubbe, B. 1962. 'Het tinnegietersambacht te Deventer'. In: Verslagen en Mededeelingen van de Vereeniging tot beoefening van Overijsselsch Regt en Geschiedenis 77, p. 37-148.

Dubbe, B. 1963. 'Deventer geelgieters in de 17e en 18e eeuw'. In: Verslagen en Mededeelingen van de Vereeniging tot beoefening van Overijsselsch Regt en Geschiedenis 78, p. 119-130.

Dubbe, B. 1965. Tin en tinnegieters in Nederland. Zeist.

Dubbe, B. 1976. 'De drinkschaal'. In: Antiek 10, p. 977-1010.

Dubbe, B. 1980. 'Het huisraad in het Oostnederlandse burgerwoonhuis in de late middeleeuwen'. In: Thuis in de late Middeleeuwen. Het Nederlandse burgerinterieur 1400-1535. Tentoonstellingscatalogus. Zwolle, p. 21-86.

Dubbe, B. 1981. 'Het Amsterdamse geelgietersambacht in de 17e eeuw, enige meesters'. In: Nederlandse kunstnijverheid en interieurkunst. Nederlands Kunsthistorisch Jaarboek 31, 1980. Haarlem, p. 137-153.

Dubbe, B. 1982. 'De Deventer beeldhouwer Derck Daniels (1632-1710)'. In: Antiek 16, p. 361-382.

Dubbe, B. & W. H. Vroom. 1986. 'Mecenaat en kunstmarkt in de Nederlanden gedurende de zestiende eeuw'. In: Kunst voor de beeldenstorm. Tentoonstellingscatalogus Rijksmuseum Amsterdam. 's-Gravenhage, p. 13-28.

Dumbar, G. 1719. Analecta seu Vetera aliquot scripta inedita, ab ipso publici juris facta 1. Deventer.

Dumbar, G. 1732. Het kerkelijk en wereltlijk Deventer I. Deventer.

Dumbar jr., G. 1788. Het kerkelijk en wereltlijk Deventer II. Deventer.

Düsseldorf, Stadtbibliothek. Jacob Polius OFM und Adamus Bürvenich OFM, Annales Almae Provinciae Coloniae (geschr. 1656-ca. 1666) en Adamus Bürvenich OFM, Annales seu Chronicon Almae Provinciae Colonisensis (...) coepti ao. salutis 1665.

Elbern, V.H. 1962. 'Die bildende Kunst der Karolingerzeit zwischen Rhein und Elbe'. In: Das erste Jahrtausend. V.H. Elbern (ed.). Düsseldorf, p. 412-435.

Elbern, V.H. 1963. 'Der eucharistische Kelch im frühen Mittelalter'. In: Zeitschrift des deutschen Vereins für Kunstwissenschaft 17, p. 1-76 en 117-188.

Elbern, V.H. 1967. 'Liturgisch Gerät in edlen Materialien zur Zeit Karl der Grosze'. In: Karl der Grosze, Lebenswerk und Nachleben. W. Braunfels & P.E. Schramm (ed.). Düsseldorf, p. 115-167.

Ellerhorst, W. 1957. Handbuch der Glockenkunde. Weingarten.

Ennen, E. 1975. Die europäische Stadt des Mittelalters. Göttingen.

Es, W.A. van & W.H.J. Verwers. 1985. 'Karolingisch draaischijfaardewerk uit Deventer'. In: Van Beek en land en mensenhand. V.T. van Vilsteren & D.J. de Vries (ed.). Utrecht, p. 22-40.

Esmeijer, A.C. 1978. Divina Quaternitas. A Preliminary Study in the Method and Application of Visual Exegesis. Assen/Amsterdam.

Fehrmann, C.N. 1967. De Kamper klokgieters, hun naaste verwanten en leerlingen. Kampen.

Ferber, S. 1976. 'The Temple of Solomon in Early Christian and Byzantine Art'. In: The Temple of Solomon. Archeological Fact and Medieval Tradition in Christian, Islamic and Jewish Art. J. Gutman (ed.). Missoula (Montana), p. 21-43.

Fernie, E. 1980. 'The spiral piers of Durham Cathedral'. In: Medieval Art and Architecture at Durham Cathedral. The British Archeological Association. Conference Transactions (1977) III, p. 49-85.

Fleckenstein, J. 1966. Die Hofkapelle der deutschen Könige. II. Teil: Die Hofkapelle im Rahmen der ottonisch-salischen Reichskirche. Stuttgart (Schriften der Monumenta Germaniae hostorica 16/II).

Flink, K. 1984. 'Der Anteil der Stifter an der Stadtentstehung am Niederrhein, insbesondere in Emmerich'. In: Stift und Stadt am

Niederrhein. Kleve (Klever Archiv 5).
Fritz, J.M. 1970. 'Een Deventer miskelk in de Domschat van Osnabrück'. In: Antiek 4, p. 169-175.
Fritz, J.M. 1982. Goldschmiedekunst der Gotik in Mitteleuropa. München.
Gattolin, E.C. 1976. Il Santuario di Santo Stefano in Bologna. Modena.
Génicot, L.-Fr. 1972. Les églises mosanes du XIe siècle. Leuven.
Gijsseling, M. & A.C.F. Koch. 1950. Diplomata belgica ante annum millesimum centesimum scripta. Tom. I: Teksten (Bouwstoffen en studiën voor de geschiedenis en de lexicografie van het Nederlands I).
Grabar, A. 1968. Christian Iconography. a Study of its Origins. Princeton (Bollingen Series XXXV. 10).
Graebe, E. 1979. Lund Cathedral. A Guide for Visitors. Lund.
Grodecki, L. 1958. L'architecture Ottonienne. Paris.
Groenewoudt, B. 1987. 'Deventer-Kloosterlanden: Pottery and settlement traces from the Merovingian period'. In: Berichten R.O.B. 37 (1989), p. 225-243.
Groenewoudt, B. & M. van Nie & J. Schotten. 1990. 'IJzer en import: nieuwe merovingische vondsten uit de Gemeente Deventer'. In: Westerheem 39, p. 7-16.
Groot Nieuws Bijbel. 1985. Met deuterokanieke boeken, vertaling in de omgangstaal. Boxtel/Haarlem.
Grosse, R. 1987. Das Bistum Utrecht und seine Bischöfe im 10. und frühen 11. Jahrhundert. Köln/Wien.
Haakma Wagenaar, Th. 1936. De Bouwgeschiedenis van de Buurkerk te Utrecht, Proeve eener historische voorbereiding van de restauratie van een Middeleeuwsch Monument. Utrecht.
Haakma Wagenaar, Th. 1976. 'Geschiedenis van de bouw en restauratie van de Jacobikerk'. In: Restauratie vijf Hervormde kerken in de binnenstad van Utrecht. Jaarverslag 1975-76, nr. 4, p. 44-63.
Haakma Wagenaar, W. 1978. 'De restauratie van het schilderwerk op het laat-romaanse gewelf in de Klaaskerk'. In: Restauratie vijf Hervormde kerken in de binnenstad van Utrecht. Jaarverslag 1977-78, nr. 5, p. 104-114.
Hahnloser, H.R. 1966. 'Début de l'art des critalliers aux pays mosans et rhénans'. In: Les monuments historiques de la France. Les trésors des eglises de France. Paris, p. 18-23.
Hahnloser, H.R. 1972. 'Theophilus Presbyter und der Inkunabeln des mittelalterlichen Kristallschliffs am Rhein und Maas'. In: Rhein und Maas 2. Köln, p. 287-296.
Halbertsma, H. 1954. 'De kroniek van de witherenabdij 'Mariëndal' te Lidlum, een bron voor de kennis der Friese bouwkunst in de middeleeuwen'. In: Berichten R.O.B. 5, p. 94-136.
Halbertsma, H. 1961. 'Archeologisch Nieuws. Mededelingen van de Rijksdienst voor het Oudheidkundig Bodemonderzoek'. In: Bulletin van de Koninklijke Nederlandse Oudheidkundige Bond 60.
Halbertsma, H. 1962. 'Archeologisch Nieuws. Mededelingen van de Rijksdienst voor het Oudheidkundig Bodemonderzoek'. In: Bulletin van de Koninklijke Nederlandse Oudheidkundige Bond, 61.
Harbison, C. 1976. The Last Judgment in Sixteenth Century Northern Europe: A study of the Relation Between Art and The Reformation. New York/London.
Haslinghuis, E.J. 1956. De Nederlandse monumenten van geschiedenis en kunst. Deel II. De provincie Utrecht. Eerste stuk: de gemeente Utrecht. Eerste aflevering. 's-Gravenhage.
Haslinghuis, E.J & C.J.A.C. Peeters. 1965. De Dom van Utrecht. De Nederlandse monumenten van geschiedenis en kunst. Deel II. De provincie Utrecht. Eerste stuk: de gemeente Utrecht. Tweede aflevering. 's-Gravenhage.
Hattum, B.J. van. 1767-1775. Geschiedenissen der stad Zwolle 1-5. Zwolle.
Hautecoeur, L. 1954. Mystique et architecture. Symbolisme du cercle et de la coupole. Paris.
Heel, D. van. 1935. De minderbroeder Aegidius de Monte, bisschop van Deventer †1577. Rotterdam.

Heidinga, H.A. 1987. Medieval settlement and economy north of the Lower Rhine. Assen.
Heitling, W.H. en L. Lensen. 1980. Vijftig eeuwen volk langs de IJssel. Zutphen.
Hendriks, F.M. 1952. Rijksarchief in Overijsel. Beschrijving van de doop-, trouw- en begraafboeken, de registers van aangegeven lijken enz. in Overijsel, dagtekenende van vóór de invoering van de burgerlijke stand. 's-Gravenhage.
Hensen, A.H.L. 1912. 'Godfried van Mierlo'. In: Nieuw Nederlandsch Biografisch woordenboek 2. Leiden, k. 918-924.
Herzog, E. 1964. Die ottonische Stadt. Berlin (Frankfurter Forschungen zur Architekturgeschichte, 2).
Herweijer, N. en C.H. Slechte 1985. Deventer getekend. Zutphen
Hess, J. 1774. Dispositiën der merkwaardigste Kerkorgelen. Gouda.
Heussen, H.F. 1725. Oudheden en gestichten van het bisdom Deventer. Leiden
Heussen, H.F. van. 1733. Historia Episcopatuum Foederati Belgii Utpote Metropolitani Ultrajectini (. . .) I. Antwerpen.
Hilger, H.P. 1990. Stadtpfarrkirche St. Nicolai in Kalkar. Kleve.
Historische commissie van de Nederlandse klokkenspelvereniging. 1963. Klokken en klokkengieten, bijdragen tot de campanologie. Culemborg.
Hodges, R. 1982. Dark Age economics; the origins of towns and trade AD 600-100. Londen.
Hoefer, F.A. [1902]. De Sint-Lebuïnuskerk te Deventer naar onderzoekingen van W. te Riele Gzn. Haarlem.
Hoefer, F.A. 1911. 'Mededelingen over de monumenten van Deventer'. In: Bulletin Koninklijke Nederlandse Oudheidkundige Bond 4, 3, p. 111-173.
Hoefer, F.A. & W. te Riele Gz. 1906. De St. Lebuinuskerk te Deventer. Haarlem.
Hofkamp, W.C.A. 1911. De toren 'de Oldehove' te Leeuwarden en zijn geschiedenis. Leeuwarden.
Hogenstijn, C.M. 1981. De Broederenkerk in de geschiedenis van Deventer. Deventer.
Hogenstijn, C.M. 1983. De Torenmuziek van Deventer. Deventer.
Hogenstijn, C.M. 1990. Van een rijk verleden naar een nieuwe toekomst, de kerk van Lebuïnus in de Deventer geschiedenis. Toespraak gehouden op vrijdag 23 februari 1990 in de gerstaureerde Grote of Lebuïnuskerk te Deventer [...]. Deventer.
'Hoherpriester'. 1970. In: Lexikon der christlichen Ikonographie 2. E. Kirschbaum (ed.). Roma/Freiburg/Basel/etc., k. 306-307.
Hollstein, E. 1980. Mitteleuropäische Eichenchronologie. Mainz.
Hoogewerff, G.J. 1936. De Noord-Nederlandsche Schilderkunst 1, 's-Gravenhage.
Houck, M.E. 1900. 'Het Groote Kerkhof te Deventer'. In: Deventer Courant, 7 september.
Houck, M.E. 1901a. 'Eenige mededeelingen betreffende Balthazar Boedeker, den stichter van het Athenaeum te Deventer, en diens verwanten'. In: Verslagen en Mededeelingen Vereeniging tot Beoefening van Overijsselsch Regt en Geschiedenis 22, p. 34-65.
Houck, M.E. 1901b. Gids voor Deventer en omstreken. 3e dr. Deventer.
Houck, M.E. 1921. 'Ordinantie op den doetgraver beraempt daer nha hie sich sall hebben tho regulieren'. In: Verslagen en Mededeelingen Vereeniging tot Beoefening van Overijsselsch Regt en Geschiedenis 38, p. 149.
Hullu, J. de. 1903. 'Bijzonderheden uit de hervormingsgeschiedenis van Overijssel'. In: Nederlandsch Archief voor Kerkgeschiedenis 2, p. 36-77.
Hullu, J. de. 1915. 'Bijdrage tot de kerkelijke geschiedenis van Deventer 1578-1587'. In: Archief voor de geschiedenis van het aartsbisdom Utrecht 41, p. 1-51.
Hutchison, J. Cambell. 1966. 'The Housebook Master and the Folly of the Wise Men'. In: The Art Bulletin 48, p. 73-78.
Hütter, E. & H. Magirius. 1983. Der Wechselburger Lettner. Forschungen und Denkmalpflege. Weimar.
Itinera Hierosolymitana et Descriptiones Terrae Sanctae. 1966. T. Tobler & A. Molinier (ed.). Osnabrück.

Jakob, G. 1908. Die Kunst im Dienste der Kirche. Landshut.
Janse, H. 1965. Bouwers en bouwen in het verleden. Zaltbommel.
Janse, H. & D.J. de Vries. 1991. Werk en merk van de steenhouwer. Het steenhouwersambacht in de Nederlanden voor 1800. Zwolle.
Jong, R. de & A. Lehr en R. de Waard. 1966. De zingende torens van Nederland. Zutphen.
Kapsenberg, B.S. 1982. Uit ijzer gegoten. Zutphen.
Karl der Grosse, Werk und Wirkung. 1965. Tentoonstellingscatalogus. Aachen.
Keller, H.L. 1979. Reclams Lexikon der Heiligen und der biblischen Gestalten, Legende und Darstellung in der bildenden Kunst. Stuttgart.
Keppel, Baron J.R. van [1903]. Eenige Wetenswaardigheden betreffende de Groote- of Lieve Vrouwenkerk te Breda in XVIe eeuw, uit oude rekeningen medegedeeld. Breda.
Kier, H. 1970. Der Mittelalterliche Schmuckfussboden, unter besonderer Berücksichtigung des Rheinlandes. Düsseldorf.
Kievit, L.C. 1935. 'Ons klokkenspel door de eeuwen heen'. In: Deventer Dagblad, 26 november.
Kirschbaum, E. 1959. The Tombs of St. Peter and St. Paul. London.
Kirschbaum, E. en W. Braunfels (ed.). 1968-76. Lexikon der christlichen Ikonographie (8 dln). Freiburg im Breisgau, etc.
Klück, B.J.M. 1990. 'Städtische Kleinhäuser in Utrecht'. In: Hausbau in den Niederlanden: Forschungsmethoden und Parzelleneinteilung'. Jahrbuch für Hausforschung 39. Marburg, p. 249-257.
Kleintjens, J. 1930. 'Het beleg van Deventer in 1578 en de geestelijkheid'. In: Archief voor de geschiedenis van het aartsbisdom Utrecht, 54, p. 257-304.
Koch, A.C.F. 1964a. 'De reformatie te Deventer in 1579-1580'. In: Postillen over kerk en maatschappij in de 15e en 16e eeuw. Nijmegen, p. 347-378.
Koch, A.C.F. 1964b. 'Deventer. Geschiedenis'. In: De Nederlandse monumenten van geschiedenis en kunst. Deel IV. De provincie Overijssel. Tweede stuk: Zuid-Salland. E.H. ter Kuile (ed.). 's-Gravenhage, p. 3-7.
Koch, A.C.F. 1970. 'De kerk in het geding'. In: Geschiedenis van Overijssel. B.H. Slicher van Bath & G.D. van der Heide en C.C.W.J. Hijszeler (ed.). Deventer, p. 167-178.
Koch, A.C.F. 1977. Zwarte kunst in de Bisschopstraat, boek en druk te Deventer in de 15e eeuw. Deventer.
Koch, A.C.F. (ed.). 1982. In en om het Deventer Stadhuis. Deventer.
Koch, A.C.F. 1990. 'Liafwin/Lebuinus'. In: Overijsselse biografieën I. Amsterdam, p. 130-134.
Koch, A.C.F. en A.M. Brands 1974. Tussen Waag en Wesepe. Deventer.
Koldeweij, A.M. 1985. Der gude Sente Servas. Assen/Maastricht (Maaslandse Monografieën, Grote Reeks 5).
Koldeweij, A.M. 1990. In Buscoducis 1450-1629. Kunst uit de Bourgondische tijd te 's-Hertogenbosch. De cultuur van late middeleeuwen en renaissance. Tentoonstellingscatalogus Noordbrabants Museum 's-Hertogenbosch. Maarssen/'s-Gravenhage.
Koldewijn, H. en R. Stenvert 1983. 'Een verborgen bezienswaardigheid in de Grote Kerk'. In: Oud Deventer 5, 1, p.1-8.
Koldewijn, H. 1990. 'Een simpel bord uit 1800'. In: Deventer Kerkbode, maart, p. 7-9.
Koopmans, B. 1989. Lofen, een elfde-eeuws keizerlijk paleis in Utrecht. Utrecht/Zutphen (Clavis Kleine Kunsthistorische Monografieën 9).
Korteweg, A.S. 1979. De Bernulphuscodex in het Rijksmuseum Het Catharijneconvent te Utrecht en verwante handschriften. Amsterdam.
Koschwitz, G. 1974. 'Erhard von Regensburg'. In: Lexikon der christlichen Ikonographie 6. W. Braunfels (ed.), k. 164-165.
Krause, H.-J. 1987. '"Imago ascensionis" und "Himmelloch". Zum "Bild"-Gebrauch in der spätmittelalterlichen Liturgie'. In: Skulptur des Mittelalters, Funktion und Gestalt. Weimar, p. 281-353.

Krautheimer, R. 1969a. 'A note on Justinians Church of the Holy Apostles in Constantinople (1964)'. In: Studies in Early Christian, Medieval and Renaissance Art. London/New York, p. 197-201.
Krautheimer, R. 1969b. 'An Introduction to an "Iconography of Medieval architecture" (1942)'. In: Studies in Early Christian, Medieval and Renaissance Art. London/New York, p. 115-150.
Krinsky, C.H. 1970. 'Representations of the Temple of Jerusalem before 1500'. In: Journal of the Warburg and Courtauld Institutes 33, p. 1-19.
Kriss-Rettenbeck, R. & L. Kriss-Rettenbeck. 1985. 'Reliquie und Ornamenta ecclesiae im Symbolkosmos der Kirche'. In: Ornamenta Ecclesiae. Birgit Bänsch & Ulrike Bergman & Ingrid Bodsch (ed.). Tentoonstellingscatalogus. Köln, p. 19-24.
Kruissink, H. G. Th. 1986. Deventer als bisschopszetel. Deventer.
Kruys, M.H. van 't. 1885. Verzamelde disposities. Rotterdam, p. 23.
Künzl, H. 1988. 'Die Synagogenbau der Antike'. In: Die Architektur der Synagoge. H.-P. Schwarz (ed.). Frankfurt a/M, p. 45-60.
Kuile, E.H. ter. 1939. 'Deventer monumenten'. In: Bulletin van de Nederlandse Oudheidkundige Bond, 8, 2, p. 55-60.
Kuile, E.H. ter. 1958. De Nederlandse monumenten van geschiedenis en kunst. Het kwartier van Zutphen. 's-Gravenhage.
Kuile, E.H. ter. 1959. 'De kerken van bisschop Bernold'. In: Bulletin van de Koninklijke Nederlandse Oudheidkundige Bond, S. 6, jg. 12, p. 145-164.
Kuile, E.H. ter. 1964. De Nederlandse monumenten van geschiedenis en kunst. Deel IV. De provincie Overijssel. Tweede stuk: Zuid-Salland. 's-Gravenhage.
Kuile, E.H. ter. 1974. De Nederlandse monumenten van geschiedenis en kunst. Noord- en Oost-Salland. 's-Gravenhage.
Kuile, E.H. ter & N.H.M. Liesker. 1953. 'St. Lebuinuskerk te Deventer en St. Servaaskerk te Maastricht'. Bouwkundig Weekblad, p. 135vv.
Kuile jr., G.J. ter. 1944. 'Het ontstaan van het wereldlijk overheidsgezag in Overijssel'. In: Verslagen en Mededeelingen van de Vereeniging tot uitgaaf der bronnen van het Oud-Vaderlandsche recht IX, p. 570-613.
Kunst, H.J. 1969. 'Die Entstehung des Hallenumgangschors'. Marburger Jahrbuch für Kunstwissenschaft 8, p. 1-104.
Kunst, H.J. 1971. 'Zur Ideologie der deutschen Hallenkirche als Einheitsraum'. Architectura 1, p. 38-53.
Kuyper, W. 1980. Dutch Classicist Architecture. Delft.
Labouchere, G.C. 1935. 'Gedaante en herkomst van het oorspronkelijke bouwplan van den toren de Oldehove te Leeuwarden'. In: Leeuwarden 1435-1935. Gedenkboek uitgegeven in opdracht van de VVV Leeuwarden en omstreken. Leeuwarden, p. 179-191.
Lebreton, J. 1925. 'Eucharistie'. In: Dictionaire Apologétique de la Foi Catholique. 1. A. d'Alès (ed.). Paris, k. 1547-1585.
Legner, A. 1972. 'Ueber die Verarbeitung von Bergkristall in der Kunst zwischen Rhein und Maas'. In: Rhein und Maas 1972, p. 354.
Legner, A. 1975. 'Reliquienschreine'. In: Monumenta Annonis. Catalogus. Köln, p. 185-214.
Lehr, A. 1959. De klokkengieters François en Pieter Hemony. Asten.
Lehr, A. 1976. Leerboek der campanologie. Asten.
Lehr, A. 1981. Van paardebel tot speelklok. 2e dr. Zaltbommel.
Lewald, U. 1970. 'Bischof Meinwerk und die Domus regia in Paderborn' In: Landschaft und Geschichte, Festschrift für Franz Petri zu seinem 65. Geburtstag am 22. Februar 1968. G. Droege e.a. (ed.). Bonn.
Lieftinck, G.I. 1948. Bisschop Bernhold (1027-1054) en zijn geschenken aan de Utrechtse kerken. Groningen/Batavia.
Linssen, C.A.A. 1981. 'Lotharingen 880-1106'. In: Algemene Geschiedenis der Nederlanden 1. Middeleeuwen. D.P. Blok & A. Verhulst (ed.). Haarlem, p. 305-353.
Liudprand van Cremona. 1915. Liudprandi Opera. M.G.H. SS. Rer. Germ. in usum Schol. J. Becker (ed.).
Lobbedey, U. 1987. 'Anmerkungen zur archäologischen Stadt-

kernforschung in Paderborn'. In: Stadtkernforschung. H. Jäger (ed.). Köln.

Looper, B. 1984. Inventaris der Archieven van het Kapittel van St. Lebuïnus te Deventer 1123 (1040)-1591 (ongepubliceerd stageverslag Gemeentelijke Archiefdienst van Deventer). Deventer.

Loosjes, A. [z.j. ca. 1915]. De torenmuziek in de Nederlanden. Amsterdam.

Lubberding, H.H.J. 1970. Rapport oudheidkundig bodemonderzoek Assenstraat 1970 (intern rapport Gemeente Deventer).

Lubberding, H.H.J. 1982. 'Oudheidkundig bodemonderzoek in en om het Stadhuis van Deventer'. In: In en om het Deventer Stadhuis. A.C.F. Koch (ed.). Deventer.

Lugard, G.J. 1970. Deventer mozaïek. Deventer.

Mak van Waay, S.J. 1944. Nederlandsche schilders en beeldhouwers 1870-1940. Amsterdam.

Maltha, A.H. 1957. 'Misoffer'. In: Theologisch Woordenboek. H. Brink (ed.). Roermond/Maaseik, k. 3263-3293.

Marschall, H.G. 1981. Die Kathedrale von Verdun. Die romanische Baukunst in Westlothringen I. Saarbrücken (Veröffentlichungen des Institut für Landeskunde im Saarland 32).

Martin, H. 1957. Vroeg-middeleeuwse zandstenen sarcophagen in Friesland en elders in Nederland. Drachten.

Mazar, B. 1979. Der Berg des Herrn. Bergisch Gladbach.

Meckseper, C. 1982. Kleine Kunstgeschichte der deutschen Stadt im Mittelalter. Darmstadt.

Meischke, R. 1966. 'Het kleurenschema van de middeleeuwse kerkinterieurs van Groningen'. In: Bulletin van de Koninklijke Nederlandse Oudheidkundige Bond 65, 3/4, p. 57-91.

Meischke, R. 1988. Beschouwingen over de Nederlandse Monumentenzorg tussen 1918 en ca. 1970. Amersfoort.

Meischke, R. 1988. De gothische bouwtraditie. Amersfoort.

Meischke, R. & M.C. Scheers. 1990. 'De pastorie te Warffum'. In: Jaarboek Monumentenzorg 1, p. 99-127.

Mekking, A.J.J. 1973. 'Het "Eedsreliëf" in de Onze-Lieve-Vrouwekerk te Maastricht, een iconografische studie'. In: Publications de la Société Historique et Archéologique dans le Limbourg 109, p. 109-155.

Mekking, A.J.J. e.a. 1982. 'Bijdragen tot de bouwschiedenis van de Sint-Servaaskerk te Maastricht. Deel III. De Westpartij'. In: Publications de la Société Historique et Archéologique dans le Limbourg 118, p. 86-247.

Mekking, A.J.J. 1986. De Sint-Servaaskerk te Maastricht. Bijdragen tot de kennis van de symboliek en de geschiedenis van de bouwdelen en de bouwsculptuur tot ca. 1200. Utrecht/Zutphen (Clavis Kunsthistorische Monografieën 2).

Mekking, A.J.J. 1988. 'Een kruis van kerken rond Koenraads hart'. In: Utrecht, kruispunt van de middeleeuwse kerk. Utrecht/Zutphen (Clavis Kunsthistorische Monografieën 7), p. 21-53.

Mekking, A.J.J. 1989. 'Pro Turri Trajectensi'. In: Annus Quadriga Mundi. Utrecht/Zutphen (Clavis Kunsthistorische Monografiën 10), p. 129-151.

Mekking A.J.J. 1989. 'De Sint-Nicolaaskapel op het Valkhof te Nijmegen. Herkomst en betekenis van het concept en van de bouwvormen'. Lezing gehouden voor de vereniging 'Numaga' en de 'Valkhofvereniging' te Nijmegen dd. 28-06-1989 en tijdens het 'Internationaal congres Keizerin Theophano (†991), Byzantium en het Westen 950-1050', Kasteel Hernen, dd. 30/31-05 en 01-06-1991. Het is de bedoeling dat deze voordracht in het tijdschrift 'Numaga' wordt gepubliceerd.

Mekking, A.J.J. 1990. 'De voormalige Mariakerk te Utrecht'. Voordracht gehouden tijdens het colloquium 'Drie Romaanse Mariakerken in Nederland' op 30 juni 1990 in Rijksmuseum Het Catharijneconvent te Utrecht. De schriftelijke weergave van deze voordracht is in voorbereiding.

Mekking, A.J.J. 1991. 'De zogenoemde Bernold-kerken in het Sticht Utrecht. Herkomst en betekenis van hun architectuur'. In: Utrecht tussen kerk en staat. R.E.V. Stuip & C. Vellekoop (ed.). Hilversum (Utrechtse Bijdragen tot de Mediëvistiek 10), p. 103-151.

Mekking, A.J.J. 1992. Het spel met toren en kapel. Bouwen pro en contra Bourgondië van Groningen tot Maastricht. Utrecht/Zutphen (Clavis Kleine Kunsthistorische Monografieën 12).

Messerer, W. 1971. 'Rationale'. In: Lexikon der christlichen Ikonographie, dl. 3. E. Kirschbaum (ed.). Roma/Freiburg/Basel/etc., k. 499.

Meyer, G.M. de. 1979. De stadsrekeningen van Deventer 4 (1416-1424); 5 (1425-1435). Groningen.

Meyer, G.M. de & E.W.F. van den Elzen. 1982. De verstening van Deventer. Huizen en mensen in de veertiende eeuw. Groningen.

Meyer-Barkhausen, A. 1931. 'Ein karolingisches Bronzegitter als Schmuckmotiv des Elfenbeinkelches von Deventer'. In: Zeitschrift für bildende Kunst 64, p. 244-248.

Miedema, H. 1980. 'De ikonografie van de schilderingen in het koor van de Grote Kerk te Harderwijk'. In: Oud Holland 94, p. 259-281.

Mierlo, T. van. 1991. 'Alexander Pasqualini (1493-1559) architect en vestingbouwkundige'. In: Bulletin van de Koninklijke Nederlandse Oudheidkundige Bond 90, p. 157-174.

Migne, J.P. Patrologiae cursus completus sive bibliotheca universalis (...) omnium ss. patrum (...) Series secunda in quo prodeunt patres (...) ecclesiae latinae (...) Paris 1844-1864, 50, Eucherius (?-450). Commentarius in libros Regum.

Migne P. L., 79: Paterius (?). Liber de Testimoniis.

Migne P. L., 83: Isidorus Hispal. (ca. 560-636). Qaestiones.

Migne P. L., 91: Beda Venerabilis (672/3-735). De Templo.

Migne P. L., 104: Claudius Taurinus (?-839). Quaestiones super Libros Regum 3.

Migne P. L., 108: Hrabanus Maurus (ca. 776-856). Commentaria in Exodum.

Migne P. L., 113: Walafridus Strabo (ca. 809-849). Glossa Ordinaria.

Migne P. L., 115: Angelomus (?-ca. 855). Enarrationes in libros regum.

Migne P. L., 145: Petrus Damianus (1007-1072). Collectanea in vetus testamentum.

Möbius, F. 1968. Westwerkstudien. Jena, p. 11-13.

Mohr, W. 1974. Geschichte des Herzogtums Gross-Lothringen (900-1048). Saarbrücken (Geschichte des Herzogtums Lothringen 1).

Molhuysen, P.C. 1836. 'Een levensberigt van Lebuïnus'. In: Overijsselsche Almanak voor Oudheid en Letteren, 1, p. 1-18.

Molhuysen, P.C. 1839. 'De krocht in de Groote Kerk te Deventer'. In: Overijsselsche Almanak voor Oudheid en Letteren 4, p. 280-284.

Molhuysen, P.C. 1842. 'De krocht in de Groote Kerk te Deventer' (vervolg). In: Overijsselsche Almanak voor Oudheid en Letteren 7, p. 172-175.

Molhuysen, P.C. 1843. 'Aegidius de Monte'. In: Overijsselsche Almanak voor oudheid en letteren 8, p. 139-150.

Molhuysen, P.C. 1852. 'Alexander Hegius'. In: Overijsselsche Almanak voor oudheid en letteren 17, p. 37-66.

Molhuysen, P.C. 1854. 'Merken op grafsteenen'. In: Overijsselsche Almanak voor oudheid en letteren 19, p. 231-237.

Monumenten van geschiedenis en kunst in de provincie Limburg 1926-1953, De. Eerste stuk: monumenten in de gemeente Maastricht. 's-Gravenhage.

Moonen, A. 1988. Korte chronyke der stadt Deventer (herdruk ed. 1688). Deventer.

Moxey, K.P.F. 1980. 'Master E.S. and the folly of love'. In: Simiolus 2, p. 125-148.

Moxey, K.P.F. 1985. 'Het ridderideaal en de Hausbuch-meester (De Meester van het Amsterdams Kabinet)'. In: 's Levens Felheid (...). Tentoonstellingscatalogus Rijksmuseum Amsterdam, p. 65-79.

Muller, S. & A.C. Bouwman. 1920 (herdruk 1959). Oorkondenboek van het Sticht Utrecht tot 1301. 1. Utrecht (herdruk 's-Hertogenbosch); ook geciteerd als OBU I.

Myslivec, J. 1968. 'Apostel'. In: Lexikon der christlichen Ikono-

graphie 1. E. Kirschbaum (ed.). Roma/Freiburg/Basel/etc., k. 150-173.
Naar gothiek en kunstzin 1979. Kerkelijke kunst en cultuur in Noordbrabant in de negentiende eeuw. Tentoonstellingscatalogus. 's-Hertogenbosch.
Nagge, W. 1908. Historie van Overijssel 2. Zwolle.
Nalis, H.J. 1984. Deventer verleden tijd. Rijswijk.
Nalis, H.J. 1988. 'Gebrandschilderde glasruitjes voor profaan gebruik in Deventer rond 1600'. In: Deventer Jaarboek, p. 11-51.
Nalis, H.J. 1990. 'Doetecum, Joannes van (overleden 1605)'. In: Overijsselse Biografieën I. Meppel/Amsterdam, p. 53-56.
Niehoff, F. 1985. 'Zur kölner Werkstatt der gestichelten Walroszschnitzereien'. In: Ornamenta Ecclesiae. B. Bänsch, U. Bergmann und I. Bodsch (ed.). Tentoonstellingscatalogus. Köln, p. 428-431.
Nijhof, E. 1979. 'Stadskernonderzoek in Deventer'. In: De Hunnepers 9, 2, p. 12-16.
Nip, R.I.A. 1990. 'De giftbrief van 1040'. In: Groningen 1040. Archeologie en oudste geschiedenis van de stad Groningen. J.W. Boersma & J.F.J. van den Broek & G.J.D. Offerman (ed.). Bedum.
Nissen, H. 1910. Orientation. Studien zur Geschichte der Religion. Drittes Heft. Berlin.
Noordbrabants Museum. 1979. Zie: Naar gothiek en kunstzin 1979.
Oediger, F.W. 1969. 'Monasterium beati Victoris Christi Martyris – Zur Frühgeschichte des Xantener Stiftkapitels (vor 1300)'. In: Beiträge zur Frühgeschichte des Xantener Viktorstiftes. H. Borger & F.W. Oediger (ed.). Düsseldorf (Rheinische Ausgrabungen 6).
Oediger, F.W. 1972. Das Bistum Köln von den Anfängen bis zum Ende des 12. Jahrhunderts. Köln (Geschichte des Erzbistums Köln 1).
Oellermann, E. 1978. 'Zur Imitation textiler Strukturen in der spätgotischen Fass- und Flachmalerei'. In: Farbige Skulpturen (...). J. Taubert (ed.). München, p. 51-59.
Ommeren, H.R. van. 1969. 'Deventer lui-klokken minder in tal en klanken dan vroeger'. In: Deventer Dagblad, 26 september.
Ommeren, H.R. van (ed.). 1978. De koopmansgilderol van Deventer 1249-1387. 's-Gravenhage (Werken Vereeniging tot Beoefening van Overijsselsch Regt en Geschiedenis 34).
Oost, G. 1977. De Orgelmakers Bätz. Alphen aan den Rijn.
Ordinario Capituli. 1732. 'Ecclesiae St. Lebuini Daventriensis, Excerpta ex, (...)'. In: Het Kerkelyk en Wereltlyk Deventer 1. G. Dumbar (ed.). Deventer, p. 279-301.
Os, J.F. van. 1978. Langs Nederlandse Orgels – Overijssel, Gelderland. Baarn.
Overijsselse Biografieën. 1990. Levensbeschrijvingen van bekende en onbekende Overijsselaars I. J. Folkerts & C. van Heel & A.C.F. Koch & A.J. Mensema & P.W.J. den Otter (ed.). Meppel/Amsterdam.
Ozinga, M.D., m.m.v. R. Meischke. 1953. De gothische kerkelijke bouwkunst. Amsterdam.
Ozinga, L.R.P. e.a. (ed.). 1989. Het Romeinse Castellum te Utrecht. Utrecht (Universiteit van Amsterdam. Albert Egges van Giffen Instituut voor prae- en protohistorie. Studies in Prae- en Protohistorie 3).
Panhuysen, T.A.S.M. 1984. Maastricht staat op zijn verleden. Maastricht.
Panofsky, E. 1985. Tomb sculpture. New York.
Peters, C.H. 1977. Oud Groningen stad en lande. Schiedam.
Pijnenburg, P.M.M. 1982. 'Een karolingische kathedraal te Utrecht'. In: Bulletin van de Koninklijke Nederlandse Oudheidkundige Bond 81, p. 119-129.
Plummer, J. (ed.) 1975. Het Getijdenboek van Catharina Van Kleef. Amsterdam.
Postma, F. 1990. 'Nieuw licht op een oude zaak: de oprichting van de nieuwe bisdommen in 1559'. In: Tijdschrift voor geschiedenis 103, p. 10-27.

Quaden, Matthis. 1609. Teutscher Nation Herlichkeitt. Köln.
Rebske, E. 1962. Lampen, Laternen, Leuchten. Stuttgart.
Rechten ende Gewoonten der Stadt Deventer. 1644. Deventer.
Rice, W.G. 1927. Beiaarden in de Nederlanden. Amsterdam.
Rientjes, A.E. 1932. 'Merkwaardige Muurschilderingen in de Groote Kerk te Deventer'. In: Het Gildeboek 15, p. 21-37.
Rientjes, A.E. 1952. 'De Muurschilderingen in de Lebuinuskerk te Deventer'. In: Verslagen en Mededeelingen der Vereeniging tot beoefening van Overijsselsch Regt en Geschiedenis, p. 47-60.
Rhein und Maas. 1972. Kunst und Kultur 800-1400. Tentoonstellingscatalogus. 2 dln. Köln/Brussel.
Rijn, H.J. van. 1725. Oudheden en gestichten van het bisdom van Deventer. Leiden.
Rockoxhuis Antwerpen. 1989. Zie: Zilver uit de gouden eeuw van Antwerpen. 1989.
Rolland, P. 1944. La sculpture Tournaisienne. Paris.
Rondom de Oldehove. 1938. Geschiedenis van Leeuwarden en Friesland door de Leeuwarder Geschiedeniscommissie. Leeuwarden.
Rosenau, H. 1979. The Vision of the Temple. The image of the Temple of Jerusalem in Judaism and Christianity. London.
Rosenberg, H.P.R. 1962. 'De Sint Eusebiuskerk te Arnhem'. In: Bulletin van de Koninklijke Nederlandse Oudheidkundige Bond, p. 189-212.
Rotthoff, G. 1953. Studien zur Geschichte des Reichsguts in Niederlothringen und Friesland während der sächsisch-salischen Kaiserzeit. Bonn.
Russchen, A. 1981. Bouwstenen voor een geschiedenis van 'Darkage Frisia', II (typoscript).
Sachs, H. & E. Badstübner & H. Neumann. 1980. Christliche Ikonographie in Stichworten. Leipzig.
Sarfatij, H. 1973. 'Digging in Dutch Towns: Twenty five years of research by the R.O.B.'. In: Berichten R.O.B. 23, p. 367-420.
Sauer, J. 1924. Symbolik des Kirchengebäudes und seiner Ausstattung in der Auffassung des Mittelalters. Freiburg i. Br.
Schaffran, E. 1941. Die Kunst der Langobarden in Italien. Jena.
Schäfke, W. 1984. 'St. Gereon'. In: Köln: die romanischen Kirchen. Von den Anfängen bis zum zweiten Weltkrieg. H. Kier & U. Krings (ed.). Köln (Stadtspuren. Denkmäler in Köln. Herausgegeben von der Stadt Köln 1), p. 278-297.
Schaik, R. van. 1989. 'Zutphens geschiedenis van de elfde tot het einde van de zestiende eeuw'. In: Geschiedenis van Zutphen. W.Th.M. Frijhoff e.a. (ed.). Zutphen, p. 48-83.
Schillebeeckx, H. 1958. 'Verrijzenis'. In: Theologisch Woordenboek. H. Brink (ed.). Roermond/Maaseik, k. 4741-4748.
Schindler, R. 1960. Die Bodenaltertümer der freien und Hansestadt Hamburg. Hamburg.
Schippers, W. 1986. Bouwhistorisch verslag Mariakerk en Sacramentskapel te Deventer. Delft (afstudeerscriptie TU Delft).
Schläpfer, L. 1965. Der heilige Bernhardin von Siena. Düsseldorf.
Schneider, A. (ed.). 1977. Die Cisterciënser. Geschichte, Geist, Kunst. Köln.
Seidel, J.J. & S. Meyer. 1845. Het orgel en deszelfs samenstel. Groningen.
Schulte, K. [ca. 1920]. De groote oorlog in beeld. Berlijn.
Seijbel, M. 1965. Orgels in Overijssel. Sneek.
Senger, B. 1984. Liudger, Leben und Werk. Münster.
Signon, H. 1970. Die Römer in Köln. Köln.
Slee, J.C. van. 1921. 'De omwenteling te Deventer in 1795'. In: Verslagen en Mededeelingen van de Vereeniging tot beoefening van Overijsselsch Regt en Geschiedenis 38, p. 68-74.
Slee, J.C. van. 1923. 'Een Deventer organist, Claude Bernardt'. In: Verslagen en Mededeelingen van de Vereeniging tot Beoefening van Overijsselsch Regt en Geschiedenis 40, p. 101-113.
Slicher van Bath, B.H. 1944. Mensch en Land in de Middeleeuwen 2. Assen.
Slinger, A. & H. Janse & G. Berends. 1980. Natuursteen in monumenten. Baarn.
Snelting, B.L. 1909. 'Prothocollum Capituli Daventriensis'. In: Archief van de geschiedenis van het aartsbisdom Utrecht 35,

p. 342-348.

Snijder, G.A.S. 1932. 'Antique and mediaeval gems on bookcovers at Utrecht'. In: The Art Bulletin 14, 1, p. 4-52.

Spanje, R. van 1864. Handboek voor den Horologemaker. Leiden.

Spitzers, T.A. 1989. De 'schone grond' onder Deventer, Landschapsreconstructie van het stadsgebied van Deventer in de vroege middeleeuwen (Bijvakscriptie Vakgroep Fysische Geografie en Bodemkunde van de Universiteit van Amsterdam). Amsterdam.

Spitzers, T.A. 1990. 'Port of Trade' of vroege stad. De nederzettingsontwikkeling van Deventer in de vroege Middeleeuwen archeologisch en historisch bekeken (Universiteit van Amsterdam, Doctoraalscriptie I.P.P.). Amsterdam.

Stam, G.J.S.N. 1991. 'Relieken van Sint Lebuinus'. In: Catharijnebrief 34, p. 15-16.

Steenbock, F. 1962. 'Buchdeckel in Erzbisschöflichen Museum zu Utrecht'. In: Das erste Jahrtausend, Kultur und Kunst im werdenden Abendland am Rhein und Ruhr, dl. I. V.H. Elbern (ed.). Düsseldorf, p. 555-563.

Steindorff, E. 1874. Jahrbücher des deutschen Reichs unter Heinrich III. 1. Leipzig (Jahrbücher der deutschen Geschichte).

Steindorff, E. 1881. Jahrbücher des deutschen Reichs unter Heinrich III. 2. Leipzig (Jahrbücher der deutschen Geschichte).

Stenvert, R. 1984. De Grote of Lebuinuskerk in Deventer. Deventer.

Stenvert, R. 1985. 'De materiële resten van het romaanse oxaal in de St.-Lebuïnuskerk te Deventer'. In: Van Beek en land en mensenhand. Feestbundel voor R. van Beek bij zijn zeventigste verjaardag. V.T. van Vilsteren en D.J. de Vries (ed.). Utrecht, p. 180-202.

Sterk, J. 1980. Philips van Bougondië (1465-1524). Bisschop van Utrecht. Protagonist van de renaissance. Zutphen.

Steuer, H. 1987. 'Stadtarchäologie in Köln'. In: Stadtkernforschung. H. Jäger (ed.). Köln.

Strasburg Manuscript, The. 1966. A medieval painters' handbook, translated from the old German by V. & R. Borradaile. London.

Swigchem, C.A. van & T. Brouwer & W. van Os. 1984. Een huis voor het woord, het protestantse kerkinterieur in Nederland tot 1900. 's-Gravenhage.

Swillens, P.T.A. 1928. 'Jonkheer Jacob van Eyck'. In: Jaarboekje Oud Utrecht.

Tagage, J.M.B. 1984. De Ordinarius van de collegiale Onze Lieve Vrouwekerk te Maastricht, volgens een handschrift uit het derde kwart van de veertiende eeuw. Assen/Maastricht (Maaslandse Monografieën 39).

Taubert, J. 1978. Farbige Skulpturen, Bedeutung, Fassung, Restaurierung (met bijdragen van K.W. Bachmann, F. Buchenrieder, E. Oellermann en Gesine Taubert, ingeleid door P. Philippot). München.

Taylor, H. 1965-1978. Anglo-Saxon Architecture dl. I-III. Cambridge.

Temminck Groll, C.L. 1982. 'De St. Pieterskerk te Utrecht'. In: Bulletin van de Koninklijke Nederlandse Oudheidkundige Bond 81, p. 75-118.

Thietmar von Merseburg. 1957. Chronik. W. Trillmich (ed.). Darmstadt (Ausgewählte Quellen zur deutschen Geschichte des Mittelalters. Freiherr vom Stein-Gedächtnisausgabe 9).

Thwing, L. 1972. Flickering Flames, a history of domestic lighting through the ages. Rutland (Vermont).

Tibus, A. 1875. Alter der kirchen zum H. Martinus und zur H. Aldegundis im Emmerich. Münster.

Timmerman, H.Th. 1948. 'Torens, klokken en beiaarden in het Overijsselse land'. In: Overijssel, jaarboek voor cultuur en historie 2, p. 36-51.

Timmers, J.J.M. 1947. Symboliek en Iconographie der Christelijke Kunst. Roermond/Maaseik.

Timmers, J.J.M. 1974. Christelijke symboliek en iconografie. Bussum.

T'Jong, H. 1981. '4 Wapenkaarten in het Deventer Archief'. In: Gens Nostra 36, p. 177-184 en 257-267.

Topfstedt, Th. 1989. 'Der Dom in der mittelalterlichen Elbfront Magdeburgs'. In: Der Magdeburger Dom. Ottonische Gründung und Staufischer Neubau. E. Ullmann (ed.). Leipzig.

Vente, M.A. 1950. 'Iets over Deventer orgels, in het bijzonder over die van de Grote kerk en van de Bergkerk'. In: Verslagen en mededeelingen der Vereeniging tot beoefening van Overijselsch Regt en Geschiedenis 65, p. 112-137.

Vente, M.A. 1963. 'Sweelinckiana'. In: Tijdschrift van de Vereniging voor Nederlandse muziekgeschiedenis 19 p. 188-189.

Vente, M.A. Restauratierapport orgel Grote Kerk Deventer. Niet gepubliceerd.

Verhoeff, J.M. 1983. De oude Nederlandse maten en gewichten. Amsterdam.

Ver Loren, J.P. 1885. Lebuinus en zijne stichting te Deventer gedurende den eersten tijd van haar bestaan. Zwolle.

Verslag van burgemeester en wethouders aan den raad van de gemeente Deventer over 1862 t/m 1869.

Visser, W.J.A. 1930. 'De middeleeuwse paramenten uit Deventer'. In: Het Gildeboek 13, p. 10-21.

Visser, W.J.A. 1935. 'Een reliek "De Vestimentis" van den H. Lebuinus'. In: Het Gildeboek 18, 1, p. 3-8.

Vita Lebuini Antiqua. In: Ausgewählte Quellen zur Deutschen Geschichte des Mittelalters IVa. H. Haupt (ed.), p. 381-391.

Vita Radbodi episcopi Traiectensis. 1887. M.G.H. SS. 15-1. 568-571c. O. Holder-Egger (ed.).

Vogelsang, R. 1961. Die Elfenbeingruppe mit den gestichelten Faltenlinien. Köln.

Voigtländer, K. 1989. Die Stiftskirche St. Servatii zu Quedlinburg. Berlin.

Vries, D.J. de. 1985. 'Johan van den Mynnesten en zijn tijdgenoten te Zwolle'. In: Van Beek en land en mensenhand. V.T. van Vilsteren & D.J. de Vries (ed.). Utrecht, p. 222-236.

Vries, D.J. de. 1986. 'Les signes lapidaires sur le clocher de Notre-Dame de Zwolle'. In: Actas del V coloquio internacional de gliptografia. Pontevedra, p. 509-513.

Vries, D.J. de. 1991. 'Kerk en klooster tot 1580'. In: De Broerenkerk te Zwolle. A.J. Gevers & A.J. Mensema (ed.). Zwolle 1989, p. 8-36.

Vries, Th.J. de. 1954. Geschiedenis van Zwolle I. Zwolle.

Vrins, G.P.P. 1966. 'De ambon. Oorsprong en verspreiding tot 600'. In: Feestbundel F. van der Meer. Opstellen aangeboden aan prof. dr. F.G.L. van der Meer ter gelegenheid van zijn zestigste verjaardag op 16 november 1964. Amsterdam/Brussel, p. 11-55.

Wal, H. van der. 1968. 'Houten ramen in vensters van Romaanse kerken'. In: Bulletin van de Koninklijke Nederlandse Oudheidkundige Bond 67, p. 1-10.

Warnke, M. 1979. Bau und Ueberbau. Soziologie der mittelalterlichen Architektur nach den Schriftquellen. Frankfurt.

Wattenbach, W. & R. Holtzmann. 1978. Deutschlands Geschichtsquellen im Mittelalter 1 / 1-2. Fr.-J. Schmale (ed.). Darmstadt.

Werveke, H. van. 1956. 'Steden, ontstaan en eerste groei'. In: Algemene geschiedenis der Nederlanden 2, p. 180-202.

Westra van Holthe, J. 1958. Vollenhove 1354-1954 en haar havezathen. Assen.

Weyres, W. 1980. 'Die domgrabung XXII'. In: Die Ausgrabungen im Dom zu Köln. O. Doppelfeldt & W. Weyres (ed.). Mainz, p. 759-785.

Wezel, G.W.C. van. 1981. 'De bouwgeschiedenis van de St.-Janskerk te Utrecht tot 1700'. In: Jaarverslag vijf Hervormde kerken in de binnenstad van Utrecht 6, p. 104-158.

Winkelmann, W. 1966. 'Ausgrabungen auf dem domhof in Münster'. In: Monasterium. Festschrift zum siebenhundertjährigen Weihegedächtnis des Paulus-Domes zu Münster. A. Schröer (ed.). Münster.

Winter, J.M. van. 1988. 'Bisschop Bernold, afkomst en persoonlijkheid'. In: Utrecht, kruispunt van de middeleeuwse kerk. Utrecht/Zutphen (Clavis Kunsthistorische Monografieën 7), p. 13-20.

Wisplinghoff, E. 1986. 'Beiträge zur Geschichte Emmerichs, Eltens und der Herren von Zutphen im 11. Jahrhundert'. In: Rheinische Vierteljahrsblätter 50, p. 59-79.

Literatuur

Witte, F. 1932. Quellen zur rheinischen Kunstgeschichte 5. Leipzig.
Witte, R.B. 1951. Das katholische Gotteshaus. Mainz.
Wrangel, E. 1923. Lunds Domkyrkas Konsthistoria. Lund.
Zilver uit de gouden eeuw van Antwerpen. 1989. Tentoonstellingscatalogus Rockoxhuis. Antwerpen.

Zilverberg, S.B.J. 1951. David van Bourgondië, bisschop van Terwaan en van Utrecht (ca. 1427-1496). Groningen/Djakarta.
Zwolle, Gemeente Archief. Regesten 17 juni 1538, 18 januari 1540 en 30 januari 1540.

CLAVIS

Stichting Publikaties Middeleeuwse Kunst (postbus 1521, 3500 BM Utrecht) stelt zich ten doel het uitgeven en doen uitgeven van publikaties op het gebied van de kunstgeschiedenis van de middeleeuwen. Onder verantwoordelijkheid van Clavis verschijnen bij de Walburg Pers twee series:
Clavis Kunsthistorische Monografieën en *Clavis Kleine Kunsthistorische Monografieën*.
Het bestuur van de stichting Clavis is als volgt samengesteld:
Aart J. J. Mekking (voorzitter), Marieke van Vlierden (secretaris), Jan van Zelst (penningmeester), Anite Haverkamp, A. M. Koldeweij, Jos Kool en Pierre N. G. Pesch.

Clavis Kunsthistorische Monografieën

In Clavis Kunsthistorische Monografieën worden op grondige wijze en volgens de nieuwste inzichten op zichzelf staande objecten en deelgebieden van de middeleeuwse architectuur en beeldende kunst behandeld, terwijl ook aandacht wordt geschonken aan teksten uit de middeleeuwen die onze kennis omtrent de betekenis en de functie van kunst uit die periode kunnen verhelderen.

Reeds verschenen in deze reeks:
- I *Het Blokboek van Sint Servaas*. Facsimilé met commentaar op het vijftiende-eeuwse blokboek, de Servaaslegende en de Maastrichtse reliekentoning. Tekst in het Nederlands en in het Frans.
Verzorgd door A. M. Koldeweij en P. N. G. Pesch, 1984. ISBN 906011.317.9, uitverkocht.
- II Dr. Aart J. J. Mekking, *De Sint-Servaaskerk te Maastricht*. Bijdragen tot de kennis van de symboliek en de geschiedenis van de bouwdelen en de bouwsculptuur tot ca 1200, 1986.
ISBN 906011.339.X, prijs f 49,50.
- III Drs. Roland Koekkoek, *Gotische ivoren in het Catharijneconvent*, 1987. ISBN 906011.525.X, prijs f 25,—.
- IV R. M. van Heeringen, A. M. Koldeweij en A. A. G. Gaalman, *Heiligen uit de modder*. In Zeeland gevonden pelgrimstekens, 1987.
ISBN 906011.559.7, prijs f 25,—.
- V *Middeleeuwse Kerken in Utrecht*. Fotoboek door Flip Delemarre (foto's), drs. Ada van Deijk (tekst) en ir. Pieter van Traa (plattegronden), 1988. ISBN 906011.571.6, uitverkocht.
- VI *Utrecht een hemel op aarde*. Begeleidende publikatie bij gelijknamige expositie in het Rijksmuseum Het Catharijneconvent te Utrecht door drs. Marieke van Vlierden, 1988.
ISBN 906011.572.4, prijs f 25,—.
- VII *Utrecht kruispunt van de middeleeuwse kerk*. Voordrachten gehouden tijdens het gelijknamige congres, georganiseerd door de Commissie Mediëvistiek van de Faculteit der Letteren van de Rijksuniversiteit te Utrecht 25-27 augustus 1988, 1988. ISBN 906011.573.2, prijs f 30,—.
- VIII *Annus Quadragi Mundi*. Opstellen over middeleeuwse kunst opgedragen aan prof. dr. Anna C. Esmeijer, 1989. ISBN 906011.660.7, prijs f 47,50.
- IX Dr. A. F. W. Bosman, *De Onze Lieve Vrouwekerk te Maastricht*. Bouwgeschiedenis en historische betekenis van de oostpartij, 1990. ISBN 906011.688.7, prijs f 45,—.
- X Dr.-Ing. Helmut Flintrop, *Die St. Martinikirche zu Emmerich*. Eine Vorposten des Hochstiftes Utrecht. De St. Martinuskerk te Emmerik, een voorpost van het bisdom Utrecht (met een samenvatting in het Nederlands), 1992. ISBN 906011.769.7, prijs f 65,—

Clavis Kleine Kunsthistorische Monografieën

Clavis Kleine Kunsthistorische Monografieën bieden de geïnteresseerde leek veel en goede informatie over middeleeuwse gebouwen en kunstwerken waarmee onze omgeving werd verrijkt. De boekjes zijn gemakkelijk leesbaar en overvloedig geïllustreerd. Omdat elk deeltje door een specialist werd geschreven, bevatten ze telkens weer nieuwe gegevens en oorspronkelijke gezichtspunten. Samen met de verwijzingen naar de voornaamste en meest recente literatuur, maakt dit de inhoud van de 'kleine monografieën' eveneens bijzonder waardevol voor de deskundige die snel greep wil krijgen op de behandelde onderwerpen.
In deze kleine reeks verschenen deeltjes over de Schatkamer van de Sint-Servaaskerk te Maastricht (uitverkocht), de Mariakerk te Utrecht, de Oude of Sint-Stevenskerk te Werkhoven, het huis Oudaen te Utrecht, het klooster Eemstein bij Zwijndrecht (uitverkocht), de oude kerk te Etten (uitverkocht), het witte kerkje te Odijk, de Abdijkerk te Thorn, het elfde-eeuws keizerlijk paleis Lofen in Utrecht, het Utrechtse huis de Rode Poort en zijn Piscina, de 'keisnijding' van Hieronymus Bosch en 'het spel met toren en kapel' over bouwen pro en contra Bourgondië van Groningen tot Maastricht.